Derrick Jensen · Lierre Keith · Max Wilbert

Schöner grüner Schein

Es gibt heute unbedingt viele gute Gründe, das weibliche Geschlecht wieder besser sichtbar zu machen. Dies ist seit mehr als 40 Jahren auch Anliegen unseres Verlages. Ob dies durch Gendern erreicht wird, darf man jedoch hinterfragen, immerhin geht es um unsere *Mutter*sprache. Sicher ist, dass der grammatische Genus nichts über das Geschlecht (Sexus) aussagt. Deswegen halten wir uns als Verlag beim Gendern bewusst zurück. Ausführliche Begründung dazu unter www.neue-erde.de/derdiedas

Stimmen zum Buch

»Schöner grüner Schein« entlarvt die Heuchelei und den Bankrott der führenden Umweltschutzorganisationen und ihrer prominentesten Sprecher. Den bekannten Umweltschützern geht es nicht darum, die Wahrheit zu sagen oder gar rationale Lösungen für den drohenden Ökozid aufzuzeigen, sondern sie geben sich einer verlogenen und selbstsüchtigen Täuschung hin, die zwar Trost spendet, aber mit der Wirklichkeit nichts zu tun hat. Sie weigern sich, das Offensichtliche festzustellen: Wir können uns nicht weiter in hedonistischem Konsum und industrieller Expansion suhlen und dabei als Spezies überleben.

Die Umweltdebatte, so argumentieren Derrick Jensen und seine Mitautoren, ist durch Hybris und den kindischen Wunsch der Industrienationen, das Unhaltbare aufrechtzuerhalten, fehlgeleitet worden. Alle umweltpolitischen Debatten müssen damit beginnen, nicht die Wünsche der menschlichen Spezies in den Mittelpunkt zu stellen und zu schützen, sondern die Unantastbarkeit der Erde selbst.

Wir weigern uns, die richtigen Fragen zu stellen, weil diese Fragen die nackte Wahrheit ans Licht bringen: Wir können nicht so weiterleben wie bisher. Dies wäre selbstmörderische Torheit. »Sag mir, wie du suchst, und ich sage dir, was du suchst«, sagte der deutsche Philosoph Ludwig Wittgenstein. Das ist die Stärke von »Schöner grüner Schein«: Es stellt die Fragen, die zu stellen sich die meisten weigern, und in diesem Hinterfragen, diesem Suchen werden tiefe Wahrheiten aufgedeckt, die wir zu unserem eigenen Schaden ignorieren.

Chris Hedges, Pulitzerpreisträger,
Journalist und Autor von *America: The Farewell Tour*

»Schöner grüner Schein« legt in erschütternden und manchmal abscheulichen Details die einfache Tatsache dar, dass die Aufrechterhaltung des Wachstums der technisch-industriellen Zivilisation durch den Ersatz fossiler Brennstoffe durch Solarpanele, Windturbinen, Wasserkraft, Elektroautos und was auch immer für andere grüne Maschinen, die wir konstruieren mögen, immer noch die fortgesetzte Vergewaltigung von Mutter Erde und die Vergiftung ihres Wassers, ihrer Luft, ihres Bodens, ihrer Tierwelt und ihrer menschlichen Bevölkerung voraussetzt. Die Autoren sagen es uns unmissverständlich: Grünes Wachstum ist ein zum Scheitern verurteiltes Unterfangen, und es gibt keine Zukunft für die Menschheit, wenn wir nicht erkennen, dass unbegrenztes Wirtschafts- und Bevölkerungswachstum auf einem endlichen Planeten den ökologischen Selbstmord bedeutet. Umweltgruppen, die sich unbekümmert weigern, das industrielle Wachstumsparadigma in Frage zu stellen, sollten sich vor diesem Buch fürchten, denn es entlarvt ihre Heucheleien und Unwahrheiten auf vernichtende Weise. Ich vermute, dass sie am liebsten sofort alle Exemplare dieses Buches verbrennen würden.

Christopher Ketcham, Autor von *This Land: How Cowboys, Capitalism, and Corruption Are Ruining the American West*

»Schöner grüner Schein« ist ein Meisterwerk. Die Autoren entlarven viele der Irrtümer des Mainstream-Umweltschutzes und der Wirtschaft. Ihre Hauptthese ist, dass vieles von dem, was heute als Umweltschutz gilt, in erster Linie auf die Aufrechterhaltung eines nicht nachhaltigen Lebensstils ausgerichtet ist. Die meisten sogenannten »nachhaltigen« Praktiken sind bloß ein langsamerer Weg, die Ökosysteme der Erde zu zerstören. Seit Jahren fordere ich, dass die Gesellschaft eine vollständige Bilanz der tatsächlichen Kosten unseres Lebensstils erstellen muss.

Dieses Buch zeigt auf, was in unserem mangelhaften Buchhaltungssystem alles fehlt und welche Kosten tatsächlich anfallen. Ich dachte, ich wüsste viel über die Umweltauswirkungen der Konsumgesellschaft, aber Jensen und seine Co-Autoren haben mir gezeigt, dass ich, wie viele Menschen, diese Kosten nur oberflächlich wahrgenommen habe.

»Schöner grüner Schein« ist ein inspirierender Wegweiser, der uns hilft, über unsere Umweltkrise zu reflektieren. Es ist ein überzeugendes Plädoyer für das, was die Gesellschaft tun muss, um ihren derzeitigen, nicht nachhaltigen Weg neu zu evaluieren. Es ist zu hoffen, dass »Schöner grüner Schein« zu einem durchdachteren, einfühlsameren und letztlich produktiveren Umweltaktivismus führen wird.

George Wuerthner,
Ökologe, Wildland-Aktivist, Fotograf und Autor von 38 Büchern,
darunter *Wildfire: Ein Jahrhundert gescheiterter Forstpolitik*

»Schöner grüner Schein« ist das Buch, auf das wir alle gewartet haben. Jensen und seine Co-Autoren räumen mit dem Mythos auf, dass wir uns irgendwie aus dem Schlamassel herauswinden können, den wir durch den Einsatz »erneuerbarer« Energien anrichten, um die Lüge aufrechtzuerhalten, dass endloses Wachstum möglich sei, ohne den Planeten und die Lebensgrundlagen, die er bietet, weiter zu zerstören. Möge »Schöner grüner Schein« der erste Schritt auf dem Weg in eine andere Zukunft sein – eine Zukunft, in der wir uns nicht weiter von künftigen Generationen etwas borgen, um ihnen einen unbewohnbaren Planeten zu hinterlassen.

Thomas Linzey, Senior Counsel des *Center For Democratic And Environmental Rights* und Mitbegründer des *Community Environmental Legal Defense Fund*

Derrick Jensen, Lierre Keith, Max Wilbert

SCHÖNER GRÜNER SCHEIN

Warum »grüne« Technologien derselbe Irrweg in Grün sind

Aus dem amerikanischen Englisch von
Andreas Lentz

Bücher haben feste Preise.

1. Auflage 2023

Derrick Jensen, Lierre Keith, Max Wilbert
Schöner grüner Schein

Der Titel des englischen Originals lautet *Bright Green Lies: How the Environmental Movement Lost Its Way and What We Can Do About It*

Die Originalausgabe erschien 2021 im Monkfish Buchverlag 22 East Market Street, Suite 304, Rhinebeck, NY 12572 monkfishpublishing.com

Übersetzt aus dem amerikanischen Englisch von Andreas Lentz

Umschlag:
Fotos: engel.ac (Windturbine); Joakim Berglund (Windturbinenfundament); Mr. Tempter (Kohlemine); alle shutterstock.com
Gestaltung: Dragon Design, GB

Lektorat, jeweils in Teilen: Alice Deubzer, Boris Wu, Rolf Thormann, Rudolf Langer und Dr. Ursula Ruppert

Satz und Gestaltung:
Dragon Design, GB
Gesetzt aus der Palatino

Gesamtherstellung: Appel & Klinger, Schneckenlohe
Printed in Germany

ISBN 978-3-89060-838-9

Neue Erde GmbH
Cecilienstr. 29 · 66111 Saarbrücken
Deutschland · Planet Erde
www.neue-erde.de

Eine Sache ist richtig, wenn sie dazu beiträgt,
die Integrität, Stabilität und Schönheit der biotischen
Gemeinschaft zu erhalten. Sie ist falsch, wenn sie
in eine andere Richtung weist.

Aldo Leopold, *Landethik*

INHALT

Vorwort zur deutschen Ausgabe

Das Wort für Welt ist Wald. Lange bevor es Menschen gab, in den geologischen Zeitaltern, die wir heute als Karbon und Perm bezeichnen, dominierten riesige dichte Sumpfwälder aus Urfarnen, Kalamiten, Siegel- und Schuppenbäumen die Landmasse unseres Planeten. Die hohe Konzentration an Kohlenstoffdioxid in der Atmosphäre bot ideale Wachstumsbedingungen für Pflanzen und führte zu einer Überproduktion von Biomasse, die sich in den sumpfigen Böden der Urwälder anhäufte. Im Laufe der Jahrmillionen wurden Teile dieser Sümpfe regelmäßig von Flüssen überflutet und dadurch von Sedimenten aus Ton und Sand überdeckt. Diese zyklischen Sedimentationsbedingungen komprimierten und entwässerten die Sumpfböden. Vor allem im Zeitalter des Oberkarbons (im Deutschen auch als »(Stein-)Kohlezeitalter« bezeichnet), wurde das organische Ausgangsmaterial unter Luftabschluss, hohem Druck und Hitze verdichtet und dadurch schließlich in Steinkohle umgewandelt.

Das andere Wort für Welt ist Wasser. Neben den Urwäldern prägten nährstoffreiche Schelf- und Binnenmeere die urzeitliche Landschaft. Wasser ist buchstäblich die Quelle allen Lebens, und auch diejenigen von uns, die letztendlich im Laufe der Evolution die Meere verließen und lernten, an Land zu leben, tragen sie immer noch im Blut. Unser Blutplasma enthält Salz und Ionen in einem Verhältnis, welches dem der Ozeane bemerkenswert ähnlich ist.

Unsere heilige Mutter Erde brachte in ihrer unendlichen Liebe zu allem Leben eine schier unendliche Vielfalt an diesem hervor. Die urzeitlichen Schelfmeere waren reich an Leben, wobei Meereskleinstlebewesen wie Algen den mit Abstand größten Teil der maritimen Biomasse bildeten. In den tieferen Zonen lagerten sich die abgestorbenen Algen zusammen mit Tonpartikeln auf dem Meeresboden ab. Die sauerstoffarmen Bedingungen verhinderten die vollständige Zersetzung der Algenbiomasse und führten zur Entstehung von Faulschlämmen. So bildeten sich mächtige Sedimentfolgen mit einem hohen Anteil an organischem Material, welche über die Jahrmillionen hinweg zu dem Energieträger wurden, der die Industrialisierung der Zivilisation möglich machte: Erdöl.

Letztendlich hat unser Planet nur eine einzige Energiequelle, nämlich die Sonne. Alle fossilen Energieträger sind Jahrmillionen alte, in fossiler Biomasse gespeicherte solare Energie.

Unterdes erschuf unsere heilige Mutter Erde in ihrer unendlichen Liebe eine weitere, schier unendliche Vielfalt an Leben. Auf die Dinosaurier folgten Vögel, Säugetiere und schließlich die Spezies, die sich heutzutage ganz unbescheiden als *Homo sapiens sapiens*, als Weisesten der Weisen bezeichnet. Wie weise es ist, den Planeten, auf dem man lebt, zu zerstören, muss allerdings hinterfragt werden.

Die längste Zeit ihrer Existenz lebten die steinzeitlichen Menschen, die nur in der Vorstellungswelt der Zivilisierten primitiv waren, im Einklang mit den ökologischen Gesetzmäßigkeiten, bis einige Kulturen einen funktionalen Fehler begingen: Sie kultivierten einjährige Gräser mit nahrhaften Samen in großflächiger Monokultur-Landwirtschaft. Der Überschuss an leicht speicher- und handelbaren Kohlehydraten aus Getreidemonokulturen führte zu einem nie dagewesenen Bevölkerungswachstum und ermöglichte den Bau von Stadtstaaten mit stehenden Heeren, patriarchalen Herrschaftskulten, monotheistischen Religionen, Sklaverei und einer endlosen Welle von Gewalt, Krieg, Kolonialismus und Umweltzerstörung, kurz: die Form von Kultur, die wir Zivilisation nennen. Der Klimawandel ist kein aktuelles Phänomen. Die Abholzung von Urwäldern, das Trockenlegen der Moore für die Landwirtschaft, Bergbau, den Bau von Kriegsschiffen und anderer Kriegsmaschinerie hatte bereits in der Antike messbare Auswirkungen auf das Weltklima, wie wir aus atmosphärischen Daten aus Gasen wissen, die im nicht mehr so ewigen Eis der Antarktis und Grönland gespeichert sind.

Im Wesentlichen – und das Wesentliche ist unser Umgang mit dem Planeten und unseren Mitgeschöpfen – gab und gibt es nur zwei menschliche Kulturen: Indigene und Zivilisierte. Während Indigene im Einklang mit den biologischen Gesetzmäßigkeiten leben, sind endlose Expansion, Kolonialismus und die Übernutzung von Ressourcen die Kennzeichen einer jeden Zivilisation, die letztendlich zu ihrem Kollaps führen. Zivilisationen haben schon immer indigene Völker verdrängt oder vernichtet. Nachdem die dominante westliche Zivilisation sich über ganz Europa ausgedehnt hatte und nach 1492 auf dem amerikanischen Doppelkontinent den größten Genozid an indigenen Völkern in der Menschheitsgeschichte beging, machte sie in ihrem endlosen Hunger nach Ressourcen einen zweiten funktionalen und fundamentalen Fehler: Sie begann, die fossilen Energieträger Steinkohle und Erdöl zu nutzen und steigerte damit ihre Zerstörungskraft bis ins Äußerste. Industrielle Zivilisation ist Zivilisation auf Steroiden, und ihre Steroide sind fossile Brennstoffe.

Rachel Carsons Buch »Silent Spring« (Der stumme Frühling) von 1962 markierte den Beginn der modernen Umweltbewegung. Während indigene Völker schon immer für die Erhaltung der Natur und damit ihrer Lebensgrundlagen kämpften, begannen nun auch in der westlichen Welt Menschen, sich zu versammeln und zu versuchen, wilde Orte und wilde Lebewesen vor der Zerstörung durch unsere Zivilisation zu schützen.

Der Klimawandel rückte erst in den 1990er Jahren ins öffentliche Bewusstsein, denn Wissenschaftler wie James Hansen begannen erst in den späten 1980er Jahren zu verstehen, dass das Verbrennen von Jahrmillionen gespeicherter fossiler Sonnenenergie sowie die Freisetzung des darin festgesetzten Kohlenstoffdioxids innerhalb eines einzigen Jahrhunderts das Klima unseres Planeten gewaltig durcheinanderbringen wird.

Aufgrund der die dagewesenen Übernutzung unseres Planeten im industriellen Maßstab haben wir westlichen Menschen heutzutage mehr Ressourcen und Energie zur Verfügung als jede menschliche Generation zuvor. Die westliche Wohlstandsverwahrlosung führte dazu, dass sich die Umweltbewegung zu einem stark verengten öffentlichen Diskurs verführen ließ, der sich allein auf die globale Erwärmung und unrealistische technokratische Utopien fokussiert, und in dem das umfassendste, dramatischste und schnellste Artensterben aller Zeiten, dessen Zeugen wir gerade sind, keine Rolle mehr spielt. Die globale Erwärmung beginnt ja gerade erst, uns ernsthaft zu beeinflussen. Die Umweltzerstörung, die Ausrottung allen nichtmenschlichen Lebens, kurz gesagt der Fakt, dass Zivilisationen und insbesondere die industrielle Zivilisation inhärent zerstörerisch sind, ihre Ressourcen übernutzen und damit per Definition niemals nachhaltig sein können und unweigerlich kollabieren werden, sowie die daraus resultierende Tatsache, dass wir unsere Lebensweise radikal ändern müssten, sind im öffentlichen Diskurs ein Tabuthema.

Der funktionale Denkfehler im Glaubenssystems um die sogenannten erneuerbaren Energien ist, dass die fossilen Energieträger Steinkohle und Erdöl Energie *erzeugen*. Dabei sind sie nichts anderes als Energie*speicher*, also buchstäblich Speicher für Millionen Jahre alte Solarenergie. Diese »natürlichen Akkus« haben eine höhere Energiedichte als alle von Menschen entwickelten Energiespeicher. Diesel speichert 46-mal mehr Energie pro Kilogramm als der modernste Lithium-Ionen-Akku. Daher sind fossile Energien unglaublich praktisch: Sie sind einfach zu transportieren, für unendliche Zeit speicherbar und können jederzeit bei Bedarf verbrannt werden. Auf diesen Eigenschaften ist die gesamte Stromnetz-Infrastruktur aufgebaut, wobei der Begriff »Netz« in mehr als einer Hinsicht ungenau ist. Erstens ist es eher ein Netzwerk als ein Netz. Zweitens handelt es sich nicht um ein einziges Netz, sondern um Hunderte von Netzen auf der ganzen Welt, von denen jedes eine bestimmte Region mit Strom versorgt. Das gesamte Netzwerk funktioniert im Grunde wie ein großer Kreislauf, der an den Kraftwerken beginnt und endet. Teilstromkreise führen zu einzelnen Haushalten, Unternehmen, Fabriken, Serverfarmen, Krankenhäusern und so weiter. Zwischen den Regionen fließt der Strom zwar immer noch, aber er wird sorgfältig reguliert.

Die Windräder, Solaranlagen und Wasserkraftwerke, die wir unter dem schwammigen Begriff »erneuerbare Energien« zusammenfassen, sind ja keine Energien oder Energieträger im eigentlichen Sinne, sondern Technologien, die unter bestimmten Bedingungen das Sonnenlicht oder die Bewegungsenergie von Wind und Wasser in Elektrizität umwandeln können. Die im öffentlichen Diskurs verwendeten Begrifflichkeiten wie »Energiewende«, »erneuerbare Energien« oder »grüne Energie« suggerieren, dass wir von einer Form der Energie auf eine andere Form umschalten. Hier liegt der Denkfehler, denn was wir eigentlich versuchen ist, fossile Energie*speicher* durch moderne Technologien zur Strom*erzeugung* zu ersetzen.

Eines der zahlreichen Probleme hierbei ist, dass diese zusätzlich erzeugte elektrische Energie, abhängig von der jeweiligen Stärke des Sonnenlichts, dem herrschenden Wind oder der Strömung, sehr stark schwankt. Schätzungen zufolge kann das moderne Stromnetz nur bis zu 35 Prozent Elektrizität aus Windkraft und 12 Prozent Elektrizität aus Photovoltaik verkraften, somit insgesamt etwa 47 Prozent, also knapp die Hälfte sogenannter erneuerbare Energie, da solche Schwankungen noch durch konventionelle Kohle- und Gaskraftwerke ausgeglichen werden können. Starke Stromschwankungen sind mit einem funktionierenden industriellen Stromnetz nicht vereinbar. Die meisten Haushaltsgeräte kommen mit einer Spannungsschwankung von 5 bis 10 Prozent gut zurecht, aber moderne Fabriken, Serverfarmen und auch Krankenhäuser mit ihren hochkomplexen Gerätschaften und Maschinen benötigen präzise stabile Ströme.

Es ist sehr schwierig bis unmöglich, die intermittierenden, stark schwankenden Stromflüsse aus Tausenden von Windkraft- und Solaranlagen zu einer zuverlässigen Netzspannung zu kombinieren, weil es keine Pufferspeicher im Netzmaßstab gibt. (Derzeit dienen die konventionellen Kohle- und Gaskraftwerke quasi als Puffer, da die Stromerzeugung hier je nach Bedarf schnell hoch- oder heruntergefahren werden kann.) Fakt ist, dass das Netz eben nicht für die sogenannten erneuerbaren Energien gebaut wurde, sondern für fossile Energieträger.

Doch ganz abgesehen davon, selbst wenn geniale Wissenschaftler und Ingenieure es schaffen würden, das Stromnetz komplett auf Solar, Wind und Wasserkraft umzustellen, bleibt da immer noch das kleine Problem, dass unsere Zivilisation den Planeten zerstört. Die Hoffnung auf Rettung unserer Zivilisation durch moderne Technologien, die in Wirklichkeit dem Planeten nicht helfen, sondern selbst in vielerlei Hinsicht zerstörerisch sind, ist eben nur schöner grüner Schein. Auf einem zerstörten Planeten kann man nicht leben, und es ist höchste Zeit für einen ernsthaften und radikalen Diskurs, der die hochgradig gestörte Beziehung unserer Kultur zu unserer heiligen Mutter Erde, die uns alle in ihrer unendlichen Liebe hervorgebracht hat und die unsere einzige Heimat ist, in der notwendigen Tiefe thematisiert.

Diesen Diskurs wollen wir mit diesem Buch anregen.

Boris Wu
Permakulturfarmer, Umweltaktivist und
Mitglied der Organisation Deep Green Resistance

VORWORT

Dieses Buch nahm 2010 Gestalt an, als Derrick Jensen gebeten wurde, mit einem sogenannten »hellgrünen« Umweltschützer zu diskutieren. Aus der hellgrünen Perspektive sind die nichtnachhaltigen Aspekte unserer heutigen Lebensweise – einschließlich der Großstädte – keine funktionalen Probleme, sondern lassen sich vielmehr durch leicht verfügbare Technologien und Verfahren lösen: Photovoltaik, Windkraftanlagen, Recycling und dergleichen.

Als der grüne Befürworter in der Debatte behauptete, dass Städte tatsächlich nachhaltig sein könnten, antwortete Derrick mit mehreren Fragen: »Woher bekommen Sie die Lebensmittel, die Energie, das Wasser? Wohin gehen die menschlichen Abfälle? Waren Städte nicht schon immer darauf angewiesen, Land einzunehmen und dieses Land seiner Ressourcen zu berauben?«

Nachhaltigkeit kann als eine Lebensweise definiert werden, die keine Einfuhr von Ressourcen erfordert. Wenn eine Stadt also die Einfuhr von Ressourcen erfordert, bedeutet dies, dass die Stadt die umgebende Landschaft eben dieser Ressource beraubt hat. Es ist ganz natürlich, dass eine wachsende Stadt eine immer größere Umgebung ausnimmt. Tatsächlich haben die Städte über die letzten 6.000 Jahre ganze Landstriche entblößt. Vor mehr als 2.000 Jahren schrieb der chinesische Philosoph Mencius: »Es gab eine Zeit, in der die Wälder des Niu-Berges schön waren. Aber kann der Berg noch als schön angesehen werden, seit er in der Nähe einer großen Stadt liegt und die Holzfäller die Bäume gefällt haben?«

»Ich sage nicht, dass die Menschen ihren ökologischen Fußabdruck nicht verkleinern sollten oder dass Städte weniger nachhaltig sind als Vorstädte«, so Derrick. »Ich sage nur, dass wir ehrlich mit uns selbst sein und erkennen müssen, dass man ohne

Bergbauinfrastruktur kein elektrisches System haben kann, weil man Kupfer oder andere Metalle für die Verkabelung braucht.«

So wie eine moderne Stadt ohne Stromnetz nicht denkbar ist, so ist auch Elektrizität ohne die Gewinnung von Metallen zu seiner Herstellung undenkbar. »Man darf einzelne Technologien nicht aus dem Zusammenhang reißen«, sagte Derrick, denn jedes System, jedes Objekt ist davon abhängig, dass Menschen der Erde Ressourcen entnehmen. Um seinen Standpunkt zu verdeutlichen, nahm er seine Brille ab und hielt sie als Beispiel hoch. »Sie besteht aus Plastik, für das Öl und Transportinfrastrukturen benötigt werden, und aus Metall, für das Bergbau, Öl und Transportinfrastrukturen erforderlich sind«, erklärte er. »Sie hat Brillengläser, und die moderne Glasherstellung erfordert Energie und Transportinfrastruktur. Die Minen, aus denen die Materialien für meine Lesebrille kommen, müssen irgendwo liegen, und die Energie für die Herstellung muss auch irgendwoher kommen.

Wir müssen aufhören, uns von der Erzählung leiten zu lassen, dass wir alles haben können«, schloss Derrick, »dass wir eine industrielle Kultur haben können und auch wilde Natur, dass wir eine Erdölwirtschaft haben können und es trotzdem noch Eisbären gibt.«

Der Hellgrüne antwortete mit dem häufigsten Argument und Glaubensbekenntnis seiner Bewegung: dass jedes System, das wir derzeit nutzen und das nicht nachhaltig ist, von Menschen entworfen wurde und daher umgestaltet werden kann. »Es ist durchaus möglich«, argumentierte der Hellgrüne, »einen umweltfreundlichen, geschlossenen, kohlenstoffneutralen Weg zur Hervorbringung von Wohlstand einzuschlagen, den die meisten Menschen als vernünftig akzeptieren würden.«

»Aber wo«, fragte Derrick, »gibt es ein Beispiel für ein System, das so umgestaltet werden könnte, dass es nachhaltig ist?«

»Sie erwähnten den Bergbau«, antwortete der Hellgrüne. »Es ist in der Tat möglich, Mineralien und Metalle zurückzugewinnen, Dinge so zu konstruieren, dass sie zerlegbar sind, so dass die

Mineralien leicht aus den Gegenständen zurückgewonnen werden können, wenn sie nicht mehr von Nutzen sind, und diese Elemente in Teile für neue Dinge zu verwandeln. Wir wissen, dass es zumindest theoretisch möglich ist, eine absolut abfallfreie Wirtschaft zu haben, und wir wissen, dass es praktisch schon jetzt möglich ist, eine Wirtschaft zu haben, die nahezu abfallfrei ist.«

Klingt toll, oder? Das einzige Problem – und das ist bei allen hellgrünen Argumenten der Fall – ist, dass diese Idee nicht mit der physischen Realität übereinstimmt. Wie wir in diesem Buch nachweisen, erfordert der Prozess des Recyclings von Materialien selbst eine Infrastruktur, die sowohl für die Umwelt als auch für die Menschen schädlich ist. Der Recyclingprozess verursacht nicht nur häufig mehr Abfall und Umweltverschmutzung, sondern führt oft dazu, dass die lokale Bevölkerung und die Arbeiter gesundheitsgefährdenden Giftstoffen ausgesetzt sind und letztere Sklavenarbeit verrichten.

Aber die hellgrüne Umweltbewegung hat in den letzten 20 Jahren so viel Zuspruch gefunden, dass sie den Mainstream-Umweltschutz praktisch übernommen hat. Das liegt daran, dass die Träger der hellgrünen Bewegung den Menschen erzählen, was sie hören wollen, nämlich dass man alles haben kann: die industrielle Zivilisation und zugleich einen Planeten. Oder anders ausgedrückt, man muss seinen Lebensstil überhaupt nicht ändern; man kann einen Planeten haben und ihn zugleich verbrauchen.

Aber wir können nicht alles haben. Und wenn wir wollen, dass unser Planet überlebt, müssen wir unseren Lebensstil ändern – und zwar radikal. Hellgrüner Umweltschutz und andere Formen der Verleugnung unserer Situation richten großen Schaden an, weil wir Zeit, die wir nicht haben, mit »Lösungen« für Nachhaltigkeit verschwenden, die nicht funktionieren können.

Dieses Buch beschäftigt sich mit einigen der Unwahrheiten, die von den Hellgrünen verbreitet werden. Wir entlarven viele dieser Lügen und analysieren, warum sie Lügen sind, und wir erklären die Tricks, mit denen die Hellgrünen diese Lügen aufrechterhalten –

möglicherweise nicht nur uns, sondern auch sich selbst gegenüber. Wir hoffen, dass unsere Leser, nachdem wir diese Lügen aufgedeckt haben, das Gelesene nutzen können, um weitere hellgrüne Behauptungen zu entlarven.

Wir wollen damit nicht sagen, dass Innovation nie hilfreich ist. Wir sagen auch nicht, dass wir nicht recyceln sollten oder dass einige Produktionsformen nicht nachhaltiger sind als andere oder dass Städte nicht nachhaltiger gestaltet werden können.

Wir wollen damit nur sagen, dass wir weder uns selbst noch einander belügen sollten. Besonders wenn die ganze Welt auf dem Spiel steht, sollten wir die Wahrheit sagen. Wir meinen, dass diese hellgrünen Lösungen Lügen sind, Lügen, die uns erlauben, eine nicht nachhaltige Lebensweise fortzuführen und dabei so zu tun, als würden wir den Planeten nicht umbringen.

PROLOG

Lierre Keith

Uns droht tödliche Gefahr. Wie alle Tiere brauchen wir ein Zuhause: eine Decke aus Luft, eine Wiege aus Erde und eine ungeheure Vielfalt von Lebewesen, die beides bereitstellen. Wir können keinen Sauerstoff erzeugen, aber andere können es – vom winzigen Plankton bis zu den hoch aufragenden Mammutbäumen. Wir können keinen Mutterboden aufbauen, aber der allmähliche Kreislauf von Bakterien, Bisons und Süßgräsern tut es.

Aber all diese Lebewesen bluten aus, Art für Art, wie Noah und die Arche im Rückwärtsgang, während der Kohlenstoff anschwillt und die Feuer weiter wüten. Unsere fünf Jahrzehnte des Umweltaktivismus haben dies nicht aufgehalten. Sie haben es nicht einmal verlangsamt. In diesen fünf Jahrzehnten haben die Menschen 60 Prozent der Tiere auf der Erde getötet. Und das ist nur eine miserable Zahl unter so vielen anderen.

Das ist das Grauen, das die Leser zu einem Buch wie diesem bringt, mit einer Mischung aus Hoffnung und Verzweiflung. Aber wir haben keine guten Nachrichten für Sie. Um es unverblümt zu sagen: Mit der Umweltbewegung ist etwas fürchterlich schiefgelaufen.

Einst waren wir die Leute, die wilde Kreaturen und wilde Orte verteidigen wollten. Wir liebten unsere Verwandten, wir liebten unsere Heimat und wir kämpften für unsere Liebsten. Gemeinsam bildeten wir eine Bewegung zum Schutz unseres Planeten. Auf dem Weg dorthin suchten viele von uns nach den Gründen: Warum haben die Menschen das angerichtet? Was könnte die Ursache für den mutwilligen Sadismus sein, der die Welt verwüstet? War es unsere Natur oder waren nur ein paar Menschen Schuld daran? Diese Analyse ist natürlich von entscheidender

Bedeutung. Ohne eine richtige Diagnose ist eine korrekte Behandlung unmöglich. In diesem Buch werden die besten Antworten dargelegt, die wir, die Autoren, gefunden haben.

Wir haben dieses Buch geschrieben, weil etwas mit unserer Bewegung geschehen ist. Die Lebewesen und Lebensräume, die einst im Mittelpunkt unseres Interesses standen, sind verschwunden. An ihrer Stelle steht nun genau das System, welches sie zerstört. Das Ziel hat sich gewandelt: Wir wollen unsere Lebensweise retten, nicht für den lebendigen Planeten kämpfen; wir stellen uns hinter die »Maschinen, die Maschinen machen, die Maschinen machen«, die verschlingen, was von unserer Heimat übrig ist.

Engagierte Aktivisten haben die Dringlichkeit der Klimaveränderungen in das breite Bewusstsein gerückt, und das ist ein großer Gewinn, da die Gletscher schmelzen und die Tundra brennt. Aber sie lösen das Problem mit der falschen Variablen. *Unsere Lebensweise muss nicht gerettet werden. Der Planet muss vor unserer Lebensweise gerettet werden.*

Es gibt einen Namen für die Mitglieder dieser aufstrebenden Bewegung: hellgrüne Umweltschützer (*Bright Green Environmentalists*). Sie glauben, dass Technologie und Design die industrielle Zivilisation nachhaltig machen können. Der Mechanismus, der die Entwicklung dieser neuen Technologien vorantreibt, ist das Konsumverhalten. Daher betrachten die »Hellgrünen« den Konsum als eine »entscheidende grüne Praxis«.[1] Tatsächlich haben sie »sich dem Konsumismus verschrieben« als dem Weg zum Wohlstand für alle.[2] Natürlich ist der Wohlstand, den wir durch Konsum erreichen, zeitlich streng limitiert, da der Planet endlich ist. Daher besteht der einzige Weg, um das hellgrüne Narrativ aufrechtzuerhalten, darin, jedes Bewusstsein für die Lebewesen und Gemeinschaften, die »konsumiert« werden, auszulöschen. Sie sind einfach nicht wichtig. Was zählt, ist Technologie. Akzeptieren Sie die Technologie als unseren Retter, versprechen die Hellgrünen, und unsere derzeitige Lebensweise ist für alle und für immer möglich. Da die ausgelöschten Arten aus dem Bewusstsein verschwunden sind, besteht das einzige Problem, das die Hellgrünen noch lösen müssen, darin, wie sie die glänzenden neuen Maschinen mit Energie versorgen.

Es spielt keine Rolle, wie der Zaubertrick vollführt wurde. Selbst die vom Aussterben bedrohten Arten wurden aus der Betrachtung eliminiert. Mal sieht man sie, mal nicht: von der Florida-Eibe (deren Heimat ein einziger 24-Kilometer-Abschnitt ist, der nun durch die Biomasseproduktion bedroht ist) bis zur schottischen Wildkatze (deren Rest von trostlosen 35 Exemplaren durch eine geplante Windkraftanlage gefährdet ist). Als ob die Menschen irgendwie auf einem Planeten überleben könnten, der seiner Arten beraubt wurde und zu einem toten Felsen ausgeblutet ist. Einst kämpften wir für die Lebenden. Jetzt sollen wir für ihren Tod kämpfen, während Windturbinen die Berge und Solaranlagen die Wüsten erobern.

»Möge die Wahrheit deine Rüstung sein«, forderte Marcus Aurelius. Die Wahrheiten in diesem Buch sind hart, aber Sie werden sie brauchen, um Ihre Geliebte zu verteidigen. Die erste Wahrheit ist, dass unsere derzeitige Lebensweise ein industrielles Energieniveau erfordert. Das ist nötig, um die Umwandlung von lebenden Gemeinschaften in tote Waren voranzutreiben. Diese Umwandlung ist das Problem, um es mit den Worten der australischen Atomkraft-Gegnerin Dr. Helen Caldicott zu sagen, »wenn man diesen Planeten liebt«. Die Aufgabe, die vor uns liegt, ist nicht, diese Umwandlung weiter voranzutreiben. Es geht um die Frage, wie wir sie stoppen können.

Die zweite Wahrheit ist, dass fossile Brennstoffe – vor allem Erdöl – praktisch unersetzlich sind. Die vorgeschlagenen Alternativen – wie Solar-, Wind- und Wasserkraft sowie Biomasse – werden niemals ausreichen, um eine industrielle Wirtschaft zu versorgen.

Drittens sind diese Technologien an sich schon Angriffe auf die lebende Welt. Von Anfang bis Ende erfordern sie Verwüstungen im industriellen Maßstab: Tagebau, Abholzung, Bodenvergiftung, die nur auf einer geologischen Zeitskala nicht von Dauer ist, dazu Ausrottung und Aussterben gefährdeter Arten und, ach ja: Sie brauchen fossile Brennstoffe. Diese Technologien werden die Erde nicht retten. Sie werden ihren Untergang nur beschleunigen. Und schließlich gibt es echte Lösungen. Einfach ausgedrückt, müssen wir lediglich damit aufhören, den Planeten zu zerstören, und das natürliche Leben zurückkehren lassen. Überall gibt es Menschen, die genau das tun, und die Natur reagiert darauf, manchmal auf wundersame Weise. Die Verwundeten werden geheilt, die Vermissten tauchen wieder auf, und die Vertriebenen kehren zurück. Es ist noch nicht zu spät.

Ich sitze auf meiner Wiese und suche nach Hoffnung. Schwaden von Purpurnadelgras (Purple Needlegrass, *Nassella pulchra*), still und stetig, schwellen an mit Samen: 66 Millionen Jahre Evolution, die sich auf ein weiteres Jahr vorbereiten. Ich musste nur die Gräser nachwachsen lassen, und es folgte eine Kaskade von Leben. Das hohe Gras schuf ein Zuhause für Kaninchen. Die Kaninchen brachten die Füchse. Und jetzt durchdringt der Schrei eines jungen Falken den Himmel, wild und drängend. Ich kenne diesen Schrei, und doch kenne ich ihn nicht. Ich, und doch nicht ich. Die Liebe und die schmerzende Ferne. Ich bin mir sicher, dass das Leben leben will. Die Falkeneltern werden die Jungen füttern, sie unterrichten und sie ziehen lassen. Es wird die Reihe an sie kommen, dann an ihre Kinder und an ihre.

Alle Besucher, die hierherkommen, sagen immer das gleiche: »Ich habe noch nie so viele Libellen gesehen.« Sie sagen es mit Verwunderung, fast mit Ehrfurcht und immer mit Freude. Und darin liegt auch meine Hoffnung. Trotz allem lieben die Menschen diesen Planeten und alle unsere Verwandten. Sie können sich dem nicht entziehen. Diese Liebe ist ein Teil von uns, so gewiss wie unser Blut und unsere Knochen.

Irgendwo in der Nähe gibt es Berglöwen. Ich habe gehört, wie ein Weibchen nach einem Partner rief, ihr Bedürfnis war heftig und unbedingt. Hier, in den letzten Resten der Wildnis, versucht das Leben weiterzuleben. Wie könnte ich weniger tun? Es ist keine Zeit für Verzweiflung. Die Berglöwen und die Libellen, die flüggen Falken und die Samen des Purpurnadelgrases brauchen uns jetzt.

Wir müssen unsere Bewegung zurückgewinnen und unsere Geliebte verteidigen. Wie können wir weniger tun? Und wie können wir verlieren, wenn wir das ganze Leben auf unserer Seite haben?

DAS SPEKTRUM DES UMWELTSCHUTZES

Tiefgrün

Sowohl der lebende Planet als auch die nichtmenschliche Lebewesen haben das Recht zu existieren. Das menschliche Wohlergehen hängt von einer gesunden Ökologie ab. Um den Planeten zu retten, müssen die Menschen innerhalb der Grenzen der natürlichen Welt leben; daher müssen auf sozialer, kultureller, wirtschaftlicher, politischer und persönlicher Ebene drastische Veränderungen stattfinden.

Lifestylisten

Der Mensch ist von der Natur abhängig, und die Technologie wird die Umweltprobleme wahrscheinlich nicht lösen, aber politisches Engagement ist entweder unmöglich oder unnötig. Das Beste, was wir tun können, ist, uns in Eigenverantwortung zu üben, bescheidener zu leben und andere persönliche Lösungen zu finden. Der Rückzug wird die Welt verändern.

Hellgrüne

Es gibt ernsthafte Umweltprobleme, aber grüne Technologie und grünes Design sowie ethisches Konsumverhalten werden es möglich machen, den modernen, energieintensiven Lebensstil auf unbestimmte Zeit fortzusetzen. Die Einstellung dieser Grünen läuft darauf hinaus: »Es geht weniger um die Natur und mehr um uns.«

Vernünftige Nutzer, Umweltmanager

Es gibt zwar ökologische Probleme, aber die meisten davon sind nicht so schlimm und können durch ein angemessenes Management gelöst werden. Natürliche Ressourcen sollten in erster Linie geschützt werden, um ihre weitere Extrahierung und das menschliche Wohlergehen zu ermöglichen.

Cornucopianer (»Füllhornisten«)

Die Erde besteht aus Ressourcen, die im wesentlichen unendlich sind. Ökologische Probleme sind zweitrangig. Technologie und das Wirtschaftssystem – ob freier Marktkapitalismus oder Sozialismus – werden alle ökologischen Probleme lösen.

Technokraten, Transhumanisten

Der Mensch sollte die Biologie überwinden, indem er stark in die Technologie investiert. Auch der Möglichkeit des Aussterbens der Menschheit können wir entgehen, indem wir den Planeten Erde verlassen, und wir sollten letztlich kybernetische Verbesserungen und das Hochladen des menschlichen Bewusstseins in Maschinen anstreben, um den Tod zu besiegen.

Kapitel 1

DAS PROBLEM

Kann die Demokratie in irgendeiner Form überleben, wenn unsere autoritäre Technik ihre Macht mit Hilfe ihrer neuen Formen der Massenkontrolle, ihrer Palette von Beruhigungs- und Schlafmitteln und Aphrodisiaka konsolidiert? Diese Frage ist absurd: Das Leben selbst wird nicht überleben, es sei denn, es wird durch das mechanistische Kollektiv geschleust.

Lewis Mumford[1]

Es bleibt so wenig Zeit und noch weniger Hoffnung, hier inmitten des Ruins, am Ende der Welt. Jeder Lebensraum liegt in Fetzen. Das grüne Fleisch der Wälder ist zu trostlosem Sand zerfallen. Das Wort *Wasser ist* bedeutungslos geworden; der Athabascan River ist nunmehr eine Giftpfütze, die aus der offenen Wunde der Teersande von Alberta sickert. Wenn Vögel über ihn hinwegfliegen, fallen sie tot vom Gift vom Himmel. Keiner glaubt uns, wenn wir das sagen, aber es ist wahr. Die Appalachen werden in Stücke gesprengt, ihr dichtes Leben aus Laubwäldern, einschließlich ihrer menschlichen Gemeinschaften, wird auf ein Entsorgungsproblem reduziert, das »Abraum« genannt wird; ein Wort, das Hasstirade genannt werden sollte: Lebewesen sind keine Objekte, die man in Gullys wirft, sondern Berglorbeer, Walddrosselküken, jemandes Enkelkinder. Wenn es nach Auschwitz keine Poesie mehr gibt, dann gibt es nach dem Abbau von Bergkuppen auch keine Grammatik mehr.

Wie oben, so unten. Die Korallenriffe zerbröckeln unter dem Säureangriff des Kohlenstoffs. Und die Graslandschaften der Welt wurden mit Stahlmessern, die durch fossile Brennstoffe gespeist werden, buchstäblich in Streifen geschnitten. Der Hunger dieser Klingen wäre endlos, wäre da nicht die Tatsache, dass der Planet eine begrenzte Kugel ist: Es gibt keine Kontinente mehr zu essen. Jedes Jahr verbraucht die durchschnittliche amerikanische Farm das Energieäquivalent von drei bis vier Tonnen TNT pro Hektar. Und Öl verbrennt sich leicht, wenn erst einmal jede Möglichkeit zur Selbstversorgung von Gesellschaften zerstört ist. Sogar ihre Erinnerung ist verschwunden, metaphrastisch geworden, etwas zwischen Vorgeschichte und Märchen.

Alles, was übrigbleibt, ist Kohlenstoff, der sich zu einem Albtraum aufbaut, aus dem uns die Morgendämmerung nicht mehr retten kann. Aus dem *Klimawandel* ist ein *Klimachaos geworden,* das sich zu einem geflüsterten *Klima-Holocaust* entwickelt hat. Zumindest flüstern die Menschen. Und die Tiere? Während der Dürre 2011 in Texas ließen Rehe ihre Kitze im Stich, weil sie keine Milch mehr hatten. Das ist kein flüsternder Kummer. Für Lebewesen wie Labrador-Enten, Javanische Nashörner und Xerces-Bläulinge ist es das lange Schweigen des Aussterbens.

Wir haben eine Menge Zahlen. Sie halten uns bei Verstand und bieten eine Art Galgenstrick gegen den unnachgiebigen Sadismus der Macht: Wir wissen, dass die Welt ums Leben gebracht wird, auch wenn die Masse es leugnet. Die Zahlen sind real. Die Zahlen lügen nicht. Die Arten werden immer weniger, ihr Aussterben beschleunigt sich, und alle ihre Namen sind andere Worte für *Verwandte*: Bisons, Wölfe, Schwarzfußiltisse.

Vor mir (Lierre) liegt der Text eines Vortrags, den ich gehalten habe. Die Originalfassung enthält diesen Satz: »Weitere 120 Arten sind heute ausgestorben.« Die *120* ist durchgestrichen, und darüber steht *150*. Aber auch die *150* ist durchgestrichen, und darüber steht *180*. Die *180* wiederum hat der *200* Platz gemacht. Ich betrachte diese Entwicklung mit einer kranken Art von Ehrfurcht.

Wie kann meine kleine, saubere Handschrift diesen Horror aushalten? Die Zahlen werden immer mehr, ich habe keinen Platz mehr am Rand, und dem Leben läuft die Zeit davon.

Vor 12.000 Jahren begann der Krieg gegen die Erde. In neun Gegenden[2] begannen die Menschen, die Welt zu zerstören, indem sie Landwirtschaft betrieben. Verstehen Sie, was Landwirtschaft ist: Grob gesagt, man nimmt ein Stück Land, räumt alles Lebendige ab – bis hin zu den Bakterien – und bepflanzt es dann für die menschliche Nutzung. Es gibt kein Vertun: Landwirtschaft ist biotische Säuberung.

Das ist keine Landwirtschaft an einem schlechten Tag oder eine schlecht gemachte Landwirtschaft. Das ist, was Landwirtschaft tatsächlich ist: die Ausrottung von Lebensgemeinschaften für eine Monokultur von Menschen. An dem Tag, an dem dies begann, lebten vielleicht fünf Millionen Menschen auf der Erde, und heute sind es inzwischen acht Milliarden.

Das Ende ist in den Anfang geschrieben. Der Geologe David R. Montgomery weist darauf hin, dass Agrargesellschaften »800 bis 2.000 Jahre überdauern … bis der Boden ausgelaugt ist.«[3] Fossile Brennstoffe haben sowohl die Ausrottung als auch die Monokultur enorm beschleunigt – die menschliche Bevölkerung hat sich mit dem durch die Grüne Revolution geschaffenen Überfluss vervierfacht –, aber das kann nur vorübergehend sein. Endliche Mengen haben die unangenehme Angewohnheit, zur Neige zu gehen.

Der Name für diese Verringerung ist *Drawdown*, und die Landwirtschaft ist im wesentlichen ein langsames Ausbluten von Böden, Arten, Biomen und letztlich des Lebens selbst. Die Evolution der Wirbeltiere ist wegen des Mangels an Lebensraum zum Stillstand gekommen. Da der Lebensraum mit Gewalt genommen und behalten wird, verbraucht allein Iowa jedes Jahr das Energieäquivalent von 4.000 Nagasaki-Bomben. Die Landwirtschaft ist die ursprüngliche Politik der verbrannten Erde, weshalb der Permakulturwissenschaftler Toby Hemenway und der Umweltschriftsteller Richard Manning denselben Satz geschrieben haben:

»Nachhaltige Landwirtschaft ist ein Oxymoron« (Zusammensetzung zweier sich widersprechender Begriffe). Um Manning ausführlich zu zitieren: »Kein Biologe oder sonst jemand könnte ein System von Vorschriften entwerfen, das die Landwirtschaft nachhaltig macht. Nachhaltige Landwirtschaft ist ein Oxymoron. Sie beruht größtenteils auf einem unnatürlichen System von einjährigen Gräsern, die in einer Monokultur angebaut werden, einem System, das die Natur nicht aufrechterhält oder auch nur als natürliches System anerkennt. Wir unterstützen sie mit Pflügen, Petrochemikalien, Zäunen und Subventionen, weil es keine andere Möglichkeit gibt, sie zu erhalten.«[4]

Die Landwirtschaft ist es, die das menschliche Muster namens *Zivilisation* hervorbringt. Zivilisation ist nicht dasselbe wie Kultur – alle Menschen schaffen Kultur. Eine Kultur ist im großen und ganzen die Gesamtheit der Bräuche, Traditionen und Werte, die einer Gruppe von Menschen eigen sind. *Zivilisation* ist das Wort für eine bestimmte Lebensform: Menschen, die in Städten leben. Die meisten Definitionen von *Stadt* verweisen auf Sesshaftigkeit, Bevölkerungsdichte und Arbeitsteilung als ihre hervorstechenden Merkmale. Seltener wird die Tatsache erwähnt, dass Menschen, wenn sie in so großer Zahl zusammenleben, Ressourcen importieren müssen: Stadtbewohner brauchen mehr, als das Land ihnen unmittelbar geben kann. Nahrung, Wasser und Energie müssen von woanders herkommen. Von diesem Punkt an spielt es keine Rolle mehr, welche schönen friedliebenden Werte die Menschen in ihren Herzen tragen. Diese Gesellschaftsform ist auf Imperialismus und Völkermord angewiesen, denn niemand wird sein Land, sein Wasser, seine Bäume freiwillig aufgeben. Aber da die Stadt ihr eigenes Land aufgebraucht hat, muss sie es sich woanders holen. Das sind die letzten 10.000 Jahre in ein paar Sätzen. Das Muster ist immer und immer wieder das gleiche. Es gibt ein aufgeblähtes Machtzentrum, das von eroberten Kolonien umgeben ist, aus denen es sich nimmt, was es will, bis es schließlich zusammenbricht.

Der gemeinsame Schrecken von Militarismus und Sklaverei beginnt in der Landwirtschaft. Landwirtschaftliche Gesellschaften werden militarisiert – und das immer – und zwar aus drei Gründen. Erstens schafft die Landwirtschaft einen Überschuss, und wenn dieser gelagert werden kann, kann er auch gestohlen werden. Also muss der Überschuss geschützt werden. Die Menschen, die das tun, werden *Soldaten* genannt.

Zweitens bedeutet diese Inanspruchnahme, dass die Landwirte mehr Land, mehr Boden und mehr Ressourcen brauchen werden. Sie brauchen eine ganze Klasse von Menschen, deren Aufgabe der Krieg ist, deren Aufgabe die gewaltsame Aneignung von Land und Ressourcen ist – die Landwirtschaft macht das möglich und unvermeidlich.

Drittens: Landwirtschaft ist Schwerstarbeit. Damit jemand Freizeit hat, braucht er Sklaven. Um das Jahr 1800, als das Zeitalter der fossilen Brennstoffe begann, lebten drei Viertel der Menschen auf diesem Planeten in Sklaverei, Zwangsarbeit oder Leibeigenschaft.[5] Gewalt ist die einzige Möglichkeit, so viele Menschen zu versklaven und zu halten. Wir haben das weitgehend vergessen, weil wir inzwischen Maschinen einsetzen, die wiederum fossile Brennstoffe verbrauchen, um diese Arbeit für uns zu erledigen.

Die Symbiose von Technik und Kultur wird von dem Historiker, Soziologen und Technikphilosophen Lewis Mumford (1895–1990) als *Technik* bezeichnet. Ein soziales Milieu schafft spezifische Techniken, die ihrerseits die Kultur prägen. Mumford schreibt: »[Eine] neue Konfiguration von technischer Erfindung, wissenschaftlicher Beobachtung und zentralisierter politischer Kontrolle … brachte die eigentümliche Lebensform hervor, die wir heute ohne Übertreibung als Zivilisation bezeichnen können. Die neue autoritäre Technologie war nicht durch dörfliche Bräuche oder menschliche Gefühle begrenzt: Ihre gewaltigen Leistungen der mechanischen Organisation beruhten auf rücksichtslosem physischem Zwang, Zwangsarbeit und Sklaverei, die Maschinen hervorgebracht haben, die in der Lage waren, Tausende von Pferdestärken aufzubieten, Jahrhunderte bevor Pferde angeschirrt oder Räder erfunden wurden. Diese zentralisierte Technik ... schuf komplexe menschliche Maschinen, die aus spezialisierten, standardisierten, austauschbaren und voneinander abhängigen Teilen bestehen – die Arbeitsarmee, die militärische Armee, die Bürokratie. Diese Arbeitsarmeen und militärischen Armeen hoben die Grenze menschlicher Leistungen an: die erste im Massenbau, die zweite in der Massenvernichtung, beide in einem bis dahin unvorstellbaren Ausmaß.«[6]

Technik ist alles andere als neutral oder passiv in ihren Auswirkungen: Pflugscharen erfordern Armeen von Sklaven, um sie zu bedienen, und Soldaten, um sie zu schützen. Die Technik, die die Zivilisation darstellt, hat von Anfang an Eroberungswaffen erfordert. »Der Ackerbau verbreitete sich durch Völkermord«, schreibt Richard Manning.[7] Die Zerstörung des europäischen Cro-Magnon – der Kultur, die uns Lascaux hinterlassen hat – dauerte vielleicht 300 Jahre und wurde von Bauernsoldaten aus dem Nahen Osten ausgeführt. Das einzige, was zwischen den beiden Kulturen ausgetauscht wurde, war Gewalt. »Alle diese Artefakte sind Waffen«, schreibt der Archäologe T. Douglas Price zusammen mit seinen Kollegen, »und es gibt keinen Grund zu der Annahme, dass sie ohne Gewalt ausgetauscht wurden.«[8]

Waffen sind Werkzeuge, die Zivilisationen hervorbringen, weil die Zivilisation selbst Krieg ist. Ihre grundlegendste materielle Aktivität ist Krieg gegen die lebende Welt, und wenn Leben zerstört wird, muss sich der Krieg ausbreiten. Die Ausbreitung ist nicht nur geographisch, obwohl dies sowohl unvermeidlich als auch katastrophal ist und biotische Gemeinschaften in ausgeweidete Kolonien und souveräne Menschen in Sklaven verwandelt. Die Zivilisation durchdringt auch die Kultur, denn die Waffen sind nicht nur eine Technik – kein Werkzeug ist das jemals. Technologien enthalten die transmutierende Kraft dieser Technik, die nahtlos eine Folge von sozialen Institutionen und entsprechenden Ideologien schafft. Diese Ideologien werden entweder autoritär oder demokratisch, hierarchisch oder egalitär sein. Techniken sind niemals neutral. Oder, wie der Pionier der Ökopsychologie Chellis Glendinning mit sparsamer Eloquenz schreibt: »Alle Techniken sind politisch.«[9]

Der Biologe David Ehrenfeld hat geschrieben, dass die Natur nicht nur komplexer ist, als wir denken, sondern auch komplexer, als wir denken können. Hier ein Beispiel: Ein Teelöffel Erde kann eine Milliarde Lebewesen enthalten. Wir können uns eine Zahl mit neun Nullen vorstellen, aber unser Verstand könnte niemals so viele tatsächliche Dinge auf einmal erfassen. Die Anzahl der Dinge, die wir gleichzeitig in unserem Gehirn aufnehmen können – an dem wir zwei Millionen Jahre gearbeitet haben – liegt bei bescheidenen vier.

Die neun sich aufreihenden Nullen in dieser einen Milliarde signalisieren eine unglaubliche Komplexität. Aber diese Komplexität wird noch größer. Denn jedes dieser Milliarden Lebewesen steht in Wechselwirkung mit den anderen. Die Zahl der Beziehungen zwischen einer Milliarde Organismen ist fünfmal 10^{17}. Wir würden uns darin verlieren, so viele Nullen auszuschreiben – ganz zu schweigen von den vielen Lebewesen, die vor uns ausgebreitet sind –, deshalb verdichten wir die Zahl auf den Exponenten *17*. Oder, um es einfach auszudrücken: 500 Quadrillionen. Wir können nichts anderes tun, auch nicht mit den 160.000 Kilometer Blutgefäßen unseres Gehirns und den 100 Milliarden Neuronen: Eine Billiarde ist so viel größer als vier.

Jedes dieser unsichtbaren Lebewesen hat seine eigene Majestät. Bakterien sind winzig – vielleicht ein Zehntel so groß wie eine typische Zelle mit Kern –, aber als Biomasse übertreffen sie alle Pflanzen und Tiere der Erde zusammen. Die Sanftmütigen haben die Erde bereits geerbt. Ein einziges Bakterium kann sich an einem Tag in 16 Millionen weitere verwandeln. Einige Bakterien leben allein, andere schließen sich zu Ketten, Fäden und Spiralen von unheimlicher Anmut zusammen. Sie schließen sich auch zu dichten

Matten, den sogenannten Biofilmen, zusammen und bilden so eine gepanzerte Festung, was es erheblich schwerer macht, sie abzutöten. Der gegen Methicillin resistente *Staphylococcus aureus* (MRSA) beispielsweise bildet Biofilme. Das gilt auch für die Bakterien in unserem Mund – einschließlich des harten Zahnbelags, den wir nur mit Spezialwerkzeugen und viel Kraftaufwand von unseren Zähnen abkratzen können: überhaupt nicht sehr sanftmütig.

Einige wenige Bakterien können sich in Endosporen verwandeln, die sich auf bloße DNA und eine Hülle mit phantastischen Fähigkeiten reduzieren – sie überleben extreme Hitze, Kälte, Druck, chemische Stoffe, Strahlung, Austrocknung und Zeit. Es gibt lebensfähige Endosporen, die 40 Millionen Jahre alt sind.

Und das sind nur die Bakterien in diesem Teelöffel Erde. Es gibt dort auch andere Lebewesen. Es gibt Pilze mit kilometerlangen Fäden und mehrere Tausend Protozoen, die Bakterien und organische Stoffe jagen und sammeln. Durch den Verzehr von Bakterien produzieren die Einzeller Stickstoff und machen die Welt grün: 80 Prozent des Stickstoffs in Pflanzen stammen von bakterienfressenden Protozoen. Keiner von uns ist hier allein.

Ein einziger Teelöffel Boden beherbergt außerdem etwa 1.000 winzige Gliederfüßer. Dazu gehören Krebstiere, die so klein sind, dass ihr gepanzertes Exoskelett so dünn ist, dass es fast durchsichtig ist. Und der Boden enthält auch zahlreiche Nematoden – Rundwürmer –, die sich von Pilzen, Algen, kleinen Tieren, toten Lebewesen und lebendem Gewebe ernähren.

Diese Wesen machen Leben möglich. »Es sind die Bodenbakterien«, schreibt der Bodenwissenschaftler James Nardi, »denen der größte Teil des Verdienstes für die ständige Erneuerung unserer Erde zukommt.«[10]

Und wie haben wir es diesen außergewöhnlichen, winzigen Lebewesen, die das Leben auf der Erde sichern, gedankt? Indem wir den Planeten lebendig häuten. Der Mutterboden in der nordamerikanischen Prärie war mehr als drei Meter tief, als die Farmer-Soldaten in den frühen 1800er Jahren kamen. Nach weniger als einem Jahrhundert konnte er nur noch in Zentimetern gemessen werden. Und das »große Pflügen« fand vor der Erfindung des Verbrennungsmotors statt, nur mit der Kraft von Ochsen und Pferden. Fossile Brennstoffe sind ein Beschleuniger, aber der Impuls, sich den Planeten zu unterwerfen und ihn bis auf den Tod zu beherrschen, war bereits vorhanden.

Der mechanistische Verstand ist auf einer Erkenntnistheorie der Herrschaft aufgebaut. Er will Hierarchie. Er muss das Belebte vom Unbelebten trennen und sie dann nach ihrem moralischen Stellenwert ordnen. In seinem Buch *Geschichte der Tiere* ordnete Aristoteles das Leben mit den Mineralien am Ende, die bloß als gefühlloses Substrat dienen. Danach folgen die Pflanzen, dann die verschiedenen Tiere, und an der Spitze steht der Mensch. Dieses System, das er *la scala naturae* nannte, was so viel wie »die große Kette des Seins« bedeutet, hat sich 2000 Jahre lang gehalten.

Dieses Denken und seine *Skala* sind falsch. Von Augenblick zu Augenblick wird die Welt nur durch die Bakterien am Leben erhalten, die die grundlegende Arbeit des Lebens verrichten, die niemand sonst tun kann, und durch die Aufrechterhaltung von Beziehungen, die komplexer sind als alles, was wir je verstehen könnten. *Wir alle sind nur wegen der anderen Wesen hier.* Der Biologe Robert Rosen argumentiert, dass das mechanistische Paradigma der westlichen Wissenschaft lebendige Gemeinschaften nicht erklären kann, die immer aus der Beziehung »zwischen dem Teil und dem Ganzen« entstehen. Das Wort, das er verwendet, um lebendige Gemeinschaften zu definieren, ist *Unteilbarkeit*.

Das mechanistische Denken ist auch über geologische Zeiträume hinweg falsch. Wissenschaftler und Laien haben gleichermaßen versucht, eine Grenze zwischen belebter und unbelebter Materie zu ziehen. Chemiker zum Beispiel unterteilen ihren Bereich in organische und anorganische Materie. Organische Materie ist diejenige, die durch die »lebendige Chemie« von Lebewesen erzeugt wird. Anorganisch sind »Formen der Materie, die unabhängig vom Wirken der Lebewesen existieren«.[11] So gelten beispielsweise

Gesteine, Metalle, Mineralien und Wasser als anorganisch. Aber in ein paar Milliarden Jahren werden aus Gestein Lebewesen, die schließlich wieder zu Gestein gepresst werden. Und mit ein paar Plattenverschiebungen wird das Sediment des Meeresbodens, das aus den Körpern von Meereslebewesen besteht, zu trockenem Land. Dieses Land – bestehend aus diesen zusammengepressten toten Körpern – wird wieder von Lebewesen eingenommen. Der russische Wissenschaftler V. I. Wernadskij nannte das Leben auf der Erde daher »ein Gesteinsdispersum«. Die Evolutionsbiologin und Zukunftsforscherin Elizabet Sahtouris schreibt: »Diese Sichtweise der lebenden Materie als kontinuierliche Verbindung mit und als chemische Umwandlung von nicht lebender planetarischer Materie unterscheidet sich sehr von der Sichtweise, dass sich das Leben auf der Oberfläche eines nicht lebenden Planeten entwickelt und an ihn anpasst.«[12] In Sahtouris' Worten ist dies der Unterschied zwischen »einem lebenden Planeten« und einem »Planeten mit Leben darauf«.[13]

Das ist nicht nur clevere Semantik. Einem Standpunkt zufolge ist der Planet für Menschen und vielleicht ein paar andere Lebewesen da. Nach einer anderen Auffassung ist alles auf der Erde Teil eines Prozesses, der Leben genannt wird. Wie Sahtouris schreibt: »Planetarisches Leben ist nicht etwas, das hier und da auf einem Planeten geschieht – es geschieht auf dem Planeten als Ganzes.«[14] Leben ist keine Art von Materie, sondern ein Prozess.

Teilchen ziehen sich an, um Atome zu bilden; Atome bilden Materie; Materie verdichtet sich zu Sternen und Felsen und Regen, die sich in elegante Spiralen von Proteinen verwandeln, die sich durch Ozeane und dann über Land in 100 Meter hohe Mammutbäume replizieren; in das erstaunliche satte Grün von Laubfröschen und die nächtliche Stille von Eulenflügeln. Jede neue Ebene der Komplexität hängt von der vorherigen ab; jede neue Anordnung von Atomen kann ohne die anderen nicht existieren. Die verstorbene Pueblo-Schriftstellerin Paula Gunn Allen erklärte: »Das Besondere an den Stammessystemen, an den uralten Geschichten ist, dass sie die Vielschichtigkeit auf jeder einzelnen Ebene erkennen. Es geht immer um Interaktion. Es gibt keine andere Möglichkeit, darüber zu sprechen. … Alles Leben ist plural, und es gibt viele, viele Kreise … innerhalb dieser kreisenden kreisförmigen Kreise, hat alles eine interaktive Fähigkeit mit allem anderen.«[15]

Seit 2,5 Millionen Jahren leben Menschen in irgendeiner Form auf diesem Planeten, und wir waren keine Monster und Zerstörer. In dieser Zeit wurden unsere Gehirne größer, unsere Werkzeuge wurden besser und ließen unsere Gehirne noch größer werden. Wir haben keinen Krieg geführt: Wir haben Kunst gemacht. Vor allem haben wir die Megafauna und die Megafrauen[16] dargestellt, weil sie uns das Leben geschenkt haben. In dem Moment, in dem unsere Gehirne groß genug waren, um das zu erkennen, sagten wir danke. Das war der Beginn der Religion. Die Heiligkeit von Ehrfurcht und Dankbarkeit wurde uns in Körper und Gehirn eingepflanzt. Wir waren demütige Teilhaber eines lebendigen Kosmos. Und es war gut.

Wir sind alle keine starren Objekte. Wir nehmen, wir geben, wir brauchen und wir sind nur möglich wegen der anderen, die mit uns hier sind. Plankton produziert Sauerstoff, Bakterien setzen Regen frei, Pflanzen verwandeln Sonne in Zucker und Kohlenstoff in Erde. Wisente gibt es nicht ohne Gräser, und Gräser gibt es nicht ohne Wisente. Mit der Zeit wird jedes Wesen zu einem anderen. Wie der verstorbene Biophysiker Harold J. Morowitz sagte: »Das Leben ist eine Eigenschaft eines ökologischen Systems und nicht eines einzelnen Organismus und einer einzelnen Art.«[17]

Das Wissen über die kleinsten Bestandteile des Universums – von Mikroben über Atome bis hin zu Quarks – ist breit und tief geworden. Doch die Wahrheit über die Welt – dass sie lebendig ist, **und zwar alles** – wird von unserer Kultur im allgemeinen immer noch negiert. Dies ist weniger ein Standpunkt als vielmehr eine Feststellung: Die Feststellung, dass Materie leblos sei, hat zu einem verwüsteten Planeten geführt. Die Geschichten, die wir erzählen, sind die Geschichten, die wir leben. Und alle Lebewesen auf der Erde sehnen sich jetzt sicher nach anderen Geschichten.

Keine Technologie ist neutral. Dieser Satz enthält unsere einzige Hoffnung. Von den Fischen heißt es, sie können das Wasser nicht sehen; so befinden auch wir uns in dem einzigen gesellschaftlichen Umfeld, das wir je kennengelernt haben. Um dieses Umfeld aufrechtzuerhalten, bewegen wir uns irgendwo zwischen Katechismus und Klischee: Technologie ist neutral, das Problem ist, wer sie kontrolliert oder wie wir sie nutzen. Linke und Rechte, Atheisten und Religiöse, Kapitalisten und Sozialisten, sogar die meisten Umweltschützer werden mit Sicherheit diese eine Plattitüde verkünden: dass Technologie neutral sei. Doch das ist nachweislich unwahr. Und da Beobachtung die Grundlage der wissenschaftlichen Methode ist, wollen wir uns ansehen, wie und warum sie unwahr ist.

Alle Werkzeuge benötigen Materialien und Energie – sie werden aus etwas gebaut. Ein Kernkraftwerk beispielsweise besteht fast vollständig aus Beton und Stahl, die laut einem Bericht der University of California in Berkeley »über 95 Prozent« des »materiellen Energieinputs« des Kraftwerks ausmachen.[18] Beton wird aus Zuschlagstoffen – Sand, Kies, Schotter – und Zement hergestellt. Zement wiederum wird aus Kalkstein, Ton oder Schiefer und Gips hergestellt. Stahl wird aus Eisenerz, Legierungsmitteln und Kokskohle hergestellt.

Alle diese Stoffe werden abgebaut. Es spielt kaum eine Rolle, welches Material wir untersuchen – die Verwüstungen sind dieselben. Das Leben wird bis auf den nackten Felsen ausgelöscht, riesige Schachtanlagen werden hineingeschlagen oder gesprengt, die Gruben verschlingen weite Landstriche, die sich erst wieder erholen, wenn die nächste Eiszeit vorbei ist. Um diese Verwüstung herum gibt es noch weit mehr: die Sickergruben, die giftigen Abraumhalden, den sauren Regen, die verätzten Fische, die feinen Partikel, die bei jedem Atemzug das Lungengewebe zersetzen. In den acht Jahrhunderten seiner Herrschaft förderte das Römische

Reich in Grönland 800 Tonnen Kupfer und 400 Tonnen Blei aus seinen Minen.

Versuchen Sie sich das Ausmaß vorzustellen: Staub aus 6.500 Kilometern Entfernung, eingefangen in den Kristallen von Schneeflocken, die sich Stück für Stück zu 800 Tonnen anhäufen.[19] Die Zahl der Opfer der industriellen Verschmutzung Roms dürfte in Europa und im Nahen Osten in die Millionen gehen. Die gesundheitlichen Folgen sind damals wie heute erschreckend: Krämpfe, Erbrechen, Durchfall, Blutarmut, verkümmertes fötales Wachstum, geistige Retardierung und Krebs.

Das saisonale Flusstal Wadi Faynan im heutigen Jordanien ist der Standort einer alten römischen Kupfermine. 2.000 Jahre waren nicht genug Zeit, um die Schäden der Mine zu heilen. Bis heute ist »das Wachstum der Pflanzen verkümmert und ihr Fortpflanzungssystem schwer geschädigt«.[20] Die Schafe dort haben immer noch eine beunruhigende Konzentration von Kupfer in ihrem Kot, Urin und ihrer Milch. Ziegen aus der Gegend sind sehr gefragt, weil sie keine Parasiten haben, »aber das liegt mit ziemlicher Sicherheit daran, dass ihre Eingeweide giftig sind«. Ein tödliches Monument aus Schlacke ragt immer noch 30 Meter hoch auf.

Diese Dinge passieren an einem halbmythischen »anderen Ort«, es sei denn, Sie leben dort. In diesem Fall sind es Ihr Wasser und Ihre Luft, Ihre Lungen und Ihre Haut, Ihr Krebs und das Asthma Ihrer Kinder. Deshalb werden Minen von den Menschen, die ihnen ausgesetzt sind, immer vehement bekämpft.[21]

Aber Bergbau ist gefährlich, ob reguliert oder unreguliert, ob im Kapitalismus oder in einem anderen System. Genau das ist Bergbau: die Gewinnung von Mineralien aus dem Erdinneren in Konzentrationen, die das Leben, sowohl das gegenwärtige als auch das zukünftige, unmöglich aushalten kann.

Gewinnungsprozesse sind energieintensiv. Bergbau ist im Grunde genommen die Zerstörung von Gesteinen. Sie müssen durchbohrt, gesprengt, geschleppt, zerkleinert und transportiert werden. Um es gleich zu sagen: Gestein ist hart und schwer. Die industrielle Zivilisation hat groteske Ausmaße angenommen, und die dafür benötigten abgebauten Stoffe können nur durch fossile Brennstoffe bereitgestellt werden. Aber der Bergbau hat schon immer Maschinen erfordert, wie Mumford so präzise beschrieben hat. Er schreibt: »Rücksichtsloser physischer Zwang, Zwangsarbeit und Sklaverei ... schufen komplexe menschliche Maschinen ... [die] die Obergrenze menschlicher Fähigkeiten anhoben: die erste im Massenbau, die zweite in der Massenzerstörung, beide in einem bis dahin unvorstellbaren Ausmaß.« Und 2.000 Jahre später leiden die Zeugungsorgane der Lebewesen in Wadi Faynan noch immer unter den Schäden.

Die römischen Minen dienten sowohl als Strafkolonien als auch für die Todesstrafe. Eine Verurteilung zur *damnatio in metalla* machte einen Bürger zum Strafsklaven in einem Bergwerk, »bis er starb, was gewöhnlich nicht lange dauerte«.[22]

Die Arbeitsarmee braucht also die militärische Armee: Sklaven müssen erbeutet und dann kontrolliert werden. Die Silberminen des antiken Griechenlands finanzierten seine gewaltige kaiserliche Flotte – und Verwüstung, Zerstörung und Sklaverei brachten noch mehr davon hervor. Das ist das totalisierende Ausmaß der autoritären Technik, die sowohl hierarchische soziale Beziehungen schafft als auch erfordert, indem sie Menschen in Maschinen verwandelt, die immer mehr Leben in immer mehr Maschinen verwandeln.

Das ist die ganze Technik eines Atomkraftwerks: Seine physischen Komponenten erfordern Minen und die damit verbundenen Übergriffe auf das Leben, aber es erfordert ebenso eine spezifische soziale Ordnung, die patriarchalisch, hierarchisch, militaristisch, spezialisiert und mechanistisch ist. Und all das erfordert eine interne theologische Begründung, nach der das Leben eine Reihe von unzusammenhängenden Objekten ist – Dinge, die wir »Pflanzen« oder »Tiere« oder »Flüsse« nennen könnten – nicht komplexe Wesen, mit denen wir in Beziehung stehen. Mechanische Objekte sind keine eigenwilligen Geschöpfe; sie verlangen von uns keinen Respekt, ja, sie verdienen kaum Beachtung. Sie existieren, um benutzt zu werden.

René Descartes prahlte: »Ich habe diese Erde, ja die ganze sichtbare Welt, als eine Maschine beschrieben.«[23] Unsere Wissenschaft ist eine Reihe von Entdeckungen, die es uns ermöglichen sollen, sie besser zu nutzen – und wir haben sie genutzt. Es gibt keine Bremse im System; warum sollte es eine geben? In der Tat ist die Vergewaltigung in die mechanistische Wissenschaft eingebaut. Sir Francis Bacon, dem die Erfindung der wissenschaftlichen Methode zugeschrieben wird, war auch ein Gerichtsinquisitor bei Hexenprozessen. Sein praktisches Ziel war unverblümt die »Herrschaft über die Schöpfung«, die durch »die Inquisition« mechanischer Experimente erreicht werden konnte.[24] Der verstorbene Sozialpsychologe Erich Fromm beschreibt Sadismus als »die Leidenschaft, absolute und uneingeschränkte Kontrolle über ein Lebewesen zu haben«.[25] Gibt es eine treffendere Beschreibung der industriellen Zivilisation? Ihre Technologie hat Flüsse geleert, Berge zertrümmert, das Klima geschädigt und die Grenzen des Atoms selbst durchbrochen. Und der Endpunkt des Sadismus ist die Nekrophilie, sagt Fromm, »die Leidenschaft, das Lebendige in etwas Unlebendiges zu verwandeln; zu zerstören um der Zerstörung willen; das ausschließliche Interesse an allem, was rein mechanisch ist«.[26]

Es ist längst höchste Zeit, unsere kulturelle Verleugnung dieser Tatsache zu durchbrechen und uns einzugestehen: *Keine Technologie ist neutral.* »Eine Industriegesellschaft«, schreibt der Sozialkritiker Kirkpatrick Sale, »hat ihre eigene unvermeidliche Logik, einfach weil ihre Bedürfnisse und Werte durch ihre Technologie bestimmt werden.... [Die] Artefakte sind nicht etwas, das hinzugefügt wird, wie ein Anstrich oder ein Waggon; sie sind grundlegend, zentral, die Offenbarung ihres Herzens und ihres Geistes.«[27] Industrielle Technik erzeugt Geschwindigkeit, Effizienz, Bequemlichkeit, Einheitlichkeit, Austauschbarkeit und Zentralisierung. Das Wort dafür ist »Maschine«. Nachdem der industrielle Mensch den Kosmos für leblos erklärt hat, verwandelt er nun die

Biosphäre in die Technosphäre, eine tote Welt aus unseren eigenen Artefakten, die das Leben als Ganzes nicht überleben kann.

»Die Maximierung von Energie, Geschwindigkeit oder Automatisierung«, schreibt Mumford, »ohne Bezug auf die komplexen Bedingungen, die das organische Leben erhalten, sind zum Selbstzweck geworden.«[28] Mumford nennt diesen Antrieb und seine sozialen Prozesse die »Megamaschine«. Sale nennt sie »das industrielle Regime«. Seine Existenz als System wird kaum erkannt, obwohl es sowohl die menschlichen Angelegenheiten als auch den Planeten nahezu vollständig beherrscht. »Das industrielle Regime kümmert sich kaum darum, welche Kader den Staat leiten, solange diese wissen, was von ihnen erwartet wird«, sagt Sale. »Das Regime ist in dieser Hinsicht bemerkenswert wandelbar, denn es kann sich fast jedem nationalen System anpassen – dem marxistischen Russland, dem kapitalistischen Japan, China unter einem bösartigen, Singapur unter einem wohlwollenden Diktator, dem chaotischen und zerrissenen Indien, dem ordentlichen und einheitlichen Norwegen, dem jüdischen Israel, dem muslimischen Ägypten – und verlangt im Gegenzug nur, dass seine Prioritäten gelten, seine Märkte herrschen, seine Werte sich durchsetzen und seine Interessen geschützt werden.«[29]

Einst haben wir das Land verteidigt. Jeder Einzelne von uns stammt aus einer Linie von Menschen, die gekämpft haben, denn die Zivilisation wird überall bekämpft. Die Landwirtschaft nimmt sich die Wälder, das Grasland, die Feuchtgebiete, alles, was sie kann. Die Bäume werden für den Bau von Städten und riesiger Flotten benötigt, um noch mehr zu erobern. Die erste schriftliche Geschichte dieser Kultur und der zweitälteste religiöse Text ist das *Gilgamesch-Epos*, in dem die Zerstörung der Zedernwälder des Nahen Ostens und die Ermordung ihres geistigen Hüters mythologisiert werden. »Wir haben den Wald in eine Wüste verwandelt«, sagt der Titelheld. »Wie sollen wir unseren Göttern gegenübertreten?«

4.000 Jahre später sind wir hier. 98 Prozent der Urwälder der Welt sind verschwunden. Und fast niemand von uns erinnert sich daran, was wir alle einmal wussten: Wir – die menschliche Art – gehören zu einer einzigen Spezies, die von einer Million anderer abhängt, und die Beziehungen zwischen all diesen Arten – die Gunn Allen als »kreisförmig, kreisförmig, kreisförmig« bezeichnete – sind komplexer, als wir je zu wissen vermögen. Wölfe erneuern Flüsse. Lachse ernähren die Wälder. Präriehunde bringen den Regen. Sie alle sind mit uns verwandt.

Dies ist unsere letzte Chance. Wir müssen den Tatsachen ins Auge sehen und uns endlich zu unserer Loyalität bekennen. Hier kommen die Fakten, so wie sie laut Sale sind: »Die Aufzeichnungen der letzten 5.000 Jahre Geschichte lassen eindeutig darauf schließen, dass jede, aber auch jede vorangegangene Zivilisation untergegangen ist ... als Ergebnis ihres anhaltenden Übergriffs auf ihre Umwelt, der gewöhnlich in Bodenverlust, Überschwemmungen und Hunger endete. Die industrielle Zivilisation unterscheidet sich nur insofern, als sie jetzt viel größer und mächtiger ist als jede andere zuvor, mit gewaltigen Unterschieden auf allen Ebenen, und ihr Zusammenbruch wird weitaus umfassender und tiefgreifender, weitaus katastrophaler sein.«[30] Und dann ist da noch diese Tatsache: Die einzigen, die ein Atomkraftwerk oder ein Solarpanel oder eine Windturbine wollen, sind Leute, die Energiemengen im industriellen Maßstab beanspruchen. Dieses Niveau wird für einen einzigen Zweck benötigt: für die groß angelegte Umwandlung des Lebendigen in Totes, den längsten Krieg aller Zeiten. Und wir haben jetzt die Qual der Wahl: Entweder wir bleiben bei den Lebenden oder wir gehen mit den Toten unter.

Diese Lebensweise kann nicht von Dauer sein. Und wenn es mit ihr vorbei ist, wäre es sehr viel besser, wenn mehr von der Welt übrigbliebe als weniger. Deshalb ist es so wichtig, dass wir jetzt handeln. Was wir jetzt tun, entscheidet darüber, wie das Leben für die Menschen und Nichtmenschen, die nach uns kommen, aussieht – oder ob es überhaupt eines gibt.

Wir haben dieses Buch geschrieben, weil das Leben zerbrochen wurde und nun durch die Risse schnell versickert. Die Lebensweisen, die diesen Bruch vollzogen haben, müssen aufgegeben und ihre herrschenden Soziopathen entthront werden. Täuschen Sie sich nicht, dies wird eine ernsthafte und engagierte Widerstandsbewegung erfordern. Es wird auch ein unsentimentales Verständnis dafür erfordern, welche menschlichen Aktivitäten diesen Bruch verursachen, und ein gewisses Verständnis dafür, wie die zerbrochenen Teile wieder zusammengefügt werden können. Aber am Ende werden wir das nicht zu entscheiden haben. Die Beteiligten – die Biber und die üppige Fülle der Feuchtgebiete, die Bisons und die zähe Verwurzelung des Grases – werden wissen, wie sie das Ganze wieder zusammenfügen können. Wir müssen nur aufhören zu zerstören und sie machen lassen. Und dann müssen wir uns daran erinnern, wie wir uns einbringen können in das ewige Gebet des Lebens, das Leben schafft, welches das Lebendige als Ganzes ist.

Kapitel 2

LÖSUNGEN FÜR DIE FALSCHEN VARIABLEN

Worauf das hinausläuft, sollte klar sein, doch viele Menschen, die es besser wissen müssten, wollen es nicht sehen. Es ist das übliche Geschäft: die expansive, kolonisierende, menschliche Erzählung vom Fortschritt, nur ohne Kohlenstoff. Es ist die jüngste Phase unserer rücksichtslosen, selbstverliebten, ehrgeizigen Zerstörung des Wilden, Unverschmutzten und Nichtmenschlichen. Es ist die massenhafte Zerstörung der verbleibenden wilden Orte der Welt, um die menschliche Wirtschaft zu mästen. Und ohne jeglichen Sinn für Ironie nennen die Menschen es »Umweltbewusstsein«.

Paul Kingsnorth[1]

Einst ging es bei der Umweltbewegung darum, wilde Wesen und wilde Orte vor der Zerstörung zu bewahren. »Die Schönheit der lebendigen Welt, die ich zu retten versuchte, stand für mich immer an erster Stelle«, schrieb Rachel Carson an einen Freund, als sie das Manuskript von *Der stumme Frühling* fertigstellte. »Das und die Wut über die sinnlosen, brutalen Dinge, die man getan hat.«[2] Sie schrieb mit unverhohlener Ehrfurcht über »die Eiche und den Ahorn und die Birke« im Herbst, die Füchse im Morgennebel, die kühlen Bäche und die schattigen Tümpel und natürlich die Vögel: »Einst hatte in der frühen Morgendämmerung die Luft widergehallt vom Chor der Wander- und Katzendrosseln, der Tauben, Häher, Zaunkönige und unzähliger anderer Vogelstimmen, jetzt hörte man keinen Laut mehr; Schweigen lag über den Feldern, Sumpf und Wald.«[3] Ihr Herausgeber bemerkte, dass *Der stumme Frühling* ein »Gefühl von beinahe religiöser Hingabe« sowie »außergewöhnlichen Mut« erfordere.[4] Carson wusste, dass die chemische Industrie hinter ihr her sein würde, und das war sie auch, mit Angriffen, die so »bitter und skrupellos waren wie nichts dergleichen seit der Veröffentlichung von Charles Darwins *Über die Entstehung der Arten* ein Jahrhundert zuvor«.[5] Schwer an Krebs erkrankt, an dem sie sterben sollte, kämpfte Carson sich zurück, um die lebendige Welt zu verteidigen, und sagte mit ruhiger Tapferkeit vor dem wissenschaftlichen Beratungsausschuss von Präsident John F. Kennedy und dem US-Senat aus. Sie tat diese Dinge, weil sie es musste. »Ich würde keinen Frieden finden«, schrieb sie an einen Freund, »wenn ich schwiege.«[6]

Carsons Arbeit inspirierte die Umweltbewegung an der Basis, die Gründung der Environmental Protection Agency (EPA) und die Verabschiedung des *Clean Air Act*, des *Clean Water Act* und des *Endangered Species Act*. *Der stumme Frühling* war mehr als eine Kritik an Pestiziden – es war ein klarer Aufruf gegen »die grundlegende Verantwortungslosigkeit einer industrialisierten, technikversessenen Gesellschaft gegenüber der natürlichen Welt«.[7]

Die heutige Umweltbewegung steht auf den Schultern solcher Giganten, aber irgendetwas ist furchtbar schiefgelaufen. Carson hat die Vögel nicht vor DDT gerettet, damit ihre Erben sie munter den Windrädern opfern. Wir schreiben dieses Buch, weil wir unsere Umweltbewegung zurückhaben wollen.

Mainstream-Umweltschützer räumen der Rettung der industriellen Zivilisation inzwischen mit überwältigender Mehrheit Vorrang vor der Rettung des Lebens auf unserem Planeten ein. Das Wie und Warum dieser institutionellen Vereinnahmung wäre ein

Thema für ein weiteres Buch, aber die Vereinnahmung ist nahezu vollständig. Lester Brown, der Gründer des Worldwatch Institute und des Earth Policy Institute – jemand, der als »einer der einflussreichsten Denker der Welt« und als »der Guru der Umweltbewegung«[8] bezeichnet wurde – gibt beispielsweise regelmäßig Kommentare ab wie: »Wir reden davon, den Planeten zu retten, … aber der Planet wird noch eine Weile existieren. Die Frage ist: Können wir die Zivilisation retten? Das ist es, was jetzt auf dem Spiel steht, und ich glaube nicht, dass wir das schon begriffen haben.« Brown schrieb dies in einem Artikel mit dem Titel »The Race to Save Civilization« (Der Wettlauf zur Rettung der Zivilisation).[9]

Die Welt wird *wegen der* Zivilisation getötet, doch was Brown als gefährdet ansieht und was er zu retten versucht, ist genau die soziale Struktur, die den Schaden anrichtet: die Zivilisation. Nicht die Rettung des Lachses. Nicht die Monarchfalter. Nicht die Ozeane. Nicht den Planeten. Die *Rettung der Zivilisation*. Brown ist nicht allein. Peter Kareiva, leitender Wissenschaftler bei *The Nature Conservancy*, vertritt die Ansicht: »Anstatt uns für den Schutz der biologischen Vielfalt um der biologischen Vielfalt willen einzusetzen, sollte ein neuer Naturschutz danach streben, jene natürlichen Systeme zu verbessern, die einer möglichst großen Zahl von Menschen zugutekommen. … Naturschutz wird zu einem großen Teil durch die Relevanz für die Menschen bestimmt.«[10]

Bill McKibben, der sich unermüdlich und selbstlos dafür einsetzt, das Bewusstsein für die globale Erwärmung zu schärfen, und der als »wahrscheinlich Amerikas wichtigster Umweltschützer« bezeichnet wurde, betont immer wieder, dass es bei seiner Arbeit um die Rettung der Zivilisation geht, mit Artikeln wie »Die letzte Chance der Zivilisation«[11] oder mit Aussagen wie: »Wir verlieren den Kampf und zwar entscheidend und schnell – wir verlieren ihn, weil wir vor allem die Gefahr, in der sich die menschliche Zivilisation befindet, immer noch leugnen.«[12]

Wir möchten wetten, dass Eisbären, Walrosse und Gletscher es lieber gesehen hätten, wenn dieser Satz anders gelautet hätte.

Im Jahr 2014 wurde die Erklärung der Umweltpreisträger zum Klimawandel von »160 führenden Umweltschützern aus 44 Ländern« unterzeichnet, die »die Stiftungen und Philanthropen der Welt auffordern, sich gegen die globale Erwärmung zu engagieren«. Warum haben sie diesen Standpunkt vertreten? Weil die globale Erwärmung »das Gefüge der Zivilisation zum Einsturz zu bringen droht«. Die Erklärung schließt mit den Worten: »Wir, 160 Preisträger der Umweltpreise der Welt, rufen Stiftungen und Philanthropen überall auf der Welt dazu auf, ihre Stiftungen dringend zur Rettung der Zivilisation einzusetzen.«[13] Korallenriffe, Kaiserpinguine und Josuabäume hätten sich wahrscheinlich gewünscht, dass *dieser* Satz anders gelautet hätte. In der gesamten Erklärung, die von »160 Gewinnern von Umweltpreisen der Welt« unterzeichnet wurde, ist nicht ein einziges Mal von der Schädigung der Natur die Rede. Tatsächlich wird die natürliche Welt überhaupt nicht erwähnt.

Sind Lederschildkröten, amerikanische Pikas und Flughunde »abstrakte ökologische Probleme« oder unsere Verwandten, die alle ihr eigenes »wildes und kostbares Leben« haben?[14]

Wen Stephenson, ein weiterer Klimaaktivist, sagte dies: »Ich bin kein Umweltschützer. Die meisten Leute in der Klimabewegung, die ich kenne, sind keine Umweltschützer. Es sind junge Leute, die nicht unbedingt mit der Umweltbewegung aufgewachsen sind, also sehen sie sich nicht als Umweltschützer. Sie sehen sich selbst als Klimaaktivisten und Menschenrechtsaktivisten. Die Begriffe ›Umwelt‹ und ›Umweltbewegung‹ sind historisch und kulturell belastet. Es ging mehr um den Schutz der natürlichen Welt, den Schutz anderer Arten und die Erhaltung wilder Orte als um das Wohlergehen der Menschen. Ich vertrete den umgekehrten Ansatz. Es geht in erster Linie um den Menschen.«[15]

Man beachte, dass Stephenson den »Schutz der natürlichen Welt, den Schutz anderer Arten und die Erhaltung wilder Orte« als »Ballast« bezeichnet.

Naomi Klein sagt in ihrem Film *This Changes Everything* ausdrücklich: »Ich war auf mehr Klimakundgebungen als ich zählen kann, aber die Eisbären? Mich gehen sie eigentlich nichts an. Ich wünsche ihnen alles Gute, aber wenn ich eines gelernt habe, dann dass es beim Aufhalten der Klimaveränderungen nicht wirklich um sie geht, sondern um uns.«

Und schließlich sagt Kumi Naidoo, ehemaliger Leiter von Greenpeace International: »Bei diesem Kampf ging es nie darum, den Planeten zu retten. Der Planet muss nicht gerettet werden.«[16]

Als Naidoo das im Dezember 2015 sagte, war es am Nordpol 30 Grad Celsius wärmer als normal im Winter und damit leicht über null Grad.

Ich (Derrick) habe folgendes zur Hochzeit einer Freundin geschrieben.

> *Jede Nacht singen die Frösche vor meinem Fenster. »Komm zu mir«, singen sie. »Komm.« Heute Morgen hat es geregnet, jeder Tropfen traf auf dieses eine bestimmte Blatt an diesem einen bestimmten Baum, und sie sammelten sich dann auf dem Boden. Die Liebe. Das helle Grün des diesjährigen Austriebs der Mammutbäume im Gegensatz zum Dunkel der Schatten, andere Bäume, Baumstämme, Laub, all diese Pflanzen, die sich ausstrecken, nach oben streben. Ich bin verliebt. In dich. In dich. In die Welt. In diesen Ort. In uns beide. Mammutbäume können nicht allein stehen. Die Wurzeln graben sich durch den Boden und strecken sich einander entgegen, um sich zu verflechten, um diese höchsten Bäume zu tragen, damit sie zusammenstehen können, jede Wurzel, jeder Baum, und zueinander sagen: »Komm zu mir. Komm.« Was ich wissen möchte, ist dies: Was fühlen diese Wurzeln bei der ersten Berührung, der ersten Umarmung? Finden sie dieselbe Heimkehr, die ich jedes Mal in dir finde, in deinen Augen, der blassen Haut deiner Wange, deinem Hals, deinem Bauch, deinen Handrücken? Und das Wasser. Es ist jetzt Abend, und der*

Regen hat aufgehört. Doch das Wasser fällt immer noch, Tropfen für Tropfen von den ausgestreckten Armen der Bäume. Ich möchte wissen, ob jeder Tropfen, wenn er loslässt, sagt und ob der Boden zu ihm sagt, was ich jetzt zu dir sage: »Komm zu mir. Komm.«

In den 15 Jahren, die seit dieser Hochzeit vergangen sind, leiden die Frösche in meinem Teich an Fortpflanzungsstörungen, was in der wissenschaftlichen Sprache bedeutet, dass ihre Nachkommen sterben, Baby für Baby, Jahr für Jahr. Ihr Gequake wurde immer leiser. Früher war ihr Quaken so laut, dass man sich nachts draußen nicht mehr unterhalten konnte, dann schon. Im ersten Frühjahr dachte ich, dass es vielleicht nur ein schlechtes Jahr war. Im zweiten Frühjahr erkannte ich ein Muster. Im dritten Frühjahr wusste ich, dass etwas nicht stimmte. Mir war auch aufgefallen, dass die Eier in ihren gallertigen Umhüllungen nicht mehr wie früher kleine schwarze Punkte, sondern mit etwas bedeckt waren, das wie ein weißer Überzug aussah. Eine kleine Internetrecherche und ein paar Anrufe bei Herpetologen brachten mich auf die Spur. Die Umhüllungen wurden von einem Schimmelpilz namens *Saprolegnia* befallen. Es war nicht die Schuld des Schimmels. Saprolegnia ist allgegenwärtig und frisst schwache Eierumhüllungen, sie sind Teil einer Reinigungsmannschaft in Teichen. Das Problem ist, dass durch unsere Zivilisation die Ozonschicht abgebaut wurde, wodurch mehr UV-B eindringen konnte: UV-B schwächt bei einigen Arten die Umhüllungen.

Was tun Sie, wenn jemand, den Sie lieben, getötet wird? Und was tun Sie, wenn die ganze Welt, die Sie lieben, getötet wird? Ich bin dafür bekannt, dass ich sage, dass wir alle notwendigen Mittel einsetzen sollten, um die Tötung des Planeten zu stoppen. Die Leute denken oft, das sei ein Codewort für die Anwendung von Gewalt. Das ist es aber nicht. Es bedeutet genau das, was es heißt: alle notwendigen Mittel.

UV-B dringt nicht durch Glas, also gehe ich zwischen Dezember und Juni etwa einmal pro Woche in den Teich, um Froscheier einzusammeln und sie in große Gläser mit Wasser auf meinen Küchentisch zu stellen. Wenn die Kaulquappen geschlüpft sind, setze ich die Jungtiere wieder in den Teich. Wenn ich 20 Wochen lang etwa fünf Laichhaufen pro Woche einsammle und jeder Haufen 15 Eier enthält und die Sterblichkeit der Eier bei 10 Prozent statt bei 90 Prozent liegt, sind das 2.400 Kaulquappen mehr pro Jahr. Wenn 1 Prozent davon ihr erstes Jahr überlebt, sind das 24 Kaulquappen mehr pro Jahr, die überleben. Mir ist völlig klar, dass dies für die Frösche in anderen Teichen bedeutungslos ist. Es hilft auch den Molchen nicht, die aus demselben Teich verschwinden, oder den Gänsesägern, Libellen oder Köcherfliegen. Es nützt den 200 Arten nichts, die durch diese Zivilisation jeden Tag aussterben. Aber diesen hilft es.

Ich möchte keine allzu große Sache daraus machen.

Eine meiner frühesten Erinnerungen stammt aus der Zeit, als ich fünf Jahre alt war und in der Umkleidekabine des CVJM, wo ich Schwimmunterricht nahm, weinte, weil das Wasser so kalt war. Ich mag kaltes Wasser wirklich nicht. Ich muss also zugeben, dass ich nicht ganz ins Wasser gehe, wenn ich in meinen Teich gehe, um den Fröschen zu helfen. Ich steige nur bis zu den Oberschenkeln hinein. Aber das liegt überraschenderweise nicht nur an meiner Kaltwasserphobie. Es liegt an einer Kreatur, die ich schon ein paar Mal im Teich gesehen habe: einer riesigen Wasserwanze, die den Spitznamen Zehenbeißer trägt. In meinem Käferbuch steht, dass sie etwa eineinhalb Zentimeter lang ist, aber jedes Mal, wenn ich in den Teich steige, bin ich mir sicher, dass sie fünf oder sechs Zentimeter lang ist. Und ich kann nicht aufhören, an die aufgeblähten Froschlaichhaufen zu denken, die ich gesehen habe (die riesige Wasserwanze injiziert eine Substanz, die die Innereien des Frosches verflüssigt, so dass sie wie durch einen Strohhalm herausgesaugt werden können). Ich habe gelesen, dass die Wanzen manchmal kleine Vögel fangen. Ich gehe also nur bis zu meinen Oberschenkeln in den Teich– und nicht tiefer. Zweitens muss ich zugeben, dass ich manchmal nicht sehr helle bin. Es hat mehrere

Jahre dieser wöchentlichen Kaltwassertherapie gedauert, bis mir einfiel, was ich heute für einen der wichtigsten Begriffe in der englischen Sprache halte – »waterproof chest wadders« (wasserdichte Wathosen) – und ich mir welche zulegte.

Was tun Sie, wenn jemand, den Sie lieben, umgebracht wird? Ziemlich einfach: Sie verteidigen Ihre Geliebte. Mit allen Mitteln, die nötig sind.

Wir haben schon verstanden. Auch wir mögen heiße Duschen und kaltes Eis, und zwar rund um die Uhr. Wir mögen Musik auf Knopfdruck oder jetzt auf verbalen Befehl. Wir mögen die Annehmlichkeiten, die uns diese Art zu leben bietet. Doch es geht um mehr als nur Annehmlichkeiten. Das wissen wir. Wir drei Co-Autoren wären ohne die moderne Medizin nicht mehr am Leben. Aber wir alle wissen, dass wir für all das einen schrecklichen Preis zahlen: das Leben auf diesem Planeten. Und die Annehmlichkeiten des Einzelnen – oder auch sein Leben – sind diesen Preis nicht wert.

Dieser Preis ist jedoch unsichtbar geworden. Das ist die vorsätzliche Blindheit des modernen Umweltschutzes. Wie bei Naomi Klein und die Eisbären, geht die wirkliche Welt viele von uns einfach »nichts an«. Für viele Menschen, sogar für einige, die sich selbst als Umweltschützer bezeichnen, bedarf die wirkliche Welt unserer Hilfe nicht. Es geht um uns. Es geht *immer* »um uns«.

Vor Jahrzehnten gehörte ich (Derrick) zu einer Gruppe von Umweltaktivisten, die eine Kampagne planten. Zu Beginn des Treffens sagte einer nach dem anderen in der Runde um den Tisch, wofür wir diese Arbeit machten. Die Antwort war immer dieselbe, so sagte einer einfach »für die Tiere«, und eine andere stand vom Tisch auf, ging zu ihrem Schreibtisch und kam mit einem Bild zurück. Auf den ersten Blick sah das Bild aus wie der obere Teil des Stammes einer alten Douglasie, aber als ich genauer hinsah, erkannte ich einen kleinen Fleckenkauz, der seinen getarnten Kopf aus einem Loch in der Mitte des Baumstamms steckte. Die Aktivistin sagte: »Ich tue es für sie.«

Das Ziel hat sich langsam und stillschweigend verschoben, und niemand scheint es bemerkt zu haben. Umweltschützer sagen der Welt und ihren Organisationen, dass »es um uns geht«. Aber einige von uns weigern sich, die letzten Fleckenkäuze im letzten Waldstück, die wilden Wesen und wilden Orte zu vergessen. Wie Rachel Carson vor uns wird es für uns keinen Frieden geben, wenn wir schweigen, während die Tiere, eines nach dem anderen, verschwinden. Unsere einstige Bewegung war für sie, nicht für uns. Wir weigern uns, für die falsche Variable eine Lösung zu finden. Wir versuchen nicht, die Zivilisation zu retten, sondern die Welt.

Kapitel 3

DIE SOLARLÜGE

Teil 1

Alternative Energietechniken sind in jeder Phase ihrer Existenz auf fossile Brennstoffe angewiesen. Sie benötigen fossile Brennstoffe für die Rohstoffgewinnung, die Herstellung, die Installation und Wartung sowie für die Stilllegung und Entsorgung.

Ozzie Zehner[1]

Wenn Sie in der Nähe eines Computers sind, geben Sie in Ihre Suchmaschine die Worte »Solarenergie wird die Welt retten« ein. Sie werden mehr als eine Million Treffer bekommen, mit Schlagzeilen, die wir hätten vorhersehen können, wie: »Die fünf wichtigsten Gründe, warum Solarenergie die Welt retten wird«,[2] »Zehn Gründe, warum erneuerbare Energien den Planeten retten können«,[3] »Dieser [Wirtschafts-]Boom könnte die Welt retten«[4] und natürlich »Sieben Wege, wie Solarpanele den Planeten retten und dich reich machen«.[5]

Von Universitäten über Amazon und Fortune-500-Unternehmen bis hin zu großen gemeinnützigen Organisationen und NROs wird die Solarenergie unermüdlich als umweltfreundliche Alternative propagiert. Nahezu jede größere progressive Institution der politischen Mitte in den Vereinigten Staaten, von 350.org über

Greenpeace und *Democracy Now* bis hin zu prominenten Mitgliedern der Demokratischen Partei, scheint sich für eine solarbetriebene Zukunft einzusetzen, die sie als »umweltfreundlich« bezeichnen.

Inzwischen hat sich eine Massenbewegung gebildet, die Hunderttausende von Menschen auf der ganzen Welt mobilisieren kann, um die globale Erwärmung zu stoppen. Fragt man diese Menschen, die für die Umwelt marschieren, warum sie sich engagieren, werden sie sagen, dass sie versuchen, den Planeten zu retten; fragt man sie jedoch nach ihren Forderungen, antworten viele, dass sie zusätzliche Subventionen für Solarhersteller wollen.

In Anbetracht all dessen könnte man leicht zu dem Schluss kommen, dass ein Großteil der Umweltbewegung de facto zu einem Lobbyzweig der Solarindustrie geworden ist. Das ist ein großartiger PR- und Marketing-Coup. Und die Schuld sollten wir nicht bei einzelnen Demonstranten suchen. Sie sind nicht das Problem. Das Problem ist, dass der *Kapitalismus genau solche Coups landet*.

Die Subventionierung der Energiewirtschaft ist gängige Praxis. Der Internationale Währungsfonds schätzt, dass die Subventionen für fossile Brennstoffe jährlich 5 Billionen Dollar betragen, wobei Kohle mit etwa 2,5 Billionen Dollar an der Spitze liegt, gefolgt von Erdöl mit fast 2 Billionen Dollar. Wenn Sie sich die Zahlen des IWF ansehen, werden Sie feststellen, dass der größte Teil der 5 Billionen Dollar nicht monetär ist; mit anderen Worten, es wird ein Dollarbetrag für externe Effekte wie Umweltverschmutzung angesetzt. Wenn wir nur die Wahl haben, die externen Effekte zu beziffern oder sie nicht zu beziffern, sollten wir uns für Ersteres entscheiden, obwohl wir diese externen Effekte am liebsten ganz abschaffen würden. Der eigentliche Punkt ist jedoch, dass in der Studie, in der ausdrücklich eine Erhöhung der Subventionen für »erneuerbare Energien« gefordert wird, nichts von den externen Effekten erwähnt wird, die mit Solar-, Wind- und Wasserkraft und dergleichen verbunden sind. Tatsächlich tauchen die Worte »Solar«, »Wind« und »Wasserkraft« in dem Artikel nicht einmal auf.[6] Die

Schlussfolgerungen dieses Artikels wurden von den Befürwortern von Solarsubventionen weithin und wiederholt verbreitet, wobei nie erwähnt wurde, was praktischerweise ausgelassen wurde.

Die Versuche von Umweltschützern, die schädlichen Auswirkungen der industriellen Wirtschaft zu Geld zu machen, sind ein Zeichen für unseren kollektiven Wahnsinn. Hier ein Beispiel.

Als ich (Derrick) einmal via Skype einen Vortrag an einer Uni der Ivy-League hielt, beharrten einige der Dozenten und Studenten darauf, dass es eine gute Sache sei, die Natur in Dollar zu bewerten – einige Umweltschützer behaupteten sogar, dies sei der einzige Weg, die wilde Natur zu retten. Schließlich sagte ich zu einem der Studenten: »Ich stimme Ihnen zu. Dasselbe gilt aber auch für die Bewertung von Menschen in Dollar.«

Er bestätigte es und stellte fest, dass Versicherungsgesellschaften dies ständig tun. Das tun Kapitalisten ganz allgemein.

Also fragte ich ihn: »Da Sie an einer Eliteuniversität studieren, sagen wir, dass Ihr geschätztes künftiges Einkommen bei etwa vier Millionen Dollar liegt, mit einem Gegenwartswert von etwa einer Million?«

Er sagte: »Sicher, gehen wir mal von diesen Zahlen aus.«

»Also, stellen Sie sich Folgendes vor: Ich habe mit Ihren Eltern gesprochen«, sagte ich, »und wir haben einen Deal gemacht. Die schlechte Nachricht für Sie ist, dass ich Sie umbringen werde. Die gute Nachricht für Sie und Ihre Eltern ist, dass ich nach diesen Gewinnschätzungen viel zu viel bezahlt habe. Ich habe Ihren Eltern fünf Millionen Dollar für Sie gegeben. Ihre Eltern haben es auf der Rückseite einer Serviette ausgerechnet, hielten es für ein fantastisches Geschäft und haben die Chance ergriffen. Also, sind Sie bereit zu sterben?«

Er hat es nicht verstanden.

Für lebendige Meere, Flüsse oder andere natürliche Gemeinschaften Dollarwerte anzusetzen, geht davon aus, dass Dollarwerte realen Werten entsprechen können, also den inneren Werten der Meere, Flüsse oder natürlichen Gemeinschaften und den Beziehungen zwischen ihnen allen. Wenn ich etwa einem Fluss einen Dollarwert zuweise, setze ich voraus, dass ich weiß, welchen Wert dieser Fluss hat (oder dass ich ihn zumindest erahnen kann), und, was noch wichtiger ist, dass dieser Wert in irgendeiner Weise durch einen Dollarbetrag dargestellt werden kann – was natürlich unsinnig und überheblich ist. Wie kann ich den vollen Wert des Lachses für einen Wald kennen oder den vollen Wert des Phytoplanktons, das Sauerstoff für zwei von drei Atemzügen der Tiere liefert? Wie kann ich den vollen Wert des Windes auf einem Berggipfel, der Gezeitenenergie für die Ozeane oder der Sonne in einer Wüste kennen? Wie kann ich den vollen Wert der Präriehunde für die Prärie kennen oder auch nur einen Bruchteil ihres vollen Wertes? Warum können wir nicht einfach akzeptieren, dass Prärien und Präriehunde ihren Wert füreinander am besten kennen?

Dass Kapitalisten dem Leben anderer einen Dollarwert beimessen, setzt voraus, dass der Kapitalismus in der Lage ist, diesen anderen einen genauen Wert zuzuweisen. Aber wenn Ihnen jemand eine Billion Dollar für das gesamte Phytoplankton auf der Welt zahlen würde, was würden Sie (oder ein anderes Lebewesen) dann atmen?

Wenn wir den von der Natur erbrachten »Ökosystemleistungen« einen Dollarwert zuweisen würden, wäre kein einziger Sektor der industriellen Wirtschaft mehr rentabel. Keiner. Nicht einmal der Kohle-, Öl- und Gassektor. Nicht ein einziger von ihnen.[7]

Die industrielle Wirtschaft basiert auf dem systematischen Raub von Grund und Boden und der Umwandlung von Lebensgemeinschaften in tote Produkte. Das ist es, was eine industrielle Wirtschaft *ausmacht*. Die Wirtschaft schafft keine Werte für die wirkliche Welt: Sie zerstört die reale Welt.

Nehmen wir an, Ihre Gemeinschaft wurde von einem schrecklichen Eindringling überfallen. Es spielt keine Rolle, wer der Eindringling ist. Es könnte jeder sein, von den Römern über die kaiserlichen

Briten bis zu den Nazis, von Kapitalisten über Außerirdische bis zu den Echsenmenschen des Verschwörungstheoretikers David Icke. Diese Eroberer installieren eine gewalttätige und ausbeuterische extraktive Wirtschaft (entschuldigen Sie die Redundanz, aber noch einmal: Alle extraktiven Wirtschaften sind gewalttätig und ausbeuterisch). Sie betrachten Sie und alle anderen in Ihrer Gemeinschaft als minderwertig und als weniger wertvoll. In der Tat hat niemand von Ihnen irgendeinen inhärenten Wert; Sie sind nur in dem Maße wertvoll, wie Sie für die Besatzer nützlich sind.

Die krassesten Besatzer messen Ihnen nur insofern Wert bei, als sie Sie direkt in Geld umwandeln können. Wenn sie Ihre Arbeitskraft schätzen, werden sie Sie versklaven oder denjenigen, dem Sie gehören, für diese Arbeit bezahlen. Wenn Sie für sie als Arbeitskraft keinen Wert haben, werden sie Sie auf andere Weise zu Geld machen. Können sie Ihr Fleisch als Nahrung verkaufen? Kann Ihre Haut zu Jacken verarbeitet werden? Kann Ihr Fett zu Seife verarbeitet werden? Kann man aus Ihren Zähnen Schmuckstücke schnitzen oder aus Ihren Knochen Dünger herstellen? Kann Ihr Körper als Behausung verwendet werden? Kann man Sie verbrennen oder anderweitig als Brennstoff nutzen? Jede dieser Verwendungen ist wertvoll, und diese Werte werden von den Oberherren bestimmt. Ihr Wert wird weder von Ihnen noch von denen, die Sie lieben, noch von denen, die von Ihnen geliebt werden, noch von anderen Mitgliedern Ihrer Gemeinschaft bestimmt.

Aber warum sollten Sie sich überhaupt einen finanziellen Wert beimessen? Und warum sollten Sie, sofern Sie kein Soziopath sind, einen finanziellen Wert für ein anderes Mitglied Ihrer Gemeinschaft angeben? Für wie viele Silberlinge würden Sie Ihre Mutter verkaufen?

Die etwas kultivierteren Besatzer erkennen, dass es möglich ist, dass Sie ihnen auf eine Art und Weise dienen, die nicht sofort monetär bewertet werden kann, so dass sie stattdessen Ihre »Ökosystemleistungen« mit einem Geldwert versehen. Wenn Ihre Kacke zum Beispiel den Boden düngen kann, den sie für den Anbau ihrer Feldfrüchte nutzen, dann werden sie Sie auf ihren Feldern dulden, solange Sie nur kacken, aber nicht ihre Feldfrüchte essen oder sie anderweitig beeinträchtigen.

Da die Besatzer Ihrer Gemeinschaft eine extraktive Wirtschaft aufzwingen, beginnt sie zu zerfallen. Ihre Gemeinschaft bröckelt sogar so sehr, dass sie die Ausbeutung durch die Besatzer allmählich behindert und letztlich auch die Wirtschaft der Besatzer.

An diesem Punkt beginnen einige der Besatzer, sich Sorgen zu machen; natürlich nicht wegen Ihrer Gesundheit oder der Gesundheit Ihrer Gemeinschaft, denn Ihre Gesundheit und die Gesundheit Ihrer Gemeinschaft scheinen für die Besatzer nie wichtig gewesen zu sein. Es geht ihnen um das mögliche Scheitern ihrer Besatzung. Einige der Besatzer erklären, der einzige Weg, Ihre Gemeinschaft zu retten (um ihre Wirtschaft aufrechtzuerhalten), bestehe darin, immer stärker darauf zu bauen, jede Möglichkeit, die ihnen einfällt, um Ihre Existenz für ihre Besatzung zu nutzen, mit einem Dollarwert zu versehen. Andere denken sich Pläne von A bis D aus, um für die Rettung ihrer Besatzung zu mobilisieren, und treffen vielleicht Aussagen wie: »Wir reden davon, die Gemeinschaft der Untermenschen zu retten, die wir erobert und versklavt haben. Diejenigen von uns, die sich um die Gemeinschaft der Untermenschen kümmern, reden schon seit einiger Zeit über die Notwendigkeit, die Untermenschen zu retten. Aber die Untermenschen wird es noch eine Weile geben. Die Frage ist: Können wir die Besatzung retten? Das ist es, was jetzt auf dem Spiel steht, und ich glaube, dass wir das noch nicht erkannt haben.«

Nehmen wir an, es gibt eine Organisation namens *Untermenschenrettung*, und ihr leitender Wissenschaftler erklärt: »Anstatt den Schutz der Untermenschen um der Untermenschen willen zu verfolgen, sollte die neue Strategie darin bestehen, diejenigen Prozesse bei den Untermenschen zu verbessern, die einer möglichst großen Zahl von Besatzern zugutekommen. ... Der Naturschutz wird seinen Erfolg zum großen Teil an seiner Relevanz für die Besatzer messen.« Ein typischer Besatzer sagt: »Ich bin kein Befreier der Untermenschen. Die meisten Menschen in der Bewegung zur Rettung der Besatzung sind keine Befreier von Untermenschen. Der Begriff ›Befreiung der Untermenschen‹ ist historisch und kulturell belastet. Da ging es mehr um den Schutz der Untermenschen als um das Wohlergehen der Besatzer. Ich sehe es eher umgekehrt. Es geht in erster Linie um die Besatzer und die Aufrechterhaltung der Besatzung.« Ein anderer sagt: »Aber die Untermenschen? Für mich sind sie immer noch nicht das Problem. Ich wünsche ihnen alles Gute, aber wenn ich eines gelernt habe, dann, dass es um uns geht.« Und ein anderer sagt: »Der Kampf ging nie darum, die Untermenschen zu retten. Die Untermenschen müssen nicht gerettet werden.«

Die Aufrechterhaltung des Lebensstils der Besatzer erfordert einen enormen Energieaufwand, und 160 besonders aufgeklärte Besatzer sind der Meinung, dass sie von einer Energiequelle auf eine andere umsteigen müssen, weil sonst die gesamte Struktur ihrer Besatzung zusammenbrechen könnte.

Die zuverlässigsten Zahlen zeigen, dass die Vereinigten Staaten die Solarindustrie 2013 mit mehr als 5 Milliarden Dollar subventioniert haben (fast 3 Milliarden Dollar an direkten Ausgaben, mehr als 2 Milliarden Dollar an Steuernachlässen und fast 300 Millionen Dollar für Forschung und Entwicklung). Die Windkraft erhielt fast sechs Milliarden. Die Kohle erhielt etwas mehr als eine Milliarde an Subventionen, die Kernenergie fast 1,7 Milliarden Dollar und »Erdgas und Erdöl« etwa 2,4 Milliarden Dollar.[8]* Unabhängig davon, wer diese Zahlen erstellt hat, enthalten sie eine Menge Ernüchterungsfaktoren.

* Dies ist ein Beispiel dafür, wie schwierig es ist, diese Subventionen herauszufinden, da diese Zahlen unter anderem keine der externen Effekte enthalten, die diese Industrien Menschen und Nichtmenschen aufzwingen. Bei den Subventionen für Erdgas und Flüssiggas sind die Todesfälle bei der Öl- und Gasförderung nicht berücksichtigt, bei den Subventionen für die Kernkraft nicht die Militärausgaben für Nuklearprogramme, bei den Kohlesubventionen nicht die Zerstörung ganzer Bergregionen und bei den Solarsubventionen nicht die Schäden, die durch den Abbau seltener Erden entstehen.

Bisher bekommen die Amerikaner nicht viel für ihr Geld, denn die Solarenergie macht weit weniger als 1 Prozent der Stromerzeugung in den USA aus.[9]

Berechnet man die Subventionen pro produzierter »Energieeinheit«, dann erhalten Kohle, Öl und Gas mit 0,8 Cent pro Kilowattstunde die geringste finanzielle Unterstützung, gefolgt von der Kernenergie mit 1,7 Cent pro Kilowattstunde sowie den sogenannten erneuerbaren Energien und den sogenannten Biokraftstoffen mit 5,0 bzw. 5,1 Cent pro Kilowattstunde.[10]

Für viele Umweltschützer ist Deutschland das leuchtende Vorbild. Sicherlich ist es eine Erfolgsgeschichte für Investoren in der Solarindustrie, dass Deutschland die Solarindustrie mit Subventionen von weit über 10 Milliarden Dollar pro Jahr unterstützt hat,[11] wobei einige Quellen diese Subventionen auf 26 Milliarden Dollar pro Jahr schätzen.[12] Aber was ist bei diesen Subventionen herausgekommen? Haben sie der Lebenswelt geholfen?

Die Antwort hängt davon ab, wen Sie fragen. Bill McKibben sagt, die Ergebnisse dieser Subventionen seien »verdammt unglaublich. München liegt weiter nördlich als Montreal, und in diesem Monat [Dezember] gab es Tage, an denen die Hälfte der Energie aus Sonnenkollektoren kam. Das hat nichts mit der Technologie oder dem Standort zu tun – es kommt nur auf den politischen Willen an, der vorhanden sein muss.«[13]

Leider hat McKibben recht: Diese Ergebnisse sind im wahrsten Sinne des Wortes unglaublich, denn eine solche Behauptung entbehrt physikalisch jeder Grundlage. Da Solarpanele *nur* Strom erzeugen und etwa 80 Prozent des Münchner Energieverbrauchs *nicht* in Form von Strom anfällt, *kann nicht* die Hälfte der Energie in München von Solarpanelen stammen. Als McKibben dies 2012 sagte, war Dezember, wenn die Solarenergie am schwächsten ist und vielleicht 5 Prozent des Münchner Stroms liefert. Möglicherweise bezog er sich nicht auf »Tage« oder sogar »einen Tag« in

»diesem Monat«, sondern eher auf einen einzigen kurzen Zeitraum im Mai des Vorjahres, als München für etwa *zwei Stunden* (an einem Samstag, also nicht an einem Werktag) 50 Prozent seines *Stroms* aus Sonnenenergie bezog.[14]

Wenn Sie mit dem langjährigen Solarbefürworter Thomas Friedman von der *New York Times* sprechen, wird er Ihnen vielleicht sagen, dass »Deutschland heute einen Friedensnobelpreis verdient hat«. Warum? Er zitiert Ralf Fücks, einen der zwei Vorstände der parteinahen Heinrich-Böll-Stiftung von Bündnis 90/Die Grünen. Friedman schreibt: »Meiner Meinung nach bestand der größte Erfolg der deutschen Energiewende darin, dass die chinesische Solarzellenindustrie angekurbelt wurde.« Diese Subvention senkte den Preis der Photovoltaik; deshalb schlug Friedman vor, Deutschland den Friedensnobelpreis zu verleihen. Friedman räumt ein, dass Deutschland die chinesische Solarmodulindustrie durch eine Aufschlag angekurbelt hat – und zwar nicht bei den industriellen Verbrauchern, sondern bei den deutschen Haushalten, die im Durchschnitt 220 Dollar pro Jahr zahlten. Im Grunde verdient Deutschland also einen Friedensnobelpreis für die Zwangsabgaben deutscher Privatpersonen an chinesische Konzerne. Friedman schließt mit der Aufforderung an Deutschland, seinen Pazifismus der Nachkriegszeit zu beenden und nicht nur eine »Supermacht« zu werden, sondern »Europas erste grüne, solarbetriebene Supermacht«.[15]

Wenn die Beendigung eines Pazifismus, der aus der Schande und dem Schrecken des Führens von Angriffskriegen geboren wurde, die Millionen von Menschen das Leben gekostet und einen ganzen Kontinent für einige Generationen zerstört haben, Deutschland nicht für den Friedensnobelpreis qualifiziert, was dann?

Die Vorstellung, dass eine »Supermacht« »grün« sein kann, offenbart den Bankrott des hellgrünen Ethos. Hellgrüne Befürworter gehen davon aus, dass man die materiellen Vorteile eines kolonialen Sozial- und Wirtschaftssystems mit seiner industriellen Infrastruktur ohne die Schrecknisse und die Ausbeutung eines kolonialen Sozial- und Wirtschaftssystems haben kann. Wir hoffen, dass am Ende dieses Buches klar ist, dass es so etwas wie eine »grüne Supermacht«, ein »grünes Industriesystem« oder ein »nichtextraktives Industriesystem« nicht geben kann. Das sind alles Oxymorone (Begriffe, die ein Widerspruch in sich sind).

Fragt man Mainstream-Umweltschützer, was sie von der deutschen Solarpolitik halten, hört man immer wieder Worte wie »Wunder« und »Erfolg«. Eine Google-Suche ergibt Schlagzeilen wie »Deutschland ist Vorreiter bei den erneuerbaren Energien«[16] und »Deutschlands Erneuerbare-Energien-Branche gehört zu den innovativsten und erfolgreichsten weltweit«.[17] Oder: »Deutschlands beeindruckende Serie von Meilensteinen im Bereich der erneuerbaren Energien setzt sich fort, die Stromerzeugung aus erneuerbaren Energien steigt sprunghaft an.«[18] Oder: »Deutschlands Umstellung auf erneuerbare Energien war ein überwältigender Erfolg.«[19]

Klingt toll! Liest man jedoch den *Spiegel*, so könnte die Antwort die Unterzeile des Artikels »Solarsubventionierungslücke« aus dem Jahr 2012 sein: »Die Kosten für die Förderung von Solarstrom haben in Deutschland die 100-Milliarden-Euro-Grenze überschritten, doch die schlechten Ergebnisse gefährden die Umstellung des Landes auf erneuerbare Energien. Die Regierung ringt um ein neues Konzept, um die ineffiziente Technologie in Zukunft zu fördern.«[20]

Lassen wir für einen Moment außer acht, dass es bei all diesen Antworten um die Auswirkungen der Solarenergie auf die Wirtschaft geht und nicht um die wirkliche, lebendige Welt. Waren diese Subventionen ein wirtschaftlicher Erfolg?

Die Antwort, so die Solarlobbyisten, ist ein klares *Ja*. Ist es nicht toll, dass es in Deutschland jetzt Solarpanele auf vielen Dächern und solarbetriebene Kirmesanlagen und Fußballstadien gibt? Wer könnte sich darüber beschweren? (Na ja, vielleicht einige Fußballfans, wie die des deutschen Fußballvereins Werder Bremen, dessen solarbetriebenes Stadion so teuer ist, dass Werder Bremen es sich nicht leisten kann, anständige Spieler ohne Subventionen vom Staat zu bezahlen: »[Klaus] Filbry [der Geschäftsführer von Werder Bremen] gibt zu, dass der Verein eine Zeit lang weniger Geld für Spieler ausgeben konnte, bestreitet aber vehement jeden Zusammenhang mit dem derzeitigen unteren Tabellenplatz des Vereins in der Bundesliga.«[21]

Eine miserable Fußballmannschaft ist jedoch trivial im Vergleich zur Rettung des Planeten. Deutschland hat viele Solaranlagen und Solargeneratoren auf Dächern subventioniert. Das ist genau der Wandel, den diese Gesellschaft braucht, um nachhaltig zu werden und die Erde zu retten! Richtig?

Nein, falsch! Denn die von den Grünen so geliebten Sonnenkollektoren produzieren nur winzige Mengen Strom: etwa 3 Prozent der gesamten Stromversorgung.[22]

Im Jahr 2000 wurden 84 Prozent der Energie in Deutschland aus fossilen Brennstoffen gewonnen. Der Wissenschaftsjournalist Paul Voosen schreibt: »Dann startete das Land eine historische Kampagne und baute 90 Gigawatt erneuerbare Energiekapazitäten, genug, um den bestehenden Stromverbrauch abzudecken. Aber da Deutschland nur 10 Prozent der Zeit die Sonne sieht, ist das Land so abhängig wie immer von fossilen Brennstoffen: 2017 lieferten diese immer noch 80 Prozent der Energie … Das Land hat hypothetisch seine Kapazität zur Stromerzeugung verdoppelt, aber nur einen minimalen Nutzen für die Umwelt erzielt.«[23]

Und das ist nicht einmal der eigentliche Punkt. Der eigentliche Punkt ist, dass all diese Investitionen in die Solarenergie überhaupt nichts zur Verringerung der globalen Emissionen beigetragen haben. Und das war auch nie beabsichtigt: Die deutschen Investitionen in Wind- und Solarenergie sind ausdrücklich der Versuch, von der Atomkraft wegzukommen, nicht von Kohle, Öl und Gas. Von 2011 bis 2013 ist die Stromerzeugung aus Stein- und Braunkohle (die mit rund 2,8 Milliarden Euro pro Jahr subventioniert wird) um 2 Prozent auf 45 Prozent gestiegen.[24] Trotz eigener

Stein- und Braunkohlefelder importiert Deutschland Kohle aus China und Australien. Außerdem ist Deutschland der fünftgrößte Ölverbraucher der Welt. Trotz enormer Subventionen für »erneuerbare Energien« machen Wind- und Solarenergie zusammen nur 3,3 Prozent des gesamten deutschen Energieverbrauchs aus.[25]

»Aber warten Sie mal!« werden Sie vielleicht sagen. »Wie können Sie sagen, dass Wind und Sonne nur 3,3 Prozent des deutschen Energieverbrauchs ausmachen, wenn die Grünen sagen, dass ›erneuerbare Energien‹ 25 Prozent, ich meine 30 Prozent, ich meine 74 Prozent, ich meine 78 Prozent, ich meine bald 100 Prozent der deutschen Energie oder des Stroms ausmachen?«

Wir sind uns bewusst, dass Energie und Leistung nicht dasselbe sind. Wir werfen sie nicht in einen Topf. In der folgenden Diskussion geht es unter anderem darum, dass zu viele grüne Politiker Energie und Strom in einer Weise vermischen, die ihren politischen Zielen dient. Hier sind einige Beispiele für die Behauptungen, die über Deutschlands erneuerbare Energieerzeugung aufgestellt werden:

Im Jahr 2014 erklärte Naomi Klein, Autorin von *Die Entscheidung: Kapitalismus vs. Klima* und Vorstandsmitglied von 350.org, in einem Interview mit *Democracy Now*: »25 Prozent der Energie in Deutschland stammen inzwischen aus erneuerbaren Energien, insbesondere aus Wind- und Solarenergie, ein Großteil davon in kleinem Maßstab und dezentral erzeugt.«[26]

Avi Lewis, Regisseur der Dokumentarfilmversion von *Die Entscheidung*, sagt: »Deutschland ist … eine der führenden Wirtschaftsnationen der Welt. Und in den letzten 15 Jahren haben sie ihr Stromsystem auf 30 Prozent erneuerbare Energien umgestellt.«[27]*

Bill McKibben zitierte einmal einen Artikel von *Bloomberg Business* mit der Überschrift »Germany Reaches New Levels of

* Für viele Umweltschützer und fortschrittliche Journalisten scheint es wichtiger zu sein, der Verzweiflung zu entgehen, als die Greuel zu stoppen.

Greendom« und twitterte dann: »Deutsche erneuerbare Energien wachsen weiter: bereits 31 Prozent des Stroms. Kohleverbrauch sinkt.«[28]*

»Lefty Coaster«, ein Autor von *The Daily Kos*, sagt: »Deutschland hat neulich den Punkt erreicht, an dem es über 74 Prozent seiner elektrischen Energie aus erneuerbaren Quellen bezogen hat. Das ist ein wichtiger Meilenstein und zeigt, dass erneuerbare Energien eine große Industrienation versorgen können. Deutschland zeigt uns, dass erneuerbare Energien keine potentielle Energiequelle für irgendwann in der Zukunft sind, sondern *schon heute* eine praktikable Alternative darstellen.«[29]

Kiley Kroh, leitende Redakteurin bei *ThinkProgress*, berichtet: »Am Sonntag setzte sich Deutschlands beeindruckende Serie von Meilensteinen im Bereich der erneuerbaren Energien fort, wobei die Stromerzeugung aus erneuerbaren Energien bis zum Mittag auf einen Rekordanteil – fast 75 Prozent – des gesamten Strombedarfs des Landes anstieg.«[30]

Der *Think-Progress*-Autor Ari Phillips stellte 2015 fest: »Am Samstag, den 25. Juli, stellte Deutschland einen neuen nationalen Rekord für erneuerbare Energien auf, indem es 78 Prozent des Strombedarfs des Tages aus erneuerbaren Quellen deckte.«[31]

Melanie Mattauch, die Kommunikationskoordinatorin von 350.org für Europa, sagt, dass der deutsche Solarstrom »das Stromnetz flutet«.[32]

Wie können wir dem Ganzen einen Sinn abgewinnen? Was ist? 3 Prozent oder 25 Prozent oder 78 Prozent? Wie können die

* Und um das festzuhalten: Der Kohleverbrauch ist nicht zurückgegangen. Der Einsatz von Braunkohle ging leicht zurück. Steinkohle und Braunkohle sind nicht dasselbe. Braunkohle ist eine Art von Weichkohle. Bitte beachten Sie auch, dass McKibben eine Korrelation – oder sogar eine Kausalität – zwischen der »Zunahme« der erneuerbaren Energien und dem »Rückgang« der Kohle zu unterstellen scheint. Aber das ist nicht bewiesen worden. Wie im Text gesagt: Die erneuerbaren Energien sollen ausdrücklich die Kernenergie ersetzen, nicht die Kohle.

Behauptungen so unterschiedlich sein? Müssen nicht einige von ihnen falsch sein? Was ist da wirklich los?

Zunächst sollten wir uns darüber klarwerden, was mit »erneuerbaren Energien« gemeint ist. Der Begriff bezieht sich in der Regel auf Wind- und Sonnenenergie. Aber »erneuerbare Energien« umfassen auch Wasserkraft und Biokraftstoffe (sowie geothermische Energie, Gezeitenenergie aus dem Meer, thermische Energieumwandlung aus dem Meer und einige andere Formen, die aber in Deutschland alle unbedeutend oder nicht vorhanden sind).

Lassen Sie uns zunächst die Wasserkraft abhandeln, da sie nur etwa 3,5 Prozent des deutschen Stroms (und weniger als 1 Prozent des deutschen Energiebedarfs) ausmacht. Während Wasserkraft sicherlich erneuerbar ist, zumindest für die 50- bis 100-jährige Betriebsdauer eines Staudamms,[33] wirken sich Staudämme zutiefst zerstörerisch auf die Natur aus. Sie töten die Lebewesen in den Uferzonen – den Schnittstellen zwischen dem Land und den Flüssen oder Bächen –, die sie überfluten. Und sie töten die Uferzonen selbst. Sie entziehen den Flüssen oberhalb der Dämme die Nährstoffe der Wanderfische (wie Lachse). Sie entziehen den Auen unterhalb der Dämme Nährstoffe. Sie zerstören Lebensraum für Fische und andere Lebewesen, die in fließenden Gewässern leben und in warmen, langsam fließenden Stauseen nicht überleben können. Und sie sind nicht, wie die Grünen, die Regierungen und die Kapitalisten im allgemeinen fälschlicherweise behaupten, »kohlenstoffneutral«. Staudämme wurden als »Methanbomben« und »Methanfabriken« bezeichnet, weil sie so viel Methan, ein extrem starkes Treibhausgas, abgeben. Tatsächlich sind sie die größte anthropogene (vom Menschen geschaffene) Methanquelle, die 23 Prozent des gesamten vom Menschen verursachten Methanausstoßes ausmacht.[34] Staudämme können pro Energieeinheit bis zu dreieinhalb Mal mehr Treibhausgase freisetzen als bei der Verbrennung von Erdöl enstehen, vor allem weil, wie ein Artikel in *New Scientist* zeigt, »große Mengen an Kohlenstoff, die in Bäumen und anderen Pflanzen gebunden sind, freigesetzt werden, wenn das Staubecken geflutet wird und die Pflanzen verrotten. Nach diesem ersten Verrottungsimpuls zersetzt sich das Pflanzenmaterial, das sich auf dem Grund des Stausees ablagert, ohne Sauerstoff, was zur Bildung von gelöstem Methan führt. Dieses wird in die Atmosphäre entlassen, wenn das Wasser durch die Turbinen des Staudamms fließt.«[35]

Im Hinblick auf die Gesundheit des Planeten ist das Beste, was wir über Dämme sagen können, dass sie irgendwann ausgedient haben.

Wenn Ihnen also die Grünen eine Zahl nennen, die angibt, wie viel Strom in Deutschland aus erneuerbaren Energien erzeugt wird, müssen Sie, wenn Ihnen die Gesundheit der wirklichen, lebendigen Welt am Herzen liegt, 3,5 Prozent davon abziehen, da dieser Strom von Staudämmen stammt. (In einigen Ländern wie Costa Rica oder Norwegen muss man viel mehr abziehen, weil 50 bis 100 Prozent des »erneuerbaren« Stroms aus Wasserkraft stammt.)

Wenn Sie schon dabei sind, kürzen Sie die Zahl der »erneuerbaren Elektrizität« der Grünen um ein weiteres Drittel, denn 30 Prozent der gesamten erneuerbaren Elektrizität in Deutschland stammt aus dem, was die Grünen »Biokraftstoffe« oder »Biomasse« nennen – Biokraftstoffe wie Ethanol werden aus lebenden Materialien wie Mais gewonnen; und Biomasse ist in diesem Sinne nur ein schickes Wort, das die Verbrennung von lebenden Materialien wie Holz bedeutet – und dem, was Sie und ich vielleicht »das Anpflanzen von Monokulturen zur Verwendung als Kraftstoff« oder »das Abholzen von Wäldern zur Verbrennung« nennen. Die wichtigsten Punkte sind, dass a)»Biokraftstoffe« zu den »erneuerbaren Energien« gezählt werden und b) sie als »kohlenstoffneutral« gelten und c) Länder rechtlich und finanziell ermutigt werden, Wälder abzuholzen, um »grün« und »umweltbewusst« zu sein. Das ist die orwellsche Welt, in die uns der hellgrüne Umweltschutz – mit seiner Priorität, die Wirtschaft anzukurbeln, statt die reale Welt zu retten – treibt: Diese Kultur holzt Wälder ab, um die globale Erwärmung zu stoppen, und holzt Wälder ab, um den Planeten zu retten.

Aufgrund von Förderungen (sprich: Subventionen und Propaganda), grün zu werden – wenn auch in einer perversen Schattierung von Grün – ist die Nutzung von Biomasse und Biokraftstoffen in den letzten 30 Jahren explodiert. Im Jahr 1990 betrug der Anteil der Biokraftstoffe an der Stromerzeugung in Deutschland etwa ein Viertel von 1 Prozent, und der größte Teil davon stammte aus der Verbrennung von Abfällen aus anderen Verarbeitungsprozessen (im wesentlichen Sägemehl, landwirtschaftliche Abfälle und dergleichen). Bis 2015 hat sich der Anteil der Biokraftstoffe in Deutschland um das 35-fache erhöht. Ab 2020 wird Biomasse etwa 60 Prozent der erneuerbaren Energieerzeugung in der EU ausmachen.[36] Offensichtlich gibt es nicht genug Abfallmaterial zum Verbrennen, so dass der prozentuale Anteil von Land, das für den Anbau von »Biokraftstoffen« verwendet wird, gestiegen ist. Der Energieanalyst Robert Wilson erklärt: »Die Produktion von Bioenergie ist nun auch in Deutschland eine bedeutende Form der Landnutzung. Laut offizieller Statistik werden insgesamt 2 Millionen Hektar für pflanzliche Biokraftstoffe genutzt. Das sind 17 Prozent der Ackerfläche und etwa 6 Prozent der Gesamtfläche in Deutschland.«[37]

Wälder in den Vereinigten Staaten, Kanada, Südafrika, Deutschland, Schweden, der Tschechischen Republik, Norwegen, Russland, Weißrussland, der Ukraine und vielen anderen Ländern werden abgeholzt, um Europas Nachfrage nach Biokraftstoffen zu decken. Allein im Südosten der Vereinigten Staaten gibt es Dutzende von riesigen Zellstofffabriken, die *100 Prozent* dieser Biomasse nach Europa exportieren. Die Sumpfwälder in den Südstaaten werden gerade »trockengelegt, abgeholzt, verbrannt, über den Atlantik verschifft und in Monokultur-Kiefernplantagen verwandelt«.[38] Zwischen 50 und 80 Prozent der Sumpfwälder im Süden sind bereits verschwunden. Lassen Sie das erst einmal auf sich wirken, bevor Sie sich den nächsten Schrecken vornehmen: Die

Sumpfwälder des Südens werden viermal schneller abgeholzt als die südamerikanischen Regenwälder – wobei der Begriff »abgeholzt« eine freundliche Umschreibung für die Verwüstung ist. Die südliche Küstenebene ist ein ausgewiesener Hotspot der biologischen Vielfalt, was bedeutet, dass es Lebewesen gibt, die nur dort und nirgendwo sonst leben. Der Verlust einzelner Lebewesen ist schon schlimm genug, aber es sind auch ganze Arten gefährdet, weil sie nirgendwo anders hinkönnen.

So ist beispielsweise die Florida-Eibe (*Taxus floridana*), ein kleiner immergrüner Baum, vom Aussterben bedroht, weil ihr einziger Lebensraum ein 24 Kilometer langer Abschnitt des Apalachicola River ist. Das ist alles, was sie hat, und wenn er weg ist, ist auch sie weg. Ebenfalls vom Aussterben bedroht ist der südöstliche amerikanische Turmfalke, der kleinste Falke Nordamerikas. Sein Leben hängt von Buntspechten ab, die Nisthöhlen bauen. Greifvögel können das nicht, also brauchen die Turmfalken die verlassenen Nester der Spechte. Dies ist nur ein Beispiel für die wechselseitige Abhängigkeit, die sich – überall und immer – zu einem Ganzen fügt. Es versteht sich von selbst, dass die Abholzung am Apalachicola River auch den Rotkopfspecht und die Sumpfkiefern gefährdet.

Das letzte Glied in dieser wehmütigen Aufzählung ist die Gopherschildkröte. Die Schildkröte gräbt Höhlen, die 10 Meter lang und 3 Meter tief sind. Das ist schon außergewöhnlich genug, aber noch nicht alles: Fast 400 andere Arten sind auf diese Höhlen angewiesen. Vierhundert andere Säugetiere, Vögel, Reptilien, Amphibien und Insekten können ohne die schützende Behausung der Schildkröten, die inzwischen vom Aussterben bedroht sind, nicht überleben.

Diese Beziehungen des Gebens und Nehmens, des Bedürftigen und Helfenden, des Fütterns und Genährtwerdens sind es, die das Ganze ausmachen. Um eine Phrase zu gebrauchen: Die Verletzung eines Einzelnen ist eine dauerhafte Verletzung aller, wobei die Verletzungen hier so katastrophal sind, dass sie eine ganze biologische Gemeinschaft betreffen, die pelletiert, nach Europa verschifft und verbrannt wird.

Das ist das Ausmaß in Zeit und Zahlen. Dieser Wald ist seit dem Pleistozän ein uraltes Refugium. Die biologische Vielfalt dort ist »praktisch beispiellos in Nordamerika«.

In der Küstenebene des Südens gibt es 190 Baumarten und 27 endemische Pflanzen und Tiere. Zum Unterwuchs der Bäume zählen »3.417 einheimische Kraut- und Straucharten, die zu der stärksten endemischen Pflanzenpopulation Nordamerikas gehören«, und der Wald ist reich an »Reptilien, Amphibien, Schmetterlingen und Säugetieren«,[39] die nirgendwo sonst vorkommen und kaum Überlebenschancen haben. Sie sind unsere Verwandten – unsere verwundbaren, wundersamen, verzweifelten Verwandten – und gerade jetzt wollen Umweltschützer sie zu Pellets verarbeiten und ihr Abschlachten »grün« nennen.

Ein industriefreundlicher Forscher beschreibt die zunehmende Abhängigkeit Deutschlands von Biokraftstoffen ganz lapidar: »Da die nordwesteuropäischen Holzressourcen für die unerwartete Nachfrage nicht ausreichen, ist die Region auf Importe aus dem Ausland angewiesen.«[40] Deutschland holzt auch seine eigenen Wälder ab: Fast die Hälfte der deutschen Holzproduktion besteht darin, Bäume zu fällen, sie zu zerkleinern, zu Pellets zu trocknen und zu verbrennen.

Es kommt noch schlimmer. Wie John Upton, Reporter von *Climate Central,* klarstellt, »erzeugt die Verbrennung von Holzpellets zur Erzeugung einer Megawattstunde Strom 15 bis 20 Prozent mehr klimaschädliches Kohlendioxid als die Verbrennung von Kohle, wie eine Analyse der Daten des [Biomasseunternehmens] Drax zeigt. Und das ist nur das CO_2, das aus dem Schornstein entweicht. Rechnet man die Verschmutzung durch den Brennstoff hinzu, der zum Zerkleinern, Erhitzen und Trocknen des Holzes benötigt wird, sowie für den Transport der Pellets, sind die Auswirkungen auf das Klima noch größer. Nach Angaben des [Biomasseunternehmens] Enviva erhöht sich die Klimabelastung für eine Megawattstunde um weitere 20 Prozent.«[41]

Wie können die Hellgrünen dies also als kohlenstoffneutral bezeichnen?

Ein Argument lautet, dass wir die Bäume genauso gut jetzt fällen und verbrennen können, da sie ursprünglich während ihres Wachstums Kohlenstoff in ihren Körpern gebunden haben und diesen Kohlenstoff schließlich beim Absterben wieder freisetzen. Die Lobbygruppe der Industrie, American Forests and Paper Association (AFPA), drückt es so aus: »Wenn Wälder wachsen, wird der Atmosphäre durch Photosynthese Kohlendioxid (CO_2) entzogen. Dieses CO_2 wird in organischen Kohlenstoff umgewandelt und in der holzigen Biomasse gespeichert. Die Bäume geben den gespeicherten Kohlenstoff frei, wenn sie sterben, verrotten oder verbrannt werden. Wenn die Biomasse Kohlenstoff als CO_2 freisetzt, ist der Kohlenstoffkreislauf geschlossen. Der Kohlenstoff in der Biomasse kehrt in die Atmosphäre zurück, unabhängig davon, ob er zur Energiegewinnung verbrannt oder biologisch abgebaut wird oder bei einem Waldbrand verlorengeht.«[42]

Ihr Argument läuft auf Folgendes hinaus: Wenn du sowieso eines Tages sterben wirst, warum bringe ich dich dann nicht einfach gleich um?

Und es ist gründlich irreführend. Wenn Wälder wachsen, binden sie mehr und mehr Kohlenstoff. Einzelne Bäume (und ganze Wälder) binden mit zunehmendem Alter mehr Kohlenstoff pro Jahr. Wälder schaffen auch Böden, die Kohlenstoff für Zehntausende von Jahren speichern können. Die Abholzung zerstört diesen Boden, was ein Grund dafür ist, dass die Abholzung in Staaten wie Oregon die bei weitem größte Quelle von Kohlenstoffemissionen ist.[43] Wie ein Forscher schrieb: »Die [Kohlenstoffemissions-]Buchführungsregeln wurden von Holzfällern für Holzfäller geschrieben.«[44]

Das Argument der AFPA ignoriert auch die Bedeutung toter Bäume für die Gesundheit der Wälder. Abgestorbene Bäume –

die biologisch abgebaut werden »dürfen« – sind Lebensraum für noch mehr Arten als lebende Bäume (man denke beispielsweise an Vögel, die in Höhlen in abgestorbenen stehenden Bäumen nisten).

Es sollte uns nicht überraschen, dass die AFPA die Rolle toter Bäume für die Gesundheit der Wälder ignoriert, nicht nur, weil die AFPA Lobbyarbeit für einen Wirtschaftszweig betreibt und daher lügt, sondern auch, weil der gesamte Wirtschaftszweig, für den sie Lobbyarbeit betreibt, auf der systematischen Abwertung der Rolle *lebender* Bäume für die Gesundheit der Wälder beruht; sonst könnte man sie nicht fällen.

Das Argument der »Kohlenstoffneutralität« von Biomasse lässt sich auch so formulieren, dass der Kohlenstoff bereits gespeichert war, als die Bäume wuchsen, und dass alles, was getan wird, die erneute Freisetzung von zuvor gespeichertem Kohlenstoff ist – was in etwa so ist, als würden wir Geld ausgeben, das wir bereits angespart haben. Auch das ist Blödsinn, und zwar aus mehreren Gründen. Der erste ist, dass wir den Kohlenstoff nicht gespeichert haben. Das waren die Bäume. Das ist so, als würden Sie Geld auf Ihr Sparkonto einzahlen, und jemand anderes nimmt es heraus und gibt es aus und nennt es dann quitt. Sie könnten das als Diebstahl bezeichnen, aber die Hellgrünen würden es »geldwertneutral« nennen: *Ein Dollar wurde eingezahlt und ein Dollar wurde abgehoben, was also ist Ihr Problem?* Das ist auch deshalb Quatsch, weil man dasselbe Argument auch auf Kohle und Öl anwenden kann: *Der Kohlenstoff wurde zur Zeit der Dinosaurier von Algen gebunden, und wir holen ihn einfach wieder heraus.*[45]

Und es ist auch aus einem anderen Grund Mist: Bäume sind nicht dazu da, unseren Dreck zu entfernen. Sie sind auch keine Dollars auf einem Baumstumpf. Ebenso wenig sind sie dazu da, von uns verbrannt zu werden. Sie haben ihr eigenes Leben und spielen ihre eigene Rolle in ihren eigenen natürlichen Gemeinschaften. Es gibt fünf Millionen Arten, die direkt von den Wäldern abhängen[46] – das sind 80 Prozent der terrestrischen Artenvielfalt.[47] Ursula K. Le Guin sagte das gleiche mit mehr Poesie und weniger

Zahlen: »Das Wort für Welt ist Wald.«[48] Nun hat der Mensch in den letzten 40 Jahren mehr als 50 Prozent der Waldtiere getötet.[49] Zählen diese Waldtiere? Was ist mit den Bäumen selbst – Wesen, die fühlen, lernen, kommunizieren und füreinander sorgen? Dr. Suzanne Simard schreibt, dass sie »verblüfft« war, als sie entdeckte, dass Papierbirken Tannen »wie Pfleger in menschlichen sozialen Netzwerken«[50] fütterten und dass die Bäume im Laufe der Zeit je nach Jahreszeit abwechselnd die Rolle des Pflegers übernahmen: »Mutterbäume erkennen ihre Verwandten und sprechen mit ihnen und bilden künftige Generationen aus … Verletzte Bäume geben ihr Erbe an ihre Nachbarn weiter und beeinflussen die Genregulation, die Abwehrchemie und die Widerstandsfähigkeit der Waldgemeinschaft.« In sorgfältigen wissenschaftlichen Untersuchungen wurde die Empfindungsfähigkeit von Pflanzen nachgewiesen. Es stellte sich heraus, dass sie sich gar nicht so sehr von uns unterscheiden.

Eine Diskussion darüber, ob die Abholzung kohlenstoffneutral ist, ohne gleichzeitig zu erörtern, ob die Abholzung moralisch neutral ist, ist nur möglich, wenn man glaubt, dass der Mensch das einzige Wesen ist, das als Subjekt auf diesem Planeten existiert. Die Erkenntnis, dass Bäume – und die fünf Millionen anderen Arten, die sie beherbergen, ernähren und schützen – auch als Subjekte existieren, ändert alles.

Ein ähnliches Argument für die Kohlenstoffneutralität ist, dass man zwar Bäume fällen und Kohlenstoff freisetzen kann, aber da Bäume nachwachsen, wird der Kohlenstoff zukünftig wieder gebunden, wodurch der Prozess kohlenstoffneutral wird. John Upton schreibt: »Wenn Kraftwerke in großen europäischen Ländern Holz verbrennen, stammt die einzige Kohlendioxidverschmutzung, die sie melden, aus der Verbrennung der fossilen Brennstoffe, die für die Herstellung und den Transport des Holzbrennstoffs benötigt werden. Das europäische Recht geht davon aus, dass die Klimabelastung, die durch die Verbrennung von aus Bäumen gewonnenen

Brennstoffen entsteht, keine Rolle spielt, da sie von den Bäumen, die an ihrer Stelle wachsen, wieder aufgenommen wird. Diese Annahme ist bequem, aber falsch. Die Klimawissenschaft lehnt sie seit mehr als 20 Jahren ab. Denn diese Annahme ignoriert die Jahrzehnte, die es dauern kann, bis ein Ersatzwald so groß ist wie der, der zur Energiegewinnung abgeholzt wurde – oder die Möglichkeit, dass er überhaupt nicht nachwächst. Die Annahme ignoriert auch den Verlust der Fähigkeit eines Baumes, Kohlendioxid zu absorbieren, nachdem er abgeholzt, pelletiert und verbrannt wurde. Dieser Buchhaltungstrick ermöglicht es der Energieindustrie, jedes Jahr zig Millionen Tonnen Kohlendioxid in die Luft zu pumpen und so zu tun, als gäbe es sie nicht.«[51]

Das Argument ist, dass Biomasse kohlenstoffneutral sei, weil die Bäume nachwachsen und der Kohlenstoff in den nächsten 100 Jahren wieder aufgenommen wird. Aber das ist so betrügerisch, dass *Enron* neidisch wird. Können Sie sich vorstellen, was mit einem Unternehmen passierte (obwohl Unternehmen nie etwas passiert), das behauptet, seine Bücher seien ausgeglichen, weil es jetzt das Geld ausgibt, das es *hofft*, in den nächsten 100 Jahren wieder einzunehmen?

Aber es ist noch schlimmer. Da nicht die Förster den Kohlenstoff gebunden haben, sondern der Wald, wäre die passendere Analogie ein Unternehmen im Stil von *Enron*, das die Leute bestiehlt und dann sagt, dass dies kein Diebstahl sei, weil die Opfer mit der Zeit mehr Geld verdienen werden, das sie wieder in die Bank stecken können (das dann wiederum von dem Unternehmen gestohlen – wir meinen geerntet – wird).

»Das Wachstum der erneuerbaren Energien [in der EU] seit dem Jahr 2000 … kam eigentlich nur aus drei Quellen: Wind, Sonne und Biomasse«, schreibt Wilson. »Das absolute Wachstum der Biomasse war 1,5 Mal größer als das von Wind und Sonne, und bisher stammt der Großteil der neuen erneuerbaren Energien seit 2000 aus Biomasse, nicht aus Wind und Sonne.«

Er fährt fort: »Mit Ausnahme von zwei EU-Ländern ist Biomasse auch die größte Quelle für erneuerbare Energien, wenn man den Endenergieverbrauch zugrunde legt. Dänemark bezieht zwar 30 Prozent seines Stroms aus Windkraftanlagen, aber immer noch mehr als doppelt so viel seines Endenergieverbrauchs aus Biomasse.«

Zur deutschen Erfolgsgeschichte sagt er: »Der vermeintlich rasante Ausbau der Solarenergie wird viel beachtet. Der noch rasantere Ausbau der Biomasse hingegen findet überhaupt keine Beachtung. … Das absolute Wachstum der Biomasse in Deutschland war ... dreimal so hoch wie das von Wind und Sonne zusammen.«

Vergessen werden bei all dem natürlich die Wälder selbst. 70 Prozent der »erneuerbaren« Energie in Deutschland stammen aus Biomasse, aus der Abholzung der Wälder. Werden wir »für die Bäume sprechen, denn die Bäume haben keine Zunge«?[52] Es gibt keinen Wald auf der Welt, der mehr als drei Umläufe überlebt hat.[53] Man kann einen Wald nicht abholzen, die gesamte Biomasse (sprich: die Körper derer, die im Wald leben und ihn ausmachen) entfernen und erwarten, dass der Wald weiterlebt. Dennoch werten Grüne, Kapitalisten und Nationen Biomasse weiterhin als kohlenstoffneutral und machen sie und ihre Zahlen zum Teil der deutschen »Erfolgsgeschichte«, während der Frühling immer weiter verstummt.

Vorhin haben wir festgestellt, dass 30 Prozent des »erneuerbaren« Stroms in Deutschland aus Biomasse stammt. Das mag wie ein Widerspruch erscheinen, aber die frühere Aussage bezieht sich auf Energie, die zweite auf Strom. Die meiste Biomasse wird für andere Zwecke als für die Stromerzeugung verwendet. Zwei Beispiele sind die Verbrennung von Holz für Heizzwecke und die Umwandlung von Mais oder Rüben in Methan oder andere Gase, die dann für Heiz- oder Transportzwecke verbrannt werden.

Wir möchten dieser Kultur eine radikale Neudefinition »grünen« oder »umweltfreundlichen« Handelns vorschlagen, nämlich dass die Handlung der natürlichen Welt spürbar zugutekommen muss und zwar zu den Bedingungen der natürlichen Welt selbst. Die Maßnahme darf nicht darauf angelegt sein, die industrielle Wirtschaft anzukurbeln. Die Maßnahme darf nicht darauf angelegt sein, Ihr Leben einfacher zu machen. Die Maßnahme darf nicht als Erfolg getarnt werden, nur damit man nicht verzweifelt. Die Maßnahme muss Tigern, Hammerhaien, Coho-Lachsen, pazifischen Neunaugen, Seesternen, den Ozeanen, dem Colorado River oder den Great Plains spürbar helfen.

Umweltschutz für die wirkliche Welt: was für eine Vorstellung.

Es gibt einen Unterschied zwischen »Energie« und »Leistung«. Energie ist definiert als die Fähigkeit, Arbeit zu verrichten, und Arbeit ist definiert als eine Kraft, die ein Objekt bewegt. Ich weiß, das klingt kompliziert, aber Beispiele machen es deutlich: Es erfordert Energie, um Ihr Auto (oder Sie) von Ihrem Haus zum Supermarkt zu bewegen. Es erfordert mehr Energie, um ein schwereres Auto zu bewegen, und es erfordert mehr Energie, um ein Auto über eine weitere Entfernung zu bewegen. Ebenso braucht man Energie, um Wasser zu erhitzen.[54] Je heißer das Wasser sein soll, desto mehr Energie wird benötigt: Man braucht mehr Energie, um Wasser zum Kochen von Eiern zu erhitzen, als um es auf Badetemperatur zu bringen. Und je mehr Wasser man hat, desto mehr Energie braucht man, um es zu erhitzen: Es erfordert mehr Energie, um eine Badewanne voll Wasser zu erhitzen, als um einen kleinen Topf auf die gleiche Temperatur zu bringen. Die Energie, die in das Wasser geflossen ist, verbleibt im Wasser (als Wärme), bevor sie schließlich an den Raum abgegeben wird. Aus diesem Grund riet einer meiner (Derricks) Physikprofessoren, niemals eine warme Badewanne ablaufen zu lassen: Die ganze Wärme (Energie) geht dann den Abfluss hinunter. Stattdessen, so sagte er, sollten wir unsere Häuser damit erwärmen. Jahrelang befolgte ich seinen Rat, bis eines Tages, als ich mit den Füßen an der Wand in der Wanne lag, die Wand zusammenbrach und ich mich fragte, warum der Physikprofessor nicht erwähnt hatte, dass die feuchte warme Luft, die im Raum bleibt, die Trockenbauwände verrotten lässt. Es kostete Energie, die zerbrochenen Fliesen und die zerstörte Trockenbauwand aus dem Badezimmer zu meinem Lastwagen zu tragen, Energie, um den Lastwagen zur Mülldeponie zu fahren, und so weiter. Zu dieser Zeit lebte ich in einem Fertighaus mit zwei Bädern, so dass ich in den nächsten anderthalb Jahren, bis ein Freund das Hauptbad repariert hatte, auch Energie aufwenden musste, um das andere Bad zu benutzen.

Energie kann aus der Verbrennung von Dingen stammen (etwa Holz oder Öl), aus einem sich bewegenden Objekt (wie einem Auto oder einer Gewehrkugel – ein Auto hat mehr Masse, aber eine Gewehrkugel hat wahrscheinlich eine höhere Geschwindigkeit, und wenn dich eines von beiden trifft, wird es in deinem Körper wahrscheinlich Arbeit verrichten), aus der Verstoffwechselung von Nahrung (deinen Körper zu bewegen, ist auch Arbeit, und diese Energie muss irgendwoher kommen) und aus anderen Quellen.

Einige gebräuchliche Maße für Energie sind Joule, Kalorien, britische Wärmeeinheiten, Kilowattstunden und so weiter.

Die Leistung hingegen ist die Geschwindigkeit, mit der diese Arbeit verrichtet wird. Mehr Leistung bedeutet, dass die Arbeit schneller verrichtet wird. In einer Analyse von Energie und Leistung heißt es: »Energie misst zwar die *Gesamtmenge* der verrichteten Arbeit, sagt aber nichts darüber aus, wie schnell die Arbeit verrichtet werden kann. Man könnte einen beladenen Sattelschlepper mit einem Rasenmähermotor quer durchs Land bewegen, wenn es einem egal wäre, wie lange es dauert. Unter sonst gleichen Bedingungen würde der kleine Motor die gleiche Arbeit verrichten wie der große Motor des Lkw. Und er würde die gleiche Energiemenge erzeugen und die gleiche Menge Kraftstoff verbrauchen. Aber der größere Motor hat mehr Leistung, so dass er die Arbeit schneller erledigen kann.«[55]* Aus diesem Grund sind viele Autoenthusiasten so erregt, wenn es um die Pferdestärken eines Motors geht, die ein Maß dafür sind, wie schnell der Motor ihres Autos die Energie des Benzins in mechanische Energie umwandeln kann, so dass ihr Auto an der Ampel losbraust und die »Penner« und »Lahmärsche« hinter sich lässt.

Die wichtigste Einheit zur Messung der Leistung ist das Watt (entspricht 1/746stel einer Pferdestärke). Am häufigsten denken die meisten von uns bei Watt an Glühbirnen oder andere elektronische Geräte. Hier gilt das gleiche Prinzip: Eine 120-Watt-Glühbirne verbraucht Strom (elektrische Energie) und verwandelt ihn doppelt so schnell in Licht und Wärme wie eine 60-Watt-Glühbirne. Wenn Sie eine 60-Watt-Glühbirne (60 Watt ist die *Leistung* der Birne) eine Stunde lang brennen lassen, haben Sie 60 Wattstunden Energie verbraucht. Wenn Sie sie 16 Stunden und 40 Minuten lang brennen lassen, haben Sie eine Kilowattstunde Energie verbraucht. Wenn Sie sie länger anlassen, wird Ihre Mutter wahrscheinlich sagen, dass Sie sie ausschalten sollen.

Wahrscheinlich haben Sie auf Ihrer Stromrechnung gesehen, dass Ihnen die Anzahl der verbrauchten Kilowattstunden in Rechnung gestellt wird (zur Erinnerung: Kilowattstunden sind Energie, nicht Leistung). Das sollte den Pedanten in uns allen verärgern, denn das bedeutet natürlich, dass Ihre Stromrechnung zu Recht als »Energierechnung« bezeichnet werden sollte.

Das bringt uns zu der Unterscheidung von Energie und Leistung, die für diese Diskussion relevant ist. Da die Energiemenge, die man bei der Verbrennung eines Fasses einer bestimmten Ölsorte oder einer Tonne einer bestimmten Kohlesorte oder eines Stapels einer bestimmten Brennholzsorte (oder auch beim Verzehr eines

* Und bitte beachten Sie, dass er zu sehr vereinfacht, um seinen Standpunkt darzulegen, da er unter anderem davon ausgeht, dass die Überlandfahrt völlig eben ist. Ein Rasenmähermotor könnte offensichtlich keine Sattelschlepper bergauf ziehen.

Marsriegels) erhält, vorhersehbar ist, und da diese Energie beliebig gespeichert werden kann (Kohle und Öl offensichtlich über zig Millionen Jahre, und meines Wissens gilt dasselbe auch für Marsriegel), sprechen wir normalerweise von »Energie« und nicht von »Leistung«.[56] Wenn Sie ein Fass einer bestimmten Ölsorte verbrennen, setzen Sie etwa 1,7 Millionen Wattstunden (MWh) frei. Dabei spielt es keine Rolle, wie schnell oder langsam Sie es verbrennen. Oder wie schnell oder langsam Sie einen Marsriegel essen. Am Ende wird die gleiche Menge an Energie freigesetzt. Weder für das Öl noch für ExxonMobil spielt es eine Rolle, ob das Fass verbrannt wird, um eine 60-Watt-Glühbirne 28.333 Stunden lang brennen zu lassen, oder eine 120-Watt-Glühbirne nur halb so lange (und in beiden Fällen wird Ihnen Ihre Mutter *sicher* sagen, dass Sie das Licht ausschalten sollen). Sowohl auf individueller als auch auf wirtschaftlicher Ebene werden fossile Brennstoffe, Holz, Marsriegel und so weiter unter dem Gesichtspunkt der Energie betrachtet.

Bei der Elektrizität wird zwar manchmal von Energie gesprochen, häufiger jedoch von Leistung. Das liegt vor allem daran, dass das Stromnetz auf Wechselstrom (AC) basiert, der nicht gespeichert werden kann. Mit Wechselstrom kann man zwar Gleichstrombatterien aufladen oder mechanische Energie speichern (zum Beispiel, indem man Wasser bergauf pumpt, um es in einem Stausee zu speichern und über die Turbinen eines Staudamms die Energie wiederzugewinnen, wenn man mehr Strom braucht), aber man kann ihn nicht direkt speichern. Folglich sind die Stromversorgungsunternehmen gezwungen, ihre Erzeugungsanlagen und Netze so zu bauen, dass sie über genügend Kapazität verfügen, um den Spitzenbedarf an Strom zuverlässig zu decken (definiert als die Energiemenge, die *im Augenblick* geliefert wird): Man kann nicht davon ausgehen, dass Krankenhäuser, Fabriken und Geschäfte (und Kühlschränke) aufhören zu funktionieren, wenn die Sonne untergeht und der Wind abflaut. Die Gesamtmenge der gelieferten Energie wird zwangsläufig als zweitrangig gegenüber der Fähigkeit betrachtet, die Nachfrage zu befriedigen, die zu jedem Zeitpunkt an das Netz gestellt wird. Und die Nachfrage ändert sich natürlich je nach Tageszeit (die Zeit zwischen 7:00 und 22:00 Uhr gilt in der Regel als »Spitzenlast«), je nach Wochentag (an Wochenenden und Feiertagen ist die Nachfrage geringer), je nach Wetterlage, je nach Jahreszeit (vielerorts ist die Nachfrage im Sommer wegen der Klimaanlagen und im Winter wegen der elektrischen Heizung höher) und so weiter. Die Spitzennachfrage beträgt oft 200 Prozent oder mehr von der Mindestnachfrage. Wenn man also über Strom spricht, ist es oft sinnvoller, von Leistung statt von Energie zu sprechen.

Das bedeutet, dass sich der Pedant in jedem von uns ein wenig entspannen kann: Auch wenn wir für Strom in Form von verbrauchter Energie bezahlen, macht es durchaus Sinn, von Stromunternehmen und Stromnetzen und damit von Stromrechnungen zu sprechen.

Jetzt, da wir wissen, dass jemand, der über Öl oder Kohle spricht, in der Regel von Energie spricht, und wenn er über Elektrizität spricht, in der Regel von Leistung spricht, sind wir fast so weit, darüber sprechen zu können, woher die hellgrünen Enthusiasten ihre Zahlen haben.

Denken Sie daran – und es tut uns leid, dies zu wiederholen, aber es ist eine Quelle für einige der Fehler – »Energie« ist nicht dasselbe wie »Leistung« und »Energie« ist nicht dasselbe wie »Elektrizität«. Leistung ist die *Geschwindigkeit*, mit der Energie in Arbeit umgewandelt wird. Und elektrischer Strom ist nur eine *Form* von Energie. In Deutschland macht dieser nur etwa 20 Prozent der verbrauchten Energie aus:[57] Verkehr und Heizung zum Beispiel beziehen ihre Energie hauptsächlich aus anderen Quellen als Strom.

Der Primärenergieverbrauch in Deutschland betrug im Jahr 2013 13.908 Petajoule. Das sind etwa 3.863 Terawattstunden oder genug, um eine 60-Watt-Glühbirne mehr als 7,3 Milliarden Jahre lang zu betreiben, fast doppelt so lange, wie die Erde existiert.

Anders ausgedrückt: Die gleiche Menge Energie würde erzeugt, wenn man etwa 30 Milliarden Menschen »verarbeiten« würde.

Natürlich wird die deutsche Industrie, wie alle anderen Industrien auch, nicht durch den Verbrauch menschlicher Körper angetrieben (außer in politischer, sozialer, spiritueller und metaphorischer Hinsicht).

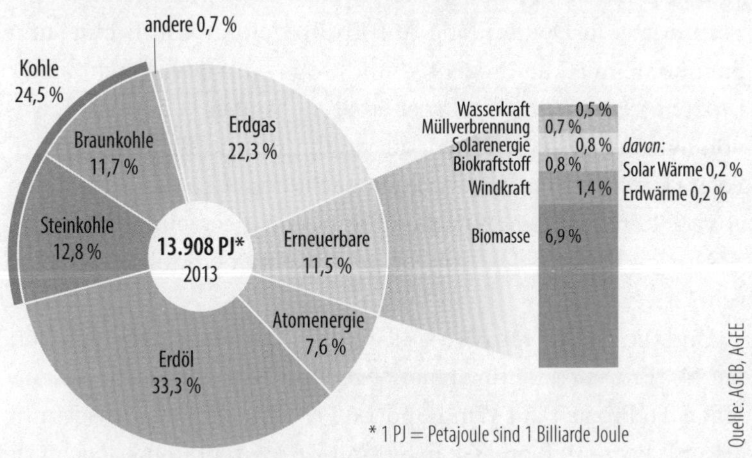

Abb. 1: Primärenergie-Verbrauch in Deutschland 2013

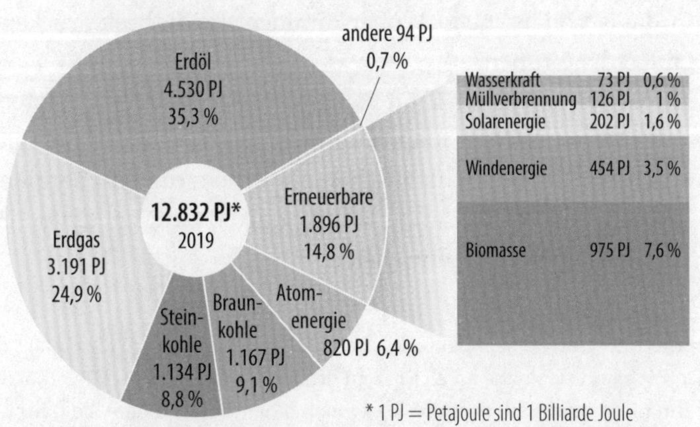

Abb. 2: Deutscher Energiemix 2019: Anteil der Energiequellen im Primärenergieverbrauch

Wir verwenden Zahlen aus dem Jahr 2013, weil dies das Jahr war, das Naomi Klein in *Die Entscheidung* einbezog. Wir stellen auch neuere Zahlen zur Verfügung, um zu zeigen, dass sich die Dinge in den Jahren seither für den Planeten nicht verbessert haben. Die vorseitige Abbildung 1 zeigt, wie sich der Primärenergieverbrauch in Deutschland im Jahr 2013 verteilte.[58]

Wie Sie sehen können, entfiel ein Drittel des gesamten Energieverbrauchs in Deutschland auf Erdöl, gefolgt von Braun- und Steinkohle mit 24,5 Prozent, dann Erdgas mit etwas mehr als 22 Prozent. Der Anteil der »Erneuerbaren« lag bei 11,5 Prozent, wovon, wie wir gesehen haben, der größte Teil auf Biomasse entfiel. Solar- und Windenergie machten nach diesen Zahlen zusammen etwa 2,4 Prozent der deutschen Primärenergieerzeugung aus.

Nur 2,4 Prozent? Das soll die große deutsche Erfolgsgeschichte sein?

Und die Zahlen für 2019 sind ähnlich. Die »Erneuerbaren« sind auf 14,7 Prozent des Primärenergieverbrauchs gestiegen, davon entfallen 3,6 Prozent auf Wind und 1,6 Prozent auf Sonne, insgesamt also 5,2 Prozent. Biomasse liefert mit 7,6 Prozent immer noch fast genau den gleichen Anteil an Energie. Der Anteil von Erdöl und Erdgas hat – wie Sie sehen – zugenommen.[59] Siehe Abbildung 2.

Nun, das ist enttäuschend. Woher kommen also die beeindruckenden Zahlen der Grünen?

Beginnen wir mit einem Zitat von Naomi Klein aus einem Interview mit *Democracy Now*: »Fünfundzwanzig Prozent der Energie in Deutschland stammen inzwischen aus erneuerbaren Energien, insbesondere aus Wind- und Solarenergie, ein Großteil davon in kleinem Maßstab und dezentralisiert.«[60]*

* Einer der Interviewer, Juan Gonzalez, behauptete in einer Frage die Unwahrheit, Deutschland sei »nahe an 25 Prozent erneuerbarer Energie«. Klein korrigierte ihn nicht nur nicht, sondern legte noch einen drauf, indem sie (fälschlicherweise) erklärte: »Die Zahl, die Sie genannt haben, ist richtig«, und dann ihre ungenaue Aussage wiederholte.

Es ist ganz einfach: Sie liegt einfach falsch. Aber *wie kann* sie sich irren? Wie wurden aus 11,5 Prozent, wobei Solar- und Windenergie zusammen 2,4 Prozent ausmachen, »25 Prozent … insbesondere Wind und Sonne«?

Auch diese Antwort ist einfach. Klein sagte, dass »25 Prozent der Energie in Deutschland jetzt aus erneuerbaren Energien stammen«, aber wahr ist, dass »25 Prozent der *Elektrizität* in Deutschland jetzt aus erneuerbaren Energien stammen.« Es ist ein großer Unterschied, ob man 25 Prozent einer bestimmten Menge bereitstellt oder 25 Prozent von 20 Prozent dieser Menge. Letzteres sind natürlich nur 5 Prozent der ursprünglichen Menge.

Abbildung 3 zeigt eine Aufschlüsselung der deutschen Stromerzeugung (die, wie Sie wissen, nur 20 Prozent der Gesamtenergie ausmacht), ebenfalls aus dem Jahr 2013.[61] Wie Sie sehen, lag der Anteil der »erneuerbaren Energien« bei 23,9 Prozent, was wahrscheinlich nahe genug an der 25-Prozent-Marke liegt (und im darauf folgenden Jahr die 25-Prozent-Grenze überschritten hat).

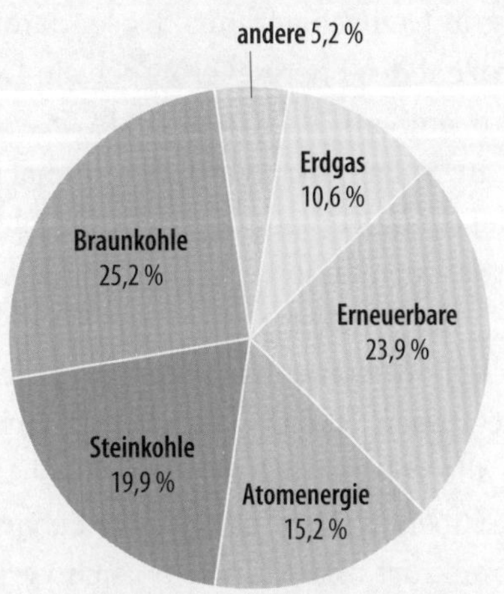

CGI-Munich: Consulate General of India, Munich, Commercial & Economic Wing, »Gross Electricity Production in Germany from 2012 to 2014«; **DeStatis**: Statistisches Bundestamt, Economic Sectors/Energy/Production

Abb. 3: Bruttostromerzeugung in Deutschland 2013, in Prozent

Und hier ist das gleiche Diagramm von 2019:

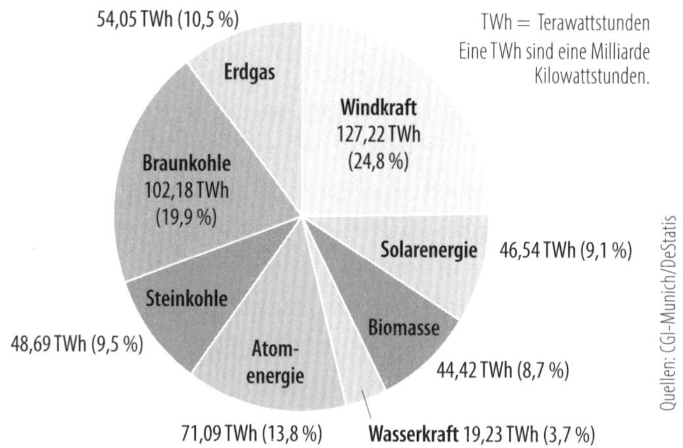

Abb. 4: Elektrischer Strom nach Quellen, 2019

Die nebenstehende Abbildung 5 zeigt die Aufschlüsselung der Stromerzeugung nach »erneuerbaren Energien« für 2013.[62]

Wind- und Solarenergie machen also zusammen 13 Prozent der Stromerzeugung in Deutschland aus. Es sei daran erinnert, dass Strom nur 20 Prozent des Energieverbrauchs in Deutschland ausmacht. Mit 13 Prozent von 20 Prozent sind wir wieder da, wo wir angefangen haben: Solar- und Windenergie machen zwischen 2 und 3 Prozent der Energieerzeugung in Deutschland aus.

Nun kümmert es niemanden wirklich, wenn Automechaniker, Neurochirurgen oder Kricketspieler *Energie* sagen, wenn sie eigentlich *elektrischen Strom* meinen. Aber für diejenigen, die über Energiepolitik schreiben, ist das weder trivial noch ein einmaliger Fehler, den wir alle gelegentlich machen. Und es passiert regelmäßig bei den Grünen. In *Die Entscheidung* behauptet Klein zum Beispiel, dass Frankfurt und München »sich verpflichtet haben, bis 2050 bzw. 2025 auf 100 Prozent erneuerbare Energien umzusteigen«.[63]

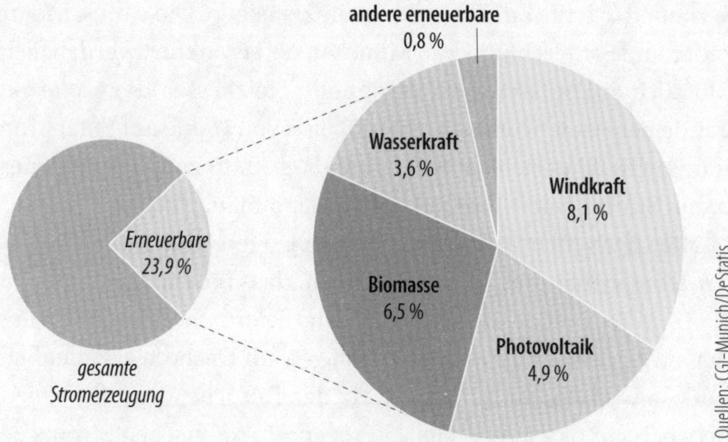

Abb. 5: Erneuerbare Stromerzeugung in Deutschland, 2013 (in Prozent von der gesamten Stromerzeugung)

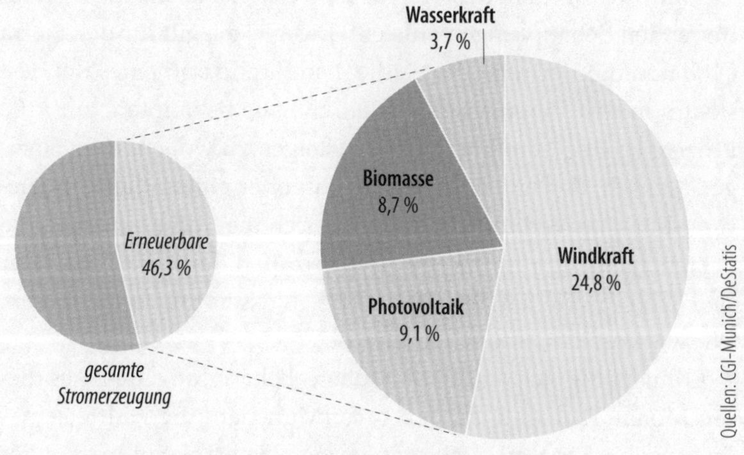

Abb. 6: Erneuerbare Stromerzeugung in Deutschland, 2019 (in Prozent von der gesamten Stromerzeugung)

Aber nein. Frankfurt und München haben sich *nicht* verpflichtet, bis 2050 und 2025 auf 100 Prozent »erneuerbare« *Energie* umzusteigen. Sie haben sich verpflichtet, bis 2050 und 2025 auf 100 Prozent

»erneuerbaren« *elektrischen Strom* umzusteigen. Die Autos, Motorräder und Sattelschlepper in München und Frankfurt werden nicht plötzlich auf Solarenergie umgestellt. Heizkessel, die große Gebäude beheizen, werden nicht plötzlich von Kohle auf Solarstrom umgestellt. Und denken Sie daran, dass 30 Prozent des »erneuerbaren Stroms« aus »Biokraftstoffen« stammen.

Hier noch mehr derselben Art von Ungenauigkeit: In *Die Entscheidung* behauptet Klein tatsächlich, dass Solaranlagen auf Dächern 25 Prozent des deutschen Stroms liefern; sie zitiert Bill Gates, der »Energielösungen wie Solaranlagen auf Dächern als ›niedlich‹ und ›unwirtschaftlich‹ abtut (trotz der Tatsache, dass diese niedlichen Technologien bereits 25 Prozent des deutschen Stroms liefern)«. Das klingt auf jeden Fall besser als die Aussage, dass die »niedlichen« Technologien 4,9 Prozent des deutschen Stroms und etwa 1,0 Prozent der deutschen Energie liefern.[64]*

Natürlich ist Klein nicht die einzige Hellgrüne, die diese unzutreffenden Behauptungen aufstellt. Das gleiche gilt für den Sierra Club und die Vertreter der Städte, Landkreise und eines Bundesstaates in den Vereinigten Staaten, die alle behaupten, auf »100 Prozent erneuerbare Energien« umsteigen zu wollen. Kein einziger Mensch, der mit dem Sierra Club oder einem dieser Regierungsbüros in Verbindung steht, hat sich die Mühe gemacht, die Fakten auch nur ansatzweise zu überprüfen. Entweder das, oder sie haben die Fakten geprüft und beschlossen, sie zu ignorieren. Wir wissen nicht, was schlimmer ist.

Erinnern Sie sich an Bill McKibbens Behauptung, dass »es diesen Monat Tage gab, an denen es [München] die Hälfte seiner Energie aus Sonnenkollektoren bezog«. Selbst wenn man außer acht lässt, dass er dies im Dezember sagte und dass er sich auf einen zweistündigen Zeitraum an einem einzigen Tag (und nicht auf »Tage«) im vorangegangenen Mai bezog, hat München *nicht*

* Oder, wenn wir die Windkraft als eine der »netten« Technologien mit einbeziehen, dann macht sie 13 Prozent des deutschen Stroms und 3,3 Prozent der Energie aus.

die Hälfte seiner *Energie* aus Sonnenkollektoren bezogen. Erstens bezog München die Hälfte seines *Stroms* aus »erneuerbaren Energien«, was bedeutet, dass, wenn München dem deutschen Muster entspricht, wonach Strom 20 Prozent der Gesamtenergie ausmacht, die »erneuerbaren Energien« etwa 10 Prozent der Münchner Energie lieferten (für etwa zwei Stunden, an einem Samstag). Das klingt nicht gerade aufregend. Und zweitens liefert die Solarenergie nur etwa 20 Prozent des gesamten »erneuerbaren« Stroms. Wenn München also typisch für Deutschland ist, sinkt der tatsächliche Anteil der Photovoltaik an der Münchner Energieversorgung auf etwa 2 Prozent.

Selbst wenn man die Möglichkeit in Betracht zieht, dass es in München weit mehr Solaranlagen gibt als irgendwo sonst in Deutschland (was McKibbens Behauptung auf einer anderen Ebene problematisch macht, da er dann ein atypisches Beispiel anführt und von dort aus verallgemeinert), gehen seine Zahlen nicht auf.

Wir haben uns also mit der 25-Prozent-Zahl befasst. Was ist mit den wirklich großen Zahlen wie 75 Prozent und 78 Prozent?

Hier sind einige Auszüge aus Artikeln, die Deutschlands »Erfolg« mit erneuerbaren Energien hervorkehren. Erstens aus dem *Daily Kos*: »Deutschland hat den Punkt erreicht, an dem es über 74 Prozent seiner elektrischen Energie aus erneuerbaren Quellen bezogen hat. Das ist ein wichtiger Meilenstein und zeigt, dass erneuerbare Energien eine große Industrienation mit Strom versorgen können. Deutschland zeigt uns, dass erneuerbare Energien keine potentielle Energiequelle für irgendwann in der Zukunft sind, sondern *schon heute* eine praktikable Alternative darstellen.«[65]

Aus *Climate Progress*: »Deutschlands beeindruckende Serie von Meilensteinen im Bereich der erneuerbaren Energien setzte sich fort, wobei die Stromerzeugung aus erneuerbaren Energien bis zum Mittag auf einen Rekordanteil – fast 75 Prozent – des gesamten Strombedarfs des Landes anstieg.«[66]

Und wieder *Climate Progress:* »Deutschland hat einen neuen nationalen Rekord für erneuerbare Energien aufgestellt, indem es

78 Prozent des Tagesbedarfs an Strom aus erneuerbaren Quellen gedeckt hat.«[67]

Diese Zahlen sind aus mehreren Gründen gründlich irreführend. Erstens versäumen es die Hellgrünen immer wieder zu erwähnen, dass Strom nur 20 Prozent des Energieverbrauchs in Deutschland ausmacht. 78 Prozent des Strombedarfs sind also immer noch weniger als 16 Prozent des Energiebedarfs. Reduzieren Sie jede Zahl in den obigen Zitaten um vier Fünftel und sehen Sie, ob die Zahlen genauso beeindruckend klingen. Zweitens ist zu bedenken, dass die Nachfrage an Wochenenden geringer ist, und diese Rekordwerte wurden an einem Samstag und einem Sonntag erzielt, als der Strombedarf etwa 15 bis 25 Prozent unter dem Bedarf an Wochentagen lag. Es sollte eigentlich klar sein, aber wir müssen es noch einmal deutlich herausstellen: Es ist einfacher, einen größeren Anteil einer kleinen Zahl zu erfassen als den gleichen Anteil einer größeren Zahl. Der Punkt ist, dass man, wenn man eine funktionierende Wirtschaft ankurbeln will – was wir nicht unbedingt wollen, aber sie scheinen es zu wollen –, jede ihrer Zahlen um weitere circa 20 Prozent oder so senken muss. Das würde die Zahl von 16 Prozent (die durch die Umrechnung von Energie- in Stromprozente bereits um 78 Prozent gesunken ist) auf etwa 13 Prozent des Energiebedarfs eines Arbeitstages senken.

Der dritte und weitaus wichtigere Grund, warum diese Zahlen irreführend sind, besteht darin, dass die Daten, die die Hellgrünen (falsch) verwenden, völlig untypisch sind. Es lohnt sich, den Meeresbiologen Robert Wilson von der University of Strathclyde ausführlich zu zitieren, und zwar aus einem Artikel mit dem Titel »Deutschland gewinnt nur 3,3 Prozent seiner Energie aus Wind und Sonne. Ignorieren Sie die Schlagzeilen.« Er erklärt: »Das offensichtliche Problem mit diesen Schlagzeilen ist, dass viele Menschen zu dem falschen Schluss kommen, dass diese Rekordwerte irgendwie repräsentativ für das sind, was in der übrigen Zeit passiert. Das sind sie aber nicht. Lassen Sie uns dies quantifizieren. Das Rekordhoch bei den erneuerbaren Energien (einschließlich Biomasse und Wasserkraft, eine Tatsache, auf die selten hingewiesen wird) wurde am 25. Juli erreicht. Die Gesamtleistung von Wind und Sonne betrug nach Angaben des Fraunhofer ISE etwa 39 GW [Gigawatt: Ein Gigawatt sind eine Milliarde Watt]. Wie oft kommt so etwas vor? Das lässt sich relativ leicht herausfinden. Wir müssen nur die stündliche Wind- und Solarleistung zusammenzählen und sehen, wie sie sich über das Jahr verteilt. Dies habe ich in der folgenden Grafik getan: ... Jede Säule entspricht der durchschnittlichen Leistung einer einzelnen Stunde in GW. Insgesamt haben wir etwa 40 solcher Säulen, beginnend bei 0 GW. Ja, die deutsche Wind- und Solarenergie fällt auf null Gigawatt, gerundet auf das nächste Gigawatt. Widerstehen Sie der Versuchung, Schlagzeilen wie ›Deutsche Wind- und Solarenergie deckt jetzt 0,1 Prozent des deutschen Energiebedarfs‹ zu produzieren.«[68] Warum sollten wir

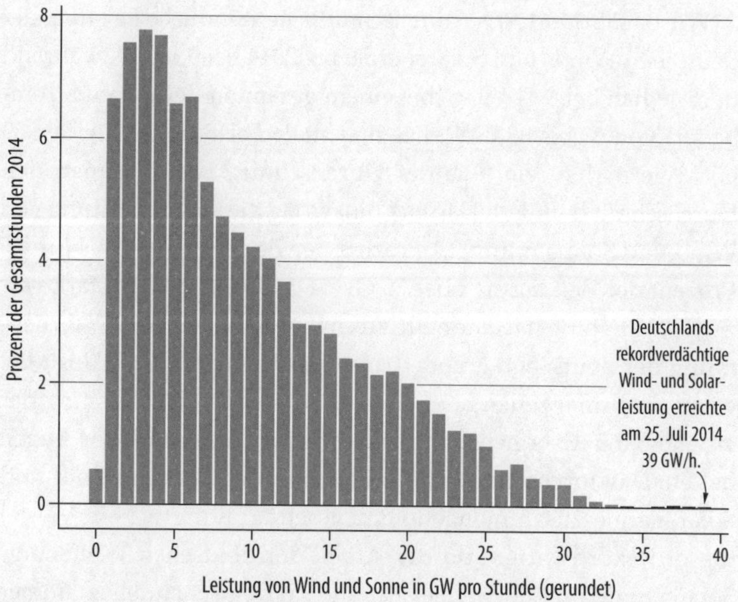

Abb. 7: Prozentualer Anteil der Stunden mit der jeweiligen Wind und Solarleistung in Deutschland, 2014

diese Schlagzeilen nicht schreiben? Weil es zutreffender wäre zu sagen, dass Deutschland 0,1 Prozent seines *Strom*bedarfs gedeckt hat, als zu sagen, dass es 78 Prozent des *Energie*bedarfs gedeckt hat, denn es gab weit mehr Stunden im Jahr, in denen Solar- und Windenergie 0,1 Prozent des deutschen Strombedarfs gedeckt haben, als Stunden, in denen sie das geliefert haben, was diese hellgrünen Schlagzeilen behaupten.

Eine »Flutung des Stromnetzes«, in der Tat.

Sehen Sie die Säule bei 39 GW in Wilsons Diagramm (Abbildung 7)? Den Punkt ganz rechts? Nein, wir sehen ihn auch nicht. Aber er ist vermutlich da. *Das* ist der Datenpunkt, der von den hellen Grünen angepriesen wird, der »beweist, dass erneuerbare Quellen eine große Industrienation mit Strom versorgen können«, der »uns zeigt, dass erneuerbare Energien ... *heute* eine brauchbare Alternative sind«. Ja, ein Datenpunkt, der weit weniger als 1 Prozent der Zeit auftritt.

Wilson fährt fort: »Die durchschnittliche stündliche Leistung der deutschen Wind- und Solarenergie lag 2014 bei 9,6 GW, während der Median bei 8 GW lag [bei einem gesamten deutschen Strombedarf von 60 bis 80 GW]. Die maximale Leistung betrug fast 39 GW, viermal so viel wie der Durchschnitt, egal wie man den Durchschnitt definiert. Darüber hinaus lag die Gesamtleistung von Wind und Sonne nur in 2,1 Prozent der Zeit über 30 GW. Nur 9,6 Prozent der Zeit lag sie über 25 GW. Die oben gezeigte stark verzerrte Verteilung hat eindeutig zu einer stark verzerrten Wahrnehmung der deutschen erneuerbaren Energien geführt. Jedes Mal, wenn Sie Schlagzeilen über eine rekordverdächtige Leistung der erneuerbaren Energien lesen, sollten Sie sich Folgendes vor Augen halten: Die durchschnittliche Leistung der deutschen Wind- und Solarenergie zusammengenommen beträgt nur etwa ein Viertel dieser Rekordwerte, und der Anteil der deutschen Wind- und Solarenergie am Endenergieverbrauch in Deutschland liegt immer noch bei etwas über 3 Prozent.«[69]

Wir wissen, dass das eine Menge Rechnerei ist. Wir hoffen, dass die Zahlen und das Diagramm zusammen das Ausmaß der Fehldarstellung durch die hellgrünen Punkte deutlich gemacht haben. Für den Fall, dass dies nicht der Fall ist, lassen Sie uns ein paar nichtmathematische Beispiele für die falsche Darstellung von Ausreißerdatenpunkten ausprobieren.

Sind Sie schon einmal mit dem Fahrrad einen Hügel hinuntergefahren? Mussten Sie in die Pedale treten? Nein? Wirklich nicht? Lassen Sie uns die passende Schlagzeile schreiben: »Mensch fährt Fahrrad, ohne in die Pedale treten zu müssen!« Dann können grüne Enthusiasten Bücher und Artikel darüber schreiben, dass Unternehmen für erneuerbare Energien nur Investitionen brauchen, um stationäre Fahrräder zu entwickeln, deren Fahrer nicht in die Pedale treten müssen und die die Wirtschaft antreiben werden.

Versuchen wir es noch einmal. Ich bin's, Derrick hier. Als ich 17 war, bin ich einer Verfolgungsjagd entkommen. Es war nicht so aufregend, wie es sich anhört. Ich war auf der linken Spur an einer Ampel, als ich merkte, dass ich in die falsche Richtung fuhr. Ein Schild verbot das Linksabbiegen an dieser stark befahrenen Kreuzung, aber ich sah, dass da nicht stand, dass man nicht umkehren darf, also betätigte ich den Blinker und wartete auf eine Verkehrslücke – schließlich war ich 17, und deshalb ergab diese Logik für mich Sinn. Ein Wohnmobil direkt hinter mir begann zu hupen, aber schließlich konnte ich eine U-Wende vollziehen. Direkt hinter dem Wohnmobil stand ein Polizeiwagen, der erst auf mich und dann auf den Straßenrand zeigte. Ich reagierte, wie es viele 17-Jährige tun würden: Ich gab Gas. An der nächsten Ecke bog ich links ab, an der nächsten rechts, an der übernächsten links, dann fuhr ich auf den Parkplatz eines großen Wohnkomplexes, ließ mein Auto zwischen zwei großen Fahrzeugen stehen, rannte in die Lobby des Gebäudes, lehnte mich an eine Wand und tat so, als würde ich dort hingehören. Ich sah den Polizisten ein paar Mal auf der Straße vorbeifahren, aber er sah offensichtlich mein

Auto (oder mich) nicht, und als ich ihn 10 oder 15 Minuten lang nicht gesehen hatte, stieg ich in mein Auto und fuhr dieses Mal in die richtige Richtung. Wir sollten eine Schlagzeile veröffentlichen: »Jensen schildert Leben als Teenager auf der Flucht vor der Polizei.« Je nach Publikum könnten wir damit meinem Ruf schaden oder ihn verbessern.

Lassen Sie es uns ein letztes Mal versuchen. Neulich ging ich in die Arztpraxis. Ich musste im Empfangsbereich warten. Ich setzte mich hin. Während ich wartete, fragte ich mich, was mit der Welt geschieht. Sie wird von der industriellen Zivilisation ums Leben gebracht. Überschrift: »Während die industrielle Zivilisation den Planeten tötet, sitzt Derrick Jensen auf seinem Hintern.«*

So wie die meisten anderen auch, schätze ich.

Die Falschdarstellung durch die Hellgrünen, ob absichtlich oder nicht, ist viel schlimmer, als ich es dargestellt habe. Erinnern Sie sich daran, dass die Stromversorgungsunternehmen über genügend Kapazitäten verfügen müssen, um die Stromnachfrage im Netz zu jedem Zeitpunkt zuverlässig zu decken. Aber Photovoltaikanlagen liefern nur an sonnigen Tagen Strom, und Windräder liefern nur Strom, wenn der Wind weht. Sehen Sie jetzt das Problem? Bedenken Sie auch, dass Wechselstrom nicht gespeichert werden kann. Mit anderen Worten: Ohne Umwandlung in Gleichstrom oder mechanische Energie ist ein Netz, das auf Sonnen- und Windenergie basiert, für den Betrieb einer industriellen Wirtschaft völlig ungeeignet. Man könnte niedliche kleine Solarzellen an jeden Briefkasten und auf den Rücken aller Igel im Schwarzwald schnallen (ich schätze, wir sollten es die Schwarze Biomasseproduktionszone

* Ich (Derrick) möchte klarstellen: Ich beschwere mich nicht, wenn Autoren einfache Fehler machen. Das machen wir alle ständig. Zum Teufel, in dem Satz oben im Text hatte ich einen Tippfehler und habe meinen eigenen Namen falsch geschrieben und es erst beim fünften oder sechsten Entwurf bemerkt. Niemand ist perfekt. Ich spreche hier von einem konsistenten Muster von »Fehlern«, die ihre Position deutlich unterstützen. Ab einem gewissen Punkt sind es keine Fehler mehr, sondern entweder Leugnung oder Täuschung.

nennen) und jeden Fahnenmast vor jedem städtischen Gebäude und jeden Turm auf jeder Kathedrale durch gigantische Windräder ersetzen – und was passiert dann mit Ihrer Fabrik (oder Ihrer Waschmaschine oder Ihrem Kühlschrank oder Ihrem Ventilator im Krankenhaus) in einer windstillen Nacht, wenn Sonne und Wind 0,1 Prozent des industriellen Strombedarfs in Deutschland liefern? Wie ein Analyst feststellt, »schwankt die Leistung von Wind- und Solargeneratoren stark mit dem Wetter und der Tageszeit; während der meisten Stunden produzieren sie nur einen kleinen Bruchteil ihrer Nennleistung [d. h. der theoretischen Maximalleistung] – oder gar nichts«.[70] Mit anderen Worten: Wenn Sie eine industrielle Wirtschaft in Gang halten wollen, brauchen Sie immer noch Kohle, Öl, Biomasse und Wasserkraft, um Stabilität zu gewährleisten. Oder, wie die Deutsche Physikalische Gesellschaft (die zweitgrößte Physikerorganisation der Welt) in einem Bericht schlussfolgert: »Im wesentlichen kann Solarenergie keine zusätzlichen Kraftwerke ersetzen.«[71] Vollständige Vorhersagbarkeit und Zuverlässigkeit sind für den Energiebedarf einer Industriegesellschaft entscheidend. Es ist bemerkenswert unehrlich, so zu tun, als ob »erneuerbare Energien«, die für ein paar Stunden an einem sonnigen, windigen Wochenendnachmittag 74 oder 78 Prozent des Strombedarfs decken, auch nur im entferntesten implizieren, dass »erneuerbare Quellen eine große Industrienation mit Strom versorgen können«.

Der Spiegel berichtet: »Solarlobbyisten blenden die Öffentlichkeit gerne mit beeindruckenden Zahlen zur Leistungsfähigkeit der Solarenergie. Sie sagen zum Beispiel, dass alle installierten Anlagen zusammen eine Nennleistung von mehr als 20 Gigawatt haben, also doppelt so viel Energie, wie derzeit von den verbliebenen deutschen Atomkraftwerken produziert wird. Aber das ist reine Theorie.«[72] Der Reporter weist darauf hin, dass diese Theorie nicht mit der Realität vor Ort übereinstimmt, so wie es auch die Berechnung und die Grafik oben getan haben.

Der Spiegel fährt fort: »Wegen der geringen Stromausbeute spart die solare Energieerzeugung auch wenig schädliche Kohlendioxid-Emissionen ein, vor allem im Vergleich zu anderen möglichen Förderprogrammen. Um eine Tonne CO_2-Emissionen zu vermeiden, kann man 5 Euro für die Dämmung eines Altbaudaches ausgeben, 20 Euro in ein neues Gaskraftwerk investieren oder rund 500 Euro in eine neue Solaranlage stecken.* Der Nutzen für das Klima ist in allen drei Fällen gleich. ›Aus Sicht des Klimas ist jede Solaranlage eine Fehlinvestition‹, sagt Joachim Weimann, Umweltökonom im ostdeutschen Magdeburg. Hans-Werner Sinn vom Münchner Ifo-Institut für Wirtschaftsforschung nennt die Solarenergie eine ›Geldverschwendung auf Kosten des Klimaschutzes‹.«[73]

Manche Solaranlagen sind nicht nur eine Geldverschwendung, sondern auch eine Energieverschwendung. In einer 2015 veröffentlichten Studie wird berechnet, dass Solarsysteme in Nordeuropa eine negative Energierendite (ERoEI) aufweisen. In der Studie wurde festgestellt, dass der Energieverbrauch für die Produktion, den Transport, die Installation, die Wartung und die Finanzierung von PV-Anlagen in der Schweiz und in Deutschland höher war als die Gesamtenergie, die von diesen Modulen während ihrer Betriebsdauer erzeugt wurde.

Die Studie kommt zu dem Schluss, dass »der ERoEI [für Solarsysteme in Regionen mit mäßiger Sonneneinstrahlung] deutlich unter 1 liegt ... [was darauf hindeutet, dass] ein Stromversorgungssystem, das auf den heutigen PV-Technologien basiert, nicht als Energiequelle, sondern eher als nicht nachhaltige Energiesenke bezeichnet werden kann«.[74]

* Natürlich könnte man auch dabei helfen, Prärien, Wälder, Feuchtgebiete usw. wiederherzustellen, aber das würde nicht der industriellen Agenda (oder den Wünschen der Finanzeliten) dienen und wird daher nicht oft genug erwähnt. Man könnte auch damit beginnen, die industrielle Wirtschaft zurückzubauen – schließlich geht es um das Schicksal des Lebens auf diesem Planeten –, aber das dient ganz sicher nicht der industriellen Agenda (oder den Wünschen der Finanzeliten), also wird das sicher nicht angesprochen.

Das führt zu den eigentlichen Fragen: Hilft die industrielle Solarenergie der natürlichen Welt? Oder anders gesagt, hilft sie, die globale Erwärmung aufzuhalten? Lassen wir die missbrauchten Statistiken beiseite und lassen wir (vorerst) die Tatsache beiseite, dass die industrielle Zivilisation von Natur aus nicht nachhaltig ist und den Planeten zerstört. Das erklärte Ziel der Grünen ist es, einen Weg zu finden, die industrielle Wirtschaft zu erhalten und gleichzeitig die Emissionen zu reduzieren. Wäre es nicht in Ordnung, die Solarindustrie zu subventionieren, wenn sie die Emissionen tatsächlich reduzierte?

Lassen Sie uns also über die deutschen Emissionen und das deutsche Energiewunder sprechen. 1997 unterzeichnete Deutschland das Kyoto-Protokoll und verpflichtete sich, die Treibhausgasemissionen zwischen 2008 und 2012 um 21 Prozent und bis 2020 um 40 Prozent gegenüber dem Stand von 1990 zu senken. Abbildung 8

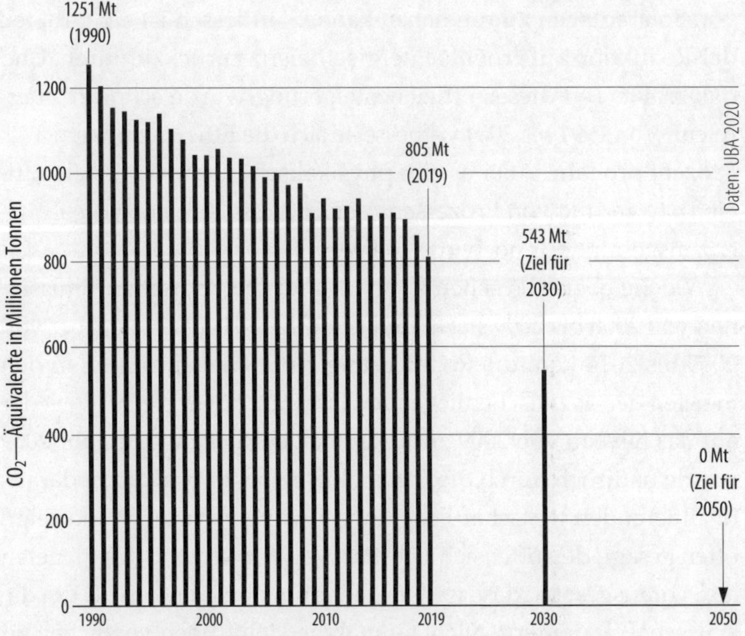

Abb. 8: Treibhausgas-Emissionen in Deutschland 1991 – 2019

zeigt ein Diagramm der jährlichen Emissionen Deutschlands in Millionen Tonnen Kohlenstoffäquivalent (Kohlenstoffäquivalent bedeutet, dass andere Treibhausgase wie Methan in ihr Äquivalent an Kohlendioxid umgerechnet werden).

Wie Sie sehen können, emittierte Deutschland 1990 1251 Millionen Tonnen (Mt) Kohlenstoffäquivalent. Im Jahr 2010 lagen die deutschen Emissionen bei 942 Mt, was einer Verringerung um etwa 25 Prozent entspricht. Deutschland hat das erste Ziel eindeutig erreicht. Bevor wir dies jedoch zu sehr als Sieg der industriellen Solarenergie feiern, sollten wir bedenken, dass mehr als die Hälfte dieses Rückgangs bis zum Jahr 2000 stattfand (und sogar fast die Hälfte davon, bevor Deutschland überhaupt die Verpflichtung einging). Das war, bevor die Solarenergie mit satten 4,9 Prozent der deutschen Stromversorgung »das Stromnetz flutete« und 0,8 Prozent der Energieversorgung in Deutschland erbrachte. Das bedeutet, dass dieser Rückgang unmöglich etwas mit der Installation von Solaranlagen zu tun haben kann. Stattdessen ist ein Großteil der Reduktion auf erhöhte Energieeffizienz zurückzuführen. Und der größte Teil dieser Effizienzsteigerung wurde schon früh erreicht. Von 1991 bis 2001 verbesserte sich die Effizienz um etwa 1,5 Prozent pro Jahr. Aber es gibt physikalische Grenzen für die Effizienzsteigerung von Prozessen. Von 2001 bis 2006 stieg die Effizienz insgesamt nur noch um 0,5 Prozent.

Wie Sie ebenfalls sehen können, sind die deutschen Emissionen von 2008 bis 2009 stark (und ermutigend) gesunken, aber von 2009 bis 2014 kam die Reduzierung zum Stillstand, stieg in den meisten der dazwischenliegenden Jahre an, bevor sie 2014 wieder auf das Niveau von 2009 zurückging. Der Rückgang im Jahr 2009 wurde natürlich durch die Bankenkrise von 2008 und den daraus resultierenden wirtschaftlichen Abschwung verursacht und zeigt, offen gesagt, den offensichtlichsten Weg zur Rettung des Planeten auf, vorausgesetzt, dass wir uns mehr um den Planeten als um die Wirtschaft kümmern. Nicht einmal die Hellgrünen versuchen zu behaupten, der Rückgang im Jahr 2009 sei durch einen Anstieg der »erneuerbaren« Energien verursacht worden.

Der Rückgang von 2014 ist jedoch eine andere Sache, die von den Grünen als Beweis dafür angeführt wird, dass der große Wandel begonnen hat. TriplePundit beispielsweise, eine Organisation, die sich für »ethische, nachhaltige und profitable Geschäfte« einsetzt (auch bekannt als »Triple Bottom Line oder die drei Ps der Nachhaltigkeit – People, Planet, Profit«, und nein, das haben wir uns nicht ausgedacht), behauptete, dass »2014 einen Wendepunkt beim Übergang zu sauberen, erneuerbaren Energien in Deutschland markiert haben könnte«.[75]

Unter der Überschrift »Germany May Offer Model for Reining in Fossil Fuels« (Deutschland könnte ein Modell für die Eindämmung fossiler Brennstoffe sein) behauptete die *New York Times* in ihrem Stil, dass Deutschland »seinen Gesamtenergieverbrauch reduziert, während es immer noch ein bescheidenes Wirtschaftswachstum von 1,5 Prozent verzeichnet, und damit ein traditionelles Muster durchbricht, nach dem Nationen ihren Energieverbrauch nur während Rezessionen senken«. Sie zitierte den Präsidenten der Weltbank, Jim Yong Kim, mit den Worten: »Deutschland ist das erste Land der Welt, das zeigt, dass es das Wachstum von der Verbrennung fossiler Brennstoffe abkoppeln kann.«[76] All diese Behauptungen wurden so lange wiederholt, bis sie von den hellgrünen Gläubigen als Wahrheit akzeptiert wurden.

Unerwähnt bleibt, dass der größte Teil des Rückgangs auf einen extrem milden Winter zurückzuführen ist, den wärmsten, den Deutschland seit Beginn der Aufzeichnungen im Jahr 1881[77] erlebt hat, mit einer Temperatur, die nach Angaben der National Oceanic and Atmospheric Administration »1,4° C (2,5° F) über dem Durchschnitt von 1981–2010 und 0,4° C (0,7° F) über dem bisherigen Wärmerekord von 2000«[78] liegt.

Das *wissen* auch die Hellgrünen: Die AGEB,[79] die Gruppe von Versorgungsexperten und Ökonomen, die die offiziellen Statistiken zusammenstellt, betitelte ihre Einleitung zur Zusammenfassung dieses Jahres mit: »Starker Rückgang des Energieverbrauchs dank milder Witterung«. Diese milde Witterung führte zu einem Rückgang des Heizölverbrauchs um 13,6 Prozent und interessanterweise zu einem leichten Anstieg des Diesel- und Benzinverbrauchs von Fahrzeugen. (»Es ist so ein schöner Tag, Schatz, lass uns eine Runde fahren, anstatt zu Hause zu sitzen und heißen Kakao zu trinken.«) Witterungsbereinigt verbrauchte Deutschland etwa 1 Prozent weniger Energie und emittierte etwa 2,5 Prozent weniger Treibhausgase, eine Reduktionsrate, die dazu führen würde, dass Deutschland sein Ziel für 2020 nicht erreicht.[80]

Ignoriert wird auch die Tatsache, dass der Chemiesektor in Deutschland – der größte Stromverbraucher und zweitgrößte Energieverbraucher[81] – im Jahr 2014 aus Gründen, die nichts mit der Verlangsamung der globalen Erwärmung zu tun haben, um fast 7 Prozent schrumpfte.[82]

Diese Behauptungen der Hellgrünen wie die der Kapitalisten sind Blödsinn, und zwar aus demselben Grund, aus dem so viele ihrer anderen Behauptungen Blödsinn sind: Sie beruhen auf Rosinenpickerei. Ein einziger Datenpunkt, der durch das Wetter und den Rückgang des Chemiesektors beeinflusst wird, bedeutet nicht, dass »ein traditionelles Muster durchbrochen wird, wonach der Energieverbrauch von Nationen nur während Rezessionen sinkt«, und er zeigt auch nicht, dass eine industrielle Wirtschaft »das Wachstum von der Verbrennung fossiler Brennstoffe abkoppeln kann«. Versteht denn niemand, der mit der *New York Times* oder der Weltbank zu tun hat, etwas von Statistik? Sollen wir noch einmal die Beispiele für Ausreißer durchgehen? Oder sollten wir einfach erwähnen, dass der Energieverbrauch in den ersten sechs Monaten des Jahres 2015 wieder um 3 Prozent gestiegen ist, weil es ein kalter Frühling war? Werden die Grünen jetzt verkünden, dass »das Jahr 2015 einen Wendepunkt markiert hat, an dem in Deutschland wieder zur Tagesordnung übergegangen wurde«? Wird die *New York Times* einen Artikel veröffentlichen, in dem sie feststellt, dass »Deutschland das langjährige Muster fortsetzt, noch mehr Energie zu verbrauchen, wenn es kalt ist«? Wird die Weltbank verkünden: »Deutschland zeigt einmal mehr, dass die industrielle Wirtschaft Treibhausgasemissionen verursacht«?

Bei all der grünen Selbstbeweihräucherung geht unter, dass Deutschland im Jahr 2014 immer noch mehr als 900 Millionen Tonnen kohlenstoffäquivalente Treibhausgase ausgestoßen hat, mehr als jedes andere Land in Europa.

Man kann nicht behaupten, dass es einen Bruch in einem Muster gibt (in diesem Fall einen Bruch im Muster des erhöhten Wirtschaftswachstums, das einen erhöhten Energieverbrauch impliziert) oder eine Entkopplung zweier spezifischer Variablen (in diesem Fall die Entkopplung von Wirtschaftswachstum und Verbrauch fossiler Brennstoffe), wenn man nur einen Datenpunkt hat, der dem langjährigen Muster widerspricht, und wenn man nicht alle anderen Variablen und die kausalen oder zumindest korrelativen Beziehungen zwischen ihnen korrigiert oder zumindest berücksichtigt hat. Solche Behauptungen sind unzutreffend, ungerechtfertigt und unaufrichtig. Und wenn man bedenkt, dass es um das Leben auf diesem Planeten geht, sind sie unverantwortlich und extrem gefährlich. Diskussionen dieser Größenordnung erfordern gründliche und rigorose Analysen, nicht Überheblichkeit und das Greifen nach jedem Strohhalm, um die Illusion aufrechtzuerhalten, dass unsere Lebensweise, die den Planeten tötet, fortgesetzt werden kann, ohne den Planeten tatsächlich zu töten.

Übrigens sind die deutschen Treibhausgasemissionen in den Jahren 2015, 2016 und 2017 erneut gestiegen. Was sagt das über das »deutsche Wunder« aus?

Zwei Beispiele können für diese Rosinenpickerei herhalten. Von 2007 bis 2012 sanken die Treibhausgasemissionen in Deutschland von 976 auf 931 Mt. Das ist ein Rückgang um 4,6 Prozent. In den Vereinigten Staaten hingegen sind die Emissionen in denselben Jahren von 7400 auf 6546 Mt gesunken, was einem Rückgang von mehr als 11,5 Prozent entspricht. Und dennoch preisen die Grünen Deutschland und nicht die Vereinigten Staaten als ein Wunder der »erneuerbaren Energien« an?

Das liegt wahrscheinlich daran, dass die Vereinigten Staaten ihre Emissionen nicht in erster Linie durch Subventionen für »erneuerbare Energien« reduziert haben – das hat Deutschland natürlich auch nicht getan –, sondern durch die nicht ganz so sexy Methode, Kohle durch Gas zu ersetzen.

Der größte Teil dieser Reduktion ist auf den wirtschaftlichen Zusammenbruch zurückzuführen: 2009 betrugen die Emissionen 6724 Mt. Mit anderen Worten: 676 der 854 Mt Reduktion (fast 80 Prozent) sind auf den wirtschaftlichen Rückgang zurückzuführen, was einmal mehr zeigt, wie die Emissionen wirklich reduziert werden können.

Wir wollen keineswegs behaupten, dass der Umstieg von Kohle auf Erdgas »den Planeten retten« wird. Wir weisen lediglich darauf hin, dass zur gleichen Zeit, als das deutsche Wunderwerk die Emissionen um weniger als 5 Prozent reduzierte, die USA ihre Emissionen um mehr als 11 Prozent verminderten.

Und was sagt das über Nachhaltigkeit aus? Gar nichts, verdammt noch mal.

Rosinenpickerei, Teil 2. Im Jahr 2014 hat Deutschland seine Emissionen um knapp 5 Prozent reduziert. Im selben Jahr reduzierte ein anderes Unternehmen die Emissionen um 23 Prozent. Wenn hellgrüne Enthusiasten Deutschland als »Wunder« der »erneuerbaren Energien« bezeichnen, wie werden sie dann dieses andere Unternehmen nennen? Nun, vielleicht können sie es bei seinem Namen nennen: die Ölgesellschaft ConocoPhillips. Ein Energiereporter kommentierte: »Die Bemühungen von ConocoPhillips Co., Methanlecks im San Juan Basin von New Mexico einzudämmen, führten 2014 zu einer erheblichen Verringerung seiner Treibhausgasemissionen – und das, obwohl die Produktion weiter anstieg.«

Wären wir die *New York Times*, würden wir auf der Grundlage dieses einen Beispiels kommentieren, dass ConocoPhillips »ein traditionelles Muster durchbricht, nach dem Ölkonzerne ihre Treibhausgase nur dann senken, wenn sie die Förderung reduzieren«. Und wenn wir der Präsident der Weltbank wären, würden wir argumentieren, dass ConocoPhillips »das erste Unternehmen der Welt ist, das zeigt, dass es Wachstum von steigenden Emissionen abkoppeln kann«.

Wir möchten schlicht darauf hinweisen, dass es sich nicht um eine wundersame Verwandlung handelte: Es wurde lediglich eine defekte Ausrüstung ersetzt.

Und was sagt das über Nachhaltigkeit aus? Gar nichts, verdammt noch mal.

Rosinenpickerei, Teil 3. Die Emissionen werden nicht einmal richtig gezählt. Die Treibhausgasemissionen in den USA sind zwischen 2007 und 2012 um 11,5 Prozent gesunken. Der wirtschaftliche Rückgang war für fast 80 Prozent dieser Reduktion verantwortlich, aber auch die Substitution von Kohle durch Erdgas hat dazu beigetragen. Oder doch nicht?

Wir sprechen von Treibhausgasen, wobei wir den Plural verwenden, denn CO_2 ist nicht allein schuld. Methan ist in mancher Hinsicht schlimmer – 84 Mal schlimmer, zumindest in den ersten 20 Jahren, nachdem es in die Atmosphäre gelangt ist. Aus diesem Grund wurde Methan als globale Erwärmung »auf Steroiden« bezeichnet.[83] Methan zerfällt schnell im Vergleich zu CO_2, das sich Jahrtausende halten kann. Aber wenn Methan sich zersetzt, verwandelt es sich – passen Sie auf – in CO_2.

Bei der Bilanzierung von Treibhausgasen wird Kohlenstoff als Standard verwendet. Als Konvention wird ein 100-Jahres-Rahmen angewandt, der als »GWP100« bezeichnet wird. »GWP« steht für »globales Erwärmungspotential« und »100« bedeutet 100 Jahre. Das GWP100 für Methan beträgt 34. Das ist schon schlimm genug, aber das GWP20 liegt bei 84.

Indem die Zerstörungskraft von Methan über hundert Jahre gemittelt wird, bleibt der tatsächliche Schaden, *während sich der*

Planet in einer Krise befindet, in der Buchhaltung unsichtbar – eine Buchhaltung, die sich in politischen Entscheidungen niederschlägt. Länder wie die USA, die von Kohle auf Gas umgestiegen sind, können sich auf eine geringere, günstigere Klimabelastung berufen. Die Schäden hier und jetzt werden nicht gezählt, sie werden unsichtbar gemacht.

Und es gibt noch mehr. Eine wichtige Quelle für anthropogenes Methan (und um es klar zu sagen: Anthropogenes Methan ist das Gas, das den Planeten zerstört) sind Lecks in der Erdgasinfrastruktur. Der Environmental Defense Fund hat zusammen mit 15 anderen Gruppen diese Lecks gemessen, angefangen bei den Bohrlöchern bis hin zu den Rohren, die in die Privathäuser führen, und zwar in der »umfassendsten Untersuchung ihrer Art«.[84] Sie kamen zu dem Schluss, dass die Methanemissionen in den USA 60 Prozent höher sind als von der EPA (der amerikanischen Umweltbehörde)geschätzt.

Es wird also eine Substanz freigesetzt, die 84 Mal schlimmer ist als CO_2, und zwar mit einer 60 Prozent höheren Rate, als irgendjemand ermittelt hat, und dabei brennt die Welt.

Die deutsche Kommission für Wachstum, Strukturwandel und Beschäftigung, bekannt als Kohlekommission, hat das Jahr 2038 als Zieldatum für das Ende der Kohle festgelegt, die derzeit 40 Prozent des deutschen Stroms erzeugt. Martin Kaiser von Greenpeace sagte: »Deutschland hat endlich einen Fahrplan, wie wir das Land kohlefrei machen können.«[85] Kommissionsmitglied Hans Joachim Schellnhuber lobte: »Dies ist ein wichtiger Schritt auf dem Weg in das postfossile Zeitalter.«[86] Unter den 336 Seiten und der gesamten Medienberichterstattung verbirgt sich unausgesprochen, dass das industrielle Verbrauchsniveau nicht in Frage gestellt, geschweige denn eingeschränkt werden kann.

Und woher soll die Energie kommen? Aus importiertem fossilen Gas.

Auch Kaiser von Greenpeace sagte: »Wenigstens bewegt sich Deutschland nach Jahren im klimapolitischen Koma wieder.«[87]

Was ist schlimmer: Koma oder Schizophrenie? Denn Greenpeace selbst hat kategorisch festgestellt, dass »Methan tatsächlich ein viel stärkeres Treibhausgas ist als Kohlendioxid. … [Eine] 100-Jahres-Skala … unterschätzt den Schaden, den Methan in den nächsten zwei kritischen Jahrzehnten für das Klima verursachen wird, bei weitem. Wissenschaftler sagen, dass Methan das Klima in den nächsten 18 bis 25 Jahren über einen ›Kipppunkt‹ bringen könnte, der eine unkontrollierbare globale Erwärmung verursacht und eine 100-Jahres-Skala obsolet macht.«[88]

Tauscht man Kohle gegen Gas, Kohlendioxid gegen Methan, werden nicht einmal die Stühle an Deck umgestellt. Man erzählt den Ertrinkenden und Verängstigten, dass man das Wasser abpumpt – und glaubt es vielleicht sogar –, während immer mehr Wasser in den Rumpf eindringt.

Die Messung der Emissionen eines einzelnen Landes liefert gewisse Informationen, vermittelt aber kein vollständiges Bild.

Ein Problem ist, dass die Weltwirtschaft im allgemeinen eine gigantische Geld- und Grausamkeiten-Waschmaschine ist. Das Leben verarmter Kinder steckt man hinein, und heraus kommt Schokolade, in Folie verpackt und bereit für den Muttertag. Wenn die Gliedmaßen von Arbeitern mit Macheten abgehackt werden, kommen Diamantringe heraus. Hinein gehen die Flachland-Berggorillas, und heraus kommen die Handys. Hinein mit dem Columbia River und Millionen von Lachsen, Neunaugen, Stören und all den Lebewesen, die von ihnen abhängen, und heraus mit der »grünen«, »nachhaltigen« und »erneuerbaren« Energie. Hinein gehen der Colorado River und sein Delta und alle, die dort leben, und heraus kommen Las Vegas, Golfplätze, Zitrusplantagen und Luzernefelder. Hinein gehen die Sümpfe und Prärien von Iowa – einst eine der artenreichsten Gegenden Nordamerikas, die frühe Entdecker »ein Land voller Wild« nannten – und heraus kommen Maisfelder und »saubere« und »grüne« und »nachhaltige« Biokraftstoffe. Hinein mit den Wäldern, heraus mit der »Biomasse«.

Hinein mit den Bergen, und heraus kommt Kohle. Hinein kommen Seen, Flüsse, Wiesen, ganze Inseln, und heraus kommen die Materialien für den Bau von Sonnenkollektoren und Windrädern. Hinein geht der ganze Planet, und heraus kommt der Luxus, der diese Lebensweise kennzeichnet, der Luxus, für den die Hellgrünen so schwer kämpfen.

Die Weltwirtschaft ist nicht nur eine Geld- und Grausamkeiten-Waschmaschine, sondern auch eine Emissionswaschmaschine. Obwohl es, oberflächlich betrachtet, einfach sein sollte herauszufinden, welche Länder welche Emissionen ausstoßen, kann es ziemlich schnell kompliziert werden, denn die Weltwirtschaft ist, nun ja, global. Hier ist der einfache Teil der Antwort: Die Emissionen werden in dem Land gezählt, in dem die Gase ausgestoßen werden. Ausgenommen sind natürlich die Gase, die von einigen Formen »erneuerbarer« Energien wie Wasserkraft oder Biomasse ausgestoßen werden; in diesen Fällen werden die Emissionen überhaupt nicht gezählt. Wenn Sie also in Milwaukee, Wisconsin, leben und ein in China hergestelltes T-Shirt mit der Aufschrift »Down with U.S. Emissions« kaufen, wird China für die durch die Herstellung des T-Shirts verursachten Emissionen zur Kasse gebeten.

Und jetzt wird es kompliziert. Erinnern Sie sich daran, wie wir uns ein paar Absätze weiter oben darüber aufgeregt haben, dass die Emissionen in den USA zurückgehen, und dass dies zum Teil auf die Substitution von Kohle durch Erdgas zurückzuführen ist? Nun, die Hellgrünen haben diese Substitution wenig überraschend genutzt, um das Ende der Kohle auszurufen. Bereits 2008 behauptete der damalige Präsident Barack Obama, dass der Bau eines neuen Kohlekraftwerks »den Bankrott bedeuten würde«. Sowohl Obama-Befürworter als auch -Gegner sprachen gern von »Obamas Krieg gegen die Kohle«. Und nachdem er zugesagt hatte, dass Los Angeles (bis 2025) keinen Strom mehr aus Kohlekraftwerken beziehen würde, verkündete der Bürgermeister von Los Angeles – und Grüne und Liberale stimmten ihm zu –, dass »die Ära der Kohle vorbei ist«. Großartig für die Umwelt!

Aber das ist buchhalterische Augenwischerei. Es stimmt nicht, dass »die Ära der Kohle vorbei ist«. Im Jahr 2008 wurden weltweit etwa 7,5 Milliarden Tonnen Kohle abgebaut. Im Jahr 2009 stieg diese Zahl auf 7,6 Milliarden (und der einzige Grund dafür, dass sie nicht noch weiter anstieg, ist die weltweite wirtschaftliche Rezession gewesen). Im Jahr 2010 waren es etwa 8 Milliarden. In den Jahren 2011 und 2012 lag die Zahl bei 8,4 bzw. 8,6 Milliarden. Die Kohleförderung stieg bis 2014 weiter an und ging dann in den folgenden zwei Jahren um etwa 12 Prozent zurück. Seitdem hat sie sich wieder erholt und wird 2019 etwa 8,7 Milliarden Tonnen erreicht haben.[89]

Bezeichnenderweise haben viele Grüne die Frage gestellt, ohne ihr auf den Grund zu gehen: »Wird der Rückgang der Kohle die Klimakrise lösen?«[90] Ein Freund von mir aus Österreich konnte sich die Antwort nicht verkneifen: »Der Niedergang der Kohle wird die Klimakatastrophe in etwa so sehr aufhalten, wie der glorreiche deutsche Sieg bei Stalingrad die Ausdehnung des *Lebensraums* des Reichs über den Ural hinaus, wenn nicht sogar bis zum Pazifik, ermöglichte und den *Endsieg* unausweichlich machte.«

Es stimmt zwar, dass in den USA keine neuen Kohlekraftwerke gebaut werden, aber es stimmt auch, dass die Kohleförderung in den USA bis 2016 im wesentlichen konstant geblieben ist. Im Jahr 1980 waren es etwa 830 Millionen Tonnen. Im Jahr 1990 erreichte sie 1 Milliarde Tonnen und schwankte dann zwischen 900 Millionen und 1,15 Milliarden Tonnen, bis sie 2016 auf 730 Millionen Tonnen zurückging.[91]

Es ist nur so, dass die USA jetzt die Kohle (und die Emissionen) *exportieren*. Noch 2003 exportierten die USA »nur« etwa 20 Millionen Tonnen Kohle pro Jahr. Als Obama und sein »Krieg gegen die Kohle« 2008 die Politik bestimmten, lagen die Exporte bei etwa 50 Millionen Tonnen im Jahr. Im Jahr 2009 gingen sie aufgrund der Rezession zurück (erkennen wir hier ein Muster?), kletterten dann bis 2012 auf einen Rekordwert von 126 Mio. t, bevor sie wieder auf knapp unter 100 Mio. t/Jahr zurückfielen. In letzter Zeit schwankten die Ausfuhren zwischen 60 Mio. t (dreimal so viel wie 2003) und 93 Mio. t im Jahr 2019.

Die Emissionen aus dieser Kohle werden bei den Abnehmerländern angerechnet, in denen die Kohle verbrannt wird. In der Zwischenzeit gehen die Kohlenstoffemissionen in den USA zurück. Juhu! Die Ära der Kohle ist in den Vereinigten Staaten vorbei!

Auch in Australien ist die Sache noch nicht ausgestanden. Im Jahr 2018 erklärte der stellvertretende Premierminister unverblümt, dass sein Land seine Kohle »unbedingt« nutzen und exportieren werde.[92] Wie könnte es auch anders sein, wenn 60 Prozent des australischen Stroms aus Kohle gewonnen werden und diese das wichtigste Exportgut des Landes ist? Unterdessen bezeichnete der deutsche Umweltminister die weltweite Nachfrage nach Kohle als »hartnäckig«.[93] Deutschland selbst stellt sich trotz der Verabschiedung eines Bundesplans zum Ausstieg aus der Kohle »nicht der wirklichen Debatte«, so ein deutscher Abgeordneter. »Wie können wir sie ersetzen?«[94] Seine Antwort: »Wasserstoff aus erneuerbaren Energien in Nordafrika«, was ebenso gut Feenstaub sein könnte.

Es hat keinen Rückgang bei der Kohle gegeben. Das Wünschen allein hilft nicht. Der Bericht »The Statistical Review of World Energy« wird vom Energiekoloss BP herausgegeben. Die Ausgabe 2018 ist ein nüchterner Katalog von Angriffen auf den Planeten. Der Primärenergieverbrauch ist »stark gestiegen«, die Kohle wächst »schnell«, und der Anteil der Kohle an der weltweiten Stromerzeugung hat sich nicht verändert.[95] 1998 waren es 38 Prozent. Im Jahr 2017 waren es die gleichen 38 Prozent. Das wahre Grauen an diesen beiden kleinen Ziffern ist, dass die glatten 38 Prozent ein viel größerer Betrag sind, da die globale Stromerzeugung gestiegen ist. Der Bericht stellt rundheraus fest: »Es wurde kein Nettofortschritt bei der Dekarbonisierung erzielt.«

Warum wird uns erzählt, die Kohle sei tot? Das ist weniger eine rhetorische Frage als vielmehr eine irritierende. Wir könnten es verstehen, wenn die Architekten der Apokalypse die Kohle weiter verbrennen wollten (was sie tun) und nicht wollten, dass wir das merken. Aber die sind es nicht, die diese Geschichte verbreiten. Es sind Organisationen, die sich für das Klima einsetzen. Das verstehen wir nicht. Ist dies ein Versuch, unsere kollektive Verzweiflung zu verjagen? Wenn ja, dann gibt es eine weitere schlechte Nachricht: Im Kampf Stimmungsmanagement gegen Realität wird die Realität immer gewinnen. Wir müssen erkennen, dass die Realität unerträglich ist. Aber werden wir uns mit Geschichten über sanfte, riesige Klingen, die Wind in Gold verwandeln, in den Schlaf wiegen lassen, während das Leben selbst zugrundegeht? Denn die Welt braucht keine Lügengeschichten, egal wie sehr wir uns auch bemühen. Sie braucht uns für den Kampf.

Die Weltwirtschaft ist ein klebriges Netz.

Meine (Derricks) Nichte und ihre Familie waren kürzlich zu Besuch. Der Ehemann meiner Nichte stammt aus China. Er ist Mitte dreißig. Während des Besuchs beschwerte er sich bei mir über Walmart: »Die Amerikaner kaufen all diese billigen Konsumgüter, die in China hergestellt werden, und das war gut für die chinesische Wirtschaft, aber nicht gut für die Luft. Ich habe erlebt, wie der Himmel in China erst blau war und dann grau und alsbald schwarz wurde. Alles nur, damit Amerikaner und andere billiges Zeug kaufen können. Ich verstehe, dass dies der Preis ist, den wir zahlen müssen, damit unser Land seine Wirtschaft entwickeln kann, aber es gefällt mir nicht.«

Er sagte auch, dass er alte Freunde hat, die von der Wirtschaft gezwungen wurden, praktisch Sklaven in diesen Fabriken zu werden und 12 Stunden am Stück im Stehen zu arbeiten, ohne Pause. Er erzählte mir von Freunden, die in Hochhausfabriken mit Netzen um die Gebäude herum arbeiten, die verhindern sollten, dass die Arbeiter in den Tod springen, und von Freunden, deren Kollegen sich trotzdem zusammengetan haben, um sich umzubringen – alles, um die unaufhörlichen Qualen ihrer Sklavenarbeit zu beenden.

China ist bei weitem der größte Kohleverbraucher der Welt und fördert und verbraucht fast 50 Prozent der weltweiten Kohle. Die

USA und andere Länder bekommen billige Konsumgüter, und die Chinesen einen schwarzen Himmel, Emissionen, Sklavenarbeit und eine völlig zerstörte Natur – und eine positive Zahlungsbilanz. Für die Regierungen in diesen Ländern funktioniert das, für die wirkliche, die natürliche Welt jedoch nicht so gut.

Und was hat das nun mit dem deutschen Wirtschaftswunder zu tun? Erinnern Sie sich noch an die Worte von Ralf Fücks, einen der beiden Vorstände der Heinrich-Böll-Stiftung? »Der größte Erfolg der deutschen Energiewende war meines Erachtens die Ankurbelung der chinesischen Solarzellenindustrie.« Derzeit dominiert China, wie *Fortune* es ausdrückte, »die Solarpanele vollständig«.[96]

In Deutschland haben Umweltschützer vor Ort – von der Basis, nicht von der Solarlobby – immer wieder gegen die Installation von Solarinfrastrukturen protestiert, darunter gegen massive Stromleitungen und 70 Meter hohe Übertragungsmasten. Vertreter eines niederländischen Unternehmens, das einen Teil dieser Infrastruktur baut, wurden 2014 von Hunderten von Demonstranten mit Schildern wie »Stoppt den Stromleitungswahnsinn« empfangen. Der örtliche Mykologe, Botaniker und Organisator der Proteste, Ingo Queck, sagte dem Wall Street Journal: »Der Korridor, den sie planen, würde alles zerstören, was wir für die Verbesserung der Umwelt in dieser Region getan haben.«[97]

Wir könnten ähnliche Geschichten erzählen, wie Solarlobbyismus und Umweltschutz dazu benutzt wurden, die Solarindustrie in Spanien, Italien, dem Vereinigten Königreich, den Vereinigten Staaten und China zu subventionieren – auf Kosten der Natur. Überall auf der Welt. Und wir könnten Geschichten von lokalen Umweltschützern auf der ganzen Welt erzählen, die gegen industrielle Solaranlagen (und Wind- und Wasserkraftanlagen) kämpfen. Hier das typische Beispiel einer Schlagzeile: »Hier kommt die Sonne: Lokale Umweltschützer widersetzen sich dem Solarprojekt der Universität.« Und warum? Weil die Georgetown University

218 Hektar in »einem der ökologisch wertvollsten Gebiete in Maryland« abholzen will, um eine Solaranlage zu installieren.[98]

China ist bei weitem der führende Hersteller von Solarmodulen und hält mehr als 50 Prozent des Weltmarkts. Erreicht hat es dies durch – was sonst? – massive Subventionen. In China dürfen Hersteller von Solarzellen und andere Hightech-Unternehmen Land zu einem Drittel des offiziellen Preises kaufen und erhalten oft Land umsonst, das sonst etwa 750.000 Dollar pro Hektar kostet. Dieses Land kann für die Herstellung von Solarzellen oder für Mitarbeiter-Golfplätze genutzt werden. Die Regierung stellt auch günstige Kredite zur Verfügung. Und sie gibt täglich bis zu 1 Milliarde Dollar aus, um, wie die *New York Times* es ausdrückt, »in die Devisenmärkte einzugreifen«, damit »chinesische Exporte auf ausländischen Märkten erschwinglicher werden«.[99] (Natürlich hilft dieser Eingriff in den Devisenmarkt nicht nur dem Export von Solar-Photovoltaik, sondern auch allen anderen Exporten aus China, einschließlich des vielen Plastikmülls bei Walmart). Die Solarindustrie in China profitiert von subventionierter Arbeit, die von Ingenieuren, die ein paar Tausend Dollar pro Jahr verdienen, bis hin zu Sklavenarbeit reicht.

Solaranlagen in Deutschland und anderswo sind nur durch fortwährende und teure Subventionen möglich. Und ehrlich gesagt können sich viele Länder wie Deutschland diese nicht mehr leisten. (Ganz zu schweigen von armen Ländern, die sich diese nie leisten konnten: Wir haben kürzlich einen lächerlichen Beitrag von Solarlobbyisten gesehen, in dem behauptet wurde, dass Griechenland seine Schuldenkrise lösen kann, indem es irgendwie Solarzellen für jedes Hausdach kauft und den Strom dann an reiche Länder verkauft.)

In seinem Buch: *Green Illusions: The Dirty Secret of Clean Energy and the Future of Environmentalism* (Grüne Illusionen: Das schmutzige Geheimnis sauberer Energie und die Zukunft des Umweltschutzes) macht der Ingenieur Ozzie Zehner deutlich, wie hoch die

Subventionen sein müssten, um eine Solarinfrastruktur aufzubauen und zu unterhalten, die groß genug ist, um Lester Browns (und anderer Leute) Fantasien von einer Solarwirtschaft zu erfüllen: »Durch den Vergleich des weltweiten Energieverbrauchs mit den rosigsten Kostenschätzungen für die Photovoltaik, die von den Solarbefürwortern selbst stammen, können wir die Gesamtkosten grob skizzieren. Die Solarzellen würden etwa 59 Billionen Dollar kosten; die Bergbau-, Verarbeitungs- und Produktionsanlagen zu ihrer Herstellung würden etwa 44 Billionen Dollar kosten; und die Batterien zur Speicherung des Stroms für den abendlichen Gebrauch würden 20 Billionen Dollar kosten, was die Gesamtkosten auf etwa 123 Billionen Dollar plus etwa 694 Milliarden Dollar pro Jahr für die Instandhaltung erhöht. Bedenken Sie, dass das gesamte Bruttoinlandsprodukt (BIP) der Vereinigten Staaten, das alle Lebensmittel, Mieten, Industrieinvestitionen, Staatsausgaben, Militärausgaben, Exporte und so weiter umfasst, nur etwa 14 Billionen Dollar beträgt. Das heißt, wenn jeder Amerikaner auf Nahrung, Unterkunft, Schutz und alles andere verzichten würde, während er jeden Tag hart und nackt arbeitet, könnten wir vielleicht in etwa einem Jahrzehnt eine Photovoltaikinfrastruktur bauen, die [die Wirtschaft] mit Strom versorgt. Aber leider sind diese Schätzungen sehr optimistisch.«

Er fährt fort: »Wenn die *tatsächlichen* Installationskosten für Solarprojekte in Kalifornien als Anhaltspunkt herangezogen werden, würde ein globales Solarprogramm etwa 1,4 Quadrillionen Dollar, etwa das Hundertfache des BIP der Vereinigten Staaten, kosten. Abbau, Verhüttung, Verarbeitung, Transport und Herstellung der Panele und der dazugehörigen Hardware würden etwa 149.100 Megatonnen CO_2 erzeugen. Und alle müssten in die Wüste ziehen, da sonst die Übertragungsverluste den Plan undurchführbar machen würden.«[100]

Zehners Berechnungen veranlassen ihn, wichtige Fragen zu stellen: »Könnte die Herstellung und Installation von Photovoltaikanlagen mit der heutigen Technologie in *kleinerem Maßstab* ebenso absurd sein? Ist es vielleicht nicht so schlimm, wenn wir ein paar Milliarden Dollar aus dem Fenster werfen?«

Dies sind Fragen, die von den Umweltschützern der Solarindustrie nie gestellt werden.

Finanzielle Subventionen sind für Öl, Kohle und Gas nicht ganz so notwendig wie für die Solarenergie, denn Öl, Kohle und Gas sind so dichte Energieformen, dass sie sich anfangs in gewisser Weise selbst tragen konnten. Als das Öl noch aus den Quellen geschöpft und direkt verkauft werden konnte, war die Ölförderung ohne Subventionen rentabel. Später, als die Ölförderung immer schwieriger wurde, wurden Subventionen erforderlich. Diese Subventionen konnten in Form von Forschung, kostenlosem oder billigem Zugang zu öffentlichem Land, dem Bau eines Straßennetzes zur Erleichterung des Ölverbrauchs, dem Einsatz des Militärs zum Schutz (oder Diebstahl) von Ölfeldern in der ganzen Welt erfolgen, aber in Bezug auf die Energierendite hatte Öl zumindest das Potential, sich finanziell einigermaßen selbst zu tragen.

Das kann man von der Solarbranche nicht behaupten. Ohne Subventionen würde die Branche noch schneller zusammenbrechen als die meisten anderen Branchen. Und selbst mit Subventionen kann sie, wie wir gesehen haben, die Wirtschaft nicht voranbringen, geschweige denn befeuern.

Wir wissen auch, dass der freie Markt eine Lüge ist, dass der Kapitalismus Subventionen braucht, sonst bricht er zusammen, und dass es besser ist, gute Dinge zu subventionieren als schlechte. Wenn wir die Wahl hätten, würden wir die Subventionen sofort vom Militär auf alles Mögliche umleiten, von Frauenhäusern für misshandelte Frauen über kostenlose Bildung und Gesundheitsfürsorge bis hin zur Wiederherstellung von Wildtierlebensräumen und Flüssen sowie massiven Projekten zur Beseitigung von Dämmen, Aufforstung und Wiederbelebung von Prärien und Feuchtgebieten. Solange der industrielle Kapitalismus anhält, möchten wir Subventionen sehen, die der Welt helfen.

Warum aber sollte die Regierung die Solarindustrie nicht auch dann subventionieren, wenn es wirtschaftlich keinen Sinn ergibt? Ist die Solarbranche nicht eine soziale Wohltat?

Nun, selbst wenn wir das Geld hätten und selbst wenn Solarenergie eine soziale Wohltat wäre, eine planetarische Wohltat ist sie nicht. Und genau das ist der Punkt. Industrielle Solarenergie hilft der Welt nicht. Sie ist nur eine weitere Möglichkeit, den industriellen Kapitalismus anzutreiben. Im Grunde ist sie ein industrielles Produkt, das auf dem globalen kapitalistischen Markt entwickelt und hergestellt wird, um Profit zu machen. Wie andere Produkte hinterlässt sie Trümmer: zerstörtes Land, vergiftetes Wasser und verwüstete Gesellschaften.

Kapitel 4

DIE SOLARLÜGE

Teil 2

Jede Energiequelle ermöglicht es der Zivilisation, ihre Umwelt durch den Abbau von Stoffen weiter zu zerstören.

Tim Garrett[1]

Ein Photovoltaik-(PV)Panel besteht aus ein paar Hauptbestandteilen. Die Zellen selbst bestehen aus Silizium, das auf eine Reinheit von 99,99 Prozent veredelt und mit anderen Elementen vermischt wird, um die Leitfähigkeit zu erhöhen. Solarmodule funktionieren nicht, wenn das Innere nass wird. Deshalb wird zum Schutz vor Witterungseinflüssen eine gehärtete Glasscheibe verwendet, die mit einer Kunststofffolie überzogen und mit Ethylen-Vinylacetat-Harz versiegelt ist.

Das elektrische PV-System verwendet Kupferkabel, die mit Kunststoff ummantelt sind, mit Aluminium- und Silberpasten in den Verbindungen. Ein Standard-Solarmodul mit einer Größe von einem mal eineinhalb Meter wiegt etwa 18 Kilogramm, ohne das Befestigungsmaterial.

Die andere wesentliche Komponente einer Solarstromanlage ist ein Wechselrichter, der den Gleichstrom aus dem Modul in Wechselstrom umwandelt, der für den Einsatz in Alltagsgeräten,

Beleuchtung und Elektronik geeignet ist. Bei einer durchschnittlichen Solaranlage für ein Einfamilienhaus ist der Wechselrichter ein Kasten von der Größe eines großen Computers und mit einem Gewicht von 18 bis 27 Kilogramm, gefüllt mit Magneten, Induktoren, Kondensatoren und Oszillatorschaltungen. Er muss in der Regel alle drei bis 10 Jahre ausgetauscht werden (was eine große Sache sein kann, da er ein paar Tausend Dollar kostet).

Zu den Rohstoffen in Wechselrichtern gehören Blei, Indium, Nylon, Polypropylen und Polyvinylchlorid, Silizium, Zinksulfid, Gold, Silber, Chlor, Aluminium, Kupfer und Zinn.[2]*

Keines dieser Materialien wächst auf Bäumen.

Solarsysteme, die an das Stromnetz angeschlossen sind, benötigen (stellvertretend) auch alles, was das Netz selbst benötigt, einschließlich Transformatoren, Umspannwerke, Übertragungsleitungen, einem Straßennetz für die Wartung, Fahrzeuge, Treibstoff für die Fahrzeuge, Fabriken für den Bau der Fahrzeuge und so weiter. Hausinstallationen mit Solarzellen, die nicht an das Stromnetz angeschlossen sind, benötigen Batterien zur Energiespeicherung. Sowohl die Energiespeicherung als auch das Netz selbst sind Themen, mit denen wir uns später beschäftigen werden. Die Herkunft der Materialien, die in PV-Solaranlagen verwendet werden, ist ebenfalls ein wichtiges Thema, zu dem wir kommen, nachdem wir über die andere gängige Art von Solaranlagen gesprochen haben.

Konzentrierte Solarenergiesysteme (Concentrated Solar Power, CSP) haben normalerweise eine von zwei Formen. Bei Parabolrinnensystemen konzentriert eine Reihe von gebogenen Spiegeln das Sonnenlicht auf ein kleines Rohr, das eine »Arbeitsflüssigkeit« enthält – häufig synthetisches Öl, das auf Temperaturen über 400° C erhitzt wird. Der andere Haupttyp von CSP-Systemen ist ein

* Wir sind Wolf Dieter Aichberger, alias WDA, für seine Geduld und sein technisches Fachwissen zu tiefstem Dank verpflichtet. Er korrigierte viele Fehler und bewahrte uns davor, uns zu blamieren.

Solarturm, bei dem ein Spiegelfeld mit motorisierten Halterungen der Sonne von der Morgendämmerung bis zur Abenddämmerung nachgeführt wird und das Licht auf die Spitze eines hohen zentralen Turms reflektiert, wobei eine Flüssigkeit im Inneren des Turms auf 500 bis 1000° C erhitzt wird.[3]

Ein Beispiel für letzteren Typ ist Ivanpah, eine 377-MW- Sonnenwärmekraftwerk, die im Südosten Kaliforniens gebaut und von BrightSource Energy, Bechtel, NRG Energy, der Bundesregierung der Vereinigten Staaten (natürlich) und Google finanziert wurde.

Bevor das Projekt installiert wurde, beschrieb der Mojave-Schützer Shaun Gonzales diesen 3.500 Hektar großen Streifen Bundesland als »unberührte Wüste«. Sie ist nicht mehr unberührt. Stattdessen existiert sie praktisch nicht mehr. Die Ivanpah-Anlage ist so groß, dass man sie vom Weltraum aus sehen kann, und jedes der drei Spiegelfelder, die jeden Turm umgeben, ist mehr als eine Meile breit.

Durch den Bau der Ivanpah-Anlage wurden seltene Pflanzen vernichtet und der Lebensraum der bedrohten Wüstenschildkröten zerstört. Die Bundesregierung behauptete, dass etwa 30 Wüstenschildkröten in dem Gebiet lebten, aber schließlich wurden mehr als 170 Schildkröten gewaltsam aus ihren Bauen entfernt und umgesiedelt. Man geht davon aus, dass Dutzende weiterer Schildkröten während der Bauarbeiten getötet wurden, als ihre unterirdischen Höhlen unter dem schweren Gerät zusammenbrachen. Viele der umgesiedelten Schildkröten versuchten, nach Hause zurückzukehren, fanden aber den Weg durch einen Maschendrahtzaun versperrt. Außerhalb dieses Zauns liefen sie hin und her, hin und her, bis sie an einem Hitzeschlag starben.

Das Ivanpah-Projekt sollte ursprünglich 4.000 Acres (mehr als 15 Quadratkilometer) zerstören, aber nachdem Umweltschützer den Plan wegen der Beeinträchtigung der Tierwelt angefochten hatten, wurde das Gelände um etwa 13 Prozent verkleinert. Joshua Basofin, ein Aktivist von Defenders of Wildlife, sagte dazu: »Diese Umgestaltung ist ziemlich minimal. Die Auswirkungen auf

Wüstenschildkröten und seltene Pflanzen wurden nicht wirklich berücksichtigt.«[4]*

Ivanpah tötet auch Insekten und Vögel. Die Insekten werden offenbar vom Licht der Spiegel angezogen. Vögel folgen den Insekten, und Greifvögel folgen den Insektenfressern. Das konzentrierte Sonnenlicht verbrennt und röstet jedes Lebewesen, das darüberfliegt. Dickichtwaldsänger, Blaumückenfänger, Wanderfalken, Mönchswaldsänger, Trauertauben, Kronenwaldsänger, Grünfinken, Hausfinken und andere wurden geopfert, ihre Flügel verbrannten.[5]

In der CSP-Anlage Ivanpah wurden unter anderem folgende Komponenten verbaut: 173.500 Heliostaten (jeder besteht aus zwei Spiegeln), drei 140 Meter hohe Türme, drei 2.100-Tonnen-Kessel von Riley Power, die Dampf mit über 540° C und fast 172 Bar verarbeiten können, drei Siemens-Turbinengeneratoren, drei 110-Tonnen-Schwingungstilger, luftgekühlte Kondensatoren von SPX Cooling Technologies, 42 Millionen Heliostat-Komponenten, 7.500 Tonnen Stahl, 1.900 Kilometer Kabel, mehr als 36.000 Kubikmeter Beton, ein neues Umspannwerk und Kilometer von 220-kV-Übertragungsleitungen und dabei werden 75.000 Liter Wasser pro Tag verbraucht.[6]

Die Solarindustrie – diese »grüne«, »die Erde rettende« Industrie – ist vollständig vom Bergbau abhängig. Der Bergbau ist, egal wie man ihn betrachtet, eine ökologische Katastrophe. Eiskerne vom Mont Blanc, dem höchsten Gipfel der Alpen, weisen Blei- und Antimonwerte auf, die mehr als das Zehnfache der Hintergrundwerte des römischen Bergbaus und der Verhüttung betragen.[7] Während der römischen Herrschaft mussten die Menschen in ganz Europa ihr Leben lang giftige Metalle einatmen. Die Minen des Römischen

* Zu den seltenen Pflanzen, die bei ökologischen Untersuchungen des Standorts gefunden wurden, gehören das Mojave-Milchkraut, das Wüsten-Nadelkissen, das Utah-Ranken-Milchkraut, das Neunblättrige Pappelgras, die Parish's Club-Cholla, die Utah-Mortonia, die Rusby's Desert Mallow und die Desert Portulaca.

Reiches produzieren immer noch giftige saure Minenabwässer (ein flusszerstörender Cocktail aus Schwermetallen und Salzsäure). Die Verschmutzung durch die römischen Kupferminen im jordanischen Wadi Faynan – erinnern Sie sich an die Ziegen? – lässt Pflanzen verkümmern und führt zu »schwerwiegenden« Schäden am Fortpflanzungssystem. Und das gilt nicht nur für Pflanzen. Bis heute verursacht das Kupfer in diesen Böden Gesundheitsprobleme beim Menschen, darunter Krebserkrankungen und Fortpflanzungsstörungen.[8]

Das ist es, was Bergwerke *anrichten*, von der ersten Mine bis heute. Der Umweltschützer David A. Lien stellte zu Recht fest: »Es gibt kein Beispiel für einen Hartgestein-Bergbaubetrieb ohne gravierende Umweltverschmutzung.«[9]

Und der Bergbau ist ein notwendiger Bestandteil der Industrie, von der die Grünen behaupten, sie würde die Welt retten.

Das reine Silizium, das in Solarzellen verwendet wird, kommt in der Natur nicht vor; stattdessen müssen rohe Siliziumerze abgebaut und anschließend raffiniert werden. Dies ist ein intensiver industrieller Prozess, der spezielle Ausrüstung, gefährliche Materialien und eine Vielzahl giftiger Stoffe erfordert.[10]*

Am Anfang steht der Abbau von Siliziumdioxid oder Quarz, häufig in Form von Sand. Da Sand auch für Beton, Landschaftsgestaltung und Straßenbau verwendet wird, ist der Abbau von Sand aus offenen Gruben, von Stränden, Dünen, aus Flüssen und vom Meeresboden weltweit üblich.

Der Sand wird im Tagebau mit Erdbewegungsmaschinen abgebaut, die ausnahmslos von Dieselmotoren angetrieben werden. Der Sand wird durch Brechen, Mahlen, Waschen und Sieben gereinigt. In den Vereinigten Staaten werden jährlich etwa eine Milliarde Tonnen abgebaut, weltweit sind es etwa 40 Milliarden Tonnen.

* Im Jahr 1998 waren 99 Prozent aller Solarmodule auf Siliziumbasis. Heute ist die Zahl nur geringfügig kleiner.

Fischsterben, Zerstörung empfindlicher Lebensräume und das Verschwinden ganzer Strände sind die Folgen des Sandabbaus.[11] Eine indische Krokodilart, der Gharial, ist fast ausgerottet worden. Seit 2005 sind zwei Dutzend indonesische Inseln wegen des Siliziums vollständig zerstört worden. Um es klar zu sagen: Diese Inseln gibt es nicht mehr.

Jährlich werden etwa 800 Millionen Tonnen Silizium abgebaut, um hochreines, metallurgisches Silizium herzustellen. Diese Menge nimmt zu. Laut der Minor Metals Trade Association war »die größte Veränderung in den letzten Jahren [auf dem Markt für metallurgisches Silizium] die zunehmende Verwendung von Silizium für Solarpanele, hauptsächlich durch die Produktion von polykristallinem (oder multikristallinem) Silizium (Polysilizium). … Es wird erwartet, dass ein anhaltend starkes Wachstum der Siliziumverwendung in der Photovoltaik zu einem Marktwachstum von mehr als 10 Prozent [pro Jahr] führen wird.«[12]

Um Siliziumdioxid in metallurgisches Silizium umzuwandeln, muss das zerkleinerte Roherz in einem elektrischen Lichtbogenofen auf etwa 2200° C erhitzt werden. Kohlenstoff, oft in Form von Kohle oder Koks, wird hinzugefügt und verbindet sich mit dem Sauerstoff zu Kohlenmonoxid. Bei dieser Reaktion, bei der natürlich Schlacke zurückbleibt, entsteht 99,6 Prozent reines Silizium. Für Solarzellen wird jedoch eine noch höhere Reinheit benötigt.

Im zweiten Raffinationsschritt wird das Material in einem mit dicken Graphitschichten isolierten Stahlofen erhitzt, bis das Silizium geschmolzen ist (etwa 1370° C). Chlorwasserstoffsäure und Kupfer werden hinzugefügt, die mit dem Silizium reagieren und Trichlorsilangas erzeugen. Um das Silizium leitfähig zu machen, wird Bor oder Phosphor in den Ofen gegeben. Schließlich wird ein »Impfkristall« in das Gemisch eingeführt und langsam herausgezogen, während es sich mit einer genau festgelegten Geschwindigkeit dreht. Das Ergebnis dieses vollständig computergesteuerten Prozesses ist ein einziger riesiger, zu 99,99 Prozent reiner Siliziumkristall, in dem alle Atome aneinandergereiht sind.[13] Während dieses Prozesses fallen etwa 80Prozent des ursprünglichen metallurgischen Siliziums als Abfall an.

In einem Bericht aus dem Jahr 2008 über die Luoyang Zhonggui High-Technology-Anlage in China wurde festgestellt, dass die Siliziumproduktion die umliegenden Felder vergiftete und die Anwohner krank machte. Die Anlage belieferte das damals größte Solarunternehmen der Welt.[14] In einer Aktualisierung aus dem Jahr 2014 wurde festgestellt, dass selbst zu diesem Zeitpunkt »weniger als ein Drittel der chinesischen Polysiliziumhersteller die chinesischen Umwelt- und Energiestandards erfüllen«.[15] In jüngerer Zeit stellte ein Professor für Materialwissenschaften an der Hebei Industrial University fest: »Das Land, auf dem es [Siliziumtetrachlorid] abgeladen oder vergraben wird, wird unfruchtbar sein. An dieser Stelle werden weder Gras noch Bäume wachsen. Menschen dürfen es niemals berühren.«[16]

In einem Artikel mit dem Titel »Chinas kommunistisch-kapitalistische ökologische Apokalypse« heißt es: »Bei der Herstellung von Polysilizium fallen für jede Tonne produzierten Polysiliziums etwa vier Tonnen … flüssiger Abfall an. In Deutschland, wo Siemens Solarpanele herstellt, wird eine Rückgewinnungstechnologie installiert, um die Siliziumtetrachlorid-Abfälle zu verarbeiten und unschädlich zu machen. Doch diese Umweltschutztechnik ist teuer. Im Jahr 2008 betrugen die Kosten für eine sichere Produktion von Polysilizium in Deutschland etwa 84.500 Dollar pro Tonne und wären in China nicht viel geringer gewesen. [In jüngster Zeit] produzieren chinesische Unternehmen Polysilizium für 21.000 bis 56.000 Dollar pro Tonne und sparen so monatlich Millionen von Dollar, indem sie den Giftmüll in ländlichen Gebieten einfach bei wehrlosen Dorfgemeinschaften abladen.«[17]

Dies ist vielleicht ein guter Zeitpunkt, uns daran zu erinnern, dass die Solarenergie die Welt retten wird.

Erinnern Sie sich noch daran, dass die Grünen sagen, die Nachhaltigkeit sei nahe, weil die Preise für Solarzellen sinken? Jetzt verstehen wir den Preisverfall.

Im Jahr 2011 wurde ein anderes chinesisches Unternehmen, Jinko Solar, dabei erwischt, wie es Flusssäure in den Gelben Fluss leitete, was zum Tod von Fischen und Schweinen führte. Die Bewohner eines Dorfes in der Nähe von Haining in der Provinz Zhejiang randalierten wegen der Verschmutzung – die zu einer Zunahme von Krebserkrankungen und anderen Krankheiten geführt hatte – und stürmten die Anlage von Jinko Solar, wo sie Autos umwarfen. Viele wurden verhaftet.[18]

Der nächste Schritt besteht darin, dass Roboter-Seilsägen die Siliziumkristalle zu quadratischen Zellen schneiden. Der beim Sägen entstehende Staub, die sogenannte Schnittfuge, kann Silikose verursachen und stellt eine große Gefahr für die Arbeiter dar.[19] Die einzelnen Wafer werden dann mit Plasma oder sauren Lösungsmitteln geätzt, ein Verfahren, das eine größere Oberfläche schafft und die Effizienz erhöht. Anschließend werden die Solarzellen in vakuumversiegelte Kammern gebracht und mit Siliziumnitrid beschichtet, was den Wirkungsgrad weiter erhöht. Schließlich werden auf beide Seiten leitfähige Metalle aufgedruckt.

Hier nur ein paar der potentiell gefährlichen Chemikalien, die bei der Herstellung von Solarzellen verwendet werden: Fluorwasserstoff, Salzsäure, Schwefelsäure, Salpetersäure, Natrium- oder Kaliumhydroxid, Silangas, Blei, Phosphin- oder Arsengas, Phosphoroxychlorid und -trichlorid, Borbromid und -trichlorid, Zinnchlorid, Tantalpentoxid, Titan und Titandioxid, Diboran und Ethylvinylacetat.[20]

Die Produktion von Solarmodulen trägt zudem direkt zur globalen Erwärmung bei. Zehner stellt in *Grüne Illusionen* fest: »Die Herstellung von Solarmodulen gehört heute zu den führenden Quellen von Hexafluorethan, Stickstofftrifluorid und Schwefelhexafluorid, drei extrem potenten Treibhausgasen, die zur Reinigung von Plasmaproduktionsanlagen verwendet werden. Als Treibhausgas ist Hexafluorethan 12.000-mal wirksamer als CO_2. Es wird zu 100 Prozent von Menschen hergestellt und verbleibt noch 10.000 Jahre in der Atmosphäre. Stickstofftrifluorid ist 17.000-mal wirksamer als CO_2 und Schwefelhexafluorid 25.000-mal. Die Konzentration von Stickstofftrifluorid in der Atmosphäre steigt jährlich um 11 Prozent.«[21] Stickstofftrifluorid und Schwefelhexafluorid halten sich 700 bzw. 3.000 Jahre in der Atmosphäre.

Neben Kupfer und anderen Metallen werden für Solarmodule 17 Mineralien der Seltenen Erden benötigt (die auch in Mobiltelefonen, Batterien, Windturbinen und vielen anderen Hightech-Geräten verwendet werden). Diese 17 Seltenen Erden heißen so, weil sie fast nie in hohen Konzentrationen vorkommen, sondern meist in der gesamten Erdkruste eingestreut sind. Fast alle dieser Seltenen Erden werden in China abgebaut. Fast die Hälfte aller Seltenen Erden in China wird in der Nähe der Stadt Baotou abgebaut, ein Name, der wörtlich übersetzt »Ort mit Rehen« bedeutet. Die meisten Seltenen Erden stammen aus einem Tagebau, der mehr als eine halbe Meile tief ist und sich über mehr als 46 Quadratkilometer erstreckt.

Die Abtrennung der Seltenen Erden vom übrigen Erz erfordert den Einsatz von Sulfaten, Ammoniak und Salzsäure, und für jede Tonne Seltene Erden fallen 2.000 Tonnen giftiger Abfälle an.

Die Minen, Schmelzhütten und Fabriken von Baotou produzieren jährlich 10 Millionen Tonnen Abwasser. Dieses »Wasser« wird in Absetzbecken gepumpt, darunter eines, das sich über fast vier Quadratkilometer erstreckt und über das *The Guardian* berichtete: »Aus der Luft sieht es wie ein riesiger See aus, der von vielen Nebenflüssen gespeist wird, aber auf dem Boden entpuppt es sich als eine trübe Wasserfläche, in der weder Fische noch Algen überleben können. Das Ufer ist mit einer schwarzen Kruste überzogen, die so dick ist, dass man darauf laufen kann.« *Der Guardian* schrieb weiter: »Das schmutzige Wasser des Absetzbeckens enthält alle möglichen giftigen Chemikalien, aber auch radioaktive Elemente wie Thorium, die, wenn sie eingeatmet werden, Bauchspeicheldrüsen- und Lungenkrebs sowie Leukämie verursachen. ›Bevor die Fabriken gebaut wurden, gab es hier nur Felder so weit das Auge reichte. Anstelle dieses radioaktiven Schlamms gab es Wassermelonen, Auberginen und Tomaten‹, sagt Li Guirong mit einem Seufzer.« Der Boden und das Wasser in der Nähe von Baotou sind so verseucht, dass die Anwohner dort kein Gemüse mehr anbauen können. Viele sind geflohen. Viele wurden zwangsumgesiedelt. Viele sind gestorben, und die Zurückgebliebenen leiden an einer Vielzahl von Krankheiten, die durch den Bergbau verursacht werden.[22]

Ignoranz lässt sich leichter aufrechterhalten, wenn man weit weg ist. Die Geographie stellt Abstand her, und die schlimmste Ausbeutung findet in der Regel weit, weit weg statt, in den Kolonien, im Hinterland. Der Wohlstandsunterschied schafft ebenfalls Abstand, und so werden die Enteigneten gezielt industriell geschädigt, während der Rest von uns, wohlbehalten im Zentrum des Imperiums, nichts sieht.

Und es gibt einen dritten Abstand, der aus der Verleugnung entsteht. Denn wir wissen natürlich, egal wie wenig wir es uns eingestehen, dass Solarpanele nicht im Frühling geboren werden und Windturbinen nicht die Früchte des Turbinenbaums sind. Sie werden hergestellt. Sie werden aus etwas gebaut. Um dieses Etwas zu bekommen, bedarf es Anstrengung, Energie. Und die Gewinnung dieses Etwas aus dem Inneren eines Berges oder unter der Erde kann nicht sanft oder gut gewesen sein. Und dieser Haufen von etwas muss endlich kleiner werden.

Aber es ist alles so glänzend, so neu, so vielversprechend. Autos so sauber wie Luft, Strom aus reinem Licht, eine Zukunft im Überfluss. Ist das tatsächlich möglich? Wir wollen es glauben. Wir müssen es glauben, also halten wir Abstand.

Derzeit kämpfen die Menschen an der Grenze zwischen Idaho und Washington gegen eine geplante Siliziumschmelze. Die Nachfrage ist grenzenlos. Das ist, was wir brauchen. Für jede produzierte Tonne Siliziummetall werden sechs Tonnen Rohsilizium abgebaut.[23] In dem Wort »abgebaut« steckt die Verwüstung, die das Sprengen riesiger Löcher in den Boden überall auf der Welt verursacht. Einem Beobachter aus Uttar Pradesh in Indien zufolge haben die Minen »die Topografie der Region verändert ... die Landschaft vernarbt, die Ökosysteme gestört und die mikrobiellen Gemeinschaften zerstört«.[24] Der Mutterboden ist für immer verloren, der Grundwasserspiegel sinkt, die Flüsse werden vom Schlamm erstickt und der »flüchtige« Siliziumdioxidstaub verkrustet die Lungen aller atmenden Lebewesen. Die meisten Menschen, die dies lesen, würden Uttar Pradesh nicht einmal auf einer Landkarte finden, also: Entfernung. Was ist mit Minnesota? Ist das nahe genug, um zu zählen? In einem Bericht aus Minnesota wurde festgestellt, dass sich 138 bedrohte und gefährdete Arten im Umkreis von einer Meile um Quarzsand-»Ressourcen« befinden. Dazu gehören Schildkröten, Fische und Pflanzen sowie 3.000 Hektar unberührter Prärie. Da 98 Prozent der Prärien verschwunden sind, ist Prärie selbst »extrem selten«.[25]

Einmal abgebaut, müssen diese Millionen Tonnen Sand zu einer Schmelzhütte transportiert werden. Das bedeutet, dass Züge auf Gleisen und Lastwagen auf Straßen fahren müssen, die durch einen Lebensraum führen, den jemand sein Zuhause nennt, und dass Öl benötigt wird, um sie zu betreiben. Um Silizium in Siliziummetall für Solarzellen und Elektronik zu verwandeln, sind mindestens 1650° C erforderlich.[26] In Washington sollen diese 1650° C aus dem Box Canyon Dam des Pend Oreille Public Utility District kommen. Dieser Staudamm hat nur eine Leistung von 90 Megawatt, während die Schmelzhütte 105 Megawatt benötigt. Tatsächlich würde die Hütte viermal so viel Strom benötigen, wie alle Privat- und Kleingewerbekunden des Versorgungsunternehmens zusammengenommen verbrauchen.[27] Siliziummetall benötigt auch Holzschnitzel, jene kleinen, toten Bruchstückchen, die früher als »Wald« bekannt waren. Außerdem wird »Bluegreen« benötigt, eine seltene Kohle aus Kentucky, 48.000 Tonnen pro Jahr: Berge, die zu Schutt werden.

Die Schmelzanlage in Idaho würde nicht nur das Siliziummetall für unsere glänzende, grüne Zukunft produzieren, sondern auch 320.000 Tonnen Treibhausgase, womit sie der fünfzehntgrößte Emittent in diesem Bundesstaat wäre. Außerdem würde sie mit jährlich 760 Tonnen Schwefeldioxid und 700 Tonnen Stickoxiden sauren Regen erzeugen.[28]

Vertun Sie sich nicht, das ist Gift. Menschen, die in der Nähe einer Siliziumschmelze in Rykjanes, Island, lebten, bekamen chemische Verätzungen im Hals.[29] Der Arsengehalt lag 20-mal über dem gesetzlichen Grenzwert. Die Anlage wurde geschlossen, dann wieder geöffnet, und es hat sich nicht viel geändert. Die Menschen sagen, dass sie von der Schmelzanlage als Geiseln gehalten werden, da sie im Freien nicht ungefährdet atmen können. Andere Tiere können natürlich nirgendwo anders hin als ins Freie.

Die Menschen in Washington und Idaho wollen die Schmelzanlage nicht. Der Stamm der Kalispell-Indianer, auf dessen traditionellem Heimatgebiet die Schmelzanlage gebaut werden soll, hat sie entschieden abgelehnt, da sie »unannehmbare Risiken« für ihre Gesundheit und Kultur darstelle.[30] Die Affiliated Tribes of Northwest Indians sprechen sich ebenfalls gegen das Projekt aus.[31] Benachbarte Stämme, eine Bürgerinitiative und örtliche Umweltschützer haben sich gleichfalls dagegen ausgesprochen.

Aber wir anderen wollen diese strahlende, glückliche Zukunft, und wir weigern uns, den Abstand zu verringern und näher hinzusehen. Wir wollen nichts vom sauren Regen wissen, vom Fischsterben und von den Trümmern, die einst Berge waren und sich in Rauch auflösen.

Und was passiert, wenn die Solarmodule ausgedient haben?

Solarabfälle sind ein zunehmendes Problem. Im Jahr 2011 schrieb die Community Watchdog Group Silicon Valley Toxics Coalition: »Während die Solarindustrie expandiert, wird den potentiellen Umwelt- und Gesundheitskosten dieser raschen Expansion wenig Aufmerksamkeit geschenkt. Die am weitesten verbreiteten Solar-PV-Panele haben das Potential, am Ende ihrer Nutzungsdauer, die auf 20 bis 25 Jahre geschätzt wird, eine riesige neue Quelle von Elektroschrott darzustellen. Neue Solar-PV-Technologien erhöhen die Effizienz und senken die Kosten, aber viele von ihnen verwenden extrem giftige Materialien oder Materialien mit unbekannten Gesundheits- und Umweltrisiken (einschließlich neuer Nanomaterialien und -verfahren).«[32]

Was ist mit kleinen, kommunalen Solarstromprojekten? Sind sie nicht die viel bessere Alternative? Nun, wie sich herausstellt, sind sie es nicht. Der Großteil der Solarmodule wird weit entfernt von den Regionen hergestellt, in denen sie verwendet werden. Mehr als 60 Prozent der in den Vereinigten Staaten verkauften Solarmodule werden in China, Korea, Japan oder Singapur hergestellt.[33] Die Schifffahrt ist eine der umweltschädlichsten Industrien der Welt. Containerschiffe verbrennen Schweröl, das so umweltschädlich ist, dass es an Land fast überall auf der Welt verboten ist. Aber auf dem Meer ist es völlig legal. Die weltweite Schifffahrt ist für etwa 4 Prozent aller Kohlendioxidemissionen und bis zu 30 Prozent des globalen Smogs verantwortlich. Ein Containerschiff kann so viel Schadstoffe ausstoßen wie 50 Millionen Personenkraftwagen.[34]

Und selbst wenn man sich für Solarenergie vor Ort einsetzt, bleibt die Lieferkette unberücksichtigt. Die in PV- und CSP-Anlagen verwendeten Materialien sind nicht gleichmäßig über die Welt verteilt. Die größte Eisenerzmine der Welt befindet sich in Brasilien, ehemals im Amazonas-Regenwald (»ehemals«, weil das Gebiet um die Mine abgeholzt wurde). Die größte Kupfermine der Welt befindet sich in Utah. Die größte Mine für Seltene Erden befindet sich, wie bereits erwähnt, in Baotou, China.

PV- und CSP-Solaranlagen erfordern eine Wirtschaft im globalen Maßstab. Das bedeutet Schiffe auf dem Meer, Züge auf dem Land und Flugzeuge in der Luft. Es bedeutet Autobahnen, Häfen und Schiffscontainer. Es bedeutet Börsen und Wirtschaftssysteme, die den Warenverkehr ermöglichen.

Das ist die Wirtschaft, die den Planeten umbringt. Dies sind keine lösbaren Probleme. Sie sind grundlegend für die Herstellung von PV- und CSP-Solaranlagen. Sagen Sie uns bitte noch einmal, wie das nachhaltig sein soll?

Hier ist noch etwas, was Naomi Klein sagte, etwas, das sowohl scharfsinnig als auch brillant ist. In dem bereits zitierten Interview auf *Democracy Now*, in dem sie behauptete, dass 25 Prozent der Energie in Deutschland aus »erneuerbaren Energien« stammt, sprach sie über etwas, das die Leugner der globalen Erwärmung richtig sehen. Sie berichtet: »Und als ich den Leiter des [rechten] Heartland Institute, Joe Bast, zu diesem Thema interviewte, sagte er ganz offen, dass er nicht in der Wissenschaft das Problem sähe. Er sagte, als er sich die Wissenschaft anschaute und hörte, was die Wissenschaftler dazu erklärten, wie sehr wir unsere Emissionen reduzieren müssen, wurde ihm klar, dass der Klimawandel, wenn er wahr wäre, ein ungeheures Maß an staatlicher Regulierung rechtfertigen würde, was er politisch ablehnt. Also sagte er: ›Wir haben uns die Wissenschaft angesehen und sind auf diese Probleme gestoßen‹, richtig? Das Problem ist also: Sie verstehen, dass, wenn die Wissenschaft richtig liegt, ihr ganzes ideologisches Projekt in sich zusammenfällt, weil man, wie ich schon sagte, nicht auf eine Krise dieses Ausmaßes reagieren kann, die eine Umgestaltung der Grundlage unserer Wirtschaft beinhaltet – unsere Wirtschaft wurde auf fossilen Brennstoffen aufgebaut, sie wird immer noch durch fossile Brennstoffe angetrieben. Die Idee, die wir von vielen liberalen Umweltgruppen zu hören bekommen, ist die, dass wir den Wandel völlig schmerzlos vollziehen können, indem wir einfach die Glühbirnen austauschen oder einen sanften Marktmechanismus einführen, Steuern erheben und entspannen, kein Problem. Das ist es, was sie [die Leugner der globalen Erwärmung] sehr gut verstehen, nämlich dass es [das Stoppen der globalen Erwärmung] einen transformativen Wandel [wie das Stoppen der fossilen Brennstoffwirtschaft] erfordert. Dieser Wandel ist ihnen ein Greuel. Sie sehen ihn als das Ende der Welt. Es ist nicht das Ende der Welt, aber es ist das Ende ihrer Welt. Es ist das Ende ihres ideologischen Projekts. Aus der Sicht von [dem prominenten Klimawandelleugner] Marc Morano und Joe Bast ist das also undenkbar. Anstatt darüber nachzudenken, leugnen sie lieber die Wissenschaft.«

Sie hat natürlich recht. Ein Großteil des Diskurses in unserer Gesellschaft hat nicht die physische Wirklichkeit zur Grundlage – und schon gar nicht den Schutz des Lebens auf diesem Planeten –, sondern versucht, unsere Lebensweise zu erhalten. Alles, was diese Lebensweise bedroht, ist undenkbar, und so muss die physische Realität geleugnet werden. Wenn man das versteht, werden viele der Lügen der Leugner der globalen Erwärmung verständlich.

Und Klein ist *so nah dran*, auch die vielen unzutreffenden Aussagen der Hellgrünen zu verstehen. Lassen Sie uns ein paar ihrer Worte ändern: »Das Problem ist also, dass die ~~Leugner der globalen Erwärmung die~~ *hellen Grünen* verstehen, dass, wenn die Wissenschaft richtig liegt, ihr ganzes ideologisches Projekt auseinanderfällt, weil man, wie ich schon sagte, nicht auf eine Krise dieser Größe reagieren kann, die die Umwandlung der Grundlage unserer Wirtschaft beinhaltet – unserer Wirtschaft, die ~~auf fossilen Brennstoffen aufgebaut ist~~ die *Welt funktionell und systematisch in Produkte umwandelt; mit anderen Worten, die Zerstörung des Planeten, egal wie die Zerstörung befeuert wird*. Die Idee dabei ist – das hören wir von vielen ~~liberalen Umweltgruppen, den~~ *Hellgrünen* –, dass wir das völlig schmerzlos ändern können, indem wir einfach die ~~Glühbirne~~ *Energiequelle* auswechseln oder einfach einen sanften Marktmechanismus einführen, Steuern zahlen und entspannen, kein Problem. Das verstehen die *Hellgrünen* gut, dass es [das Aufhalten der globalen Erwärmung] in der Tat transformative Veränderungen erfordert, wie das Ende der industriellen Zivilisation.

Dieser Wandel ist ihnen ein Greuel. Sie sehen ihn als das Ende der Welt. Es ist nicht das Ende der Welt, aber es ist das Ende ihrer Welt. Es ist das Ende ihres ideologischen Projekts. Das ist also aus *grüner Sicht* undenkbar. Anstatt darüber nachzudenken, verleugnen sie die Wissenschaft *und leugnen, was wirklich auf dem Spiel steht.*

Kapitel 5

DIE WINDLÜGE

Ich werde alles tun, was grundsätzlich durch das Gesetz gedeckt ist, um den Steuersatz von Berkshire niedrigzuhalten. Bei der Windenergie zum Beispiel bekommen wir eine Steuergutschrift, wenn wir viele Windparks bauen. Das ist der einzige Grund, sie zu bauen. Ohne die Steuergutschrift ergeben sie keinen Sinn.

Warren Buffet[1]

Die Berge und Moore, die wilden Hochebenen sollen wie Vampire in der Sonne liegen und mit Reihen von 150 Meter hohen Windturbinen und von den dazugehörigen Zufahrtsstraßen, Masten, Pylonen und Kabeln durchbohrt werden.

Paul Kingsnorth[2]

Sie wandern das Spring Valley im östlichen Zentralnevada hinauf, aber scheinen nicht gut voranzukommen. Dies ist eine weitläufige Gegend, und Sie sind ein kleiner Mensch. Auf beiden Seiten des Tals erstrecken sich kilometerlang Salbei und Antilopenstrauch, bis hin zu den Bergen, die sich nicht nur abzeichnen, sondern fest in der Landschaft verankert sind. Dichte Wälder aus einblättrigen

Piñon-Kiefern und westlichem Wacholder bedecken die Flanken der Berge, bevor sie sich zu ihren felsigen Schultern und schneebedeckten Gipfeln hin lichten. Die Sonne steht hoch, und das Sonnenlicht wärmt Sie, aber wenn Sie in den Schatten einer Wolke geraten, frösteln Sie sofort. Es ist Frühling in der Hochwüste.

Die westlichen Schoschonen und Goshute, die sich selbst Newe nennen, leben hier seit Tausenden von Jahren. Dieses Tal – eines der üppigsten in der Region – war und ist wichtig für sie. Sie ernährten sich von Pinienkernen, Kaninchen und den Samen von Gräsern. Dann, vor 150 Jahren, kamen die ersten Siedler mit ihren Schaufeln und Spitzhacken, ihrem Dynamit und ihrem Vieh. Sie fanden Silber und Gold in den Bergen, und schon bald zerrissen Explosionen die komplexe und empfindliche Geräuschkulisse der Wüste. Das gewonnene Erz musste verhüttet werden, und so wurden die Wälder abgeholzt. In ganz Nevada wurden die Berge im Umkreis von 80 Kilometern um die Minencamps von jedem Baum befreit. Beobachter beschrieben in den 1870er Jahren »die schreckliche Waldzerstörung, die … jeder neuen Entdeckung von Edelmetallen folgt.«[3]

So wie die Minen das Hochland verwüstet haben, haben die Kühe die Täler verwüstet. Der Boden hier war früher dicht mit einheimischen Gräsern, Wildblumen und Kräutern gesprenkelt. Obwohl das Gestrüpp, durch das Sie gehen, wunderschön ist, ist der Boden zwischen den Sträuchern staubig; das Vieh hat die natürlichen Bodenschichten zerstört, die für das Leben an diesem trockenen Ort so wichtig sind.

Sie überqueren einen Bach, der von Kühen zerfurcht wurde. Der Boden um ihn herum ist besonders zertrampelt und erodiert. Vor hundert Jahren führte er vielleicht noch monatelang Wasser, aber jetzt nicht mehr. Jetzt ist er nur noch nass, wenn Frühlingsgewitter eine Flut von schlammigem Wasser über den Schwemmfächer vom Berg herunterspülen.

Dass die Piñon-Kiefern- und Wacholderwälder zurückgekehrt sind, spricht für die Widerstandsfähigkeit dieser Wälder – und für die harte Arbeit der Piñon-Häher und Packratten, die den Wald pflegen.

Jetzt sind die Wälder neuen Bedrohungen ausgesetzt: Kahlschlag, Herbizidspritzungen, »Mastung« und »Chaining«[4]* – alles in typischer orwellscher Manier als »Wiederherstellung« bezeichnet. Und die jüngsten Bedrohungen: Nachhaltigkeit und erneuerbare Energien.

Sie gehen über eine kleine Anhöhe und sehen die nördliche Weite des Tals. Sie hören auf, die Bergleute und Viehzüchter zu verfluchen und beginnen, die Umweltschützer zu verfluchen. Der Talboden ist mit Windturbinen übersät: 66 von ihnen, jede 130 Meter hoch, jede mit einem Satz von drei Glasfaserflügeln, die einen Halbmesser von 100 Meter durchfegen.[5] Zufahrtsstraßen führen zur Basis jeder Turbine, breiten sich im Tal aus, zerstückeln die zerstörte Landschaft weiter und bringen Samen von invasiven Unkrautgewächsen wie Raufußgras in den frisch aufgewühlten Boden.

Direkt neben und östlich der Turbinen wächst ein Hain aus Wacholderbäumen in der Talsohle. Für die Newe ist dies ein heiliger Ort, sie nennen ihn Swamp Cedars oder Shoshone Cedars. Er ist seit Generationen ein Versammlungsort. Er hat auch eine schreckliche Geschichte: 1863 und 1897 wurden hier zwei große Massaker von Weißen verübt. Bei dem ersten starben über 350 Newe, was es zu einem der schlimmsten Massaker an amerikanischen Indianern machte.

Dieses Tal hat schon zu viele Grausamkeiten erlebt, und die Windturbinen sind nur die jüngste. Und wie bei den meisten Grausamkeiten unterstützt die »gutherzige« Öffentlichkeit dieses Projekt. Trotz aller Beweise weigern sich die Menschen einfach, die von Windturbinen verursachten Schäden wahrzunehmen.

* Beim »Chaining« ziehen Abholzungsarbeiter eine riesige Ankerkette, die bis zu 20.000 Pfund wiegt, zwischen zwei Bulldozern und reißen alle Bäume dazwischen heraus. Das ist eine grausame Prozedur.

Wenn die Solarenergie die Vorstellungskraft der etablierten Umweltbewegung für sich eingenommen hat, so hat die Windenergie ihren Geldbeutel erobert. Seriöse Befürworter »erneuerbarer« Energien setzen in ihren Energiewendeplänen stark auf Windkraft.

Im *Economist* heißt es: »Windkraft wird weithin als die erneuerbare Energiequelle angesehen, die in naher Zukunft die besten Chancen hat, mit fossilen Kraftwerken zu konkurrieren.«[6]

Jeder Mainstream-Umweltschützer lobt die Windenergie. Kumi Naidoo sagt, sie sei ein entscheidender Teil »einer Energierevolution in der Größenordnung [der] industriellen Revolution ... [um] das gesamte Potential an erneuerbaren Energien zu maximieren«.[7] (Und wir alle wissen, wie gut die industrielle Revolution für den Planeten gelaufen ist, oder?) Dem Umweltschützer Lester Brown zufolge »muss unsere Zivilisation erneuerbare Energien in einem Ausmaß und mit einem Tempo nutzen, wie wir es noch nie zuvor gesehen haben«; er fordert den Bau von »etwa 300.000 Windturbinen pro Jahr in den nächsten zehn Jahren«.[8]

Mark Z. Jacobson, Professor für Bau- und Umwelttechnik an der Stanford University, ist zu einem der profiliertesten Befürworter »erneuerbarer« Energien geworden, vor allem, weil er detaillierte Pläne erstellt hat, die angeblich zeigen, wie der weltweite Energieverbrauch bis 2030 auf 100 Prozent »erneuerbare« Energien umgestellt werden kann. Und ja, er meint Energie, nicht nur Elektrizität, was bedeutet, dass er auch Transport, Heizung und so weiter einbezieht. In seiner Vision wird die Windenergie die Hälfte des weltweiten industriellen Energiebedarfs abdecken, weit mehr als jede andere Energiequelle.

Um dies zu ermöglichen, fordert Jacobson den Bau von 3,8 Millionen 5-MW-Windturbinen bis 2030.[9]

Ja, Sie haben die Zahlen richtig gelesen. Wenn Spring Valley von 66 dieser Maschinen verwüstet wurde, wie viele Täler würde er mit seinem Plan zerstören? Nun, es wären 58.575.

In einem Artikel mit dem Titel »Windmills Are Things of Beauty« (Windräder sind etwas Schönes) räumt der Umweltschützer David Suzuki ein, dass es Basisaktivisten gibt, die gegen Windenergieanlagen sind. Er nennt ihre Bemühungen »heuchlerisch und kontraproduktiv«. Er ist der Meinung, dass »Windräder schön sind«, und erklärt, dass er, wenn er eines Tages von der Veranda seines Ferienhauses – das über 1 Million Dollar wert ist und eines von mindestens vier Häusern ist, die er besitzt – mit Blick auf die Wildnis »eine Reihe von Windrädern in der Ferne drehen sähe, würde ich sie nicht verfluchen. Ich würde sie loben. Es würde bedeuten, dass wir endlich vorankommen.«[10]

Für Suzuki ist es ziemlich einfach, Windturbinen zu loben und nicht zu verfluchen, denn es ist ja nur die Aussicht von seinem Ferienhaus, die zerstört wird. Für die nichtmenschlichen Lebewesen ist es etwas schwieriger, da es sich um ihr tatsächliches Zuhause handelt – also um den Ort, an dem sie leben –, das im Dienst der industriellen Wirtschaft zerstört wird.

Die meisten Menschen – selbst die meisten Befürworter der Windenergie – wissen nicht, woraus Windturbinen bestehen, denn die in diesen Maschinen verwendeten Materialien sind normalerweise nicht Teil der Diskussion über erneuerbare Energien. Aber eine Buchführung über diese Materialien ist entscheidend.

Windkraftanlagen bestehen aus vier Hauptteilen: Turm, Flügel, Gondel (der bauchige Teil oben auf dem Turm) und Fundament.

Der Turm hält die sich drehenden Flügel in der Luft. Die Winde sind in der Regel schneller und gleichmäßiger, je weiter sie sich über dem Boden befinden, was ein Grund dafür ist, dass die Turbinen immer größer werden. Ein weiterer Grund ist, dass mit zunehmender Länge der Turbinenblätter die überstrichene Fläche und damit die erzeugte Leistung im Quadrat zur Länge zunimmt. Die größte 2019 in Betrieb befindliche Windturbine, die 10-MW-Turbine Vestas V164, ist 220 Meter hoch – etwa 70 Prozent so hoch wie das Empire State Building – und jedes 80 Meter lange Blatt wiegt 38 Tonnen. Noch größere Windturbinen befinden sich derzeit in der Testphase. Ein 12-MW-Offshore-Prototyp von General Electric ist mehr als 260 Meter hoch, und seine 106 Meter langen Flügel sind »eine der größten jemals gebauten Einzelkomponenten«.[11]

Die Gondel ist die Schaltzentrale der Windturbine. Sie enthält ein Getriebe, das die Energie in eine nutzbare Drehgeschwindigkeit umwandelt, und einen Generator, der diese mechanische Energie in Strom umwandelt. Da sie kopflastig sind und in windigen Gegenden aufgestellt werden, brauchen die Turbinen ein besonders stabiles Fundament. An Land bestehen die Fundamente aus stahlverstärktem Beton. In flachen Offshore-Gebieten werden Windturbinen auf Fundamenten gebaut, die in den Meeresboden eingelassen sind. In tieferen Gewässern werden die Anlagen auf schwimmenden Plattformen errichtet, die mit Stahltrossen am Meeresboden verankert sind.

Die wichtigsten Materialien, die in Windkraftanlagen verwendet werden, sind Stahl und Beton. Der meiste Stahl befindet sich im Turm und in der Gondel sowie im Fundament in Form von bautechnischen Verstärkungen, häufig Bewehrungsstäben. Beton wird im allgemeinen nur für das Fundament verwendet, aber einige Windturbinen verwenden anstelle der traditionellen Stahltürme mit Stahl verstärkte Betontürme.

Die Rotorblätter werden aus Holz und Verbundwerkstoffen wie Glas- und Kohlefasern hergestellt, also aus energieintensiven Kunststoffen, die aus petrochemischen Stoffen gewonnen werden. In einer Analyse heißt es: »Harze [für Windturbinenblätter] beginnen mit Ethylen, das aus leichten Kohlenwasserstoffen gewonnen wird, meist aus Naphtha-Cracking, Flüssiggas oder dem Ethan im Erdgas. Um bis 2030 eine installierte Windkraftleistung von 2,5 TW zu erreichen, bräuchten wir eine Gesamtrotormasse von etwa 23 Millionen Tonnen, was dem Äquivalent von etwa 90 Millionen Tonnen Rohöl entspricht.«[12]

Gondeln enthalten große Mengen an Kupfer und Seltenerdmetallen wie Neodym (das für starke Magnete verwendet wird, um Zuverlässigkeit und Leistung zu erhöhen).

Und natürlich existieren industrielle Windenergieanlagen nicht im luftleeren Raum; sie benötigen Umspannwerke, Übertragungsleitungen, Steuerungseinrichtungen, Fahrzeuge für die Wartungsteams und so weiter.

Wir nennen sie Energiegewinnungsanlagen, weil sie nicht, wie der allgemeine Sprachgebrauch nahelegt, Energie erzeugen. Sie ernten die Energie aus dem Wind, so wie Solaranlagen die Energie aus der Sonne ernten, Staudämme die Energie aus Flüssen und so weiter. Das ist entscheidend, denn wenn man etwas erzeugt, war es vorher nicht da. Wenn man etwas erntet, ist das, was man erntet, bereits vorhanden, und sobald man es geerntet hat, ist es für andere nicht mehr verfügbar. Das gilt für Wind und Sonnenlicht ebenso wie für Bäume, Fische, Wasser und an dieser Stelle die gesamte Erde. Wie wir sehen werden, verändert der Entzug von Energie aus dem Wind das Klima.

Die durchschnittliche 5-MW-Windturbine ist zwischen 90 und 120 Meter hoch, die Rotorblätter sind mehr als 60 Meter lang, so dass die gesamte

Höhe auf 180 Meter oder mehr kommt. Das sind etwa 50 Stockwerke. Bei einer 5-MW-Anlage wiegt allein der Turm rund 400 Tonnen, die Gondel 300 Tonnen und die Rotorblätter 54 Tonnen. Das Fundament ist sogar noch massiver: an Land mehrere Tausend Tonnen. Offshore-Fundamente können zwischen 500 und über 8.000 Tonnen wiegen, je nach Wassertiefe und Art des Sediments oder des Untergrunds.[13] All diese Zahlen steigen mit dem Streben nach mehr Energieerzeugung.

Rechnen wir mal nach. Mark Z. Jacobson fordert 3,8 Millionen 5-MW-Turbinen bis 2030. Das sind 19 Millionen MW. Ziehen wir zunächst die 2017 installierte Leistung von 540.000 MW ab, so kommen wir auf etwas weniger als 18,5 MW: Damit reduziert sich die Zahl der in seinem Plan benötigten neuen 5-MW-Windturbinen auf etwa 3,7 Millionen neue Turbinen.

Um so viele neue Windturbinen zu bauen, wären mehr als 1,4 Milliarden Tonnen Stahl für die Türme notwendig, eine weitere Milliarde Tonnen Stahl und 1,9 Millionen Tonnen Kupfer für die Gondeln, 133 Millionen Tonnen Faserverbundwerkstoffe für die Rotorblätter und rund 2,6 Milliarden Tonnen Beton und Stahl für die Fundamente (bei einem konservativen Durchschnitt von 2.000 Tonnen Material pro Turbine). Zum Vergleich: Für den Bau des Hoover-Damms wurden 211.500 Tonnen Beton und 22.500 Tonnen Stahl verwendet. Der Umfang dieses Projekts entspricht also dem Bau von vielleicht 60.000 Hoover-Dämmen in 12 Jahren, also mehr als 13 Hoover-Dämmen pro Tag.

Genau das, was die Welt braucht, oder?

Für den täglichen Betrieb von Windkraftanlagen werden fossile Brennstoffe zur Schmierung benötigt. ExxonMobil ist einer der größten Anbieter und bietet eine Reihe von Schmiermitteln auf Basis fossiler Brennstoffe an, die ausschließlich für den Einsatz in Windkraftanlagen bestimmt sind.[14] Eine durchschnittliche 5-MW-Turbine enthält viele Hundert Liter Öl und Hydraulikflüssigkeit; der Transformator am Fuß jeder Turbine kann weitere fast 2.000 Liter enthalten. Nehmen wir einen groben Durchschnittswert von 2.600 Litern und multiplizieren ihn mit den 3,8 Millionen Turbinen, die Jacobson und andere grüne Politiker bauen wollen, so erhalten wir 9,8 Milliarden Liter. Diese Schmiermittel halten nicht ewig: Wie das Öl in einem Auto verbrauchen sie sich und müssen ersetzt werden – im Durchschnitt alle neun bis 16 Monate. Außerdem lecken sie manchmal oder laufen aus. Eine weltweite Flotte von 3,8 Millionen Windturbinen – oder überhaupt eine beliebige Anzahl – benötigt einen ständigen Nachschub an Schmierstoffen, um sie am Laufen zu halten. Davon würde einiges auslaufen und eine ölige Flut dieser Chemikalien verschütten.[15]

Die wichtigste Zutat für Windturbinen ist Stahl. Nach Angaben der World Steel Association, der Handelsgruppe, die die meisten großen Stahlunternehmen der Welt vertritt, »hängt jedes Teil einer Windturbine von Eisen und Stahl ab«.[16] Und Stahl ist nicht nur für die Turbinen selbst wichtig. Stahl wird auch für andere Phasen der Windenergieerzeugung benötigt, von den Bergbaumaschinen, die das Erz abbauen, aus dem der Stahl für die Windturbinen gewonnen wird, über die massiven Schiffe, die die Turbinenkomponenten um die Welt transportieren, bis hin zu den Kränen, die die Turbinen hochheben und installieren.

Und Stahl ist nicht nur für die Windenergie entscheidend. Er ist einer der wichtigsten globalen Rohstoffe und für viele Bereiche der industriellen Zivilisation unverzichtbar. Gebäude, Schiffe, Autos und Lastwagen, Geräte, Infrastruktur, Maschinen und Waffen, sie alle benötigen reichlich billigen Stahl.

Stahl besteht aus Eisen, das mit einem kleineren Anteil mindestens eines anderen Elements legiert ist, meistens Kohlenstoff, manchmal aber auch Mangan, Chrom, Nickel oder Wolfram. Im Jahr 2018 wurden etwa 2 Milliarden Tonnen Stahl produziert, wobei mehr als die Hälfte aus China stammt. Weitere wichtige Produzenten sind Japan, Deutschland, Russland, die Vereinigten Staaten und Brasilien.[17]

Der Plan von Jacobson, der von vielen Umweltschützern hochgehalten wird, würde etwa 120 Prozent des 2018 weltweit produzierten Stahls erfordern.

Vermehrter Bergbau: Das kann doch nicht der Plan sein, der die Erde retten wird, oder? Das ist nur eine Fortsetzung desselben Plans, der die Erde bereits vernichtet.

Allein für die Vereinigten Staaten würde Jacobsons Plan »335.000 Onshore-Windturbinen, 154.000 Offshore-Windturbinen, 75 Millionen Photovoltaikanlagen für Privathaushalte, 275.000 Photovoltaikanlagen für Gewerbebetriebe, 46.000 Photovoltaikanlagen für

Versorgungsunternehmen, 3.600 konzentrierte Solarkraftwerke mit Wärmespeicherung vor Ort und eine große Anzahl unterirdischer Wärmespeicher« erfordern.

Sein Plan würde eine 15-fache Erhöhung der Wasserkraftkapazität (also Dämme) erfordern, und diese Dämme müssten täglich etwa das 100-fache des Durchflusses des Mississippi haben.

Und dieser Plan wird von Umweltschützern unterstützt?

Hier noch ein paar weitere verrückte Annahmen in Jacobsons Plan. Er geht von einer Energiespeicherkapazität aus, die mehr als doppelt so groß ist wie die derzeitige Erzeugungskapazität aller US-Kraftwerke zusammen. Er geht von einer unterirdischen thermischen Energiespeicherkapazität aus, die mehr als 125.000 Mal so groß ist wie die der derzeit größten Anlage dieser Art. Er geht davon aus, dass die Vereinigten Staaten über genügend Wasserstoffspeicher verfügen werden, um den Stromverbrauch eines ganzen Monats abzudecken. Nach Jacobson wird für die Isolierung und Aufbereitung dieses Wasserstoffs eine Menge Strom benötigt, die dem Doppelten des gesamten US-Angebots entspricht. Er geht davon aus, dass 6 Prozent der Landmasse der Vereinigten Staaten für Windenergie ausgewiesen werden (vermutlich wird ein Großteil des Rests durch Staudämme unter Wasser gesetzt). Er nimmt an, dass Fabriken auch dann laufen können, wenn Solar- und Windenergie keinen Strom liefern können.[18]

Eisenerz ist das wichtigste Ausgangsmaterial für Stahl und wird auf der ganzen Welt abgebaut. Fünf der 10 größten Eisenerzminen befinden sich in Brasilien. Da der Eisenerzabbau ein großes Geschäft ist, das allein in Brasilien jährlich Hunderte von Milliarden Dollar einbringt, setzt die Regierung alles daran, die Abbaugenehmigungen zu vereinfachen, Umweltvorschriften zu umgehen und den Widerstand der Bevölkerung zu brechen.

Die größte Eisenerzmine der Welt ist die Carajás-Mine im Amazonas-Regenwald in Brasilien. Genauer gesagt befindet sich die Mine in einem Gebiet, das früher einmal Amazonas-Regenwald war. Jetzt befindet sie sich inmitten eines Ödlands, eines Kahlschlags, eines industriellen Abgrunds. Jedes Jahr werden mehr als 6.200 Quadratkilometer Wald um Carajás abgeholzt, meist um Holzkohle für die Eisenerzverhüttung zu gewinnen.[19]* Ja, Sie haben die Zahl richtig gelesen. Und ja, das ist jährlich. Das jüngste 17-Milliarden-Dollar-Minenerweiterungsprojekt hat bereits Kilometer um Kilometer Regenwald zerstört und bedroht einen einzigartigen Teil des Amazonas, eine Savanne um zwei Seen, in der mehr als 40 endemische Pflanzenarten vorkommen, die nirgendwo sonst auf der Erde zu finden sind.

Der giftige Schlamm aus dem Bergbau wird hinter riesigen Erddämmen aufgestaut, von denen zwei in den letzten Jahren gebrochen sind. Ein Dammbruch im Jahr 2015 in der Nähe von Mariana, Brasilien, zerstörte zwei Dörfer, tötete 19 Menschen, verschmutzte die Wasserversorgung von 400.000 Menschen und setzte mehr als 43 Millionen Kubikmeter Giftmüll in 640 Flusskilometer und im Atlantik frei. In einem Bericht der Vereinten Nationen heißt es: »Ganze Fischpopulationen – mindestens 11 Tonnen – wurden sofort getötet, als der Schlamm sie begrub oder ihre Kiemen verstopfte.« Im selben Bericht wird beschrieben, dass »die Wucht der Schlammlawine 1.469 Hektar Uferwald zerstört hat«.[20]

Der Bericht verwendet den Begriff »Ausrottung aller Wasserlebewesen«, um zu beschreiben, was mit mehr als 640 Kilometern Fluss passiert ist. Der Bruch des Mariana- Damms wurde als die schlimmste Umweltkatastrophe in der Geschichte Brasiliens bezeichnet.

Im Januar 2019 ereignete sich im brasilianischen Brumadinho das zweite große Unglück in einer Eisenerzmine von Vale. Diesmal

* Beachten Sie, dass die Quelle des WWF aus dem Jahr 1997 stammt und die Entwaldungsraten seitdem gestiegen sind. Wir haben diese konservative Schätzung verwendet, aber die Schätzungen reichen bis zu über 10.300 Quadratkilometer pro Jahr. Bitte beachten Sie auch, dass Umweltschützer in den 1980er Jahren, als sie sich gegen die Mine aussprachen, befürchteten, dass die Mine etwas mehr als 700 Quadratkilometer pro Jahr abholzen würde. Ist es nicht immer so?

kamen bei der Schlammlawine 270 Menschen ums Leben und 12 Millionen Kubikmeter giftiger Schlamm wurden freigesetzt – und zerstörten alles Leben in einem anderen Fluss, dem Paraopeba. In der Folge versäumten es die Sicherheitsinspektoren von Vale, die Sicherheit von 18 weiteren Dämmen und Deichen von Vale in Brasilien zu garantieren.[21] Ein Forscher drückte es im Nachhinein so aus: »In Brasilien und [im Bundesstaat] Minas steht das Erz über allem und jedem.«[22]

Die Eisenerzminen im Amazonasbecken haben Zehntausende Indigene vertrieben, neu kontaktierte Stämme durch die Verbreitung von Infektionskrankheiten dezimiert und abgelegene Gebiete wurden von Tausenden von Arbeitern überschwemmt. In einem Bericht der Internationalen Föderation für Menschenrechte aus dem Jahr 2011 wird die »unaufhörliche Luftverschmutzung« auf die Eisenerzminen zurückgeführt. Zwangsarbeit und Kindersklaverei sind von der brasilianischen Regierung dokumentiert worden. Die Minen werden zum Ausgangspunkt von Straßennetzen, die in den Dschungel führen, was zu Wilderei und illegalem Holzeinschlag in geschützten Gebieten führt.

Die Menschen in der Region haben mit Krebserkrankungen, Geburts und Lungenkrankheiten zu kämpfen, die durch die Verschmutzung durch Verarbeitungsanlagen, Fabriken und den ständigen Verkehr von Industriefahrzeugen und Zügen verursacht werden. In einigen Städten fährt alle 20 Minuten ein voll beladener Zug vorbei, Tag und Nacht. »Die Stadt Piquiá de Baixo ist ein Ort, an dem praktisch die gesamte Bevölkerung gesundheitliche Probleme und Lungenkrankheiten bekommen kann«, sagt die örtliche Lehrerin Joselma Alves de Oliveira.[23]

Der Widerstand ist weit verbreitet: Indigene, Studenten und Waldschützer blockieren die Eisenbahnstrecken und protestieren öffentlich, allerdings mit wenig Erfolg.[24] Lokale Wirtschaftseliten und Politiker, von denen viele seit den Tagen der brasilianischen Militärdiktatur einflussreich sind, schützen die Bergbaubetriebe mit Hilfe von Polizei und paramilitärischen Kräften.

»In dreißig Jahren hat die Ausbeutung der Eisenerzvorkommen zur Abholzung von Gebieten, zu Sklavenarbeit und Migration geführt und die Identifikation der Gemeinden mit ihrem Territorium zerstört«, sagt der Gemeindevorsteher Padre Dario Bossi, der seit Jahrzehnten gegen die Eisenerzminen kämpft. »Sie hat auch zu Landkonflikten, Umweltverschmutzung, städtischer Desorganisation und Gewalt geführt, da viele Menschen auf der Suche nach Arbeit abgewandert sind, vor allem Indigene und Menschen afrikanischer Herkunft.«[25]

Wie alle industriellen Projekte sind auch die Eisenerzminen im Amazonasgebiet nicht nur ein Ort mit Straßen, sondern auch der sexuellen Ausbeutung. Menschenhandel, sexuelle Übergriffe, Prostitution und andere Grausamkeiten gegen Frauen und Kinder begleiten jede Mine. Wie Sheila Jeffreys in ihrem Buch *The Industrial Vagina: The Political Economy of the Global Sex Trade* (Die industrielle Vagina: Die politische Ökonomie des globalen Sexhandels) schreibt: »[Die Bergbauindustrie] erschließt neue Gebiete für neue Formen der kolonialen Ausbeutung [und] sie richtet eine Prostitutionsindustrie ein, um die Arbeiter zu bedienen. Diese Industrien haben tiefgreifende Auswirkungen auf die örtlichen Kulturen und die Beziehungen zwischen Männern und Frauen.«[26]

Wo auch immer Abbau von Eisenerz und Stahlproduktion stattfinden und welche Vorschriften auch immer gelten, sie sind eine ökologische und soziale Katastrophe. Cliffs Natural Resources zum Beispiel ist ein Bergbauunternehmen mit Sitz in den Vereinigten Staaten. Zwei ihrer Betriebe, die Tilden- und die Empire-Minen (beide in Marquette County, Michigan), fördern 20 Prozent des Eisenerzes in den USA (Cliffs betreibt auch Kohleminen, und wenn Sie denken, dass dies nicht zusammenpasst, sollten Sie wissen, dass Kohle für die Stahlproduktion benötigt wird).

Und was haben die Eisenerzminen hinterlassen? Giftige Absetzbecken, Selen- und Quecksilberverseuchung, Warnungen vor dem

Verzehr von Fischen aus der Region, massive Luftverschmutzung, sauren Regen, der besonders schädlich für Wildreis ist (ein Grundnahrungsmittel der indigenen Bevölkerung), und mehr als 260 Quadratkilometer verwüstetes Land. Der Kraftstoffverbrauch dieser Minen ist atemberaubend: Die riesigen Dieselkipper, die in dieser Branche eingesetzt werden, haben Tanks mit einer Kapazität von 4.500 Litern, die zweimal am Tag aufgefüllt werden. Ein paar Dutzend dieser Lastwagen dürften rund um die Uhr in Betrieb sein.[27]

Die Vorschriften haben nicht viel verändert. Die Mine in Keewatin, in der Nähe der Minen Tilden und Empire, wurde 2009 eröffnet und in den ersten drei Jahren wegen Beeinträchtigung der Luft- und Wasserqualität beanstandet. Eine Eisenbahnlinie, die eine andere nahegelegene Eisenerzmine in Minnesota bedient, wurde mehrfach wegen Verstößen gegen die Vorschriften für gefährliche Abfälle und die Luftqualität verwarnt. Der Wisconsin Resources Protection Council bezeichnet Eisenerzminen als »chronische Umweltverschmutzer« und stellt fest, dass »alle modernen Takonitminen [eine Art von Eisenerz] in den USA Verstöße und Geldstrafen von insgesamt mehr als 2,1 Millionen Dollar aufweisen; mit [Geldstrafen für] Sanierungsmaßnahmen beläuft sich die Summe auf über 10,5 Millionen Dollar«.[28]

Derartige Geldstrafen sind für Unternehmen mit Milliardenumsätzen unbedeutend. Die Vorschriften haben sich bei der Sanierung der Eisenerzminen in den Vereinigten Staaten nicht bewährt. Aber das sollte nicht überraschen. Nach 20 Jahren bei der EPA (der amerikanischen Umweltbehörde) beschrieb William Sanjour das Umweltregulierungssystem als »dumm, korrupt, ineffektiv [und] ineffizient«.[29] Thomas Linzey, Mitbegründer des Community Legal Environmental Defense Fund, erklärt gut, warum das gesamte System der Umweltregulierung töricht ist: Es lässt zu, dass die Schäden weitergehen. »Die Bewegung zur Abschaffung der Sklaverei hat nie versucht, den Sklavenhandel zu regulieren«, sagt er, »sie wollten ihn abschaffen.« Er erklärt, dass die Vorstellung, industrielle Schäden zu regulieren, von der Industrie und nicht von besorgten Menschen stammt, die in den meisten Fällen schädliche Aktivitäten lieber ganz verbieten würden.

Der meiste Stahl wird durch Legierung von Eisenerz mit Koks als Kohlenstoffquelle hergestellt. Koks, auch als Kokskohle oder metallurgische Kohle bekannt, wird aus schwefelarmer bituminöser Kohle durch ein Verfahren namens »destruktive Destillation« gewonnen, bei dem die Ausgangskohle unter Luftabschluss erhitzt wird, wodurch große, flüchtige Moleküle, die die Stahlproduktion beeinträchtigen könnten, abgebaut werden. Manchmal werden der Reaktionskammer andere Gase oder Lösungsmittel zugesetzt, um den Prozess zu unterstützen. Zu den Nebenprodukten gehören Kohlegas (das als industrieller Brennstoff verwendet wird), Ammoniaklauge (die in Düngemitteln verwendet wird) und Kohlenteer (der zur Herstellung von Farbstoffen, Insektiziden, Kunstgarnen und anderen Produkten verwendet wird).

Die Menge der in der Stahlproduktion verwendeten Kohle ist nicht gering – sie beträgt etwa 12 Prozent der weltweiten Anthrazitkohle, der Kohle höchster Qualität.[30]

Die Produktion von Stahl und Hüttenkoks ist nach fossilen Brennstoffen und der Stromerzeugung die drittgrößte Quelle von Treibhausgasemissionen, mit einem großen Abstand zur vierten.

Kann man Stahl ohne Kohle herstellen? Es hat Versuche gegeben, um herauszufinden, ob das möglich ist. Die University New South Wales in Australien hat ein Verfahren entwickelt, bei dem Autoreifen anstelle von Kohle verwendet werden (Autoreifen werden natürlich hauptsächlich aus synthetischem Gummi hergestellt, das aus fossilen Brennstoffen gewonnen wird). Bei einem anderen Verfahren, dem sogenannten Hisarna-Verfahren, wird Kohle direkt verwendet und kein Koks gebraucht, wodurch der Kohlebedarf um 20 Prozent gesenkt wird. Die einzige Hoffnung, Stahl ohne Kohle herzustellen, liegt derzeit in einem Verfahren, das als Schmelzflusselektrolyse bezeichnet wird. Ursprünglich als theoretisches Verfahren zur Erzeugung von Sauerstoff auf dem

Mond entwickelt, findet die Oxidschmelzelektrolyse in einem Bottich mit geschmolzenem Eisenoxid statt, der auf über 1600°C erhitzt und mit einer speziellen Legierung aus Chrom und Eisen versiegelt wird.[31]

Das alles ist nicht nachhaltig. Auch die anderen Probleme der Stahlproduktion wie die direkte Zerstörung von Land durch den Abbau, der Einsatz von schwerem Gerät, die Auswirkungen auf Wälder und indigene Gemeinschaften, die sexuelle Ausbeutung und vieles mehr werden bei diesem Verfahren nicht berücksichtigt.

Brauchen Sie noch einen weiteren Grund, um gegen den Bergbau zu sein? Sehen Sie sich nur diese Schlagzeile an: »U.S.-Minen verschmutzen jährlich bis zu 27 Milliarden Liter Wasser.«[32]

Windkraftanlagen benötigen auch Kupfer. Sehr viel davon. Kupfer macht etwa 35 Prozent der Masse des Generators einer Windturbine aus und wird auch in der Verkabelung, in Stromleitungen, Trafospulen und Blitzschutzsystemen verwendet. Die Copper Development Association, der wichtigste Handelsverband in den USA, bezeichnet Kupfer als »einen unverzichtbaren Bestandteil der Windenergie«.[33] Jede 5-MW-Windturbine enthält mehr als 450 Kilogramm Kupfer, was bedeutet, dass für Mark Z. Jacobsons Plan mindestens 1,7 Milliarden Kilogramm Kupfer oder fast 2 Millionen Tonnen benötigt würden. Dabei ist das Kupfer in Überlandleitungen, Kabeln, Umspannwerken, im elektrischen Nahverkehr, in der Elektronik, in Fahrzeugen und so weiter noch gar nicht mitgerechnet. Eine vorsichtige Schätzung zeigt, dass etwa ein Drittel der weltweiten Kupferproduktion eines Jahres für die von Jacobson und den anderen Grünen geforderte Energiewende benötigt würde.[34]

Kupfer wird, wie die meisten Mineralien, in riesigen Tagebauen abgebaut. Eine der größten der Welt ist die Kennecott Bingham Canyon Mine in der Oquirrh Mountain Range in der Nähe von

Salt Lake City. Sie können die Mine vom Weltraum aus sehen. Es handelt sich um eine vier Kilometer breite Grube, die mehr als 800 Meter in die Grundfesten der Berge gegraben wurde. Sie sieht aus wie das, was sie ist: eine Bergbau-Mine, bei der der obere Teil des Berges abgetragen wird.

Und so funktioniert es: Das Gestein wird durch Sprengungen zerkleinert, auf Doppelstock-Muldenkipper verladen und auf ein acht Kilometer langes Förderband gekippt, das zu einer Anlage führt, wo das Gestein in rotierenden Brechertrommeln aus gehärtetem Stahl zu Staub zermahlen wird. Dieser Staub wird einer Aufschlämmung aus Wasser und Chemikalien wie Methylisobutylcarbinol, Kalium- oder Natriumethylxanthat (das viele Arbeiter krank gemacht hat und »besonders giftig für Wasserorganismen« ist) oder verschiedenen Dithiophosphaten und Dithiocarbamaten zugefügt. Bei diesem als »Flotation« bezeichneten Verfahren werden die wertvollen Mineralien abgeschieden.

Anschließend wird der nasse Sedimentschlamm durch eine 27 Kilometer lange Pipeline zu einer Schmelzanlage in der Stadt Magna, Utah, transportiert, wo er getrocknet und in einen erhitzten Ofen eingeleitet wird. Durch die Hitze werden Eisen und Schwefel oxidiert, die dann entfernt werden können. Der Schwefel wird zu Schwefeldioxidgas, das aufgefangen und zur Herstellung von Schwefelsäure verwendet wird, einem wertvollen industriellen Material, das die Rohstoffgewinnung und die Umweltverschmutzung auf der ganzen Welt erleichtert. Das zurückbleibende Kupfersulfidmaterial ist zu etwa 70 Prozent reines Kupfer, das erneut verarbeitet werden muss, um den gewünschten Reinheitsgrad von 99,99 Prozent zu erreichen.[35]

Zu den von der Kennecott-Mine verursachten Schäden gehören saurer Regen aufgrund von Schmelzemissionen, asbestbedingte Krankheiten bei den Arbeitern, Arsen- und Quecksilberemissionen sowie der Austritt von mehr als 200 Millionen Litern hochgradig kontaminierten Prozesswassers (das in den nahe gelegenen Fluss Jordan gesickert ist und das Grundwasser in einer 116-Kilometer-

Zone vergiftet hat). Kennecott hat ein Absetzbecken mit mehr als einer Milliarde Tonnen giftigen Materials gefüllt und mit korrupten staatlichen Aufsichtsbehörden zusammengearbeitet, um das Risiko eines Dammbruchs zu vertuschen, der die Menschen in Magna, direkt unter dem Teich, töten würde.[36] Das Bergbauunternehmen plant, dieses Absetzbecken zu erweitern und damit weitere 700 Hektar Feuchtgebiete zu zerstören (das Absetzbecken grenzt direkt an den Großen Salzsee, einen der wichtigsten Lebensräume für Zugvögel in der westlichen Hemisphäre). Das Bergwerk setzt außerdem saures Grubenwasser frei, verursacht eine starke Staubbelastung, die zu Gesundheitsproblemen bei den Anwohnern führt, und setzt Giftstoffe wie Kupfersulfat und Selen frei, die zu einem bestimmten Zeitpunkt mehr als 30 Prozent der Fische im Jordan getötet haben.

Zwischen 2000 und 2011 gab es 18 dokumentierte Unfälle und Lecks im Zusammenhang mit der Mine, bei denen insgesamt mehr als 30 Millionen Liter kontaminiertes Wasser aus Absetzbecken und mehr als 260.000 Tonnen Konzentrat und Metalle freigesetzt wurden. Im Jahr 2008 verklagte der Fish and Wildlife Service Kennecott wegen der Freisetzung von Selen, Kupfer, Arsen, Zink, Blei und Cadmium. In vielen Staaten ist die größte einzelne Verschmutzungsquelle eine petrochemische Anlage oder eine Ölraffinerie. Nicht so in Utah. Die Bingham-Canyon-Mine verursacht 10-mal so viel Verschmutzung wie die nur wenige Kilometer entfernte Chevron-Ölraffinerie. Dies sind nur einige der dokumentierten Schäden, die durch die Mine verursacht werden.[37]

Die Kennecott-Mine produziert rund 300.000 Tonnen Kupfer pro Jahr. Sie müsste mehr als sechs Jahre lang ununterbrochen betrieben werden, um das für die Windturbinen von Jacobson benötigte Kupfer zu liefern. Das wäre zusätzlich zu dem anderen Kupfer, das für die »grüne Wirtschaft« benötigt wird.

Lassen wir diesen industriellen Alptraum hinter uns und wenden wir uns dem Land zu. Die Oquirrh Mountains erheben sich bis auf fast 3.000 Meter über dem Südende des Großen Salzsees. Hier trifft das Große Becken auf das Colorado-Plateau. Der Schnittpunkt dieser beiden großen Ökosysteme führt zu einer erstaunlichen Vielfalt an Lebensräumen, von exponierter alpiner Tundra bis zu Salbei- und Kaninchenstrauchsteppe. Quellen nähren Espen- und Ahornwälder an kühlen Nordhängen. An den westlichen und südlichen Hängen wachsen Wacholder und Piñon-Kiefern. Widerstandsfähige, salztolerante Feuchtgebietspflanzen überleben sowohl nasse als auch trockene Jahre und gedeihen in der Nähe des Seeufers. Pumas, Maultierhirsche, Schmetterlinge, Weißkopfseeadler, Elche, Wasservögel, Wühlmäuse, Spitzmäuse, Schwarzbären, Mäuse, Amerikanische Blässhühner, Amseln, Graureiher, Gelbspötter, Kolibris, Falken, Zwergtaucher, Einsiedlerdrosseln, Nerze, Fischadler, Kragenhühner, Prärieammern, Haarspechte, Eisvögel, Bonneville Cutthroat Forellen, Redside Shiners, Speckled Daces, Utah-Döbel, drei Arten von Saugfischen (einschließlich des gefährdeten Juni-Saugers) und viele mehr sind hier zu Hause. Im Frühjahr und Herbst besuchen Zugvögel das Gebiet in (derzeit) noch großer Zahl.

Wölfe und Grizzlybären lebten früher in den Oquirrh-Bergen, bevor sie vorsätzlich ausgerottet wurden. Im Winter 1848 unternahmen Mormonenkolonisten eine »Schädlingsjagd« und töteten in einem Monat bis zu 15.000 Beutegreifer, darunter Bären, Vielfraße, Wildkatzen, Wölfe, Füchse, Nerze, Adler, Raben, Eulen und andere Vögel.[38] Der letzte Grizzlybär in Utah wurde 1923 getötet, und die Wölfe wurden in den frühen 1930er Jahren ausgerottet.

Die Berge, die auf dem Gelände der Kennecott-Mine abgetragen wurden, haben über unzählige Generationen dieser Lebewesen gewacht. Jetzt werden die Berge selbst zu Staub gesprengt und anschließend vergiftet. Die Lebewesen, die überlebt haben, sind nun Flüchtlinge in ihrem eigenen Land. Keines von ihnen kann beispielsweise den Absetzteich besuchen, wo Lärmschutzvorrichtungen und Netze vorgeschrieben sind, um zu verhindern, dass Vögel auf der verseuchten Oberfläche landen.

An den Hängen und in den vergifteten Teichen rund um die Schmelzanlage überleben nur die widerstandsfähigsten Kreaturen. Mit jedem Biss nehmen sie Karzinogene und Mutagene auf, die sie an ihre Nachkommen weitergeben.

Das ist die Kupferproduktion, ein Alptraum. Und sie wird für die Windenergie benötigt.

Auf der Website der Kennecott-Hütte heißt es: »Umweltverantwortung steht im Mittelpunkt des Engagements von Rio Tinto Kennecott für eine nachhaltige Entwicklung ... Wann immer es möglich ist, verhindern wir potentiell schädliche Auswirkungen unseres Betriebs auf die Umwelt oder minimieren, mildern oder sanieren sie auf andere Weise.«[39] Aber ihr ganzer Betrieb ist der Schaden. Es gibt keine sanftere Art, Berge in die Luft zu sprengen und die Trümmer mit einem Meer von Giftstoffen zu überziehen. Das ist es, woraus grüne Energie gemacht ist: der Staub zertrümmerter Berge, Säureseen und die Qualen unserer geflügelten und geschuppten Verwandten.

Seltene Erden sind wichtige Bestandteile von Windkraftanlagen. Mehr noch als andere Metalle werden Seltene Erden nur unter schweren und grotesken Umweltbelastungen gewonnen. Dan Harris schreibt in seinem Blog über Rechtsfragen in China, dass »die Seltene Erde Neodym für die Batterien in den Motoren der meisten heutigen Elektrofahrzeuge und in den Generatoren der meisten Windkraftanlagen benötigt wird. ... Die Bergbauregionen für Seltene Erden in der Inneren Mongolei gehören daher zu den am stärksten verschmutzten Regionen der Welt. Die daraus resultierende Armut und die Gesundheitsprobleme der Arbeiter sind allgemein bekannt.«[40]

Prognosen zeigen, dass Windturbinen wahrscheinlich eine wichtige Rolle bei der zunehmenden Verwendung von Seltenerdmineralien weltweit spielen werden – und sogar die Vorräte vollständig erschöpfen könnten. In einer Studie heißt es: »Die Nachfrage nach diesen Metallen scheint … erheblich zu steigen. Dies ist vor allem relevant, weil Seltene Erden [für Windturbinen] als kritisch angesehen werden.«[41]*

Für einen Artikel von *National Geographic* aus dem Jahr 2011 mit dem Titel »Can China Go Green?« besuchte Bill McKibben Baotou. In seinem mehr als 3.000 Wörter umfassenden Beitrag erwähnte er nicht ein einziges Mal, dass die verheerende Umweltverschmutzung in der Region – vergiftete Böden und Grundwasser, Krankheiten in jeder Familie, Wasser, in dem weder Fische noch Algen überleben können, das völlige Fehlen von Wildtieren – zum Teil für die Herstellung von Windturbinen, Solarzellen sowie Hybrid- und Elektroautos verursacht wurde.[42]

Wissen Sie noch, wie wir sagten, dass die Nachfrage nach Metallen der Seltenen Erden diese erschöpfen könnte? Nun, es gibt eine »gute« Nachricht. In einem Artikel mit dem Titel »Renewables' deep-sea mining conundrum« (Das Geheimnis des Tiefseebergbaus bei erneuerbaren Energien) lesen wir, dass »britische Wissenschaftler, die einen Unterwasserberg im Atlantik erforschen, eine Fundgrube für seltene Mineralien entdeckt haben.« Eines der Mineralien, Tellur, »wird in einer Art fortschrittlicher Solarzelle verwendet, so dass die Entdeckung die schwierige Frage aufwirft, ob der Vorstoß in Richtung erneuerbare Energien den Abbau des Meeresbodens forcieren könnte. Das Gestein enthält auch sogenannte Seltene Erden, die in Windturbinen und in der Elektronik verwendet werden.«

In dem Artikel heißt es weiter: »Wenn das gesamte Vorkommen abgebaut und für die Herstellung von Solarzellen verwendet werden könnte, ließen sich damit 65 Prozent des britischen

* Windturbinen können auch ohne Seltenerdmetalle hergestellt werden, sind aber pro erzeugter Energieeinheit wesentlich teurer. Und da das Hauptziel bei der Herstellung von Windturbinen die Erzielung von Gewinn (und Strom) ist und nicht der Schutz des Planeten, enthalten die meisten diese Metalle.

Strombedarfs decken.« Der Wissenschaftler, der die Entdeckung gemacht hat, sagte: »Wenn wir grüne Energie brauchen, dann brauchen wir auch die Rohstoffe, um die Geräte herzustellen, die die Energie produzieren, also müssen die Rohstoffe irgendwoher kommen. Entweder wir graben sie aus dem Boden und machen ein sehr großes Loch oder wir graben sie aus dem Meeresboden und machen ein vergleichsweise kleines Loch. Das ist ein Dilemma für die Gesellschaft – nichts, was wir tun, geht ohne Kosten ab.«

Der Preis für den Meeresbergbau wäre »die Tötung von Meereslebewesen überall dort, wo Bagger eingesetzt werden, und die potentielle Verwüstung eines weit größeren Gebiets. Eine große Sorge ist die Wirkung der Staubwolken, die durch die Ausgrabung des Meeresbodens aufgewirbelt werden, sich über weite Entfernungen ausbreiten und alles Leben ersticken, wo immer sie niedergehen.«[43] Ein Biologe sagte, dass die Erholung vom Bergbau Tausende oder Millionen von Jahren dauern würde.[44]

Aber das ist es doch wert, oder? Zumal die Kosten nicht von uns getragen werden, sondern von Lebewesen auf dem Grund des Ozeans, die unbekannt und unbemerkt in der Stille ersticken, während wir einfach so weitermachen.

Übrigens, das ist kein Dilemma. Es ist nur ein Dilemma, wenn man zwischen Kosten wählen muss, die man zu tragen hat. Wenn Sie sich entscheiden, diese Kosten anderen aufzubürden, dann ist das Wort Ausbeutung das richtige.

Wenn die für die Windenergie erforderlichen Materialien Sie nicht aufwühlen, dann vielleicht die Auswirkungen der Installation. Es mag den Anschein haben, dass jede 5-MW-Windturbine einen relativ kleinen direkten Fußabdruck hat, weil hierfür vielleicht zwei Hektar Land benötigt werden. Aber um die Turbinen effizient zu machen, muss das umliegende Land auch von Bäumen befreit werden, die den Wind »stören« könnten. Um das Nachwachsen von Bäumen zu verhindern, werden Herbizidbehandlungen durchgeführt, solange die Anlage in Betrieb ist.[45]

Industrielle Windenergieanlagen benötigen auch breite, gerade Zufahrtsstraßen. Die 84-MW-Windenergieanlage Mount Lucas in Irland beispielsweise benötigte 19 Kilometer neuer Zufahrtsstraßen für ihre 28 Turbinen.

Die Gebiete in der Nähe großer Windenergieanlagen sind in der Regel für den Menschen gesperrt. Dies gilt insbesondere für Gebiete in der Nähe der Rotorblätter selbst. Manchmal fliegen die Flügel weg und werden Hunderte von Metern weit geschleudert. Und wie ein Besuch in einer industriellen Windenergieanlage zeigt, kann das Land in der Nähe von Turbinen nur in einem sehr unbedeutenden und degradierten Sinn als Lebensraum für Wildtiere angesehen werden. Wenn dort nicht gerade Monokulturen angebaut werden oder Vieh weidet, ist es ein Labyrinth aus verdichteten Zufahrtsstraßen, bröckelnden Böden und Abfallhaufen. Und es ist laut. Eine Meile von den Turbinen entfernt wurden Dezibelwerte von 33 bis 43 gemessen. Das ist laut genug, um nicht nur die Kommunikation der Tiere zu stören, sondern auch ihre »Gesundheit und ihr Wohlergehen« zu beeinträchtigen.[46] Der Frühling wird bis auf das ohrenbetäubende Dröhnen der Maschinen stumm sein, und Umweltschützer spielen dabei eine führende Rolle.

Nach dem Plan von Mark Z. Jacobson würden etwa 2,5 Prozent der Landmasse Kaliforniens für industrielle Windenergieanlagen genutzt werden. Das sind mehr als 10.000 Quadratkilometer, ein Gebiet für die neue Industrialisierung, das viermal so groß ist wie der Yosemite-Nationalpark.

Das gilt nur für Kalifornien. Andere Wildnisgebiete würden in ähnlicher Weise verwüstet werden.

Wenn wir die Schäden durch Minen und die Schäden durch die Rodung von Land für Windenergieanlagen ignorieren, wäre die

Energie dann grün? Werden sich die Windturbinen nicht einfach fröhlich weiter drehen und saubere Energie ernten, ohne dass es irgendwelche Probleme gibt?

Nun, nein. Ein Problem ist, dass Windkraftanlagen Vögel und Fledermäuse töten. Eine Menge Vögel und Fledermäuse. Sie werden auf mindestens zwei Arten getötet. Zum einen durch direkte Kollisionen. Obwohl sich Windkraftanlagen aus der Ferne betrachtet langsam zu drehen scheinen, können sich die Spitzen der Rotorblätter mit bis zu 200 Stundenkilometern bewegen. Vögel und Fledermäuse sind an so schnelle Bewegungen nicht gewöhnt, und so werden die Tiere in der Luft erfasst. Viele werden auf der Stelle getötet, aber andere werden verstümmelt, ihre Schnäbel, Flügel oder Beine werden zerschmettert oder abgeschnitten

Aber das ist noch nicht alles. Da die Flügel von Windkraftanlagen beim Drehen so viel Luft verdrängen, entsteht in der Luft hinter ihnen ein so starker Druckabfall, dass das Trommelfell und das Herz-Kreislauf-System von Fledermäusen, die in der Nähe vorbeifliegen, zerquetscht werden. Mit anderen Worten: Ihre Trommelfelle, Lungen und Herzen explodieren. Technisch gesehen handelt es sich dabei um ein Barotrauma (Druckverletzung), aber eigentlich sollte man es eher als Greueltat bezeichnen. Wenn Sie ein schlagendes Herz in Ihrer Brust haben, sollten Sie den Schmerz der Fledermäuse spüren.

In einem Bericht aus dem Jahr 2015 schätzt die American Bird Conservancy, dass mehr als 80.000 Windkraftanlagen in »kritischen Lebensraumkorridoren« für geschützte Vogelarten errichtet wurden (oder bereits geplant sind). Aus wirtschaftlicher Sicht sind dies oft die besten Standorte für die Errichtung von Windkraftanlagen. Und wir wissen, dass bei einem Konflikt zwischen der lebendigen Welt und der Wirtschaft immer die Wirtschaft Vorrang hat.

In einem anderen Bericht schätzt die Conservancy, dass im Jahr 2012 bis zu 573.000 Vögel durch Turbinen getötet wurden, und geht von 1,4 Millionen toten Vögeln pro Jahr aus, wenn die USA die Windenergieanlagen so weit ausbauen, um 20 Prozent des Strombedarfs erzeugen zu können.[47]

Kehren wir nun zu Jacobsons Plan zurück und untersuchen eine Reihe von Schätzungen der Auswirkungen auf Vögel. Beginnen wir mit einer Studie aus dem Jahr 2012, die im *Journal of Integrative Environmental Sciences* veröffentlicht wurde und die besagt, dass Windturbinen etwa 0,27 Vögel pro GWh erzeugter Energie töten (und das ist keine Rosinenpickerei; diese Studie wird von Befürwortern der Windenergie häufig zitiert).[48] Wie wir bereits festgestellt haben, fordert Jacobson den Bau von 19 Millionen MW (19.000 GW oder 19 Terawatt) Windturbinen. Die durchschnittliche Windkraftanlage hat einen Kapazitätsfaktor von etwa 31 Prozent (sie ernten nie die Menge Strom, für die sie ausgelegt sind, da der Wind nicht immer weht), was bedeutet, dass diese Windturbinen im Durchschnitt 19.000 GW mal 0,31 gleich 5.900 GW erzeugen würden. Wenn sie diese Energie für eine Stunde ernten, haben sie 5.900 GW-Stunden geerntet (zur Erinnerung: Das ist die Umrechnung von Leistung-GW in Energie-GW-Stunden). Da Windturbinen 0,27 Vögel pro GW-Stunde töten, würden diese Turbinen 5.900 mal 0,27 gleich fast 1.600 Vögel pro Stunde töten, etwas mehr als 25 Vögel pro Minute oder fast einen alle zwei Sekunden. Sechzehnhundert Vögel pro Stunde mal 24 Stunden pro Tag ergibt mehr als 38.000 pro Tag oder 267.000 pro Woche. Das entspricht etwa 14 Millionen toten Vögeln pro Jahr.[49]

Die Zahlen könnten aber auch viel höher sein. Da Aasfresser wie Kojoten tote Tiere oft kurz nach ihrer Tötung davontragen, wird in Studien die Zahl der an Windkraftanlagen getöteten Vögel und Fledermäuse oft unterschätzt. In den Schätzungen der Vogelverluste sind auch die Todesfälle durch Kollisionen mit Stromleitungen und Türmen von Windkraftanlagen nicht berücksichtigt, die sich auf Millionen von Vögeln belaufen könnten.[50] Auch die Zerstörung von Lebensräumen durch Windenergieanlagen, Straßen und Hochspannungsleitungen und die damit verbundenen Auswirkungen auf die Nahrungssuche und die Aufzucht ihrer Jungen bei Vögeln (und anderen Arten) werden nicht berücksichtigt.

Auch der Tod von Vögeln durch den Abbau von Materialien, die für Windenergieanlagen benötigt werden, ist hier nicht berücksichtigt.

Aber all diese Vögel sind genauso tot.

Nach Angaben von Save the Eagles International werden in Studien, die den direkten Tod von Vögeln und Fledermäusen dokumentieren (also von Vögeln, die von Windturbinen erschlagen werden, und nicht von Vögeln, deren Lebensraum durch Minen zerstört wird), die Todesfälle um bis zu 90 Prozent unterschätzt, da die meisten Kadaver außerhalb des in den Studien untersuchten Gebiets – in der Regel ein kleiner Radius um jede Turbine – katapultiert werden.[51]

Hier ist eine weitere Schätzung, wie viele Vögel durch Jacobsons Plan getötet würden. Die American Bird Conservancy geht von 1,4 Millionen getöteten Vögeln pro Jahr aus, wenn 20 Prozent des Stroms in den USA durch Windkraft erzeugt werden. Im Jahr 2014 wurden in den USA etwa vier Billionen Kilowattstunden aus allen Quellen erzeugt.[52] 20 Prozent dieser Zahl sind 800 Milliarden Kilowattstunden oder 800 Terawattstunden oder 800.000 GWh. Dividiert man die Zahl der getöteten Vögel (1.400.000) durch die Zahl der GWh (800.000), ergibt sich die Zahl der getöteten Vögel pro GWh ≈ 1,75 getötete Vögel (viel höher als die Schätzung des *Journal of Integrative Environmental Sciences*). Denken Sie daran, dass Jacobsons Plan eine weltweite Windkraftkapazität von 19.000 GW vorsieht (mit einem Kapazitätsfaktor von 31 Prozent), was etwa 58,2 Millionen GWh an jährlich gewonnener Windenergie bedeutet. Diese Menge an geernteter Windenergie – 58,2 Millionen GWh – würde zu 1,75 getöteten Vögeln/GWh führen mal 58,2 Millionen GWh, das entspricht mehr als 100 Millionen Vögeln pro Jahr oder mehr als drei pro Sekunde.

Wenn die Zahlen Sie noch nicht erschrecken, tun es vielleicht die Einzelheiten. Im Jahr 2013 eilten Vogelbeobachter im Vereinigten Königreich auf die Hebriden, um einen seltenen Vogel namens Stachelschwanzsegler zu beobachten, der in diesem Gebiet gesichtet worden war. Stachelschwanzsegler sind schnelle, flinke Insektenfresser, die am Himmel Regentropfen auffangen, um ihren Durst zu stillen. Diese Art war in Großbritannien seit 22 Jahren nicht mehr gesichtet worden. Dann wurde der Vogel vor ihren Augen von den Flügeln einer Windkraftanlage getroffen und getötet.[53] Ein anderes Video aus dem Jahr 2015 zeigt ein Dutzend Rebhühner am Fuß einer Windkraftanlage, einige tot, andere mit gebrochenen Knochen. Es ist schwer mit anzusehen; die Vögel leiden offensichtlich Qualen.[54] Das sind nicht die einzigen Videos, die zeigen, was Windkraftanlagen den Vögeln antun. Wenn Sie einen Nachmittag lang weinen wollen, suchen Sie auf YouTube nach »wind turbine bird«.

In Schottland stellt eine geplante industrielle Windkraftanlage vor der Küste von Fife Ness und Angus eine große Gefahr für die Basstölpelpopulationen dar. Auf den nahegelegenen Inseln befinden sich die größten bekannten Basstölpelkolonien mit schätzungsweise 70.000 Brutpaaren, die jedes Jahr ein einziges Küken aufziehen, das erst nach fünf Jahren die Geschlechtsreife erreicht. Eine Studie aus dem Jahr 2015 ergab, dass 1.800 dieser Vögel jedes Jahr von den geplanten Turbinen getroffen und getötet werden könnten – 12-mal mehr als bisher angenommen.[55]

Eine weitere Art, die durch Windkraftanlagen geschädigt wird, ist das vom Aussterben bedrohte Beifußhuhn, ein großer und ungewöhnlich schöner Vogel, der im Salbeibuschland zwischen den Rocky Mountains und der Kaskadenkette lebt. Schätzungen zufolge sind die Bestände der Beifußhühner seit 1988 um 98 Prozent zurückgegangen, vor allem aufgrund von Überweidung, Kohle- und Uranabbau sowie Öl- und Gasbohrungen. Und schon vor 1988 war die Art stark betroffen.[56] Jetzt stellen Windenergieanlagen, die überall in den Tälern und Hügeln dieser Zwischengebirgsregion (die manchmal auch als »Salbeibuschmeer« bezeichnet wird) errichtet werden, eine wachsende Bedrohung dar.

»Der Nisterfolg und die Überlebensrate der Vögel waren in den Lebensräumen, die näher an den Turbinen liegen, viel geringer«, sagt Chad Laboe, ein Biologe, der in Wyoming die Vögel erforscht. Diese Vögel brauchen offenen Raum. Nach Angaben des Center for Biological Diversity verschlechtert jede Bebauung im Umkreis von zehn Kilometern um ein Brutgebiet die Überlebenschancen ihrer Jungen.[57]

Große Arten mit wenig Nachkommen werden überproportional häufig von Turbinen getötet, da sie in der Regel höher und in windigeren Regionen fliegen. Eine Studie aus dem Jahr 2004 über den Windpark Altamont Pass in Kalifornien (der den Spitznamen »Vogelkochherd« trägt) schätzt, dass allein durch diese Anlage 116 Steinadler, 300 Rotschwanzfalken, 333 amerikanische Turmfalken und 380 Kanincheneulen getötet wurden, dazu 2.526 Felsentauben, 217 Ziegenmelker, 2.557 westliche Wiesenlerchen, 10 Waldohreulen, 49 Schleiereulen, 48 Raben, 24 Habichte und 215 Berglaubsänger (dies ist keine vollständige Liste der in dieser Studie dokumentierten Tötungen: Die vollständige Liste würde eine ganze Seite füllen).[58]

Im Dezember 2013 hat die Bundesregierung die Windindustrie vom Bundesschutz für Weißkopf- und Steinadler ausgenommen. In den nächsten 30 Jahren können Windturbinen legal und straffrei staatlich geschützte Weißkopf- und Steinadler töten.[59]

Vergessen Sie nicht, dass es sich um eine Technologie handelt, die von der modernen Umweltbewegung gefördert wird.

Denken Sie auch daran, dass diese Vogelmorde zusätzlich zu den anhaltenden Bestandseinbrüchen stattfinden. Eine Studie vom März 2018 ergab, dass die Zahl der Vögel in Frankreich in den letzten 15 Jahren um ein Drittel zurückgegangen ist. Die Vogelpopulation hat in Europa in den letzten 30 bis 40 Jahren um mehr als 50 Prozent abgenommen.[60] Diese Zahlen sind nicht nur in Europa zu verzeichnen. Nordamerika hat in den letzten 40 Jahren mehr als eine Milliarde Vögel verloren.[61] Auf der ganzen Welt werden starke Bestandsrückgänge beobachtet.[62]

Der Tod von Fledermäusen durch Windturbinen wurde allein in den Vereinigten Staaten im Jahr 2012 vorsichtig auf 600.000 geschätzt.[63] In diesem Jahr wurden in den USA 140.822 GWh durch Windenergie erzeugt. Wie immer sollten wir nachrechnen: 600.000 getötete Fledermäuse geteilt durch 140.822 GWh ergibt etwas mehr als vier getötete Fledermäuse pro GWh. Da Jacobsons Plan 58,2 Millionen GWh pro Jahr vorsieht, würde dies fast 250 Millionen getötete Fledermäuse pro Jahr bedeuten, etwa 4,75 Millionen pro Woche, fast 680.000 pro Tag, mehr als 28.000 pro Stunde, mehr als 400 pro Minute, mehr als 7 pro Sekunde.

Windkraftanlagen töten mehr Fledermäuse als jede andere menschliche Industrie oder Tätigkeit.[64] Dies hat zu einer gewissen Gegenreaktion geführt, und der amerikanische Windenergieverband hat 2015 Richtlinien veröffentlicht, nach denen die Turbinenblätter in Zeiten niedriger Windgeschwindigkeiten gefedert werden. Sie behaupteten, dies würde die Tötung von Fledermäusen um 30 Prozent oder mehr reduzieren. Der Plan wurde von Biologen als völlig unzureichend kritisiert. Sie sagen, dass die Windenergie selbst mit diesem Plan (dessen Umsetzung für jede Anlage völlig freiwillig ist) einen Absturz der weltweiten Fledermauspopulationen verursachen wird.[65]

Die Industrie hat, wie vorauszusehen war, mit einer anderen Technologie reagiert. Da sie nicht in der Lage ist, das Fledermaussterben zu verhindern, besteht ihre jüngste Reaktion darin, die Fledermäuse einfach loszuwerden, indem sie ein Ultraschallvergrämungssystem einsetzt, das Töne zwischen 20 und 50 Kilohertz erzeugt und so die Fähigkeit der Fledermäuse zur Echolokalisierung, Orientierung und Futtersuche blockiert. Die Fledermäuse »reagieren damit, dass sie sich entschließen, das Gebiet verlassen«.[66]

Können Sie sich vorstellen, dass wir Tag und Nacht durchdringende Sirenen in Ihrem Haus ertönen lassen und Ihre Flucht als »Entschluss, das Gebiet zu verlassen« bezeichnen würden?

Das ist natürlich eine typische hellgrüne Reaktion. Anstatt das zu tun, was für die Fledermäuse am besten ist (mit anderen Worten: bestehende Windturbinen abzubauen und keine neuen mehr zu bauen), geht die Windindustrie dazu über, die Fledermäuse einfach auszugrenzen, als ob sie das Problem wären. Aus den Augen, aus dem Sinn. Die Tatsache, dass diese Fledermäuse möglicherweise verhungern, weniger Erfolg bei der Paarung haben oder ohne den Lebensraum, aus dem sie nun ausgeschlossen wurden, langfristig weniger überleben, wird dabei nicht berücksichtigt.

Das ist nichts anderes als der Abschuss von Seelöwen, die sich unterhalb von Dämmen an den Flüssen Willamette und Columbia versammeln, um so den gefährdeten Lachs zu schützen, oder der Abschuss von Wölfen, um das gefährdete Selkirk Karibu zu schützen. Entfernen Sie den Damm, und die Lachse werden gedeihen. Stoppen Sie die Abholzung und schließen Sie die Straßen, und die Karibus werden sich vermehren. Schalten Sie die Windturbinen ab, und die Fledermäuse werden überleben.

Oder vielleicht auch nicht. Der Biologe Paul Cryan vom U.S. Geological Survey erklärt: »Fledermäuse leben lange und vermehren sich sehr langsam. Ihre Populationen sind auf sehr hohe Überlebensraten bei Erwachsenen angewiesen. Das bedeutet, dass sich ihre Populationen von großen Verlusten nur äußerst langsam erholen.«[67]

Die Windenergieanlage, mit der wir dieses Kapitel begonnen haben, die Spring Valley Wind Energy Harvesting Facility, befindet sich sechs Kilometer vom größten Fledermausquartier im Great Basin entfernt, der Rose-Guano-Höhle, in der während ihrer Herbstwanderung eine Million brasilianische Breitflügelfledermäuse leben.

Eine Studie von Bat Conservation International, die den Tod von Eisgrauen Fledermäusen (*Lasiurus cinereus*) an Windenergieanlagen untersuchte, ergab, dass die Population dieser Art in den nächsten 50 Jahren um schwindelerregende 90 Prozent zurückgehen könnte – selbst wenn keine neuen Turbinen gebaut werden. In der Studie »wurden konservative Zahlen für den Tod von Fledermäusen verwendet: 128.000 Todesfälle von Eisgrauen Fledermäusen pro Jahr in den USA und Kanada, und man ging davon aus, dass in Zukunft keine neuen Windturbinen in Betrieb genommen werden. Die Forscher fanden heraus, dass bei der höchstmöglichen Populationsschätzung von 10 Millionen Eisgrauen Fledermäusen die Art in den nächsten 50 Jahren immer noch um 50 Prozent zurückgehen könnte. Bei konservativeren und wahrscheinlicheren Populationsschätzungen von etwa 2,5 Millionen Individuen, die sich mit einer realistischeren Rate fortpflanzen, könnten sich die Auswirkungen auf einen 90-prozentigen Rückgang innerhalb der nächsten fünf Jahrzehnte verstärken.«[68]*

Die Befürworter der Windenergie reagieren in der Regel auf jede Diskussion über das Töten von Vögeln und Fledermäusen mit dem Hinweis, dass fossile Brennstoffe, Autos, Katzen und das Anfliegen an Fensterscheiben weit mehr Vögel töten als Windkraftanlagen. Art Sasse von der American Wind Energy Association schreibt zum Beispiel: »Diejenigen, denen das Schicksal von Vögeln und Wildtieren wirklich am Herzen liegt, wissen, dass der Klimawandel bei weitem die größte Bedrohung für sie darstellt.«[69] David Suzuki spielt dasselbe Spiel, indem er sagt, dass das Risiko für Vögel »gering« und »vernachlässigbar« sei, verglichen mit dem Risiko, das für Vögel von Wolkenkratzern ausgeht (was natürlich ein Argument

* In dem Artikel wird eine Reihe von technischen Maßnahmen vorgeschlagen, die die Fledermaussterblichkeit verringern könnten. Dazu gehören das Abschalten der Windturbinen zu Zeiten, in denen Fledermäuse am aktivsten sind, der Einsatz von Ultraschallvergrämungsmitteln und so weiter. Aber die industrielle Wirtschaft ist so unantastbar, dass nicht einmal Bat Conservation International, das sich angeblich in erster Linie für Fledermäuse einsetzt, es wagt, vorzuschlagen, keine Windturbinen zu errichten. Die einzigen Menschen, die wir kennen, die sich konsequent gegen diese Industrieanlagen aussprechen, sind lokale Umweltschützer an der Basis.

dafür ist, Wolkenkratzer abzuschaffen, aber Suzuki scheint diesen Teil des Problems nicht zu sehen). Es ist aber noch viel schlimmer. Suzuki setzt das Wort »vernachlässigbar« in Anführungszeichen und zitiert einen Blogbeitrag der Royal Society for the Protection of Birds (RSPB) aus dem Vereinigten Königreich. Wenn die RSPB sagt, dass Windräder Vögeln »vernachlässigbaren« Schaden zufügen, muss das stimmen, meint er. Aber Suzuki vergisst zu erwähnen, dass der Blogbeitrag, auf den er verlinkt, eine Antwort auf die Anschuldigungen ist, dass die RSPB »von der Windindustrie gekauft wurde«. Warum kommen solche Vorwürfe auf? Nun, es könnte damit zu tun haben, dass das RSBP aktiv mit dem großen Windenergieunternehmen Ecotricity »zusammenarbeitet«. RSBP hilft Ecotricity bei der Errichtung neuer industrieller Windenergieanlagen (auch gegen den Widerstand lokaler Umweltschützer), und Ecotricity zahlt RSBP 60 Pfund für jeden neuen Kunden, der angeworben wird. Das kommt allen zugute, außer natürlich den Vögeln und denen, die sie lieben. Kein Wunder, dass die RSBP sagt, dass die Tötung von Vögeln durch Windturbinen »vernachlässigbar« sei.[70]

Es ist mehr als nur ein wenig ironisch, dass Umweltschützer jetzt routinemäßig eine klassische Methode von Industriellen und Entwicklern anwenden, um Beschreibungen von Schäden, die durch die von ihnen vertretenen Industriesektoren verursacht werden, abzutun oder zu verhöhnen. Wie oft haben wir dieses Argument schon gehört? »Es könnte schlimmer sein«, sagt der Entwickler. »Dieses Einkaufszentrum wird Freiflächen erhalten, die sonst zerstört würden.« »Machen Sie sich keine Sorgen über den industriellen Einsatz von Pestiziden«, sagt der Betreiber einer Fabrikfarm. »Der Fluss wird durch andere Quellen viel stärker belastet.« »Wenn Sie uns keinen Kahlschlag erlauben«, sagt der Sprecher der Holzfirma, »werden wir die Flächen in kleine Ranches aufteilen.« Die Staudammbesitzer geben den Holzfirmen die Schuld am Aussterben der Lachsbestände, und die Holzfirmen machen die Dämme dafür verantwortlich. Für diejenigen, denen es in erster Linie um Unternehmensgewinne geht, ist das eine tolle

Sache: Niemand übernimmt Verantwortung, nichts wird unternommen. Wie sieht es hingegen für die Lachse oder, in diesem Fall, die Vögel aus? Nicht so gut.

Dies wird als Zwickmühlen-Argument bezeichnet: Man stellt zwei Optionen vor, die beide schlecht sind – in diesem Fall das Vogel- und Fledermaussterben durch die globale Erwärmung und das durch Windkraftanlagen – und sagt, dass das kleinere Übel die »beste Wahl« sei.

Manche Zwickmühlen sind real. Während des Zweiten Weltkriegs hatten die Menschen, die zusammengetrieben und in Konzentrationslager gesteckt wurden, oft nur eine solche Wahl: erschossen werden oder in die Viehwaggons kommen. Doch andere Zwickmühlen sind falsch. Diese ist falsch. Es gibt eine unausgesprochene Prämisse in der Argumentation zugunsten von Windkraftanlagen: dass die Energiegewinnung wichtiger sei als Vögel und Fledermäuse; dass einige Opfer (in diesem Fall Milliarden von Opfern) gerechtfertigt sind, um die Industriemenschen mit Energie zu versorgen. Dies ist natürlich die übliche Annahme menschlicher Überlegenheit.

Der einzige Weg aus einer Zwickmühle ist, sie zu zerschlagen. Das müssen wir tun.

Hauskatzen, Autos und Lastwagen, fossile Brennstoffe, eingeschleppte invasive Arten und die Zerstörung von Lebensräumen töten Vögel und Fledermäuse. Das ist unbestritten. Deshalb arbeiten einige von uns seit Jahrzehnten daran, die Autokultur und die Wirtschaft mit fossilen Brennstoffen zurückzubauen, invasive Arten und die Zerstörung von Lebensräumen zu bekämpfen. Deshalb widmen einige von uns ihr Leben der Wiederherstellung von Lebensräumen. Aber die Windindustrie ist ein weiterer Schlag gegen Vogel- und Fledermausarten, die bereits durch Pestizide, Vergiftung, Überjagung, Lebensraumzerstörung und globale Erwärmung geschädigt sind. Das Töten von Vögeln und Fledermäusen durch Windturbinen nicht einmal diskutieren zu wollen, zeigt einmal mehr, dass die meisten Menschen den Maschinen mehr die Treue halten als unseren geflügelten Verwandten.

Eine weitere vorhersehbare Reaktion auf das Töten von Vögeln und Fledermäusen ist das Gerede über schaufellose Windturbinen, die sich nicht drehen und daher nicht so viele nichtmenschliche Lebewesen töten. Im Gegensatz zu herkömmlichen Windturbinen arbeiten schaufellose Turbinen auf einer vertikalen Achse und nutzen die Wirbelbewegung (die Drehbewegung des Windes), um Schwingungen oder Vibrationen in den Turbinen-»Blättern« zu erzeugen.

Es gibt jedoch einen Grund dafür, dass fast 100 Prozent der Windkraftanlagen mit traditionellen Drehradturbinen ausgestattet sind. Die von einer Windturbine gewonnene Energie ist proportional zu der überstrichenen Fläche. Bei herkömmlichen Windturbinen ist es relativ einfach, sie höher zu bauen und (was entscheidend ist) die Länge der Flügel zu vergrößern, um den Energieertrag zu erhöhen. Bei flügellosen Turbinen stößt man jedoch schnell auf grundlegende technische Probleme, wenn man versucht, sie zu vergrößern. Größere Konstruktionen neigen dazu, die Luftströmungsmuster zu stören, die ihre Funktionsweise ausmachen, so dass ab einer bestimmten Größe eine negative Rückkopplungsschleife entsteht. »Wenn der Zylinder sehr groß und der Wind sehr stark wird«, sagt Sheila Widnall, Professorin für Luft- und Raumfahrttechnik am MIT, »kann man nicht mehr so viel Energie aus ihm herausholen, wie man möchte, weil die Schwingung grundsätzlich turbulent ist.«

Außerdem erklärt Widnall, wären große flügellose Anlagen so laut wie Güterzüge.[71]

Ist es möglich, Heimweh nach einem Ort zu haben, an dem man nie war? Als Kind hatte ich (Lierre) Sehnsucht nach dem Wald, und zwar mit einer Sehnsucht, die nie aufgehört hat. Der Beton, die Häuser, die Autos waren eine offene Wunde in der Welt, und ich wollte sie loswerden. Es war ein riesiger, unausgegorener Hunger nach Dingen, die ich nie kennengelernt hatte: uralte Bäume, dunkle Schatten, die Geheimnisse der Tiere – alles wild. Weiter und weiter, kilometerweit, jahrelang. Für immer.

Es ist allgemein bekannt, dass Kinder sich zu wilden Orten hingezogen fühlen. Selbst wenn man ihnen Spielplätze anbietet, und selbst wenn sie bei der Gestaltung des Spielplatzes helfen – Burgen, Labyrinthe, Schaukeln –, finden sie die Stellen, wo Erwachsene nicht hingehen, die verlassenen Gräben, die winzigen Ecken, die niemandem gehören und wo die Wildnis überlebt. Auf dem Spielplatz meiner Schule gab es eine tapfere, einzelne Reihe von Kiefern und Sträuchern ganz unten auf dem Feld, wo meine beste Freundin und ich immer wieder hingingen. Man konnte es nicht einmal ein Stückchen Wildnis nennen; es war nur ein dünner, sich auflösender Faden, den wir brauchten, um ihm nach Hause zu folgen. Er brachte uns nicht dorthin, aber wir haben nie aufgehört zu suchen.

Und ich schätze, ich suche immer noch. Der Wald, der mit altem Baumbestand und einer Vielzahl von Arten aufwartet, wird zu meinen Lebzeiten nicht mehr zurückkehren. Meine tiefe Trauer gehört mir, und sie ist auch nicht der Punkt. Die vollständige Wiederherstellung wird länger dauern als eine menschliche Lebensspanne, aber die Welt könnte wieder in Ordnung gebracht werden. Das könnte sie. Aber zuerst muss die Zerstörung aufhören.

Das ist die Frage: Sind wir die Menschen, die den Wald lieben? Oder sind wir die Menschen, die das Recht fordern, die letzten Spuren der Wildnis zu zerstören? Derzeit ist ein großer Teil des Clashindarroch Forest in Schottland bedroht.

Umweltschützer haben den Grundstein für diese Katastrophe gelegt, indem sie jahrzehntelang Wind- und Solarenergie forderten, und nun bietet der schwedische Energieriese Vattenfall an, diese Forderungen zu erfüllen. Ein Viertel des Waldes soll für Windturbinen und die dazugehörige Infrastruktur abgeholzt werden, mitten durch das letzte Refugium der schottischen Wildkatze.[72] Die Zahl der verbliebenen Wildkatzen beträgt 35. An dieser Zahl fehlen keine Nullen: 35 sind alle, die noch übrig sind. Das ist mehr ein

Flüstern als eine Zahl, das bloße Skelett einer Art. Sie sind die einzigen wilden Katzen, die es noch auf der Insel Großbritannien gibt, und sie werden im Dienst des Windes durch mutwillige Ausrottung ausgelöscht.

Diese Zerstörung ist nichts Besonderes. Seit dem Jahr 2000 wurden in Schottland fast 14 Millionen Bäume auf über 17.000 Hektar – mehr als 67 Quadratkilometer – für die Windenergienutzung gefällt.[73] Sind wir also die Menschen, die den Wald lieben? Oder sind wir bereit, alle, die den Wald ausmachen – Bäume, Vögel, Wildkatzen und alle anderen – gegen riesige Maschinen einzutauschen, die wie 30 Silberlinge in der Sonne blitzen?

Unsere berechtigte Panik vor der globalen Erwärmung hat uns anfällig für verführerische technologische Versprechen gemacht. Angesichts der konzertierten, ausgeklügelten Marketingtechniken und der fast vollständigen Vereinnahmung durch die großen grünen Konzerne glauben viele Menschen die Lügen.

Doch einige Gemeinden leisten Widerstand.

In Nantucket, Massachusetts, zum Beispiel wurde ein Offshore-Windprojekt auf unbestimmte Zeit gestoppt, weil sich der örtliche Widerstand gegen die mögliche Schädigung des umgebenden Meeres und des Meeresbodens, den zunehmenden Bootsverkehr und die Möglichkeit einer Ölverschmutzung richtete. »Es ist unbegreiflich, dass ein massives industrielles Offshore-Projekt dieser Größenordnung – 130 Windturbinen, 127 Meter hoch, in 5 Meter hohen Wellen, mit sich drehenden Flügeln so ausladend wie Fußballfelder, die sich über 62 Quadratkilometer erstrecken, unter oft nebligen, lauten Bedingungen – für einen biologisch empfindlichen Standort sicher sein soll«, sagt die Gegnerin Christine Morabito. »Ich kann mir auch kein Paralleluniversum vorstellen, in dem wir ein derartiges Umweltrisiko akzeptieren würden, wenn es von einer Ölgesellschaft ausginge.«[74]

Einige dieser Windkraftprojekte werden jedoch von Ölgesellschaften betrieben. In Ayrshire, Schottland, wurde die Wasserversorgung der Anwohner verschmutzt: durch die Freisetzung von Giftstoffen aus der damals größten industriellen Windenergiegewinnungsanlage Europas. Ein ortsansässiger Arzt sagte zu der Verschmutzung: »Es ist höchst unwahrscheinlich, dass die Airtnoch Farm die einzige kontaminierte Quelle in Schottland hat. Möglicherweise gibt es Hunderte von anderen Stellen der ländlichen Wasserversorgung, die ohne es zu wissen von den Giftstoffen von Windparks betroffen sind.«[75]

In Kenia wurde für eine Anlage am Turkana-See (dem größten alkalischen See der Welt) ein indigenes Dorf durch die Privatisierung von 150.000 Hektar ihres Landes aufgelöst. Die Anlage soll die größte industrielle Windenergieanlage in Afrika werden (310 MW).[76]

Im Süden Mexikos sind in den Bundesstaaten Oaxaca, Chiapas, Tabasco und Veracruz mehr als 15 große Windenergieanlagen (die größte Anlage würde aus mehr als 130 Turbinen mit einer Gesamtleistung von 400 MW bestehen) im Bau oder bereits errichtet, trotz des fast einhelligen Widerstands der Bevölkerung. »Dies ist ein Angriff auf die Lebensweise und die heiligen Stätten der indigenen Gemeinschaften, die in dieser Region leben«, schreibt Santiago Navarro, ein mexikanischer Journalist. Die meisten dieser Projekte werden auf Land gebaut, das sich im Besitz der lokalen Bevölkerung befindet, die es seit Generationen verteidigt hat; nun werden sie betrogen oder eingeschüchtert. Industrielle Schmierstoffe verschmutzen die Grundwasserleiter, und der Lärm der Turbinen und die Veränderung der Windverhältnisse haben Fische und Vögel verscheucht und die traditionellen Ernährungsgewohnheiten beeinträchtigt. »Wir sind besorgt, weil sie unsere Lebensweise, unsere Gesundheit und das Meer schädigen«, sagt Carlos Sanchez, ein Gemeindeaktivist in Oaxaca. Diese Windenergieanlagen sind nur ein weiterer Ausdruck des Kolonialismus; der größte Teil der durch die Projekte gewonnenen Energie ist für die Nutzung durch Großunternehmen wie Walmart, Coca-Cola und Heineken vorgesehen.[77] Ein Menschenrechtsbeobachter schrieb, dass die Menschen vor Ort aufgrund der fehlenden öffentlichen Konsultation »die Windindustrie als ›neue Eroberer‹ betrachten«. Der Widerstand ist weit verbreitet, wobei indigene Gruppen Proteste, Blockaden und Klagen vor Gericht einsetzen, um gegen Windprojekte vorzugehen.[78]

Ein weiteres Beispiel sind die Wayuu, das indigene Volk der Halbinsel Guajira an der Grenze zwischen Kolumbien und Brasilien. Aufgrund der erbitterten Verteidigung ihres Landes – zu einer Zeit hatten sie 20.000 Mitglieder unter Waffen – wurden sie nie vollständig von den Eroberern unterworfen, aber der Kapitalismus und die Windkraft tun das, was den ersten Invasoren nie gelang.[79] In den letzten Jahren haben Erpressung, Folter und Mord durch die Regierung sowie durch rechtsgerichtete und marxistische Paramilitärs dazu geführt, dass die Gemeinde kurz vor dem Zusammenbruch steht. 40.000 Menschen in der Gemeinde leiden Hunger, viele von ihnen sind verhungert.[80] Die von der Weltbank finanzierte 19,5-MW-Windenergieanlage Jepírachi steht auf einem Stück gestohlenen Wayuu-Landes. Sie liefert Strom und Geld in kolumbianische Städte und hinterlässt Schäden am Lebensraum, an der Tierwelt und an der halbnomadischen Lebensweise der Hirten und Fischer der Region. Während der Bauträger über die »Beteiligung der Gemeinden« spricht und einen »Sozialmanagementplan« erstellt, ist die Realität des Projekts die übliche: Außenstehende kommen mit Versprechungen von materiellen Gütern und gehen mit Land und Geld. »Die Wayuu von ihrem Land zu trennen, bedeutet, ihre Identität als Volk zu zerstören«, sagt Juan Guillermo Sanchez, Professor für indigene Literatur an der Universidad Javeriana. Viele Wayuu befürchten, dass Jepírachi nur der Anfang einer Welle der industriellen Windenergieentwicklung ist, die zum Ende ihrer traditionellen Lebensweise führen könnte.[81]

Ob nun industrielle Windenergieanlagen von den örtlichen Gemeinden begrüßt oder trotz ihres Widerstands durchgesetzt werden, oft leidet die Lebensqualität der Menschen vor Ort. Es gibt

Lichtverschmutzung durch Hunderte oder Tausende von starken, blinkenden Flugzeugwarnlichtern. »Infraschall«, der an der Grenze des Hörbaren auftritt, kann schreckliche Kopfschmerzen verursachen. Infraschall wird nicht durch Hauswände oder Kopfkissen abgeschirmt und kann das Nervensystem reizen sowie Schwindel, Kopfschmerzen, erhöhten Blutdruck und andere Probleme verursachen. In einigen Studien wurden bei Anwohnern, die im Umkreis von einem Kilometer um Windenergieanlagen leben, erhebliche Schlafstörungen (aufgrund von Infraschall sowie lauteren, hörbareren Frequenzen wie dem Schleifen von Zahnrädern und anderen mechanischen Geräuschen) und eine Beeinträchtigung der psychischen Gesundheit festgestellt. Zu den weiteren berichteten Auswirkungen gehören Hörprobleme, Tinnitus, Angstzustände und Depressionen.[82]

Warum sollten wir glauben, dass Windturbinen nicht das gleiche bei nichtmenschlichen Lebewesen bewirken, von denen viele viel empfindlicher auf Schall und Vibrationen reagieren als Menschen?

Oder ist es uns gleichgültig?

Die von Windturbinen geerntete Energie kommt nicht aus dem Nichts, sondern stammt aus der Energie des Windes. Im Lee einer industriellen Windenergieanlage sind die Windgeschwindigkeiten niedriger, weil dem System Energie entzogen wurde. Untersuchungen auf der Grundlage von NASA-Satellitenbildern haben gezeigt, dass diese Anlagen eine lokale Erwärmung des Gebiets, in dem sie sich befinden, verursachen. Andere Studien haben gezeigt, dass diese Anlagen Niederschläge verursachen, und zwar nicht nur an ihrem Standort, sondern in der gesamten Region.[83]

Einige Befürworter der Windenergie erkennen diesen Effekt an und tun sogar so, als sei das eine gute Sache. Mark Z. Jacobson zum Beispiel will diesen Effekt nutzen, um, wie er sagt, Hurrikane zu »bändigen«. In einer 2014 in der Fachzeitschrift *Nature Climate Change* veröffentlichten Arbeit mit dem Titel »Taming Hurricanes with Arrays of Offshore Wind Turbines« (Bändigung von Hurrikanen durch das Aufstellen von Offshore-Windturbinen) schätzt er anhand von Computermodellen, dass massive Offshore-Windenergieanlagen die Windgeschwindigkeit von Hurrikanen um 90 bis 150 Stundenkilometer und Sturmfluten um 6 bis 79 Prozent reduzieren könnten.[84]

Was kann schon schiefgehen?

Hier seien nur einige der Vorteile von Wirbelstürmen genannt: Sie bringen Regen in trockene Gebiete wie den Südwesten der USA oder Ost- und Südostasien; sie halten das globale Wärmegleichgewicht aufrecht, indem sie riesige Energiemengen auf dem Planeten umverteilen; sie reparieren Barriereinseln und Strände, indem sie Sand aus tieferen Gewässern an die Küste tragen; sie sorgen für den Auftrieb von tiefem Ozeanwasser, das Nährstoffe transportiert und Tiefwasserströmungen aufrechterhält; sie tragen zur natürlichen Sukzession und Artenvielfalt bei, indem sie alte und absterbende Pflanzen abtöten und zur Komplexität natürlicher Lebensgemeinschaften beitragen; sie bringen Wasser- und Nährstoffzuflüsse in küstennahe Sümpfe und Lagunen; und sie verbreiten Samen (und sogar ganze Pflanzen und Tiere) in neue Lebensräume. Dies ist natürlich nur eine unvollständige Liste.

Hybris ist eine der schlimmsten Eigenschaften der Zivilisation, und Hybris steckt hinter den Plänen von Jacobson und allen anderen Förderern, die behaupten, die Kraft des Windes ohne Konsequenzen nutzen und kontrollieren zu können. Hat denn keiner dieser Leute die Geschichte von Ikarus gehört?

Glänzende Fantasien von einer sauberen, grünen Zukunft werden auf Zahlen aufgebaut, die nicht real sind. Die meisten von uns haben nicht die Zeit oder die Ausbildung, um mehr als ein oder zwei Artikel zu lesen. Wir wissen, dass wir eine Notlage haben; wir glauben den gebildeten, aufrichtigen Anführern; wir lesen Schlagzeilen, die unsere Ängste lindern, und handelt Deutschland nicht schon entsprechend? Irgendjemand hat einen Plan – ein Ingenieur, ein Senator, eine Umweltgruppe – und selbst wenn die Details schwierig sind, ist die Idee doch grundsätzlich gut, oder? Bitte ziehen Sie doch einmal in Erwägung, dass die Vorstellung von der »grünen Energie« gar nicht stichhaltig ist – weder in den Grundzügen (denn die Zerstörung des Planeten weiter voranzutreiben, ist eine schlechte Idee) noch in den Einzelheiten (zu meinen, es gäbe zerstörungsfreie Energiequellen im industriellen Maßstab).

Die Zahlen zur Windenergie gehen nicht auf. Zwei Forscher der Harvard University, David Keith und Lee Miller, haben Daten von über 57.000 Windturbinen ausgewertet und festgestellt, dass die Schätzungen des US-Energieministeriums, des Weltklimarats und von Befürwortern grüner Energie wie Mark Z. Jacobson nicht der Realität entsprechen.

Bei der Windenergie war »die durchschnittliche Leistungsdichte ... bis zu 100-mal niedriger« als die üblichen Schätzungen.[85] Auch bei der Solarenergie war die Leistungsdichte viel geringer als in den weitverbreiteten Schätzungen. Jede sinnvolle Umstellung auf Wind- und Solarstrom würde fünf- bis 20-mal mehr Land erfordern als die vorliegenden Pläne. Miller und Keith haben errechnet, dass 12 Prozent des amerikanischen Festlandes mit Windkraftanlagen bedeckt sein müssten, um den derzeitigen Strombedarf zu decken. Strom macht aber nur ein Sechstel des Energieverbrauchs der Nation aus. Um den gesamten Energieverbrauch der USA zu decken, müssten 72 Prozent des Kontinents mit Windparks zugebaut werden. In der erforderlichen Größenordnung wären Windparks »ein aktiver Mitspieler im Klimasystem«.[86] Sie würden das Klima verändern.

Bitte lesen Sie das noch einmal.

Die Tätigkeit der Turbinen drückt die aufsteigende warme Luft zurück auf den Boden; die Wärme kann nicht entweichen, die Temperaturen steigen. Windturbinen würden die Oberflächentemperaturen um 0,25° C erwärmen. Am stärksten wäre die Erwärmung nachts, wenn die Temperaturen um 1,5° C steigen würden.[87] David Keith, der die Entwicklung des Harvard Solar

Geoengineering Research Program leitete, berichtet: »Wenn man die nächsten 10 Jahre betrachtet, hat die Windenergie in mancher Hinsicht mehr Auswirkungen auf das Klima als Kohle oder Gas.«[88] Mehr als 10 weitere Studien haben bereits die erwärmende Wirkung von Windparks nachgewiesen, doch die Leute, die behaupten, den Klimawandel zu bekämpfen, schweigen dazu.[89]

Diese sogenannten Umweltschützer sind bereit, Vögel und Fledermäuse, Wüsten und Berge, Kinder im Kongo und ganze Regionen wie Baotou zu opfern. Sie werden auch, wie sich herausstellt, das Klima opfern, um das Klima zu retten, bis der einsame und ebene Sand sich tatsächlich weit in die Ferne erstreckt.

Viele wohlmeinende Menschen plädieren für kleine, gemeinschaftlich betriebene erneuerbare Energien. In *This Changes Everything* (Die Entscheidung) widmet Naomi Klein ein ganzes Kapitel der Fürsprache für »lokale Energie«[90] und führt Hamburg sowie Boulder, Colorado, und Austin, Texas, als leuchtend grüne Beispiele an. Die Idee ist, dass die Menschen ein demokratisches Mitspracherecht bei Entscheidungen über ihre Energiesysteme haben sollten. Wenn man sie der Unternehmensleitung überlässt, hat der Profit Vorrang. Das liegt in der Natur von Unternehmen. Wenn lokale Gemeinschaften Entscheidungen treffen, kann das öffentliche Interesse Vorrang vor privaten Profiten haben. Wenn die Bürger die Kontrolle haben, können sie sich für »saubere« Energie entscheiden.

Aber ändert das Eigentum an der Technik etwas an ihrem Wesen? Wir werfen diesen Punkt auf, weil das Argument der lokalen Kontrolle immer dann auftaucht, wenn wir Solar- und Windenergie kritisieren. Dieses Argument, so gut es auch gemeint sein mag, hat eine unausgesprochene Prämisse: Die industrielle Zivilisation muss weiterbestehen, und wir stehen vor dem Problem, wie wir sie mit Energie versorgen.

Dies ist die tiefe Kluft, vor der die Umweltschützer stehen. Ist es die industrielle Zivilisation, die gerettet werden muss? Oder ist es die Zerstörung, die gestoppt werden muss? Denken Sie lange und gründlich nach. Auf der einen Seite dieser Kluft liegen ganze Städte mit Lungenkrankheiten, brennendem Regen, explodierten Herzen von Vögeln und Fledermäusen und Minen, von denen sich die Erde erst in geologischer Zeit heilen wird. Auf der anderen Seite steht unser einziger Planet, der einst voller Leben war und das Versprechen auf mehr enthielt und der uns trotz allem immer noch zu sich nach Hause ruft.

Bevor Sie sich entscheiden, denken Sie darüber nach, wie eine Windturbine hergestellt wird, auch wenn es heißt, »gebrochenes Herz« zu buchstabieren. Denken Sie an die Verben: explodieren, ausreißen, zerschlagen, massakrieren, verwüsten. Das sind keine Wörter, die jemals auf Lebewesen angewendet werden sollten. Denken Sie an die Substantive: Wald, Feuchtgebiet, Reiher, Wolf. Denken Sie an die Adjektive: bedroht, einheimisch, vertrieben, ausgestorben. Und denken Sie an das Ausmaß: jeder Berg in 80 Kilometer Umkreis, 58.575 Täler, eine Milliarde Tonnen giftiger Stoffe, 30 Prozent der Fische. Das ist das Versprechen der erneuerbaren Energien: immer mehr vom gleichen, immer mehr.

Von Windturbinen wird behauptet, sie seien »besser« als fossile Brennstoffe, aber in der Praxis hat das wenig Aussagekraft. Windturbinen erzeugen weniger CO_2 als die entsprechende Erzeugung in Kohlekraftwerken, aber es gibt keinen Beweis dafür, dass die Windkraft die Verbrennung von Kohle, Öl und Gas verdrängt. Während die Windenergie weltweit ausgebaut wurde, ist die Verbrennung fossiler Brennstoffe nicht zurückgegangen. Vielmehr nimmt die Zahl der Kohle- und Erdgaskraftwerke zu. Untersuchungen von Richard York von der University of Oregon haben gezeigt, dass für jede Einheit »grüner« Energie, die in Betrieb genommen wird, nur der zehnte Teil davon weniger in Form fossiler Brennstoffe verbraucht wird.[91]

Der Solarbefürworter Hermann Scheer sagt: »Unsere Abhängigkeit von fossilen Brennstoffen kommt einer globalen Pyromanie gleich, und der einzige Feuerlöscher, der uns zur Verfügung steht, sind erneuerbare Energien.«

Nein, das heißt nur, ein anderes Öl ins Feuer gießen.

Es gibt viele Möglichkeiten, das Inferno der fossilen Energiewirtschaft zu löschen; die einfachste und wichtigste wäre, den Kapitalisten einfach die Möglichkeit zu nehmen, ihre Geschäfte wie gewohnt weiterzuführen.

Aber das hört niemand gern. Es sorgt nicht für gute Schlagzeilen, es bringt Ihrem Unternehmen keine 60 Pfund für jeden neuen Kunden, es verschafft Ihnen keine Zuschüsse von Stiftungen, und vor allem bringt es den Kapitalisten kein Geld ein. Und so bekommen die Kapitalisten, was sie wollen: Sie machen Gewinne, sie bekommen gute PR, und sie müssen nicht gegen Umweltschützer kämpfen (zumindest nicht gegen sehr viele). Und die grünen Gruppen können das Gefühl haben, einen Sieg für den Planeten errungen zu haben. Das ist eine Win-win-Situation, auch wenn der Planet dabei außen vor bleibt. Denn in der Zwischenzeit wird die Erde durch dieselben alten industriellen Prozesse weiter zerstört.

Wir haben dieses Kapitel in Spring Valley, Nevada, begonnen, und in Spring Valley werden wir es auch beenden. Erinnern Sie sich noch an die großen Turbinen, für die Materialien aus der ganzen Welt benötigt wurden und die durch den Abbau, die Zerkleinerung, die Veredelung und die Formgebung dieser Materialien entstandenen Schäden? Diese Turbinen haben eine erhöhte Nutzungsdauer von etwa 25 Jahren. Danach werden die Turbinen abgerissen und die anfallenden Materialien abtransportiert. Einem Vertreter des Unternehmens zufolge wird nichts recycelt. Die Betonfundamente werden bis auf einen Meter unter dem derzeitigen Niveau abgetragen.[92]

So wollen wir den Planeten retten?

Kapitel 6

DIE LÜGE DER GRÜNEN ENERGIESPEICHERUNG

Das indische Volk stand dem Fortschritt im Weg, und der Fortschritt ist eine Art Wahnsinn, der für die Menschen ein Gott ist. Anständige Menschen begehen furchtbare Verbrechen, die der Fortschritt legitimiert.

Linda Hogan[1]

Die Vereinigten Staaten verfügen über etwa 50 Prozent des weltweiten Reichtums, aber nur 6,3 Prozent der Bevölkerung. Unsere eigentliche Aufgabe in der kommenden Zeit besteht darin, ein Beziehungsmuster zu entwickeln, das es uns ermöglicht, diese Position der Ungleichheit aufrechtzuerhalten.

George Kennan,[2]
Direktor für politische Planung Im Außenministerium, 1948

Die Energiespeicherung ist für technotopische Fantasien von entscheidender Bedeutung. Denken Sie daran, dass Wechselstrom nicht gespeichert werden kann. Für die Industrieproduktion muss die Stromversorgung konstant sein, und Wind und Sonne sind nicht annähernd zuverlässig genug, um dies zu gewährleisten:

Wie kann man Fabriken in dunklen und windstillen Nächten mit Strom versorgen? Und ohne Öl, Kohle oder Gas müssen sich Fahrzeuge wie Züge, Schiffe, Lastwagen und Autos auf die in Batterien, Brennstoffzellen und Kompressoren gespeicherte Energie verlassen. Das gesamte grüne Konzept hängt von der Energiespeicherung ab.

Zu den wichtigsten Energiespeichertechnologien, die bereits eingesetzt werden oder sich in der Entwicklung befinden, gehören Batterien, Superkondensatoren, Wasserstoff-Brennstoffzellen, Wasserkraftwerke (bei denen Wasser einen Berg hinaufgepumpt wird, um später Turbinen anzutreiben), Druckluft und Wärmekraftwerke. Wir werden uns jede dieser Technologien nacheinander ansehen.

Im Grunde genommen speichern Batterien chemische Energie und geben dann unter bestimmten Bedingungen einen Teil dieser Energie in Form von elektrischem Strom wieder ab.

Sie werden hauptsächlich im Verkehrswesen und zur Energiespeicherung in kleinem Maßstab eingesetzt (von Armbanduhren über Taschenlampen und Handys bis hin zu netzunabhängigen, solarbetriebenen Häusern und diesen schrecklichen batteriebetriebenen Motorrädern für Fünfjährige, die nichts weiter sind als zu erwartende Sammelklagen), aber es zeigt sich ein zunehmender Trend zur Verwendung von Batterien für die Speicherung im Netz. Heute gibt es nur eine Handvoll Projekte zur Batteriespeicherung im Versorgungsmaßstab, die größten liegen bei etwa 100 MW.

Der Weltmarkt für Batterien beläuft sich auf etwas mehr als 108 Milliarden Dollar pro Jahr, Tendenz stark steigend, wobei der Anstieg in erster Linie auf die Nachfrage nach Autobatterien und Unterhaltungselektronik (insbesondere tragbare) zurückzuführen ist.[3]

Zwei Batterietypen dominieren die »grüne« Technologie: Lithium-Ionen (einschließlich Untertypen) und Blei-Säure. Der Hauptvorteil von Lithium-Ionen-Batterien gegenüber anderen Batterien besteht darin, dass sie im Verhältnis zu ihrer Masse mehr Energie speichern: etwa ein Megajoule pro Kilogramm (MJ/kg). Manche glauben, dass Batterien eines Tages eine Energiedichte von 5 MJ/kg erreichen könnten. Das ist zwar viel für eine Batterie, aber nicht viel im Vergleich etwa zu Benzin, das etwa 46 MJ/kg speichert. Das ist der Grund, warum Elektroautos mit 450 Kilogramm Batterien eine geringere Reichweite haben als ein Benzinauto mit einem weniger als 45 Kilogramm schweren Tank. Oder hier eine andere Zahl: Flugzeugtreibstoff hat eine 43-mal höhere Energiedichte als die besten heute verfügbaren Batterien.[4] Die brutale Wahrheit ist, dass Öl für eine industrielle Wirtschaft funktionell unersetzlich ist.

Mehr als 50 Prozent des Lithiums wird in Hochwüstengebieten in Nevada, Tibet, Bolivien und Chile abgebaut, wo die Verdunstung Lithiumsalze in (oft trockenen) Seebetten konzentriert hat. Weitere 25 Prozent stammen aus dem Abbau von Hartgestein, 7 Prozent aus Tonen und der Rest aus anderen Quellen. Lassen Sie uns zunächst den Hartgestein- und Tonbergbau abhandeln. Die Schäden, die sie verursachen, ähneln denen des Kupferbergbaus. Es gibt Landrodung, Sprengungen, Flotten schwerer Maschinen, Lkw-Ladungen industrieller Lösungsmittel wie Schwefelsäure sowie Wasserverschmutzung und einen hohen Energieverbrauch für die Öfen.

Bei der wichtigsten Form der Lithiumgewinnung, dem sogenannten »Soling«, werden Lithiumsalze in Wasser gelöst und das Wasser anschließend verdampft, um die Salze zu gewinnen. In trockenen Klimazonen, in denen Salzwiesen vorkommen, ist der Wasserverbrauch eine der größten Beeinträchtigungen. Machen Sie sich das Ausmaß dieses Problems klar: Um eine Tonne Lithium zu gewinnen, werden etwa 1,9 Millionen Liter Wasser benötigt.[5] Ein weiterer großer Schaden ist die direkte Zerstörung von Land. In den Salinen des Salar de Uyuni in Bolivien und Chile zum Beispiel ist eine große Wildnis – mehr als 13.000 Quadratkilometer an Salinen und isolierten »Inseln« mit einzigartigen Kakteen und anderen Pflanzen- und Tierarten – durch den Lithiumabbau bedroht.

Dieser Bericht aus der britischen *Daily Mail* über den Besuch einer Lithiummine in der Atacama-Wüste in Chile ist es wert, ausführlich zitiert zu werden: »In den ausgedörrten Hügeln der nördlichen Region Chiles wird der Schaden, den der Lithiumabbau verursacht, sofort deutlich. Wenn man sich einer der größten Lithiumminen des Landes nähert, weicht die weiße Landschaft einem scheinbar endlosen gepflügten Feld. Riesige Berge von weggeworfenem, strahlend weißem Salz erheben sich aus der Ebene. Die rissige braune Erde des Geländes zerbröselt in Ihren Händen. Nirgendwo gibt es ein Anzeichen für tierisches Leben. Das spärliche Wasser ist durch die aus dem Bergwerk ausgetretenen Chemikalien vergiftet worden. In die Wüste wurden riesige Gräben und Kanäle getrieben, die alle mit stark verschmutztem Wasser gefüllt sind. Der blaue Schimmer des Chlors lässt das Wasser fast magisch erscheinen, aber diese glitzernden Becken sind hochgiftig. Das Chlor wird verwendet, um die potentiell krebserregenden Lithium- und Magnesiumverbindungen zu verdünnen, die sich häufig im Grundwasser der Lithiumlagerstätten befinden. Eine chilenische Delegation besuchte kürzlich den Salar De Uyuni [in Bolivien], um die Einheimischen vor den Problemen des Lithiumabbaus zu warnen. Laut dem Leiter der Delegation, Guillen Mo Gonzalez, würde die einzigartige Landschaft des Salzplateaus innerhalb von zwei Jahrzehnten zerstört werden. Die zunehmende Wasserknappheit rund um die chilenischen Minen hat auch den Niedergang der Subsistenzlandwirtschaft in der Region beschleunigt. Eine ganze Lebensweise verschwindet, weil die Familien ihre jetzt praktisch unmögliche Existenz in den Bergen aufgeben und in die Städte ziehen.«

Gonzalez fährt fort: »Wie jeder Bergbau ist er invasiv, er schändet die Landschaft, zerstört den Grundwasserspiegel und verschmutzt die Erde und die örtlichen Brunnen. Das ist keine grüne Lösung – es ist überhaupt keine Lösung.«[6]

Hoch oben auf der tibetischen Hochebene lebt ein friedfertiges Volk, das seit Tausenden von Jahren Fischfang und Viehzucht betreibt. Sie bezeichnen die Berge als heilig, die Wiesen als heilig, und jetzt sind sie voller »Angst«.[7] Ihr Land, ihre Tiere und ihre Existenz werden durch Lithiumminen zerstört.

Der Liqi-Fluss war einst voller Fische: Es gibt fast keine mehr. Der Austritt von Chemikalien aus der Ganzizhou-Rongda-Lithiummine hat viele getötet. »Der ganze Fluss stank, und er war voller toter Yaks und toter Fische«, sagte ein Dorfbewohner.[8] »Massen von toten Fischen haben den Fluss bedeckt.«[9] Die Menschen haben die Mine dreimal schließen lassen, nur damit die Regierung sie wieder öffnete.

Einer der Ältesten sagte: »Wir alten Leute, wir sehen die Minen und wir weinen. Was werden die künftigen Generationen tun? Wie werden sie überleben?«

Ein lokaler Aktivist befragte die Menschen in dem Gebiet. Selbst wenn die Bergbauunternehmen von den Gewinnen abgaben und versprachen, das Land nach der Erschöpfung der Minen wiederherzustellen, wollten die Tibeter nichts davon wissen.

»Gott ist in den Bergen und in den Flüssen, das sind die Orte, an denen die Geister leben«, erklärten sie.[10]

Die strahlend grüne Technologie bietet alles: jeden Luxus, jede Laune, verfügbar auf Knopfdruck und ohne CO_2. Aber das ist die Welt, die diese Technologien schaffen: verwesend, entweiht und schließlich tot, während die Alten trauern.

Selbst wenn alle Lithiumreserven der Welt ausgebeutet würden, gäbe es nicht genug leicht abbaubares Lithium, um die wahrscheinliche Nachfrage nach Batterien für Elektrofahrzeuge zu decken. Diese Besorgnis wurde von Mark Z. Jacobson selbst geäußert. »Mehr als die Hälfte der weltweiten Lithiumreserven liegen in Bolivien und Chile«, schreibt er. »Diese Konzentration in Verbindung mit der schnell wachsenden Nachfrage könnte die Preise erheblich steigen lassen. Noch problematischer [als die

Preisentwicklung] ist die Behauptung von Meridian International Research, dass es nicht genug wirtschaftlich verwertbares Lithium gibt, um auch nur annähernd die Anzahl von Batterien zu bauen, die in einer globalen Elektroauto-Wirtschaft benötigt werden. Recycling könnte diese Gleichung verändern, aber die Wirtschaftlichkeit des Recyclings hängt zum Teil davon ab, ob die Batterien so hergestellt werden, dass sie leicht recycelt werden können – ein Problem, dessen sich die Industrie bewusst ist.«

Bitte beachten Sie, dass es Jacobson darum geht, wie die Industrie mit Rohstoffen versorgt werden kann, und nicht um die Auswirkungen, die diese Versorgung auf die Lebenswelt hat. Die Lithiumpreise haben sich zwischen Ende 2014 und Ende 2016 ungefähr verdoppelt und sind dann in den letzten Jahren aufgrund der Überproduktion eingebrochen, da die Verkäufe von Elektroautos weit hinter den ursprünglichen Prognosen zurückblieben. Dennoch gehen Analysten von einem exponentiellen Anstieg der Nachfrage bis in die späten 2020er und 2030er Jahre aus. Haupttreiber dieses Wachstums sind Batterien für Elektro- und Hybridautos, für die die Nachfrage leicht um das 50-fache steigen könnte. Daimler investiert 550 Millionen Dollar in die Verdreifachung der Batterieproduktion in Deutschland. Volkswagen geht eine Partnerschaft mit LG und Panasonic ein, um mehrere Batteriefabriken für je 2 Milliarden Dollar zu bauen. GM bezieht Batterien aus einer 350 Millionen Dollar teuren Batteriefabrik in Holland, Michigan, die rasch expandiert. Einem Vorstandsvorsitzenden eines Bergbauunternehmens zufolge »ist die künftige Nachfrage nach Lithium wirklich atemberaubend. Die Nachfrage nach Batterien steigt mit einer Rate von ein bis zwei neuen Lithiumminen pro Jahr und wird bis 2020 auf zwei bis drei Minen pro Jahr anwachsen.«[11]

Und tatsächlich wurden zwischen Januar 2015 und September 2016 in Nevada mehr als 8.000 Lithium-Bergbau-Claims abgesteckt.[12]

Da Lithiumbatterien nur durch ein komplexes globales Netzwerk industrieller Produktion hergestellt werden können, sind sie mit fast allen anderen industriellen Prozessen auf dem Planeten verbunden. Wie John Weber geschrieben hat, beruhen alle grünen Technologien auf »Maschinen, die Maschinen herstellen, die Maschinen herstellen«.[13] Es ist buchstäblich wahr: Batterien werden von Maschinen hergestellt, und die Maschinen, die Batterien herstellen, werden wiederum von anderen Maschinen hergestellt, und so weiter. Jede dieser Verbindungen hat ihre eigene industrielle Versorgungskette, die auf Materialien und Energiezufuhr aus der ganzen Welt angewiesen ist.

In hoher Konzentration ist Lithium schädlich für Lebewesen. Es kann die Lebensfähigkeit von Spermien beeinträchtigen, Geburtsfehler, Gedächtnisprobleme, Nierenversagen, Bewegungsstörungen und vieles mehr verursachen.[14] Die anderen Materialien in einer Elektroauto-Batterie sind noch sechsmal schädlicher als Lithium,[15] wobei die Nickel- und Kobaltelektroden die schädlichsten Bestandteile sind.[16]

Etwa die Hälfte des in Lithiumbatterien verwendeten Kobalts stammt aus der Demokratischen Republik Kongo, wo 40.000 Kinder im Alter ab sieben Jahren in Minen versklavt werden, wo sie bei großer Hitze und ohne Sicherheitsausrüstung unter missbräuchlichen Managern und Wächtern für einen Lohn von einem Dollar pro Tag schwere Lasten tragen müssen.

Zu den Unternehmen, die Batterien mit Kobalt aus diesem Gebiet herstellen, gehören Apple, Microsoft und Vodafone.[17]

Die maximale Bundessubvention für ein Elektroauto in den USA beträgt 7.500 Dollar, und viele Bundesstaaten gewähren zusätzliche Subventionen. In Kalifornien wird ein Tesla-Model-S-Sportwagen mit rund 10.000 Dollar an Steuergeldern (in Form von Steuerermäßigungen und Rabatten) gefördert. In Deutschland sollte 2016 der direkte Kauf mit 1 Milliarde Euro subventioniert werden.[18]

Und genau darum geht es in der grünen Bewegung: um das Einwerben von Subventionen für bestimmte Sektoren der industriellen Wirtschaft.

Wir versichern den engagierten jungen Menschen, die für die Rettung des Planeten demonstrieren, unsere Solidarität. Aber die Forderungen dieser Bewegung laufen auf öffentliche Gelder für Sektoren der industriellen Wirtschaft hinaus. Was mit diesem Geld ganz direkt bezahlt wird, ist das strahlend weiße Salz und die rissige braune Erde, Massen von toten Fischen und kein Zeichen von tierischem Leben, die Zerstörung der letzten Wildnis und der Orte, an denen Geister leben, während die Alten um die künftigen Generationen weinen, weil all das keine Zukunft hat.

Eine Fallstudie für den moralischen Bankrott des grünen Umweltschutzes ist der Milliardär Elon Musk. Musk ist sowohl bei den Grünen als auch bei Geschäftsleuten zu einer Kultfigur geworden. Wenn man bei Google nach Elon Musk sucht, erhält man Schlagzeilen wie: »Der Plan von Tesla-CEO Elon Musk zur Rettung der Welt«, »Wie Tesla die Welt verändern wird«, »Tesla und SolarCity schließen sich zusammen, um die Welt zu retten«, »Teslas brillanter und großzügiger Schritt, den Planeten zu retten«. Hier ist ein Favorit: »Elon Musk: Der radikalste Mann der Welt.« Der Top-Kommentar zu einem Tesla-Video auf *YouTube* zeigt die vorherrschende Meinung über Musk: »Wir brauchen wirklich mehr Menschen mit einem Verstand wie dem von Elon Musk, die Technologien entwickeln, die den Menschen wirklich helfen, ohne dabei etwas anderes zu zerstören oder zu schädigen.«

Wenn manche Musk als Messias sehen, dann sind seine Maschinen seine Wunder. Eines der neuesten Produkte von Tesla ist die Powerwall: ein Lithium-Ionen-Batteriesystem für den Hausgebrauch. Im Grunde handelt es sich dabei um einen Energiespeicher für Häuser mit Solaranlagen, der Energie zwischen dem Netz und dem Haus hin- und herschiebt. Das Debütvideo auf *YouTube* erinnert ein wenig an ein Rockkonzert, bei dem Musk immer wieder durch Jubel und Rufe unterbrochen wird.

Tesla hat auch eine Version der »Powerwall« für die Nutzung durch gewerbliche Verbraucher und Energieversorger, das »Powerpack«. Musk behauptet, dass 2 Milliarden Powerpacks ausreichen würden, um die Batteriespeicherung für eine weltweite »erneuerbare« Energiewirtschaft zu gewährleisten. Klingt großartig, oder? Völlig machbar. Die »grüne« Wirtschaft steht vor der Tür.

Jedes Powerpack wiegt 1.600 Kilogramm. Zwei Milliarden Powerpacks entsprechen 3,26 Billionen Kilogramm, was 3,26 Milliarden Tonnen entspricht. Zum Vergleich: Die Masse aller jährlich produzierten Autos beträgt etwas weniger als 200 Millionen Tonnen, so dass das Material in den Batterien, das für Musks Plan benötigt wird, rein massebezogen fast 18 Jahren weltweiter Autoproduktion entsprechen würde. Die für die Herstellung von Autos benötigte Energie ist viel geringer als die für eine proportionale Masse von Lithium-Ionen-Batterien (die bei weitem der energieintensivste Teil eines Tesla-Elektroautos sind), so dass die Auswirkungen des Baus von 2 Milliarden Powerpacks in Wirklichkeit vielen Jahrzehnten der weltweiten Autoproduktion entsprechen würden.

Es tut weh, ausdrücklich darauf hinweisen zu müssen, dass dies keine gute Sache für den Planeten wäre.

In einem Artikel mit dem Titel »Tesla's Model 3 Could Take 300,000 bpd [barrels per day] Off U.S. Gasoline Demand« (Teslas Model 3 könnte 300.000 bpd [Barrel pro Tag] von der US-Benzinnachfrage abziehen – 1 Barrel = 159 Liter)) wird darauf hingewiesen, dass die Markteinführung von Teslas erstem erschwinglichen Elektroauto diesen Effekt bis 2035 haben könnte.[19] Im Jahr 2019 verbrauchten die USA etwa 20,46 Millionen Barrel Erdöl pro Tag; in dieser Schlagzeile wird die Tatsache bejubelt, dass Tesla-Autos in 20 Jahren die Ölnachfrage um atemberaubende 1,4 Prozent reduzieren könnten.

Ironie des Schicksals: Dieselbe Website, auf der der Tesla-Artikel zu finden ist, verlinkt auf andere Artikel zu ähnlichen Themen, wobei das erste Ergebnis »Tesla, Apple und Uber treiben Lithiumpreise weiter in die Höhe« lautet. In dem Artikel wird erklärt, dass die Nachfrage nach Lithium schnell ansteigt und kurz vor einer »Explosion« stehe. Die Produktion von Lithiumbatterien soll sich bis 2027 verdoppeln. Während also die 20-jährige Produktion des Elektroautos Model 3 die Ölnachfrage leicht reduzieren wird, steigt gleichzeitig die Lithiumnachfrage dramatisch an. Es wird erwartet, dass dies eine »Fressorgie« auslösen wird – deren Worte, nicht meine – und dass neue Lithiumminen entstehen.[20]

Ein Grund, warum Musk so populär ist, ist, dass er an eine breite Palette von tief verwurzelten Überzeugungen appelliert. Für geschäftsorientierte Menschen ist Musk die klassische Geschichte vom Tellerwäscher zum Millionär (wobei seine Mutter Model und sein Vater Ingenieur war, so dass es sich eher um die Geschichte von einem Typ in Kurzarmhemd und Button-Down-Kragen, der zum Millionär wurde, handelt). Er ist ein Milliardär, der mit innovativer Risikobereitschaft (und massiven öffentlichen Subventionen) etablierte Branchen aufgemischt hat. Für Menschen, die dem energie- und verbrauchsintensiven Lebensstil der modernen Zivilisation treu sind, stellt Musk einen Retter dar, der sie von der Bedrohung durch die Klimaveränderungen erlöst, die den Fortbestand ihres Lebensstils gefährdet. Und für hellgrüne Umweltschützer – deren Loyalität ebenfalls dieser Lebensweise gilt – stellt er eine Chance dar, eine perverse Form des Umweltschutzes populär zu machen, indem er sie in exquisites Marketing verpackt, dazu die glänzende Technik, ein großes Budget und keinerlei Störung des industriellen Systems, das den Planeten tötet.

Tesla baut eine neue Produktionsstätte für Lithium-Ionen-Batterien außerhalb von Reno, Nevada. Sie wird »Gigafactory« genannt und wird mit 10 Millionen Quadratmetern eine der größten Fabriken der Welt sein. Wenn es um die Produktion von Batterien geht, sind riesige Fabriken für Umweltschützer offenbar ein Grund zum Applaudieren. Die Politiker von Nevada applaudieren sicherlich; der Staat hat Tesla Steuererleichterungen und andere Anreize im Wert von etwa 1,3 Milliarden Dollar gewährt.

Musk sagt: »Was wir in der Gigafactory wirklich planen, ist eine riesige Maschine. In Zukunft wird es viele Gigafactories geben müssen.« Musk hat auch erklärt: »Das große Potential liegt darin, die Maschine zu bauen, die eine Maschine baut. Mit anderen Worten, es geht darum, eine Fabrik zu bauen. Ich betrachte die Fabrik wirklich wie ein Produkt.«

Maschinen, die Maschinen bauen, die Maschinen bauen.

Die 10.000 Menschen, die in der Tesla-Produktionsstätte die Maschinen beaufsichtigen, welche Maschinen herstellen, arbeiten oft lange: Bis vor kurzem arbeiteten viele von ihnen 12 Stunden am Tag, sechs Tage die Woche, und sie arbeiten immer noch in einer »Kultur der langen Arbeitszeiten unter starkem Druck, manchmal unter Schmerzen und Verletzungen, um die ehrgeizigen Produktionsziele des CEO zu erreichen«. Ein Produktionstechniker erklärte: »Ich habe gesehen, wie Leute ohnmächtig wurden, wie sie wie ein Pfannkuchen auf den Boden fielen und sich das Gesicht aufschlugen. Sie weisen uns einfach an, um ihn herum zu arbeiten, während er noch auf dem Boden liegt.« Arbeitern, die über ihre Schmerzen sprechen, wird gesagt: »Wir haben alle Schmerzen. Kannst du nicht deinen Mann stehen?« von Vorgesetzten, die »die Produktionszahlen über die Sicherheit und das Wohlbefinden der Mitarbeiter stellen«. Arbeiter, die nicht »ihren Mann stehen« können, werden auf »leichten Dienst« gesetzt und ihr Lohn wird um mehr als 50 Prozent gekürzt, bis auf 10 Dollar die Stunde. Ein Mitarbeiter erklärt: »Niemand will eine Lohnkürzung, weil er verletzt ist, also zwingt sich jeder, durchzuarbeiten.«

Musks Begründung, warum er die Menschen so hart arbeiten lässt: »Wir tun dies, weil wir an eine nachhaltige Energiezukunft glauben und versuchen, das Aufkommen sauberer Verkehrsmittel und sauberer Energieerzeugung zu beschleunigen, und nicht, weil wir glauben, dass dies eine Möglichkeit ist, reich zu werden«,[21] sagt der Multimilliardär. Dies ist der Mann, von dem *Time* sagt, er werde »die Welt retten«, und dem manche den Nobelpreis für Wirtschaft verleihen wollen.

Im November 2019 wurde der bolivianische Präsident Evo Morales aus dem Amt und ins Exil gezwungen, was Morales und andere als »Lithium-Putsch« bezeichneten. In Bolivien und den Nachbarländern Argentinien und Chile befindet sich die Hälfte der weltweit bekannten Lithiumreserven, und mit der Absetzung von Morales wurde eine sozialistische Regierung, die sich für die lokale Kontrolle der Rohstoffgewinnung (und nicht für den Schutz des Landes) einsetzte, durch eine rechtsgerichtete Regierung unter Jeanine Áñez ersetzt. Die Áñez-Regierung hat bereits angekündigt, multinationale Konzerne in die Salzebenen des Salar de Uyuni einzuladen, um dort Lithium im Wert von Milliarden von Dollar abzubauen.[22]

Ein großer Teil dieses Lithiums könnte in Tesla-Fahrzeugen landen. Kurz vor dem Staatsstreich im November 2019 wurde bekannt, dass Elon Musk und Tesla mit dem brasilianischen Präsidenten Jair Bolsonaro und brasilianischen Geschäftsleuten im Gespräch sind, eine neue Tesla-Gigafabrik im südlichen Bundesstaat Santa Catarina zu bauen, wo BMW und GM bereits Fabriken haben, die wahrscheinlich Lithium aus dem Salar de Uyuni benötigen. Der Kandidat von Jeanine Áñez, der bolivianische Geschäftsmann Samuel Dorina Medina, hat sich öffentlich dafür ausgesprochen, dass Tesla eine Gigafactory im Salar de Uyuni selbst bauen sollte. Vor diesem Hintergrund wurde Elon Musk im Juli 2020 zu seiner Unterstützung für den bolivianischen Putsch befragt. Seine Antwort: »Wir putschen, wen immer wir wollen! Finde dich damit ab.«[23]

Und das gilt auch für den Salar de Uyuni.

Blei-Säure-Batterien sind der zweite wichtige Batterietyp, der weit verbreitet ist. Sie sind viel billiger als Lithium-Ionen-Batterien und werden am häufigsten in Autos verwendet. Man nimmt sie auch häufig zur Speicherung von Energie für Solaranlagen in Privathaushalten. Manchmal dienen sie zur Energiespeicherung im großen Maßstab, aber nur selten und in geringem Umfang, vor allem, weil sie keine hohe Energiedichte haben: 0,17 MJ/kg (Lithium-Ionen-Batterien haben etwa 1 MJ/kg und Benzin hat etwa 46 MJ/kg). Diese geringe Energiedichte bedeutet, dass man eine große Menge Batterien benötigt, um sie für die Speicherung nutzbar zu machen.

Der größte Teil der Masse dieser Batterien besteht aus den beiden Hauptbestandteilen: Blei (in Form von dicken Platten) und Schwefelsäure.[24]

Blei ist in der Regel im Gestein eingeschlossen, sofern es nicht durch menschliche Aktivitäten herausgelöst wird. Selbst in kleinsten Dosen ist Blei extrem giftig. Nach Angaben der Weltgesundheitsorganisation »gibt es keine bekannte Bleibelastung, die als sicher gilt«. Die WHO schätzt, dass jedes Jahr mindestens 143.000 Menschen an einer Bleivergiftung sterben.

Im Jahr 2011 wurden die Verhüttung von Blei und das Recycling von Blei-Säure-Batterien getrennt voneinander in die Top 10 der schlimmsten toxischen Verschmutzungsprobleme weltweit eingestuft. Am schwerwiegendsten ist das Problem in Afrika, Mittel- und Südamerika sowie Südostasien.[25] Einem aktuellen Bericht zufolge sind fast 50 Prozent der Kinder in Mexiko von Entwicklungsstörungen aufgrund einer Bleivergiftung bedroht.[26]

Im Blutkreislauf ahmt Blei Zink und Eisen nach, Metalle, die wir für unsere Gesundheit benötigen und die von Natur aus in Lebensmitteln enthalten sind. Enzyme werden vom Blei angezogen und verbinden sich mit ihm, wodurch wichtige Lebensprozesse im ganzen Körper gestört werden. Blei beeinträchtigt auch die Fähigkeit des Körpers, neues Hämoglobin zu bilden – das Wunderprotein, das Sauerstoff von der Lunge in den Körper transportiert und

Kohlendioxid zum Ausatmen zurückführt –, indem es Enzyme stört, die diesen Prozess ermöglichen. Außerdem greift es die Wände der roten Blutkörperchen an, was diese schwächt und ihre Lebensdauer verkürzt. Diese Auswirkungen untergraben die Zellatmung, unseren grundlegendsten Stoffwechselprozess, und führen zu den Symptomen einer Anämie: Kurzatmigkeit, Erschöpfung, Verwirrung und das Gefühl, ohnmächtig zu werden.

Im Gehirn stört Blei die Freisetzung von Neurotransmittern, indem es einige ohne triftigen Grund freisetzt und andere daran hindert, überhaupt freigesetzt zu werden. Blei führt auch dazu, dass die Zellwände zwischen dem Gehirn und dem Blutkreislauf zusammenbrechen. Die Gehirne von Kindern sind besonders empfindlich. Selbst in geringen Mengen kann Bleibelastung bei Kindern zu Unaufmerksamkeit, Hyperaktivität, verminderter Intelligenz und Reizbarkeit führen. Eine höhere Bleibelastung kann zu Hirnschäden, Gedächtnis- und Hörverlust, Wachstumsverzögerungen und zum Tod führen. Ein Arzt beschrieb die Auswirkungen von Blei auf das Gehirn als »fortschreitende Degeneration aller Gehirnfunktionen«.

Im peripheren Nervensystem löst Blei die Myelinscheide von den Nerven, wodurch deren Fähigkeit zur Übertragung elektrischer Signale geschädigt wird und Muskelschwäche, Müdigkeit und Koordinationsschwierigkeiten auftreten.

In den Nieren lagern sich Bleimoleküle an Proteine an und wandern in die Kerne der gesunden Nierenzellen. Die normale Nierenfunktion beginnt zu versagen, und für die Gesundheit wichtige Verbindungen (wie Glukose, Phosphate und Aminosäuren) werden mit dem Urin ausgeschieden, anstatt aufgenommen zu werden. Dies führt zu einer zunehmenden Übersäuerung, Rachitis, steigendem Blutdruck, schwerer Dehydrierung und akuter entzündlicher Arthritis.

Im Herzen kann Blei zu Herzrhythmusstörungen, Herzinfarkt und plötzlichem Herztod führen. Im Fortpflanzungssystem kann es die Chromosomen schädigen, den Hormonhaushalt stören und zu einer Vielzahl von Problemen bei der Geburt führen, von Früh- bis zu Fehlgeburten. Blei wirkt sich auch auf den sich entwickelnden Fötus im Mutterleib aus und verursacht die meisten der bereits erwähnten Auswirkungen.[27] Diese Auswirkungen sind nicht auf den Menschen beschränkt: Blei hat ähnliche Auswirkungen auf die meisten mehrzelligen Pflanzen und Tiere.[28]

Die Hauptursache für die Bleiverunreinigung ist der Abbau, die Verhüttung, die Herstellung und das Recycling von Blei, auch wenn verbleites Benzin und Bleifarben in einigen Gebieten immer noch ein großes Problem darstellen. Insgesamt werden mehr als drei Viertel des weltweit geförderten Bleis für Blei-Säure-Batterien verwendet.[29]

Der Abbau von Blei ähnelt dem Abbau von Kupfer und Eisenerz. Mit Sprengstoff wird das Gestein zerkleinert und zu feinem Pulver gemahlen. Der Schwefel wird durch Rösten dieses Pulvers zusammen mit überhitztem Sauerstoff mit Hilfe von Koks (ein fossiler Brennstoff) oder Holzkohle (industrieller Holzeinsatz) entfernt. Danach folgt die Reduktion, ein Prozess, bei dem das verbleibende Erz in einem Ofen auf Tausende von Grad erhitzt wird, wobei eine Reihe von Absetzbereichen verwendet wird, um Blei von anderen Elementen zu trennen, die leichter sind und aufschwimmen. Die Wärme für diesen Ofen wird im allgemeinen durch die Verbrennung von Koks (fossiler Brennstoff) bereitgestellt. In einem letzten Schritt wird das Blei raffiniert, um es für die kommerzielle Nutzung rein genug zu machen. Dieser Prozess erfordert das Erhitzen mit Erdgas (fossiler Brennstoff) sowie die Zugabe von Holzspänen (Holzeinschlag), Koks (fossiler Brennstoff) und/oder Schwefel (industrieller Abbau).

Die EPA stellt fest, dass »Bleiemissionen … in unterschiedlichen Mengen bei fast jedem Prozess … in primären Bleihütten und Raffinerien auftreten«.[30]

Wie andere Bergbauindustrien ist auch das Bleigeschäft stark konzentriert. Ein Unternehmen – Doe Run Resources – war 2005 für mehr als 10 Prozent des geförderten Bleis verantwortlich. Die Stadt

Herculaneum, Missouri, in der sich eine Doe-Run-Schmelzanlage befindet, geriet 2003 in die Schlagzeilen, nachdem die EPA einige der höchsten jemals gemessenen Bleiwerte festgestellt hatte – mehr als 240.000 ppm (wobei bereits 40 ppm als unsicher gelten). Bei mehr als der Hälfte der in der Nähe lebenden Kinder lag der Bleigehalt im Blut weit über dem CDC-Grenzwert, der irreversible und schwere Schäden verursacht. Isotopentests bewiesen, dass die Bleikontamination direkt von der Hütte in Herculaneum stammte, und EPA-Zahlen zeigten, dass die Anlage jährlich 101.000 Tonnen Kohlendioxid, 42.000 Tonnen Schwefeldioxid, 30 Tonnen Blei und 61 Tonnen anderer Chemikalien, Partikel und Gase ausstieß. Doch anstatt die Schmelzanlage zu schließen, haben EPA und Doe Run von 2003 bis 2010 die Stadt stillgelegt, indem sie Schilder aufstellten, auf denen Kinder vor dem Spielen im Freien und Anwohner vor der Gartenarbeit gewarnt wurden, und indem sie die Häuser im Umkreis von einer dreiviertel Meile um die Anlage aufkauften.[31]

Doch Menschen waren (und sind) nicht die einzigen, die geschädigt wurden. Eine Studie des U.S. Geological Survey fand bei Singvögeln eine fast 40-fache Bleibelastung gegenüber dem Durchschnittswert. »Mehr als die Hälfte der getesteten Vögel wiesen Anzeichen einer Bleivergiftung auf«, sagte der Hauptautor der Studie.[32] Schließlich wurde das Unternehmen 2010 wegen Umweltverschmutzung zu einer Geldstrafe von 7 Millionen Dollar verurteilt und gezwungen, 65 Millionen Dollar in Sanierungsprojekte für seine Anlagen in Missouri zu investieren. Es handelte sich um eine der höchsten EPA-Strafen in der Geschichte. Anstatt die Schmelzanlage in Herculaneum zu sanieren, beschloss Doe Run, sie zu schließen.[33] Wenn die externen Effekte – die Kosten der Vergiftung von allem und jedem – in die Wirtschaftlichkeit einer industriellen Tätigkeit (auch nur teilweise) einbezogen werden, erweist sich diese Tätigkeit als ein sehr schlechtes Geschäft.

Natürlich wird diese Schließung in dem Hütchenspiel, das die Weltwirtschaft darstellt, diese Emissionen wahrscheinlich nicht verhindern. Eine andere Bleihütte, wahrscheinlich in einem armen

Land mit laxen Umweltgesetzen, wird die Produktion übernehmen.

Bald sehen Sie die Verschmutzung, bald nicht.

Doe Run besitzt Bergbau- und Produktionsanlagen in La Oroya, Peru, wo seit fast hundert Jahren Bergbau betrieben wird. La Oroya ist einer der am stärksten verschmutzten Orte der Welt. 90 Prozent der Kinder der Stadt haben Bleiwerte im Blut, die über den Richtlinien der Weltgesundheitsorganisation liegen. Auch die Arsen- und Kadmiumwerte sind ähnlich hoch. Das nichtmenschliche Leben ist sogar noch stärker zerstört; die Gegend um die Stadt wurde als Mondlandschaft beschrieben.[34]

Doe Run gehört dem CEO der RENCO-Gruppe, Ira Rennert, der – mit einer Bewertung von 5 Milliarden Dollar – eines der größten Industrieimperien in Privatbesitz in den Vereinigten Staaten kontrolliert. Rennert ist natürlich ein wichtiger politischer Spender, denn so funktioniert das System. Er wohnt in einem der teuersten Privathäuser der Vereinigten Staaten, das 200 Millionen Dollar wert ist. Das 110.000 Quadratmeter große Haus hat 29 Schlafzimmer und 39 Bäder und liegt auf einem 63 Hektar großen Grundstück in den Hamptons auf Long Island.[35]

Auf den ersten Blick scheinen Superkondensatoren Batterien ähnlich zu sein: Beides sind Vorrichtungen, die hauptsächlich zur Energiespeicherung in der Elektronik verwendet werden. Superkondensatoren können jedoch fast sofort geladen und entladen werden. Außerdem sind sie langlebiger: Sie können jahrzehntelang Lade- und Entladezyklen aushalten. Allerdings ist ihre Energiedichte mit 0,01 bis 0,036 MJ/kg noch geringer als die von Batterien.

Superkondensatoren werden in einer Vielzahl von Konsumgütern eingesetzt, von Computern bis hin zu Mobiltelefonen, in der Regel als Ergänzung zu Batterien oder Netzstrom und zur Stabilisierung von Spannungsschwankungen bei empfindlichen elektronischen Geräten. Zwischen 20 und 30 Prozent der Windturbinen verwenden Superkondensatoren, um die Motoren, die den Winkel (Pitch) der Flügel verändern, mit Strom zu versorgen. Fällt bei einem Sturm die Stromversorgung aus, drehen diese Superkondensatoren die Rotorblätter, um den Wind abgleiten zu lassen und Schäden zu verhindern. Ein Unternehmen, *Maxwell*, hatte Ende 2013 weltweit mehr als 7 Millionen Superkondensatorzellen in Windkraftanlagen installiert.[36] Superkondensatoren werden auch häufig in Umspannwerken eingesetzt, um die Spannung von Wind- und Solaranlagen auszugleichen, da die Spannung stark schwankt, wenn der Wind böig wird oder die Sonne hinter Wolken verschwindet.[37]

Superkondensatoren bestehen aus zwei Metallplatten, die Energie in Form eines elektrostatischen Feldes speichern – die gleiche Art von Energie, die Ihr Haar nach oben zieht, wenn Sie einen Luftballon daran reiben. Die Platten sind mit einem leitfähigen Material mit großer Oberfläche beschichtet, in der Regel Aktivkohle.

Wer für Superkondensatoren wirbt, behauptet oft, die in ihnen verwendeten Materialien seien ungiftig. Dies ist jedoch nicht der Fall. Eine unvollständige Liste schädlicher Stoffe, die in Superkondensatoren verwendet werden, umfasst Acetonitril (giftig), Arsenverbindungen (außerordentlich giftig, verursachen Multisystem-Organversagen), Tetrafluoroborat (schädigt die Lunge und verursacht schwere Verätzungen, Geschwüre, Blutarmut, Haarausfall, Nierenschäden, Schilddrüsenstörungen und Fortpflanzungsschäden, einschließlich »Verkümmern der Hoden«[38]), Diethylcarbonat (stark reizend für menschliches Gewebe; kann zu Erbrechen, Übelkeit, Schwäche und Bewusstlosigkeit führen; außerdem ist es leicht entzündlich, möglicherweise krebserregend und steht im Verdacht, Fortpflanzungsschäden zu verursachen[39]) und Kohlenstoffnanoröhren (haben eine ähnliche Wirkung auf den Körper von Tieren wie Asbest, dringen in die Lunge und die Schleimhäute ein und verursachen Krebs, Schäden am Atmungssystem und Läsionen im gesamten inneren Gewebe des Körpers[40]).

Der Prozess der Herstellung von Superkondensatoren ist mit eigenen Risiken verbunden. Acetonitril zum Beispiel ist ein Nebenprodukt bei der Herstellung von Acrylnitril und Polyacrylnitril, hochentzündlichen und giftigen Chemikalien, die Krebs verursachen und besonders schädlich für Wasserlebewesen sind. Beim Menschen führt die Exposition zu Blasenbildung, Hautreizungen, Bauchschmerzen, Erbrechen und Krämpfen.[41] Für die Herstellung von Kohlenstoff-Aerogelen werden in der Regel Formaldehyd und Resorcin verwendet, beides wahrscheinlich krebserregende Stoffe, die für die menschliche Gesundheit gefährlich sind und in vielen Industrieprodukten verwendet werden. Tetrahydrofuran wird aus Butan gewonnen, das wiederum aus Erdgas raffiniert wird (und in den USA stammt inzwischen mehr als die Hälfte des Erdgases aus Fracking). Für die Herstellung von Bariumtitanat ist eine Ofentemperatur von mehr als 2000°C erforderlich, und seine Partikel (die zunehmend in Technik und Medizin eingesetzt werden) sind giftig für Wasserlebewesen.[42] Bei der Herstellung von Kohlenstoffnanoröhren werden mindestens 15 verschiedene aromatische Kohlenwasserstoffe freigesetzt, darunter vier der extrem giftigen polyzyklischen Sorte (ähnlich denen, die von Verbrennungsmotoren erzeugt werden), von denen einige beim Menschen Krebs und Atemprobleme verursachen.[43]

Nichts ist mit der Energiedichte von fossilen Brennstoffen vergleichbar. Ihre 46 MJ/kg machten die industrielle Zivilisation möglich. Es kostet Energie, einen Krieg gegen das Leben zu führen, denn das Leben will leben. Es kostet Energie, Lebensgemeinschaften in tote Waren zu verwandeln und sie über Ozeane und Kontinente zu transportieren, und die einzige Möglichkeit, dies mit Gewinn zu tun, ist, wenn die Energie im Grunde kostenlos ist. Aber 50 Dollar pro Barrel ist schon fast kostenlos. Die Rechnung ist nicht kompliziert. Die beste Lithiumbatterie kann nur 1 MJ/kg speichern. Stellen Sie sich das Leben in einem Industrieland vor, das nur ein 46stel der Menge des amerikanischen Verbrauchs zur

Vefügung hat. Sie hätten nur etwas mehr als 30 Minuten Strom pro Tag zur Verfügung. Der durchschnittliche Amerikaner fährt 60 Kilometer pro Tag: teilen Sie das durch 46. Das setzt allerdings voraus, dass Ihr Auto existieren würde, was nicht der Fall wäre, nicht ohne die fossilen Brennstoffe zum Abbau der Erze und zur Herstellung des Stahls. Und Ihr Auto wäre weitgehend nutzlos ohne die fossilen Brennstoffe, die benötigt werden, um Straßen zu bauen und zu asphaltieren. Die Infrastruktur und die Konsumgüter der industriellen Zivilisation erfordern ein Maß an Abbau, Transport, Herstellung und Vertrieb, das nur mit einem ungehinderten Fluss an fossilen Brennstoffen möglich ist.

Uns wird eine Geschichte verkauft, und wir kaufen sie ab, weil sie uns gefällt. Wir wollen, dass sie wahr ist. Wir wollen glauben, dass unser Leben mit all der Leichtigkeit und dem Komfort weitergehen kann, den wir als uns zustehend betrachten. Wie leicht ist es zu glauben, dass ein einfacher Austausch von Windkraft gegen Öl und von Solarenergie gegen Kohle ausreicht, damit wir mit unseren Klimaanlagen, Handys und Vorstädten weitermachen können. Jedes Mal, wenn wir auf einen Stolperdraht aus beunruhigenden Fakten oder einfacher Mathematik stoßen, beruhigen wir uns mit unserem Glauben an die Technik. Wenn alles, was zwischen uns und dem Ende der Welt steht, eine Batterie ist, die 46 MJ/kg speichern kann, dann arbeitet doch bestimmt schon jemand daran.

Und in der Tat, das tun sie schon seit Jahrzehnten, und dennoch gibt es keine neue Batterie. Die allgegenwärtigen Lithium-Ionen-Batterien sind eine Verfeinerung einer 40 Jahre alten Technologie. Steve LeVine, Autor von *The Powerhouse: Inside the Invention of a Battery to Save the World* (Das Kraftwerk: Über die Erfindung einer Batterie zur Rettung der Welt), weiß, wieviel auf dem Spiel steht. Er ist auch sehr ehrlich: »Wenn man die wirklich seriösen Batterieexperten auf ein Bier einlädt und sie inoffiziell fragt: ›Sagen Sie mir die Wahrheit. Hatte jemand, den Sie kennen, bei einer der Formeln einen Durchbruch?‹ Die Antwort lautet ›Nein‹. Keiner hat auch nur etwas in Aussicht.«[44]

Eines der größten Probleme für die öffentliche Gesundheit in den Städten des 18. und 19. Jahrhunderts war der Pferdemist. So prognostizierte die Londoner *Times* 1894, dass bis 1950 jede Straße in London mit drei Metern Pferdekot bedeckt sein würde, während man in New York City glaubte, dass sich der Pferdemist bis 1930 noch höher auftürmen würde, nämlich bis zu den Fenstern im dritten Stock in Manhattan. »Der Gestank«, so der Stadtplanungsexperte Eric Morris,* »war allgegenwärtig.«[45]

Zu dieser Zeit war die Wirtschaft von Pferden abhängig. Sie zogen Pflüge, schleppten Baumstämme, zogen Karren und Kutschen und transportierten Personen. In den späten 1800er Jahren, als die Stadtpferde ihre Blütezeit erlebten, wurden etwa 15 Millionen Hektar Land – eine Fläche von der Größe West Virginias – für den Anbau von Pferdefutter benötigt.

Die Einführung der Eisenbahn wurde weithin als technische Lösung für das Pferdeproblem gepriesen. Doch die Eisenbahn verschlimmerte die Probleme. Durch die effizientere Beförderung mit der Bahn konnte mehr Handel betrieben werden, und da jede mit der Bahn beförderte Ware von einem Pferdewagen abgeholt und ausgeliefert werden musste, stieg die Gesamtnachfrage nach Pferdetransporten und damit das Ausmaß des Problems.

Neue Technologien verdrängen nicht immer ältere Probleme, manchmal kommen sie einfach hinzu.

Was schließlich den Pferdetransport ersetzte, war das Automobil, deren Zahl 1912 in vielen amerikanischen Bundesstaaten die Zahl der Pferde übertraf. Unterstützt durch neue Vorschriften für Pferde in den Städten eroberten die Autos die Straßen und wurden als Retter der Umwelt bejubelt. Morris meint: »Weder drakonische Vorschriften noch Anreize zum Reisen waren notwendig, um

* Auch die Pferde waren nicht glücklich, und sie hatten nicht nur mit dem Gestank zu kämpfen. Gesunde Pferde werden 25 oder 30 Jahre alt. Ein durchschnittliches Straßenbahnpferd lebte aufgrund von Enge, Krankheiten, Gefahren der Straßen und ständigen Schlägen und Peitschenhieben kaum zwei Jahre.

das Problem der Umweltverschmutzung durch Pferde zu lösen. Menschlicher Erfindungsreichtum und Technologie schafften das – und brachten gleichzeitig eine enorme Steigerung der Mobilität mit sich.«[46]

Aber zu welchem Preis? Die Geschichte von den Autos, die das Problem der Pferdeäpfel lösten, ist alles andere als eine Triumphgeschichte über Erfindungsreichtum und Technologie. Vielmehr könnte sie als warnendes Beispiel für die Gefahren der technologischen Eskalation und – noch grundsätzlicher – für die Tendenz dieser Kultur, Problemen auszuweichen, anstatt sie zu lösen, gelesen werden. In diesem Fall wurde das Problem nicht gelöst, sondern nur verlagert. Anstelle von mit Fäkalien gefüllten Straßen haben wir jetzt einen von Smog gefüllten Himmel und ein mit Treibhausgasen angefülltes Klima. Die Zerstörung von Bergen, Wäldern, Feuchtgebieten und Prärien, um Pferde zu ernähren, wurde durch die Zerstörung von Bergen, Wäldern, Feuchtgebieten und Prärien ersetzt, um Stahl für Henry Fords Fabriken und Öl für die Automobile zu liefern.

Jetzt, angesichts einer Autokultur, die das Klima ruiniert, besteht die Reaktion darin, dem Problem wieder auszuweichen, indem man Technologien entwickelt, die die Zerstörung wieder einmal verlagern, nicht beseitigen.

Die nächste leuchtend grüne, die Erde rettende Energiespeichertechnologie sind Brennstoffzellen. Die Schlagzeilen sollten wir inzwischen vorhersehen können: »Die perfekte Energiequelle für die Zukunft«, »Brennstoffzellen: Saubere und verlässliche Energie«.

Für die meisten Menschen, die keine Chemiker oder Ingenieure sind, scheinen Brennstoffzellen Batterien oder Superkondensatoren zu ähneln.[47]* Brennstoffzellen unterscheiden sich jedoch dadurch, dass sie eine externe Brennstoffquelle (in der Regel Wasserstoffgas) benötigen und nur einen Teil der in diesem Brennstoff gespeicherten Energie abgeben zu können. Die Nebenprodukte der Entladung von Brennstoffzellen sind Wasser und Wärme, weshalb viele sagen, Brennstoffzellen seien sauber und erneuerbar.

Die beiden Haupttypen von Brennstoffzellen sind Polymeraustauschmembranen (PEM) und Festoxidzellen (SO). Die erste wird hauptsächlich im Verkehrswesen eingesetzt, die zweite in der Schwerindustrie und bei der Stromspeicherung im Netz.

PEM-Brennstoffzellen sind auf einen Katalysator angewiesen, der auf die Innenflächen der Brennstoffzelle aufgebracht wird. Der Katalysator besteht in der Regel aus Platin-Nanopartikeln, die auf ein dünnes Material auf Kohlenstoffbasis aufgebracht sind. Lassen wir einmal beiseite, dass Platin abgebaut wird mit dem damit verbundenen Grauen, und weisen wir nur darauf hin, dass Platin-Nanopartikel (wie alle Nanopartikel) für Menschen und andere Lebewesen giftig sein können und Lungenentzündungen, Arteriosklerose, Schäden an Zellwachstumsmechanismen und andere schädliche Wirkungen haben. Eine Studie stellt fest: »Der zunehmende Einsatz der Nanotechnologie in der Hightech-Industrie ist wahrscheinlich eine weitere Möglichkeit, dass Menschen künstlich hergestellten Nanopartikeln ausgesetzt sind« und »je kleiner die Partikel sind, desto mehr Oberfläche haben sie pro Masseneinheit; dies macht Nanopartikel in der zellulären Umgebung sehr reaktiv [und erhöht] die intrinsische Toxizität«.[48]

Die Membran selbst besteht aus einer Art Polymer-Kunststoff, und die Gasdiffusionsschicht (die dazu beiträgt, Kraftstoff und Wasser in die Katalysatorschicht hinein und aus ihr heraus zu transportieren) besteht aus Kohlepapier, das mit dem synthetischen Polymer Polytetrafluorethylen (PTFE)[49] beschichtet ist, das allgemein als Teflon bekannt ist. PTFE wird in der Regel mit einer Chemikalie namens Perfluoroctansäure hergestellt; die Herstellung

* Wasserstoff-Brennstoffzellen gelten ebenso wie Superkondensatoren als Energiespeicher im Entwicklungsstadium. Es wird wahrscheinlich noch viele Jahre, ja sogar Jahrzehnte dauern, bis Brennstoffzellen vollständig kommerziell eingesetzt und ausgereift sind.

von PTFE hat zur weltweiten Freisetzung dieser Substanz geführt. Zu den mit PTFE behandelten Produkten gehören Töpfe und Pfannen, Teppiche, Toilettenreiniger, Kleidung, Regenkleidung, Rucksäcke und andere Outdoor-Ausrüstung, Pizzaschneidepapier, Eiscremekartons und Popcorntüten. Wenn sich diese Produkte abnutzen, setzen sie Perfluoroctansäure frei. Diese Säure ist dafür bekannt, dass sie beim Menschen Krebs, Colitis ulcerosa, Schilddrüsenerkrankungen, einen hohen Cholesterinspiegel und andere Gesundheitsprobleme verursacht, und sie akkumuliert sich außerdem. Mehr als 99 Prozent der Menschen in den USA haben nachweisbare Mengen dieser Chemikalie in ihrem Körper. Die weltweiten Werte sind ähnlich, und bisher hat jede getestete Tierart Chemikalien aus der PTFE-Familie in ihrem Körper.[50] Sicherlich gehören auch wir dazu. Wahrscheinlich Sie ebenfalls.[51] Auch kleine Lebewesen sind betroffen. Einige dieser Chemikalien waren am stärksten im Zooplankton konzentriert.[52]

Bei einer Überhitzung von PTFE (wie sie manchmal bei antihaftbeschichteten Pfannen vorkommt und in Brennstoffzellen vorkommen kann) werden 15 giftige Gase und Partikel freigesetzt, die das »Polymerfieber« verursachen, das durch Schüttelfrost, Kopfschmerzen und Fieber gekennzeichnet ist. Die Herstellung und Verwendung von PTFE und anderen fluorierten Polymeren führt zu einem Anstieg der Konzentration einer der flüchtigen Substanzen, aus denen diese Dämpfe bestehen, der Trifluoressigsäure (TFA). TFA kommt in der Natur nicht vor, sondern nur in der Industrie. In konzentrierter Form ist TFA extrem ätzend und kann schon in kleinen Mengen zu schweren Verletzungen oder zum Tod führen. Und selbst in geringen Konzentrationen ist es für Wasserlebewesen giftig. Mehrere Studien haben TFA in Gewässern in Konzentrationen gefunden, die weit über dem erwarteten Wert lagen. Wie bei vielen Schadstoffen, ist das wahre Ausmaß des Problems nicht vollständig bekannt.[53] Atmen Sie tief durch und sagen Sie sich, dass Wasserstoff-Brennstoffzellen sauber und gut für den Planeten sind.

PTFE-Chemikalien bilden auch den Kern des Elektrolyts in den meisten PEM-Brennstoffzellen, häufig eine Chemikalie namens Nafion, die vom Chemiegiganten Chemours, einem DuPont-Ableger, hergestellt wird[54] und aus Perfluorvinylsulfonat und Tetrafluorethylen besteht, die zu großen Polymermolekülen kombiniert sind. Aufgrund seiner Eigenschaften eignet sich Nafion perfekt für den Einsatz in Brennstoffzellen; außerdem ist es biologisch nicht abbaubar. Einmal hergestellt, kann Nafion nur durch Verbrennung wieder abgebaut werden. Bei der Verbrennung dieser Chemikalie werden Schwefeldioxid (das sauren Regen verursacht), Kohlendioxid[55] und Fluorwasserstoff freigesetzt. (»Kurzzeitige Exposition gegenüber HF-Dämpfen im Promillebereich kann tödlich sein«, heißt es in einem Lehrbuch, und weiter: »Fluor ist ein kumulatives Gift in Pflanzen … Fluor, das von Aluminiumwerken in Norwegen produziert wird, hat Kiefernwälder in einer Entfernung von bis zu 13 Kilometer zerstört; Bäume wurden in einer Entfernung von bis zu 32 Kilometer geschädigt.«[56]) Und das sogar, wenn die Verbrennung sorgfältig durchgeführt wird.

Eine befreundete Chemikerin hat früher in einer Verbrennungsanlage gearbeitet. Ihre Aufgabe war es, dafür zu sorgen, dass die Verbrennung so sauber wie möglich abläuft. Als wir sie zu Nafion befragten, sagte sie: »Ich würde mir vor allem wegen des Fluors Sorgen machen. In kleinen Mengen gilt es als unbedenklich für die Verbrennung (allerdings *nur* in den wenigen Verbrennungsanlagen, die mit den besten Luftreinigungsanlagen ausgestattet sind [von denen es in den USA ganze zwei gibt]), aber Fluor ist bei der Verbrennung selbst in guten Anlagen eine problematische Chemikalie. Es bildet üble Giftstoffe, die, wenn sie in mehr als nur sehr geringen Mengen vorhanden sind, die Filter durchschlagen. Dieses Zeug sollte niemals in einer durchschnittlichen Verbrennungsanlage verbrannt werden. Alle Lebewesen in der Umgebung würden mit Sicherheit vergiftet werden.«

Das klingt nach einer großartigen neuen nachhaltigen Technologie, oder?

Die Unternehmen *DuPont* und *Chemours* wurden gezwungen, mehr als 700 Millionen Dollar Schadenersatz an Menschen zu zahlen, die durch Perfluoroctansäure (PFOA) beziehungsweise Teflon-Chemikalien geschädigt wurden. Im Jahr 2013 stellte DuPont die Herstellung von PFOA in den Vereinigten Staaten ein. Der Großteil der Produktion wurde nach China verlagert. Das Unternehmen hat auch eine Chemikalie namens GenX entwickelt, die es als neuen nachhaltigen Ersatz für Teflon vermarktet. Aus DuPonts eigenen Berichten geht jedoch hervor, dass GenX ähnliche negative Auswirkungen hat und »Organwachstum, verschiedene Formen von Krebs, nachteilige Veränderungen bei der Fettverarbeitung, Geburtsfehler und mehr« verursacht.[57] Obwohl GenX erst seit weniger als einem Jahrzehnt existiert, wurde es bereits in Flüssen, Seen und Trinkwasser in North Carolina, Ohio und West Virginia gefunden. In einem Fall erteilte die Umweltschutzbehörde von West Virginia DuPont die Genehmigung, GenX in einen Bach in der Nähe ihres Werks in einer Menge einzuleiten, die das 250-fache des gesetzlichen Grenzwerts für PFOA beträgt.[58]

Nachdem die US-Armee 2005 ihren ersten experimentellen Lkw mit Brennstoffzellenantrieb in Dienst gestellt hatte, sagte Hillary Clinton, das Projekt sei »ein entscheidender Schritt in die richtige Richtung«. Ein Sprecher von General Motors fügte hinzu: »Brennstoffzellen-Fahrzeuge passen gut zu den Zielen der U.S. Army. [Sie sind] sowohl sauber als auch leise und können daher ein Vorteil auf dem Schlachtfeld sein.«[59]

Hier eine weitere Schlagzeile: »Ökologisierung des Militärs: Es geht nicht darum, den Planeten zu retten – es geht um sicherere, billigere Kampfausrüstung.« In dem Artikel wird erklärt, dass die größten Militärs der Welt ihre Effektivität durch den Einsatz von Sonnenkollektoren, Windturbinen und wiederaufladbaren Batterien erhöhen, anstatt sich auf anfällige Treibstofftransporte zu verlassen.[60]

Ob leuchtendes Grün oder Vier-Sterne-General, es geht nicht darum, den Planeten zu retten – es geht darum, diese Lebensweise zu bewahren.

Die Hellgrünen behaupten oft, dass »Wasserstoff-Brennstoffzellen-Fahrzeuge emissionsfrei sind«: »Amazons neuer Null-Emissions-Gabelstapler könnte nur der Anfang einer neuen Zukunft für Wasserstoff-Brennstoffzellen-Elektrofahrzeuge sein, sowohl im Straßenverkehr als auch außerhalb« oder »Genießen Sie ein sauberes, unterhaltsames Fahrerlebnis mit einem Null-Emissions-Fahrzeug. Honda ebnet mit der neuen Brennstoffzellentechnologie den Weg in die Zukunft.« Und so weiter und so fort.

Auch auf die Gefahr hin, das Offensichtliche zu sagen: Brennstoffzellen – wie andere Formen der Energiespeicherung – speichern nur Energie, sie erzeugen sie nicht. Ihre Energie muss irgendwoher kommen. Brennstoffzellen werden fast immer entweder direkt mit Erdgas oder mit Wasserstoff betrieben, der durch ein Verfahren namens Dampf-Kohlenwasserstoff-Reformierung aus Erdgas hergestellt wird. Eine Studie des *Tyndall Centre* in Großbritannien kam zu dem Ergebnis, dass sich die Kohlenstoffemissionen von Brennstoffzellen aufgrund des Einsatzes fossiler Brennstoffe nur geringfügig von denen von Verbrennungsmotoren und Kraftwerken mit fossilen Brennstoffen unterscheiden.[61] Und wie wir bereits erwähnt haben, haben Untersuchungen gezeigt, dass Erdgas keineswegs »sauberer« ist, sondern wegen des Methans, das aus Erdgasbohrungen, -leitungen und -verarbeitungsanlagen entweicht, sogar noch schlechter für das Klima ist als Kohle.[62]

Die nächstgünstige Methode zur Gewinnung von Wasserstoff besteht in der Vergasung von schwefelarmer Kohle in einem Industrieofen und der anschließenden Verwendung eines sogenannten »Scrubbers« zur Gewinnung von Wasserstoff aus dem dabei entstehenden Gas.

Am teuersten ist das Verfahren, für das sich Umweltschützer starkmachen: die Elektrolyse. Bei diesem Verfahren wird Wasserstoff durch chemische Zersetzung aus Wasser gewonnen, wobei zur Spaltung von H_2O-Molekülen Elektrizität verwendet wird. Die Elektrolyse ist sehr energieintensiv und viel teurer als die Verwendung von Erdgas oder Kohlevergasung.[63] Abgesehen vom Energieaufwand wird bei dieser Methode der Wasserstofferzeugung auch Wasser verbraucht. Dieses Wasser geht nicht unbedingt verloren, sondern taucht wieder auf, wenn sich Wasserstoff mit Luftsauerstoff verbindet und aus den Auspuffrohren eines Brennstoffzellen-Fahrzeugs tropft. Allerdings würde bei einem weitverbreiteten Einsatz von Brennstoffzellen das Wasser mit Sicherheit *umverteilt werden*. Das meiste Wasser wird den örtlichen Flüssen, Seen, Quellen und Grundwasserleitern entnommen – also den Orten, an denen es das Leben am Leben hält – und tropft auf die Straßen, wo es größtenteils verdunstet. Der Nettoeffekt wird sein, dass der Natur mehr Wasser entzogen und es für die industrielle Nutzung eingesetzt wird.[64] Eine Schätzung untersuchte die privaten Personenkraftwagen in den USA und kam zu dem Ergebnis, dass für die Herstellung von genügend Wasserstoff pro Tag 606 Millionen Liter gereinigtes Wasser benötigt würden.[65] Um alle privaten Personenkraftwagen in den USA mit wasserbetriebenen Brennstoffzellen zu fahren, würde das in etwa so viel Wasserverbrauch bedeuten, wie von vier Städten in der Größe von Los Angeles.[66]

Pumpspeicherkraftwerke (PSW) sind eine einfache Technologie. Zunächst findet man einen Standort, an dem zwei große Stauseen (oder natürliche Gewässer) in deutlich unterschiedlicher Höhe durch Rohre verbunden werden können. Wenn man Energie speichern will, pumpt man Wasser aus dem unteren in den oberen Stausee, und wenn man die gespeicherte Energie nutzen will, lässt man das Wasser wieder ablaufen.

PSW sind die bei weitem wichtigste Form der Energiespeicherung, die heute in Stromnetzen eingesetzt wird. Im Jahr 2012 machten sie mehr als 99 Prozent der weltweiten Massenspeicherung von Energie aus.[67] Im Jahr 2018 war die Gesamtenergiespeicherung um das Zwölffache gestiegen, betrug aber nach wie vor nicht mehr als etwa 8 GWh weltweit, wobei 96,2 Prozent der Energiespeicherung auf Pumpspeicherkraftwerke entfielen.[68]

Wenn Hellgrüne also über die Energieversorgung der Wirtschaft sprechen, denken sie an große Staudämme.

In den letzten Jahrzehnten gab es eine Flaute bei neuen Projekten, weil die Kosten zu hoch waren, die Genehmigungsverfahren zu lange dauerten und die Natur ernsthaft geschädigt wurde. Doch dank des Booms des »grünen Wunders« von Wind- und Solarenergie werden jetzt überall auf der Welt neue PSW-Projekte in Angriff genommen.

Trotzdem haben die meisten Menschen noch nie etwas von PSW gehört, und noch weniger haben die Kosten bedacht.

Pumpspeicherkraftwerke sind in der Regel riesige Projekte. Die Schäden, die diese Projekte in den umliegenden Gebieten verursachen, führen oft zu Widerstand in den Gemeinden, was die Projekte verzögert und die Kosten in die Höhe treibt. Die Genehmigung dieser Projekte innerhalb der USA ist schwierig. Die Befürworter müssen sich also über den lokalen Widerstand hinwegsetzen oder ihn überdauern. Der Bau kann fünf bis 10 Jahre dauern und Hunderte von Millionen oder Milliarden Dollar kosten.

Das größte Pumpspeicherkraftwerk der Welt ist die *Bath County Station* im Nordwesten Virginias, die bei Spitzenfluss 3 GW Strom erzeugen kann. Die Wasserquelle ist der Little Back Creek, der beim Bau des Projekts in den späten 1970er und frühen 1980er Jahren aufgestaut wurde. Die beiden Dämme vor Ort haben ein Volumen von 22 Millionen Kubikmetern, was etwa sieben Hoover-Dämmen entspricht. Die beiden Stauseen, die hinter den Dämmen entstanden sind, erstrecken sich über eine Fläche von mehr als 800 Hektar, wobei der eine Stausee etwa 400 Meter höher liegt als der andere. Der Stationsleiter nennt es »eines der größten technischen Projekte aller Zeiten« und fügt hinzu: »Der Maschinenpark ist riesig.« Er übertreibt nicht: Jeder der sechs Generatoren der Anlage wiegt 90 Tonnen. An einem einzigen Tag kann das obere Reservoir um bis zu 30 Meter absinken und das untere Reservoir um bis zu 30 Meter ansteigen, da Millionen von Litern Wasser durch das System gejagt werden.[69]

Was die Schädigung des Bodens angeht, so sind Pumpspeicherwerke wie Staudämme; sie beruhen auf dem teilweisen oder vollständigen Aufstauen eines natürlichen Gewässers oder auf der Schaffung eines vollständig künstlichen Reservoirs.* Wie dies dem Land und den dazugehörigen Gewässern schadet, sollte offensichtlich sein, aber wenn eine ganze Kultur den Planeten tötet und diese Zerstörung als »Rettung der Erde« bezeichnet, können wir uns nie so ganz sicher sein.

Dämme blockieren die Bewegung von Fischen und anderen Lebewesen flussaufwärts und flussabwärts. Dies schadet nicht nur diesen Populationen selbst, sondern verursacht auch kaskadenartige Schäden für die gesamte lokale natürliche Gemeinschaft. In einigen Gebieten werden die für die Lebensgemeinschaft wichtigen Nährstoffe von Wanderfischen wie dem Lachs beigesteuert, die im Süßwasser schlüpfen, sich auf den Weg zum Meer machen (zumindest früher: Heute werden die Jungfische auf ihrem Weg flussabwärts oft von Turbinen getötet, indem sie entweder püriert oder durch den schnellen Druckwechsel getötet werden), zum Erwachsenenalter heranwachsen und zum Laichen in die Bäche zurückkehren, in denen sie geschlüpft sind (zumindest früher: Heute stehen ihnen oft Dämme im Weg).

Durch das Hochpumpen von Wasser können auch schädliche Arten in neue Gebiete eingeführt werden. So wurden beispielsweise in Südafrika durch die Tugela-Vaal-Pumpspeicherleitung drei neue Fischarten in das Oberlaufgebiet des Tugela-Flusses ein-

* Ein ganz und gar künstliches Reservoir, das mit Wasser gefüllt werden muss, das von anderswo hingepumpt wird, und das regelmäßig aufgefüllt werden muss, um den Verlust von Wasser auszugleichen, das verdunstet oder im Boden versickert.

geführt. Jetzt kreuzen sie sich und verdrängen die Arten, die (bis jetzt) im Oberlauf des Flusses leben.[70]

Stauseen, die mit PSW verbunden sind, entwickeln fast nie gesunde natürliche Lebensgemeinschaften an ihren Ufern, weil die Wasserstände so viel stärker (und schneller) schwanken als in natürlichen Seen. Bei Niedrigwasser trocknen Pflanzen und Tiere aus, während sie bei Hochwasser ertrinken. Dieser Zyklus findet in Pumpspeicherbecken oft täglich statt und nicht monatlich oder jährlich wie in den meisten natürlichen Teichen und Seen.

Stauseen tragen zur globalen Erwärmung bei; in gemäßigten Regionen setzen sie etwa doppelt so viel Kohlendioxid und Methangas frei wie ein natürlicher See, und in den Tropen setzen Stauseen viermal so viel Kohlendioxid und zehnmal so viel Methan frei wie natürliche Gewässer. Dies ist kein geringer Beitrag; Stauseen nehmen heute mehr Fläche ein als alle natürlichen Süßwasserseen der Erde zusammen, und sie tragen zu etwa 4 Prozent der globalen Kohlenstoffemissionen und 20 Prozent der globalen Methanemissionen bei.[71]

Pumpspeicherkraftwerke tragen auch während ihres Baus zur Entstehung von Treibhausgasen bei. Das Kraftwerk Dinorwig in Nordwales zum Beispiel, das auf dem Gelände eines stillgelegten Schiefersteinbruchs und in den Tunneln und Kavernen eines Berges namens Elidir Fawr gebaut wurde, war bei Baubeginn 1974 das größte staatliche Tiefbauprojekt, das es je in Großbritannien gegeben hat. Für den Bau mussten 16 Kilometer unterirdische Tunnel gegraben werden, und es wurden 5.000 Tonnen Stahl und 1,1 Millionen Tonnen Beton benötigt.[72] Die Herstellung dieses Materials verursachte über eine Million Tonnen Kohlendioxid. Dabei sind die Emissionen (ganz zu schweigen von den anderen Formen der Umweltverschmutzung und der Bodenzerstörung) noch gar nicht mitgerechnet, die beim Transport der Materialien zur Baustelle, beim Sprengen des Gesteins, beim Rücktransport des Gesteins an die Oberfläche, bei der An- und Abreise der Arbeiter, beim Bau neuer Straßen, Umspannwerke und Übertragungsleitungen, beim Gießen und Zusammenbau der Turbinen und anderer Komponenten und so weiter freigesetzt werden.

Im Vergleich zu natürlichen Bächen und Flüssen, die oft teilweise oder vollständig von Bäumen am Ufer beschattet werden, sind Stauseen dem Sonnenlicht ausgesetzt. Dadurch steigen die Wassertemperaturen, was vielen einheimischen Arten das Überleben erschwert oder unmöglich macht und stattdessen eingeführte Arten fördert. Durch das Hin- und Herpumpen von Wasser werden Sedimente im Wasser aufgewirbelt, was die Wasserqualität weiter verschlechtert. Und, wie bereits erwähnt, töten Turbinen Wasserlebewesen ganz unmittelbar.

Das geplante Pumpspeicherkraftwerk Eagle Mountain in Riverside County, Kalifornien, ist ein gutes Beispiel für die Zerstörungen, die mit der Pumpspeicherung einhergehen. Die Anlage, die in der Nähe des Joshua-Tree-Nationalparks errichtet werden soll, wird den Lebensraum mehrerer empfindlicher Fledermausarten zerstören und deren Fortpflanzung und Nahrungsaufnahme beeinträchtigen, darunter die Kalifornische Blattnasenfledermaus, die Fahlfledermaus, die Breitflügelfledermaus, das Townsend-Großohr und die Westliche Mopsfledermaus. Weitere gefährdete Arten sind Steinadler, Wüstenbockschaf, mehr als 100 Pflanzen- und 14 Reptilienarten, darunter unsere Freunde, die Wüstenschildkröten. Eagle Mountain würde sich über 2.500 Hektar sensiblen Lebensraums in der Mojave-Wüste ausbreiten und jährlich fast 500 Millionen Gallonen Grundwasser absaugen – und das an einem Ort, an dem es kaum fünf Zentimeter pro Jahr regnet.

Als das Kraftwerk Ludington in Michigan 1973 in Betrieb genommen wurde, war es mit 1,8 GW das größte Pumpspeicherkraftwerk der Welt. Der Stausee ist 33 Meter tief und erstreckt sich über 6,5 Quadratkilometer. Das Pumpwerk hat sechs Tunnel mit einem Durchmesser von je gut 7 Metern.

Es tötet Fische.

1995 zahlten die Eigentümer von Ludington 175 Millionen Dollar Strafe für mehr als zwei Jahrzehnte massiven Fischsterbens: Die Anlage tötete jedes Jahr fast eine halbe Million Lachse und Forellen, etwa 85.000 Barsche und Millionen kleinerer Nahrungsfische.[73] Heute, mehr als zwei Jahrzehnte nach der Einigung, geht das Fischsterben weiter, trotz eines saisonal angebrachten Netzes, das vier Kilometer durch den See gespannt ist und dies eigentlich verhindern sollte. Um dieses anhaltende Fischsterben »auszugleichen«, wurde ein Teil des Geldes aus dem Vergleich von 1995 in den Great Lakes Fishery Trust Fund gesteckt, der Brutplätze und die Wiederherstellung von Lebensräumen entlang der Ufer des Sees finanziert.[74]

Im August 2015 stammten etwa 75 Prozent der Energie, die zum Pumpen von Wasser in den Ludington-Stausee verwendet wurde, aus Kohle und Erdgas, der Rest verteilte sich auf Kernkraft und Windkraft (2014 gab es 56 Turbinen in der Nähe). Das ist nicht ungewöhnlich. Während die Grünen hoffen, dass diese Stauseen eines Tages ausschließlich Strom aus »erneuerbaren Energien« speichern werden, ist das nicht der Fall und war es auch in der Vergangenheit nicht.

Ein genauer Blick auf die Pumpspeicherung zeigt, dass diese Anlagen dazu führen, dass mehr fossile Brennstoffe verbrannt werden. Wenn eine Anlage beispielsweise 1.000 MWh benötigt, um ihr Reservoir zu füllen, und die Anlage nur zu 70 Prozent effizient ist, kann sie 700 MWh Energie zurückliefern. Der Rest der Energie geht verloren. In Ludington wurden im Jahr 2013 durch die Verbrennung fossiler Brennstoffe zur Bereitstellung von Energie für das Hochpumpen von Wasser und das Füllen des Stausees fast 3,5 Millionen Tonnen Kohlendioxid erzeugt. 28 Prozent dieser Energie gingen aufgrund von Ineffizienzen verloren. Die Energie, die aus dem durch die Generatoren zurückfließenden Wasser gewonnen wurde, hätte etwa 2,5 Millionen Tonnen Kohlendioxid freigesetzt, *wenn sie direkt durch die Verbrennung fossiler*

Brennstoffe erzeugt worden wäre. Das bedeutet, dass der Betrieb der Anlage – ohne Berücksichtigung von Wartung, Bau, Lebensraumzerstörung, Treibhausgasen aus dem Stausee, Fischsterben oder anderen Auswirkungen, sondern nur aufgrund der Ineffizienzen im System – in jenem Jahr fast 1 Million Tonnen mehr Kohlendioxid in die Atmosphäre freigesetzt hat, als dies beim Betrieb eines Kohlekraftwerks der Fall gewesen wäre.[75]

Keine Form der Energiespeicherung ist zu 100 Prozent effizient. Neue Lithium-Ionen-Batterien haben einen Wirkungsgrad von etwa 80 bis 90 Prozent (was bedeutet, dass 10 bis 20 Prozent der Energie verlorengehen), Blei-Säure-Batterien haben einen Wirkungsgrad von 50 bis 90 Prozent und Brennstoffzellen einen Wirkungsgrad von 40 bis 60 Prozent (bei einigen Modellen bis zu 85 Prozent). Das bedeutet, dass der Wirkungsgrad des Gesamtsystems in dem Maße abnimmt, wie dem Netz Energiespeicher hinzugefügt werden, und zwar oft um ein Vielfaches. Je weniger Energie »auf Abruf« erzeugt wird und je mehr sie für eine spätere Nutzung gespeichert werden muss, desto geringer ist der Wirkungsgrad. Das bedeutet, dass mehr Energie geerntet werden muss, was wiederum mehr Infrastruktur, mehr Bodenbeeinträchtigungen und so weiter bedeutet. In einer 2013 in der Zeitschrift *Energy* veröffentlichten Studie wurde festgestellt, dass die Rentabilität der Energieinvestitionen in Solar- und Windenergie »deutlich« abnimmt, wenn die Energiekosten für die Speicherung berücksichtigt werden – eine kritische Überlegung wert, wenn man bedenkt, dass Mark Z. Jacobsons Plan auf einem besseren Wirkungsgrad im Energiesystem beruht, um den Gesamtenergiebedarf um 40 Prozent zu senken, er aber gleichzeitig einen massiven Ausbau der Energiespeicherung fordert, um die Schwankungen bei der Erzeung erneuerbarer Energien zu bewältigen.[76]

Warum schreien nicht mehr Menschen gegen die Absurdität dieser leuchtend grünen Fantasien an? Die Welt wird vor unseren Augen zugrunde gerichtet, und nur wenige Menschen machen sich die Mühe, sich hinzusetzen und die recht einfachen Berechnungen anzustellen.

Es ist kurzweilig, einmal über »Energiedichte« nachzudenken, die, wie Sie sich erinnern, die Menge an Energie pro Masseneinheit ist, die man in einem Material speichern kann. Das Lustige daran: Die Grünen sind begeistert, weil Lithium-Ionen-Batterien 1 MJ/kg speichern können, und sie hoffen, eines Tages auf 5 MJ/kg zu kommen. Aber Fett kann (und tut es zuverlässig) bereits 37 MJ/kg speichern, und Eiweiß und Kohlenhydrate speichern etwa 17 MJ/kg. Wir halten uns für so schlau, dass wir die Welt zerstören, um eine Batterie mit weniger als einem Drittel der Energiedichte einer Kartoffel herstellen zu können[77] und vielleicht einem 15tel der Energiedichte von Speck.[78] Holz hat eine Energiedichte von etwa 16 MJ/kg, und Kuhdung eine von etwa 13 MJ/kg.

Ja, wir wissen, das ist wie der Vergleich von Äpfeln mit Birnen oder, genauer gesagt, von Äpfeln[79] (etwa 3 MJ/kg) mit Batterien (1 MJ/kg oder weniger). Aber der eigentliche Punkt ist, dass die Natur wirklich schlau ist. Sie hat diese wunderbaren Mittel zur Speicherung und Übertragung von Energie geschaffen, die heißen zum Beispiel »Fische im Fluss«, und wir zerstören sie.

Ein kleines Wort überführt diese leuchtend grünen Fantasien der Lüge. Dieses Wort ist *Lkw*. Schauen Sie sich jetzt um. Was sehen Sie? Vielleicht einen Holztisch. Eine mit Stoff bezogene Couch. Eine Lampe. Wie viele Lkw waren nötig, um jedes dieser Dinge zu Ihnen zu bringen? Es gab Holzlaster, um das Holz zu transportieren (und Bulldozer, um die Straßen für den Holzeinschlag anzulegen), Pritschenwagen, um das Holz an den Weg zu ziehen, verschiedene Sattelschlepper, um das Holz zu den Verarbeitungsbetrieben, Lagerhäusern und Geschäften zu bringen. Für die Couch gab es Lkw der Landwirtschaft und der Petrochemie, für die Lampe Lkw des Bergbaus. Ich vermute, dass Sie, wenn Sie dieses Buch in einem Haus lesen, nur schwerlich einen einzigen Gegenstand finden werden, der nicht auf einem Lkw transportiert wurde. Die meisten von ihnen waren wahrscheinlich auf mindestens einem Dutzend.

Und diese Lkw können unmöglich durch Züge oder Schiffe ersetzt werden. Erstens gibt es in den Vereinigten Staaten nur 153.000 Kilometer an Eisenbahnschienen und etwa 40.000 Kilometer an schiffbaren Wasserstraßen. Andererseits gibt es über 6,4 Millionen Straßenkilometer. Wenn jeder Eingriff einer industriellen Wirtschaft dem Planeten schadet, ist es ökologisch (und ökonomisch) wenig sinnvoll, die Straßeninfrastruktur durch Schienen oder Kanäle zu ersetzen. Und viel Glück beim wirtschaftlichen Bau einer Eisenbahnlinie zu einem Abholzungsgebiet.

Noch wichtiger als dies ist jedoch die Frage der Energiedichte. Dieselkraftstoff hat mit etwa 48 MJ/kg eine bemerkenswert hohe Dichte. Wie Alice J. Friedeman, Autorin von *When Trucks Stop Running: Energy and the Future of Transportation* (Wenn Lkws nicht mehr fahren: Energie und die Zukunft des Verkehrs), in einem Interview für dieses Buch feststellte: »Ein Diesel-Sattelschlepper kann 27 Tonnen Fracht 960 Kilometer weit transportieren, bevor er auftanken muss. Um eine ähnliche Reichweite zu erzielen, müsste die Zugmaschine etwa 25 Tonnen an Batterien haben.« Zieht man das Gewicht der Batterien von der Gesamtkapazität von 27 Tonnen ab, so bleiben zwei Tonnen Fracht übrig.

Es wird einfach nicht funktionieren.

Lassen Sie uns noch eine warnende Geschichte über die Gefahren der Pumpspeicherung erzählen. Sie stammt aus Griechenland, wo in den 1990er Jahren das Pumpspeicherwerk Thisavros am Nestos-Fluss gebaut wurde. Ein europäisches Konsortium fasste die Schäden drastisch zusammen und kam zu dem Schluss, dass das Projekt »hohe negative Auswirkungen« auf die biologische Vielfalt, Fische, das Klima, Wasser, Böden und die Hydrologie hat.[80]

Der Damm, der größte in Griechenland, zerstört den Lebensraum von 20 Fischarten, die im Nestos-Fluss leben, und hindert sie daran, zwischen verschiedenen Bereichen ihres Lebensraums zu wechseln. Der Fachausdruck dafür lautet »Habitattrennung«.

Das Recht auf Freizügigkeit innerhalb des eigenen Landes wird von den Menschen als sehr wichtig angesehen. Es ist eine der Grundlagen der Allgemeinen Erklärung der Menschenrechte. Aber diese Rechte gelten nicht für nichtmenschliche Lebewesen. Das ist klar.

Die durch die Stauseen veränderten Wassertemperaturen haben zu einem Zustrom von eingeschleppten Arten geführt, die die einheimischen Fische verdrängen. Stromabwärts von Thisavros erreicht das Sediment nicht mehr die Ufersäume des Flussdeltas. Ohne natürlichen Nachschub erodieren wichtige Lebensräume.

Das ist nicht nur ein Problem in Thisavros. Es ist überall so. Große Flüsse liefern auf natürliche Weise Sedimente, die die Strände über Dutzende und oft Hunderte von Kilometern rechts und links der Flussmündung auffüllen. Dämme verhindern dies. Staudämme auf der ganzen Welt führen dazu, dass flussabwärts von ihnen die Strände schrumpfen und verschwinden und dass die überhängenden Steilküsten erodieren.

Und wenn Ihnen Lachse egal sind, Ihr schönes Ferienhaus mit Meerblick auf einer (gefährlich erodierenden) Steilküste aber *nicht*, dann gibt es *vielleicht* einen Grund für Sie, sich für Staudämme zu interessieren.

Die Sache ist die: Obwohl Pumpspeicher den größten Teil der netzgebundenen Energiespeicherung ausmachen, waren sie bisher weltweit nicht sehr verbreitet. Doch das ändert sich nun. Ein Analyst schreibt, dass »in den letzten Jahren aufgrund der zunehmenden Besorgnis über die globale Erwärmung und der Forderung nach einer Dekarbonisierung der Elektrizität das kommerzielle Interesse an PSW zugenommen hat. Entwickler verfolgen aktiv neue PSW-Projekte in der ganzen Welt. Es wird erwartet, dass bis 2020 mehr als 100 neue PSW-Kraftwerke mit einer Gesamtkapazität von etwa 74 GW in Betrieb sein werden.«[81]

Debbie Mursch, Vorsitzende des National Hydropower Association Pumped Storage Development Council, geht noch weiter ins Detail: »Wir können die intermittierende Stromerzeugung [wie Wind- und Solarenergie] nicht immer weiter erhöhen und gleichzeitig Kernkraft- und Kohlekraftwerke für die Grundlast abschalten, ohne den Bedarf an netzdienlichen Speichermöglichkeiten zu berücksichtigen.«[82]

Sie hat Recht. Aus der Sicht der Industrie besteht das Grundproblem darin, dass es nicht annähernd genügend Speicher für die Schwankungen in der Stromversorgung gibt, zu denen der Ausbau der Wind- und Solarenergie unweigerlich führt. Das Ergebnis ist ein regelrechter Wettlauf um die Entwicklung von Energiespeicherprojekten. Das bedeutet, dass man damit ein Vermögen machen kann. Das bedeutet leider auch: Vergessen Sie die Fische, Weichtiere und Fledermäuse, und treiben Sie die Industrialisierung mit voller Kraft voran. Und vergessen Sie die »heuchlerischen und kontraproduktiven« Umweltschützer, die sich gegen diese Prozesse wehren. Gruppen, die die Pumpspeicherindustrie in den Vereinigten Staaten vertreten, arbeiten daran, in ihren eigenen Worten, »regulatorische Hindernisse« zu beseitigen. Das bedeutet natürlich, dass sie daran arbeiten, die Bedrohung zu beseitigen, die von unbequemen Hindernissen wie dem Widerstand der Gemeinden und dem Schutz des Bodens ausgeht.[83]

Ein Artikel in *Grist* mit dem Titel » Here's an idea for retired coal mines: Turn them into giant batteries« (Hier ist eine Idee für stillgelegte Kohleminen: Verwandle sie in riesige Batterien) ist die perfekte Zusammenfassung der Geschichte, der Zukunft, des Ethos und der Beziehung zur Erde. In dem Artikel heißt es: »Es hat sich herausgestellt, dass die Struktur von Kohlebergwerken perfekt für den Bau dieser [Pumpspeicher-]Systeme geeignet ist: Das Wasser kann zwischen Reservoirs tief im Bergwerk und Auffangbecken an der Oberfläche zirkulieren.« Das Problem, so der Artikel weiter, sei, dass PWS so teuer sind, dass ein Gesetz verabschiedet werden musste, das es den Stromversorgern erlaubt, die Stromtarife zu erhöhen. Der Artikel schließt mit den Worten: »Da immer mehr Solarenergie in das Netz eingespeist wird und der Bedarf an Stromspeichern steigt, könnten die riesigen Kohlebergwerksbatterien bis in ferne Zukunft weiterlaufen.«[84]

Das ist die Geschichte und der Weg dorthin. Zuerst nimmt man die am leichtesten zugängliche und nutzbare Energie, die Energie, für deren Gewinnung man am wenigsten Geld oder Mühe aufwenden muss und die die größte Rendite sowohl in Form von Energie als auch Geld bringt. Das ist gesunder Menschenverstand. Man greift auf das Öl zu, das man abschöpfen kann, bevor man auf das Öl zugreift, nach dem man bohren muss; auf das Öl, nach dem man an Land bohrt, bevor man vor der Küste bohrt; auf das Öl, nach dem man vor der Küste bohrt, bevor man in der Tiefsee bohrt, und so weiter. In diesem Fall hat man also zuerst Zugriff auf die Kohle. Und wenn die Kohlemine erschöpft ist, geht man zu einer weniger rentablen Energieform über (sowohl in Bezug auf Energie als auch auf Geld). In diesem Fall handelt es sich um Solarenergie, die gespeichert werden muss, so dass es durchaus sinnvoll ist, diesen Ort von einer industriellen Nutzung auf eine andere umzustellen.

Dies ist der größere hellgrüne Prozess: Die Industrie geht von der Schädigung der Erde durch den Kohleabbau zur Schädigung der Erde durch die industrielle Solarenergie und die damit verbundene Energiespeicherung über.

Und wer ist der Verlierer bei all dem? Der Berg, er ist es. Jedes verdammte Mal.

Oder, wenn die Kohlemine nicht zur Speicherung der Energie von Windrädern genutzt wird, könnte sie zum Bau der Windräder selbst verwendet werden! Darüber gibt es einen Artikel in *Quartz* mit der Überschrift: »Die Zukunft der US-Kohleindustrie könnte im Abbau von Seltenerdmetallen für Windturbinen liegen.« Untertitel: »Erneuter Bergbau.«

In dem Artikel heißt es: »Es gibt drei bekannte Möglichkeiten, inwieweit Kohle eine Quelle für Seltenerdmetalle sein könnte: Die Verbrennung der Kohlenwasserstoffe in der Kohle hinterlässt Asche, die reich an Metallen ist, die mit chemischen Verfahren gewonnen werden können. Metallreiche Teile des gesamten Gesteins, das beim Kohleabbau aus der Erde geholt wird, können manuell herausgetrennt werden. Durch saure Minenentwässerung können Seltenerdmetalle selektiv aus der Kohle gelöst werden. Dieser Prozess kann in schwefelhaltigen Bergwerken (was bei vielen Kohlebergwerken der Fall ist) auf natürliche Weise geschehen, wenn Wasser aus den Bergwerken in Flüsse sickert. Wenn das Sickerwasser aufgefangen wird, kann es zur Abtrennung der Metalle genutzt werden. Im Moment ist jedoch keine dieser Techniken wirtschaftlich machbar. Im Jahr 2015 stellte das US-Energieministerium 20 Millionen Dollar für Projekte zur Verfügung, um herauszufinden, wie man die Kosten für die Gewinnung von Seltenerdmetallen aus Kohle senken kann. Seitdem hat die wissenschaftliche Gemeinschaft bereits einige Fortschritte auf dem Weg zu diesem Ziel gemacht.«[85]

Die Zivilisation zerstört also das Land für Kohle, dann das Land für Windturbinen und dann das Land, um die Energie aus den Windturbinen zu speichern. Noch Fragen?

Wir werden nicht viel über die passive solare Wärmespeicherung sagen, bei der man tagsüber Wärme in einem Medium speichert und diese Wärme dann nachts abgibt, um ein Gebäude zu heizen. Das ist eine wichtige Form der Energiespeicherung, die von Lebewesen mehr oder weniger schon ewig genutzt wird, aber sie ist für diese Diskussion nicht entscheidend, da sie keine Wirtschaft antreiben wird.

Das Konzept der thermischen Energiespeicherung für die Stromversorgung einer Volkswirtschaft ist einfach: Wenn überschüssige Energie im Netz vorhanden ist, wird sie zum Erhitzen von Speichermaterialien wie geschmolzenem Salz oder Betonblöcken verwendet; wenn Sie dann Energie benötigen, nutzen Sie die Wärme, um Wasser zu kochen, und verwenden den Dampf, um eine Turbine anzutreiben und Strom zu erzeugen.

Die häufigste Form der thermischen Energiespeicherung im Bereich der »grünen« Energie ist geschmolzenes Salz, das in Solarturmkraftwerken verwendet wird, um Strom für die Nacht und für bewölkte Perioden zu speichern. In diesen Kraftwerken wird das Salz durch Rohre an die Spitze des Turms befördert, wo es durch konzentriertes Sonnenlicht von Spiegeln auf etwa 540° C erhitzt wird. Das Salz wird nach unten in einen »heißen Tank« gepumpt und dort gespeichert. Wenn Strom benötigt wird, wird Wasser durch einen Wärmetauscher an das heiße Salz gepumpt, bis es kocht, und dann zum Antrieb einer Dampfturbine zur Stromerzeugung verwendet. Das Salz kühlt auf etwa 290 Grad ab und wird wieder in den Turm emporgepumpt, um erneut erhitzt zu werden.[86]

Wie bei den meisten modernen Technologien erfordert das, was in der Theorie einfach klingt, in der Praxis eine komplexe industrielle Infrastruktur. Das Verfahren der Salzschmelze erfordert stark isolierte Stahlrohre und -tanks, Pumpen, Dampfturbinen, eine Wasserversorgung und das Salzgemisch selbst. In jedem kommerziellen Kraftwerk sind diese Elemente massiv. Das 20-MW-Solarkraftwerk Gemasolar in Südspanien (das erste kommerzielle Kraftwerk, das Salzschmelze einsetzt) verwendet beispielsweise zwei Stahltanks, die jeweils 10 Meter hoch sind und einen Durchmesser von 23 Metern haben, um 8.700 Tonnen Salzschmelze aufzunehmen.[87]

Aus technischer Sicht gibt es mindestens ein großes Problem mit geschmolzenem Salz als Energiespeichermedium: Wenn es so weit abkühlt, dass es zu erstarren beginnt, verstopft es die Leitungen. Das bedeutet, dass Kraftwerke, die Salzschmelze verwenden, mit Heizsystemen ausgestattet sein müssen, um das Salz in den Tanks und Leitungen wieder aufzuheizen, wenn es zu kalt wird. Die Gemasolar-Anlage verfügt zum Beispiel über 12 Kilometer mineralisolierte Heizkabel, Sonden und Isolierungen mit mehreren Redundanzschichten.[88]

Verfolgen wir einmal die Lieferkette für diese Kabel. Mineralisolierte Heizkabel bestehen in der Mitte aus Kupfer- oder Kumanalleitern (einer Legierung aus Kupfer, Mangan und Aluminium), einer dicken Isolierung aus Magnesiumoxid (MgO), einem Mantel aus Kupfer oder Kupfernickel und manchmal einem Außenmantel aus hochdichtem Polyethylen, einem aus Erdöl gewonnenen Thermoplast.[89]

Magnesium wird in einer Vielzahl von »grünen Technologien« verwendet, von Prototyp-Batterien bis hin zu leichten Stahllegierungen.

Der Magnesiumabbau erfolgt im typischen Tagebauverfahren, bei dem riesige Maschinen das Land abfressen. Die Provinz Liaoning im Nordosten Chinas ist die Welthauptstadt des Magnesiums, auf die etwa 85 Prozent der chinesischen Produktion entfallen (mehr als zwei Drittel der Weltproduktion). Hunderte von magnesiumverarbeitenden Betrieben haben die Landschaft verwüstet. Einem Bericht zufolge stammen 70 Prozent der Luftverschmutzung in der Region aus der Magnesiumproduktion, was erstaunlich ist, da dieses Gebiet auch ein wichtiges Zentrum für Eisen und Stahl, Öl und Gas sowie eine Reihe anderer Schwerindustrien ist.[90] Etwa 780 Quadratkilometer der Böden in Liaoning sind vollständig mit Magnesium-»Krusten« bedeckt.[91]

Die MgO-Produktion ist »extrem energieintensiv«, da die MgO-Öfen bei 700–2000° C betrieben und fast ausschließlich mit Erdgas, Petrolkoks und Heizöl beheizt werden.[92] Zu den Schadstoffen, die bei der Magnesiumverarbeitung freigesetzt werden, gehören Schwefelhexafluorid (das starke Treibhausgas, das auch bei der

Herstellung von Solarzellen freigesetzt wird), Salzsäure, Kohlenmonoxid und Dioxin.[93]

Die Magnesiumindustrie in Liaoning hat versprochen, sich zu bessern (und wir alle wissen, dass wir der Industrie vertrauen können, wenn sie solche Versprechen macht), aber die Echtzeitüberwachung der Luftverschmutzung zeigt eine »ungesunde« oder »sehr ungesunde« Luftqualität in der ganzen Provinz.[94]

Die nächste grüne Energiespeichermethode ist Druckluft, bei der man Luft tief unter die Erde in eine Salzkaverne pumpt, bis sie unter hohem Druck steht, wie in einer Taucherflasche. Wenn man Energie benötigt, lässt man die Luft ab, die dann Turbinen antreibt.

Seit Herbst 2015 sind weltweit nur zwei große Druckluftspeicher in Betrieb: einer in McIntosh, Alabama, und der andere in Huntorf, Deutschland. Beide befinden sich über Salzkavernen, die mehr als 300 Meter unter der Erde liegen und mehr als 10 Millionen Kubikmeter fassen.

Hier läuft die Erzählung auf: Beide Anlagen werden teilweise mit Erdgas betrieben, weil die Druckluft allein nicht ausreicht, um die Turbinen zur Stromerzeugung in Gang zu setzen. Anstatt die Turbinen direkt anzutreiben, wird die aus der Salzkaverne kommende Druckluft in eine Brennkammer geleitet und mit Erdgas versetzt. Bei der Verbrennung des Gemischs entsteht überhitzte Luft, die Turbinen zur Stromerzeugung antreibt.

Wie andere Energiespeicher sind auch diese Anlagen ineffizient. Die McIntosh-Anlage, die 1991 in Betrieb genommen wurde, nutzt 0,82 kWh Strom, um eine kWh Luft in der Salzkaverne zu speichern, dann wird auch Erdgas benötigt, das etwa 1,2 kWh entspricht. Insgesamt beträgt der Wirkungsgrad der Anlage weniger als 50 Prozent; mehr als die Hälfte der eingesetzten Energie geht verloren.[95]

Auf der Website des US-Energieministeriums (DOE) über die McIntosh-Anlage findet sich mehr von der kreativen Buchführung, die wir alle erwarten. »Im Vergleich zu herkömmlichen Verbrennungsturbinen verbraucht das CAES-gespeiste System … nur 30 bis 40 Prozent des Erdgases.« Dies ist natürlich ein bemerkenswert unehrlicher Vergleich, denn McIntosh ist eine Energie*speicher*anlage und keine Energie*erzeugungs*anlage.

In jedem Fall besteht der Hauptzweck von McIntosh (und aller anderen Energiespeicher) nicht darin, die Kohlenstoffemissionen zu verringern oder die Menge der verbrannten fossilen Brennstoffe zu reduzieren, sondern vielmehr darin, die Last der Versorgungsunternehmen auszugleichen.

Man kann es auch anders beschreiben: Energieversorgungsunternehmen bauen Energiespeicher, um Kosten zu sparen und den Strompreis niedrig zu halten, indem sie den Bau ganzer neuer Kraftwerke zur Deckung des Spitzenbedarfs vermeiden; dies wird als »Peak Shaving« bezeichnet. Das DOE könnte in dieser Hinsicht nicht deutlicher sein: »Die Hauptfunktion der [McIntosh-]Anlage ist das Abfangen von Stromspitzen.«[96]

Die Anlage in Huntorf in Deutschland hat ein ähnliches Konzept, ebenfalls auf Erdgasbasis und mit Spitzenausgleichsfunktion, wurde aber früher, 1978, gebaut und hat einen noch geringeren Wirkungsgrad von nur 42 Prozent.[97]

All dies hat, wie üblich, überhaupt nichts mit der Rettung des Planeten zu tun.

Um fair zu sein: Die Befürworter grüner Technologien argumentieren, dass sich CAES verbessern lassen; dass der Strom, der benötigt wird, um Luft in die Salzkavernen zu pumpen (der in Huntorf und McIntosh größtenteils aus Kernkraft und Kohle stammt), durch Wind- und Solarenergie ersetzt wird und dass neue Technologien die Effizienz von CAES erhöhen werden. Bei der adiabatischen Druckluftspeicherung wird beispielsweise die Abwärme, die bei der Komprimierung von Luft entsteht, aufgefangen und als Ersatz für Erdgas in der Phase der Energierückgewinnung genutzt. Isothermische CAES ist eine weitere effizientere Methode, die den Bedarf an Erdgas eliminiert. Beide Methoden sind im kommerziellen Maßstab noch nicht erprobt, obwohl das erste große adiabatische System 2019 in Deutschland in Betrieb gegangen sein soll (mit freundlicher Genehmigung von RWE Power, dem Betreiber von 12 gas- und kohlebefeuerten Kraftwerken). Andere Technologien zur Speicherung von Druckluftenergie sind ebenfalls in Arbeit. Das Unternehmen LightSail Energy beispielsweise entwickelt eine Methode, bei der modulare und mobile Speichertanks aus Kohlefasern verwendet werden, um Druckluft zu speichern, anstatt auf unterirdische Kavernen zurückzugreifen. Eine neue CAES-Anlage wurde 2019 in Ontario, Kanada, in Betrieb genommen. Diese Anlage ist kleiner, effizienter – sie verliert nur etwa ein Drittel ihrer Energie durch Ineffizienz – und benötigt kein Erdgas. Dennoch ist es erst das dritte CAES-Projekt weltweit, und es ist winzig im Hinblick auf die Energiespeicherung. Es speichert nur genug Strom für 2.000 Haushalte für fünf Stunden.[98]

Diese neuen Technologien können die grundlegend zerstörerische Natur dieser Prozesse nicht ausgleichen. Wie die Pumpspeicherkraft ist auch die Druckluftspeicherung auf riesige Infrastrukturprojekte angewiesen. Projekte im Versorgungsmaßstab, die Dutzende oder Hunderte von Megawatt liefern können, sind in der Regel 100-Millionen-Dollar-Projekte. Wenn es um die Infrastruktur geht, bedeuten mehr Kosten mehr Energieverbrauch, komplexere Technik und mehr Materialeinsatz. Die Infrastruktur für Druckluft jeglicher Art ist komplex und umweltschädlich; ohne eine globale Wirtschaft und ohne fossile Brennstoffe kann man keinen Kohlenstofffaserspeicher herstellen. Der Bau der McIntosh-Anlage erforderte beispielsweise Bohrungen bis zur Salzkaverne in 800 Metern Tiefe – mit Methoden und Geräten, die der Öl- und Gasindustrie entlehnt sind –, dann das Einpumpen von Frischwasser, um das Salz aufzulösen, und schließlich das Abpumpen der entstehenden Salzlauge (die irgendwo entsorgt werden muss). Für jeden Kubikfuß (etwa 28 Liter) in einer Salzkaverne werden etwa 190 Liter Süßwasser benötigt, was bedeutet, dass fast 3,8 Millionen Kubikmeter Wasser erforderlich waren, um die 538.000 Kubikmeter große Kammer in McIntosh zu reinigen. Zu den oberirdischen Bauarbeiten für die Anlage gehörten eine Entladestation und ein Lagertank für Heizöl, ein Lager für Schmier- und Hydrauliköl, ein Transformator, ein Kühlturm, eine Gaskompressorhalle, ein Elektrogebäude, ein Umspannwerk für Strom und ein Nebengebäude für Erdgas, ein 148-Tonnen-Generator, ein Dieseltank und etwa zwei Dutzend weitere Gebäude, Türme und wichtige Komponenten.

Das ist doch nachhaltig, oder?

Pumpspeicherkraftwerke ergeben keinen Sinn, wenn sie nicht an ein regionales Netz angeschlossen sind. Die Komponenten können nicht ohne eine globale Wirtschaft geschaffen (oder erhalten) werden, was bedeutet, dass sie nicht ohne Bergbau geschaffen (oder erhalten) werden können, was wiederum bedeutet, dass sie nicht geschaffen (oder erhalten) werden können, ohne den Planeten zu zerstören. Wie jede andere Form der industriellen Energiespeicherung ist auch Druckluft nur dann eine vernünftige gesellschaftliche Entscheidung, wenn man die grundlegende hellgrüne Lüge akzeptiert: dass die Gesundheit der natürlichen Welt weniger wichtig ist als die Aufrechterhaltung der industriellen Zivilisation.

Der Tatsache, dass diese Energiespeichertechnologien von Grund auf zerstörerisch sind, können wir nicht ausweichen. Und sie sind abhängig von einer globalen Lieferkette und fortschrittlichen Fertigungstechnologien, die ihrerseits von Grund auf zerstörerisch sind.

Maschinen machen Maschinen, die Maschinen machen; und während immer mehr übertriebene grüne Schlagzeilen geschrieben werden, wird der Planet getötet. Die grüne Wirtschaft, wie sie sich Mark Z. Jacobson vorstellt, ist ohne eine erhebliche Ausweitung der Energiespeicherung unmöglich. Und die industrielle Energiespeicherung ist nicht möglich, ohne den Planeten weiter zu zerstören. Immer wieder bewirken die von den Grünen propagierten Maßnahmen und Technologien das Gegenteil von dem, was sie angeblich erreichen wollen.

Kapitel 7
EFFIZIENZ

In der Vergangenheit kam der Mensch zuerst.
In Zukunft muss das System an erster Stelle sein.
Frederick Winslow Taylor[1]

Durch die grüne Wirtschaft wird versucht, alle Ressourcen und Lebensprozesse der Erde zu technologisieren, zu finanzialisieren, zu privatisieren und zu kommerzialisieren.
Vandana Shiva[2]

Im Jahr 2007 begann Google, massiv in Technologien der »erneuerbaren« Energien zu investieren, insbesondere in Start-ups und Forschung. Ihr Ziel war es, Strom billiger zu erzeugen als ein Kohlekraftwerk, und das innerhalb weniger Jahre.

Im Jahr 2011 wurde das Projekt eingestellt.

Zwei Google-Ingenieure für erneuerbare Energien, die an dem Projekt mitgearbeitet haben, Ross Koningstein und David Fork (beide haben in Stanford promoviert), erklärten später, dass sie »zu dem Schluss gekommen sind, dass selbst wenn Google und andere den Weg für eine umfassende Einführung erneuerbarer Energien geebnet hätten, diese Umstellung nicht zu einer signifikanten Reduzierung der Kohlendioxidemissionen geführt hätte«.

Mit anderen Worten, sie hatten erkannt, dass die Prämisse ihrer Arbeit – dass billige grüne Energie die Emissionen erheblich reduzieren würde – falsch war.

Sie erklärten weiter: »Der Versuch, den Klimawandel ausschließlich mit den heutigen Technologien für erneuerbare Energien zu bekämpfen, wird einfach nicht funktionieren ... Das Best-Case-Szenario unserer Studie basiert auf unseren optimistischsten Annahmen über Kostensenkungen bei Solarenergie, Windkraft, Energiespeicherung und Elektrofahrzeugen. In diesem Szenario würden die Vereinigten Staaten ihre Treibhausgasemissionen drastisch senken: Die Emissionen könnten bis 2050 um 55 Prozent unter der Business-as-usual-Prognose liegen. Auch wenn sich eine starke Senkung der Emissionen gut anhört, wird in diesem Szenario im Stromsektor immer noch in erheblichem Umfang Erdgas eingesetzt. Das liegt daran, dass die heutigen erneuerbaren Energiequellen durch geeignete geographische Gegebenheiten und ihre eigene unstete Stromerzeugung begrenzt sind. Windkraftanlagen beispielsweise sind nur in Teilen des Landes mit starken und stetigen Winden wirtschaftlich sinnvoll. Die Studie zeigt auch, dass im Verkehrswesen, in der Landwirtschaft und im Bauwesen weiterhin fossile Brennstoffe verwendet werden. Selbst wenn unser Best-Case-Szenario realisierbar wäre, fragten wir uns: Wäre das wirklich ein Klimasieg?«

Sie fügten hinzu: »Selbst wenn jede Technologie für erneuerbare Energien so schnell voranschreiten würde, wie wir uns das vorstellen, und sie alle weltweit eingesetzt würden, würde der CO_2-Gehalt in der Atmosphäre nicht nur über 350 ppm bleiben, sondern aufgrund der fortgesetzten Nutzung fossiler Brennstoffe weiter exponentiell ansteigen. Diese Berechnungen lassen unsere Arbeit im RE<C-Programm von Google in einem ernüchternden neuen Licht erscheinen. Nehmen wir einmal an, wir hätten den größtmöglichen Erfolg erzielt und billige Technologien für erneuerbare Energien gefunden, die nach und nach alle Kohle-

kraftwerke der Welt ersetzen könnten – eine Situation, die in etwa dem Best-Case-Szenario der Energieinnovationsstudie entspricht. Selbst wenn dieser Traum in Erfüllung ginge, hätte dies die Klimakrise nicht gelöst. Diese Erkenntnis war offen gesagt schockierend: RE<C hatte nicht nur sein Ziel verfehlt, Energie billiger als mit Kohle zu erzeugen, sondern dieses Ziel war auch nicht ehrgeizig genug gewesen, um die Klimaveränderungen umzukehren.«[3]

Und doch propagieren hellgrüne Energie-Enthusiasten, liberale Politiker, Wirtschaftsführer und große gemeinnützige Organisationen zusammen mit den Millionen von Menschen, die sie hinters Licht geführt haben, weiterhin grüne Energie als Lösung für die globale Erwärmung.

Die Google-Ingenieure schlagen zwar die Wiederaufforstung als Teilantwort auf die globale Erwärmung vor, doch ihre größte Hoffnung scheint das technologische Äquivalent eines frommen Wunsches zu sein: »Technologien, die noch nicht erfunden wurden.«

Ein Teil der Grundlage eines jeden Plans für eine grüne Wirtschaft ist »Effizienz«. Auch diese Schlagzeilen hätten wir vorhersehen können: »EVs Will Save the World – With Help From Energy Efficiency & Renewables«[4] (E-Autos werden die Welt retten – mit Hilfe von Energieeffizienz und Erneuerbaren), »Save Energy, Save the World«[5] (Spare Energie, rette die Welt) und »Save the World by Saving Energy in Your Home«[6] (Rette die Welt durch Energiesparen zu Hause).

Als Teil seiner »100-prozentig sauberen Energiewende« fordert Jacobson eine 40-prozentige Verbesserung der Gesamtenergieeffizienz in der Weltwirtschaft. Das Wort *Effizienz* kommt in seinem vielbeachteten 16-seitigen Artikel zur Energiepolitik aus dem Jahr 2010 33 Mal vor.[7] Das Wort *Natur* kommt überhaupt nicht vor. Wir haben einige der Probleme mit anderen Teilen seines Plans gesehen. Was ist mit der Effizienz?

Das Folgende ist das Problem, das den Kern der Effizienzfrage trifft: Welches Szenario würde dem Planeten weniger Schaden zufügen: wenn alle Autos drei Liter Benzin pro 100 Kilometer brauchen oder wenn alle Autos einen Liter auf 1 Kilometer brauchen?

Jacobson sitzt bequem (auf dem Fahrersitz seines 100.000 Dollar teuren Tesla Roadster) im Club derjenigen, die mehr Kilometer pro Energieeinheit zurücklegen. Die meisten Mainstream-Umweltschützer, die Grünen und die meisten Menschen im allgemeinen haben sich ihm inzwischen in diesem nicht sehr exklusiven Club angeschlossen. Ein Auto mit einem Verbrauch von 3 Litern ist effizienter, kostengünstiger und fortschrittlicher. Es ist eindeutig so viel besser für den Planeten, dass die Frage absurd erscheint.

Aus der Perspektive eines Lachses oder eines Urwalds sieht die Sache jedoch ganz anders aus. Ein Auto, das einen Liter für nur einen Kilometer braucht, wäre wahrscheinlich weit weniger schädlich für den Planeten, denn eine geringe Effizienz schreckt vom Autofahren ab – und damit von der Existenz von Autos überhaupt.

Wenn Sie einen Kilometer fahren und der Sprit 1 Dollar pro Liter kostet, zahlen Sie einen Dollar pro Kilometer. Plötzlich wird es viel attraktiver, zu Fuß zu gehen. Vor kurzem bin ich (Derrick) zum Beispiel fünf Kilometer pro Strecke gefahren, um in einer wunderbaren Taqueria zu essen, aber ich hätte auf keinen Fall 10 Dollar mehr für die zugegebenermaßen köstlichen Tacos bezahlt.

Wenn jedes Auto nur einen Kilometer pro Liter schafft, warum sollte dann überhaupt jemand ein Auto kaufen? Warum sollten wir Tausende von Dollar für etwas bezahlen, das im Grunde eine teure motorisierte Schubkarre ist?

Wenn Autos so ineffizient sind, warum sollte man sie dann bauen?

Der Bau hocheffizienter Autos hingegen senkt die Kosten des Autofahrens und verringert die Hemmschwelle für den Kauf. Es werden mehr Autos gebaut, und aufgrund von Skaleneffekten sinken die Kosten für jedes Auto. Dadurch wird die Technologie für mehr Menschen erschwinglich, was den Kreislauf von Produktion und Verbrauch beschleunigt. Mehr verkaufte Autos treiben die Autokultur als Ganzes voran, indem sie einen größeren Bedarf an Asphalt, Straßen, Parkplätzen und so weiter schaffen. Die Zersiedelung der Vorstädte wird nicht nur möglich, sondern unvermeidlich. Die Politik folgt dieser Dynamik. Die Staatshaushalte werden umgeschichtet, und zu den Subventionen für die Autohersteller kommen Billionen von Dollar für den Straßenbau hinzu. Mehr Land wird planiert, mehr Fabriken werden gebaut und mehr Beton, Stahl und Plastik produziert. Giftstoffe und globale Erwärmung nehmen zu, und die Artenvielfalt geht zurück.

Wenn Sie Wert auf technologische Eskalation und menschliche Mobilität für diejenigen legen, die es sich leisten können, dann klingen 3 Liter pro 100 Kilometer großartig. Wenn Sie hingegen Wert auf die Millionen von Tieren (mehr als eine Billion, einschließlich Insekten) legen, die jedes Jahr von Autos getötet werden, auf die Berge, die für den Abbau von Mineralien zerstört werden, auf den Lebensraum, der durch Straßen zerstört wird, oder auf die Luft, die durch die Herstellung, den Vertrieb, den Betrieb und die Entsorgung von Autos verschmutzt wird, dann könnten drei Liter pro Kilometer – ein Effizienzniveau, das von der Autokultur abschreckt – eine bessere Option sein.

Vorhin haben wir Richard York zitiert, der sagte, dass für jede Einheit grüner Energie, die ins Netz geht, nur ein Zehntel der aus fossilen Brennstoffen erzeugten Elektrizität weniger verbraucht wird. Er ist Soziologe und Mitverfasser des Buches *The Ecological Rift: Capitalism's War on the Earth* (Der ökologische Riss: Der Krieg des Kapitalismus gegen die Erde) und Autor von Artikeln mit Titeln wie »Ersetzen alternative Energiequellen das Erdöl?« (Antwort: nein) und »Ersticken wir an der Moderne? Eine menschliche Ökologie der Luftverschmutzung« (Antwort: ja, das tun wir). In einem Interview sagte er uns: »Effizienz setzt bestimmte Entwicklungsmodelle in Gang, die unabsehbare Folgen haben können …

Nehmen Sie den Walfang. Er war lange Zeit die Hauptquelle für Lampenöl. Doch mit dem Aufkommen des Erdöls nahm der Walfang zu, nicht weil eine erhöhte Nachfrage nach Walöl bestand, sondern weil fossile Brennstoffe die Reichweite und Effektivität der Walfangflotten erhöhten. Dann fanden die Walfänger Märkte, auf denen sie ihr Walöl verkaufen konnten. Die Produktion steigerte die Nachfrage.«

Ein wesentlicher Grund dafür, dass technologische Effizienz dem Land schadet, ist, dass geringe Effizienz das Wachstum begrenzt. In Wüstenregionen wie Las Vegas zum Beispiel gibt es nicht genug Wasser, um unbegrenzt neue Häuser und Fabriken zu bauen, und Immobilien ohne Wasser sind praktisch wertlos. Solange die Zahl der Haushalte gleich bleibt, könnte Effizienz gut für das Land sein, da größere Effizienz bedeutet, dass weniger Wasser für die Nutzung durch Menschen entnommen wird. Aber das ist nicht der Fall. Anstatt den Gesamtwasserbedarf zu senken, wird durch Effizienz in Trockengebieten Wasser für neue Wohngebiete frei, was zu einer weiteren Zersiedelung und Zerstörung von Lebensräumen führt. Wie zuvor wird das gesamte Wasser für den menschlichen Gebrauch gestohlen, nur dass die Situation jetzt schlimmer ist, als sie es sonst gewesen wäre.

Die Effizienz amerikanischer Häuser erzählt die gleiche Geschichte. Zwischen 1970 und 2014 wurden die amerikanischen Häuser um fast ein Drittel energieeffizienter, aber die durchschnittliche Hausgröße stieg um 28 Prozent. Das durchschnittliche Haus verbraucht heute genauso viel Energie wie vor 40 Jahren, aber die zusätzliche Größe bedeutet auch mehr gebundene Energie, einen höheren Materialbedarf beim Bau und mehr Räume, die mit billigen Ikea-Möbeln vollgestellt werden.[8] Haben Effizienzsteigerungen bei der Produktion von Rohstoffen, bei der Arbeit, beim Bau und so weiter die Vergrößerung ermöglicht, oder hat die Vergrößerung einen größeren Bedarf an Effizienz hervorgerufen? Die Wahrheit ist, dass Wachstum und Effizienz miteinander verknüpft sind. Und bei all dem verliert die Erde.

Produktivität und Effizienz gehören auch außerhalb des individuellen Wohnungsbaus zusammen. In der Wirtschaft senkt eine höhere Effizienz die Kosten und steigert die Gewinne. Da Unternehmen im Kapitalismus einem Wachstumszwang unterworfen sind, wird ein Teil der Gewinne oder Einsparungen aus jeder Effizienzsteigerung in das Wachstum reinvestiert. Auf makroökonomischer Ebene *führt* eine erhöhte Effizienz *direkt* zu Wachstum.

Wirtschaftswissenschaftler haben dies spätestens seit 1865 verstanden, als William Stanley Jevons, ein britischer Mathematiker und Pionier der Wirtschaftstheorie, sein Buch *The Coal Question* (Die Kohlenfrage) veröffentlichte. Dies geschah inmitten der industriellen Revolution, und die Wirtschaft Großbritanniens hing von der Kohle ab. Mit Kohle befeuerte Dampfmaschinen pumpten Wasser, mahlten Getreide, trieben Züge und Schiffe an, hoben Kanäle aus, trieben Fabriken an und schürften weitere Kohle. Jevons schrieb: »[Kohle] ist die materielle Energie des Landes – das universelle Hilfsmittel – der Faktor bei allem, was wir tun.«[9]

Vor der Veröffentlichung von *The Coal Question* hatten mehrere neue Dampfmaschinenkonstruktionen und -verbesserungen, beginnend mit den Verbesserungen von Boulton und Watt in den 1790er Jahren, die Effizienz gesteigert. Ein wichtiger Abschnitt von *The Coal Question* untersuchte die Auswirkungen dieser erhöhten Effizienz auf den Kohleverbrauch. Jevons kam zu folgendem Schluss: »Die sparsame Verwendung von Kohle [wird] ihren Verbrauch nicht verringern. Im Gegenteil, die Sparsamkeit macht den Einsatz von Kohle rentabler, und so wird die Nachfrage nach Kohle gesteigert.«

Dies ist von entscheidender Bedeutung: *Effizienzsteigerungen führen in der Regel nicht nur zu keiner Verringerung der Nachfrage, sondern erhöhen sie vielmehr.* Dies wird als »Rebound-Effekt« bezeichnet, und wir erleben ihn ständig.

Der weltweite Gesamtenergieverbrauch der Menschen hat zumindest in den mehreren Hundert Jahren, für die Daten vorliegen, und mit ziemlicher Sicherheit seit 10.000 Jahren, also seit Beginn der Zivilisation, zugenommen. In dieser Zeit ist auch die Effizienz, mit der menschliche Zivilisationen sowohl Energie als auch Materialien nutzen, mehr oder weniger stetig gestiegen. Heute ernähren landwirtschaftliche Betriebe 10-mal so viele Menschen pro Hektar wie in den frühen Agrargesellschaften. Hat diese Effizienzsteigerung dazu geführt, dass weniger Land bewirtschaftet wird, oder hat sie stattdessen zu einer größeren Bevölkerung geführt? Natürlich ist es das Letztere. Hat der Anstieg der Wassernutzungseffizienz dazu geführt, dass mehr Wasser in den Flüssen verbleibt oder dass mehr Land bewässert wird? Natürlich ist auch hier Letzteres der Fall. Hat die annähernde Verdoppelung der Kraftstoffeffizienzstandards für Autos in den letzten 40 Jahren dazu geführt, dass weniger Benzin verbrannt wird? Nein, natürlich nicht.

Auch in der Produktion ist die Effizienz gestiegen. Frühe Fabriken wurden durch Mühlen oder Dampfmaschinen angetrieben, wobei die Energie über mechanische Riemen, Zahnräder und Wellen übertragen wurde, die nur etwa 25 Prozent Effizienz aufwiesen: Drei Viertel der Energie gingen durch Reibung verloren.[10] Später wurden diese mechanischen Systeme durch elektrische Gleichstromleitungen ersetzt, die Motoren antrieben, und dann durch den effizienteren Wechselstrom. Heute geht bei der Stromübertragung und -verteilung in den USA nur noch etwa 10 Prozent der Energie verloren.[11] Neue Hochspannungs-Gleichstromkabel (HGÜ) werden eingesetzt, um Strom mit noch höherer Effizienz über weite Strecken zu übertragen. In naher Zukunft könnten supraleitende Stromleitungen die Übertragungsverluste auf nahezu null reduzieren. Bedeutet diese Effizienzsteigerung bei der Stromübertragung weniger Stromerzeugung? Nein, natürlich nicht.

Dieser Trend ist seit Hunderten (und wahrscheinlich Tausenden) von Jahren konstant geblieben. Mit zunehmender Effizienz ist der Gesamtenergieverbrauch *gestiegen*.*

Ein Grund dafür, dass Effizienzgewinne regelmäßig durch Wachstum zunichte gemacht werden, ist die ständige Schaffung neuer Märkte durch den Kapitalismus. Nehmen wir zum Beispiel Marihuana. Seit der Legalisierung in Colorado, Oregon und Washington hat sich der Anbau von Marihuana in geschlossenen Räumen – der bemerkenswert energieintensiv ist – zu einem großen Energieverbraucher entwickelt. Ein Indoor-Anbausystem für nur vier Pflanzen verbraucht so viel Strom wie 29 Kühlschränke. In Colorado entfiel die Hälfte des gesamten Anstiegs der Stromnachfrage zwischen 2012 und 2014 auf den Anbau. In Portland, Oregon, verursachte die Inbetriebnahme neuer Anlagen im Jahr 2015 sieben Stromausfälle. Es ist davon auszugehen, dass der Energieverbrauch der Branche weiter steigen wird, da Kalifornien, Massachusetts, Nevada und Maine im November 2016 Marihuana legalisiert haben. Analysten sagen voraus, dass die Indoor-Krautindustrie in wenigen Jahren so viel Strom verbrauchen wird wie Rechenzentren (die beide vor 50 Jahren noch keine bedeutende Industrie waren).[12] Sie verbraucht bereits 1 Prozent des Stroms in den gesamten Vereinigten Staaten.

* Viele Hellgrüne behaupten, das Jevons-Paradoxon sei Quatsch, aber ihre Widerlegungen beruhen auf starken Vereinfachungen – sie betrachten im wesentlichen kleine Teile der Weltwirtschaft isoliert. Indem sie einen einzigen kleinen Teil der Weltwirtschaft (z.B. Klimaanlagen) für ihre Analyse aussondern, verzerren sie den Fokus des Jevons-Paradoxons. In den 1860er Jahren war die Kohle das Herzstück der britischen Wirtschaft. In einer zunehmend globalisierten, integrierten Welt kann das Jevons-Paradoxon nicht isoliert angewendet werden. Seine Lehren sind systemisch. Ja, isoliert betrachtet kann Energieeffizienz zu einem geringeren Energieverbrauch führen. Aber in der heutigen Wirtschaft gibt es keine Isolation mehr.

Hier wird die Energie aus Energieeffizienz, Windkraftanlagen und Sonnenkollektoren hinfließen: in neue und expansive Branchen wie den Marihuana-Anbau.

Hier ist das Jevons-Paradoxon am Werk. Nehmen wir an, Sie sind ein kleiner Züchter in Nordkalifornien, der Heimat des besten Marihuanas der Welt. Nehmen wir an, Ihre Beleuchtung kostet Sie 1.000 Dollar pro Monat an Strom; und Ihre anderen Ausgaben (z.B. Dünger, Töpfe, Erde usw.) belaufen sich auf weitere 1.000 Dollar pro Monat, Ihre eigene Arbeit nicht mitgerechnet. Nehmen wir an, Sie bauen pro Monat drei Pfund Marihuana an, das Sie für 2.000 Dollar pro Pfund verkaufen.[13] Einnahmen: 6.000 Dollar. Ausgaben: 2.000 Dollar. Mit 4.000 Dollar im Monat können Sie gut leben. Doch nun kommt das neue *Miracle-Brite*™ Licht auf den Markt, das die gleiche Lichtleistung für 500 Dollar pro Monat bietet. Sie haben die Wahl. Eine Möglichkeit ist, die 500 Dollar pro Monat in den Kauf von gerodeten Waldstücken zu investieren, damit diese nachwachsen, Lebensraum für nichtmenschliche Lebewesen werden und Kohlenstoff binden. Oder Sie könnten ein Kapitalist sein, die Größe Ihrer Kundschaft verdoppeln, sechs Pfund pro Monat zu Kosten von 3.000 Dollar anbauen und 9.000 Dollar im Monat verdienen. Sie könnten das ganze zusätzliche Geld sogar als Anzahlung für einen Tesla verwenden.

Eine Steigerung der Beleuchtungseffizienz führt also zu einem Anstieg des Verbrauchs fossiler Brennstoffe für die Herstellung von Düngemitteln und anderen damit verbundenen Produkten. Und da die Grundkosten für den Anbau von Marihuana gesunken sind, kann man seine Kundschaft auch verdrei- oder vervierfachen und so richtig abkassieren, wodurch auch der Stromverbrauch steigt.

Das Jevons-Paradoxon gilt offensichtlich nicht nur für die Energienutzung. Ein 2017 in *MIT News* erschienener Artikel mit dem Titel »Study: Technological progress alone won't stem resource use:

Researchers find no evidence of an overall reduction in world's consumption of materials« (Studie: Technologischer Fortschritt allein wird den Ressourcenverbrauch nicht eindämmen: Forscher finden keine Beweise für einen generellen Rückgang des weltweiten Materialverbrauchs). Darin wurde eine vom Massachusetts Institute of Technology durchgeführte Studie besprochen, die »Daten für 57 gängige Waren und Dienstleistungen sammeltegängige Waren und Dienstleistungen sammelte, darunter weitverbreitete chemische Komponenten wie Ammoniak, Formaldehyd, Polyesterfasern und Styrol sowie Hardware und Energietechnologien wie Transistoren, Laserdioden, Rohöl, Photovoltaik und Windenergie. Sie setzten die Daten für jedes Produkt in ihre Gleichung ein, und obwohl sie in fast allen Fällen technologische Verbesserungen feststellen konnten, gelang es ihnen nicht, einen einzigen Fall zu finden, in dem eine Dematerialisierung – das heißt eine allgemeine Verringerung der Materialien – stattfand. In Folgearbeiten konnten die Forscher schließlich sechs Fälle identifizieren, in denen ein absoluter Rückgang des Materialverbrauchs stattgefunden hat. Dabei handelt es sich jedoch meist um giftige Chemikalien wie Asbest und Thallium, deren Dematerialisierung nicht auf technologische Fortschritte, sondern auf staatliche Eingriffe zurückzuführen ist. Es gab noch einen weiteren Fall, in dem die Forscher eine Dematerialisierung beobachteten: Wolle. Die Verwendung dieses Materials ist aufgrund von Innovationen bei synthetischen Alternativen, wie etwa Nylon- und Polyestergewebe, erheblich zurückgegangen. In diesem Fall argumentiert Magee, dass eine Substitution und keine Dematerialisierung stattgefunden hat. Mit anderen Worten: Wolle wurde einfach durch ein anderes Material ersetzt, das die gleiche Funktion erfüllt.«

Einer der Hauptautoren merkt an: »Es gibt die Position der Technikoptimisten, die besagt, dass der technologische Wandel die Umwelt in Ordnung bringen wird. Diese [Studie] besagt: wahrscheinlich nicht.«[14]

Ich (Max) gehe in einem Wald in der Nähe der Küste von Washington spazieren. Ich komme zu einer breiten Wiese. Hier lebt der vom Aussterben bedrohte Makah-Kupferfalter. Sumpfporst wächst im sauren, sumpfigen Boden. Zedernseidenschwänze sammeln Heidelbeeren von hohen Sträuchern. Viele bedrohte und empfindliche Pflanzenarten wie Alaska-Wegerich, Vancouver-Groundcone, Sumpfenzian und Goldfäden leben ebenfalls hier.

Das Land beginnt abzufallen, und der Wald rückt wieder näher. Der Boden ist feucht, selbst jetzt im Hochsommer. Auf beiden Seiten des Weges wachsen Stinkkohl und Bärenklau. Ich rieche das Meer. Ich höre Seelöwen bellen. Der Weg wird steiler. Nachdem ich durch ein Dickicht aus Salal und Brennnesseln gegangen bin, trete ich aus dem Wald hinaus und auf den Strand. Felsige bewaldete Inseln ragen aus dem Küstennebel. Das Wasser ist still. Ein Reiher watet in der Flut. Seegras liegt in großen Haufen, wo die Winterstürme es aufgetürmt haben.

Dieser Ort ist immer noch reich an Leben, selbst inmitten der biotischen Säuberung, die hier seit Jahrhunderten und weltweit seit Jahrtausenden im Gange ist. Ich kann mir nicht vorstellen, wie reichhaltig er früher war.

Dies ist Makah-Land; das Wort Makah bedeutet »freigiebig mit Nahrung«.

Ich wende mich nach Norden und komme nach einiger Zeit an die Stätte eines alten Makah-Dorfes. Ihrer Geschichte nach lebten die Makah hier seit Anbeginn der Zeit. Wissenschaftler können ihre Existenz hier auf mindestens 2.500 Jahre zurückdatieren, wahrscheinlich sogar auf 8.000 oder mehr. Und wenn man Vine Deloria Jr. und einigen neuen archäologischen Untersuchungen Glauben schenkt, ist die Besiedlung der Westküste durch den Menschen möglicherweise noch viel, viel älter. Was auch immer Sie glauben, die Makah lebten hier schon sehr lange.

Eine langsame Schlammlawine zerstörte das Dorf vor etwa 275 Jahren; die Menschen überlebten, aber die meisten Familien zogen woanders hin. Das Dorf wurde in den 1930er Jahren schließlich aufgegeben, als es illegal wurde, die Kinder der Schulpflicht zu entziehen, und die letzten Makah-Bewohner gezwungen waren, nach Neah Bay zu ziehen.

Heute ist die Steilküste, auf der das Dorf stand, größtenteils zugewachsen. Ein Langhaus aus Zedernholz, das in den 1980er Jahren gebaut wurde, erinnert an den Ort. Winterstürme erodieren langsam den Boden der Steilküste und legen Geschichte schichtenweise frei.

Ich bahne mir einen Weg über Treibholz zum Hang. Hier und da liegen Muscheln und kleine Knochen herum. Ich entdecke zwei Walknochen, die kaum zu sehen und mit Schmutz bedeckt sind. Bei näherem Hinsehen erkenne ich einen Wirbel mit einem Durchmesser von einem Meter und einen Flossenknochen mit dreieckigem Querschnitt.

Die Makah waren eines der wenigen Völker in dieser Region, die Wale jagten. Sie ruderten in Zedernkanus, um Grau- und Buckelwale zu harpunieren, befestigten dann Schwimmer aus Robbenfell und schleppten ihre Körper durch die kalten Wellen des Pazifiks zum Dorf. Eine einzige Jagd konnte das Dorf über Wochen hinweg ernähren.

Die Makah nutzten jeden Teil eines Wals: Öl zum Ausschmelzen, Fleisch zum Essen, Knochen und Sehnen für Werkzeuge, Eingeweide für Vorratsbehälter. Sogar »Abfall« diente einem Zweck: Knochen, die in der Nähe weggeworfen wurden, lieferten den Bäumen Mineralien und dienten Säugetieren zum Kauen.

Man könnte dies als »Effizienz« bezeichnen, aber der Begriff ist unpassend. Eine bessere Alternative wäre vielleicht »Vielfalt«.

In der natürlichen Welt ist die Vielfalt ein funktionaler Gegenpol zum industriellen Effizienzgedanken. Die meisten natürlichen Gemeinschaften sind, wenn man sie für sich betrachtet, überhaupt nicht effizient. Grizzlybären zum Beispiel fressen oft nur die fettesten Teile des Lachses und lassen den Rest liegen. Da sich natürliche

Lebensgemeinschaften aber auf der Grundlage von Vielfalt und nicht von Effizienz entwickelt haben, gibt es Tausende anderer Lebewesen – Bäume, Sträucher, Moose, Käfer, Schnecken, Kojoten, Wölfe, Adler, Raben und viele mehr –, die den Rest des Lachses fressen. Die Stärke der Gemeinschaft liegt nicht in ihrer Effizienz, also in ihrer Fähigkeit, ein Maximum an Produktivität mit einem Minimum an Aufwand zu erreichen, sondern in ihrer Vielfalt.

Wenn wir über die Besessenheit des Kapitalismus von Effizienz und Produktivität sprechen wollen, müssen wir über Frederick Winslow Taylor sprechen. Taylor wurde 1856 als Sohn einer wohlhabenden Familie in Philadelphia geboren und war von Kindheit an auf Effizienz fixiert. Ein Jugendfreund bemerkte, dass Taylor »sich bemühte, den Schritt zu entdecken, der die größte Entfernung mit dem geringsten Kraftaufwand zurücklegt, oder die einfachste Methode, über einen Zaun zu springen, oder die richtige Länge und Proportion eines Spazierstocks«. Mit 17 Jahren ging Taylor zu den Enterprise Hydraulic Works, einer Fabrik, die dampfbetriebene Pumpen und Maschinen herstellte. Er war besessen von dem Kontrast zwischen der effizienten Präzision von Maschinen und der unerhörten Fehlbarkeit von Menschen. In einer geschichtlichen Darstellung heißt es: »Die industrielle Revolution hatte eine neue Ära der Technologie eingeläutet, [aber] die Managementstrukturen, die alles in Gang hielten, hatten sich seit den Tagen der Handwerker, kleinen Läden und Zünfte nicht verändert: Wissen war weitgehend eine durch Tipps und Tricks erworbene Faustregel, die im Laufe einer langen Lehrzeit an angehende Handwerker weitergegeben wurde.« Wie Taylor schrieb, war dies höchst ineffizient: »Es hatte keine wissenschaftliche Grundlage.«

Taylor machte aus seiner Verachtung für die Arbeiter kein Hehl. In seinem 1911 erschienenen Buch *The Principles of Scientific Management* (Die Grundsätze wissenschaftlichen Managements) beschreibt er den durchschnittlichen Arbeiter als »so dumm und phlegmatisch, dass er in seiner geistigen Verfassung eher dem Ochsen gleicht als irgendeinem anderen Typus. Er ist so dumm, dass das Wort ›Prozentsatz‹ für ihn keine Bedeutung hat, und er muss folglich von einem Mann, der intelligenter ist als er, in der Gewohnheit geschult werden, nach den Gesetzen dieser Wissenschaft zu arbeiten, bevor er erfolgreich sein kann.«[15]

Und Taylor sah sich selbst als den intelligenteren Mann. In den nächsten 25 Jahren arbeitete er unermüdlich daran, die »Ochsen« zu »trainieren«. »Mit einem Stift, einem Notizbuch und einer Stoppuhr bewaffnet, beobachtete Taylor die Arbeiter in der Werkstatt, stoppte jeden Vorgang, korrigierte ihre Handlungen und stoppte erneut. Er stellte einen Assistenten ein, der die Dauer jeder Variante jedes Vorgangs katalogisierte. Entschlossen, bei seiner Optimierung so ›wissenschaftlich‹ wie möglich vorzugehen, folgte er den reduktionistischen Impulsen der klassischen Mechanik und zerlegte jede Arbeit in ihre kleinsten Bestandteile.«[16] Auf der Grundlage dieser Messungen schrieb Taylor jedem Arbeiter eine neue Reihe von Verfahren vor, in denen er die effizientesten Maßnahmen zur Ausführung seiner Arbeit und die einzuhaltenden Zeitvorgaben festlegte. Mitarbeiter, die die geforderte Geschwindigkeit nicht einhielten, wurden entlassen.

Die Ergebnisse waren für die Kapitalisten verblüffend. »Die Kosten für die Überholung von Kesseln sanken von 62 Dollar (heute etwa 2.000 Dollar) auf 11 Dollar; die Bearbeitung eines Reifens konnte nun in einem Fünftel der bisherigen Zeit erledigt werden; die Herstellung eines Kanonengeschosses dauerte nun nur noch neunzig Minuten statt zehn Stunden; 1.200 konnten nun Arbeiten erledigen, für die in jedem anderen Unternehmen 2.000 Leute nötig gewesen wären.«[17]

Taylor führte ähnliche Verfahren in Hunderten von Unternehmen ein. Das wissenschaftliche Management eroberte erst die Nation und dann die Welt, von den Fabriken über die Regierung bis hin zu Schulen und Privathaushalten. Die »besten Praktiken«

für alles – von der besten Art, Ziegel zu verlegen, über die richtige Art, Papier in eine Schreibmaschine einzulegen, bis hin zur effizientesten Art, am Schreibtisch zu sitzen – wurden standardisiert.

Bitte beachten Sie, dass diese Produktivitätssteigerungen nicht zu einem Anstieg der Freizeit führten (was Jevons hätte vorhersagen können) – also dazu, dass die Arbeiter ihre Arbeit in kürzerer Zeit erledigten und dann nach Hause gingen, um sich mit ihren Familien zu vergnügen –, sondern vielmehr zu einer Steigerung der Gewinne und der Produktion. Für die Bosse war das eine Offenbarung. Aber für die Arbeitnehmer und den Planeten war es eine Katastrophe.

Arbeitnehmer, die an einem menschlicheren Arbeitsplatz ausgebildet worden waren, an dem Einstellung und Erfahrung höher bewertet wurden als die reine Produktivität, traten in den Streik. Die Manager entließen sie massenhaft, da die neuen standardisierten Verfahren bedeuteten, dass selbst qualifizierte Arbeitskräfte durch eine kleinere Gruppe billigerer ungelernter Arbeiter ersetzt werden konnten.

Der Einfluss von Taylor und seinen »Jüngern« kann gar nicht hoch genug eingeschätzt werden. Das wissenschaftliche Management hat den amerikanischen Kapitalismus tiefgreifend beeinflusst und Lenins wirtschaftlichen Ansatz in Sowjetrussland geprägt. Der Managementexperte Peter Drucker zählte Taylor zusammen mit Freud und Darwin zu den einflussreichsten Menschen, die je gelebt haben. Die Journalistin Ida Tarbell nannte ihn »eines der wenigen kreativen Genies unserer Zeit«.[18]

Der Historiker Robert Kanigel schrieb: »Es könnte den Anschein haben, dass die gesamte moderne Gesellschaft [in den späten 1920er Jahren] von einer einzigen Idee beherrscht wurde: dass Verschwendung falsch und Effizienz das höchste Gut sei.«[19]

Taylor, ein gläubiger Quäker, glaubte, dass seine Effizienzprogramme die Klassenunterschiede aufheben würden, indem sie die Löhne steigen und eine effizientere Produktion von Gütern ermöglichen würden, die gerecht und billig verteilt werden könnten. Da lag er natürlich völlig falsch. Genauso wenig wie die Effizienz den Gesamtverbrauch senkt, hebt sie die Klassenunterschiede auf. »Meines Erachtens«, schrieb Taylor, »ist das bestmögliche Maß für die Höhe der Zivilisation, die ein Volk erreicht hat, seine Produktivität.«[20]

Wenn man für die mächtigsten Unternehmen der Welt arbeitet, ist es sinnvoll, dies zu sagen. Produktivität ist das, was Nationen und Konzerne an die Macht bringt. Produktivität ist das, was Waffen herstellt, Fabriken antreibt und den Abbau von mehr Ressourcen in mehr Kolonien ermöglicht.

Ob sie es zugeben oder nicht, die meisten Hellgrünen – und andere, die die Produktion über das Leben auf dem Planeten stellen, diejenigen, die versuchen, die Zivilisation und ihre industrielle Produktion zu retten, auch wenn sie das Leben zerstört – stimmen mit Taylors obigem Kommentar überein. Produktivität führt zu weiterem »Fortschritt«, und »Fortschritt« definiert die Zivilisation. Taylors Einbildung ist ein weitverbreiteter Irrtum. Wie die große Chickasaw-Schriftstellerin Linda Hogan sagte: »Fortschritt ist eine Art Wahnsinn, der für die Menschen ein Gott ist. Anständige Menschen begehen schreckliche Verbrechen, die aufgrund des Fortschritts akzeptabel sind.«

Dazu gehört natürlich auch der Mord am Planeten.

Die Ergebnisse des Taylorismus sind absolut vorhersehbar: Effizienz führt zu Gewinn, Gewinn führt zu Wachstum, und mehr Geld geht an Manager, Eigentümer und Aktionäre, nicht an die Armen. Die Industrie expandiert. Die Mittelschicht wächst, aber nur im Herzen des Imperiums. Mehr Wälder werden abgeholzt, mehr Berge werden abgebaut, mehr Produkte werden hergestellt.

Sprechen wir über Glühbirnen, die wie viele andere Technologien einem Trend zu mehr Effizienz, Komplexität und Energieausbeute gefolgt sind.

Bis vor kurzem waren die meisten Glühbirnen einfach Glühbirnen und funktionierten, indem Strom durch einen kleinen Drahtfaden geleitet wurde, der sich erhitzte und leuchtete.

Glühbirnen sind außerordentlich umweltschädlich, was zum Teil daran liegt, dass die Drahtfäden aus Wolfram bestehen. Die meisten Erze enthalten weniger als 1,5 Prozent Wolfram, so dass für eine kleine Menge Wolfram eine riesige Menge an Gestein abgebaut werden muss.[21] Wolframminen verursachen Umweltverschmutzungen, die Arsen[22], Quecksilber[23], Thallium[24] und andere Schwermetalle enthalten.[25] Wolfram selbst ist ein Gift. Bis 2009 galt es als nahezu unbedenklich. Neue Forschungen haben jedoch ergeben, dass Wolfram mit anderen Verbindungen reagiert und sich sehr leicht durch den Körper bewegt, wobei es in grundlegende Stoffwechselprozesse eingreift, die allen Lebewesen gemeinsam sind.[26]

1995 wurden Kompaktleuchtstofflampen (CFL, auch Energiesparlampe) als Nachfolger der Glühbirnen eingeführt. Obwohl sie energieeffizienter sind als Glühbirnen, sind sie immer noch Artefakte des gleichen extraktiven Paradigmas.

CFL-Glühlampen bestehen aus zwei Hauptbestandteilen. Das erste ist ein elektronisches »Vorschaltgerät«, eine kleine Platine, die einen Kondensator, Transistoren und eine Diodenbrücke enthält. Diese Komponenten regulieren den Stromfluss durch den zweiten Hauptteil der Lampe, eine gasgefüllte Röhre. Wenn Sie den Schalter betätigen, fließt Strom durch dieses Gas und bringt es zum Leuchten.

Wie jede neue industrielle Technologie haben auch die CFL-Lampen eine ganze Reihe neuer Probleme geschaffen. Das vielleicht gravierendste ist, dass die Glühbirnen zwischen zwei und fünf Milligramm Quecksilber enthalten. Selbst in geringen Mengen ist Quecksilber extrem giftig. Wenn eine CFL-Glühbirne kaputtgeht, empfiehlt die Umweltschutzbehörde ein mehrstufiges Reinigungsverfahren, bei dem die Materialien als Giftmüll behandelt werden.

Vor Jahren, als ich (Max) in Bellingham, Washington, lebte, besuchten meine Freunde und ich Toastmasters – eine Art Schulungsverein für öffentliche Reden – um zu üben, über politischen Widerstand zu sprechen. Die meisten Teilnehmer waren angehende Politiker oder Geschäftsleute, die gebrauchte Blazer trugen. Mit unseren politischen T-Shirts und jugendlichen Gesichtern waren wir die Außenseiter der Gruppe. Mehrere Monate lang standen wir um sechs Uhr morgens auf – eine fast unmögliche Aufgabe für Leute Anfang 20 –, um an den Treffen im Norden der Stadt teilzunehmen. Jede Woche erhoben sich einige Mitglieder und hielten kurze Reden vor der Gruppe, und wir bewerteten sie und gaben Feedback. In einer Woche stand eine Frau Anfang 30 auf, um ihre Rede zu halten. Sie erzählte uns, wie sie Stromkosten sparen und »grün« werden wollte, also kaufte sie Glühbirnen für ihr Haus. Eines Tages kam sie nach Hause und stellte fest, dass eine Lampe im Zimmer ihres kleinen Sohnes auf den Boden gefallen und die Glühbirne zerbrochen war. Sie fand ihn auf dem Teppich zwischen den Trümmern der Glühbirne spielend. Er hatte sich nicht verletzt, also dachte sie sich nicht viel dabei. Sie räumte die Glasscherben auf, warf sie weg und ersetzte die Glühbirne. In den Wochen nach dem Unfall begann ihr Sohn, sich seltsam zu verhalten, so dass sie mit ihm zum Arzt ging, der ihr sagte, ihr Sohn habe eine Quecksilbervergiftung. Es gab keine Behandlung. Ihr Sohn hatte einen schweren Hirnschaden erlitten. Als sie die Geschichte all die Jahre danach erzählte, bebte sie vor Kummer und Wut.

Verdampftes Quecksilber kann Stimmungsschwankungen, Nervosität, Reizbarkeit, emotionale Veränderungen, Schlaflosigkeit, Kopfschmerzen, Muskelzuckungen und -schwund, Zittern, Schwäche und, um die distanzierende Sprache der Toxikologie zu verwenden, »verminderte kognitive Funktionen« verursachen. Höhere Expositionswerte führen zu Nieren- und Atemwegsschäden und zum Tod.[27] Quecksilber ist für schwangere Mütter und Säuglinge besonders giftig.

Quecksilber ist auch in verschiedenen anderen Glühbirnen enthalten, darunter in den meisten Leuchtstoffröhren, Schwarzlichtlampen, Kaltkathodenlampen, Metall- und Keramik-Halogenmetalldampflampen, Natriumdampf-Hochdrucklampen, Quecksilber-Kurzbogenlampen und Neonröhren.

Als Reaktion auf die Kritik an CFL-Glühbirnen wegen ihres Quecksilbergehalts haben einige Umweltschützer das vernünftige Argument vorgebracht, dass die Verwendung von CFL-Glühbirnen die Gesamtverschmutzung durch Quecksilber reduziert, die größtenteils aus der Verbrennung von Kohle zur Stromerzeugung stammt. Einigen Schätzungen zufolge verursacht die durchschnittliche Glühbirne in den USA durch die Verbrennung von Kohle über fünf Jahre hinweg eine Quecksilberbelastung von etwa 10 Milligramm. Eine CFL-Glühbirne ist aufgrund ihrer höheren Effizienz nur für etwa sechs Milligramm verantwortlich, selbst wenn man das Quecksilber in der Glühbirne mit einbezieht.[28]

Möchten Sie lieber sechs Milligramm tödliches Gift oder 10 Milligramm? Offenbar gibt es keine andere Möglichkeit.

Die Kritik an CFL-Glühbirnen ist weitgehend überflüssig, denn die Glühbirnen wurden rasch von der nächsten Generation der Beleuchtungstechnologie abgelöst: LEDs oder Licht emittierende Dioden. Die durchschnittliche LED benötigt für eine bestimmte Helligkeit nur ein Zehntel des Stroms einer Glühbirne und vielleicht ein Drittel einer CFL-Glühbirne. Außerdem sind sie viel langlebiger als Glühbirnen oder CFLs. Daher gelten LEDs als der »heilige Gral« der nachhaltigen Beleuchtungstechnologie. Das US-Energieministerium sagt, dass LED-Beleuchtung »das Potential hat, die Zukunft der Beleuchtung in den Vereinigten Staaten grundlegend zu verändern«.[29] Die Redakteure der Website *Treehugger* (Baumumarmer) bezeichnen LED-Glühbirnen als eine ihrer »Obsessionen«.[30] Einige Grünschnäbel haben vorgeschlagen, dass LEDs »die« Lösung für die globale Erwärmung seien. Als ob das Anbringen von LED-Scheinwerfern an einem Diesel-Sattelschlepper wirklich die Tötung des Planeten aufhalten würde. (Die Vorstellung, dass LEDs »die« Lösung für die globale Erwärmung sind, ist ohnehin irreführend: Nur etwa 7 Prozent des US-Stroms werden für Beleuchtung verwendet, also 1,4 Prozent der Energie.) LEDs funktionieren aufgrund von Elektrolumineszenz: Bestimmte Stoffe geben Licht ab, wenn Strom durch sie hindurchfließt. Das Grundprinzip ist seit 1927 bekannt, aber die ersten LED-Konstruktionen strahlten nur Infrarotlicht aus. Sie wurden unter anderem in Fernbedienungen eingesetzt, was bedeutet, dass die heute von der Umweltbewegung gepriesene Technologie zunächst kommerziell genutzt wurde, um den Kanal zu wechseln, ohne die Couch zu verlassen.

1968 war Monsanto das erste Unternehmen, das LEDs in Massenproduktion herstellte. Erst in den frühen 2000er Jahren wurden weiße LEDs verfügbar, die Standardbeleuchtungsanwendungen ermöglichten. Heute erobern sie die Industrie. Städte und Unternehmen investieren Millionen in die Umstellung auf LEDs, um Stromkosten zu sparen. Energieversorger drängen Mieter und Hausbesitzer zum Umstieg, indem sie kostenlose oder ermäßigte LEDs anbieten. Das ist eine Win-win-Situation: Sie erhalten niedrigere Stromrechnungen, die Versorgungsunternehmen sparen Geld, da sie weniger Strom erzeugen müssen, und es müssen weniger fossile Brennstoffe verbrannt werden, was die globale Erwärmung verringert.

Aber wie immer ist das für den Planeten kein Gewinn. In diesem Buch versuchen wir unter anderem, der Frage nachzugehen, woher die Produkte kommen und wer durch ihre Herstellung geschädigt wird.

Die Herstellung von LEDs ist wesentlich komplexer als die von Glühbirnen und CFL-Lampen. LEDs bestehen aus einem Siliziumchip, der »die« genannt wird. Jeder Chip besteht aus Schichten von hochreinen kristallinen Halbleitern, die in der Regel aus Galliumarsenid, Galliumphosphid oder Galliumarsenidphosphid bestehen. Wie der Name schon sagt, enthalten zwei dieser Elementkombinationen Arsen, ein bekanntes Karzinogen und Umweltgift.

Diese Halbleiterkristalle werden auf ähnliche Weise hergestellt wie die Siliziumscheiben für Solarzellen. Zunächst werden die Bestandteile der Matrize in einer Hochdruck- und Hochtemperaturkammer gemischt, wodurch sie von fest zu flüssig werden. Flüssiges Boroxid wird hinzugefügt, um die Materialien miteinander zu verschmelzen. Ein Stab wird in die Lösung getaucht und langsam herausgezogen, und die Lösung erstarrt an seiner Oberfläche zu einem reinen Kristall. Nach der Kristallbildung wird der Stab in dünne Scheiben geschnitten, die poliert werden, bis die Oberfläche eine Rauheit von weniger als einem Nanometer aufweist, und mit verschiedenen chemischen Lösungsmitteln und Hochfrequenzschallwellen gereinigt. In diesem Stadium müssen Verunreinigungen hinzugefügt werden, um Schichten mit unterschiedlichen Leitfähigkeitsmechanismen zu erzeugen. Zu diesen Verunreinigungen gehören Zink, Stickstoff, Silizium, Germanium, Indium, Selen und Tellur, von denen jede ihre eigene Lieferkette hat, die zu zerstörerischen, umweltschädlichen Minen zurückführt.

Eine gängige Methode zur Zugabe von Verunreinigungen (oder Dotierung) ist die »Flüssigphasenepitaxie«. Bei diesem Verfahren werden die Halbleiterscheiben unter Reservoirs hindurchgezogen, die dasselbe geschmolzene Basismaterial enthalten, das zur Bildung des ursprünglichen Kristalls verwendet wurde, dem aber Verunreinigungen hinzugefügt wurden. Jedes Mal, wenn ein Wafer durchgezogen wird, wird eine zusätzliche Schicht des geschmolzenen Materials mit einer Düse darauf abgeschieden. Bei jedem Durchlauf wird ein anderes Dotiermittel hinzugefügt, um die gewünschten elektronischen Effekte zu erzielen. Bei der abschließenden Dotierung werden die Wafer wieder in einen Hochtemperaturofen gelegt und in ein Gas getaucht, das das letzte Mittel enthält. Dieser letzte Wirkstoff wird als »Leuchtstoff« bezeichnet. Der gebräuchlichste Leuchtstoff ist YAG oder Yttrium-Aluminium-Granat (Y3Al5O12), das manchmal mit Cer oder Gadolinium gemischt wird. Dies ist der wichtigste Schritt im Prozess, denn er führt zu LEDs, die weißes Licht ausstrahlen.

Aber wir sind noch nicht ganz fertig. Der letzte Schritt bei der Herstellung von LED-Chips ist das Aufbringen von Gold- und Silberverbindungen auf die Oberfläche des Chips, um die Drähte anzubringen. Dies ist ein mehrstufiger Prozess, bei dem eine lichtempfindliche Flüssigkeit, der sogenannte »Photoresist«, in einem Muster auf jeden Chip aufgetragen und dann in einem weiteren Ofen eingebrannt wird. Ultraviolettes Licht härtet die Substanz weiter aus, und dann wird das nicht gehärtete Material abgewaschen. Anschließend kann »Kontaktmetall« aufgebracht werden. Die Chips werden in eine vakuumversiegelte Kammer gelegt, in der ein »Stück [Gold oder Silber] auf Temperaturen erhitzt wird, die es verdampfen lassen«. Dieser Dampf haftet an dem freigelegten Halbleiter. Nun kann Aceton verwendet werden, um den Fotolack zu entfernen, und die zurückbleibenden Metallkontakte werden in einem Ofen mit Wasserstoff-/Stickstoffatmosphäre bei mehreren Hundert Grad mehrere Stunden lang weiter verklebt.

Die LED-Dioden sind nun vollständig. Jeder in diesem Prozess entstandene Wafer kann viele einzelne LEDs enthalten, die nun auseinandergeschnitten werden müssen. Dann kommen die LEDs zur Montage, wo sie erhitzt und erneut plasmagereinigt werden, um zu verhindern, dass sie sich später im Prozess ablösen. Die Chips werden auf Metallleitungen aufgeklebt, mit winzigen Golddrähten verbunden und verlötet. Der letzte Schritt (dieses Mal ein echter) besteht darin, das Ganze in einem Kunststoff- oder Epoxidgehäuse zu versiegeln, um es haltbar zu machen.[31]

Bei der Herstellung eines so kleinen und präzisen Produkts kann ein einziges Staubkorn eine ganze Charge von Chips ruinieren. Deshalb findet die LED-Herstellung in »sauberen« Anlagen mit hochentwickelten Luftfiltern und Zirkulationssystemen statt. Die Produktion ist größtenteils automatisiert, wobei fast alle Vorgänge von Maschinen gesteuert werden. Je weniger Menschen anwesend sind, desto besser.

Der Anblick einer Pflanze, eines Tieres, eines Pilzes oder eines anderen Lebewesens in einer LED-Produktionsanlage bedeutet, dass ein schwerwiegender Fehler begangen wurde. Eine einzige LED-Produktionsanlage kann leicht 100 Millionen Dollar oder mehr kosten. So viel zur Umsetzung auf kommunaler Ebene.

Sehen Sie die Umweltprobleme, die mit diesem Prozess verbunden sind? Lesen Sie sich den Vorgang noch einmal durch und bedenken Sie diesmal die Lieferkette jedes Materials und die damit verbundenen Kosten für die Natur.

Die leuchtend grüne Zukunft ist eine Zukunft der Konzerne, eine zentralisierte Zukunft, eine robotische, mechanisierte Zukunft, die aus Fabriken kommt wie neue LED-Glühbirnen in Plastikblisterhüllen. Was wie eine bloße Glühbirne aussieht – man drückt den Schalter und sie geht an – ist das Ergebnis einer langen Kette von industriellen Technologien und Prozessen, die Bergbau, Fabriken, komplexe Chemie, Robotik, Forschungslabors in Unternehmen und Regierungseinrichtungen auf der ganzen Welt sowie Milliarden von Dollar an Investitionen umfassen. Alles ist miteinander verbunden. Die Herstellung von LEDs wäre ohne Globalisierung, Imperialismus, Ressourcendiebstahl und Krieg nicht möglich.

Die Bestandteile von LEDs lassen sich leicht auf Abscheulichkeiten zurückführen. Yttrium, Cer und Gadolinium gehören zu den Seltenen Erden, die in der Natur zusammen vorkommen, und sie werden als Ganzes abgebaut. Wie Sie sich vielleicht erinnern, ist die riesige Tagebaumine Bayan Obo in der Nähe von Baotou, China, die größte Quelle für Seltene Erden, und sie hat alles in der Umgebung ruiniert. Auf den Feldern in der Umgebung kann kein Getreide mehr angebaut werden, und das Vieh wird krank und stirbt. Ein Anwohner erzählte Journalisten, dass »alle Familien von Krankheiten betroffen sind … Diabetes, Osteoporose und Brustproblemen«. Viele sind so verarmt, dass der Verkauf von Schlamm aus den Absetzbecken an Wiederaufbereitungsanlagen ihr einziges Einkommen ist.[32]

Gereinigtes Yttrium wird nicht nur in LEDs, sondern auch in Zündkerzen, Lasern, Fernsehern, Supraleitern, medizinischen

Geräten, Raketenabwehrsystemen, Kampfjetmotoren und gefälschten Diamanten verwendet. In der Umwelt ist Yttrium äußerst giftig für Menschen und andere Tiere. Geringe Mengen führen zu Lungenerkrankungen, große Mengen zu Zyanose – die Extremitäten werden aufgrund des Mangels an sauerstoffreichem Blut blau –, zu Brustschmerzen, Atemproblemen und zum Tod.[33]

Cerium ist bekannt dafür, dass es leicht zu produzieren ist. Aber die Standards der Bergbauindustrie sind wahrscheinlich anders als Ihre und meine. Die Verarbeitung von Cerium beginnt mit Salzsäure, um Verunreinigungen zu entfernen. Dann wird das Erz in einem Ofen geröstet, um es zu oxidieren, bevor eine weitere Säurebehandlung das Cer isoliert. Der Prozess ist angeblich einfach, aber »einfach« bedeutet in diesem Fall, dass nur ein paar Dutzend Millionen Dollar an Ausrüstung benötigt werden, nicht Hunderte von Millionen – es sei denn, man beginnt mit der Monazit-Variante des Erzes, die komplexer ist. Bei der Verarbeitung von Monazit werden heiße konzentrierte Schwefelsäure, Natriumhydroxid (das Proteine, Lipide und lebendes Gewebe leicht zersetzen kann) und Ammoniumoxalat eingesetzt. Durch eine weitere Wärmebehandlung wird die Härte des Metalls erhöht, und anschließend kann Salpetersäure zur Ausfällung von Ceroxid eingesetzt werden.

Monazit ist auch ein gängiges Ausgangsgestein für Gadolinium, das nicht nur für LEDs, sondern auch in Kernreaktoren (insbesondere in Atom-U-Booten), in Brennstoffzellen und in der Nuklearmedizin verwendet wird.

Was die LEDs selbst anbelangt, so hat Kalifornien alle, außer den gelben Dioden mit geringer Lichtstärke, aufgrund ihres Gehalts an Kupfer, Blei, Nickel und Silber als »gefährlich« eingestuft.[34]

Unabhängig vom Ausgangserz entstehen bei der Verarbeitung von Cer radioaktive Abfälle, die Radiumisotope enthalten; sie setzen die Gammastrahlung frei, die direkt auf das genetische Material von Lebewesen einwirkt.

Hier ein Auszug aus einem Artikel in *Quartz* von Reporter Akshat Rathi über die Verwendung von Algen zur Abscheidung von Kohlenstoff aus einer Zementfabrik. Er beginnt: »Degerhamn, Schweden. Soweit das Auge reicht, ist das einzige, was unsere unberührte Umwelt verschmutzt, das benzinschluckende Auto, in dem ich sitze. Es ist ein kühler Aprilmorgen in der südschwedischen Provinz Kalmar, und während wir an pastellfarbenen Holzhäusern vorbeifahren, die durch große Ackerflächen voneinander getrennt sind, erzählt mir Martin Olofsson, ein Forscher an der Linnaeus-Universität, dass nur 5 Prozent des schwedischen Stromverbrauchs aus der Verbrennung fossiler Brennstoffe stammen. Das ist nichts im Vergleich etwa zu den USA, wo zwei Drittel des Stroms aus fossilen Brennstoffen stammen.«

Natürlich macht Strom nur 20 Prozent des gesamten Energieverbrauchs aus. Das ist nicht die Schraube, an der wirklich etwas zu drehen ist. Und bedenken Sie, dass ein Großteil des Stroms in Schweden aus Wasserkraft und Biomasse stammt – einschließlich der Verbrennung von Müll –, die furchtbar schädlich und sicher nicht kohlenstoffneutral sind.

Aber hier gibt es noch mehr Unfug. Das einzige, was Rathi als Umweltverschmutzung ansieht, ist sein Auto, und er erwähnt, dass es Benzin frisst. Außerdem nennt er die Landschaft »unberührt«. Erstens verursacht die Herstellung von Autos in vielen Fällen mehr Umweltverschmutzung als ihr Benzinverbrauch, so dass die Betonung nicht auf dem Spritverbrauch liegen sollte – als ob ein Elektroauto gut für die Welt wäre –, sondern eher auf der Existenz des Autos selbst. Und sind wir Co-Autoren die einzigen, die die Absurdität der Behauptung erkennen, dass Häuser und von Straßen durchzogenes Ackerland eine »unberührte Umwelt« sind? Ich glaube nicht, dass die nichtmenschlichen Lebewesen, die früher hier lebten, beipflichten würden, dass das Land »unberührt« ist. Und weiß dieser Journalist wirklich nicht, was tatsächliche Umweltverschmutzung ist: die Umweltverschmutzung, die durch die Herstellung der Materialien für die Häuser, ihren Bau und ihre Wartung sowie durch alles in diesen Häusern entsteht? Und zählen die Abwässer der Bauernhöfe nicht als Verschmutzung? Nur ein Schaden – die Verschmutzung durch den Auspuff – scheint zu zählen.

Aber wir sind noch nicht einmal bei den wirklichen Verrücktheiten angelangt. Rathi ist ganz aufgeregt, weil Algen eingesetzt werden sollen, um Kohlendioxid aus den Schornsteinen einer Zementfabrik abzufangen. Der Zement wird aus Kalkstein hergestellt, der aus einem örtlichen Steinbruch stammt. Er schreibt: »In den letzten 130 Jahren hat die Zementfabrik riesige Mengen an Kalkstein verbraucht und ein flaches Stück Land hinterlassen, etwa 1 km in jede Richtung, ohne einen einzigen Baum in dieser Weite. Als wir uns dem Steinbruch nähern, sehe ich einen großen Bagger, der ein Transportfahrzeug, das für den schweren Bergbau und das Bauwesen entwickelt wurde, mit Schutt füllt. Alle paar Monate, sagt Urban, kommt ein Team mit Sprengstoff und sprengt einen großen Teil der 10 Meter hohen Kalksteinwand, die vor uns aufragt. Die Lastwagen fahren dann den ganzen Tag, fast ununterbrochen, zwischen dem Steinbruch und dem Zementwerk hin und her und versorgen das Werk mit Kalkstein.«

Und darüber freuen sie sich?

Der niedrige Natrium- und Kaliumgehalt dieses besonderen Kalksteins bedeutet, dass der Zement den korrosiven Wirkungen des Salzwassers widerstehen kann und daher im Meer länger haltbar ist. Der Zement dieses Umweltsiegs, bei dem das einzige, was der Journalist sieht, sein Auto ist, wird also für Unterwasserbauten verwendet.[35]

Es wird oft gesagt, Taylor habe den Arbeitsplatz »rationalisiert«. Sicherlich ist die gängige Definition von Rationalisierung – der Versuch, unangemessenes Verhalten zu rechtfertigen – zutreffend, aber hier ist eine andere Definition gemeint, nämlich alle die Überlegungen zu ignorieren oder wegzulassen, die mit dem erklärten Ziel in keinem Zusammenhang stehen.

Das ist es, was die Hellgrünen tun. In ihrem Streben nach einer (betrügerisch ausgewiesenen) Kohlenstoffneutralität ignorieren sie die Grausamkeiten, die auf dem Weg dorthin begangen werden. So ist eine Zementfabrik, die ein Biotop zerstört, um die Zerstörung von Unterwasserbiomen zu erleichtern, plötzlich eine ökologische Erfolgsgeschichte. Wie das? Ganz einfach. Man ignoriert alles außer der Tatsache, dass die Algen das Kohlendioxid aus den Schornsteinen herauswaschen. Man ignoriert auch, dass die Algen vermutlich an Kühe verfüttert oder in Treibstoff umgewandelt und verbrannt werden, wodurch der Kohlenstoff ohnehin freigesetzt wird. Man ignoriert die Wirklichkeit. Die einzige Verschmutzung, die man dann bemerkt, sind die Abgase des Autos, mit dem man hergefahren ist. Das ist die Geschichte, die wir in diesem Buch immer und immer wieder entlarven. Das ist die Geschichte der hellgrünen Lügen.

Was passiert mit den LED-Herstellern, wenn alle mit LEDs ausgestattet sind, die 30 Jahre halten? Wenn Sie in der Herstellung von Glühbirnen tätig waren, hatten Sie dieses Problem schon einmal. Im Jahr 1924 bildeten mehrere Glühbirnenhersteller, darunter General Electric, Osram und Philips, ein Handelskartell mit dem Namen Phoebus (Anmerkung am Rande: ein toller Name für eine geheime Kabale). In einer Reihe von geheimen Treffen beschlossen die Mitglieder von Phoebus, die Betriebsdauer ihrer Glühlampen auf einen einheitlichen Durchschnitt von 1.000 Stunden zu reduzieren, um weiterhin gute Umsätze zu erzielen. Ihr Plan funktionierte 15 Jahre lang gewinnbringend, bevor die Konkurrenz sie zwang, die Betriebsdauer ihrer Produkte zu verlängern.

Heute gehen einige LED-Hersteller in die gleiche Richtung, indem sie die Betriebsdauer der Glühbirnen absichtlich verkürzen, aber jetzt ist es öffentlich. Diese Hersteller bieten billigere LEDs mit deutlich verkürzter Betriebsdauer an, um den Absatz anzukurbeln.[36]

Es gibt noch weitere Probleme mit LEDs. In einem Bericht der American Medical Association vom Juni 2016 wurde festgestellt, dass LED-Straßenlampen mit hoher Helligkeit (die zum Zeitpunkt der Veröffentlichung des Berichts bereits 10 Prozent der Straßenbeleuchtung in den USA ausmachten) eine Gefahr für den Straßenverkehr darstellen. Es wurde festgestellt, dass LEDs mit blauem Licht »fünfmal stärkere Auswirkungen auf den zirkadianen Schlafrhythmus haben als herkömmliche Lampen« und dass LEDs im Freien nichtmenschliche Arten stören, die eine dunkle Umgebung benötigen, darunter Vögel, Insekten, Schildkröten und Fische.[37]

Wir sind nicht die ersten, die sagen, dass die Technologie keine Probleme löst, die durch die Technologie geschaffen wurden. Sie verlagert sie bestenfalls.

Selbst wenn man die giftigen Komponenten und Prozesse bei der Herstellung von LEDs außer acht lässt, sind LEDs ein gutes Beispiel dafür, was passiert, wenn man versucht, das Jevons-Paradoxon zu ignorieren. Hier ist eine Schlagzeile: »Die Umstellung auf LED-Außenbeleuchtung ist komplett nach hinten losgegangen.« Der Artikel beginnt: »Um den Energieverbrauch zu senken, stellen viele Länder auf der ganzen Welt auf LED-Außenbeleuchtung um. Aber wie neue Untersuchungen zeigen, hat diese Halbleiterlösung nicht die erwarteten Energieeinsparungen gebracht, und was noch schlimmer ist, sie hat zu mehr Lichtverschmutzung als je zuvor geführt.« Und: »Mit der Einführung von Halbleiterbeleuchtung – wie LEDs … – dachte (und hoffte) man, dass der Übergang von konventioneller Beleuchtung – wie elektrischen Glühfäden, Gas und Plasma – zu großen Energieeinsparungen führen würde. Jüngsten Untersuchungen zufolge hat die Verwendung von LEDs jedoch zu einem ›Rebound‹-Effekt geführt, bei dem sich viele Gebietskörperschaften aufgrund der damit verbundenen Energieeinsparungen dafür entschieden haben, noch *mehr* Licht zu verwenden.«[38]

Das ist das Jevons-Paradoxon. Warum ist jemand überrascht?

Was kommt nach den LEDs? Experten sagen, es sei eine Technologie namens »Laserdioden«. Einigen Prognosen zufolge könnte diese Technologie die LEDs bis etwa 2025 vollständig ersetzen – was zu dieser Frage führt: Was nützt es, Glühbirnen herzustellen, die 30 Jahre halten, wenn sie schon nach 10 Jahren veraltet sind?[39]

Fast alle grünen Politiker sprechen von Wirtschaftswachstum als etwas Positivem, oder zumindest sprechen sie sich nicht dagegen aus. Und viele dieser Leute plädieren tagtäglich für eine »Ökologisierung der Weltwirtschaft«. Es gibt ein Buch mit genau diesem Titel, *Greening the Global Economy*, des Wirtschaftswissenschaftlers Robert Pollin. Er behauptet, ein Schrumpfen der Wirtschaft wäre eine Katastrophe für den Planeten, weil dadurch die »notwendigen Investitionen« in »grüne Energie« untergraben würden. Vergessen Sie die Beweise dafür, dass die Treibhausgasemissionen nur während großer Depressionen signifikant zurückgegangen sind,[40] oder dass die Abholzung des Amazonas-Regenwaldes nur während Rezessionen zurückgegangen ist,[41] oder dass die einzige tote Zone im Meer, die sich erholt hat – das Schwarze Meer – durch den Zusammenbruch der Sowjetunion verschwunden ist.

Angesichts der Tatsache, dass die Weltwirtschaft den Planeten tötet, wird ein »Wirtschaftswachstum« dem Planeten nicht helfen.

Hellgrüne und die Konzernpresse behaupten gerne, die Wirtschaft könne wachsen, ohne dass der Energieverbrauch entsprechend steige. Joe Romm zum Beispiel, der wichtige Arbeit geleistet hat, um das öffentliche Verständnis für die globale Erwärmung zu fördern, hat auch geschrieben, dass »der Stromverkauf in [den USA] seit fast einem Jahrzehnt stagniert, während die Wirtschaft weiter gewachsen ist«.

Während der Stromverbrauch in den Vereinigten Staaten stagniert, hat sich die jährliche Stromerzeugung in China im gleichen Zeitraum – von 2004 bis 2014 – mehr als verdoppelt: von 2,2 Milliarden GWh auf über 5,6 Milliarden GWh. Kohlekraftwerke waren für etwa 75 Prozent dieses Anstiegs verantwortlich.[42] Angesichts der Tatsache, dass die USA jährlich Produkte im Wert von etwa 500 Milliarden Dollar aus China importieren, kann man dies durchaus als »Outsourcing der Umweltverschmutzung« bezeichnen. Und das ist nicht nur ein Problem mit China. Werfen Sie einen Blick auf die US-Importe aus Indonesien (Kleidung und Schuhe, Gummi, Elektronik), Südkorea (Autos, Elektronik, Maschinen, Öl, Stahl), Taiwan (Elektronik, Maschinen, Autos, Stahl, Plastik) und Singapur (Chemikalien, Maschinen, Elektronik).[43] Alle diese Länder exportieren Waren im Wert von Milliarden Dollar in die Vereinigten Staaten, und die verantwortlichen Industrien sind eine Ansammlung von Umweltsündern. Von 1990 bis 2010 stiegen die ostasiatischen Kohlenstoffemissionen um 142 Prozent, während die Emissionen Südostasiens um 227 Prozent zunahmen.[44] Die kombinierten Emissionen der asiatisch-pazifischen Länder stiegen zwischen 2010 und 2019 um 18 Prozent.[45]

Die Auslagerung der Umweltverschmutzung ist ein offenes Geheimnis. In einem Artikel heißt es: »Großbritannien beispielsweise hat die Emissionen innerhalb seiner eigenen Grenzen zwischen 1990 und 2015 um ein Drittel gesenkt. Dies geschah jedoch in dem Maße, wie energieintensive Industrien ins Ausland abgewandert sind. Wenn man alle globalen Emissionen einbezieht, die bei der Herstellung von Dingen wie dem importierten Stahl, der in Londons Wolkenkratzern und Autos verwendet wird, entstehen, dann hat sich der gesamte Kohlenstoff-Fußabdruck Großbritanniens in diesem Zeitraum sogar leicht vergrößert.«[46] Die Heinrich-Böll-Stiftung, ein grüner Thinktank, nennt als einen der Hauptfaktoren für den Rückgang der Treibhausgasemissionen in den reichen Ländern die »Abkehr von energieintensiver Produktion hin zu weniger energieintensiver Arbeit im Dienstleistungssektor« – wobei die Produktion an einen anderen Ort verlagert wird (wenn die Produktion stattfindet, muss sie *irgendwo* stattfinden).[47]

Das grüne Paradigma geht davon aus, dass die Energieerzeugung aus erneuerbaren Energien die Energieerzeugung aus fossilen

Brennstoffen verdrängen wird. Diese Annahme liegt so gut wie jeder Berechnung zugrunde, die zur Förderung grüner Energie herangezogen wird.

Das Scheitern einer solchen Verdrängung wurde kürzlich von Richard York quantifiziert, dem wir in diesem Buch bereits zweimal begegnet sind. Nach der Analyse von Daten aus 128 Ländern kam York zu dem Ergebnis, dass »das durchschnittliche Muster … darin besteht, dass jede Energieeinheit aus nichtfossilen Quellen weniger als ein Viertel einer Energieeinheit aus fossilen Brennstoffen verdrängt, und dass, wenn man nur auf die Elektrizität schaut, jede Einheit der aus nichtfossilen Quellen erzeugten Elektrizität weniger als ein Zehntel einer Einheit der aus fossilen Brennstoffen erzeugten Elektrizität verdrängt«.[48]

Angesichts der Tatsache, dass Wachstum für das System unabdingbar ist, ist es eine tragische Fehleinschätzung zu glauben, dass neue Solarenergieanlagen auf breiter Front zur Schließung von Kohlekraftwerken führen können.

Da die ganze Welt auf dem Spiel steht, müssen wir uns so unzweideutig wie möglich ausdrücken: Neue Energiequellen verdrängen in der Regel nicht die alten, sondern die neue Energie kommt zu den alten Energiequellen hinzu. Diese zusätzliche Energie wird für das »Wachstum des Systems« eingesetzt, und jede Gelegenheit zum Wachstum muss genutzt werden.*

Es ist nicht so, dass das alles unerwartet käme. Nebenstehend sehen Sie ein Diagramm des weltweiten Primärenergieverbrauchs (der Menschen), aufgeschlüsselt nach Brennstoffarten. Bis etwa 1850 stammte der gesamte (menschliche) Weltenergieverbrauch – ohne die menschliche und nichtmenschliche Sklaverei – im wesentlichen aus der Verbrennung von Holz (und in geringerem Maße von Gräsern und Dung, *Anm. d. Ü.*). Etwa zu dieser Zeit stieg die

* Selbst wenn erneuerbare Energien die fossilen Brennstoffe im Verhältnis eins zu eins verdrängen würden, was durch staatliche Restriktionen möglich ist, wäre die Zerstörung des Planeten immer noch nicht gestoppt.

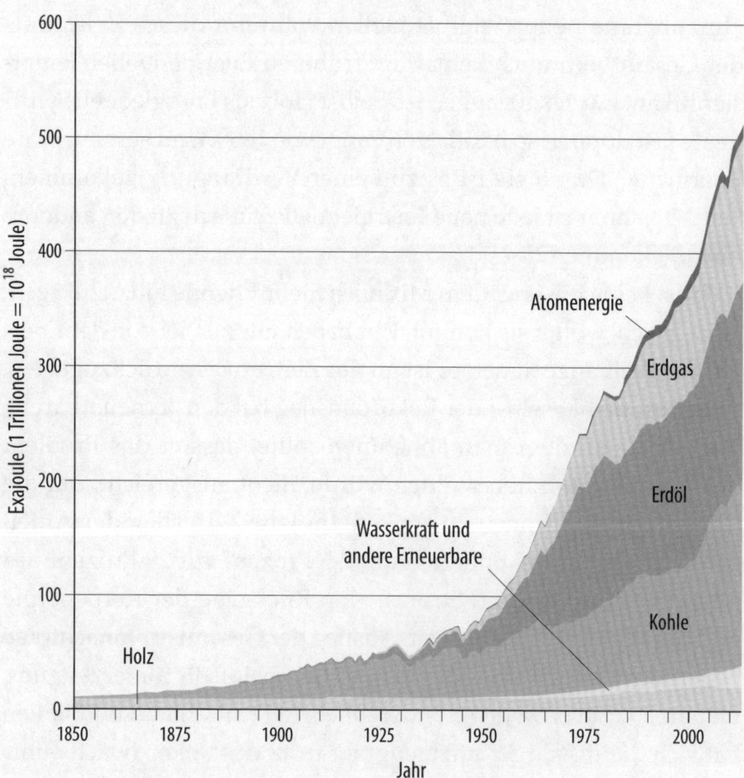

Abb. 9: Weltweite Energieerzeugung aus Energieträgern

Nutzung von Kohle an, und der Gesamtenergieverbrauch nahm zu. Als nächstes kam das Erdöl, das ab Anfang des 20. Jahrhunderts zu einer bedeutenden Energiequelle wurde, gefolgt von Erdgas und Wasserkraft in der Mitte des 20. Die Kernenergie kam in den 1960er Jahren hinzu.

Zwei Dinge an dieser Grafik sind besonders wichtig. Erstens und am offensichtlichsten ist, dass der Gesamtenergieverbrauch der Welt von etwa 15 Exajoule pro Jahr im Jahr 1850 auf über 500 Exajoule pro Jahr heute stark angestiegen ist. Wir leben in gefräßigen Zeiten; dieses Niveau des Energieverbrauchs kann niemals nachhaltig sein. Der zweite wichtige Punkt ist, dass trotz der

Hinzunahme neuer Energiequellen während dieses Zeitraums der Gesamtverbrauch keiner der früheren Energiequellen jemals signifikant zurückgegangen ist. Selbst Holz als Energiequelle wird heute fast doppelt so häufig verbrannt wie 1850. Und »erneuerbare Energien«? Durch sie ist es zu keiner Verdrängung gekommen. Seit 170 Jahren ist jede neue Energiequelle einfach zu den anderen hinzugekommen.[49]

Es ist keine Lösung, dem Mix noch mehr Energie hinzuzufügen, ganz gleich, woher sie kommt. Wir haben uns zu viel von der Energie der Welt angeeignet; es ist an der Zeit, etwas zurückzugeben.

In Europa hat selbst der Rekordanstieg bei den »erneuerbaren« Energien, von dem man annehmen sollte, dass er das Problem der Verdrängung überwinden würde, nicht ausgereicht, um die Kohlenstoffemissionen zu senken. Im Jahr 2015 stieg der Anteil der »erneuerbaren« Energien um 2,5 Prozent auf 29 Prozent des gesamten europäischen Stroms. »Ein Rückgang der Kernenergie und der Wasserkraft sowie ein Anstieg der Gesamtstromnachfrage bedeuteten jedoch, dass die fossile [Brennstoff-]Stromerzeugung im Jahr 2015 in etwa unverändert blieb. In Deutschland und Italien hat sich die fossile Stromerzeugung trotz des Rekordwachstums bei den erneuerbaren Energien kaum verändert.«[50] Und natürlich dürfen wir nicht vergessen, dass ein Großteil der 29 Prozent »erneuerbaren« Stroms in Europa aus Biomasse stammt, die zum Teil durch das Abholzen und Verbrennen ganzer Wälder gewonnen wird.

Richard York schreibt über die Verdrängung: »Diese Ergebnisse stellen das konventionelle Denken in Frage und zeigen, dass die Eindämmung der Nutzung fossiler Brennstoffe andere als nur technische Veränderungen erfordert, wie etwa die Ausweitung der Energieerzeugung aus nicht fossilen Brennstoffen.« Mit anderen Worten: Strategien, die auf der Bereitstellung billiger, reichlich vorhandener grüner Energie basieren, werden nicht funktionieren. Wir müssen fossile Brennstoffe direkt stoppen.

Wir können uns weder auf Effizienz verlassen, um die Geschwindigkeit der Zerstörung des Planeten zu verringern, noch können wir uns auf grüne Energie verlassen. Unsere einzige Hoffnung besteht darin, die Verbrennung fossiler Brennstoffe und alle anderen zerstörerischen Aktivitäten der industriellen Wirtschaft – vom industriellen Holzeinschlag über den Bergbau bis hin zum internationalen Handel – direkt zu stoppen.

Das ist unter anderem deshalb so schwierig, weil das Rechtssystem so aufgebaut ist, dass es die Interessen der Unternehmen um jeden Preis schützt. Als ich (Max) in Bellingham, Washington, lebte, erzählte mir ein Freund von einer Ölpipeline, die unter der Stadt verläuft und Rohöl aus den Teersanden in Alberta, Kanada, zu nahegelegenen Raffinerien transportiert. Wir recherchierten und fanden heraus, dass der Vertrag für die Pipeline mit der Stadt erneuert werden sollte. Der bisherige Vertrag beinhaltete 10.000 Dollar für eine 10-jährige Pacht.

Die Einwohner von Bellingham wissen, wie gefährlich Pipelines sein können. Am 10. Juni 1999 brach eine durch den Whatcom Falls Park verlaufende Benzinpipeline. Flussabwärts wurde ein 18-jähriger Junge beim Angeln von den Dämpfen überrascht und ertrank. 97 Minuten nach Beginn des Lecks entzündeten sich die Dämpfe, verursachten eine gewaltige Explosion und schickten riesige Flammenschwaden und schwarzen Rauch in den Himmel. Zwei 10-jährige Jungen, die im Bach spielten, erlitten bei der Explosion schwere Verbrennungen, an denen sie am nächsten Tag im Krankenhaus starben.

Eine Gruppe von uns begann, die Anwohner über das Thema aufzuklären und Lobbyarbeit beim Stadtrat zu betreiben. Wir veranstalteten öffentliche Foren, sammelten Verbündete und sprachen vor Hunderten von Menschen über die Zerstörungskraft der Teersande. Der Stadtrat begann sich zu bewegen. Doch der Anwalt der Stadt erklärte den Ratsmitgliedern, dass das Pipelineunternehmen Trans Mountain die Stadt verklagen würde, wenn sie den Pachtvertrag für die Pipeline nicht verlängerte, und dass das Gesetz auf ihrer Seite stünde. »Es geht um die Handelsklausel«, sagte uns der Stadtrat und bezog sich dabei auf einen Abschnitt der US-Verfassung, der der Bundesregierung die Befugnis zur Regulierung des zwischenstaatlichen und internationalen Handels vorbehält. Da die Pipeline eine internationale Grenze überquert, können die lokalen Regierungen den weiteren Betrieb der Pipeline rechtlich nicht unterbinden, wenn das Gas bereits strömt.

Und wenn alle in Bellingham für uns gestimmt hätten, hätten wir die Pipeline nicht verhindern können.

Nach mehr als hundert Jahren Rechtsprechung des Obersten Gerichtshofs genießen Unternehmen Schutz durch den Ersten, Vierten, Fünften, Sechsten und Vierzehnten Verfassungszusatz sowie durch die Vertragsklausel. Die Anthropologin Jane Anne Morris schreibt: »Unternehmen haben das verfassungsmäßige Recht auf ein ordnungsgemäßes Verfahren und genießen einen Schutz, den Menschen, also betroffene Bürger, nicht haben. Für menschliche Bürger, die keine Unternehmen sind, gibt es einen Demokratie-Themenpark, in dem wir Hebel an Wahlmaschinen betätigen und bei Anhörungen in Mikrofone sprechen dürfen. Aber keine Sorge, sie sind nicht verpflichtend und niemand außer uns hört zu. Das Ordnungsrecht regelt den Beitrag der Bürger, nicht das Verhalten der Unternehmen.«[51]

Das wussten wir schon, als wir anfingen, uns gegen die Pipeline zu organisieren.[52] Aber wir haben uns trotzdem organisiert, unter anderem, weil wir das Scheitern am eigenen Leib erfahren wollten. Wir wollten den demokratischen Prozess testen und sehen, ob wir das System nutzen können, um die von uns gewünschte Veränderung durchzusetzen. Aber das gelang uns nicht, obwohl Bellingham zu diesem Zeitpunkt bereits einen der fortschrittlichsten kommunalen Klimaaktionspläne der Nation verabschiedet hatte, der ein gewisses Maß an kommunalem Engagement für Nachhaltigkeit demonstrierte, und auch trotz der Tatsache, dass sowohl die Bevölkerung als auch der Stadtrat auf unserer Seite waren. Am Ende verabschiedete der Stadtrat zwei symbolische, nicht bindende Resolutionen mit dem lauen Wortlaut, dass »Bellingham das Teersandprojekt in Alberta nicht gutheißt und die Nutzung dieser Brennstoffe in unserer Stadt vermeiden möchte«.[53] Das örtliche Wirtschaftsblatt beschrieb die Resolutionen als Absicht, die Stadt »sanft vom Teersandöl umzulenken«.[54]

Dies führt zu zwei Punkten. Erstens: Das Rechtssystem wird uns nicht retten. Es ist sicherlich ein wichtiges Schlachtfeld, aber allein wird es wahrscheinlich ein weitgehend defensives Schlachtfeld sein. Zweitens: Inmitten eines Massenaussterbens reicht »sanftes Umlenken« einfach nicht.

Umweltschützer haben sich oft für zwei andere wirtschaftliche Ansätze zur Eindämmung der Klimakrise eingesetzt. Der erste heißt »Cap and Trade«, der zweite ist eine Kohlenstoffsteuer. Beide Ansätze erlegen den Unternehmen Kosten für die Freisetzung von Treibhausgasemissionen auf, allerdings auf unterschiedliche Weise.

Cap-and-Trade-Gesetze legen eine allmählich sinkende Obergrenze für die zulässigen Kohlenstoffemissionen einer bestimmten Branche oder einer ganzen Nation fest und vergeben dann »Gutschriften«, die sich danach richten, wie viel ein bestimmtes Unternehmen zu Beginn des Programms verschmutzt. Im weiteren Verlauf können diese Unternehmen und andere große Umweltverschmutzer diese »Verschmutzungsgutschriften« untereinander kaufen und verkaufen. Die Idee ist, dass der freie Markt die angemessenen »Kosten« der Verschmutzung bestimmt und so einen wirtschaftlichen Anreiz zur Verringerung der Treibhausgasemissionen schafft.

Das erste Problem dabei ist die Auslagerung der Verschmutzung. In Ermangelung anderer Änderungen kann die Einführung dieser Kosten für umweltverschmutzende Industrien die Unternehmen einfach dazu veranlassen, in nachsichtigere Rechtssysteme abzuwandern. Dies steht in engem Zusammenhang mit dem zweiten Problem, der Emissionsvermeidung. Denken Sie zum Beispiel an den Volkswagen-Skandal vor einigen Jahren, bei dem es darum ging, die wahren Emissionen der Autos zu verschleiern. Oder denken Sie an die gefälschte Buchführung bei Biomasse und Staudämmen. Dies geschieht zweifelsohne auch in vielen anderen Unternehmen, und ein Cap-and-Trade-Modell würde dieses Verhalten noch weiter begünstigen.

Die Methode der Kohlenstoffsteuer ist einfacher. Sie legt eine feste Steuer auf Kohlendioxid- und andere Treibhausgasemissionen fest und verlangt von den Verursachern, für ihre Emissionen zu zahlen. Dieses Geld wird dann oft für »klimabezogene« Ausgaben verwendet (in der Regel Subventionen für Industrietechnologien wie Elektroautos, Wind- und Solartechnik, die dem Planeten natürlich nicht helfen) oder um die Steuern für Privatpersonen zu senken. Sowohl das Problem der Auslagerung der Verschmutzung als auch das Problem der Kohlenstoffwäsche gilt auch hier, und zwar aus denselben Gründen und mit denselben Mechanismen wie bei der Deckelung und dem Handel.

Einige Regionen haben bereits Kohlenstoffsteuer- oder Cap-and-Trade-Systeme eingeführt. Wie haben diese Projekte funktioniert? Die Europäische Union (die ironischerweise aus einer Organisation namens »Europäische Gemeinschaft für Kohle und Stahl« hervorging) betreibt das größte Cap-and-Trade-System der Welt. Diese Vorschriften haben nach eigenen Berechnungen die gesamten Treibhausgasemissionen der EU von 2013 bis 2015 um etwa 2,25 Prozent gesenkt.[55] Aber selbst diese unzureichenden Reduzierungen sind fragwürdig. So kündigte Facebook im Januar 2017 Pläne zur Eröffnung eines großen neuen Rechenzentrums in Dänemark an, wo Rechenzentren etwa 15 Prozent der nationalen Stromversorgung verbrauchen. Facebook warb für das neue Projekt damit, dass es »mit 100 Prozent sauberer und erneuerbarer Energie betrieben wird«. Doch das ist eine Lüge: Wie in einem Artikel zu lesen ist, wird [das Rechenzentrum] den Kohlenstoffausstoß des Landes erheblich steigern. Nach dem Quotensystem der Europäischen Union für Kohlenstoffemissionen soll der serverbedingte Anstieg der dänischen Emissionen durch die Verringerung der Emissionen anderer Länder ausgeglichen werden. Aber das wird nicht geschehen. Peter Birch Sørensen, Vorsitzender des Klimarats der dänischen Regierung, erklärt: »Es gibt immer noch einen enormen Überschuss an Zertifikaten, so dass ein Anstieg der dänischen Emissionen nicht zu einem Rückgang der Emissionen in anderen EU-Ländern führen wird.«

Der Markt wird mit Zertifikaten überschwemmt, was das ganze System wertlos macht.

Insgesamt funktionieren die Bemühungen, die globale Erwärmung mit wirtschaftlichen Mitteln zu verlangsamen, nicht. Und eine Analyse vom September 2015 prognostizierte, dass selbst die vollständige Erfüllung der bestehenden Emissionsreduktionsziele unzureichend wäre – was in der Tat zu einer »katastrophalen« Erwärmung führen würde.[56] Und hier ist eine Wahrheit, die die meisten Grünen nicht wahrhaben wollen: Ein Grund, warum diese Bemühungen nicht funktionieren, ist, dass sie das allgemeine Geschäftsmodell des industriellen Kapitalismus nicht beeinträchtigen.

Nach dem Abschluss des Pariser Klimaabkommens Ende 2015 bezeichnete ein Lobbyist, der die größten Industrieunternehmen in Großbritannien vertritt, das Abkommen als »eine aufregende Chance für die Wirtschaft«. Einige Analysten sagten voraus, dass die Regulierungsbehörden unter Druck gesetzt werden könnten, mehr »Emissionsgutschriften« freizugeben, wenn die Kohlenstoffpreise zu hoch werden, als dass der Markt sie tragen könnte, wodurch der Preis sinken würde und das gesamte System wiederum im Hinblick auf die Eindämmung der Kohlenstoffemissionen im Grunde wertlos wäre.

Selbst Antikapitalisten scheinen meist nicht bereit zu sein, den Industrialismus in Frage zu stellen. Meistens stellen sie nicht einmal die anhaltende Abhängigkeit von fossilen Brennstoffen in Frage.

Das Öl finanzierte die sozialistischen Regierungen von Gaddafi und Chavez und Norwegen, was das betrifft. In den meisten sozialistischen wie auch kapitalistischen Ländern durften weder die Souveränität der Ureinwohner noch die Gesundheit des Landes der Industrialisierung im Wege stehen.

Wenn Antikapitalisten sich gegen fossile Brennstoffe aussprechen, ist »grüne Energie« eine tragende Säule ihrer politischen Programme – vor allem in den reichen Ländern. Es gibt nur wenige, die die Probleme der grünen Technologie wahrhaben wollen, und noch weniger, die das Wirtschaftswachstum ablehnen.

Die Degrowth-Sozialisten sind ein Beispiel für diese Art von seltenen Intellektuellen. Die Idee des »Degrowth« als ernsthafter wirtschaftlicher Ansatz existiert mindestens seit den 1970er Jahren, als der Wirtschaftswissenschaftler Nicholas Georgescu-Roegen sie vorschlug. Nachdem sie jahrelang in der Versenkung verschwunden war, tauchten diese Ideen 2001 wieder auf und gewannen unter französischen Aktivisten an Unterstützung. Das Degrowth-Modell fordert eine geplante wirtschaftliche Schrumpfung, vor allem in den reichen Ländern, hin zu einer stabilen, nachhaltigen Lebensweise.

Das ist ein vernünftigerer Vorschlag als die Ideen, die von Leuten wie Mark Z. Jacobson vertreten werden, aber selbst innerhalb des sozialistischen Lagers ist es eine Randerscheinung.

Danny Chivers, ein Aktivist aus dem Vereinigten Königreich, ist ein weiteres Beispiel für einen linken Aktivisten, der sich mit den Auswirkungen der grünen Technologie auseinandersetzt. In der Zeitschrift *New Internationalist* fragt Chivers: »Wie viel Material bräuchten wir für den Übergang zu einer Welt, die zu 100 Prozent aus erneuerbaren Energien besteht? Es ist unverantwortlich, für einen mit erneuerbaren Energien versorgten Planeten einzutreten, ohne offen und ehrlich darüber zu sprechen, welche Auswirkungen eine solche Umstellung in der Realität haben könnte.«

Um seine Frage zu beantworten, stellt Chivers eine Reihe von Berechnungen an. Um eine Infrastruktur für die Stromerzeugung aus erneuerbaren Energien zu schaffen, wären nach seinen Schätzungen 160 Millionen Tonnen[57] Aluminium, 110 Millionen Tonnen Kupfer, fast 3 Milliarden Tonnen Eisen und 840 Millionen Tonnen Zement erforderlich. Dabei handelt es sich um Zahlen für das Nettomaterial, das heißt, die Gesamtförderung vor der Raffination würde sich auf etwa 50 Milliarden Tonnen belaufen. Weitere 10 Milliarden Tonnen würden für die passive Solarenergie und andere Erfordernisse benötigt, und die Produktion von Elektrofahrzeugen würde weitere 20 Milliarden Tonnen an Rohstoffen erfordern. Insgesamt wären nach Chivers' groben Berechnungen etwa 80 Milliarden Tonnen an Rohstoffen für diesen Übergang erforderlich.

Nach Ansicht von Chivers könnte diese wirtschaftliche Umstellung die Förderung von rund 1,8 Billionen Tonnen fossiler Brennstoffe ersetzen. Wenn man das als Vergleich heranzieht, hört sich das nach einer Menge an. Aber es gibt eine Reihe von Problemen mit diesen Berechnungen. Erstens ist die Vorstellung, dass 8 Milliarden Menschen auf Dauer »eine ökoeffiziente Version des modernen Lebensstils« leben können, verrückt. Die meisten Humanökologen sind der Meinung, dass eine deutlich geringere Bevölkerungszahl immer noch nicht nachhaltig sein könnte. Zweitens geht Chivers von einer Reihe falscher Annahmen über das Recycling aus – zum Beispiel von der Vorstellung, dass eine 100-prozentige Rückgewinnung von Materialien möglich sei (falls sie denn wünschenswert ist). Das größte Problem mit seiner Vision ist jedoch, dass sie voraussetzt, dass die Regierungen bereit sind, bei der Senkung des Lebensstandards in den reichen Ländern und der Abkehr vom kapitalistischen Modell mitzuwirken. Das geschieht in der realen Welt nicht freiwillig, zumindest nicht in einem sinnvollen Zeitrahmen. Was auch immer wir an Bewegung in Richtung »erneuerbare« Energie sehen, sie wird hauptsächlich durch das Streben nach Profit und neuen Energiequellen angetrieben, nicht durch ein echtes (oder auch nur vorgetäuschtes) Engagement, unsere derzeitige Lebensweise einzuschränken. Wie wir gelernt haben, werden neue Energiequellen meist den alten hinzugefügt, anstatt sie zu ersetzen.

Am Ende seines Artikels schreibt Chivers, dass der Bergbau »eine der offenkundig zerstörerischsten, giftigsten und korruptesten Industrien der Welt ist«, und weist auf »ein weiteres ernstes Problem hin. Dies ist einer der Momente, in denen man leicht in eine kolonialistische Denkweise abgleitet, wenn man beiläufig von ›Reserven‹ von Mineralien spricht, die der Welt ›zur Verfügung‹ stehen. Ob diese Materialien aus dem Boden geholt werden oder nicht, sollte nicht von jemandem wie mir entschieden werden, einem Weißen, der in Europa an einem Computer tippt, sondern von den Gemeinschaften, die in dem betreffenden Gebiet leben und von der Förderung betroffen wären.« Er schließt mit den Worten: »Wird es möglich sein, genügend Lithium für eine elektrifizierte Welt zu gewinnen, ohne die Rechte der lokalen Gemeinschaften mit Füßen zu treten? Wenn nicht, dann müssen wir einen anderen Weg in unsere Zukunft mit erneuerbaren Energien finden.«[58]

Das moralische Kalkül hier ist ganz einfach: Die Forderung nach einem Abbau von 80 Milliarden Tonnen und die Festlegung der Gesellschaft auf eine Zukunft, die eine ständige Bergbauinfrastruktur zur Instandhaltung der entstehenden Maschinen erfordert, ist eine Abscheulichkeit für sich. Unabhängig davon, ob die Menschen vor Ort ihre Zustimmung zum Abbau geben, ist die Zerstörung des Landes ein Verbrechen. Wenn wir demokratisch beschließen, den Planeten zu zerstören, ist das dann irgendwie eine bessere Entscheidung? Lohnt es sich, eine bestimmte Landfläche zu zerstören, wenn dies einer Spezies – der unseren – eine »ökoeffiziente Version des modernen Lebensstils« ermöglicht? Bei solchen Berechnungen wird das Leben ganzer Arten, ganzer Wassereinzugsgebiete und ganzer Gebirgszüge aufgewogen.

In einem kürzlich erschienenen Bericht des Umweltprogramms der Vereinten Nationen heißt es, dass sich »der Verbrauch der natürlichen Ressourcen der Erde in 40 Jahren mehr als verdreifacht hat«.[59] Der Bericht befasst sich mit »primären Ressourcen«: Metalle, fossile Brennstoffe, Wälder, Getreide, Fisch und so weiter. Im Jahr 1970 entfielen auf die primäre Gewinnung 22 Milliarden Tonnen Material pro Jahr. Im Jahr 2010 waren es 70 Milliarden Tonnen pro Jahr und im Jahr 2019 bereits 92 Milliarden Tonnen.[60] Bis 2050 wird ein Anstieg auf 180 Milliarden Tonnen prognostiziert. Das bedeutet eine atemberaubende Zunahme der Geschwindigkeit der Zerstörung des Planeten. Dem Bericht zufolge besteht die Lösung darin, »die Ressourceneffizienz deutlich zu verbessern« und »das Wirtschaftswachstum ... von der immer stärkeren Nutzung natürlicher Ressourcen abzukoppeln«.[61]

Selbst wenn diese Entkopplung möglich wäre, was natürlich nicht der Fall ist, wird sie nicht stattfinden. Der jüngste Bericht der U.S. Energy Information Administration, der sogenannte *Annual Energy Outlook*, zeigt dies. Darin wird die Energiezukunft der Vereinigten Staaten bis zum Jahr 2050 modelliert. Selbst bei einer Vielzahl von Annahmen über das Wirtschaftswachstum und die Energiepreise variiert der Energieverbrauch über die verschiedenen Prognosen hinweg nur geringfügig, und es ist unwahrscheinlich, dass die Treibhausgasemissionen erheblich zurückgehen.[62]

Eine Entkopplung des Wirtschaftswachstums vom »Verbrauch natürlicher Ressourcen« – der Zerstörung des Planeten – ist nicht möglich, und je früher wir uns dieser Tatsache stellen, desto besser. Eine Analyse aus dem Jahr 2018 verglich das BIP jeder Nation der Welt mit den jährlichen Konzernumsätzen und errechnete daraus die größten Volkswirtschaften der Welt. Von den Top 100 waren 69 Konzerne.[63] Walmart ist derzeit das größte Unternehmen der Welt. An zweiter Stelle folgt State Grid, das staatliche Stromversorgungsunternehmen in China. Fünf der 20 größten Unternehmen sind Öl- und Gaskonglomerate. Vier weitere sind Automobilhersteller. Zwei sind Tech-Giganten. Mehrere sind Banken. Und einer (Glencore) ist ein Rohstoffhändler, der sich auf Zink, Kupfer, Getreide und Öl spezialisiert hat.[64] Jedes dieser Unternehmen verdient sein Vermögen entweder durch die direkte Zerstörung des

Planeten durch Abbau und »Entwicklung« oder durch die Erleichterung dieser Prozesse. Diese Unternehmen von der Zerstörung des Planeten zu »entkoppeln« würde bedeuten, sie vollständig zu demontieren.

Der beste Weg, um abzuschätzen, wie viel Treibhausgase von einer Nation oder einem Unternehmen freigesetzt werden, ist die Verwendung des BIP als Maßstab. Einige sind jedoch der Meinung, dass sich der Zusammenhang zwischen dem BIP und den Treibhausgasemissionen verändert. Der relevante Begriff ist »Kohlenstoffintensität«, ein Maß für die Menge an Treibhausgasen, die pro Einheit der Wirtschaftstätigkeit freigesetzt wird. Ende 2015 gab es Schlagzeilen wie »Global emissions to fall for first time during a period of economic growth« (Globale Emissionen sinken zum ersten Mal während einer Periode des Wirtschaftswachstums).[65] Die Autoren der Studie erklärten, dass diese Entkopplung wahrscheinlich nur vorübergehend sei. Und in der Tat, das war sie. Aus einer Pressemitteilung der NOAA (Wetter- und Ozeanografiebehörde der Vereinigten Staaten) vom März 2016 geht hervor, dass die Kohlenstoffwerte im Jahr 2015 so stark angestiegen sind wie nie zuvor. Der leitende Forscher sagte, dass »die Kohlendioxidwerte schneller ansteigen als in Hunderttausenden von Jahren«.[66] In einem Artikel in *Nature Geoscience* wurde festgestellt, dass die Kohlenstoffemissionen den höchsten Stand erreicht haben; nicht nur in geschichtlicher Zeit, sondern in den letzten 66 Millionen Jahren.[67]

Im Jahr 2018 stiegen die Kohlendioxidemissionen um 2 Prozent und damit schneller als in jedem anderen Jahr seit 2011.[68] Und 2019 erreichten die Kohlendioxid-Emissionen ein Allzeithoch und brachen den bisherigen Rekord von 2018.[69]

Es gab weder einen Rückgang noch eine Abkehr.

Denken Sie daran, dass es möglich ist, eine kohlenstoffneutrale Zivilisation zu haben und den Planeten trotzdem zu zerstören. Denken Sie daran, als ob Ihr Leben davon abhinge, denn das tut es. Die globale Erwärmung spielt nur bei einem kleinen Prozentsatz der zweihundert Arten, die jeden Tag aussterben, eine Rolle. Lachse wurden fast ausgerottet, bevor der Klimawandel eine Rolle spielte. Das gleiche gilt für Bisons. Das gleiche gilt für alte Wälder, uraltes Grasland und so viele Flüsse. Fossile Brennstoffe sind ein Beschleuniger, aber nicht der Grund. Die Katastrophe ist die Zivilisation selbst.

Die Liste ist so lang und so düster. Der syrische Elefant wurde vor 100 v. Chr. wegen seines Elfenbeins zu Tode gejagt. Das Römische Reich brachte den Atlasbären zu Fall, indem es ihn zu Tausenden einfing, damit sein Tod im Kolosseum gefeiert werden konnte. Die Mauritius-Fruchttaube war 1755 selten und in den 1830er Jahren ausgestorben, als die Insel abgeholzt wurde. Ihr wissenschaftlicher Name, *Columba nitidissima*, bedeutet aufgrund ihres metallisch blauen Gefieders »glänzendste Taube«, und es gibt nur noch drei ausgestopfte Exemplare. Die Liste der Arten, die wie die Mauritius-Fruchttaube ausgestorben sind, ist erschütternd: eine Eule, ein Papagei, eine Ente, ein Reiher, zwei Riesenschildkröten, ein kleiner Flughund – die Liste geht weiter, ein völlig sinnloses Requiem. Der japanische weiße Wolf von Hokkaido wurde 1889 ausgerottet und massenhaft mit Strychnin getötet, was »ein grausamer Tod«[70] ist. Die einheimischen Ainu nannten den Wolf *Horkew Kamuy* oder »heulender Gott«.

Viele Ainu glauben, dass Wölfe die Nachkommen einer Göttin sind, die sich mit einem Wolf gepaart hat, und ihre Kultur verlangt Respekt und Fürsorge für Wölfe. Falls es gesagt werden muss: Man sorgt für seine Familie; man quält sie nicht zu Tode.

Wir stehen vor einer schweren Entscheidung. Wir können versuchen, weitere Brennstoffquellen zu finden, um die letzten Lebenden zu verschlingen, oder wir können kämpfen, um unsere geheiligten wilden Verwandten zu retten.

Kapitel 8
RECYCLING

Die einzige Superkraft, die du brauchst, um die Erde im Alleingang zu retten, ist der Gang zur Recycling-Tonne.

Schild an der Seite eines Kipplasters in Eugene, Oregon

Ohne Ökonomie – ohne Angebot und Nachfrage von Rohstoffen – ist Recycling nichts weiter als eine sinnlose Übung in Verherrlichung von Müll.

Adam Minter, *Junkyard Planet: Travels In The Billion-Dollar Trash Trade* (Schrottplatz-Planet: Reisen in den Milliarden-Dollar-Müllhandel)[1]

Der grünen Erzählung zufolge bietet Recycling die passende Antwort auf jede Kritik an grünen Technologien sowie dem damit verbundenen Bedarf an Rohstoffen und dem daraus resultierenden Abbau und der Verschmutzung. Recycling, so wird erzählt, kann jede Materialknappheit lösen, jedes Verbrauchs- und Abfallproblem überwinden und die Betriebsdauer jedes Bauteils eines Solarpanels oder Elektroautos auf unbestimmte Zeit verlängern.

Aber dieses leuchtend grüne Narrativ entspricht nicht der physischen Realität. Hier folgt, was wir über das Recycling von Metallen herausgefunden haben.

Beginnen wir mit Aluminium. Erstens hat sich der Aluminiumverbrauch zwischen 2005 und 2019 so ziemlich verdoppelt (mit dem einzigen Rückgang von 2008 auf 2009, natürlich aufgrund der

Rezession), was bedeutet, dass jedes Jahr neues Aluminium verwendet werden muss, was bedeutet, dass selbst wenn diese Kultur bereits 100 Prozent Recycling hätte, immer noch Bauxitminen benötigt würden.

Zweitens wird ein Teil des Aluminiums in Farben, Sprengstoffen und anderen Verbrauchsgütern verwendet.

Drittens wird ein Teil des Aluminiums in der Elektronik verwendet. Dies sind die Schrecken des Elektronik-»Recyclings«: 10-Jährige, die unter giftigen Bedingungen arbeiten, um alte Handys zu zerlegen und einzuschmelzen, weil ihre Eltern von Soldaten von ihrem Land vertrieben wurden, damit das Land für Exportgüter genutzt werden kann, um Geld für die globalen Eliten zu verdienen.

Viertens: Um recycelt zu werden, muss Aluminium auf 730° C erhitzt werden. Wie soll das nachhaltig geschehen? Und bis zu 15 Prozent des zu recycelnden Materials gehen als Abfall verloren. Aus diesem Abfall lässt sich zwar noch einmal einiges an Aluminium gewinnen, doch entsteht bei dem Prozess auch ein hochkomplexer und schwer zu handhabender Rest, der bei Kontakt mit Wasser unter anderem Wasserstoff, Acetylen und Ammoniak freisetzen kann. Außerdem kann er sich bei Kontakt mit Luft spontan entzünden.

Auch beim Aluminiumrecycling wird Chlor benötigt, und es entstehen Dioxine.

Lassen Sie uns jetzt über Stahl sprechen. Hier ist eine Schlagzeile aus einer Publikation im Bundesstaat Washington: »4. August 2010, Stahlrecycling-Reste vergiften Standort Kent«. Der Artikel beginnt: »Zuerst schien es eine gute Idee zu sein, die Reste eines Stahlrecyclingverfahrens auf einem brachliegenden Gelände in Kent abzuladen. Doch jetzt ist das Grundwasser so giftig wie Abflussreiniger.«

Der erste Satz eines anderen Artikels, diesmal aus Delaware: »Mindestens 80 Anwohner von Claymont haben sich einer Klage gegen ein seit langem in Schwierigkeiten geratenes Stahlrecyclingwerk angeschlossen, in der behauptet wird, die Eigentümer hätten es jahrelang versäumt, die ›Giftwolken‹ aus giftigem Staub einzudämmen.«[2]

83 Prozent des gesamten Stahls werden in den USA bereits recycelt. Selbst wenn man also die ökologischen Auswirkungen außer acht lässt und so tut, als könne Recycling von Stahl irgendwie ungiftig und nachhaltig sein, können nur 17 Prozent mehr recycelt werden, bevor man ein 100-prozentiges Recycling erreicht; und angesichts der Tatsache, dass sich die weltweite Eisenerzförderung zwischen 2000 und 2015 mehr als verdoppelt hat,[3] würde ein 100-prozentiges Recycling immer noch Minen und Schmelzwerke erfordern. Und es würde in Brasilien immer noch Sklaven erfordern, die ein unsagbar erbärmliches Leben führen, um Holzkohle für die brasilianische Roheisenindustrie herzustellen (ein Prozess, der direkt zur Abholzung des Amazonas beiträgt), deren Hauptabnehmer die amerikanische Stahlindustrie ist.

Für das Recycling von Metallschrott zu Stahl sind Lichtbogenöfen erforderlich, die den Schrott auf 1.760° C erhitzen. Woher bekommen wir die Energie dafür? Und woher nehmen wir die Energie für den Transport dieser Metalle zu diesen Öfen? Wie lässt sich das alles nachhaltig bewerkstelligen?

Kommen wir nun zu Kupfer. Aus einer Website der Kupferindustrie: »Obwohl Kupfer aufgrund seiner praktisch unbegrenzten Recyclingfähigkeit für die Verwendung in einer Vielzahl von Produkten ökologisch vorteilhaft ist, kann die weltweite Nachfrage nicht ausschließlich durch Sekundärkupfer gedeckt werden. Zur Deckung des menschlichen Bedarfs ist auch eine kontinuierliche Produktion von neuem Kupfer erforderlich. Glücklicherweise wurden reichliche Reserven entdeckt, die für Generationen reichen.«[4] Also, noch einmal, auch 100 Prozent Recycling wird die Notwendigkeit von Minen oder Enteignungen nicht beseitigen und nicht zu Nachhaltigkeit führen.

Ein letztes Mineral: Zink. Lassen Sie uns ein wenig rechnen. Erstens: Heute werden »über 80 Prozent des für das Recycling verfügbaren Zinks tatsächlich recycelt«, und zweitens: »Gegenwärtig stammen etwa 70 Prozent des produzierten Zinks aus abgebauten Erzen und 30 Prozent aus recyceltem oder sekundärem Zink.«[5] Und nun die nicht ganz so knifflige Rechnung: Wenn das Recycling von Zink von 80 Prozent auf 100 Prozent stiege, bedeutet das, dass die Menge an recyceltem Zink und der prozentuale Anteil an recyceltem Zink um 25 Prozent stiege, also von 30 auf etwa 37 Prozent, was bedeutet, dass immer noch etwa 63 Prozent abgebaut würden.

In dem Maße, wie sich die Umweltkrisen verschlimmern und es immer offensichtlicher wird, dass die industrielle Zivilisation den Planeten zugrunderichtet, werden die Menschen nach falschen Lösungen für diese Krisen suchen. Und es wird keine Rolle spielen, wie kontrafaktisch diese falschen Lösungen sind: Es geht darum, diese Lebensweise aufrechtzuerhalten, nicht darum, die Zerstörung zu stoppen.

Der hellgrüne Umweltschutz hat vor allem deshalb so viel Aufmerksamkeit auf sich gezogen, weil er vielen Menschen sagt, was sie hören wollen: dass man sowohl Industrialismus als auch einen Planeten haben kann, oder anders gesagt, dass man einen Planeten haben und ihn auch verbrauchen kann. Aber das können wir nicht. Und so schadet der hellgrüne Umweltschutz, indem er Zeit, die wir nicht haben, auf »Lösungen« verschwendet, die nicht funktionieren können.

Ein Slogan, der in den 1970er Jahren im Zuge des wachsenden Umweltbewusstseins aufkam, waren die drei Rs: »Reduce, Reuse, Recycle« (Reduziere, verwende wieder, recycle). Es ging darum, die Menschen hierdurch zu einem verantwortungsvolleren Umgang mit ihrem Verbrauch und ihrem Abfall zu bewegen.

Es gibt einen großen Unterschied zwischen *Wiederverwendung* und *Recycling*. Etwas wiederzuverwenden, heißt einfach, es wiederzuverwenden. Das kann alles Mögliche sein, von der Nutzung des gebrauchten Fahrrads eines älteren Geschwisters bis hin zur Wiederverwendung von Holz aus einer eingestürzten Scheune.

Recycling hingegen wird definiert als »Rückführung von Material in ein früheres Stadium eines zyklischen Prozesses« und bedeutet in der Regel, dass ein industrieller Vorgang erforderlich ist, um gebrauchtes Material in eine grundlegendere Form umzuwandeln, und dass dann weitere industrielle Vorgänge erforderlich sind, um diese grundlegendere Form in etwas anderes Nützliches umzuwandeln.*

So wurden alte Milch- und Limonadenflaschen aus Glas zurückgegeben, gewaschen und *wiederverwendet*. Moderne Plastikflaschen hingegen müssen eingeschmolzen werden, um *recycelt* werden zu können, und auch Papier muss zu Zellstoff verarbeitet werden, bevor es *recycelt* werden kann.

Downcycling, das heißt die Umwandlung eines gebrauchten Materials in eine weniger nützliche oder verschlechterte Version des ursprünglichen Materials, wird für Buchhaltungszwecke ebenfalls als Recycling betrachtet. Das ist gut für diejenigen, die Recycling als Lösung für den Mord an unserem Planeten propagieren, denn die meisten »recycelten« Kunststoffe sind nicht »recycelt«, sondern »downgecycelt«.

Wir fragten einen Recyclingexperten, wie es dazu kam, dass die ersten beiden Rs so vernachlässigt wurden. Er sagte: »Die Stadt, in der ich arbeite, hat kein offizielles Reduzierungs- oder Wiederverwendungsprogramm und hat in den letzten dreißig Jahren den Bau einer beeindruckenden Anzahl von großen Kaufhäusern genehmigt. An den Türen dieser flugzeuggroßen Gebäude gibt es

* Wir haben den Zusatz über den industriellen Kapitalismus eingefügt, weil in einer lebendigen natürlichen Gemeinschaft abgestorbene Lebewesen ständig recycelt, durch Verdauung auf einfachere Formen reduziert und dann in etwas Nützliches verwandelt werden.

keine Schilder, die die Menschen dazu anhalten, weniger zu kaufen oder mit dem auszukommen, was sie bereits besitzen. Recycling ist die einzig zulässige der drei ursprünglichen Aktivitäten, weil es die einzige Option ist, die den Kapitalismus nicht behindert.«

Modernes Recycling ist komplex, und die Recyclingindustrie ist ein riesiges, gewinnorientiertes Unternehmen. Im Jahr 2015 erwirtschaftete die Recyclingindustrie weltweit mehr als 23 Milliarden Dollar an Gewinnen. In den USA generiert das Schrottrecycling jährlich mehr als 105 Milliarden Dollar an wirtschaftlicher Aktivität und beschäftigt 500.000 Menschen.[6]

Es beginnt mit der Abholung durch Flotten von diesel- oder erdgasbetriebenen Müllfahrzeugen (140.000 dieser Fahrzeuge allein in den USA).[7] Diese Lastwagen wiegen im Durchschnitt 29 Tonnen[8] und verbrauchen etwa 55 Liter auf 100 Kilometer; erdgasbetriebene Lastwagen haben einen noch schlechteren Verbrauch.* Die Lkw stoßen außerdem etwa drei Dutzend (derzeit bekannte) Luftschadstoffe aus.

In der Wertstoffrückgewinnungsanlage wird die Ladung auf ein Förderband gekippt, dann wird dieser Strom entweder von Hand oder maschinell sortiert: Papier und Pappe, Kunststoffe, Glas, Aluminiumdosen und andere Metalle.

Etwa 50 Prozent der Abfälle, die in die Recyclingtonne geworfen werden, landen auf der Mülldeponie, meist weil jemand das Falsche in die Tonne geworfen hat. Aber in vielen Gebieten können selbst Gegenstände, die mit Recycling-Symbolen gekennzeichnet sind, nicht recycelt werden. So tragen beispielsweise die Kunststoffe Nr. 3 bis Nr. 7 häufig das Recycling-Symbol, aber in den USA werden sie fast immer auf einer Mülldeponie entsorgt.

* Auf den Seitenteilen dieser Lkw stehen oft Hinweise wie »Dieses Fahrzeug wird mit sauberem Erdgas betrieben«, als ob sie dadurch irgendwie besser für die Umwelt wären. Schlimmer noch: Dieses Erdgas stammt oft aus dem Fraking, das der Welt noch mehr schadet als die Herstellung von Dieselkraftstoff.

Nach der Sortierung werden die recycelten Materialien zerkleinert oder geschreddert, zu Ballen gepresst und dann auf dem Rohstoffmarkt an Großabnehmer verkauft. In den letzten Jahrzehnten wurde der Großteil der US-Ballen nach China verschickt, wo die wachsende Industrie und das knappe Angebot an Rohstoffen die Nachfrage ankurbelten. Im Jahr 2012 belief sich der Wert der nach China gelieferten Abfälle und Schrotte auf 10 Milliarden Dollar.[9] Ein erheblicher Teil davon war jedoch nicht recycelbar, sondern einfach nur Abfall, mit dem China dann umgehen musste (oder auch nicht). Daher kündigte China 2013 eine neue Politik mit der Bezeichnung »Operation Green Fence« an, mit der die Einfuhr von kontaminierten Recyclingballen verhindert werden sollte. Das war schlecht für die US-amerikanischen »Recycling«-Unternehmen (sprich: »Schrott- und Müllexporteure«), die sich auf Chinas Verarbeitung (und Dumping) verlassen hatten.

Wenn ein Kunststoffballen in eine Recyclingfabrik kommt, werden weiße und klare Kunststoffe von den farbigen sortiert (klare sind am wertvollsten, da sie in jeder Farbe eingefärbt werden können).* Anschließend werden an den Kunststoffen angebrachte Etiketten- oder Papierstücke in einem Natronlaugebad entfernt. Der Kunststoff wird zerkleinert, erneut gebadet und dann 10 Stunden lang in großen, beheizten, rotierenden Trommeln getrocknet.

Recycelte Späne sind nicht stark oder stabil genug, um neue Kunststoffflaschen herzustellen, daher müssen sie mit neuem Kunststoff vermischt werden. In der Regel darf der Anteil des recycelten Materials nicht mehr als 10 Prozent betragen. Eine recycelte Flasche enthält also 90 Prozent neuen Kunststoff.

Recycelte Späne und neues Granulat werden vermischt und dann auf 280° C erhitzt. Der geschmolzene Kunststoff wird unter

* Nicht selten werden Kunststoffe unsachgemäß sortiert, was dazu führt, dass Schadstoffe wie BPA in recycelten Produkten enthalten sind, die angeblich BPA-frei sind.

hohem Druck in Formen extrudiert, um sogenannte Preforms zu erzeugen: kleine Kunststoffkugeln, die erhitzt und gestreckt werden, um daraus vollwertige Kunststoffflaschen zu bilden.

Der Prozess des Downcyclings von Kunststofftrinkflaschen zu Polyesterkleidung beginnt mit dem Sortieren, Reinigen und Zerkleinern und führt dann in einen Ofen, in dem der Kunststoff geschmolzen und dann durch eine siebartige Metallplatte extrudiert wird, um Polyesterfäden zu erhalten. Diese Fäden werden gesammelt, aber sie sind noch nicht stark genug für Kleidung; sie müssen vermischt, erhitzt und mehrmals gedehnt werden, damit die Fasern miteinander verbunden werden können. Diese Fasern werden zerkleinert, wodurch feinere, längere Fasern entstehen, und dann kardiert (zusammengebürstet), um sie auszurichten. Schließlich werden die Fasern zu einem Faden verarbeitet, der auf massiven Webstühlen zu Polyestergeweben gewebt wird. Um eine glatte Oberfläche des Gewebes zu erhalten, erzeugt eine andere Maschine winzige Schlingen auf der Oberfläche, die dann von rotierenden Walzen aufgefangen und zerrissen werden, wodurch das Gewebe einen weichen Griff erhält. Für die Herstellung von Polyesterkleidung ist eine industrielle Fabrik erforderlich.

Kleidung aus Polyester ist eine der Hauptquellen für Mikroplastikpartikel in Meeren, Flüssen und Seen: Jedes Mal, wenn Sie ein Kleidungsstück aus Polyester waschen, gelangen Millionen winziger Fragmente in den Abwasserstrom und verschmutzen ihn.[10]

Abgesehen davon, dass das meiste Plastik ohnehin nicht recycelt wird, verbraucht der Prozess des Recyclings von Plastik »schwindelerregende« Mengen an Energie. In einem Kommentar heißt es: »Die Anzahl der Schritte – ganz zu schweigen von Strom, Wasser und Arbeitskräften –, die unternommen werden müssen, um aus einem Ballen Plastikflaschen ein sicheres, brauchbares Material zu machen, ist ziemlich atemberaubend.«[11]

Die industrialisierte Menschheit produziert jedes Jahr ungefähr so viel Plastik wie das Gewicht aller Menschen zusammen. Die

Hälfte der 8,3 Milliarden – ja, Milliarden – Tonnen Plastik, die unsere Gesellschaft seit 1950 hergestellt hat, wurde in den letzten 13 Jahren produziert. Wie alle anderen Schäden, die dem Planeten zugefügt werden, nimmt auch die Plastikproduktion »rapide zu«.[12]

Plastik verrottet nicht. Es sammelt sich an. Und ganz gleich, ob dieses Plastik (vorerst) als Teil des 10-prozentigen Recyclinganteils einer Wasserflasche recycelt oder zu einer Polyesterhose weiterverarbeitet wird, irgendwann landet es in der freien Natur und wahrscheinlich in den Ozeanen, wo es zu deren Vernichtung beiträgt.

Die Gefahren, die der Welt durch Plastik drohen, sind real. Die Besorgnis, die unsere Gesellschaft über diese Bedrohungen zum Ausdruck bringt, ist größtenteils geheuchelt. Wenn wir wirklich besorgt über diese Bedrohungen wären, würden wir aufhören, Plastik herzustellen.

Hier ein Gedankenexperiment, das verdeutlichen soll, wie unaufrichtig die Sorge unserer Gesellschaft um die Plastikverschmutzung ist. Denken Sie daran, dass Plastik nicht verrottet. Es wurde sogar *genau deshalb* erfunden, weil es nicht zerfällt. Man kann auch sagen, dass *es nicht zerfällt*, weil *niemand es isst*. Das ist es, was Zerfall bedeutet: *Jemand frisst dich*. Nachdem du gestorben bist, fressen sie dich alle, von Krähen über Ameisen und Würmer bis hin zu Pilzen und Bakterien. *So* verrottest du. Das Holz in deinem Haus verrottet, weil Pilze und andere Lebewesen das Holz aufzehren. Und die Menschen wollten Materialien schaffen, die nicht verrotten, die also niemand essen kann.

Jetzt kommt das Gedankenexperiment: Stellen wir uns vor, ein Bakterienstamm entwickelt die Fähigkeit, Plastik schnell zu verdauen. Juhu! Alle sind glücklich! Die Ozeane ersticken nicht mehr in Plastik! Der ganze Plastikmüll verschwindet! (Und ignorieren wir die Tatsache, dass dadurch eine Menge Kohlenstoff in die Atmosphäre gelangen würde, und gehen wir stattdessen ein Problem nach dem anderen an.)

Aber dann entdecken wir, dass diese wunderbaren, lebensrettenden Bakterien nicht nur *schlechtes* Plastik fressen – Plastik, das wir wegwerfen –, sondern auch *gutes* Plastik, das wir noch benutzen. Und dann denken wir Dinge wie: »Igitt! Sie fressen die Plastiktöpfe von meinem Marihuana-Anbau, den ich dank des Jevons-Paradoxons erweitern konnte. Oh, nein! Ich habe diese verdammten Behälter gekauft, weil sie nicht verrotten! Und jetzt fressen die Bakterien das Lenkrad in meinem Auto! Die Isolierung meiner elektrischen Leitungen! Meine Wasserbettmatratze! Meinen Wecker! Mein Handy! Meinen Laptop! Meine Polyesterhosen! Das ist ein verdammter Notfall!«

Wenn sich ein Bakterienstamm entwickelt, der sich so schnell wie nötig von Plastik ernährt, um der Erde zu helfen, wird unsere Gesellschaft diese Notlage bewältigen, und neue Substanzen entwickeln, die sich nicht zersetzen. Und wir wissen alle, dass das stimmt.

Hier ist ein weiteres Beispiel für die Täuschungen, die in den grünen Erzählungen stecken. Die Verbrennung von Kunststoff zur Stromerzeugung wird manchmal als eine Form des Recyclings angesehen. Tatsächlich wird ein großer Teil des weltweit »recycelten« Kunststoffs einfach verbrannt. Schweden ist ein gutes Beispiel dafür. Das Land rühmt sich, dass weniger als 1 Prozent seines Mülls auf Deponien landet, aber mehr als die Hälfte des schwedischen Mülls wird in Verbrennungsanlagen verbrannt, um Strom zu erzeugen (und die Luft zu verschmutzen).[13] Schlimmer noch, Schweden verbrennt nicht nur seinen eigenen Müll, sondern importiert auch Müll aus Nachbarländern, um die Verbrennungsanlagen zu betreiben.

Die schwedischen Behörden preisen dies als eine gute Sache an.

Lassen Sie uns ein weiteres Gedankenexperiment machen: Nehmen wir an, Sie nehmen Ihre Ölvorräte und verkaufen sie. Dann lassen Sie Ihre Käufer das Öl »wegwerfen«. Dann sammeln Sie es ein, betreiben damit Ihr Kraftwerk und verbrennen es, um Strom zu erzeugen. Na, wer sagt's denn! Sie sind ein Genie mit einer himmelhohen Recyclingquote und ein paar neuen Umweltpreisen, die Sie sich an die Wand hängen können.

Und denken Sie daran, dass alternative (also nicht fossile) Energiequellen, wenn sie eingeführt werden, die fossilen Energieträger im allgemeinen nicht verdrängen.

Was bringt also die schwedische Müllverbrennung der Welt?

Lassen Sie uns nun von Glas sprechen. Das Glasrecycling beginnt ähnlich wie das Kunststoffrecycling mit der Sammlung, dem Transport per Lkw und der Weiterleitung über ein Förderband in eine Anlage zur Materialrückgewinnung. Dort entfernen rotierende Magnete Metalldeckel aus dem Strom des ankommenden Glases, und ein von weiteren Elektromagneten erzeugter Wirbelstrom entfernt nicht eisenhaltige (nichtmagnetische) Metalle. Anschließend wird der Materialstrom durch einen optischen Scanner geleitet, der die Farbe des Glases bestimmt und Klarglas von farbigem Glas trennt. Schließlich wird das Glas in »Scherben« (kleine Bruchstücke) zerkleinert und zu Glasherstellern transportiert. Dort wird das zerkleinerte Glas auf 1480° C erhitzt, dann gehärtet und anschließend, während es noch geschmolzen ist, in flaschengroße Portionen geschnitten. Eine weitere große Maschine spritzt das geschmolzene Glas in Formen für Flaschen und andere Behälter.[14]

Wenn man die Transportkosten mit einbezieht, entstehen bei der Herstellung von einer Tonne Glas etwa zwei Tonnen Kohlendioxid.[15] Bei der Herstellung von Recyclingglas wird in der Schmelzphase etwa 40 Prozent weniger Energie verbraucht – was insbesondere unter Berücksichtigung der Transport- und sonstigen Verarbeitungskosten bedeutet, dass bei der Herstellung einer Tonne Recyclingglas immer noch weit über eine Tonne Kohlendioxid erzeugt wird.[16] Insgesamt wird durch das Recycling von Glasflaschen wenig Energie eingespart. Eine Studie, die den gesamten »Lebenszyklus« von Glasbehältern untersuchte, ergab, dass Produkte mit 50 Prozent Recyclingglasanteil nur 28 Prozent weniger

Treibhausgase verursachen.[17] Eine Industriegruppe nennt ähnliche Zahlen und erklärt, dass pro 10 Prozent recyceltem Glas der Energiebedarf für neues Glas lediglich um 2 bis 3 Prozent reduziert wird.[18]

Zwischen 2006 und 2011 wurde ein Glasrecyclingwerk in Seattle wegen Verstößen gegen das Luftreinhaltegesetz mit einer Geldstrafe von fast 1 Million Dollar belegt (eine Bagatelle im Vergleich zu den Gewinnen des Unternehmens von mehr als 1 Milliarde Dollar pro Jahr) und war damit in diesem Zeitraum der größte Luftverschmutzer im Nordwesten. Die EPA (amerikanische Umweltschutzbehörde) bezeichnet die Saint-Gobain-Recyclinganlage als »Verschmutzer hoher Priorität« und hat sie auf eine besondere Beobachtungsliste gesetzt.

Das Unternehmen scheint stolz auf seine Bilanz zu sein und weist sogar darauf hin, dass die Glasfabrik in Seattle ein nationales Pilotprojekt für Umweltschutztechnologie ist. Dennoch hat es im Jahr 2010 180 Kilogramm Blei freigesetzt. Mehr als 100.000 Menschen, die meisten von ihnen arm und farbig, leben im Umkreis von wenigen Kilometer um die Fabrik.[19]

Denken Sie auch daran, dass für die Photovoltaik Glas erforderlich ist. Und zwar nicht nur irgendein Glas. Mit der Zeit kann minderwertiges Glas trübe werden, was die Effizienz eines Solarmoduls verringert. Der Mangel an hochwertigem Hartglas ist ein ernstes Problem für die Solarbranche.

Für Solarmodule – und das gilt auch für Fenster, was noch einmal unterstreicht, wie wenig nachhaltig unsere ganze Kultur ist – wird sogenanntes »Floatglas« benötigt, bei dem geschmolzenes Glas auf einem geschmolzenen Metall (meist Zinn, manchmal Blei) schwimmt. Dieses Verfahren führt zu einer sehr flachen Platte. In der Praxis bedeutet dies, dass für Solarmodule nicht nur das Glas auf 1.480 Grad erhitzt werden muss, sondern auch das Metall.

Die Floatglasproduktion ist stark konzentriert, wobei nur vier Unternehmen den Großteil der weltweiten Produktion kontrollieren. Jede der Fabriken zur Herstellung dieses Glases kostet 200

Millionen Dollar. Auch hier handelt es sich nicht um ein Projekt auf Gemeindeebene.

Eine typische Floatglas-Produktionsanlage verwendet nur 15–30 Prozent recycelte Glasscherben als Ausgangsmaterial.[20]

Die Hellgrünen erzählen uns immer wieder, dass Glas zu 100 Prozent recycelbar ist und ohne Qualitäts- oder Reinheitsverlust endlos recycelt werden kann. Doch wie so viele andere ihrer Behauptungen ist auch dies nicht zutreffend. Fensterglas wird im allgemeinen für das Recycling nicht akzeptiert, ebenso wenig wie die meisten anderen flachen Glasstücke; ebenso wenig wie Trinkgläser oder Spiegel oder Vasen. Auch keine Formen von Bleiglas. Und auch nicht viele andere Arten von Glas.

Halten wir uns noch einmal vor Augen, wie Recycling den Planeten retten soll.

In der Einleitung zu diesem Kapitel haben wir kurz die grüne Behauptung entlarvt, dass der Bergbau durch 100-prozentiges Metallrecycling irgendwie abgeschafft werden könnte. Es lohnt sich jedoch, das Metallrecycling eingehender zu erörtern, da Stahl, Aluminium und Kupfer die Grundlage aller wichtigen grünen Technologie bilden, die wir uns angesehen haben. Ohne Millionen von Tonnen dieser Metalle sind Windturbinen oder Solarpanele in keiner Weise möglich.

Im Gegensatz zu Kunststoffen können Stahl und die meisten anderen Metalle jedoch fast unbegrenzt recycelt werden: Der Recyclingprozess führt zu keiner inhärenten Materialverschlechterung, was zu den leuchtend grünen Behauptungen über die Möglichkeit eines »nachhaltigen« industriellen Metallrecyclings geführt hat.

Ist also ein 100-prozentiges Recycling möglich? Stahl, Aluminium und Kupfer werden bereits zu relativ hohen Quoten recycelt. Je nachdem, wen Sie fragen, werden zwischen 69[21] und 88[22] Prozent des Stahls recycelt, was in Nordamerika etwa 80 Millionen Tonnen pro Jahr ausmacht (und auch bedeutet, dass auf diesem Kontinent jährlich zwischen 11 und 36 Millionen Tonnen Stahl weggeworfen werden; so weit sind wir von 100 Prozent Recycling entfernt). Bei Kupfer und Aluminium ist die Quote noch etwas höher. Wir werden uns hier auf das Stahlrecycling konzentrieren, da es das wichtigste dieser Metalle ist und das Verfahren für das Recycling dem anderer Metalle ähnelt.

Die wichtigsten Quellen für den Recyclingstahl sind alte Autos und Lastwagen, Geräte, Bauschutt, Eisenbahnschienen, Schiffscontainer, Maschinen und Schrott aus der Industrie. Diese Rohstoffe, jährlich Millionen von Tonnen, werden von kleinen Recyclingunternehmen mit dieselbetriebenen Gabelstaplern, Lastwagen, Brechern und Schiffen gesammelt. Dieser Schrott wird in Fabriken gebracht und nach Legierungen sortiert.

Einige Materialien, wie etwa Blechdosen, erfordern eine zusätzliche Verarbeitung. Weißblechdosen bestehen meist aus Stahl, der mit Zinn beschichtet ist, um das Rosten zu verhindern. Zinn wird von Stahldosen durch umgekehrte Galvanisierung entfernt, bei der sie in ein Bad mit erhitzter Natriumhydroxidlösung getaucht werden, durch das elektrischer Strom fließt. Obwohl moderne Weißblechdosen nur noch einen Bruchteil des früheren Zinns enthalten (was den Nutzen dieses Verfahrens zweifelhaft macht), gilt Zinn als Hauptverunreinigung im Stahlschrott – also macht man damit weiter.[23]

Anschließend wird der Eisen- und Stahlschrott zerkleinert. Bei dicken Trägern, Blechen und Kabeln werden unter Umständen starke Werkzeuge wie hydraulische Schermaschinen oder Gas- und Plasmaschneidbrenner benötigt. Viele dieser Brenner sind von Natur aus umweltschädlich, da sie Stickoxide, giftige Metallpartikel und andere Stoffe in Form von schädlichem Staub freisetzen.

Bei den Schreddern selbst handelt es sich um Maschinen – viele von ihnen sind so groß wie riesige Gebäude –, die mit massiven rotierenden Trommeln Stahlschrott zerkleinern. Oft werden ganze Fahrzeuge in diese Maschinen eingespeist. Durch die Reibung von Metall auf Metall entstehen im Inneren der Schredder hohe Temperaturen, und es besteht Brandgefahr, da Gummi, Benzin und andere brennbare Materialien vorhanden sein können. Um diese Gefahr zu verringern, wird Wasser eingespritzt, wenn sich die Schreddertrommeln drehen. Ein durchschnittlicher Stahlschrottschredder verbraucht bis zu 190 Liter Wasser pro Minute. Dieses Wasser ist zusammen mit dem von den Schreddern erzeugten Staub hochgradig kontaminiert. In einer Studie wurde festgestellt, dass Gebiete »in der Nähe und im Windschatten [von Recyclinganlagen mit Schreddern] neben vielen anderen Schadstoffen Blei, Kupfer, Eisen, Zink, Kadmium, Quecksilber und Arsen enthielten«.[24]

Schrottplätze sind weltweit eine wichtige Quelle der Umweltverschmutzung: Einem Bericht aus dem Jahr 1983 zufolge gehören Schrottplätze »zu den häufigsten Fällen für kontaminiertes Land«.[25] Seit Anfang der 1980er Jahre sind die Recyclingraten weltweit drastisch gestiegen und damit auch die Zahl der kontaminierten Schrottplätze. Das von Schrottplätzen kommende Regenwasser ist besonders verschmutzt und enthält die bereits erwähnten Metalle sowie PCB und andere giftige Chemikalien, die von alten Industrieprodukten freigesetzt werden.[26] Eine Anlage in Providence, Rhode Island, wurde vom stellvertretenden Generalstaatsanwalt nach jahrzehntelangem Auslaufen von Kraftstoffen, giftigen Abwässern und einer zunehmenden Anhäufung von unverkäuflichem Schrott als »ein Chaos« bezeichnet.[27] Eine Studie aus dem Jahr 2014 in Nigeria ergab eine »beträchtliche Metallverschmutzung« in Böden und Grundwasser auf einer Reihe von Schrottplätzen.[28] Eine Untersuchung von fünf Recyclinganlagen in der Region Houston ergab hohe Werte von sechswertigem Chrom, einem der stärksten bekannten Karzinogene, und ein anhaltendes Problem mit Explosionen, Bränden und Rauchentwicklung in der Gemeinde.[29]

Interessanterweise führen steigende Standards für schadstoffarme Fahrzeuge und effiziente Geräte dazu, dass die Verschmutzung durch Schrottplätze und Recycling zunimmt. In China zum Beispiel, wo die Luftverschmutzung ein großes Gesundheitsproblem darstellt, wurden einige sehr umweltschädliche, aber noch relativ neue Fahrzeuge durch Gesetzesänderungen verboten. Dies hat dazu geführt, dass sich Autos und Lastwagen in großer Zahl auf Schrottplätzen im ganzen Land stapeln. 2014 wurden in China als Reaktion auf die Luftverschmutzung mehr als 6 Millionen Fahrzeuge zusätzlich verschrottet.[30]

Sobald der Eisen- und Stahlschrott in handhabbare Größen zerkleinert ist, wird er zu Ballen gepresst, an Stahlhersteller verkauft und zu Stahlwerken transportiert. Bei den Stahlrecyclern handelt es sich in der Regel um relativ kleine Unternehmen, aber die meisten Stahlhersteller sind riesige multinationale Konzerne – ArcelorMittal, Nippon Steel, Baosteel, Nucor und andere. Diese Unternehmen kaufen Schrott (der wesentlich billiger ist als gereinigtes Eisenerz) und verarbeiten ihn wieder zu Stahl. Da die sogenannten Sauerstoffblasöfen meist für die Herstellung von Primärstahl (oder neuem Stahl) verwendet werden und nur geringe Mengen an recyceltem Schrott aufnehmen können, wird der meiste recycelte Stahl in Elektrolichtbogenöfen (EAF) hergestellt – riesige, hochkomplexe Maschinen, die der Schlüssel zur modernen Metallurgie sind. (Ein drittes Verfahren, das als direkt reduziertes Eisen (DRI) bekannt ist, wird nur selten eingesetzt.)

Ein Elektrolichtbogenofen ist im wesentlichen ein Gefäß, das mit feuerfesten Materialien (zum Beispiel Magnesium-Kohlenstoff-Steinen) ausgekleidet ist, die extremen Temperaturen standhalten können, ohne zu schmelzen. Im oberen Teil des Behälters befinden sich Graphitelektroden, die einen elektrischen Lichtbogen erzeugen, der den Stahlschrott im Behälter schmilzt. An der Seite des Behälters befindet sich eine Entnahmestelle, an der geschmolzener Stahl entnommen werden kann.

Der Stahlschrott wird zunächst mit einem großen Kran in den Kessel gehoben. Ein einzelner Ofen kann etwa 150 Tonnen Stahl und Eisen in einem einzigen Durchgang schmelzen. Sobald der Schrott eingefüllt ist, wird der Ofen verschlossen und die Erhitzung beginnt. Durch die Graphitelektroden wird Strom geleitet, der Lichtbögen erzeugt, die den Schrott auf über 1650° C erhitzen.

Einige Öfen verbrennen ein Gas-Sauerstoff-Luft-Gemisch, um die Temperaturen weiter zu erhöhen. Während dieser Erhitzung werden Proben entnommen, um die chemische Zusammensetzung des geschmolzenen Stahls zu bestimmen. Schlacke, die sich aus Verunreinigungen wie Nichteisenmetallen und Oxiden zusammensetzt, steigt an die Oberfläche und wird abgegossen. Diese Schlacke wird abgekühlt, zu einem feinen Pulver zerkleinert und an andere Industrien verkauft (am häufigsten wird sie in Hochleistungsbeton und als Füllstoff im Straßenbau verwendet, aber ein Teil der Schlacke wird auch in Düngemitteln eingesetzt).

Jedes Mal, wenn Eisen und Stahl umgeschmolzen werden, werden durch chemische Reaktionen im Ofen einige der ursprünglichen Zielmetalle aus dem Gemisch entfernt und in komplexen chemischen Strukturen eingeschlossen, die in Stahl nicht verwendet werden können. In einem typischen Elektrostahlwerk gehen für jede Tonne Stahl, die eingeschmolzen wird, etwa 100 Kilogramm Schlacke verloren.[31] Neben Eisen enthalten Schlacken aus Elektrostahlwerken häufig auch Kalziumoxid, Siliziumdioxid und Magnesiumoxid.[32]

Technisch gesehen könnte diese Schlacke wieder eingeschmolzen und die wertvollen Bestandteile abgeschieden werden, aber das Verfahren ist unwirtschaftlich; der Energieaufwand im Verhältnis zur gewonnenen Rohstoffmenge ist enorm.[33]* Diese Schlackenverluste sind nur ein Grund dafür, dass ein 100-prozentiges Metallrecycling niemals möglich sein wird.

Nachdem die Schlacke abgegossen ist, werden dem Gemisch weitere Stoffe zugesetzt, um dem Stahl bestimmte gewünschte Eigenschaften zu verleihen. So können beispielsweise Chrom und

* Ein Teil der Schlacke wird zur Gewinnung von Metallen recycelt, doch handelt es sich dabei um kleine Betriebe, die meist branchenübergreifend tätig sind. So enthält beispielsweise die Schlacke aus der Kupferverhüttung häufig Mengen an Eisen, die wirtschaftlich gewonnen werden können. Es ist jedoch nicht kostendeckend, das gesamte Eisen aus der Schlacke zu gewinnen, die bei der Reinigung eines Metalls übrigbleibt.

Nickel zugesetzt werden, um korrosionsbeständigen rostfreien Stahl zu erhalten, oder es kann Sauerstoff zugesetzt werden, um Verunreinigungen zu binden und den Stahl so zu reinigen.

Zwei weitere Zusatzstoffe (die vor dem Abgießen der Schlacke zugegeben werden) sind Kalk und Flussspat. Für eine Tonne Stahl können mehr als 130 Kilogramm Kalkstein und Kalk erforderlich sein. Die Gewinnung von Kalkstein und die Herstellung von Kalk (eine zerkleinerte und veredelte Art von Kalkstein, die erhitzt worden sein muss) erfordert eigene, umfangreiche Bergbauarbeiten und Transportnetze.

Flussspat wird aus dem Mineral Fluorit gewonnen, das für zahlreiche Industriezweige abgebaut wird. In der Stahlproduktion wird er als Flussmittel verwendet, um die zum Schmelzen von Stahl und Eisenschrott erforderlichen Temperaturen zu senken. Die Toxizität von Fluoriden ist seit Jahrzehnten ein wichtiges Thema. In den 1950er und 60er Jahren wurden bei Flussspatbergleuten erhöhte Lungenkrebsraten festgestellt.[34] In einer Zusammenfassung der Auswirkungen von Fluoridverbindungen auf Pflanzen und Tiere aus dem Jahr 2004 wurde festgestellt, dass »die Verwendung von Fluorid als Flussmittel zu weitverbreiteter Luftverschmutzung und Umweltschäden geführt hat. Anorganische Fluoridemissionen schädigen Nutzpflanzen, Wälder und die natürliche Vegetation und verursachen Fluorose bei Fabrikarbeitern, Vieh und wilden Säugetieren. Es sind über eine Million Organofluoride bekannt. Sie sind ein lebenswichtiger Bestandteil der modernen Gesellschaft, aber ihre Auswirkungen auf die Umwelt sind noch weitgehend unerforscht.«[35]

Solange die Zivilisation die Erde verwüstet – und noch eine Weile danach – wird Flussspat nicht verschwinden. Ein Papier mit dem Titel »Can Fluorspar be replaced in steelmaking?« (Kann Flussspat in der Stahlherstellung ersetzt werden?) kommt zu dem Schluss, dass es zwar Alternativen gibt, dass aber »Flussspat bei weitem die am besten geeignete Komponente für die Verwendung als Flussmittel und Zusatzstoff ist«.[36]

Ein weiterer Grund dafür, dass ein 100-prozentiges Recycling nicht möglich ist, besteht darin, dass im Abfallstrom verschiedene Arten von Metallen und Legierungen gemischt werden. Wenn diese Legierungen zusammengeschmolzen werden, ist das daraus entstehende Metall weniger brauchbar als die ursprünglichen Legierungen. In einem Papier heißt es: »Metalle können theoretisch unendlich oft recycelt werden … die Vermischung verschiedener Metallsorten führt jedoch zu einer Schrottqualität, die nicht mehr mit den Ausgangssoffen übereinstimmt. Weitere Verluste treten auf, wenn die Erfüllung der Qualitätsanforderungen des Zielprodukts eine Verdünnung durch Zugabe hochreiner Materialien erfordert.«[37]

Graphitelektroden sind für das Stahlrecycling unerlässlich. In einem Bericht heißt es: »Graphitelektroden sind derzeit die einzigen bekannten kommerziell erhältlichen Produkte, die eine hohe elektrische Leitfähigkeit aufweisen und in der Lage sind, der großen Hitze standzuhalten, die in einem Elektrolichtbogenofen zur Stahlerzeugung herrscht.«[38]

Zur Herstellung dieser Elektroden wird hochwertige kalzinierte Kokskohle zerkleinert, gesiebt, erhitzt, mit Pech vermischt, dann in eine Form gepresst und bei einer bestimmten Temperatur wassergekühlt. Anschließend werden die Protoelektroden in computergesteuerten Öfen ein bis zwei Wochen lang bei über 760° C gebrannt, um das Pech zu verkohlen.

Ein weiteres spezielles Pech wird auf die Elektroden aufgetragen, die dann bei fast 700° C erneut gebrannt werden, um die zweite Pechschicht zu fixieren und Verunreinigungen zu entfernen. Anschließend müssen die Kohlenstoffelektroden in Graphit umgewandelt werden. Dazu müssen sie in einem schmalen elektrischen Widerstandsofen auf über 2700° C erhitzt werden, um den Kohlenstoff in die Graphitelektrode zu kristallisieren.

Wie wollen Sie das tun, ohne den Planeten zu schädigen?

Diese Elektroden können riesig sein: Einige wiegen mehr als 1.800 Kilogramm und haben einen Durchmesser von 76 Zentimetern.[39] Und sie halten nicht ewig. Während des Erhitzungsprozesses in einem Elektrolichtbogenofen werden die Elektroden teilweise verbraucht,[40] so dass pro Tonne produzierten Stahls etwa ein bis zwei Kilogramm Elektroden verlorengehen.[41] Tatsächlich machen die Kosten für den Austausch von Elektroden – jede einzelne ist teuer – einen erheblichen Teil der Betriebskosten eines Elektrostahlwerks aus. Die feuerfeste Auskleidung eines Elektrolichtbogenofens hält mehrere Tausend »Erhitzungen« durch, bevor sie kaputtgeht und ebenfalls ersetzt werden muss.[42] Ein einziges Stahlwerk, das Elektrolichtbogenöfen einsetzt, kann so viel Strom verbrauchen wie eine Stadt mit 100.000 Einwohnern.[43]

Obwohl Stahl recycelbar ist, besteht der meiste neue Stahl nur zu einem Teil aus recyceltem Material. Im Jahr 2008 belief sich die Gesamtstahlproduktion beispielsweise auf 1,3 Milliarden Tonnen, von denen schätzungsweise 500 Millionen Tonnen aus Schrott hergestellt wurden.[44] Das sind weniger als 40 Prozent (und wir wissen, dass dies eine andere Zahl als früher ist, was unterstreicht, dass viele dieser Statistiken grobe Schätzungen sind). Die Produktion ist seit 2008 stark angestiegen, auf 1,8 Milliarden Tonnen im Jahr 2018, aber der Anteil des Sekundärstahls ist ähnlich geblieben.[45] Noch schlimmer ist, dass Recycling nach Angaben der Energy Information Administration »die wichtigste Energieeffizienztechnologie« für die Produktion von Stahl und Aluminium ist. Mit anderen Worten: Es gibt keine andere Möglichkeit, die Stahlproduktion effizienter zu machen, als recycelten Schrott zu verwenden.[46]

Dies ist die »umweltfreundliche« Art der Stahlherstellung, denn die Herstellung von Stahl aus recyceltem Schrott verbraucht 75 Prozent weniger Energie als die Herstellung aus Roheisenerz. Das ist doch gut, oder? Noch besser ist, dass nach Angaben einer Industriegruppe das Recycling einer Tonne Stahl den Bedarf an 1.100 Kilogramm Eisenerz, 650 Kilogramm Kohle und 60 Kilogramm Kalkstein ausgleicht.[47] Eine andere Industriequelle rechnet zu diesen Einsparungen noch 642 kWh Energie und 1,8 Barrel Öl hinzu und stellt dann fest, dass die Herstellung von Stahl aus Schrott anstelle von Erz die Kohlenstoffemissionen (um 58 Prozent), den Wasserverbrauch (um 40 Prozent), die Luftverschmutzung (um 86 Prozent) und die Wasserverschmutzung (um 76 Prozent) im Vergleich zur Herstellung von »neuem« Stahl reduziert.[48]

Trotz all der Umweltverschmutzung und des Energieverbrauchs ist Stahlrecycling doch großartig, oder? Viele Hellgrüne und einige große Umweltgruppen (häufiger jedoch Industrieverbände und Regierungsbehörden) werben damit.

Aber das ist eine verkehrte Logik. 58 Prozent einer Abfallmenge sind immer noch zu viel, vor allem, wenn es sich um einen Stoff (Kohlenstoffemissionen) handelt, der den Planeten zerstört, und um eine Industrie (Sekundärstahlerzeugung), die weltweit eine der Hauptquellen für Emissionen, Verschmutzung und vergiftetes Wasser ist.

Das Aluminiumrecycling weist viele Gemeinsamkeiten mit anderen Metallrecyclingverfahren auf, doch gibt es zwei zusätzliche Probleme: Erstens liefert recyceltes Aluminium kein hochwertiges Endprodukt, und zweitens führt die Verwendung von Chlorverbindungen zur Reinigung zwangsläufig zum Anfall und zur Emission von Dioxinen.

Wie andere Metalle wird auch Aluminium in vielen verschiedenen Qualitäten hergestellt, die auf leicht unterschiedlichen Zusammensetzungen und Behandlungen basieren, um unterschiedliche Eigenschaften wie etwa Festigkeit, Flexibilität, Sprödigkeit oder Dehnbarkeit zu erzielen.

Für einige Verwendungszwecke von Aluminium (etwa für Flugzeuge oder elektronische Schaltkreise) ist ein hochwertiges Metall mit bestimmten Eigenschaften erforderlich. Diese Metalle lassen sich kaum aus recycelten Rohstoffen herstellen und sind daher fast vollständig auf die Gewinnung von neuem Bauxit angewiesen.

All dies bedeutet, dass die Hellgrünen nicht die Wahrheit sagen, wenn sie behaupten, dass eine vergleichbare Lebensweise auch ohne Bergbau möglich wäre.

Wenn Papier recycelt wird, wird es zerkleinert, in Flüssigkeiten aufgelöst und in einen Brei verwandelt. Zum Aufschluss der Fasern werden schwefelhaltige Verbindungen verwendet, die zur Freisetzung von Schwefeldioxid und anderen Substanzen führen, die den sauren Regen verursachen. Bei der Herstellung von Papierbrei werden auch andere Schadstoffe freigesetzt, darunter Benzol, Nitrate, Quecksilber, Kohlenmonoxid, Ammoniak und chlorierte Dioxine (die zu den giftigsten bekannten Verbindungen gehören und als »persistente« Schadstoffe gelten; sie verschwinden nicht).

Nachdem recycelter Zellstoff verflüssigt wurde, wird er gereinigt und zu neuen Papierbögen gepresst, aber während dieses Prozesses fällt eine Menge Abfall in Form von Papierschlamm an. Papierschlamm ist eine Mischung aus Druckfarben (von denen viele auf Erdöl basieren), Reinigungschemikalien wie Chlor, Farbstoffen, Schwermetallen und anderen Verunreinigungen. In den meisten Fällen wird dieser Schlamm einfach mit Sand vermischt und auf die örtlichen Mülldeponien gebracht.

Andere Arten des Recyclings sind viel komplexer und gefährlicher als die hier genannten. Ein Beispiel sind Lithium-Ionen-Batterien (die, wie Sie sich erinnern, für moderne Elektrofahrzeuge unerlässlich sind und eine kleine, aber zunehmende Rolle bei der Energiespeicherung spielen). Das Recycling von Lithium-Ionen-Batterien ist theoretisch möglich, wird aber in der Praxis fast nie durchgeführt. Im Jahr 2011 gab es weltweit nur ein einziges Unternehmen (Umicore in Belgien), das Lithium-Ionen-Batterien recycelte, denn das Verfahren ist wirtschaftlich nicht sinnvoll: Es ist komplex, gefährlich und teuer, und das Endergebnis ist nicht wettbewerbsfähig gegenüber dem Abbau von neuem Lithium. Neuere Lithium-Ionen-Batteriekonzepte, bei denen Kobalt und Nickel durch Eisen,

Mangan und Titan ersetzt werden, um die Kosten weiter zu senken, sind sogar noch unwirtschaftlicher zu recyceln.[49] Ab 2019 sind die Recyclingraten kaum noch gestiegen. In Australien werden nur etwa 2 bis 3 Prozent der Lithium-Ionen-Batterien für das Recycling (in Übersee) gesammelt, und in den Vereinigten Staaten und der EU liegen die Raten unter 5 Prozent.[50] Eine Analyse, die sich mit dem Recycling von Autobatterien befasst, kommt zu dem Schluss, dass »jedes Recyclingverfahren seine Auswirkungen hat, die oft, aber nicht immer, geringer sind als die der Primärproduktion«. In derselben Studie wurde festgestellt, dass das Recycling von Lithium-Ionen-Batterien und anderen modernen Batterien mit einer weiteren Herausforderung konfrontiert ist: »Das zurückgewonnene Material [kann] in 10 bis 15 Jahren veraltet sein und möglicherweise keinen Markt mehr finden.«[51]

Hallo, Mülldeponie! Und dort angekommen, verursachen Lithium-Ionen-Batterien weiterhin Probleme und möglicherweise Todesfälle. Sie sind besonders unbeständig, weil der Separator zwischen den positiven und negativen Komponenten extrem dünn ist und leicht durchbrochen werden kann, während Lithium selbst »hochreaktiv« ist.[52] Wenn die Einheit zerdrückt, durchstochen oder auch nur fallengelassen wird, kann dies zu einem »thermischen Ereignis«, das heißt einem Brand, führen. Eine Umfrage ergab, dass »83 Prozent der Abfallentsorgungseinrichtungen in den letzten zwei Jahren mindestens einen Brand hatten, von denen 40 Prozent durch Lithium-Ionen-Batterien verursacht wurden«.[53] Die Folgen können »katastrophal« sein.[54] Allein im Jahr 2017 gab es 289 Brände in Abfallentsorgungseinrichtungen in den Vereinigten Staaten und Kanada, die drei Todesopfer forderten.[55] Dies wird nur noch schlimmer werden, da sich der Elektronikschrott immer weiter auftürmt.

Elektroautos (und fast alle anderen grünen Technologien, insbesondere Solarzellen) enthalten Elektronik, Leiterplatten und andere Computerbauteile. Wenn dieses Material weggeworfen wird, ist es Elektronikschrott. Das Recycling von Elektroschrott ist eine der gefährlichsten bekannten Industrien, die Blei, PBDEs (polybromierte Diphenylether), Dioxine und Furane sowie andere Giftstoffe freisetzt. Elektronikschrott wird unverblümt als »eine ernsthafte Bedrohung für die Umwelt und die menschliche Gesundheit« bezeichnet.[56]

Agbogbloshie ist »Ghanas riesige Deponie für Elektroschrott, wo alles mit schmutzigen Brauntönen und rußigem Schwarz besudelt und befleckt ist«, berichtete Afua Hirsch 2013 in *The Guardian*. Hier sind die Realitäten des Elektroschrott-Recyclings: »Alte VHS-Player, Kassettenrekorder, Nähmaschinen, Computer aus den 1980er Jahren und allen Epochen seither liegen wahllos auf großen Hügeln in der Deponie, die sich so weit das Auge reicht erstreckt. Elektroschrott kommt aus der ganzen Welt hierher, vor allem aber aus Europa«, sagt Karim, 29, der wie fast alle Schrotthändler in Agbogbloshie ursprünglich aus dem Norden Ghanas stammt, aber seit 10 Jahren auf der Deponie sammelt, kauft und verkauft. »Wir haben hier viele Gesundheitsprobleme, aber wir halten durch, denn wir brauchen das Geld.« Und Hirsch fügt hinzu: »Tiefer im Herzen von Agbogbloshie steigen riesige, übelriechende Rauchschwaden aus drei großen Feuern auf, in denen die demontierten Gegenstände verbrannt werden, um so die Plastikreste zu entfernen, damit nur das Metall zurückbleibt. Die Rauchschwaden sind unerträglich, aber die Männer, Frauen und Kinder, die sich zwischen den Feuern hin und her bewegen, scheinen das nicht zu bemerken.« Der einst so reiche Fluss sieht jetzt aus wie Altöl.[57]

Wir könnten auch über die Zehntausende von Tonnen Elektroschrott sprechen, die in Pakistan entsorgt – oder besser gesagt recycelt – werden, wo die Armen des Landes alte elektronische Geräte zerlegen oder verbrennen, um die Metalle zu »recyceln«, und Tag und Nacht mit dem beißenden Rauch leben.

Oder wir könnten über die 63 Millionen Handys sprechen, die allein in den letzten drei Jahren in Bangladesch gelandet sind. Dieser Abfall wird, wie es der *Daily Star* treffend formuliert, »vom informellen Sektor verarbeitet«, was bedeutet, dass diese Elektronikgeräte von den Bewohnern der – um es mit den Worten des *Daily Star* zu sagen – »städtischen Slums« gesammelt und zerlegt werden, um die Metalle herauszuholen und zu sortieren.[58]

Ein Foto aus Asien zeigt große Berge von Elektronikschrott (Entschuldigung, elektronische Produkte, die darauf warten, recycelt zu werden), die sich von Horizont zu Horizont erstrecken. Und hier ist ein weiteres Bild, das ein kleines, nacktes afrikanisches Kind zeigt, das inmitten des Mülls herumtollt. Ein weiteres Bild zeigt einen Strand, der vom Meer bis zu den Klippen mit Elektroschrott bedeckt ist. Ein weiteres Foto zeigt kleine Kinder, die das Gehäuse eines Computers auseinandernehmen. Und wieder ein anderes Bild zeigt kleine Kinder, die vor einem Haufen brennender Computer stehen – das Plastik wird verbrannt, damit sie an die Metalle herankommen können. Und nun ein weiteres Bild, das ein chinesisches Kleinkind zeigt, das von abisolierten Kabeln von Computern und Telefonen umgeben ist.

Das ist alles Wahnsinn.

Für jede Statistik, die wir in diesem Buch liefern, für jedes Mal, wenn wir Umwelt- oder Gesundheitsrisiken erwähnen, gibt es Geschichten und Bilder wie diese.

David Suzuki kann über die Schönheit von Windrädern sprechen, aber diese Windräder erfordern Minen wie Mondlandschaften, die so alptraumhaft sind wie die Kilometer ausrangierter Computer, und sie zerstören diejenigen, die auf dem Boden darunter leben, und diejenigen, die in der Luft darüber fliegen. Und wir können so viel über Elektroautos fantasieren, die unsere Art zu fahren revolutionieren, aber sie benötigen Seltenerdmetalle, die aus dem Boden gerissen werden, und sie führen zu Kriegen und der Ausbeutung von Menschen und der Ausrottung von nichtmenschlichen Lebewesen, die mit diesen Minen einhergehen. Und wir können so viel darüber fantasieren, wie wir wollen, wie man

»Dinge so konstruiert, dass sie zerlegbar sind, so dass Mineralien leicht aus Objekten entfernt werden können, wenn sie nicht mehr von Nutzen sind, und … diese Metalle in Teile für neue Dinge umwandeln«, aber Computer und Handys führen immer noch zu den Schrecken des E-Schrott-»Recycling«.

Das Recycling von Solarmodulen ähnelt dem anderer Recyclingverfahren. Zunächst werden die Panele zerkleinert und dann durch eine Hammermühle geschickt, um die Stücke weiter zu zerkleinern. Die Halbleiterschicht wird durch die Zugabe von Säure und Peroxid in einer langsam rotierenden Edelstahltrommel entfernt. Die Flüssigkeiten werden über eine Sortiermaschine von den Feststoffen getrennt, und anschließend werden die Metalle in einem dreistufigen Verfahren mit steigendem pH-Wert aus der flüssigen Lösung ausgefällt. Das entstandene Material wird in einem Entwässerungstank eingedickt, dann verpackt und zur weiteren Sortierung an eine andere Recyclinganlage geliefert. Mit diesem Verfahren werden etwa 95 Prozent des Halbleitermaterials und 90 Prozent des Glases recycelt.[59]

Dieser Prozess ist, wie auch die Herstellung von Solarzellen, hochgradig industriell; er erfordert Fabriken, globalisierte Lieferketten, seltene und giftige Materialien und einen enormen Energieaufwand.

Der am schwierigsten zu recycelnde Teil eines Solarmoduls ist die Rückseitenfolie, die in der Regel aus Polyvinylfluorid besteht und möglicherweise Blei, Chrom, Cadmium, Selen, Arsen und Antimon enthält. In einem Artikel heißt es, dass für die Herstellung von Solarmodulen »ein Hexengebräu aus giftigen Chemikalien« benötigt wird, was natürlich unfair ist, denn keine der uns bekannten praktizierenden Hexen verwendet Materialien, die sich in persistente Schadstoffe verwandeln.

Die »Lösung« eines Unternehmens für das Problem der Verschmutzung von Rückseitenfolien ist ein großartiges Beispiel für das, was der russisch-amerikanische Forscher Evgeny Morozov technologischen Solutionismus* nennt. Man entwickelt neue Kunststoffe auf pflanzlicher Basis, die hohen Temperaturen und hoher Luftfeuchtigkeit standhalten, aber angeblich trotzdem biologisch abbaubar sind und als Rückseitenfolie für Solarzellen verwendet werden können. Klingt doch wieder toll, oder? Aber wie andere »Biokunststoffe« benötigen auch diese eine industrielle »Kompostierungs«-Fabrik, um den Abbauprozess zu ermöglichen. Man kann sie nicht einfach in einen Wald werfen und davon ausgehen, dass sie verschwinden.

Dies ist ein weiteres Beispiel dafür, wie eine industrielle Denkweise, selbst mit einem »grünen« Anstrich, zu den unvermeidlichen Ergebnissen der Industriekultur führt: mehr Fabriken, mehr Produktion, mehr Müll.[60]

Hier eine Schlagzeile aus einem Artikel der *South China Morning Post* aus dem Jahr 2017: »Chinas alternde Solarpanele werden zu einem großen Umweltproblem.« Die Unterüberschrift lautet: »Die Frage, wie gefährliche Abfälle aus alten Solarmodulen entsorgt werden sollen, wirft einen Schatten auf das Bemühen um erneuerbare Energien und weg von fossilen Brennstoffen.« Die Überschrift lautet: »China wird in weniger als zwei Jahrzehnten das weltweit größte Problem mit alten Solarmodulen haben, so eine aktuelle Schätzung der Industrie.«[61] Über welche Art von Problem sprechen wir? Weltweit, so berichtet der Journalist Stephen Chen, werden bis zum Jahr 2050 Panele mit einem Gewicht von 78 Millionen Tonnen als Abfall anfallen.[62] Tian Min, Geschäftsführer des Recyclingunternehmens Nanjing Fangrun Materials, bezeichnete dies als »tickende Zeitbombe«, die »in zwei oder drei Jahrzehnten mit voller Wucht explodieren und die Umwelt zerstören wird, wenn

* Solutionismus ist die Tendenz, Probleme lösen zu wollen, ohne wirklich zu hinterfragen, was sie denn eigentlich zu Problemen macht.

die Schätzung stimmt«. Er sagte auch: »Das sind riesige Abfallmengen, und sie sind nicht einfach zu recyceln.« Und weiter: »Wenn eine Recyclinganlage jeden Schritt nach Vorschrift durchführt, um auf eine geringe Schadstoffemission zu kommen, können ihre Produkte am Ende teurer sein als neue Rohstoffe.«[63]

Solarmodule können nicht auf normalen Mülldeponien entsorgt werden. Blei und krebserregendes Cadmium sind nur zwei der hartnäckigen Schadstoffe, die das Regenwasser aus den Solarmodulen herauswaschen kann. Man sollte sich das Ausmaß des Problems vergegenwärtigen: Eine geplante Solaranlage, die teilweise die Rechenzentren von Microsoft mit Strom versorgen soll, würde allein 45.000 Kilogramm Cadmium enthalten.[64] Ebenfalls erwähnenswert: Diese Panele bestehen aus Glas, und wie jeder Vierjährige weiß, kann Glas zerbrechen. Solarmodule funktionieren nur im Freien und können daher durch die Dinge beschädigt werden, die vorhersehbar im Freien passieren: Hagel, Wirbelstürme, Tornados und Erdbeben. Dies ist bereits bei industriellen Solaranlagen rund um den Globus geschehen. Ein Tornado zerstörte 200.000 Panele in der Mojave-Wüste,[65] Hagel beschädigte 18.000 Panele in San Antonio, Texas,[66] und der Hurrikan Maria zerstörte einen Großteil der Panele der zweitgrößten Solaranlage in Puerto Rico.[67]

Nach Angaben des Windturbinenherstellers Vestas können weltweit etwa 90 Prozent des Stahls aus Windturbinen durch Recycling zurückgewonnen werden.[68] Man beachte das Wort *kann*. Der Anteil, der tatsächlich recycelt wird, entspricht wahrscheinlich eher der durchschnittlichen Stahlrecyclingquote von etwa 70 Prozent. Das bedeutet, dass eine durchschnittliche 5-MW-Windturbine am Ende ihrer Lebensdauer zwischen 450 und 1.350 Kilogramm Stahl auf die Mülldeponie bringt. Die meisten Rotorblätter von Windkraftanlagen werden nicht recycelt, sondern in Verbrennungsanlagen entsorgt. Das gleiche gilt für den Großteil der Kunststoffe. Der für Windturbinen verwendete Beton wird in der Regel recycelt und als Füllmaterial verwendet, oft für den Straßenbau.[69]

Sie erinnern sich vielleicht an die Seltenen Erden, über die wir so viel gesprochen haben. Nun, es ist wieder an der Zeit, über sie zu sprechen.

Ein einziges Elektroauto kann Cer (in Glas, Spiegeln, LCD-Bildschirmen, Batterien, Katalysatoren und Polierpulver), Neodym (im Motor), Lanthan (im Katalysator und in der Batterie), Europium und Yttrium (in LCD-Bildschirmen) sowie Dysprosium und Terbium (im Motor) enthalten.

»Es gibt zahllose Möglichkeiten, wie diese Metalle unsere Technologie schneller, leichter, haltbarer und effizienter machen«, heißt es in einem Artikel.[70] »Nehmen Sie Europium, das als roter Leuchtstoff in Kathodenstrahlröhren und LCD-Displays verwendet wird. Es kostet 2.000 Dollar pro Kilo, und es gibt keinen Ersatz dafür. Oder Erbium, das als Laserverstärker in Glasfaserkabeln dient. Es kostet 1.000 Dollar pro Kilo und ist durch nichts zu ersetzen. Yttrium wird in die thermischen Beschichtungen von Flugzeugtriebwerken gespritzt, um andere Metalle vor starker Hitze zu schützen. Neodym ist das Arbeitspferd hinter den Hochleistungsmagneten, die in fast allen Festplattenlaufwerken, Lautsprechern, Windturbinengeneratoren, schnurlosen Geräten und Elektromotoren zu finden sind. Die Liste geht weiter: Medikamente zur Krebsbehandlung. MRT-Geräte. Nukleare Regelstäbe. Kameralinsen. Supraleiter. Seltene Erden sind für eine solche Vielzahl von Technologien unverzichtbar, dass eine Verknappung nach Ansicht des Natural Resources Council ›erhebliche negative Auswirkungen auf unsere Lebensqualität‹ hätte.«[71]

Natürlich können wir nichts zulassen, was »unsere Lebensqualität stark beeinträchtigen würde«. Viel besser ist es, große Teile der lebendigen Erde zu zerstören.

Das Recycling von Seltenerdmineralien ist ein komplexer Prozess. Die Seltenen Erden in Solarzellen, wie Tellur oder Indium, werden manchmal recycelt. Aus Windturbinen werden die im Generator verwendeten Seltenerdmetalle jedoch nur selten – wenn überhaupt – extrahiert. Das liegt daran, dass das Recycling von

Seltenen Erden »auf fast jeder Ebene eine Herausforderung darstellt«.

In einem Artikel heißt es: »Die Elemente sind in kleinen Mengen in Dingen wie Handys enthalten. Je kleiner die Teile werden, desto mehr Material wird verwendet. In einem Touchscreen zum Beispiel sind die Elemente auf molekularer Ebene im gesamten Material verteilt. ›Es wird immer schwieriger, Elektronik zu recyceln‹, sagt Alex King vom Critical Materials Institute, einem vom US-Energieministerium finanzierten Innovationszentrum, das sich mit Strategien zur Sicherung der Versorgung mit fünf von der Regierung als kritisch eingestuften Seltenerdmetallen befasst. ›Früher gab es Handys, bei denen man den Akku herausnehmen konnte, was wahrscheinlich das größte Einzelziel für das Recycling ist. Bei Smartphones sind die Dinger so gebaut, dass man den Akku nicht herausnehmen kann, zumindest nicht so einfach.‹«

Der Artikel fährt fort: »Handys werden in der Regel durch Zertrümmern, Schreddern und Mahlen zu Pulver recycelt. Das Pulver kann dann zur Entsorgung oder zum Recycling in die einzelnen Bestandteile zerlegt werden. Neue Mobiltelefone enthalten jedoch mehr Elemente als je zuvor – insgesamt etwa 65. Dies macht die Trennung des Pulvers zu einer komplizierteren Angelegenheit als bei älteren Handys. ›Es ist einfacher, Seltene Erden aus Gestein zu lösen als aus Handys‹, sagt King. Um diese Materialien zu trennen, sind oft ›sehr aggressive Lösungsmittel oder die Verarbeitung von geschmolzenem Metall bei sehr hohen Temperaturen erforderlich. Das ist nicht einfach‹, sagt Thomas Graedel, Industrieökologe an der Yale University. Aufgrund der fiesen Materialien oder der großen Mengen an Energie, die benötigt werden, könnte das Recycling in einigen Fällen die Umwelt stärker belasten als der Abbau der Metalle.«

In dem Artikel wird erläutert, dass Recyclingverfahren in einigen Fällen zu einem enormen Materialverlust führen. In einer Studie wurde beispielsweise festgestellt, dass beim Schreddern von Festplatten zur Wiederverwertung des darin enthaltenen Neodyms 90 Prozent des Materials verlorengehen. »Die großen Materialverluste, die beim Schreddern des Materials entstehen, lassen ernsthafte Zweifel an der Nützlichkeit dieser Art von Recycling als Lösung für die Knappheit aufkommen«, so einer der in dem Artikel zitierten Forscher.[72]

Im Jahr 2011 wurden weniger als 1 Prozent der Seltenen Erden recycelt.

Im Jahr 2019 lagen die Raten immer noch unter 5 Prozent.[73]* All das ist der Grund, warum, wie Alex King es ausdrückt: »man sich in einer Wirtschaft, in der die Verwendung von Seltenen Erden zunimmt, nicht mit Recycling aus der Affäre ziehen kann. Irgendwann müssen neue Minen erschlossen werden.«

Die vielleicht giftigste aller Recyclingindustrien ist die Bleiindustrie. Blei ist in großen Mengen in Blei-Säure-Batterien enthalten, die in vielen Solarsystemen für Privathaushalte und in Energiespeichern im großen Maßstab verwendet werden. Blei findet sich in Glas, Keramik, Lötzinn, Sprengstoff, Insektiziden, Kugeln, Rohren, Bleiblechen für den Strahlenschutz, Kunststoffen, Pigmenten und sogar in Kosmetika (zum Beispiel lässt die FDA (amerikanische Arzneimittelbehörde) Lippenstifte mit bis zu 7 ppm zu). Die Rückgewinnung von Blei ist ein großes Geschäft. Die meisten neuen

* Ähnlich verhält es sich mit Leuchtstoffröhren, deren Recycling gesetzlich vorgeschrieben ist, weil sie hochgiftiges Quecksilber enthalten. Mehr als 65 Prozent von ihnen landen auf Mülldeponien und Abfallhalden. Wenn die Recyclingquoten für Seltene Erden jemals steigen sollten, dann nicht aus Sorge um den Planeten, sondern eher aus Kostengründen: »Wenn kleine Mengen Seltener Erden Teil komplexer Gemische sind, kann die Trennung zu teuer sein, um sie allein zu rechtfertigen, was einige zu der Annahme veranlasst, dass die noch wertvolleren Elemente in der Elektronik, wie Gold, Palladium und Iridium, das Recycling wirtschaftlich lohnend machen könnten. Es könnte sein, dass die Seltenen Erden den Preis für die Aufbereitung bezahlen und Gold, Platin und Palladium den Cashflow darstellen«, sagt Eric Peterson vom Idaho National Laboratory, der das Forschungsprogramm für die Wiederverwendung und das Recycling von Seltenen Erden für das Critical Materials Institute leitet.

Blei-Säure-Batterien enthalten mehr als 75 Prozent recyceltes Blei (100 Prozent Recycling ist nicht kosteneffektiv). Da das Recycling in den reichen Ländern teuer ist, werden viele Blei-Säure-Batterien an kostengünstige Recycler in Afrika, Mittel- und Südamerika sowie Südostasien verschifft, wo Umweltvorschriften nicht durchgesetzt werden oder gar nicht existieren. In kleinen Werkstätten und zu Hause knacken die Menschen diese Batterien und schmelzen das Blei ohne jegliche Sicherheitsvorkehrungen über offenen Öfen, was zu einer horrenden Umweltverschmutzung führt. Das Blacksmith Institute, das das Recycling von Blei-Säure-Batterien zu den zehn schlimmsten Verschmutzungsproblemen zählt, schätzt, dass mehr als 1 Million Menschen an fast 70 Standorten in der ganzen Welt durch diese Industrie ernsthaft geschädigt werden. Viele von ihnen können mit einer Lebenserwartung rechnen, die 20 Jahre unter dem Durchschnitt ihrer Region liegt. Und natürlich ist es für nichtmenschliche Lebewesen wahrscheinlich noch schlimmer, weil der Boden, die Luft und die Wasserwege in diesen Gebieten vergiftet sind.[74]

Arbeiter in Recycling-Anlagen erhalten in der Regel den Mindestlohn für ihre anstrengenden, nervenaufreibenden Aufgaben, zum Beispiel das Sortieren eines Stroms ankommender Wertstoffe auf einem Förderband in unterschiedliche Rutschen. Da Effizienz das Schlagwort des modernen Kapitalismus ist, bewegen sich diese Fließbänder schnell, und wenn man nicht mithalten kann, hat man den Mindestlohn offensichtlich nicht verdient; man fliegt raus.

In einem Artikel heißt es: »Recycling kann nicht vollständig systematisiert werden, da es sich um einen ständig wechselnden Strom von Materialien in allen möglichen Formen und Größen handelt. Die Arbeiter müssen den größten Teil des Schrotts, der die Recyclinganlagen durchläuft, persönlich anfassen, wobei sie möglicherweise scharfen Gegenständen, Giftstoffen, Karzinogenen oder Sprengstoffen ausgesetzt sind.«[75]

Und noch etwas ist am Recycling verrückt – und nicht nachhaltig: die damit verbundenen Entfernungen. Derzeit wird fast jede in den USA recycelte Plastikflasche zu Ballen gepresst und nach Los Angeles verschifft, wo sie eingeschmolzen und zu neuen Flaschen verarbeitet werden kann. Ein beträchtlicher Teil des US-Metallschrotts wird in die Türkei verschifft; der größte Teil des Kunststoffschrotts geht (noch) nach China. Andere wichtige Exportmärkte für US-Schrott sind Vietnam, Thailand und Malaysia. Die Europäische Union exportiert sogar noch mehr Schrott und Abfälle nach China als die USA. Und auch die meisten Blei-Säure-Batterien werden zum Recycling in die ganze Welt verschifft. Die Entfernung zwischen den großen Häfen der Ostküste und der Türkei beträgt mehr als 8.000 Kilometer.

Das ist eine Menge Schweröl.

Wir sagen nicht, dass Sie nicht recyceln sollen. Wir selbst recyceln natürlich, aber nicht, weil es den Planeten rettet, sondern weil es ganz allgemein richtig ist und weil es unter sonst gleichen Bedingungen nicht schädlicher für den Planeten ist, zu recyceln, als Dinge auf die Müllkippe zu tun. Wir sagen nur, dass die grundlegende Lüge des Recyclings darin besteht, dass es zu einer grünen, sich selbst erhaltenden Industriewirtschaft führen kann. Die Lüge besagt, dass bei effizientem Recycling keine neuen Rohstoffe benötigt würden und Wälder, Berge, Flüsse und Prärien intaktbleiben könnten, während die Industrie fröhlich weitermacht und endlos dieselben Rohstoffe recycelt, mit denen sie angefangen hat. Wir müssen unsere falschen Hoffnungen aufgeben und uns den Tatsachen stellen. Mit den Worten von James Howard Kunstler, Autor von Büchern wie *The Long Emergency* (Der weite Notausgang) und *The Geography of Nowhere: A History of American Suburbia and Urban Development* (Die Geographie des Nirgendwo: Eine Geschichte amerikanischer Vororte und der städtischen Entwicklung), braucht der Planet uns als »realitätsorientierte Erwachsene«,[76] und dem Planeten läuft die Zeit davon.

Ein viel größeres Problem als das der verlorenen oder durch Recycling entwerteten Materialien ist das des Wachstums. Die weltweit steigende Nachfrage nach Stahl bedeutet, dass der Abbau von Eisenerz weltweit ausgeweitet werden muss. Das Recycling kann einfach nicht mit der Industrie, dem Militär und der Nachfrage nach Konsumgütern aus Stahl Schritt halten. Ähnlich verhält es sich bei den Seltenen Erden. Die Wissenschaftsjournalistin Jessica Marshall schreibt: »Jelle Rademaker von der Green Academy in den Niederlanden und seine Kollegen berechneten das Potential für das Recycling von Seltenen Erden aus Magneten in Computerfestplatten, Hybridautos und Windturbinen, wobei sie von einer 100-prozentigen Rückgewinnung in jedem Fall ausgingen. Sie fanden heraus, dass die durch das Recycling verfügbare Menge zwischen 2014 und 2015 höchstens 10 bis 15 Prozent des Bedarfs beträgt. Der Prozentsatz sinkt bis 2020 noch weiter, wenn die Nachfrage steigt, aber nur noch Computerfestplatten für das Recycling zur Verfügung stehen.«[77]

Und wenn dieses Buch im Jahr 2023 erscheint, wird nur ein winziger Teil der Seltenerdmetalle recycelt.

Das gilt für alle Bereiche des Recyclings: Die Nachfrage steigt zu schnell, und das Recycling kann nicht mithalten, was bedeutet, dass mehr Rohstoffe gewonnen werden müssen. Das bedeutet, dass mehr Berge gesprengt, mehr Wälder in Tagebaue verwandelt und mehr Flüsse vergiftet werden. Solange die Weltwirtschaft expandiert, wird das Stahlrecycling (und Recycling insgesamt) niemals ausreichen, um mit der Nachfrage Schritt zu halten. Und da eine 100-prozentige Wiederverwertung praktisch unmöglich ist, kann selbst eine gleichbleibende (oder wachstumsfreie) Wirtschaft nicht durch Recycling aufrechterhalten werden. Damit das Recycling den Bergbau überflüssig macht, müsste die Weltwirtschaft ständig schrumpfen. Und die anfängliche Schrumpfung müsste dramatisch sein: Man bedenke, dass weniger als 40 Prozent des Stahls recycelt sind. Und da der Stahlverbrauch oft als Indikator für die »Gesundheit« und das Wachstum einer Wirtschaft verwendet wird (in einem Buch heißt es: »Gesellschaften mit hohem Energiebedarf könnten ohne Mikrochips wachsen, aber im Gegensatz dazu nicht ohne Stahl fortbestehen«[78]), können wir grob schätzen, dass mehr als 60 Prozent der Weltwirtschaft verschwinden müssten, um einen »Stahl«-Gleichgewichtszustand zu erreichen (und danach jedes Jahr weiter zurückgehen). Und das nur, wenn ein 100-prozentiges Recycling möglich wäre. Realistischer ist die Annahme, dass etwa 80 Prozent der Weltwirtschaft stillgelegt werden müssten, bevor die erreichbaren Stahlrecyclingraten der (vorübergehenden) Nachfrage entsprechen würden.

Da das Recycling vom Wirtschaftssystem als Ganzem abhängig ist (und dieses mitträgt), ist es auch anfällig für Marktveränderungen.

Erstens müssen Sie für ein ausreichendes Angebot sorgen – Sie müssen die Menschen dazu bringen zu recyceln. In einigen Fällen ist dies mit der richtigen Art von Erziehung möglich. In den Vereinigten Staaten werden etwa 34 Prozent der Abfälle recycelt; die Spitzenreiter in der Welt sind Österreich (64 Prozent), Deutschland (62 Prozent) und Singapur (59 Prozent).

Danach müssen Sie über geeignete Sortieranlagen verfügen.

Und es muss einen Massenmarkt für das sortierte Recyclingmaterial geben (niemand kauft eine gebrauchte Plastikflasche nach der anderen). Der Rohstoffmarkt wiederum hängt vom Markt für das Recyclingprodukt selbst ab – Kunststoffgranulat, Aluminium-, Stahl- oder Kupferbarren, Papierbrei und die anderen Endprodukte des Recyclings. Mit anderen Worten: Irgendjemand muss Tausende von Tonnen an recyceltem Rohmaterial benötigen.

Außerdem muss der recycelte Rohstoff selbst in Bezug auf Qualität und Preis wettbewerbsfähig sein.

Und all dies muss auch geographisch funktionieren, wobei Transportkosten, Lagerung, Lagerhaltung und alles andere, was zu einer industriellen Lieferkette gehört, berücksichtigt werden müssen.

Wenn es billiger ist, einen Rohstoff zu gewinnen, hängt das Recycling von Gesetzen, Gewohnheiten oder Subventionen ab.

All das bedeutet, dass das moderne Recycling eine instabile, Schwankungen unterworfene Branche ist. Im Jahr 2015 wurden die USA mit Schrott und Wertstoffen als »überschwemmt« beschrieben, weil die chinesische Wirtschaft nur langsam wuchs (eine langsamer wachsende Wirtschaft bedeutet weniger Produktion und weniger Bedarf an Schrott). Die Recyclingunternehmen sahen sich durch den gesättigten Markt bedroht, der die Preise für ihre recycelten Produkte drückte. Ein Papierrecycler sagte, dass »die Preise so niedrig sind, dass man nicht einmal mehr seine Kosten decken kann«.[79]

Wir haben vorhin darauf hingewiesen, dass ein Hauptproblem bei der Möglichkeit eines 100-prozentigen Stahlrecyclings das Wachstum ist. Das ist zwar richtig, aber noch wichtiger ist, dass Stahlproduktion in keinem Maßstab nachhaltig ist. Stahlproduktion oder auch das Recycling ist in großem Maßstab nicht möglich ohne industrielle Elektrizität, für die Dämme, Kohlekraftwerke, Kernenergie oder massive Wind- oder Solarenergieanlagen erforderlich sind. Sie ist nicht möglich ohne Fabriken zur Herstellung von feuerfesten Materialien, ohne andere Fabriken zur Herstellung von Elektroden und ohne weitere Fabriken zur Herstellung von Kränen, Tiegeln und Sauerstoffinjektionsanlagen. Mit anderen Worten, sie ist ohne eine ganze industrielle Infrastruktur, die dies unterstützt, nicht zu machen.

Die Recyclingindustrie ist vom anhaltenden Massenkonsum abhängig. Alles, was das System des Konsums bedroht, bedroht auch die Recyclingindustrie, da diese direkt vom Abfallstrom des kapitalistischen Prozesses abhängt. Wie üblich muss jede Bedrohung des Systems abgewehrt werden. Dies erklärt auch, warum »reduzieren« und »wiederverwenden« mehr oder weniger aus dem Programm gestrichen wurden: Das System hat das Sagen, und alles, was der Expansion der Wirtschaft im Wege steht, wird beiseitegeschoben oder zerstört.

Stahlrecycling ist in erster Linie eine Kostensenkungsmaßnahme für die Industrie. Und vergessen Sie nicht, dass zur Stahlindustrie auch alle anderen Industriezweige gehören, die in ihren Produkten auf Stahl angewiesen sind: Luft- und Raumfahrt, Autos und Lastwagen, Schiffe, Bohrer, Bergbauausrüstung, Bauwesen, Haushaltsgeräte, Militär. In einem Artikel heißt es: »Was einst eine Nebenbranche war – das Recycling – wird zum zentralen Bestandteil der Produktion.«[80]

Und hier finden wir – wie bei der industriellen Solarenergie und der Verbesserung der Effizienz – den wahren Zweck des Recyclings: nicht die Rettung des Planeten, sondern die Förderung der Industrie.

Physisch kommt das Recycling der Industrie in mindestens zweierlei Hinsicht zugute. Erstens senkt es die Energiekosten für die an der Produktion beteiligten Industrien. Diese Einsparungen dienen nicht dazu, den Schaden für den Planeten zu verringern oder das Wachstum einzudämmen, sondern sie fließen in die Gewinne, die fast immer in diese oder andere Industrien reinvestiert werden. Das ist wieder einmal das Jevons-Paradoxon. Das Ergebnis ist weiteres Wachstum der Wirtschaft, das direkt zu mehr Kahlschlägen, mehr »Entwicklungen«, mehr Autos, mehr Fabriken, mehr Fabrikschiffen führt: kurz gesagt, zum Tod des Planeten.

Zweitens kommt das Recycling der Industrie zugute, indem es die Materialkosten für die beteiligten Industrien senkt, was zu den gleichen Folgen wie oben führt.

Recycling ist ein Stärkungsmittel für die industrielle Zivilisation: mehr Kraft, längere Lebensdauer. Sehen Sie nicht auch schon die Fernsehwerbung zu später Stunde?

Natürlich sind einige Arten des Recyclings von Natur aus nicht rentabel, so dass sie gesetzlich gefördert werden müssen. Die Europäische Union schreibt zum Beispiel vor, dass die Hersteller für die Kosten verantwortlich sind, die mit der Beendigung der Nutzung ihrer Produkte verbunden sind. Gesetze wie dieses sind gut, da sie die Industrie durch die Auferlegung von Kosten bremsen, aber sie sind auch unzureichend, da, wie wir gesehen haben, das Recycling selbst energieintensiv, giftig und äußerst zerstörerisch sein kann.

Das europäische Mandat (wie auch alle anderen Gesetze zur Förderung des Recyclings) kann zu einer Verlangsamung in einigen Industriezweigen und einer Verringerung der Umweltverschmutzung und der Giftstoffe führen. Aber es wird auch zum Wachstum neuer schmutziger Industrien führen. Und die Recyclingindustrien werden Geschäftsketten aufbauen, die vom kontinuierlichen Fluss von Schrottmaterial abhängig sind und ihre eigene Nachfrage nach Rohstoffen schaffen. Das kann bedeuten, dass absichtlich zusätzlicher Abfall erzeugt wird, nur damit er an die Recyclingunternehmen geliefert werden kann, die dann einen Gewinn erzielen können – und jeder in der Lieferkette erhält ein neues grünes Image.

Schweden zum Beispiel ist von der Energiegewinnung aus Müll abhängig geworden. Was passiert, wenn seine Müllquellen abgeschnitten werden? Man würde es als Katastrophe betrachten.

Recycling kann ohne einen Markt für das recycelte Produkt nicht erfolgreich sein; das Material muss für jemanden wertvoll sein. Da aber Recycling (und Wiederverwendung) mit gebrauchten und abgenutzten Materialien beginnt, gibt es nicht immer genug Nachfrage. Die Bekleidungsindustrie ist ein gutes Beispiel dafür. Obwohl die meisten weggeworfenen Textilien recycelt (oder besser: wiederverwendet) werden könnten, landen in den USA etwa 85 Prozent davon direkt auf der Mülldeponie.[81] Secondhand-Läden und Recyclingbetriebe sind überfordert. Im Jahr 2012 kaufte die durchschnittliche Person in den Vereinigten Staaten 64 Kleidungsstücke pro Jahr, was der Wegwerfrate entspricht: mehr als 25 Kilogramm Textilien pro Person und Jahr.[82] Die 15 Prozent dieser Flut, die in Secondhand-Läden landen, werden auch nicht alle verkauft. Ein einziger Laden der Heilsarmee in New York City liefert täglich sechs Tonnen überschüssige Kleidung. Der größte Teil davon wird zu Ballen gepresst und exportiert, meist nach Afrika südlich der Sahara; Kleidung, die sich dort nicht verkaufen lässt, geht an industrielle Lumpenverwertungsanlagen.[83]

Im Jahr 1901 gab der amerikanische Durchschnittshaushalt etwa 14 Prozent seines Einkommens für Kleidung aus; heute sind es eher 3 Prozent. In dem Maße, wie dieser Anteil gesunken ist, hat sich auch die Fähigkeit der Durchschnittsmenschen zu nähen verringert und damit auch die Fähigkeit der Schneider, ihren Lebensunterhalt zu verdienen.

Wir leben in einer Wegwerfkultur, einer Wegwerfwirtschaft, und Recycling trägt nicht dazu bei, dies zu ändern.

Der natürliche Verwesungsprozess ist einer der faszinierendsten und wichtigsten Kreisläufe der Erde. Wenn Menschen sterben, werden wir zu Nahrung für andere Lebewesen. Pilze durchwuchern unsere Körper. Bakterien ernähren sich von unseren weichen Geweben. Unsere Knochen werden zu Kalziumquellen für Rehe, Eichhörnchen und Bären. Nichts wird verschwendet; jeder Teil unseres Körpers wird Teil eines anderen Lebewesens, ob Erde oder Baum oder Fluss oder Insekt oder sonst jemand. So endet das Leben und nährt auf diese Weise weiteres Leben.

Der wunderbare Prozess des Lebens, das das Leben ernährt, ist für alle Menschen auf diesem Planeten derselbe. Ich (Max) esse die Eier der Hühner, die, während ich dies schreibe, neben mir sitzen. Irgendwann esse ich vielleicht auch ihre Körper. Vielleicht frisst sie auch ein Falke oder ein Fuchs, vielleicht werden sie alt und bekommen ein Begräbnis, aber selbst dann werden sie von den Regenwürmern und der Erde gefressen, die uns am Ende alle fressen. Im Moment genießen die Hühner ihre gesegnete Erfahrung hier auf der Erde, fressen Gras und Insekten, suchen zwischen Prärielilien- und Narzissenblüten nach Nahrung. Das gleiche gilt für die Eiche, die sich über meinen Kopf beugt: Im Moment atmet sie die warme, reiche, nach Frühling duftende Luft; sie frisst Hühner- und Wurmkot und die Reste alter Blätter und Gräser und

Prärielilien und Narzissen. Aber irgendwann (ich hoffe, noch lange nicht) wird auch sie sterben und von Insekten, Bakterien und Pilzen gefressen werden, die dann ihrerseits zu Mahlzeiten für jemand anderen werden. Dasselbe wird natürlich auch mit mir geschehen. Ich werde sterben, und die Hühner werden mich fressen. Oder Bären. Oder Geier. Oder Mäuse, Ratten, Insekten, Würmer oder Bakterien.

Industrielles Recycling ist eine giftige Nachahmung dieses Prozesses. Es weist einige gemeinsame Merkmale auf, aber die eigentliche Funktion wird pervertiert. Der natürliche Verfall nimmt Körper, die geboren oder ausgebrütet wurden oder gekeimt sind oder auf andere Weise entstanden sind, und verwandelt sie in Nahrung für andere. Industrielles Recycling beginnt mit Produkten, die der Erde entrissen wurden, und behält diesen zerstörerischen Imperativ bei; jeder Schritt auf dem Weg bedeutet mehr Zerstörung. Anstatt andere Lebewesen mit Nahrung zu versorgen, werden durch industrielles Recycling Materialien an Maschinen, an die Industrie und an das Imperium verfüttert.

Man hat uns beigebracht zu glauben, dass es unmöglich ist, dem Land etwas zurückzugeben, dass die Natur darauf basiert, dass jeder jeden ausbeutet, dass die Natur »mit Zähnen und Klauen bewaffnet« ist und dass die natürliche Auslese selbst auf dem Überleben des Ausbeuterischsten, in Wirklichkeit des Kapitalistischsten, beruht. Man hat uns beigebracht, dass unsere Lebensweise die Erde überrollt, weil wir die Nummer eins sind, aber in Wirklichkeit sind wir einfach besser in dieser Sache mit der Ausbeutung als alle anderen.

Es ist daher nicht verwunderlich, dass so viele Menschen Recycling fälschlicherweise nicht als einen Prozess verstehen, der bestenfalls das Ausmaß des Schadens verringert, sondern als etwas Positives. Denn wenn alles Leben mit Zerstörung verbunden ist, dann ist es doch gut, etwas weniger zu zerstören, oder?

Aber wenn alles Leben mit einer Schädigung des Planeten verbunden ist, wie ist der Planet dann überhaupt so reich, fruchtbar, lebendig und vielfältig geworden? Die Erde wurde so reich, weil jedes Lebewesen die Welt durch seine Existenz, durch sein Leben und seinen Tod, verbessert hat. Lachse verbessern die Wälder durch ihr Leben und Sterben. Das gleiche gilt für Eichen, Seegras, Actinomyceten und Austernpilze.

Es ist nicht überraschend, dass so viele Menschen glauben, der Mensch sei von Natur aus zerstörerisch. Die meisten von uns sind mit den Produkten dieser Kultur aufgewachsen: Plastik, Autos, Flugzeuge, billige Kleidung, abgefülltes Wasser, Fernseher, Computer, Parkhäuser, Autobahnen, Funktürme, Wolkenkratzer, große Geschäfte, Stromleitungen, Dämme, Straßenabschnitte, Kahlschläge, Baumärkte, Zäune, Häfen, Eisenbahnschienen. Fortschritt. Wir wissen, was wir sehen, und was wir sehen, ist die industrielle Zivilisation. Und was wir sehen, ist Zerstörung. Wir sehen eine Welt, die vor unseren Augen vernichtet wird. So viele von uns sprechen nostalgisch von Wäldern oder Wiesen, auf denen wir als Kinder gespielt haben, von Orten, die wir heute nur noch ungern besuchen, weil diese Wälder oder Wiesen verschwunden sind, ersetzt durch Wohnsiedlungen, Einkaufszentren und Autobahnen; die Geräusche von Fröschen und Wiesenlerchen wurden durch die von Autos und Lastwagen ersetzt. Es ist nicht verwunderlich, dass so viele – um zu verhindern, dass sie vor lauter Trauer verrückt werden – sich einzureden versuchen, dass ein solcher Verlust irgendwie natürlich oder unvermeidlich oder, Gott hilf uns allen, akzeptabel ist.

Das ist zwar keine Überraschung, aber auch nicht zu verzeihen.

Letztlich ist die wichtige Frage für die Nachhaltigkeit nicht, ob eine Gesellschaft auf 100 Prozent Recycling beruhen kann, sondern ob eine Gesellschaft auf der Verbesserung der Gesundheit der Welt ruht. Mit anderen Worten: Gibt Ihre Gesellschaft so viel oder mehr zurück, als sie nimmt? Ist Ihre Gemeinschaft gut für den Planeten, oder ist sie es nicht? Denken Sie daran, dass die Makah seit

Tausenden von Jahren an Ort und Stelle leben, wie viele andere indigene Völker auch.

Industrielles Recycling hilft dem Planeten nicht. Es verringert nicht einmal die Geschwindigkeit wesentlich, mit der der Planet geschädigt wird.

Ich (Derrick) habe viel Zeit damit verbracht, über Mehlwürmer, die Larven des Schwarzkäfers, nachzudenken. Vor ein paar Jahren las ich einen Artikel darüber, dass Bakterien in den Eingeweiden von Mehlwürmern es ihnen ermöglichen, Styropor zu verdauen (beziehungsweise das, was wir gemeinhin und nicht ganz korrekt als Styropor bezeichnen). Das hat mich begeistert, zum einen, weil ich Insekten liebe, und zum anderen, weil ich hasse, was Plastik (und der Rest dieser Kultur) unserem Planeten antut.

Also kaufte ich online ein paar Mehlwürmer, vermutlich um sie davor zu bewahren, von einer Eidechse gefressen zu werden, und legte sie in ein schönes Bett aus Hafer und Maismehl. Wenn ich dann Styroporabfälle hatte, warf ich sie ebenfalls in den Mehlwurmbehälter.

Und sie haben es gegessen!

Zugegebenermaßen ging es nicht besonders schnell. Es kann Monate dauern, bis ein normaler Styroporbecher verschwindet. Aber es geschah.

Und die Mehlwürmer schienen glücklich zu sein. Und fruchtbar. Schon bald hatte ich ein Dutzend brotkastengroße Behälter mit Mehlwürmern sowie zwei Behälter mit Puppen, die ich jeden Abend aus den Mehlwurmbehältern entfernte, und einen Behälter mit Käfern, die ich aus den Puppenbehältern entnahm. Etwa einmal im Monat setzte ich die Käfer in einen Behälter um, aus dem alle Mehlwürmer entwichen waren. Und ziemlich oft entnahm ich tote Käfer und legte sie in den Wald. Sie verschwanden immer schnell. Ich hatte ein gutes Gefühl dabei, Styropor in Nahrung für Vögel, Bären, Ratten, Füchse und Schnecken zu verwandeln.

Es blieb aber noch eine Frage. Der Grund dafür, dass Polystyrol für den Menschen nicht verdaulich ist, liegt darin, dass wir keine Bakterien in unseren Därmen haben, die die molekularen Bindungen von Polystyrol aufbrechen können. Wenn Sie eine kleine Styroporkapsel schlucken würden, würde sie wahrscheinlich durch Sie hindurchgehen, und wenn Sie später Ihren Stuhl untersuchen, würden Sie sie mehr oder weniger unversehrt vorfinden. Ich wusste, dass die Mehlwürmer das Styropor nicht einfach in kleinere Stücke zerkauen und sie dann durchlaufen lassen, ohne etwas zu absorbieren, aber ich wusste nicht, ob sie vielleicht diese chemischen Bindungen aufbrechen, absorbieren, was sie können, und dann etwas ausscheiden, das für alle anderen unverdaulich bleibt.

Schließlich kam der große Tag, an dem ich einen Haufen »Frass« ernten konnte, die offizielle Bezeichnung für die Ausscheidungen von Insektenlarven. Ich siebte die wenigen verbliebenen Mehlwürmer aus dem Kot aus und legte die Hälfte des Kots in kleinen Haufen nach draußen und die andere Hälfte um die Stengel meiner Zimmerpflanzen. Die Haufen draußen verschwanden über Nacht. Ich weiß nicht, wer sie gefressen hat. Ich tippe auf Bären, denn für Schnecken und vielleicht sogar Ratten war es zu viel. Aber was mich wirklich elektrisierte, war, dass der Kot drinnen innerhalb von ein paar Tagen mit Schimmel bedeckt war, was bedeutet, dass jemand – in diesem Fall ein Schimmelpilz – in der Lage war, den Kot zu verdauen. Das bedeutet, dass die normalerweise unzerstörbaren Bindungen des Styropors aufgebrochen waren und der Kohlenstoff als Nahrung für andere zur Verfügung stand.

Ich fing sofort an, davon zu träumen, ganze Räume voller Mehlwürmer einzurichten, die fröhlich To-go-Becher und Erdnusspakkungen essen – eine tolle Idee, oder? Mehlwürmer werden den Planeten vor unserer Dummheit retten! Und noch besser: Ich habe erfahren, dass sie auch Polyethylen verdauen können![84]

Hier kommt das Jevons-Paradoxon ins Spiel. Ich (Derrick) brauchte eine Kühlbox, also ging ich zu einem Fred-Meyer-

Lebensmittelladen. Ich bin mir bewusst, dass »brauchen« das falsche Wort ist. Der Mensch *braucht* keine Kühlboxen. Schließlich haben wir schon seit Tausenden von Jahren ohne sie überlebt. Das ist einer der Gründe, warum diese Kultur den Planeten umbringt: Wir glauben, dass wir Kühlboxen *brauchen* – und im weiteren Sinne Kunststoffe und im weiteren Sinne die Produkte der industriellen Zivilisation – und wir scheinen nicht zu glauben, dass wir einen lebendigen Planeten *brauchen*. Jedenfalls stand ich bei Fred Meyer vor 40 Metern Regalfläche, vollgepackt mit einer Vielzahl verschiedener Metall- und Styroporkühlboxen. Wer sagt, dass die Vielfalt auf unserem Planeten verschwindet? Ich beschloss – und hier kommt eine seltsame Variante des Jevons-Paradoxons ins Spiel – einen Styroporbehälter zu kaufen, weil ich wusste, dass ich ihn anschließend an die Mehlwürmer verfüttern konnte. Die Tatsache, dass Mehlwürmer Styropor verdauen können und – das muss ich zugeben – der Preis der Kühlbox von 3,99 Dollar haben mich gereizt.

Aber das ist doch in Ordnung, oder? Wir können das so sehen, dass ich indirekt Nahrung kaufe, um sie dem Wald zu geben, richtig? Mehlwürmer fressen die Kühlbox, Pilze fressen den Kot, Schnecken fressen die Pilze, Ameisen fressen den Schneckenschleim, Spinnen fressen die Ameisen, Drosseln fressen die Spinnen. Alle gewinnen.

Aber hier liegt das Problem. Nur etwa 20 Prozent des Kohlenstoffs im Styropor enden entweder als Mehlwurm-Masse oder als Frass. Der größte Teil davon landet in der Luft. Wie andere Tiere auch, scheiden Mehlwürmer Kohlendioxid aus. Es ist zwar großartig, dass dieses kleine Projekt Styropor in Bären und Pilze und alle anderen verwandelt, aber es verwandelt Styropor hauptsächlich in atmosphärischen Kohlenstoff.

Und das ist der springende Punkt: Selbst eine nichtindustrielle Wiederverwertung dieses industriellen Schadstoffs in Nährstoffe schadet dem Planeten *noch immer*.

Doch kommen wir zum eigentlichen Punkt: Bevor er in Styropor umgewandelt wurde, war dieser Kohlenstoff sicher unter der Erde gelagert. Er hätte nie an die Oberfläche gebracht werden dürfen. Die Antwort auf das Problem der Styroporverschmutzung sind nicht Mehlwürmer. Die Antwort auf das Problem der Styroporverschmutzung besteht darin, es gar nicht erst herzustellen.

Es gibt noch ein viertes R, das viel wichtiger ist als die drei in Reduce, Reuse, Recycle. Dieses R steht für »Refuse«, also *verweigern*: Wir müssen uns weigern, dieser Lebensweise weiter anzuhängen, und wir müssen uns weigern, denen zu folgen, die mehr daran interessiert sind, diese Lebensweise zu schützen, als den Planeten zu bewahren. Wir müssen uns weigern, uns mit irgendwelchen Lösungen zufriedenzugeben, die der realen, physischen Welt, von der das Leben eines jeden Lebewesens auf diesem Planeten abhängt, nicht wirklich helfen. Wir müssen uns weigern zuzulassen, dass diese Lebnsweise den Planeten tötet, egal ob dieses Töten durch Öl oder Wind vonstatten geht.

Es gibt sicherlich auch noch ein fünftes R: »Resist«, *widerstehen*, das heißt, wir müssen uns mit jeder Zelle und jedem Atemzug gegen die Zerstörung der natürlichen Welt durch die herrschende Zivilisation wehren. Wir müssen Widerstand leisten für die Eisbären und Lachse, die Eisgrauen Fledermäuse und Steinadler, die Beifußhühner und Wüstenschildkröten.

Und es gibt sogar noch ein sechstes R: »Restore«, *wiederherstellen*. Wir müssen nicht nur den Mord dieser Kultur an unserem Planeten stoppen, sondern uns auch mit der natürlichen Welt verbünden, um sie wieder so gesund wie möglich zu machen. Wir müssen Grasland und Feuchtgebiete, Flüsse und Bäche, Wälder, Seegraswiesen und Böden wiederherstellen. Die lebendige Erde wird den größten Teil dieser Arbeit erledigen. Wir müssen ihr nur auf den Weg helfen.

Kapitel 9

DIE LÜGE VON DER GRÜNEN STADT

Wenn man sich die Welt ansieht, ist es doch offensichtlich, dass sie täglich besser kultiviert und stärker bevölkert wird als in früheren Zeiten. Alle Orte sind jetzt zugänglich, alle sind bekannt, alle stehen dem Handel offen; die schönsten Bauernhöfe haben alle Spuren dessen verwischt, was einst trostlose und gefährliche Einöden waren; kultivierte Felder haben sich die Wälder untertan gemacht; Herden haben die wilden Tiere vertrieben; sandige Wüsten sind besät; Felsen sind bepflanzt; Sümpfe sind trockengelegt; und wo einst kaum einsame Hütten waren, gibt es jetzt große Städte. Nicht mehr werden (wilde) Inseln noch ihre felsigen Ufer gefürchtet; überall gibt es Häuser und Einwohner, eine ordentliche Regierung und zivilisiertes Leben. Was uns am häufigsten begegnet (und Anlass zur Klage gibt), ist unsere wimmelnde Bevölkerung: Unsere Zahl belastet die Welt, die uns kaum aus ihren natürlichen Elementen versorgen kann; unsere Bedürfnisse werden immer größer und unsere Klagen in allen Mündern bitterer, während es uns die Natur es versagt, ihren üblichen Unterhalt zu gewähren.

Tertullian, 200 n. Chr.[1]

Nachhaltige Stadtplanung ist ein boomendes Fachgebiet an Universitäten in aller Welt. Fast jede größere Stadt auf der Welt hat eine Abteilung für nachhaltige Planung. Es gibt Artikel wie »Amerikas 50 grünste Städte« und Bücher mit dem Titel »*Green Metropolis: Why Living Smaller, Living Closer, and Driving Less Are the Keys to Sustainability* (Die grüne Metropole: Warum kleiner leben, näher wohnen und weniger Auto fahren die Schlüssel zur Nachhaltigkeit sind); oder *Triumph of the City: How Our Greatest Invention Makes Us Richer, Smarter, Greener, Healthier, and Happier* (Der Triumph der Stadt: Wie unsere größte Erfindung uns reicher, klüger, grüner, gesünder und glücklicher macht). Jedes Jahr werden Hunderte von Milliarden Dollar für »Green City«-Projekte ausgegeben. An der chinesischen Küste, in Südkorea und in den Vereinigten Arabischen Emiraten (VAE) werden sogenannte »Ökostädte« aus dem Boden gestampft.

Außerhalb der populären Vorstellung bleiben grüne Städte jedoch nicht nur schwer fassbar, sondern auch physisch unmöglich. Tatsächlich funktionieren Städte auf der ganzen Welt im wesentlichen so, wie sie es seit Tausenden von Jahren getan haben: als Zentren des Konsums, der Kontrolle und der Macht. Moderne Städte sind nicht nur mit der Zerstörung des Planeten verbunden, sie sind ein zentraler Faktor.

Die C40 Cities Climate Leadership Group ist ein Netzwerk von »Megastädten« (ursprünglich 40, jetzt mehr als 90, Tendenz steigend), die sich verpflichtet haben, die Klimaveränderungen mit »sinnvollen, messbaren und nachhaltigen Maßnahmen gegen den Klimawandel« anzugehen.

Auf der Website der Gruppe lautet die erste Frage: »Warum Städte?« Die Antwort lautet: Da das Wachstum der Städte keine Anzeichen einer Verlangsamung zeigt, die Städte 75 Prozent der weltweiten Energie verbrauchen und für mehr als 80 Prozent der CO_2-Emissionen verantwortlich sind, ist es klar, dass die Städte im Mittelpunkt des Kampfes gegen die Zerstörung des Planeten stehen müssen.

In den Statistiken, die eindeutig auf eine unvermeidliche Schlussfolgerung hinweisen – dass Städte nicht nachhaltig sind – sehen die Mitglieder der Gruppe Hoffnung: »Im Herzen der Stadt liegt eine Chance«, schreiben sie. »Die städtische Dichte bietet eine grünere Art zu leben.«[2]

Mit dieser Überzeugung sind sie nicht allein. Greenpeace unterstützt das sogenannte »Modell der kompakten Stadt« ebenso wie die Organisation für wirtschaftliche Zusammenarbeit und Entwicklung, die auf ihrer Website feststellt, dass »kompakte Städte die Auswirkungen auf die Umwelt verringern«.[3] Das Urban Land Institute, die American Planning Association und die Europäische Umweltagentur haben sich ebenfalls für kompakte Städte ausgesprochen. Die Vereinten Nationen haben ein »Global Compact Cities Program«. Elizabeth Farrelly schreibt in ihrem populären Buch *Blubberland*: »Wenn wir eine grüne Siedlungsstruktur von Grund auf neu entwerfen würden, wäre es nicht Vorstadt, nicht städtisches Dorf, nicht griechisches Fischerdorf und auch nicht Barcelona. Es wäre Manhattan. Manhattan – oder etwas dieser Art – ist die grünste Stadt der Welt.«

(Und warum Barcelona? Warum nicht Tallahassee? Oder Kinshasa, die Hauptstadt der Demokratischen Republik Kongo? Oder genauer gesagt, warum nicht eine Gemeinschaft indigener Menschen, die traditionell leben, die einzige »grüne Siedlungsstruktur«, das die Menschen je »entworfen« haben, eine Struktur, die für die gesamte Existenz der Menschheit vor der Metastasierung der Städte funktioniert hat? Ach ja, sie verschafft uns keine Computer oder Fernseher oder kein Wohlstandsniveau, das die meisten Menschen als angemessen ansehen.)

Die Vorstellung, dass eine kompakte, dichtbesiedelte Stadt den Energieverbrauch und die Emissionen senken, die Natur und die Wasserqualität schützen, die biologische Vielfalt erhalten und eine bessere Lebensqualität bieten kann, ist der Kern der Erzählung von der nachhaltigen Stadt, wobei »Erzählung« das entscheidende Wort ist.

Seit ihrer Entstehung vor 8.000 bis 10.000 Jahren haben sich Städte auf ähnliche Weise entwickelt. Sie beruhen auf einer totalitären Landwirtschaft, bei der mehr oder weniger die gesamte Energie einer Landschaft für die menschliche Nutzung in Beschlag genommen wird. Dies führt zu einem Anstieg der menschlichen Bevölkerung. Es führt auch zur Zerstörung des Bodens: Um einjährige Nutzpflanzen für den Menschen anzubauen, müssen Wälder abgeholzt und Wiesen umgepflügt werden. Für Menschen, die in Städten leben, ist dies eine gute und eine schlechte Nachricht. Die gute Nachricht für die Stadt ist, dass sie durch die Umwandlung der Landbasis in eine größere Zahl von Menschen große Armeen aufbauen kann, mit denen sie andere Völker erobern und sich deren Ressourcen aneignen kann. Auf diese Weise wachsen Imperien.

Die schlechte Nachricht ist, dass sie andere Völker erobern *müssen*, weil sie die Tragfähigkeit ihres Heimatlandes überschritten und geschädigt haben.

Dies ist die Geschichte der Städte.

Hier ein Beispiel. Jüngste Forschungen haben ergeben, dass die Ausdehnung der 6.000 Jahre alten Stadt Akko im heutigen Israel zum Zusammenbruch der lokalen Landbasis geführt hat. Die Forscher schreiben: »Das städtische Wachstum stellt eine der extremsten Formen von ökologischem Stress und Landveränderung dar. … Die räumliche Konzentration landwirtschaftlicher, industrieller und kommerzieller Aktivitäten führte zu einer erhöhten Beanspruchung der lokalen Ökosysteme sowie zu einem Eingriff in und einem Verlust von natürlichen Biotopen in und um die [antike Stadt]. Fragmentierte proto-urbane Ökosysteme überlebten nur als kleine Flecken innerhalb einer Matrix aus städtischer und landwirtschaftlicher Expansion oder verschwanden vollständig. Dieses vom Menschen verursachte ökologische Ungleichgewicht hat sich in den letzten etwa 4.000 Jahren durchgesetzt und führte zu einer Küstenvegetation bestehend aus einem trockenen und stadtangepassten Waldgebiet in Verbindung mit einer Strauchsteppe dominiert wurde. Die mangelnde Widerstandsfähigkeit der Küstenökosysteme, nachdem die Stadt aufgegeben wurde, ist möglicherweise das Ergebnis von 3.500 Jahren ununterbrochenen menschlichen Drucks, der zu einer ökologischen Erosion geführt hat, die durch sich nicht mehr verjüngende Bestände von Waldgesellschaften gekennzeichnet ist.«

Die Forscher führen weiter aus, dass »der lang gehegte Glaube an ein ›goldenes Zeitalter‹ der nachhaltigen frühen Stadtentwicklung« wahrscheinlich falsch ist. »Die gleichen Mechanismen, die heute die Ökosysteme zerstören oder übermäßig ausbeuten, waren bereits [vor 6.000 Jahren] am Werk. Wenn wir das Vorhandensein großer städtischer Ballungsräume akteptieren, könnte das bedeuten, dass eine lokal nachhaltige Entwicklung grundsätzlich unmöglich ist.«[4]

Die Zersiedelung wird zu Recht als eine der Hauptursachen für die Umweltzerstörung anerkannt. Zwischen 1945 und 2000 wurden in den Vereinigten Staaten 45 Millionen Hektar (eine Fläche größer als der Bundesstaat Washington) in urbanisiertes Land umgewandelt.[5]

Das Wort »umgewandelt« beschönigt, was die Zersiedelung der Landschaft mit sich bringt. Wenn sich Städte ausdehnen, werden Wälder, Wiesen und Weiden zerstört. Feuchtgebiete und Flüsse werden trockengelegt. Mit Kettensäge, Bulldozer und Pflug wird der Lebensraum für wilde Tiere ausgelöscht. Fast alle einheimischen Pflanzen werden vernichtet. Die verbliebenen Tiere werden zu einem Spießrutenlauf durch zerstörte Lebensräume, Straßen, Fallen, Kugeln, Gift und gestiefelte Füße gezwungen. Die Zersiedelung oder städtische »Entwicklung« ist möglicherweise für die Gefährdung von mehr Arten in den Vereinigten Staaten verantwortlich als jede andere menschliche Aktivität.[6]

Es ist kein Wunder, dass die meisten Menschen – zumindest die meisten vernünftigen Menschen – erkennen, dass die Zersiedelung durch Vorstädte eine Abscheulichkeit ist. Natürlich hat das die »Bauherren« nicht davon abgehalten, weiter zu zersiedeln.

Aber wir können diese Menschen nicht zu den vernünftigen zählen.

Wenn es um den Mainstream in Sachen Umweltschutz geht, ist das Erkennen der schlimmsten Zerstörungen normalerweise kein Problem. Die meisten Menschen wissen, dass ein Kahlschlag oder eine Ölpest eine Katastrophe ist, und die meisten Menschen wissen auch, dass die Zersiedelung durch Vorstädte eine Katastrophe ist. Aber das Problem zu erkennen, ist eine Sache; eine falsche Lösung zu erkennen, ist viel schwieriger. Das ist einer der Gründe, warum es so wenig Widerspruch gegen die Fokussierung der »Umweltbewegung« auf dichtbebaute »grüne« Städte als Lösung für eine Welt im ökologischen Kollaps gibt.

Eine dichte Urbanisierung ergibt oberflächlich betrachtet durchaus Sinn. Anstatt sich über die Landschaft auszubreiten, werden Bevölkerungswachstum und Bauvorhaben auf einen kleinen Raum begrenzt. Öffentliche Verkehrsmittel, Fahrradfahren und zu Fuß gehen können private Fahrzeuge ersetzen. Die Häuser sind in der Regel kleiner und energieeffizienter, und Geschäfte und Dienstleistungen können in den Stadtvierteln angesiedelt werden, für die sie da sind. Theoretisch reduziert all dies die Zerstörung von Lebensräumen und den Energieverbrauch. Das klingt doch großartig, oder? Was für verrückte Leute könnten gegen kompakte »grüne« Städte sein?

Doch die Vorteile der »grünen Städte« sind Illusion. Ein Professor für Stadtplanung, Michael Neuman, durchforstete die Literatur und stellte fest, dass »die Beziehung zwischen Kompaktheit und Nachhaltigkeit negativ, schwach oder in begrenztem Maße korreliert sein kann«.[7] In einem späteren Interview erklärte Neuman: »Seit 1960 hat sich die Bevölkerung verdoppelt, die Weltwirtschaft vervierfacht und der Ressourcenverbrauch verfünffacht. Wir werden also – entgegen der landläufigen Meinung und dem professionellen Dogma – weniger effizient und weniger nachhaltig, wenn wir in die Städte ziehen, und nicht effizienter und nachhaltiger.«

Später im selben Artikel äußert er sich zu den »grünen« Städten, die von den Vereinigten Arabischen Emiraten und anderen gebaut werden: »Jede High-Tech-Stadt mit hoher Bevölkerungsdichte in einer Wüste ist eine Torheit, ganz gleich, wer sie entwirft. Die Gesamtkosten, einschließlich der Kosten für eingesetzte Energie, werden, wenn sie umfassend berechnet werden, vermutlich ihre angebliche Nachhaltigkeit widerlegen.«[8]

Neuman ist nicht der einzige Forscher, der das Scheitern des Modells der kompakten Stadt beschreibt. Eine taiwanesische Studie untersuchte die zunehmende städtische Dichte und kam zu dem Ergebnis, dass sie sich keineswegs positiv auf die Natur auswirkt, sondern in Wahrheit negativ auf die ökologische Nachhaltigkeit.[9] Ein niederländischer Forscher schrieb, dass »das Potential der Politik der kompakten Stadt, wesentlich zur Lösung von Umweltproblemen beizutragen, … begrenzt ist«.[10] Und im Iran stellten zwei weitere Forscher fest, dass »dort, wo die Politik der kompakten Stadt umgesetzt wurde, Folgestudien … zeigen, dass die vorhergesagten Vorteile nicht eingetreten sind«.[11]

Andere, spezifischere Studien haben den Zusammenhang zwischen der städtischen Dichte und dem Energieverbrauch für die Fortbewegung untersucht und im Grunde keinen Zusammenhang zwischen beiden festgestellt. So ergab eine Studie in den Niederlanden einen Unterschied von weniger als 1 Prozent beim Energieverbrauch für den Individualverkehr zwischen ländlichen und stark verstädterten Gebieten. Und das in einem Land, das für seine hohe Fahrradnutzung bekannt ist und von dem man eigentlich vermuten sollte, dass es den verkehrsbedingten Energieverbrauch in den Städten senken würde.[12] Ein anderer Stadtplaner stellte fest, dass »der Verkehr viel stärker mit den Kraftstoffpreisen und dem Einkommen zusammenhängt« als mit der städtischen Dichte.[13]

Das Modell der kompakten Stadt wird eindeutig nicht durch Beweise gestützt. Warum also hat es so viel Zuspruch bekommen? Neuman kommt zu dem Schluss, dass Stadtplaner, »Umweltschützer« und Politiker auf das Modell der kompakten Stadt zurückgegriffen haben, weil sie »nicht wissen, was sie sonst tun sollen, um nachhaltig zu sein«.

Das passiert, wenn man so tut, als könne man eine funktionell nicht nachhaltige Lebensweise nachhaltig machen.

Wenn sie wissen wollten, was zu tun sei, um nachhaltig zu sein, könnten sie das Land fragen. Wenn sie es unter all dem Beton hören könnten.

Seit ich (Max) jung war, verbringe ich jeden Sommer eine Zeit an der Küste des heutigen Bundesstaates Washington, wo das Volk der Makah für mindestens 3.800 Jahren lebte. Während eines Großteils dieser Zeit lebten die Makah in fünf festen Dörfern mit insgesamt etwa 4.000 Einwohnern.

Die traditionellen Häuser der Makah sind Langhäuser aus Zedernholz, in denen mehrere Familien geschützt vor der fast ständigen Feuchtigkeit und dem Wind leben. In vielen Fällen wurde dieses Holz entnommen, ohne dass ein Baum gefällt werden musste. In einer Quelle heißt es: »Vor dem Kontakt mit den Europäern wurden nur wenige Zedernbäume gefällt.«[14] Mit einer Kombination aus Steinäxten, Feuer und steinharten Eibenkeilen konnten aus alten stehenden oder natürlich gefallenen, alt gewachsenen westlichen Rotzedern (*Thuja plicata*) 90 Zentimeter breite und 12 Meter lange Bohlen gespalten werden. Diese Bohlen wurden dann so geformt, dass sie einen überlappenden, dachziegelartigen Ablauf bildeten, die einen vollständigen Schutz vor Regen boten. Da Zedernholz verrottungsbeständig ist, hielt jeder Satz Bohlen weit über 100 Jahre, und da Zedernholz leicht ist, konnten die Bohlen als bewegliche Behausungen zum Lachsfischen, zur Beerenernte und zu anderen Aktivitäten transportiert werden, was den Gesamtbedarf an diesem Baumaterial deutlich verringerte. Dies ist ein Beispiel dafür, wie man komfortable, gemütliche Häuser bauen kann, ohne den Planeten zu zerstören. Es gibt Tausende solcher natürlichen Bautechniken, von den Felsbehausungen aus Lehm in der südwestlichen Wüste im Südwesten der heutigen USA bis zu den runden, transportablen jurten-ähnlichen mongolischen »Ger«, die ähnlich komfortable und nachhaltige Wohnstätten sind.

Im heutigen Stadtzentrum von Seattle bedeckten einst dichte Urwälder die Hänge. Es gab 120 Meter hohe Douglasien und neun Meter dicke Mammutbäume, die etwa 3.000 Jahre alt waren. Die Bäume wurden durch Wolkenkratzer, Beton und Eigentumswohnungen ersetzt – allesamt aus Baumaterialien, die in einem hochgradig zerstörerischen Tagebau abgebaut, Hunderte oder Tausende von Kilometern zur Baustelle transportiert und mit schweren Maschinen zusammengebaut wurden. Dies ist ein Beispiel dafür, wie man monumentale Architektur errichten und zugleich den Planeten zerstören kann, auf den man zum Leben angewiesen ist.

Vor einigen Jahren verbrachte ich (Max) einen Nachmittag mit einer Korbflechterin namens Betty aus dem Volk der Makah. Wir wanderten durch den Wald und hinunter zum Strand und unterhielten uns, während die Sonne tief stand und die Frühlingskälte durch unsere zuversichtlich dünnen Jacken drang. Während wir durch den jungen Wald liefen – die Bäume waren etwa 50 Jahre alt – erzählte mir Betty Geschichten von ihren Verwandten, die Zedernbretter von den großen, alten Bäumen abspalteten, und wie sie selbst die Rinde von den Zedern erntet und, wenn sie Material sammelt, die Bäume beschneidet, damit ihr Wachstum angeregt wird.

»Nach meinen Unterweisungen darf ich nur ein so großes Stück nehmen«, sagte sie und hielt ihre Hand an einen Baum, um die Breite zu zeigen. »Oder bei den Gräsern für die Korbflechterei nehme ich von jedem Areal nur ein so großes Stück wie diesen.« Sie streckte ihre Hände aus, mit der einen mit Fingern und Daumen, die einen Kreis von der Größe eines Vierteldollars bildend, und die andere flach ausgestreckt. »Auf diese Weise helfe ich den Gräsern, besser zu wachsen. Aber manchmal wollen die Gräser gar nicht, dass ich das mache, weil sie schon so viel durchgemacht haben. Man muss zuhören.«

Dies ist ein Beispiel für das, was manche als nachhaltigen Ertrag und andere als Leben im Gleichgewicht bezeichnen würden.

Bei vielen indigenen Völkern des pazifischen Nordwestens gilt die westliche Rotzeder als heiliger Baum, aus dem nicht nur Baumaterialien, sondern auch Kleidung, Kanus, Körbe, Schalen, Seile, Kisten, Decken, Wiegen für Kinder, Paddel, Kämme und unzählige andere lebensnotwendige Dinge hergestellt werden. Die Zeder spielt in diesen Kulturen eine so zentrale Rolle, dass sich einige als »Volk der roten Zeder« bezeichnen, und die Kwakwaka'wakw nennen die Zeder den »Baum des Lebens«.

Wie wäre es damit als Maßstab für Nachhaltigkeit? Wenn Ihre Lebensweise mindestens 3.800 Jahre überdauern kann, ohne einen Ort zu zerstören, dann ist sie nachhaltig. Wenn andererseits Ihre Kultur – die größtenteils durch Ihre engen Städte vorangetrieben wird – es geschafft hat, innerhalb weniger Jahrhunderte 98 Prozent der Urwälder eines Kontinents zu zerstören, dann ist Ihre Lebensweise nicht nachhaltig. Es gibt heute mehr als 550 staatlich anerkannte indianische Nationen in den Vereinigten Staaten und etwa 250 weitere, die nicht staatlich anerkannt sind. Diese Zahl, etwa 800, ist kleiner als die ursprüngliche Zahl der indianischen Völker; viele wurden während der Kolonisierung ausgelöscht. Viele dieser Völker lebten nachhaltig, bevor sie von der dominierenden urbanen Kultur ausgelöscht wurden.

An Modellen für eine nachhaltige Lebensweise mangelt es nicht.

Wenn Stadtplaner nicht wissen, was sie tun sollen, um nachhaltig zu sein, dann haben sie entweder nicht aufgepasst oder, was wahrscheinlicher ist, ihre Annahmen erlauben es ihnen nicht, andere Optionen dafür, wie wir leben sollten, in Betracht zu ziehen.

Laut ausgesprochen mag die Frage lauten: »Wie können wir nachhaltig leben?«, aber es sind unausgesprochene Prämissen im Spiel. Die meisten Umweltschützer gehen davon aus, dass wir den energieintensiven modernen Lebensstil beibehalten müssen; wir müssen es um jeden Preis vermeiden, den »Wohlstand« zu stören, der den Hellgrünen so wichtig ist.

Die eigentliche Frage, die sie sich stellen, lautet: »Wie können wir eine nachhaltige industrielle Zivilisation schaffen?«

Und natürlich ist die wirkliche Antwort, dass wir das nicht können.

Diese Frage ist ein Beispiel für alle möglichen anderen Fragen, die es uns erlauben, so zu tun, als würden wir »an den Problemen arbeiten«, während wir den Planeten weiter zerstören. Wir können fragen: »Wie können wir die globale Erwärmung aufhalten?«, aber eigentlich meinen wir: »Wie können wir die globale Erwärmung aufhalten und einen industriellen Lebensstil beibehalten?« Und die Antwort ist: Das können wir eben nicht.

Genauso können wir fragen: »Wie können wir die Ozeane retten?«, aber wir meinen eigentlich: »Wie können wir die Ozeane retten, ohne die industrielle Fischerei, die globale Erwärmung und die Produktion von Plastik und anderen Schadstoffen zu stoppen?« Mit anderen Worten: »Wie können wir die Meere retten und trotzdem einen industriellen Lebensstil haben?« Und wieder ist die Antwort: Das können wir nicht.

Wir können fragen: »Wie können wir den Lachs retten?«, aber in Wirklichkeit meinen wir: »Wie können wir den Lachs retten, ohne den industriellen Holzeinschlag und die industrielle Fischerei zu stoppen, ohne die Dämme zu entfernen, ohne den Mord an den Ozeanen zu stoppen und ohne die globale Erwärmung aufzuhalten?« Mit anderen Worten: »Wie können wir den Lachs retten und trotzdem einen industriellen Lebensstil beibehalten?« Und auch hier ist die Antwort ist: Das können wir nicht.

Wir können Grausamkeiten nicht verhindern, ohne die Handlungen zu beenden, welche die Grausamkeiten verursachen.

Während wir dieses Kapitel schrieben, erhielten wir eine Nachricht von jemandem, der uns mitteilte, dass er zwar zustimme, dass

Städte funktionell und notwendigerweise nicht nachhaltig seien, dass diese Unvermeidbarkeit für ihn aber emotional nicht akzeptabel sei und dass Städte daher nachhaltig *sein müssten*.

Wie soll man darauf antworten – abgesehen vielleicht von dem Hinweis, dass Wunschdenken nicht die Wirklichkeit bestimmt?

Vor ein paar Jahren geriet ich (Derrick) in einen Streit mit einem Journalisten, der mich für die Online-Version von *Nature* interviewte. Er beharrte darauf, dass es möglich sei, in einer industriellen Stadt eine Wirtschaft zu haben, die Menschen nicht ausbeutet, sondern vollständig auf rein freiwilligem Austausch beruht. Ich fragte ihn, wie sich die Menschen in seiner theoretischen Stadt fortbewegen. Er sagte: Busse. Ich fragte, woraus die Busse bestehen. Er sagte Metall. Ich fragte, woher die Metalle kommen. Er sagte, sie kämen aus einer Mine, die von Arbeitern betrieben werde, die so hohe Löhne bekämen, dass sie ihr Leben unter Tage verbringen wollten. Ich sagte, wir würden die Schwierigkeiten, die diese Behauptung aufwirft, beiseitelassen – der Bergbau ist eine so schreckliche Angelegenheit, dass er eine der frühesten Formen menschlicher Sklaverei war – und lediglich über die schädlichen Auswirkungen von Bergwerken auf Flüsse sprechen. Er musste schließlich zugeben, dass Minen von Natur aus giftig für Flüsse und Grundwasser sind. Dann fragte ich ihn, was mit den Menschen geschähe, die an diesem Fluss leben, der nun verschmutzt werden soll. Er sagte, man würde sie für ihren Umzug entschädigen. Ich sagte: »Was ist, wenn sie seit 50 Generationen an diesem Fluss leben, diesen Fluss und ihre Lebensweise lieben und nicht wegziehen wollen?«

Er sagte: »Wir bezahlen ihnen mehr.«

Ich sagte: »Ihre Vorfahren sind in dieser Erde begraben, und sie werden nicht fortgehen.«

»Wie viele sind es?«

»Ist das ein Unterschied?« fragte ich. »Sagen wir 400.«

Er sagte: »Sie müssen fortgehen. Wir als Gesellschaft würden darüber abstimmen, was das Beste für die Gesellschaft ist.«

Ich sagte: »Die Million Menschen in der Stadt würden also dafür stimmen, die 400 Menschen am Fluss zu enteignen? Sie sind in nur wenigen Sätzen vom rein freiwilligen Austausch zur Errichtung eines demokratischen Imperiums, zur Eroberung, zum Völkermord und zum Landraub an den Ureinwohnern übergegangen. Und natürlich zum Ökozid. All diese Repression ist der industriellen Zivilisation inhärent. Und das alles, um eine Stadt zu haben.«

Er hat es nicht verstanden.

Dinge tauchen nicht auf magische Weise auf, weil es für Sie bequem ist, das zu glauben. Die Dinge kommen von irgendwoher. Für diese Dinge werden Materialien benötigt. Die Gewinnung dieser Materialien ist mit Kosten verbunden. Diese Kosten werden von jemandem bezahlt.

Selbst wenn Sie ein wirklich tolles, solarbetriebenes Nahverkehrssystem wollen, müssen die Materialien immer noch von irgendwoher kommen, wo andere gelebt haben, bis ihre Heimat zerstört wurde, damit Sie bekommen können, was Sie wollen.

Wenn wir verstehen wollen, wie und warum eine Stadt – und im weiteren Sinne eine industrielle Zivilisation – niemals nachhaltig gemacht werden kann, wäre es gut, eine übereinstimmende Definition dafür zu haben, *was eine Stadt ist*. Nicht viele Menschen (ironischerweise auch Stadtplaner) verstehen, was eine Stadt ist oder wie sie funktioniert.

Wir definieren eine Stadt als Ort, wo Menschen so dicht zusammenleben, dass der regelmäßige Import von Ressourcen erforderlich ist. Dies unterscheidet Städte von Dörfern oder Siedlungen, die ihre Bevölkerung aus dem Umland versorgen. (Im weiteren Sinne ist eine Zivilisation eine Lebensform, die durch das Wachstum von Städten definiert ist, neben anderen Merkmalen wie

Landwirtschaft, stehenden Armeen, Bürokratien und Hierarchien mit ungleicher Machtverteilung).

Sobald man die regelmäßige Einfuhr von Ressourcen zum Überleben benötigt, geschehen zwei Dinge. Erstens kann Ihre Lebensweise niemals nachhaltig sein, denn wenn Sie Ressourcen importieren müssen, bedeutet das, dass Sie die Umgebung von diesen besonderen Ressourcen beraubt haben, und jede Lebensweise, welche die zum Überleben benötigte Landbasis schädigt, ist per Definition nicht nachhaltig. Wenn Ihre Stadt wächst, werden Sie ein immer größeres Gebiet entbößen, um die Stadt zu erhalten.

Lassen Sie uns konkret werden: Woher bekommen Sie Ziegelsteine für Ihre Stadt? Woher bekommen Sie das Holz? Woher bekommen Sie Lebensmittel? Woher bekommen Sie das Kupfer für die elektrischen Leitungen? Wo werden die Abwässer entsorgt? (Im Fall von New York City wurden sie früher in den Ozean gekippt, aber als die Umweltschutzbehörde das untersagte, schickte New York sie nach Colorado, und jetzt nach Alabama, wo sie »die Lebensqualität der Menschen in der Umgebung stark beeinträchtigen«, so Heather Hall, die Bürgermeisterin von Parrish, Alabama. »Man kann nicht mehr nach draußen gehen, man kann nicht mehr auf der Veranda sitzen, denn dieses Zeug ist hier in unserer Stadt.«[15]) Wohin geht der Elektroschrott? Alles kommt von irgendwoher und geht irgendwo hin. Da sind keine hellgrünen Feen, die in der Nacht Leckereien bringen und gleichzeitig alle schlechten Dinge beseitigen.

Dies ist ein Muster, das wir seit der Entstehung der ersten Stadt beobachten können. Das Muster ist keine Ausnahme. Und es ist auch nicht zufällig. So funktionieren Städte nun einmal.

Ein Zeichen von Intelligenz ist die Fähigkeit, Muster zu erkennen. Wie viele Jahrtausende, in denen Städte Landstriche zerstörten, brauchen wir, bis wir dieses Muster erkennen?

Dies ist eine ernstgemeinte Frage.

Zweitens benötigt diese Lebensweise Eroberungen: Wenn eine Ressource benötigt wird und die anderen Gemeinschaften sie nicht hergeben wollen, wird man sie sich nehmen. Wenn man sie nicht wegnehmen kann oder will, wird die Stadt schrumpfen. So haben Städte von Anfang an funktioniert.

Eine Stadt selbst mag klein und dicht bevölkert sein, aber es wird viel mehr Land benötigt, um ihre Bewohner zu ernähren und zu versorgen. Dieses zusätzliche Land, das der Experte für Nahrungsmittelsysteme Georg Borgstrom, Autor des Buches *Hungry Planet*, als »Ghost Acreage« (Geister-Ackerland) bezeichnet, ermöglicht es einer Stadt zu existieren, ohne dass ihre Bewohner mit dem Land in Berührung kommen, von dem sie abhängig sind, und bildet im Grunde eine »Phantomtragfähigkeit«, die auf dem Verbrauch von Böden, Wäldern, Wiesen, Wasser und vielem mehr an anderen Orten beruht.

So irrt beispielsweise Bruce Mau, ein bekannter Designer, wenn er sagt, dass »ein Nebeneffekt der Urbanisierung die Freisetzung riesiger menschenleerer Gebiete für die effiziente Produktion von Natur ist«. Tatsächlich ist das Gegenteil der Fall; ein Haupteffekt der Urbanisierung ist die Nutzbarmachung riesiger natürlicher Gebiete für die effiziente Produktion von Gütern für die Städte.

Ein Beispiel: Die 6 Millionen Einwohner des Großraums Seattle benötigen viel mehr Lebensmittel, als die umliegenden landwirtschaftlichen Betriebe bereitstellen können. Mehr als 60 Prozent der Lebensmittel in der Region werden nicht nur von außerhalb des Gebiets, sondern aus anderen Ländern importiert. Darin sind die inländischen Einfuhren aus den großen Lebensmittelanbaugebieten in Kalifornien und den Great Plains oder sogar aus der östlichen Hälfte des Bundesstaates Washington nicht enthalten, die zusammen mehr als 30 Prozent des Restes ausmachen.[16]

Das Transportnetz, das dies ermöglicht, besteht aus zwei Elementen: einem maritimen Netz aus Häfen und Schiffen und einem terrestrischen Netz aus Lagerhallen, Bahnhöfen, Eisenbahnlinien, Zügen, Straßen und Sattelschleppern.

Die Zerstörung, die durch diese Transportsysteme verursacht wird – ganz zu schweigen von der Zerstörung, die durch die

Gewinnung der Materialien oder die Herstellung der zu transportierenden Gegenstände entsteht – ist kaum zu überschätzen. Wir haben bereits über einige der schädlichen Auswirkungen von Schweröl gesprochen, aber wir haben nicht erwähnt, dass die 16 größten Schiffe mehr Umweltverschmutzung verursachen als alle Autos der Welt. Weltweit verursacht die Schifffahrt etwa 25 Prozent der gesamten Stickoxidbelastung und knapp 10 Prozent der Schwefeloxidbelastung. Außerdem emittiert sie mehr als 3 Prozent der treibhauswirksamen Gase dieser Zivilisation.[17]

Anders ausgedrückt: Im Jahr 2015 hat die Schifffahrt 932 Millionen Tonnen CO_2 ausgestoßen. Das ist mehr als Deutschland emittiert, und mehr als doppelt so viel wie das Vereinigte Königreich emittiert. Das ist mehr als 230 Kohlekraftwerke emittieren würden.[18]

Wenn man diese Zerstörung mit einbezieht, sehen die Städte viel weniger grün aus. Eine Studie aus dem Jahr 2018 hat ergeben, dass Städte unter Berücksichtigung der importierten Produkte und Dienstleistungen für 60 Prozent mehr Kohlenstoffemissionen verantwortlich sind als bisher angenommen. In einem Artikel über die Studie heißt es: »Wohlhabende ›Konsumstädte‹ wie London, Paris, New York, Toronto oder Sydney, die keine großen Industriesektoren mehr haben, haben ihre lokalen Emissionen deutlich reduziert. Bezieht man jedoch die mit dem Konsum von Waren und Dienstleistungen verbundenen Emissionen mit ein, so sind die Emissionen dieser Städte erheblich gestiegen und gehören dem Bericht zufolge pro Kopf zu den höchsten der Welt. ›Produzentenstädte‹ in Indien, Pakistan oder Bangladesch verursachen unterdessen bei der Herstellung von Produkten, die in Europa und Nordamerika verkauft und konsumiert werden, viel industrielle Verschmutzung und Kohlenstoffemissionen.«[19]

Das terrestrische Transportnetz ist auch nicht umweltfreundlicher als das maritime. Die Züge in den Vereinigten Staaten fahren mit Dieselkraftstoff. Zwar gibt es in einigen Ländern elektrisch betriebene Güterzüge, doch sind sie immer noch unüblich, und es gibt zwingende Gründe, warum sich die USA nicht in diese Richtung bewegen. Und natürlich verursacht die Produktion von elektrischen Zugwaggons – wie die Produktion jeder anderen industriellen Technologie, über die wir gesprochen haben – ihren Anteil an den Schäden. Zur Zeit ist der Schienenverkehr in diesem Land vollständig von fossilen Brennstoffen abhängig.[20]

Sattelschlepper sind ein weiteres wichtiges Element des Transportnetzes und Schätzungen zufolge für etwa 12,5 Prozent aller Kohlenstoffemissionen in den USA verantwortlich (und wahrscheinlich für einen ähnlichen Prozentsatz weltweit).[21] Derzeit werden elektrische Sattelschlepper entwickelt, die ihre Energie aus 2.300 Kilogramm Lithium-Ionen-Batterien beziehen, aber Prototypen kommen mit einer Ladung nur 100 bis 225 Kilometer weit und benötigen Stromanschlüsse in Industriegröße, die es nur in Einrichtungen wie Häfen gibt.

Die Reichweite von Lkw hängt von der Energiedichte des Kraftstoffs ab, (wobei Diesel eine weitaus höhere Energie pro Masse hat als Batterien) und von günstig gelegenen Tankstellen, die Diesel anbieten, Ladestationen für Batterien aber nicht. Sattelschlepper sind auf Diesel angewiesen – etwa eine Gallone alle sechs Meilen (entspricht etwa 60 Liter auf 100 Kilometer).

Jede Stadt der Welt importiert riesige Mengen an Material. Das gilt nicht nur für eine moderne Stadt wie Seattle, wo die Vorräte mit Containerschiffen, Zügen und Sattelschleppern anliefert werden, sondern ist schon seit der Zeit der ersten Städte so. Die Mägen Roms wurden jedes Jahr mit 500.000 Tonnen Getreide gefüllt, die aus Sizilien, Nordafrika und Kampanien eingeführt wurden.[22] Die Tatsache, dass diese Vorräte auf Wagen und Holzschiffen transportiert wurden, verhinderte nicht die Schäden, die durch Landrodung, Straßen- und Schiffsbau, den Anbau von Futtermitteln für Zugtiere und vieles mehr entstanden. Grundsätzlich und funktionell nehmen Städte mehr, als das Land tragen kann.

In Gesellschaften, die auf und mit dem Land leben, beschaffen sich die Menschen die Lebensmittel und Materialien aus ihrer

Umgebung. Sie nehmen nicht zu viel, weil dann für die Zukunft nichts mehr übrigbliebe; das kann jeder sehen. Von da aus ist es ganz einfach, Übereinkommen zu treffen, um eine Überbeanspruchung zu vermeiden, wie die Vereinbarungen über Fischerei, in denen festgelegt wurde, wie viele Lachse jedes Jahr von den verschiedenen Stämmen entlang des Columbia River gefangen werden durften, oder die Verfassung der Irokesen-Konföderation, in der es hieß: »Bei all euren Beratungen im Rat der Konföderation, bei euren Bemühungen, Gesetze zu erlassen, bei all euren Amtshandlungen soll der Eigennutz vergessen sein. Nimm die Warnungen der Neffen und Nichten nicht auf die leichte Schulter, wenn sie dich für einen Fehler oder ein Unrecht, das du begehst, tadeln, sondern kehre auf den Weg des großen Gesetzes zurück, der gerecht und richtig ist. Schaue und höre auf das Wohlergehen des ganzen Volkes und habe immer nicht nur die gegenwärtigen, sondern auch die kommenden Generationen im Blick, sogar jene, deren Gesichter noch unter der Oberfläche der Erde sind – die Ungeborenen der künftigen Nation.«[23]

Wenn unsere Lebensmittel und Waren jedoch von weit her importiert werden, wissen wir kaum etwas darüber, wie sie hergestellt wurden, und haben wenig Anreiz, etwas zu ändern. Was für uns am meisten zählt, sind Verfügbarkeit, Qualität und Preis, nicht der Schaden, der durch die Gewinnung, die Umwandlung, den Transport und die spätere Entsorgung dieser Materialien entsteht.

Und wenn uns unsere Lebensmittel und Waren vom Wirtschafts- und Sozialsystem geliefert werden, kann es leicht passieren, dass wir das System als die Quelle der Lebensmittel und Waren wahrnehmen. Der Fisch, den Sie gerade gegessen haben, kam aus dem Supermarkt, nicht aus dem Meer, und die Materialien in Ihrem Haus stammen aus dem Baumarkt, nicht vom Wald. Und wenn wir das System als die Quelle des Lebens betrachten, sind wir verleitet, das wirtschaftliche und soziale System über das Leben auf dem Planeten zu stellen. So kann eine Umweltschützerin sagen, dass Eisbären sie nichts angehen, und viele andere werden sich bemühen, die industrielle Zivilisation zu retten, anstatt das Leben auf dem Planeten.

Selbst wenn wir in unseren Köpfen verstehen, dass die Erde die Quelle allen Lebens ist, *machen wir die Erfahrung*, dass das System uns mit dem versorgt, was wir brauchen. Und wir werden bis in den Tod – in diesem Fall den Tod des Planeten – verteidigen, was wir als Versorgung mit dem, was wir brauchen, erleben.

In einer Stadt gibt es kein negatives Feedback, wenn zu viel importiert wird. Das Abholzen eines Waldes zum Beispiel ist wirtschaftlich und erscheint sinnvoll. Die Holzfäller profitieren von der Abholzung (und den Bäumen), die Händler profitieren, weil das Handelsvolumen steigt, und die Menschen in der Stadt bekommen billiges Holz. Diese Menschen müssen sich mit der Zerstörung in ihrem Hinterhof nicht auseinandersetzen. Und wenn ein Wassereinzugsgebiet verwüstet ist, ziehen die Lieferanten einfach zum nächsten. Niemand nimmt es wahr – zumindest niemand, der etwas zu sagen hat.

Zumindest theoretisch gibt es mehrere Möglichkeiten, was passieren kann, wenn die Städte durch den Widerstand der Kolonien oder den ökologischen Kollaps keinen Zugang mehr zu den für ihren Fortbestand erforderlichen Ressourcen haben.

Die erste: Die Stadtbewohner erkennen, dass sie die Tragfähigkeit des Landes überfordert haben, und geben ihre Lebensweise auf. Das haben die Menschen schon früher getan. Aber in einer Stadt ist es schwierig, zu dieser Einsicht zu gelangen. Selbst wenn Böden zerstört, Wälder abgeholzt und Meere regelmäßig überfischt werden, können Stadtbewohner bequem die Illusion aufrechterhalten, dass alles in Ordnung sei. Die Lebensmittelläden sind voll, auf den Märkten herrscht reges Treiben – da ist doch alles im Lot?

Die zweite: Die Stadt und ihre politische Führung weigern sich zu erkennen, dass sie die Grundlage für ihr Überleben untergraben haben, und ihre Gesellschaft bricht zusammen. Dies war das Schicksal vieler Zivilisationen. Es ist der übliche Ausgang gesellschaftlicher Entscheidungen, die im Niedergang enden. Wenn man sich zu viel nimmt, muss man irgendwann die Konsequenzen seines Handelns tragen.

Die hellgrüne Bewegung stützt sich darauf, den Konsequenzen unseres Handelns, der Einsicht, dass es so nicht weitergehen kann, noch ein wenig länger auszuweichen. Es geht darum, zu ignorieren, dass die derzeitige Lebensweise nicht nachhaltig ist und noch nie war; darum, zu ignorieren, dass diese besondere Party vorbei ist, und so zu tun, als könnten wir die derzeitige Orgie der planetarischen Zerstörung fortsetzen, nur jetzt mit Wind- und Sonnenenergie. Es geht darum, die Zerstörung dessen, was vom Planeten übriggeblieben ist, wegzurationalisieren: Vergesst die nichtmenschlichen Lebewesen (wozu brauchen wir sie denn?) und vergesst die Zukunft; wir wollen weiter feiern! Es ist ein verzweifelter Versuch, die Konsequenzen unseres Lebensstils zu verdrängen, auch wenn er am Ende zu einem noch schrecklicheren Zusammenbruch führen wird.

Hier ist ein weiterer irrsinniger Artikel, der die Art von irrsinnigen Behauptungen aufstellt, an die wir uns inzwischen fast gewöhnt haben sollten. Der Titel: »Die überraschenden Möglichkeiten, wie Großstädte gut für die Umwelt sind«. Der Artikel behauptet, »dass genau die Trends [der Verstädterung], die zu einer beispiellosen Umweltzerstörung geführt haben, jetzt die notwendigen Bedingungen für eine mögliche Renaissance der Natur schaffen.« Und: »So kontraintuitiv es für alle klingen mag, die jemals Stadtsmog eingeatmet oder auf eine mit Gebäuden bestandene Naturlandschaft geblickt haben, sind Städte integraler Bestandteil dieser rosigen Zukunftsvision.« Erkennen Sie das Muster? Nein, nicht das Muster der allgegenwärtigen Zerstörung der natürlichen Welt, die von jeder Stadt im Laufe der Geschichte verursacht wird. Stattdessen sollen wir nach dem Muster der Hellgrünen die Zerstörungen ignorieren, unsere Sinne ignorieren, unseren gesunden Menschenverstand ignorieren und ihre Lügen glauben.

Das folgende Zitat aus dem Artikel stammt vom Vizepräsidenten einer großen grünen Umweltorganisation (und mit »groß und grün« meinen wir mehr als eine Milliarde Dollar an Gesamtvermögen und mehr als 330 Millionen Dollar Jahreseinnahmen, darunter über 27 Millionen Dollar an »Restaurant- und Merchandising-Umsätzen sowie Parkgebühren«[24]): »Zum ersten Mal in der Geschichte des modernen Menschen nähern wir uns einem Punkt, an dem wir die Grundlagen für eine nachhaltige Erholung der Natur schaffen.«[25]

Es ist nicht klar, von welchem Planeten die Hellgrünen sprechen, aber es ist sicher nicht dieser, auf dem jeden Tag 200 Arten aussterben und der Omnizid (das Aussterben der Menschheit) immer schneller voranschreitet.

Um einige der Denkfehler zu beleuchten, die die grünen Einstellungen zu dem, was sie als grüne Städte bezeichnen würden, ausmachen, sollten wir uns die Merkmale einer grünen Stadt ansehen. Nach Angaben des Natural Resources Defense Council (NRDC) besteht eine grüne Stadt aus neun Elementen:

1. Sich zu Grün bekennen
2. Grünes Bauen
3. Ökologisierung der Lieferketten einer Stadt (von Papier und Reinigungsmitteln bis hin zu Autos und Lastwagen für den städtischen Fuhrpark)
4. Grüner Strom
5. Bewahrung grüner Landschaften (und Schaffung derselben in der Stadt)
6. Schutz der Wasservorkommen und ihrer Qualität
7. Schaffung kompakter, gemischt genutzter Stadtviertel
8. Umweltfreundlicher Verkehr mit besserem Zugang für alle
9. Anstrengungen in Richtung null Abfall[26]

Gehen wir die Liste des NRDC mit den wesentlichen Elementen für eine grüne Stadt der Reihe nach durch.

1. Sich zu Grün bekennen

Das bedeutet, dass auf der Ebene der Stadtverwaltung klare Ziele im Rahmen einer »grünen Philosophie« festgelegt werden und dass die Regierung ihre Macht und ihren Einfluss geltend macht, um neue politische Maßnahmen zu ergreifen, die die Art und Weise ändern, wie Unternehmen und Einwohner ihr tägliches Leben gestalten. Insgesamt klingt das einfach und positiv. Aber da Städte auf Ausbeutung und Eroberung beruhen, ist dieses »Engagement« für sich genommen zwangsläufig bedeutungslos und abstrakt. Hier ist der Text des NRDC selbst: »Zuerst muss eine Stadt ihre Absichten erklären. Worte sind wichtig. Insbesondere muss der Stadt- oder Bezirksrat offiziell eine klare Erklärung über grüne Prinzipien oder eine Leitphilosophie verabschieden. Dann muss sie beginnen, angesichts der unvermeidlichen Hindernisse und Herausforderungen nach dieser Erklärung zu leben. Sie muss ihre Macht nutzen, um den privaten Sektor und die Einwohner zu beeinflussen, sie muss Planungsprozesse durchlaufen, entsprechende Verordnungen erlassen und politische Maßnahmen umsetzen, die die Art und Weise verändern, wie jeder seine Geschäfte führt und seine täglichen Entscheidungen trifft.«

Doch angesichts der inhärenten ökologischen Zerstörungskraft des Industrialismus ist ein »Bekenntnis zu Grün« ohne ein Bekenntnis zur Deindustrialisierung unmöglich.

2. Grünes Bauen

Damit meint das NRDC »die offizielle Forderung nach hochgradig umweltfreundlichen Gebäuden in allen kommunalen Funktionen und öffentlichen Räumen« sowie »ein gewisses Maß an umweltfreundlichem Bauen für alle privaten Neubauten«.

Leider, und das wird die meisten von uns nicht überraschen, geht es beim »grünen Bauen« mehr um Markenbildung als um substanzielle Veränderungen. Der Autor des NRDC räumt dies selbst ein, wenn er sagt, dass »sogar Platin, die höchste Stufe von LEED [die am weitesten verbreitete Zertifizierung für grünes

Bauen], auch Projekten verliehen werden kann, die nicht besonders umweltschonend sind«.

LEED ist ein weiterer Fall von Greenwashing. Dies wird durch einen Artikel über »das neue amerikanische Haus«, das auf der American Builders Show 2013 in Las Vegas vorgestellt wurde, gut veranschaulicht. Dieses LEED-zertifizierte Meisterwerk ist ein Monstrum mit einer Fläche von fast 650 Quadratmetern (das durchschnittliche Haus in den USA ist etwa 185 Quadratmeter groß, der weltweite Durchschnitt liegt eher bei 70). Nahezu jedes Element dieses »New American Home« erfordert fortschrittliche Technologie, von automatischen Schiebetüren über ein UV-Luftreinigungssystem bis hin zu Wärmepumpen (elektrisch betrieben, mit Erdgas als Reserve) für Heizung und Kühlung. Das Haus befindet sich am Stadtrand von Las Vegas, wo die »Entwicklung« immer weiter in die Wildnis vordringt und die empfindliche Ökologie der Mojave-Wüste zerstört. Eine Reihe von Außenpools und Wasserspielen verschlimmern den Schaden, den dieses Haus in einer Stadt verursacht, die bereits zur Austrocknung des Colorado River beiträgt. Und um den Irrsinn noch zu toppen, verfügt das Haus über eine Vierfachgarage für all die umweltfreundlichen Fahrzeuge.[27]

Und dieses Gebäude ist mit LEED-Platin zertifiziert. Das Ziel ist offensichtlich nicht, nachhaltig zu leben, sondern vielmehr die Illusion aufrechtzuerhalten, dass der amerikanische Traum und der damit verbundene Konsum nachhaltig seien.

Auf der Checkliste, die für die Akkreditierung von LEED-Gebäuden verwendet wird, werden in einer Reihe von Kategorien Punkte vergeben und summiert, um zu bestimmen, ob das Gebäude mit LEED-Silber, Gold oder Platin zertifiziert wird. Natur oder nichtmenschliche Lebewesen werden in der Liste nur in zwei Punkten gestreift: »Schutz empfindlicher Flächen« (ein Punkt) und »Freiraum« (ein Punkt). Derselbe Punktwert wird für »thermischen Komfort«, »gute Aussichten« und die Zusammenarbeit mit einem LEED-zertifizierten Experten vergeben. Zwei

Punkte gibt es für »Innenbeleuchtung«, fünf Punkte für »Zugang zu hochwertigen Verkehrsmitteln« und 18 Punkte für »optimierte Energieleistung«.[28]

Ein Freund erzählte uns von einer Grundschule, die er bei der Umrüstung auf LEED-Spezifikationen unterstützt hatte. »Am Ende verbrauchten sie mehr Energie«, sagte er, »weil die kollektive Einstellung derjenigen, die in der Schule arbeiteten, war: ›Dieses Gebäude ist nachhaltig, egal was ich tue.‹«

Das Rezept für ein wirklich ökologisches Gebäude kann man sich leicht ausmalen. Hier ist unsere Checkliste:

- Beginnen Sie im Rahmen einer biophilen Kultur, die das Land nicht zerstört.
- Nehmen Sie lokale Baumaterialien in Mengen, die das Land bereitstellt, ohne den Einsatz von Betrieben, die Bodenschätze abbauen. Transportieren Sie diese Materialien ohne den Einsatz fossiler Brennstoffe.
- Wählen Sie einen Standort, der die nichtmenschlichen Gemeinschaften am Ort nicht wesentlich beeinträchtigt und der es den menschlichen und nichtmenschlichen Bewohnern ermöglicht, so zu leben, dass sie die örtliche Ökologie in dem Maße (oder sogar mehr) verbessern, wie sie sie stören oder belasten.
- Bauen Sie Ihr Haus so, dass es verrotten und wieder in die Landschaft eingehen kann.
- Wenn all diese Dinge auf eine Art und Weise zusammengebracht werden, die über Jahrhunderte hinweg wiederholt werden kann, ohne die Gesundheit des Bodens zu beeinträchtigen, dann haben Sie ein wirklich ökologisches Gebäude errichtet.

Ansonsten belügen Sie sich selbst und andere.

Modernes ökologisches Bauen verstößt regelmäßig gegen jedes einzelne dieser Prinzipien. Nicht zuletzt müsen wir bedenken, dass diese »grünen Gebäude« im Kontext einer Kultur entstehen, die den Planeten zerstört. Ein Öko-Gebäude im Herzen einer Metropole voller umweltverschmutzender Industrien oder ein Öko-Gebäude, in dem Autos gebaut oder andere Konsumgüter hergestellt werden (Intel, Volkswagen und der Kriegsprofiteur und Mega-Entwickler CH2M Hill, haben alle LEED-zertifizierte Fabriken[29]), ist überhaupt kein Öko-Gebäude.

Wenn wir die Definition von »lokal« nehmen, wie sie in der Bewegung für lokale Lebensmittel allgemein akzeptiert wird – aus einem Umkreis von 160 Kilometern –, dann fallen fast alle LEED-zertifizierten und die anderen grünen Gebäude durch; sie werden meist aus Materialien gebaut, die nicht aus der Region stammen, und viele von ihnen haben nicht eine einzige lokale Komponente. Ein solarbetriebener Warmwasserbereiter, der auf der anderen Seite des Planeten hergestellt wurde, ist in keiner Weise »grün«. Ebenso wenig wie Metalle, Beton, Gips und andere Materialien, die von umweltverschmutzenden, äußerst zerstörerischen und globalisierten Industrien gewonnen und hergestellt werden.

Der Unterschied zwischen dem industriellen Modell des grünen Bauens und dem Vorgehen, das auf dem Verwenden von Brettern aus sturmgeschädigten Altbäumen in riesigen unberührten Wäldern beruht, ist der Unterschied zwischen Greenwashing und tatsächlicher Nachhaltigkeit.

3. Ökologisierung der Lieferketten einer Stadt

Dies bedeutet die Umstellung auf »grüne« Alternativen für Papier, Reinigungsmittel, Autos und Lastwagen und all die anderen Materialien und Güter, die eine Stadtverwaltung benötigt.

Der Wunsch, Schaden zu verringern, ist gut. Für eine Stadt (oder eine Einzelperson) ist es zum Beispiel besser, Recyclingpapier zu verwenden als Papier aus Urwäldern. Aber die Substitution durch eine »grünere« Alternative ist nicht immer eine umfassende Lösung. So werden zum Beispiel fast alle Recyclingpapiere zum Teil aus nicht recyceltem Zellstoff hergestellt, der oft aus stark durchforsteten und geschädigten Wäldern stammt. Ist die Abholzung dieser Wälder irgendwie zu rechtfertigen, nur weil es sich nicht um alte Bestände handelt?

Hier eine Mitschrift eines aktuellen Radiospots der Holzindustrie, der im Bundesstaat Washington läuft: »Schauen Sie sich einen funktionierenden Wald genau an, und Sie werden saubere Luft, klares kühles Wasser und gute Lachsbestände sehen, dank wissenschaftlicher Forstpraktiken. Sie sehen das nachwachsende Holz des Nordwestens, das verantwortungsvollste Baumaterial der Welt. Und Sie werden sehen, wie die grüne Wirtschaft des 21. Jahrhunderts durch den innovativen Einsatz von klimafreundlichem Holz im modernen Bauwesen zum Leben erwacht. Sehen Sie auf workingforestsareworking.org, wie arbeitende Wälder für uns alle arbeiten.«[30]

Die Werber hinter dieser Kampagne haben in 30 Sekunden eine Menge Irrtümer und Lügen untergebracht.

Der erste ist der Trugschluss der falschen Ursache, bei dem man annimmt, dass eine reale oder wahrgenommene Beziehung zwischen Dingen bedeutet, dass das eine das andere verursacht. In diesem Fall wird mit der wahrgenommenen Beziehung zwischen sauberer Luft und sauberem Wasser in den Bergen und »funktionierenden Wäldern« (das heißt Wäldern, die wiederholt abgeholzt wurden) die Behauptung aufgestellt, dass die Abholzung zu sauberer Luft und sauberem Wasser führt. Das ist eine Lüge. Die Abholzung verursacht nicht nur Luftverschmutzung, sondern tötet auch die Pflanzen ab, die die Luft reinigen. Außerdem wird die Wasserqualität beeinträchtigt, da die Pflanzen entfernt werden, die den Boden intakt halten, wodurch die Erosion verstärkt wird, was zur Verlandung von Bächen und Flüssen führt. Eine Studie hat gezeigt, dass Forststraßen zu jährlich zwischen 20 und 35 Tonnen Sediment pro Hektar Straßenoberfläche führen.[31] Ein Hektar entspricht etwa einem Kilometer Forststraße. Das ist also etwa eine Tonne pro Jahr alle 30 Meter. Und in den USA gibt es allein in den Nationalforsten mindestens 700.000 Kilometer Forststraßen.[32] Im Gegensatz dazu haben »Bäche, die in ungestörten Wäldern im pazifischen Nordwesten fließen, in der Regel Wasser von höchster Qualität.«[33]

Eine weitere Lüge ist, dass es in »funktionierenden« Wäldern gesunde Lachsbestände geben kann. Die Lachse befinden sich in einer Krise. Fast ein Drittel aller pazifischen Lachsarten, die einst von Britisch-Kolumbien bis Kalifornien zu finden waren, sind seit der europäischen Invasion vollständig ausgerottet worden, und fast die Hälfte der verbleibenden Arten ist gefährdet und steht unter dem *Endangered Species Act*. 40 Prozent ihres Lebensraums in dieser Region wurden vollständig zerstört.[34] Der größte Teil der noch existierenden Lachspopulationen wird nur durch Zuchtanlagen aufrechterhalten, die die genetische Gesundheit der echten Wildlachse beeinträchtigen und deren Lachse mit den Wildfischen um Nahrung konkurrieren. Damit werden die Populationszahlen fälschlich aufgebläht und die Illusion vermittelt, dass einige Lachspopulationen stabil seien. Wie eine NOAA*-Studie aus dem Jahr 2011 für die Wassereinzugsgebiete des Willamette Valley feststellte, stammen »fast alle Fische, die zurückkehren, aus Brutanlagen«.[35] Im Einzugsgebiet des Columbia sind zwischen 97 und 99 Prozent der Lachse verschwunden.[36] Die Populationen, die einst Millionen von Fischen zählten, bestehen heute nur noch aus Tausenden, Hunderten oder sogar noch weniger Fischen.

Die Hauptursache für die Zerstörung der großen Lachsbestände sind natürlich die Staudämme – Tausende von Kilometern an Flüssen und Bächen sind blockiert. Und die industrielle Fischerei ist ein schreckliches Problem: Wegen der Konservenfabriken waren die Lachse im Columbia zum Beispiel schon lange vor dem Bau der Dämme im Rückgang begriffen. Aber die Abholzung ist für den weiteren Rückgang der Lachse verantwortlich. Sedimente, die durch Straßen und Kahlschläge freigesetzt werden, setzen die Flüsse zu. Die Abholzung entzieht den Flüssen den Schatten und erhöht die Wassertemperatur. Die globale Erwärmung verstärkt diese Bedrohung. Viele Flüsse im pazifischen Nordwesten werden

* Die NOAA, National Oceanic and Atmospheric Administration ist die Wetter- und Ozeanografiebehörde der Vereinigten Staaten.

derzeit noch durch die Schneeschmelze gekühlt, aber bis 2080 wird die abnehmende Schneedecke dazu führen, dass die Hälfte der Flüsse im Bundesstaat Washington im Sommer eine Durchschnittstemperatur von über 20° C haben wird.[37] Diese Temperaturen töten den Lachs. Und die Abholzung der Wälder verursacht zwischen 10 und 15 Prozent aller Kohlenstoffemissionen.[38]

Der nächste Trugschluss (und eine implizite Lüge) ist, dass die »wissenschaftliche Forstwirtschaft« für saubere Luft, sauberes Wasser und gesunde Lachse verantwortlich sei. Auch dies ist nicht wahr. Das wissenschaftliche Management geht auf die Theorien von Frederick Taylor zurück, der, wie Sie sich erinnern, die Produktivität über alles stellte und daran arbeitete, Verfahren zu entwickeln, die es den Fabriken ermöglichen, mehr Produkte herzustellen. Derjenige, der »wissenschaftlich gemanagt« werden sollte, war der Arbeiter, und das wissenschaftliche Management führte in den Fabriken (und bald auch in anderen Unternehmen) zu einem immer unmenschlicheren Regime aus verkürzten Pausen, bis ins Kleinste vorgeschriebene Arbeitsabläufe und erzwungener Produktivität.

Wissenschaftliche Bewirtschaftung ist auch dann nicht lebensbejahend, wenn sie auf Wälder angewandt wird. Die Waldbewirtschaftung unserer Gesellschaft– »wissenschaftlich« oder nicht – hat 98 Prozent der alten Wälder dieses Kontinents zerstört. Die wissenschaftliche Waldbewirtschaftung hat eine Wasserscheide nach der anderen ruiniert. Bei der wissenschaftlichen Waldbewirtschaftung ging und geht es um die Maximierung des Profits, das heißt um die Maximierung der Holzmenge bei gleichzeitiger Senkung der Kosten, was die Vernichtung von Wäldern bedeutet. Es geht nicht darum, die Gesundheit der Wälder zu maximieren.

Die wirksamsten Lügen sind die, die Wahrheiten enthalten und verdrehen. In diesem Fall lautet die Lüge, dass, weil Bäume wachsen und zur Gesundheit des Planeten beitragen (wahr), die »Bewirtschaftung« (sprich: Abholzung) der Wälder »das verantwortungsvollste Baumaterial der Erde« hervorbringt (falsch).

Der Spot wurde von der Washington Forest Protection Association (WFPA) produziert, die – auch das ist keine Überraschung – nichts mit dem Schutz der Wälder und alles mit der Waldzerstörung zu tun hat. Zu den Mitgliedern der WFPA gehören Weyerhaeuser (das größte Holzunternehmen der Welt), Sierra Pacific Industries (der zweitgrößte Holzproduzent in den USA) und 48 weitere Unternehmen, zumeist Holzunternehmen. Die Mitglieder der »Forest Protection Association« sind für die meisten der folgenden Ereignisse verantwortlich: Im südlichen Oregon wurden zwischen 1971 und 2002 fast 30 Prozent der Wälder der Coast Range um Roseburg abgeholzt; ein ähnlicher Prozentsatz der Olympic Peninsula wurde im gleichen Zeitraum abgeholzt (und das in einem Gebiet, in dem fast ein Drittel der Landmasse in einem Nationalpark liegt und geschützt ist, was bedeutet, dass etwa die Hälfte der ungeschützten Wälder abgeholzt wurde); in den Central Cascades um den Mount St. Helens wurden mehr als 1,7 Millionen Hektar abgeholzt; etwa 20 Prozent des Binnenregenwaldes im Süden von British Columbia und der Wälder in der Gegend um Williams Lake wurden zwischen 1976 und 2002 abgeholzt.[39] Dies sind nur einige wenige Beispiele.

Der nächste Trugschluss in der WFPA-Werbung ist, dass Holz ein Schlüsselelement der grünen Wirtschaft des 21. Jahrhunderts ist. Ein großes Problem dabei ist, dass es die »grüne Wirtschaft« gar nicht gibt.

Menschen geben nicht gern zu – weder sich selbst noch anderen gegenüber – dass sie schreckliche Dinge tun. Wie der Psychiater Robert Jay Lifton brillant dargelegt hat, müssen Menschen, bevor sie eine massenhafte Grausamkeit begehen können, sich selbst und andere davon überzeugen, dass das, was sie tun, gar keine Grausamkeit ist, sondern dass sie stattdessen etwas Gutes tun. Die Nazis begingen aus ihrer eigenen Sicht keinen Massen- und Völkermord, sondern reinigten die arische Rasse. Die Vereinigten Staaten verübten (und verüben) keinen Landraub und Völkermord an den amerikanischen Indianern, sondern manifestierten vielmehr ihr Schicksal. Heute töten die Mitglieder dieser Kultur nicht den Planeten, sondern erschließen natürliche Ressourcen. Die Hellgrünen liefern nicht die neueste Rechtfertigung für die Ermordung des Planeten – des Planeten, der ihrer Meinung nach nicht gerettet werden muss und der für sie keine Rolle spielt –, sondern sie retten die industrielle Zivilisation. Und in diesem Fall vernichten die Holzkonzerne keine Wälder, sondern sie sind Teil der »grünen Wirtschaft«.

»Nachhaltige Forstwirtschaft« – die in den meisten Fällen nichts anderes als traditionelle industrielle Forstwirtschaft mit einem grünen Anstrich ist – und »Öko-Zertifizierung« sind für die meisten »grünen« Bauprojekte unerlässlich. Doch Öko-Zertifizierungen für Abholzung wie die Sustainable Forestry Initiative (SFI) und der Forest Stewardship Council (FSC) sind wiederholt entlarvt worden; selbst die Gründer des FSC – die inzwischen aus dem Amt geschieden sind – bezeichnen sie als »von kommerziellen Interessen vereinnahmt«.[40]

Erinnern Sie sich an unsere Erwähnung der Wälder im Südosten der USA, die abgeholzt und zu Pellets für Biomasseenergie zermahlen werden? Diese Abholzungen werden vom Forest Stewardship Council als »nachhaltige Ernten« zertifiziert.[41]

Inzwischen sollten die Leser in der Lage sein, ähnliche Analysen für andere in die Städte gebrachte Materialien vorzunehmen. Woher kommt der Zement und wie hoch sind die Kosten und für wen? Woher kommt der Stahl und wie hoch sind die Kosten und für wen? Kupfer? Plastik? Jedes einzelne Konsumgut?

Verfolgen Sie die Lieferketten. Das ist nicht schwer.

Oder lassen Sie uns über Lebensmittel sprechen. Die Grünen behaupten gerne, dass die Städte durch intensive Permakultur, »vertikale Landwirtschaft« und eine Senkung des Lebensstandards nachhaltig gestaltet werden könnten.

Norris Thomlinson ist ein langjähriger Permakultur-Praktiker. Vor etwa zehn Jahren kauften er und seine damalige Partnerin ein kleines Haus in Portland und setzten sich das Ziel, auf ihrem kleinen Grundstück – etwa 800 Quadratmeter, wovon etwa die Hälfte vom Haus eingenommen wird – genügend Nahrung, Wasser und Brennholz für zwei bis vier Personen zu produzieren.

In den folgenden fünf Jahren arbeiteten sie intensiv, rissen die Einfahrt auf, um ihren Garten zu erweitern, gestalteten das gesamte Grundstück um, damit es mehr Sonne bekam, und pflanzten an. Sie verbrauchten kaum Strom. Sie beseitigten den Rasen durch das Aufbringen von Mulch und experimentierten mit pflegeleichten, mehrjährigen Gemüsesorten, bis sie die beste Lösung für ihr Mikroklima gefunden hatten. Sie legten einen Waldgarten mit essbaren Früchten und Nüssen und einem mehrjährigen Unterwuchs an. Sie züchteten kleine Fische in einem Regenwasserauffangteich, hielten Hühner und Bienen und begrünten das Hausdach, um Knoblauch und andere Pflanzen anzubauen. Sie schlugen schnellwachsende Sträucher und Bäume, um Brennholz zu gewinnen. Und sie dokumentierten das Projekt ausführlich, indem sie jede im Garten gepflückte Pflanze und jedes Gramm Lebensmittel wogen und katalogisierten.[42]

Die Ergebnisse waren ernüchternd. Nach fünf Jahren hatten sie ihr Ziel noch nicht einmal annähernd erreicht. Die tägliche Ernte belief sich auf durchschnittlich 700 Kalorien, von denen die Hälfte aus tierischen Produkten stammte, vor allem aus Eiern und Honig. (Norris schätzt, dass die Hühner und vor allem die Bienen die Hälfte ihres Futters von außerhalb bekamen, was bedeutet, dass vielleicht nur 500 Kalorien ausschließlich vor Ort produziert wurden.)

»Was unser Ziel der Selbstversorgung betrifft«, schreibt Norris, »bedeutet das, dass wir wählen könnten, ob wir weniger als die Hälfte von Tulsi [seiner damaligen Partnerin] oder ein Drittel von mir ernähren.«

Sie hatten reichlich Gemüse und genügend Wasser (obwohl sie die städtische Wasserversorgung als das Äquivalent eines Baches betrachteten, da Portland ein Regenwassersystem mit Schwerkraft nutzt), aber es fehlte an großen Mengen an Kalorien und einer ausgewogenen Ernährung mit genügend hochwertigem Eiweiß und Fett. Für einen produktiven Waldgarten war der Wald noch sehr jung. Wenn die Bäume mehr Zeit hätten, sich zu etablieren, würden sie größere Ernten an Früchten und Nüssen liefern. Aber selbst im besten Fall, wenn alles ausgewachsen und das Projekt gut etabliert wäre, schätzt Norris, dass ihre Parzelle nur eine Person hätte ernähren können.

Was passiert also, wenn man ihre Erfahrungen auf die Stadt Portland überträgt? Nach Norris' Berechnungen »könnte die Stadt etwa 280.000 Menschen ernähren, wenn alle Menschen in der Stadt für sich selbst mehr Nahrungsmittel anbauen würden als wir es an unserem Standort geschafft haben und ihre Häuser mit lokalen Ressourcen beheizen würden. In diesem Best-Case-Szenario müsste mehr als die Hälfte der derzeitigen Bevölkerung von 600.000 die Stadt verlassen, damit sie nachhaltig werden kann.«

Das sind optimistische Zahlen. Ein Großteil des Erfolgs ihres Projekts wurde durch Beiträge von außen ermöglicht. Zu Beginn des Projekts brachten Norris und Tulsi Lkw-Ladungen mit Holzschnitzeln zum Mulchen und sechs Kubikmeter Erde. Das Mulchmaterial stammte von einer externen Quelle: Bäume, die die Stadt fällte und mit einem dieselbetriebenen Holzhäcksler zerkleinerte. Da das Angebot an organischem Material an einem Ort begrenzt ist, kann nicht jeder den gleichen Anteil an organischem Material erhalten. Weitere externe Inputs waren altes Brot und Kaffeesatz aus einer nahegelegenen Bäckerei und Lebensmittelabfälle aus einem Lebensmittelgeschäft, die wichtigen Stickstoff zum Ausgleich der Holzspäne lieferten. Nichts davon lässt sich vermehren. Darüber hinaus haben moderne, umweltschädliche und energieintensive Materialien ihren Erfolg erst möglich gemacht. Ihr Dachgarten und die Renovierung ihres Hauses wären ohne moderne Kunststoffe, Glas und andere Materialien, die hergestellt und geliefert werden müssen, nicht möglich gewesen.

Selbst mit einer drastischen Reduzierung unseres energieintensiven Lebensstils, einer Rückkehr zur Subsistenzwirtschaft und den bekanntesten Permakulturtechniken lässt sich eine Stadt nicht nachhaltig gestalten. Es gibt einfach zu viele Menschen auf zu engem Raum. Ressourcen müssen importiert werden.

Andere haben die gleiche Schlussfolgerung gezogen. Eine Analyse der University of Washington ergab, dass, wenn alle Hausbesitzer in Seattle ihren Rasen durch Nahrungspflanzen ersetzen würden (in diesem Fall nicht im Hinblick auf eine ausgewogene Ernährung, sondern durch Pflanzen, die am besten an das Klima angepasst sind), die daraus resultierende Ernte 1 Prozent des Nahrungsmittelbedarfs der Stadt decken würde. Würde man alle Straßen aufreißen und alle Dächer mit guter Sonneneinstrahlung bepflanzen, könnte man immer noch nur 21 Prozent des Nahrungsmittelbedarfs der Stadt decken. Die Studie schätzt, dass die Beibehaltung der Straßen und das einfache Ersetzen des gesamten Grases in der Stadt (nicht nur in den Höfen, sondern auch in den Parks, an den Straßenrändern und so weiter) etwa 4 Prozent des Nahrungsmittelbedarfs decken würde, eine Zahl, die sie als vernünftige Schätzung der »maximalen Produktionskapazität für Nahrungsmittel« in Seattle bezeichnet.[43]

Jedes Mal, wenn jemand das Wort »vertikale Landwirtschaft« in den Mund nimmt, überkommt uns eine gewisse Wehmut. Manchmal ist die Person, die es erwähnt, einfach nur naiv, und die Erwähnung wird wie ein Fehdehandschuh hingeworfen. »Seht ihr, Städte können nachhaltig sein«, lautet die Botschaft. Unsere Wehmut rührt von der Diskrepanz zwischen ihrer unerschütterlichen Hybris – die den Tod dieses Planeten bedeutet– und ihrer leichtfertigen Ignoranz gegenüber den Anforderungen des Lebens her. Wissen sie wirklich nicht, dass Pflanzen Licht und Nahrung brauchen? Oder dass Pflanzen Platz brauchen? Da der gesunde Menschenverstand offensichtlich nicht ausreicht, hat Stan Cox die Zahlen durchgespielt. Das Gemüse der Nation würde 100.000 Empire State Buildings benötigen, wenn es in Innenräumen angebaut würde.[44] Und Gemüse nimmt nur 3 Prozent unserer Anbaufläche ein. Für die Beleuchtung dieses Gemüses würde die Hälfte des gesamten Stromverbrauchs der USA benötigt. Nur für die Beleuchtung. Dabei sind die Heizung, die Kühlung sowie die Herstellung und der Transport der Nährstoffe noch gar nicht berücksichtigt. Ein unter »LED-angebauter Salat« wäre ein ökologischer Alptraum. Könnten wir diese Idee für immer ad acta legen und uns der Realität zuwenden?

Die Versorgungsketten einer Stadt umfassen nicht nur den kommunalen Bedarf, sondern alle Materialien und Energieträger, die die Stadt als Ganzes versorgen: Wasser, Öl, Lebensmittel, Strom, Konsumgüter, Autos, Züge, Beton, Reifen, Farben, Kunststoffe, Holz, Erdgas, Elektroautos, Baukräne, Lieferwagen, Nägel und so weiter. Jede Bewertung der Versorgungskette einer Stadt, die nicht die »Ökologisierung« dieser Inputs einschließt (was natürlich unmöglich ist), ist Unsinn. Dies bedeutet, dass es unmöglich ist, eine Stadt nachhaltig zu machen.

Um die Natur des Ganzen zu verändern, muss jedes Glied der Lieferkette verändert werden. Um nachhaltig zu sein, muss man den Schaden nicht nur verringern, sondern beseitigen. Es ist ganz einfach: Wenn man aufhören will, den Planeten zu töten, muss man aufhören, den Planeten zu töten.

4. Grüner Strom

Wir haben schon gesehen, was »grüner Strom« für den Planeten bedeutet. Wir haben auch gesehen, dass die Realität der aufgeblasenen Rhetorik nichts anhaben kann. Im Jahr 2016 berichtete *Climate Progress*, dass Los Angeles »kurz davorsteht«, 100 Prozent »erneuerbare Energie« zu nutzen. Da haben wir es wieder: Erstens meinen sie »Strom«, nicht »Energie«, was bedeutet, dass wir 80 Prozent abziehen können. Und zweitens bezog die Stadt im Jahr 2015 nur 20 Prozent ihres Stroms (also 4 Prozent ihrer Energie) aus

»erneuerbaren« Quellen. Währenddessen entfielen 40 Prozent der Stromversorgung auf Kohle und weitere 22 Prozent auf Erdgas.[45] Denn auch hier handelt es sich nur um »Strom« und nicht um die »Energie«.

In der hellgrünen Welt können also 4 Prozent bedeuten, man habe bald 100 Prozent erreicht. Währenddessen wächst die Stadt und importiert weiter riesige Mengen an Kohle, Erdöl, Lebensmitteln, Holz, Chemikalien, Beton und so weiter. Währenddessen kommt der Planet dem Tod ein Stück näher.

5. Bewahrung grüner Landschaften (und Schaffung derselben in der Stadt)

Natürlich ist es nicht verkehrt, Land zu erhalten und Grünflächen in und um Städte zu schaffen. Wenn alles andere gleichbleibt, ist das eine großartige Sache.

Es gibt jedoch zwei große Hindernisse. Das erste ist das Verb *schaffen*. Naturräume müssen in diesem Fall geschaffen und nicht erhalten werden, denn der Bau von Städten zerstört die ursprünglichen natürlichen Lebensgemeinschaften, es gibt sie in Städten nicht mehr. Selbst an den wenigen Orten, an denen Stadtparks alte und manchmal noch einigermaßen intakte Pflanzengemeinschaften bewahren, fehlen die meisten der einheimischen Tierarten. Einige von ihnen sind ausgestorben, andere sind bedroht oder gefährdet, und wieder andere wurden weit weg von den Städten in *wirkliche* Naturräume in den Bergen vertrieben.

Das sagt so ziemlich alles, was man über die Beziehung zwischen Städten und der realen Welt wissen muss.

Erholungsgebiete ähneln nur oberflächlich der wilden Natur. Man kann keine alten Waldgemeinschaften, keine voll entwickelten Prärien oder voll entwickelte Feuchtgebiete schaffen. Die Natur kann es – mit der Zeit.

Eine logische Folge davon ist, dass diese städtischen »Grünflächen«, wie alles andere in der Stadt, eher für Menschen als für Nichtmenschen gedacht sind. Sie sind Orte, an dem die Menschen spazierengehen, picknicken und in ihrer Mittagspause gelegentlich einen Schmetterling, einen Präriehund oder eine Amsel beobachten können.

Das heißt nicht, dass wir nicht jedes noch so kleine Stückchen Wildnis schützen sollten. Das leere Grundstück hinter dem großen Einkaufszentrum? Frösche singen dort noch immer jeden Frühling ihre Liebeslieder. Der Straßensaum, der über den Hügel zum Community College führt? Diese Eichen waren 200 Jahre alt, zwei Jahrhunderte voller Frühlingsknospen, Spechte, Bären und Eicheln im Herbst, bevor das Erdgasunternehmen sie fällte.

Ich (Derrick) wurde in eine Kleinstadt im Westen von Illinois von jemandem zu einem Vortrag eingeladen, dessen Liebe zu den Prärien jede Zelle seines Körpers durchdringt. Er nahm mich mit zum einzigen Stück verbliebener, nicht umgepflügter Prärie in seinem Bezirk. Es waren nur ein paar Hektar, eingezwängt zwischen einem Parkplatz und einer Fabrik. Eine Gänsemutter zischte mich aus ihrem Nest in dieser winzigen Oase an. Ich konnte nicht aufhören zu weinen, sowohl über die Schönheit dieses Ortes als auch über all das, was verlorengegangen ist. Wenn sich die Erde erholen soll, dann wird dies zuerst an großen und kleinen wilden Orten geschehen.

Das alles ändert nichts an der zentralen Wahrheit von Grünflächen in Städten: Sie sind mehr für Menschen als für Nichtmenschen.

Das zweite Element, das es zu beachten gilt, ist, dass die »Erhaltung der nahegelegenen grünen Landschaften« angesichts der Natur der Städte nicht unbedingt möglich ist. Städte entwickeln sich entsprechend den Bedürfnissen von Handel und Macht, und als Teil dieser Entwicklung werden fast immer nahegelegene Feuchtgebiete trockengelegt, Wälder gerodet, Grasland gepflügt und Wüsten bewässert. Wir haben bereits darüber gesprochen; Städte erfordern ihrem Wesen nach den Import von Ressourcen, wobei die unmittelbare Umgebung größtenteils als erstes zerstört wird.

Nur hier, in den wohlhabenden Ländern, und besonders jetzt im Zeitalter der fossilen Brennstoffe und des globalisierten Handels, kann durch Import die Illusion nachhaltiger Städte geschaffen werden, Städte, die Grünflächen anlegen. Es ist viel einfacher, die nahegelegenen Wälder, Wiesen und Berge zu erhalten, wenn die Hauptquellen für Holz, Nahrungsmittel und Mineralien weit entfernt sind. Sie werden gemerkt haben, dass David Suzuki, als er sich über die Möglichkeit von Windrädern in der Nähe seines Ferienhauses freute, nicht davon sprach, wie es ist, neben einer der vielen Minen zu wohnen, die diese »schönen« Windräder voraussetzen.

Als Antwort auf unsere Behauptung, dass der Planet getötet wird, wandte jemand einmal ein, dass es in Massachusetts heute mehr Wald gibt als noch vor 150 Jahren. Das liegt aber daran, dass die Menschen jetzt ihre Lebensmittel aus Iowa und ihr Holz aus Maine, dem Südosten und Südamerika beziehen. Man hat die Schädigungen ausgelagert.

Die modernen Städte, die am häufigsten als die grünsten der Welt bezeichnet werden – Vancouver, Bristol, Kopenhagen, Stockholm, Portland, Oslo, San Francisco, Seattle –, sind die Nutznießer globaler Versorgungsketten, die ihnen Waren aus ausgebeuteten Ländern liefern.

Wie »grün« würden diese Städte wohl sein, wenn die Industrien, die sie ernähren, kleiden und versorgen, direkt nebenan angesiedelt wären? Tagebaue, Schornsteine, Kahlschläge, Hochseetrawler, endlose Mais- und Sojafelder und giftige Abfälle sind schwerer zu ignorieren, wenn sie in Ihrem Hinterhof liegen. Aber wenn sie 100 Kilometer oder 1.000 oder sogar 10.000 Kilometer entfernt sind, lässt sich die Illusion einer sauberen, grünen Stadt viel leichter aufrechterhalten.

John W. Day und Charles Hall schreiben in ihrem jüngsten Buch über urbane Nachhaltigkeit: »Wenn Ökonomen behaupten, dass die US-Wirtschaft insgesamt weniger energieintensiv geworden ist (definiert als Energieverbrauch pro Einheit des Bruttoinlandsprodukts oder BIP), dann meinen sie damit, dass energieintensive und stark umweltverschmutzende Industrien wie die Aluminium- und Stahlherstellung in Regionen und Länder verlagert wurden, in denen die Arbeitskräfte billiger und die Umweltvorschriften weniger streng sind.« Unser Bedarf an diesen importierten Produkten, die oft über weite Entfernungen transportiert werden, nimmt jedoch zu, insbesondere in dicht besiedelten städtischen Gebieten mit der ausgeklügelten Infrastruktur der »effizienten Stadt«.[46]

Der Schutz von Land in der Nähe bedeutet nicht viel, wenn Ihre Wirtschaft den Planeten anderswo tötet.

6. Schutz der Wasservorkommen und ihrer Qualität

Auch diese Idee hört sich gut an, aber da unsere Kultur auf Übernutzung beruht, wird die Umsetzung im Rahmen des Industrialismus unweigerlich scheitern.

Das NRDC schreibt: »Nutzbare Grünflächen und grüne Infrastrukturen, die die Fähigkeit natürlicher Gebiete zur Versickerung von Regenwasser nachahmen, können einen doppelten Beitrag zum Schutz der Wasserqualität leisten.«

Das erste Problem ist natürlich das Verb »nachahmen«. Es gibt keinen Ersatz für intakte heimische Lebensgemeinschaften. Selbst bei grüner Landschaftsgestaltung, grünen Gebäuden und durchlässigen Oberflächen wird die Wasserqualität in einer Stadt schlechter sein – viel schlechter – als in einem intakten Feuchtgebiet oder Wald. Autos, Chemikalien, Abwässer, Haustiere, Düngemittel, Pestizide und die Hinterlassenschaften einer giftigen Konsumkultur garantieren dies. Sicher, einige Gemeinden integrieren Feuchtgebiete in ihre Abwasseraufbereitungsprogramme, und manchmal ist das großartig; und sicher ist es auch großartig, den Schaden, den die Wasserverschmutzung in den nahegelegenen Flüssen anrichtet, zu verringern; aber immer, wenn Hunderttausende oder Millionen von Menschen in einer dichten Siedlung leben, wird die Wasserqualität schlechter sein. Die wichtigste Frage ist: Wie viel schlechter?

Weniger giftiges Wasser ist zwar besser als mehr giftiges Wasser, aber die beste Option ist sauberes Wasser, was bedeutet, dass die Stadt gar nicht erst dort liegen sollte.

Städte zerstören die Wasserqualität. Wie viele Flüsse, wie viele Seen, wie viele Ozeane, wie viele wasserführende Schichten müssen zerstört werden, bevor wir ein Muster erkennen, das uns schon seit mehreren Tausend Jahren ins Gesicht starrt?

Haben wir die Fähigkeit, Muster zu erkennen?

Wie immer, wenn man das Land in den Mittelpunkt stellt, ändert sich alles.

7. Schaffung kompakter, gemischt genutzter Stadtviertel

Wir haben bereits über die illusorischen Vorteile kompakter Städte gesprochen. Sie sind besser als Vorstädte, aber das war's auch schon. Bei gemischt genutzten Vierteln ist es dasselbe. Sicher, es wäre schön, einen Park in der Nähe zu haben, um meinen morgendlichen Powerwalk zu machen, gefolgt von einem bequemen Abstecher zum Happy Civet Café für einen morgendlichen Schuss des bestschmeckenden Koffeins der Welt, um anschließend auf Fahrradwegen zu meinem wunderbaren, die Erde bejahenden Job bei SustainableSolarMiracle.com zu fahren, mit einer Mittagspause bei ChiChi Chia Smoothies 'n Salads, dann noch mehr erdbejahende Arbeit am Nachmittag beim Entwerfen von »Solarfarmen« im vormaligen Lebensraum von Wüstenschildkröten und schließlich ein Ausflug zum Mangrove Lagoon Restaurant für ein köstliches Krabbenessen und Drinks in der Groovy Granary Microbrewery and Pub, alles bequem zu Fuß zu erreichen.

Natürlich macht das alles den in Käfigen gehaltenen Fleckenmusangs* nichts aus, die meinen köstlichen Kaffee[47] ausgeschieden haben; ebenso wenig den bald ausgerotteten Wüstenschildkröten auf dem Gelände meiner die Erde schützenden Solaranlage oder dem jetzt verwüsteten Central Valley in Kalifornien, wo einst Schwärme von Wasservögeln den Himmel verdunkelten, die alle

* Fleckenmusangs (*Paradoxurus hermaphroditus*, eine Schleichkatzenart) essen die Kaffeekirschen und scheiden die Kerne (Kaffebohnen) wieder aus. Dieser Durchgang verleiht den Bohnen ein besonderes Aroma.

verschwunden sind, um mir und anderen in dieser nachhaltigen Stadt das Grünzeug für meinen Salat und meine Smoothies zu liefern; die Mangrovenwälder, die abgeholzt wurden, um Shrimps-Farmen für mein cremiges Shrimp-Pesto anzulegen; oder die Präriehunde und Büffel, die aus den nun zerstörten Prärien vertrieben wurden, um das Getreide für mein Lieblings-Gourmet-Mikrogebräu zu gewinnen.

Aber vielleicht haben mich Präriehunde und Büffel noch nie interessiert.

8. Umweltfreundlicher Verkehr mit besserem Zugang für alle

Der grüne Nahverkehr ist eine Kernstrategie der grünen Umweltbewegung: Ersetzen von benzinschluckenden Geländewagen durch Elektroautos und verbesserte öffentliche Verkehrsmittel. Alle großen grünen Gruppen haben Initiativen, die sich auf den grünen Verkehr konzentrieren. Städte wie Seattle und Los Angeles werben damit, dass sie »die besten Städte des Landes für Elektrofahrzeugbesitzer sind«. Die C40-Gruppe legt einen großen Schwerpunkt auf den Verkehr, mit Kampagnen, die sich auf die Förderung emissionsarmer Fahrzeuge konzentrieren.

Ozzie Zehner, Autor von *Green Illusions*, zieht jedoch einen treffenden Vergleich: Die »Vorteile« umweltfreundlicher Autos sind vergleichbar mit den Vorteilen teerarmer Zigaretten. Nur im Vergleich mit einer grauenhaften Alternative können sie vage als »gesund« oder »grün« bezeichnet werden.

Zehner: »Umweltschützer lehnen batteriebetriebene Geräte im allgemeinen ab, und das aus gutem Grund: Für Batterien werden Mineralien abgebaut, bei der Herstellung werden Giftstoffe in lokale Ökosysteme freigesetzt und bei der Entsorgung hinterlassen sie eine noch schlimmere Spur von Nebenwirkungen. Doch wenn es um das größte in Massenproduktion hergestellte batteriebetriebene Elektrogerät aller Zeiten geht – das Elektroauto –, können die etablierten Umweltgruppen gar nicht schnell genug von ihren Sitzen aufspringen, um ihm Beifall zu spenden.«[48]

Die zentrale Wahrheit ist, dass Autos selbst – egal, wie »sauber« sie sind und unabhängig von ihren relativen Emissionen – eine Abscheulichkeit darstellen. Nach der BP-Ölpest brachte die satirische Nachrichtenseite *The Onion* eine großartige Schlagzeile: »Millionen Barrel Öl erreichen sicher den Hafen einer großen Umweltkatastrophe.«[49] Der Artikel bringt das Problem des Mainstream-Dialogs über Ölkatastrophen auf den Punkt. Ob ausgeflossen oder verbrannt, Öl ist eine planetarische Katastrophe. Wenn man sich nur auf ausgelaufenes Öl oder im Falle von Autos auf die Emissionen aus dem Auspuff konzentriert, geht das am Thema vorbei. Autos selbst schaden der Erde, egal ob sie aus Stahl, Kohlefaser oder »Öko-Kunststoff« bestehen und ob sie mit Benzin, Diesel, Solarenergie oder raffiniertem, aus Einhornfürzen gewonnenem Methan betrieben werden.

Autos brauchen Straßen, und Straßen sind eine Katastrophe für die wirkliche Welt. Straßen zerstören das Land auf vier grundlegende Weisen: Zerstörung von Lebensräumen, Erschließung für Bauunternehmer, Holzfäller und so weiter, Zerstückelung von Lebensräumen und Tötung von Tieren durch Autos und Lastwagen.

Die direkte Zerstörung von Lebensräumen ist vielleicht die größte Bedrohung für die Artenvielfalt weltweit. Allein durch den Bau von Autobahnen wurden in den Vereinigten Staaten 71 Millionen Hektar Lebensraum direkt zerstört.[50] Das ist eine Fläche von der Größe Nevadas.

Und dann ist da noch die Verschmutzung durch die Straßen: Asphalt, Abgase, giftige Stoffe in den Reifen, die diese beim Fahren freisetzen – das ist es, was Reifenverschleiß *ausmacht*: die langsame Freisetzung dieser giftigen Stoffe in die Landschaft – und so weiter.

Während wir hier schreiben, sterben die Coho-Lachse – zu Tode gequält – durch die Verschmutzung von Straßen. In einem kürzlich erschienenen Artikel der *Washington Post* hieß es: »Ausgewachsene Coho-Lachse wurden im seichten Süßwasser taumelnd gesehen, Männchen wirken beim Schwimmen desorientiert, und Weibchen liegen oft auf dem Rücken, ihr Inneres noch prall gefüllt mit winzigen roten Eiern, die niemals schlüpfen werden. In einer kürzlich durchgeführten Studie wurde ein großes Coho-Lachssterben auf Schadstoffe von Straßen und Autos zurückgeführt – Bremsstaub, Öl, Kraftstoff, chemische Flüssigkeiten –, die mit dem Regenwasser in die Wassereinzugsgebiete gelangen. Die Schadstoffe sind so giftig, dass sie die Lachse innerhalb von 24 Stunden töten. ›Nach unseren Erkenntnissen haben die Verunreinigungen im Regenwasser, das aus dem regionalen Verkehrsnetz abfließt, dieses Fischsterben wahrscheinlich verursacht. Darüber hinaus wird es schwierig, wenn nicht gar unmöglich sein, den historischen Rückgang der Coho-Bestände umzukehren, ohne die Dimension der toxischen Verschmutzung von Süßwasserlebensräumen anzugehen‹, so die Studie, die … in der Zeitschrift *Ecological Applications* veröffentlicht wurde. … Die Zukunft einer Art, bei der die Sterblichkeit vor dem Laichen im Puget Sound bis zu 40 Prozent beträgt, ist absehbar. ›Die Population wird zusammenbrechen‹, sagte Jay Davis, ein Umwelttoxikologe des U.S. Fish and Wildlife Service, der die Feldforschung für die Studie koordinierte. In Interviews schätzten Davis und Scholz, dass dies bereits in sechs Jahren der Fall sein könnte. ›Wir müssen jetzt handeln‹, sagte Davis.«[51]

Dieses Interview fand 2017 statt.

Straßen sorgen auch für einen Zugang. Sobald Straßen ein wildes Gebiet zugänglich machen, folgt die »Erschließung« – ein Euphemismus für Zerstörung. Prospektoren stecken Bergbauansprüche ab. Abholzungsarbeiten beginnen. Bauunternehmen errichten neue Wohngebiete. Abfallentsorger finden neue Möglichkeiten für die Entsorgung von Müll und Sondermüll. Jäger dringen in Gebiete vor, die früher als Rückzugsgebiet für wilde Tiere dienten.

Die Zerstückelung von Lebensräumen ist eine der schlimmsten Beeinträchtigungen, die durch Straßen verursacht werden. Tiere, die es gewohnt sind, über das Land zu ziehen, werden durch eine gefährliche physische Barriere eingegrenzt. Sie können versuchen, sie zu überqueren und dabei getötet oder verletzt werden, oder sie können sie ganz meiden. Viele kleinere Tiere sind nicht in der Lage, Straßen oder andere geschädigte Lebensräume zu überqueren. Salamander zum Beispiel können beim Überqueren von Straßen austrocknen. Oder sie werden zerquetscht. Ich (Derrick) habe einmal gesehen, wie eine ganze Frühjahrswanderung von Tigersalamandern vom Verkehr auf einer stark befahrenen Straße zerquetscht wurde. Bestimmte Käfer überqueren keinen Weg, der breiter als einen Meter ist. Straßen isolieren Pflanzen- und Tiergemeinschaften, unterbrechen die Fortpflanzung und den Zugang zu Nahrungs- und Wasserquellen. Straßen können auch aquatische Lebensräume zerstören, denn wenn Straßen Flüsse und Bäche kreuzen, sind Durchlässe oder Brücken erforderlich. Viele Durchlässe sind nicht für die Passage durch Fische ausgelegt und blockieren sie daher vollständig. Diejenigen, die technisch passierbar sind, sind immer noch Barrikaden, da viele Fische nicht in schmale dunkle Tunnel schwimmen.

Da viele Arten Lärm, Licht und Umweltverschmutzung nicht vertragen, meiden Angehörige dieser Arten Straßen in Entfernungen von weit über einem Kilometer, selbst wenn die Gebiete in der Nähe der Straße ansonsten einen guten Lebensraum für sie darstellen würden.[52] Darüber hinaus haben viele Tier-, Pflanzen-, Pilz- und Bakterienarten sehr spezifische Temperaturanforderungen. Wälder zum Beispiel regulieren die Temperatur, wobei ihr Inneres weniger heiß, weniger kalt, weniger trocken und weniger windig ist als außerhalb ihrer Grenzen. Die Entfernung von einem Kahlschlag kann weit über 30 Meter betragen (und Straßen sind im Grunde lange Kahlschläge), bis das Klima wieder so ist, wie es sein sollte. Straßen zerstören also noch mehr Lebensraum für diejenigen, die auf das Innere der Wälder angewiesen sind. Wir können ähnliche Argumente für jene anführen, die Feuchtgebiete, Wüsten, Prärien und dergleichen bewohnen.

Wir müssen unsere Wahrnehmung von Straßen ändern. Sie sind keine schmalen Streifen, sondern eigentlich breite Korridore der Störung und Zerstörung.

Die Fragmentierung wird immer schlimmer. Laut einer Studie aus dem Jahr 2017 wurden seit dem Jahr 2000 7,2 Prozent der weltweit verbliebenen unberührten Wildnisgebiete beeinträchtigt.[53] Oder, wie es *The Guardian* formulierte: »Der ungezügelte Straßenbau hat das Land der Erde in 600.000 Fragmente zersplittert, von denen die meisten zu klein sind, um eine nennenswerte Tierwelt zu beherbergen, wie eine neue Studie ergab. Über die Hälfte der 600.000 Landstücke zwischen den Straßen sind sehr klein – weniger als ein Quadratkilometer. [Bitte beachten Sie, dass dies die Fragmentierung stark unterschätzt, da die Studie nur »Straßen zwischen Siedlungen« berücksichtigte.] Lediglich 7 Prozent sind größer als 100 Quadratkilometer, was einer quadratischen Fläche von nur 10 mal 10 Kilometern entspricht. Darüber hinaus war nur ein Drittel der straßenlosen Gebiete wirklich wild, der Rest war durch Landwirtschaft oder Menschen beeinträchtigt.«[54]

Lassen Sie uns über überfahrene Tiere sprechen.

In der Nähe meines (Max') Hauses führt ein Stück Autobahn zwischen einem Feuchtgebiet auf der einen und einem See auf der anderen Seite hindurch. Es ist ein wichtiges Schutzgebiet für Wildtiere. Im Herbst, wenn der Wasserstand zu sinken beginnt, versuchen viele Tiere, die Straße zu überqueren, und werden von Autos erfasst und getötet. Die Straßenränder sind übersät mit plattgedrückten Kadavern: Frösche, Schlangen, Bisamratten, Waschbären, Otter, Rehe.

Vor Jahren fuhr ich mit dem Fahrrad einen Küstenhighway außerhalb von Arcata, Kalifornien, entlang, wo die Küstenmammutbäume dicht an dicht auf beiden Seiten der Straße wachsen. Kilometerweit war der Straßenrand mit den zerquetschten Körpern von Tausenden von Schnecken markiert. Zunächst hatten einige versucht, die Straße zu überqueren und waren dabei von

Autos überfahren worden. Ihre Leichen hatten weitere Schnecken angelockt, die auf der Suche nach einer Mahlzeit waren und ihrerseits überfahren wurden, was den Geruch, der in den Wald wehte, noch verstärkte und weitere Schnecken in den Tod trieb.*

Mehr als 1 Million Wirbeltiere pro Tag werden allein in den USA von Fahrzeugen getötet.[55] Wenn man das US-Straßennetz (6,5 Millionen Kilometer) auf das gesamte Weltstraßennetz (35,7 Millionen Kilometer, eine vorsichtige Schätzung auf der Grundlage alter Daten) hochrechnet, kommt man auf ein grobes Minimum von etwa 5,5 Millionen Wirbeltieren, die weltweit pro Tag von Autos getötet werden. Das sind 38,5 Millionen Wirbeltiere pro Woche, 165 Millionen pro Monat und mehr als 2 Milliarden pro Jahr.[56]

Diese Zahlen mögen rückläufig sein, aber nicht, weil es weniger Autos gibt oder weil sie für die Tiere sicherer werden; sie gehen wahrscheinlich zurück, weil unsere Gesellschaft in den letzten 40 Jahren etwa die Hälfte aller Wildtiere auf der Erde getötet hat.[57] Und in dieser Schätzung sind diejenigen nicht enthalten, die vor *mehr* als 40 Jahren ausgerottet wurden: Bisons mit 60 Millionen Tieren, Wandertauben zu Milliarden, Riesenalks, die die nordatlantischen Inseln bevölkerten und bis zu 25 Jahre alt wurden, die zu Tausenden getötet und in Schiffe verfrachtet wurden, bis sie ausgerottet waren.

Insgesamt sind die Schätzungen über getötete Tiere im Straßenverkehr wahrscheinlich fast durchgängig zu niedrig. Eine aktuelle Studie zeigt, dass die Schäden für Beutegreifer durch Straßen erheblich unterschätzt wurden. Zu den am stärksten gefährdeten Arten gehören der iberische Luchs, von dem es weniger als 300 Exemplare gibt, sowie der japanische Dachs und der Marder, die innerhalb von zwei Jahrzehnten durch Straßen ausgerottet werden

* Manche mögen dies als Beweis für die Dummheit der Schnecken ansehen. Aber Schnecken sind nicht dumm; sie haben einfach noch nie etwas so Tödliches wie Straßen erlebt. Die Menschen machen den gleichen Fehler. Bei Autounfällen kommen jedes Jahr 1,3 Millionen Menschen ums Leben, und doch drängen wir uns immer noch auf Straßen und Autobahnen.

könnten. Selbst weitverbreitete Arten sind durch die langfristigen Auswirkungen von Straßen gefährdet.[58]

Die Zerstörung, die Straßen, Züge und Autos bei Insekten anrichten, ist sogar noch größer. Eine 2011 in den Niederlanden durchgeführte Studie schätzt, dass die etwa 7 Millionen Autos des Landes jährlich etwa 1,6 Billionen Insekten töten.[59] Wendet man diese Berechnung auf die Vereinigten Staaten an, ergibt sich ein jährlicher Insektenmord von 32,5 Billionen. Auf die ganze Welt ausgedehnt, bedeutet dies, dass Kraftfahrzeuge jährlich etwa 228 Billionen Insekten töten.

Wenn sie über das größte Massenaussterben in der Geschichte der Erde schreiben, können sich die meisten Journalisten offenbar das Lachen nicht verkneifen. Wenn sie zum Beispiel über den Rückgang der Amphibien schreiben, machen sie immer wieder geschmacklose »Witze« wie »The frogs are croaking« [zu deutsch: Die Frösche quaken/kratzen ab]. Für die meisten dieser Autoren *ist* das Massenaussterben ein Witz. Das gilt vor allem für das Aussterben von Insekten und allgemeiner für den Tod im Verkehr. Ein Auto-Blog witzelte, dass die Tötung von Billionen von Insekten ein »Buzzkill« sei, und beendete seinen Artikel mit der schmierigen Phrase »total insect genocide«.[60] 2009 oder 2010 machte sich ein Mineralölkonzern diesen »Witz« zunutze und hängte an Hunderten von Tankstellen im ganzen Land Plakate auf mit dem Titel »A children's guide to splattered bugs« (Ein Bestimmungsbuch für Kinder über verspritzte Käfer), komplett mit Bildern von tatsächlich auf Autos getöteten Käfern und ihren taxonomischen Namen. Suchen Sie nach der Kampagne: Einige der ersten Ergebnisse bezeichnen sie als »ausgezeichnete Beschreibung«, »Teil einer brillanten [Werbe-]Kampagne«, »unterhaltsame Bildung für Kinder während langer Familienausflüge«.

So erzieht man Kinder zur Teilnahme an einer ökologischen Apokalypse: durch unerbittliche Propaganda von klein auf.

Stelle dir vor, du bist ein Fender's Blue-Schmetterling (*Icaricia icarioides fenderi*), der in der Sonne helltürkis blinkt und dessen Flügel erst weiß, dann schwarz gestreift sind. Das Ei, aus dem du geschlüpft bist, hat deine Mutter im vergangenen Mai an den Stengel einer Kincaid-Lupine (*Lupinus sulphureus*) gelegt, die tiefgrün ist und blaue Blüten trägt; eine der wenigen, die es noch gibt. Du brauchst diese Blumen zum Überleben, und sie sind eine bedrohte Art. Deine eigene Art ist sogar noch stärker bedroht als die Blumen, von denen du abhängst; von deinem ursprünglichen Lebensraum – den Hochlandprärien des Willamette Valley in Oregon – ist weniger als ein Zehntel eines Prozents übrig geblieben, weil der Rest gepflügt oder urbanisiert wurde.[61]

Du trinkst Nektar. Die Sonne fühlt sich gut an auf deinen Flügeln.

Du fliegst los und folgst dem Duft der nächsten Blume. Dein Flugmuster mag für einen Außenstehenden zufällig oder chaotisch aussehen, aber in Wirklichkeit basiert es auf präzisen Messungen der Duftkonzentrationen in der sich verändernden Brise.

Plötzlich rauscht eine riesige Masse an dir vorbei. Der Wind wirbelt dich im Kreis herum. Dir wird wirr und schwindlig. Der Tag hatte bisher nur eine leichte Brise; wenn es stürmisch wäre, hättest du Schutz gesucht. Du fängst an, dich wieder zu orientieren, nimmst den Winkel der Sonne, die Wiese vor dir und den Stein unter dir wahr. Eine weitere große Masse nähert sich. Du siehst sie kommen, aber zu spät. In einem plötzlichen, endgültigen Aufprall bist du zu einem der Billionen geworden.

Studien haben gezeigt, dass in einigen Gegenden 10 Prozent der Schmetterlinge durch Autos getötet werden.[62] Und es ist keine Übertreibung zu sagen, dass bedrohte Arten wie der Fender's Blue-Schmetterling durch Autos gefährdet sind. Einer ihrer wichtigsten verbliebenen Lebensräume ist auf drei Seiten von Straßen umschlossen.

Arten aller Art sind durch Autos gefährdet. Die Federal Highway Administration schätzt, dass Straßen eine ernsthafte Gefahr für 21 bedrohte und gefährdete Arten in den Vereinigten Staaten darstellen. Angesichts der Quellenlage ist davon auszugehen, dass die Zahl deutlich höher ist. Ein Beispiel ist das Waldkaribu, eine Unterart, die früher im einzigartigen Binnenregenwald von Nord-Idaho und dem südlichen Britisch-Kolumbien lebte; ihre größte Bedrohung ist, von Autos getötet zu werden. Im Jahr 2007 gab es noch etwa 50 Tiere in der Selkirk-Herde; 2016 waren es nur noch weniger als 14.[63] Ihre Situation könnte endgültig sein: Die Art wurde in den Vereinigten Staaten als »funktionell ausgestorben« erklärt.

In den frühen 1980er Jahren wurden neun Florida-Panther, die Hälfte der damaligen Population, von Fahrzeugen getötet. In den 70er und 80er Jahren wurden mindestens 357 Schwarzbären des Staates auf den Straßen getötet. Das waren mehr als 25 Prozent der damaligen Population. Eine andere Tierart in Florida, der Miniatur-Key-Hirsch, zählt weniger als 800 Tiere, und derzeit wird etwa einmal pro Woche eines von Autos getötet. Andere Arten, die n den USA auf der Liste der am stärksten betroffenen stehen, sind Dickhornschafe, Rotwölfe, Wüstenschildkröten, Ozelots und amerikanische Krokodile.[64]

Lasst uns vom Straßenbelag sprechen.

Die meisten gepflasterten Straßen bestehen entweder aus Asphalt oder Beton.

Asphalt ist eine Kombination aus Schotter und Bitumen. Bitumen ist derselbe teerhaltige fossile Brennstoff, der in den Alberta Tar Sands abgebaut wird, in einem der umweltschädlichsten Projekte der Welt. Abgesehen von den Schrecken des Abbaus ist Bitumen selbst giftig. Aus jedem Zentimeter Asphalt auf der Erde sickern Kohlenwasserstoffgifte, Schwermetalle und andere Schadstoffe ins Grundwasser und in die Böden. Diese Schadstoffe verursachen Krebs, Geburtsfehler und genetische Mutationen.[65]

Asphalt ist auch ein Sicherheitsrisiko beim Straßenbau, da das Bitumen vor dem Auftragen durch Erhitzen weich gemacht werden muss. Wahrscheinlich sind Sie schon einmal an Asphaltierern vorbeigefahren und können sich an die schrecklichen Gerüche erinnern. Diese Dämpfe sind krebserregend.[66]

Oft wird behauptet, Asphalt sei zu 100 Prozent wiederverwertbar, aber bei jeder Wiederverwendung werden mehr der darin enthaltenen Schadstoffe freigesetzt.[67]

Beton ist haltbarer als Asphalt, aber teurer. Außerdem ist er für mehr Erdzerstörung verantwortlich als so ziemlich jeder andere vom Menschen hergestellte Stoff. Nur fossile Brennstoffe insgesamt, Holz und einige landwirtschaftliche Produkte können da mithalten. Gemessen am Gewicht ist die jährlich weltweit verbrauchte Masse an Beton doppelt so hoch wie die von Stahl, Holz, Kunststoff und Aluminium zusammen.[68]

Die Herstellung von Beton ist unglaublich energieintensiv: Wie wir bereits gesehen haben, macht die Betonherstellung (zusammen mit Hüttenkoks, mit dem sie für Buchhaltungszwecke in einen Topf geworfen wird) etwa 11 Prozent aller Treibhausgasemissionen aus.

Die Gewinnung von Ausgangsgestein für Beton ist eine der größten Bergbauindustrien der Welt, mit Zehntausenden von Minen, die der globalen Betonindustrie zuarbeiten, jede eine offene Narbe auf dem Land. Diese Minen können gewaltig sein, ebenso wie die verwendete Ausrüstung. Ein Standard-Lkw, der mt 5500, wiegt fast 500 Tonnen und verbraucht alle 30 Sekunden fast vier Liter Dieselkraftstoff (500 Liter pro Stunde).

Hier ist ein klassisches Beispiel für die »grüne« Logik. Warum reduzieren wir nicht den Bedarf an sauberem Wasser, indem wir giftige Abwässer zum Mischen von Beton verwenden, und mischen dann Beton mit Flugasche aus Kohlekraftwerken und granulierter Schlacke aus der Eisen- und Stahlproduktion (beides wird bereits manchmal in Beton verwendet)? Nach Ansicht der

Grünen bieten diese Maßnahmen »eine ganzheitliche Lösung zur Verringerung der Umweltauswirkungen mehrerer Branchen«.[69]

Nein, diese Maßnahmen sind eine Geldwaschanlage für Umweltschäden: Auf der einen Seite werden giftige Prozesse und die Zerstörung der Erde hineingetan, auf der anderen Seite kommen saubere, glänzende, ganzheitliche Lösungen und eine nette Formulierung – sie nennen es »industrielle Ökologie« – heraus, die man in Pressemitteilungen unterbringen kann. Oh, und der Giftmüll ist immer noch Giftmüll und tut immer noch das, was Giftmüll tut: Er vergiftet die Landschaft.

Wie der Coho-Lachs nur zu gut weiß, ist ein weiterer großer Umweltschaden, der durch Straßen und andere versiegelte Flächen verursacht wird, der Wasserabfluss. Im Gegensatz zu natürlichen Böden, die Wasser aufnehmen, sind Straßenbeläge undurchlässig. Abflüsse von befestigten Flächen führen häufig zu Bodenerosion, Kanalisationsüberläufen und Überschwemmungen, die alle Giftstoffe in die Flüsse tragen. In vielen städtischen Gebieten ist das Abflusswasser von Straßen die größte Quelle für die Verschmutzung von Flüssen. Und sobald die undurchlässige Oberfläche in einem Wassereinzugsgebiet auf 10 Prozent ansteigt, verschwinden nach und nach die Fische, angefangen bei empfindlichen Arten, die kein Gift in ihrem Wasser vertragen.[70]

Um dieses Problem zu lösen, wurden neue Arten von porösem Beton erfunden, die das Wasser hindurchlassen, anstatt es an der Oberfläche abfließen zu lassen. Diese durchlässigen Betone werden als Lösung für das Abflussproblem gepriesen, aber es ist noch zu früh, sie zu feiern. Diese Oberflächen sind derzeit noch nicht stark genug für den Einsatz auf Straßen und werden daher die meisten Betonflächen nicht ersetzen. Außerdem sind sie noch energieaufwendiger (und teurer) als herkömmlicher Beton. Sie mögen zwar die Abflussprobleme verringern, lösen aber sicher nicht die grundlegende Zerstörungswut der Betonindustrie.

In den USA ist etwa die Hälfte des gesamten städtischen Raums asphaltiert, und es wird mehr Land für Autos als für Wohnraum genutzt. Mehr als 2 Prozent der Fläche des Landes sind mit Straßen bedeckt.[71] Allein die Parkplätze, von denen es in den Vereinigten Staaten etwa 500 Millionen gibt, bedecken mehr als 4.400 Quadratkilometer.[72]

Der Beton und insbesondere der dunklere Asphalt absorbieren die Energie der Sonne und sind einer der Gründe (neben dem Mangel an Bäumen und der Zerstörung oder Versiegelung von Feuchtgebieten, Bächen und anderen Gewässern), warum es in Städten viel heißer ist als in ländlichen Gebieten. Wir alle haben das schon erlebt, wenn wir von einer heißen, sonnigen Straße mit Asphalt in einen Park im Schatten der Bäume gehen. Eine Studie hat ergeben, dass es auf manchen Straßen in der Stadt um mehr als 25 Grad heißer sein kann als in ländlichen Gegenden.[73]

Dieser städtische Wärmeinseleffekt verstärkt die globale Erwärmung, indem er die Albedo (das Reflexionsvermögen) der Erdoberfläche verändert, und er trägt direkt dazu bei, dass jedes Jahr Zehntausende von Menschen (meist ältere und kranke) während Hitzewellen sterben.

Wenn wir uns einig sind, dass Straßen und Bürgersteige selbst zerstörerisch sind, dann sind wir uns wahrscheinlich einig, dass diese Zerstörungskraft nicht davon abhängt, welcher Fahrzeugtyp darauf gefahren wird. Grüne Autos könnten aus reinem raffiniertem Unsinn bestehen und mit leuchtend grüner heißer Luft in Kombination mit den zerbrochenen und zerstörten Träumen aller nichtmenschlichen Lebewesen auf der Erde angetrieben werden, und sie wären immer noch zerstörerisch.

Wir haben bereits erwähnt, dass jährlich etwa 40 Milliarden Tonnen Sand abgebaut werden. Die industrielle Zivilisation verbraucht mehr Sand als jedes andere Material außer Wasser. Der größte Teil dieses Sandes wird für den Bau von Städten und Straßen verwendet. Wolkenkratzer sind hauptsächlich riesige Sandhaufen, die durch Zement und Stahl zusammengehalten werden. Straßen werden fast vollständig aus Sand gebaut. Für ein durchschnittliches amerikanisches Haus werden mehr als 100 Tonnen Sand, Kies und Schotter benötigt – und wenn man den Straßenabschnitt vor dem Haus mitzählt, sogar mehr als 200 Tonnen. Urbane Zentren verbrauchen immer mehr Sand und nehmen explosionsartig an Größe zu. Mehr als die Hälfte aller Menschen lebt heute in Städten, und bis 2050 wird erwartet, dass die derzeitige Stadtbevölkerung von 3,9 Milliarden auf 6,3 Milliarden anwächst.[74]

Für Beton wird Sand mit einer bestimmten, recht seltenen Körnung und Kantigkeit benötigt. Dubai, das inmitten einer riesigen Sandwüste liegt, importiert den gesamten Sand, den es verwendet, aus Australien.

Der Sandabbau ist, wie wir bereits erwähnt haben, sehr zerstörerisch. In Kambodscha hat der Sandabbau in der Provinz Koh Kong »die Wurzeln der Mangroven herausgerissen, Flüsse verschmutzt, Flussufer zum Einsturz gebracht, Flachwasserzonen zerstört, in denen Krebse brüten, und den Lebensraum der Fische vernichtet. Viele Menschen, die aus der Fischerei verdrängt wurden, hatten kaum eine andere Wahl, als ihre Dörfer zu verlassen und sich schlecht bezahlte, harte Jobs zu suchen, wie etwa die Arbeit in einer Bekleidungsfabrik in Phnom Penh.«[75] Dieser spezielle Sand wurde 1.120 Kilometer nach Singapur transportiert und dort ins Meer gekippt, um die Landbasis dieser diktatorischen Nation mit der weltweit höchsten Pro-Kopf-Quote an Milliardären zu vergrößern. Der Sandverbrauch Singapurs ist so räuberisch, dass Malaysia, Vietnam und Indonesien die Sandexporte in das Land eingeschränkt oder verboten haben. In Indien, Kambodscha, Indonesien und Kenia wurden Aktivisten und Anwohner inhaftiert oder getötet, weil sie gegen den Sandabbau kämpften.

Am Poyang-See in China zerstört die größte Sandmine der Welt das größte Winterquartier für Zugvögel in ganz Asien. Wie ein

Enthüllungsjournalist berichtet, werden die Fischerdörfer an dem See »von einer Flottille kolossaler Bagger, Lastkähne und riesigen Metallschiffen mit Kränen auf den Decks überschattet. Hunderte von Baggerschiffen können an einem Tag auf dem See unterwegs sein, manche so groß wie liegende Appartementhäuser. Die größten können bis zu 10.000 Tonnen Sand pro Stunde fördern. … Poyang [ist] die größte Sandmine der Welt, weit größer als die drei größten Sandminen in den USA zusammen.«[76]

Wenn Sie von Seattle aus mit dem Zug in Richtung Süden fahren, werden Sie feststellen, dass die Gleise auf einem Großteil der Strecke durch Industriegelände führen. Die größten und umweltschädlichsten Industriebetriebe sind immer in der Nähe der Gleise angesiedelt. Neben der Industrie gibt es auch Armut; Zelte und alte Wohnmobile stehen unter Überführungen. Dann kommen wir in das »Farm«-Land: riesige Industriebetriebe mit Tausenden von Hektar Monokulturen, kahle Böden, die von allen einheimischen Pflanzen befreit und den Elementen ausgesetzt sind und an diesem grauen Januartag in die Wasserläufe ausbluten.

Das Land in der Nähe von Bahnlinien ist eine Opferzone – laut, verschmutzt, zerstückelt. Angesichts der Geschichte und der Realität der Eisenbahn als Beschleuniger der Kolonisierung und ihrer Bedeutung für alle wichtigen Industriezweige, von der Holzgewinnung bis zum Bergbau und darüber hinaus, ist es eine Ironie, dass die Eisenbahn jetzt als Lösung für die Zerstörung des Planeten gepriesen wird. Aber sie wird es. Die grüne Bewegung hat effiziente Hochgeschwindigkeitszüge als Schlüssel zu einer nachhaltigen Zukunft entdeckt, genau wie Solar- und Windenergie, Elektroautos und kompakte Städte. Die Wahrheit ist jedoch, dass »grüne« Züge nur eine weitere grüne Lüge sind.

Vor Jahren führte ich (Max) eine kleine Gruppe bei einer Kajaktour durch die Buchten südlich von Bellingham, Washington, wo die Haupteisenbahnlinie in Nord-Süd-Richtung parallel zur

Küste verläuft. Es war gerade Ebbe, und wir blickten hinunter auf das Seegras, das sich in der sanften Strömung wiegte. Das Seegras ist sowohl Kinderstube als auch Zufluchtsort für unzählige Lebewesen, darunter junge Lachse, die gerade aus den nahegelegenen Flüssen aufgetaucht sind und sich an das Meer gewöhnen. Kleine grüne Krabben, getarnt mit Algen und Seetang, die sich auf ihrem Rücken wie ozeanische Bonsai ausnehmen, hüpften über den Grund. Kleine Fische flitzten zwischen Seegrasblättern, die mit Schnecken und Fischeiern gespickt waren. Als ich am Ufer entlang nach Süden paddelte, fiel mein Blick immer wieder auf die Bahnlinie, die direkt über dem felsigen, künstlich verstärkten Ufer verläuft. Zweimal fuhren Züge vorbei, der erste beladen mit Holz, Chemikalien und Öl, der zweite, Waggon nach Waggon, gefüllt mit schwefelarmer Kohle aus dem Powder River Basin.

Geradeaus überquerte die Bahnlinie eine kleine Brücke mit einer brackigen Flussmündung auf der Uferseite der Gleise. Die Schwellen der Brücke bestanden aus massiven, drei Meter langen Balken, die mit Kreosot (Teeröl) getränkt waren. Ich bin an heißen Sommertagen über diese Gleise gelaufen, und der Gestank von Kreosot lag in der Luft.

Es gibt mehr als eine Million Eisenbahnkilometer auf der Welt (eine konservative Zahl, da Bereiche mit mehreren parallelen Gleisen als eine einzige Eisenbahnlinie gezählt werden).[77] Alle diese Schienen werden von Eisenbahnschwellen getragen, und 93 Prozent dieser Schwellen sind aus Holz (die meisten anderen sind aus Beton, der, wie wir bereits erwähnt haben, seine eigenen Probleme hat). In den USA gibt es etwa 2.000 Schwellen pro Kilometer Eisenbahnstrecke. Diese Zahl variiert weltweit; in England sind es etwa 1.600. Ein vernünftiger Schätzwert für den weltweiten Durchschnitt wäre 1.875 Schwellen pro Kilometer, was bedeutet, dass es auf der Welt etwa 1,875 Milliarden Eisenbahnschwellen gibt, von denen etwa 1,7 Milliarden aus Holz sind. Jede dieser Schwellen wurde aus einem lebenden Baum, in der Regel einem Laubbaum, hergestellt.

In den USA sind Rot- und Weißeichen aus dem Mittleren Westen die Hauptquelle für Eisenbahnschwellen. Die durchschnittliche Lebensdauer einer hölzernen Eisenbahnschwelle liegt zwischen 33 und 50 Jahren, was bedeutet, dass jedes Jahr zwischen 2 und 3 Prozent der Holzschwellen ersetzt werden müssen. Weltweit bedeutet das, dass jedes Jahr etwa 35 bis 50 Millionen hölzerne Eisenbahnschwellen ersetzt werden müssen.[78] Das bedeutet verdammt viel Holzeinschlag für eine schöne grüne Eisenbahnstrecke.

Natürlich ist die Verbindung zwischen Holzeinschlag und Eisenbahn noch weitaus gravierender. In den 1860er und 70er Jahren vergab die US-Regierung viele Millionen Hektar Land an Eisenbahngesellschaften, die dann oft Tochtergesellschaften für den Holzeinschlag gründeten. Viele der größten Holzunternehmen Nordamerikas – darunter Weyerhaeuser, Potlatch, Boise Cascade und Plum Creek – haben einen Großteil ihres Besitzes aus den 40 Millionen Hektar Bundesland, die der Northern Pacific Railroad zur Verfügung gestellt wurden. Dieser 160 Kilometer breite und 3.200 Kilometer lange Streifen erstreckte sich von den Großen Seen bis in den Westen des Staates Washington, und ein großer Teil dieses Landes – ein Gebiet größer als Florida – gehört immer noch den Holzunternehmen.

Nachdem sie aus dem Baumstamm geschnitten und zurechtgesägt wurden, wird jede Schwelle gegen Fäulnis behandelt. Dazu werden die Schwellen in einen großen versiegelten Zylinder gelegt, der dann mit flüssigem Kreosot gefüllt und für mehrere Stunden mit 10 Bar unter Druck gesetzt wird.[79] Bislang wurden mehr als 300 chemische Verbindungen in Kreosot identifiziert, von denen viele als krebserregend, teratogen (Geburtsschäden verursachend) und mutagen (genetische Mutationen verursachend) bekannt sind. Neben den bekannten chemischen Stoffen gibt es Tausende weiterer Substanzen in Kreosot, die nicht auf ihre gesundheitlichen Auswirkungen hin untersucht oder überhaupt chemisch identifiziert worden sind. Ein paar Tropfen Kreosot auf der menschlichen Haut reizen und verbrennen das Gewebe. Größere Dosen (eingeatmet, gegessen oder auf der Haut) führen zu übermäßigem Speichelfluss, Erbrechen, Atemnot, Kopfschmerzen, Schwindel, Verlust der Pupillenreflexe, Zyanose, Unterkühlung, Krämpfen, Koma, Multiorganversagen, Schock, Azidose, Atemdepression, Nierenversagen und Tod. Das American Wood Preservers Institute schätzt, dass allein in den USA jedes Jahr etwa 124 Millionen Liter Kreosot als Holzschutzmittel verwendet werden; die weltweite Produktion liegt wahrscheinlich eher bei 500 Millionen Litern.[80]

Kreosot bleibt nicht dort, wo es ausgebracht wurde. Etwa 15 Prozent des Kreosots in einer Eisenbahnschwelle gehen im Laufe ihrer Nutzungsdauer verloren (und natürlich wird der Rest entweder auf Mülldeponien entsorgt oder verbrannt). Jede der 1,7 Milliarden hölzernen Eisenbahnschwellen auf der Welt gibt derzeit Giftstoffe an den umliegenden Boden und das Wasser ab.[81]

Erschwerend kommt hinzu, dass die Züge in der Regel durch das flachste verfügbare Land in den Talsohlen fahren, wo sich das Wasser auf natürliche Weise sammelt und Feuchtgebiete entstehen.

Abgesehen von Kreosot haben Züge viele der gleichen Probleme, die wir auch bei anderen Technologien gesehen haben. Die meisten Züge werden mit Dieselkraftstoff betrieben, und diejenigen, die nicht mit Diesel fahren, verwenden energieintensive, umweltschädliche Batteriesysteme. Bahnstrecken tragen zur Zerstörung und Fragmentierung von Lebensräumen bei und töten Tiere. Die Züge selbst sind aus Stahl; ein durchschnittlicher unbeladener Waggon wiegt 25 bis 30 Tonnen, und die Lokomotiven können 200 Tonnen wiegen. Dies ist keine umweltfreundliche Technologie und wird es auch nie sein.

Ein Präriehundedorf in Colorado wurde kürzlich vergiftet, um Platz für ein neues Stadtbahnprojekt zu schaffen. Präriehunde sind eine Schlüsselart, und mehr als 99 Prozent von ihnen sind seit der Ankunft der Europäer ausgerottet worden.[82]

Wie war das mit nachhaltigem Transport?

9. Anstrengungen in Richtung null Abfall
Der einzige Weg zu null Abfall besteht darin, Abfall zu produzieren, der jemand anderem als Nahrung dient, und zwar in Mengen, die für das Land nützlich sind. So funktioniert die Natur. So *ist die* Natur. Genau so.

Die Industrie funktioniert nicht so. Schlacke ist keine Nahrung. Kunststoffe sind keine Nahrung. Nanokohlenstoffmaterialien sind keine Nahrung.

Wir haben bereits gefragt, woher die Metalle für Ihre Stadt kommen, woher die Ziegelsteine kommen. Was meinen die Grünen, wohin die zerbrochenen Ziegelsteine gehen? Wo kommen ihrer Meinung nach die Autowracks hin? Die mit Kreosot getränkten Eisenbahnschwellen?

Selbst Materialien, die in kleineren Mengen als Nahrung dienen würden – Fäkalien zum Beispiel sind Nahrung für zersetzenden Organismen und den Boden selbst – werden giftig, wenn es zu viele Menschen gibt. Die Fäkalien müssen irgendwo hin.

Genauso wenig wie leuchtend grüne Feen auf magische Weise unsere Computer aus dem Nichts erscheinen lassen, nehmen sie auf magische Weise unsere kaputten Computer wieder an sich und legen dafür Geldstücke unter unser Kopfkissen.

Es geht nicht darum, dass die Bemühungen um eine Verringerung der von den Städten verursachten Schäden wertlos sind. Ich habe Freunde, die in diesem Bereich großartige Arbeit leisten. Der Punkt ist, dass diese Arbeit nicht ausreicht. Und der eigentliche Punkt ist, dass sie aus funktionalen Gründen niemals ausreichend sein kann.

Ja, die Menschen, die in den Städten arbeiten, sollten daran arbeiten, die Versorgungskette umweltfreundlicher zu gestalten und ein besseres Regenwassermanagement einzuführen. Aber wir sollten niemals glauben, dass diese schrittweisen Reformen die grundlegende Natur der Städte verändern, erdzerstörende Industrien ersetzen oder das Machtsystem infrage stellen, das den Planeten tötet. Stattdessen sollten wir unsere Energie auf den organisierten politischen Widerstand gegen dieses System und auf den Schutz wilder Lebewesen und wilder Gegenden konzentrieren.

Vielleicht sollte man aber auch kollektiv all diese Beweise ignorieren und so tun, als ob die letzten 8.000 bis 10.000 Jahre, in denen Städte Landflächen zerstörten, nichts zu sagen haben. Manche Menschen tun dies. Manche sehen die Beweise für die Zerstörungskraft der Städte sogar als Beweis für ihre Fähigkeit, positive Veränderungen zu bewirken: »Das Wachstum der Städte hat die Klimaveränderungen verursacht«, schreibt der UCLA-Wirtschaftswissenschaftler Matthew Kahn, »aber dieses Wachstum ist es auch, das uns aus den Klimaveränderungen herausführen wird.«

Natürlich kann er keine Beweise für seine Behauptung vorlegen, dass Wachstum das Problem der Klimaveränderungen lösen wird, denn es gibt keine. Alle Beweise deuten auf das Gegenteil hin. Und zwar so sehr, dass Klimawissenschaftler das Wirtschaftswachstum häufig als Indikator für die Treibhausgasemissionen verwenden.

Kahn ist mit diesem Wahnsinn nicht allein. Zum Leidwesen des Planeten hat er viele Freunde. Zum Beispiel: »Wachstum ist unvermeidlich und wünschenswert«, sagt der Verfechter des »intelligenten Wachstums« Edward T. McMahon.

Dem gegenüber stehen die Worte des Radioökologen Robert Baker, der die Regeneration von Habitaten in Sperrzonen um Atomunfälle untersucht: »Typische menschliche Aktivitäten [womit er natürlich typische zivilisierte, urbanisierte menschliche Aktivitäten meint] sind für die Artenvielfalt und den Reichtum der lokalen Flora und Fauna verheerender als die schlimmste Kernkraftwerkskatastrophe.«

Und stellen Sie den leuchtend grünen Wahnsinn diesem Kommentar des Degrowth-Ökonomen Timothée Parrique gegenüber: »Die Gültigkeit des grünen Wachstumsdiskurses beruht auf der Annahme einer absoluten, dauerhaften, globalen, großen und schnellen Entkopplung des Bruttoinlandsprodukts von allen kritischen Umweltbelastungen. Das Problem ist: Es gibt keine empirischen Beweise dafür, dass eine solche Entkopplung jemals stattgefunden hat. Dies gilt für Materialien, Energie, Wasser, Treibhausgase, Land, Wasserverschmutzung und den Verlust der biologischen Vielfalt, bei denen die Entkopplung entweder nur relativ oder nur vorübergehend oder nur lokal zu beobachten ist. In den meisten Fällen ist die Entkopplung relativ. Wenn es zu einer absoluten Entkopplung kommt, wird sie nur während recht kurzer Zeiträume, nur für bestimmte Ressourcen oder Formen von Auswirkungen, für bestimmte Orte und mit sehr geringen Abmilderungsraten beobachtet.«[83]

Die ganze Erzählung von grünen Städten ist in diesem Zitat enthalten: »Wenn wir dichter bauen, verbrauchen wir weniger Energie für den Verkehr (und wenn wir dichter bauen, die Orte fußläufig machen und einen effektiven Nahverkehr einrichten, verbrauchen wir viel weniger Energie für den Verkehr). Wir haben bereits eine Reihe von tiefgreifenden Veränderungen im Lebensstil erlebt, die größtenteils durch gutes Design, technologische Entwicklungen und veränderte kulturelle Präferenzen vorangetrieben wurden. Autofreies und ›autoarmes‹ Leben ist das offensichtlichste Beispiel: In den letzten fünf Jahren haben Millionen von Stadtbewohnern ihr Auto abgeschafft (oder sind von zwei Autos auf eines umgestiegen).«[84] Wer sind diese Stadtbewohner, die ihr Auto loswerden wollen? Aus allen wissenschaftlichen Quellen, die wir finden konnten, geht hervor, dass die Zahl der weltweit genutzten Autos stetig gestiegen ist. Zwischen 1950 und 1970 hat sich die Zahl der Autos weltweit vervierfacht. Bis 1986 stieg sie dann auf 500 Millionen an. Bis 2010 erreichte die Zahl 1 Milliarde, und es gibt keine Anzeichen dafür, dass diese Zahl nicht weiter steigt.[85] Die Produktion von Neufahrzeugen ist seit mindestens 1961 mehr oder weniger stetig gestiegen und erreichte 2014 56,4 Millionen.[86] Die Internationale Energieagentur prognostiziert, dass es im Jahr 2035 weltweit 1,7 Milliarden Autos geben wird.[87] In den Vereinigten Staaten wird vom »Peak Car« gesprochen. Ein Artikel der

New York Times aus dem Jahr 2013 mit dem Titel »The End of Car Culture« (Das Ende der Autokultur) suggerierte, dass sowohl die Zahl der Autobesitzer als auch die gefahrenen Kilometer pro Person in den USA ihren Höhepunkt erreicht hätten, vielleicht sogar schon 2005.[88] Es ist jedoch nicht schwer, Zahlen zu finden, die das Gegenteil nahelegen. Der Autobesitz stieg von 133 Millionen im Jahr 2000 auf 137 Millionen im Jahr 2008.[89] Einschließlich Lastwagen und Motorrädern stieg die Zahl der zugelassenen straßentauglichen Fahrzeuge in den USA von 253,6 Millionen im Jahr 2012 auf 273,6 Millionen im Jahr 2018.[90]

Die Zahl der Führerscheininhaber in den USA stieg von 200 Millionen im Jahr 2005 auf 227,5 Millionen im Jahr 2018.[91]

Wo ist diese »tiefgreifende Änderung des Lebensstils«? Das scheint ein Trend zu sein: Befürworter des grünen Wachstums erfinden Dinge. Schockierend, nicht wahr?

Archäologen zufolge existiert unsere Spezies seit etwa 200.000 Jahren. Unsere direkten Vorfahren gibt es seit 6 Millionen Jahren. Städte hingegen gibt es erst seit 8.000 bis 10.000 Jahren. Das bedeutet, dass es Städte erst seit weniger als 5 Prozent der Zeit gibt, in der wir auf diesem Planeten leben. Und selbst in der Zeit, in der es Städte gab, lebte die große Mehrheit der Menschen außerhalb der Städte und kam gut zurecht.

Offensichtlich *brauchen* wir keine Städte.

Die Frage, ob Städte »grün« sein können, ist von grundlegender Bedeutung für unser Überleben als Spezies, ja, für das Überleben der Erde. Die moderne Industriezivilisation zerstört den Planeten in rasantem Tempo, und um diese Zerstörung aufzuhalten, müssen die Menschen die grundlegende Realität der Städte verstehen. Doch viele wohlmeinende Menschen lassen sich von einer Gesellschaft in die Irre führen, die dem technischen Fortschritt huldigt und nichtmenschliche Lebewesen verachtet (über deren Ausrottung Witze gemacht werden und uns nichts bedeuten). Anstatt ihr Mögliches zu tun, die Zerstörung des Planeten aufzuhalten, setzen zahllose Menschen ihre Energie dafür ein, die städtische Lebensweise zu forcieren, die in großem Umfang für die Zerstörung des Planeten verantwortlich ist.

Wenn wir uns wirklich einen lebendigen Planeten wünschen, dann muss die falsche Erzählung von der »grünen Stadt« aufgegeben werden, und damit letztlich auch die Stadt selbst. Nur dann kann die Welt in ihrer ganzen Fülle wiederhergestellt werden.

Kapitel 10

DIE LÜGE VOM GRÜNEN NETZ

Es ist ziemlich offensichtlich, dass der westliche Lebensstil, der auf gigantische Mengen an Elektrizität angewiesen ist, weit mehr Ressourcen verbraucht als ein Leben, das auf Subsistenz beruht. Ein bisschen mehr Armut wäre eine gute Sache. Die Rezession selbst hat die Kohlenstoffemissionen bereits gebremst.

Tom Hodgkinson[1]

Das Stromnetz ist fast überall. Stromleitungen durchqueren Stadtteile, folgen Straßen und ziehen sich an Autobahnen entlang. Sie hängen über Feldern und schneiden Schneisen durch Wälder. Sie sind so alltäglich, dass sie meist ignoriert werden. Dabei spielen sie bei den grünen Lügen eine Schlüsselrolle.

»Alternative« Energie ist – wie jeder industrielle Strom – ohne die Möglichkeit, Strom von zentralen Erzeugungsanlagen zu dezentralen Verbrauchsstellen zu übertragen, nicht sinnvoll. Technisch gesehen ist es möglich, Strom in kleinen Vorrichtungen für erneuerbare Energien zu erzeugen, die sich auf einzelnen Häusern sowie in kleinen Unternehmen und Gemeinden befinden. Die zentrale Stromerzeugung in großen Kraftwerken ist jedoch zwei- bis fünfmal effizienter.[2] Außerdem sind die wichtigsten »erneuerbaren« Energiequellen veränderlich. Stürme bringen Spitzen in der Leistung von Windenergieanlagen, während sie bei ruhigem Wetter überhaupt keinen Strom erzeugen. Auch bei der Solarenergie gibt es Schwankungen. Hier im pazifischen Nordwesten trifft das Sonnenlicht im Durchschnitt mit drei bis vier Kilowattstunden pro Quadratmeter und Tag auf die Oberfläche des Planeten. Diese Zahlen sind in der Mojave-Wüste doppelt so hoch, was die explosionsartige Zunahme von Solarenergiegewinnungsanlagen dort erklärt.[3] Und dabei sind die jahreszeitlichen Schwankungen noch nicht einmal berücksichtigt; in der Mojave-Wüste scheint die Sonne das ganze Jahr über, während sie im Nordwesten im Januar auf null kWh bis zwei kWh pro Quadratmeter pro Tag sinkt. Auch Wasserkraftwerke unterliegen Schwankungen, da Dürreperioden und saisonal niedrige Wasserstände im Sommer und Herbst die Stromerzeugung verringern. Selbst Biomasse ist von der Verteilung über ein Netz abhängig, da sie nur in großem Maßstab einigermaßen effizient ist.

All dies bedeutet, dass man ein Netz braucht, um den Strom von den Orten, an denen er erzeugt wird, zu den Orten, an denen er verbraucht wird, zu verteilen.

Darüber hinaus gibt es große technische Herausforderungen bei der Einspeisung intermittierender (Schwankungen und Unterbrechungen unterworfener) erneuerbarer Energien in das Stromnetz, wenn der Strom aus Tausenden von dezentralen Quellen stammt. Weniger und größere Stromerzeugungsanlagen machen es den Netzbetreibern leichter, mit den Problemen der Intermittenz zu jonglieren.[4]

Aus all diesen Gründen ist die geordnete Verteilung von Strom aus »erneuerbaren Energien« noch stärker vom Netz abhängig als Kohle, Öl und Gas.

Die Befürworter grüner Energie haben die Notwendigkeit eines erweiterten Stromnetzes erkannt. Mark Z. Jacobson und Elaine

Hart schreiben, dass »die zuverlässige Integration erneuerbarer Ressourcen in das Stromnetz einen wichtigen Schritt darstellt … [der] durch die Schwankungen und die Ungewissheit, die mit der Stromerzeugung aus erneuerbaren Ressourcen wie Wind- und Sonnenenergie verbunden sind, erschwert wird.«[5] Auch Lester Brown sieht die Notwendigkeit: »Das US-Stromnetz ähnelt heute dem Straßennetz in der Mitte des 20. Jahrhunderts, bevor das Autobahnnetz gebaut wurde. Was wir heute brauchen, ist das elektrische Äquivalent zum Interstate Highway System.«[6]

Möglicherweise unterschätzt er das Ausmaß des Netzausbaus, der für eine »erneuerbare« Energiewirtschaft erforderlich ist. In einem Bericht des National Renewable Energy Laboratory aus dem Jahr 2017 heißt es: »Der Ausbau der Übertragungsnetze wird eine entscheidende Rolle für die effiziente Nutzung erneuerbarer Ressourcen spielen. … Wenn die Übertragungskapazitäten nicht ausgebaut werden, um die neue Winderzeugung im Westen der Vereinigten Staaten einzubinden, könnte das eine erhebliche Einschränkung der erneuerbaren Energien (15,5 Prozent) bedeuten.«[7] Laut der Studie kann das moderne Stromnetz nur 35 Prozent der Energie aus Windkraft und 12 Prozent aus Solarenergie, also insgesamt 47 Prozent, aufnehmen. Denken Sie daran, dass es sich um elektrischen Strom und nicht um Energie handelt. Im Jahr 2016 belief sich der Stromverbrauch in den USA auf etwa 14 Prozent des gesamten Energieverbrauchs.[8] Das bedeutet, dass das moderne US-Netz nur darauf vorbereitet ist, etwa 6,7 Prozent des gesamten Energiebedarfs durch erneuerbare Energien zu decken. Um dem grünen Mythos gerecht zu werden, muss das Netz erheblich ausgebaut werden.

Von einem »Netz« zu sprechen, ist in mehr als einer Hinsicht falsch. Erstens ist es eher ein Netzwerk als ein Netz. Zweitens handelt es sich nicht um ein einziges Netz, sondern um Hunderte von Netzen auf der ganzen Welt, von denen jedes eine bestimmte Region mit

Strom versorgt. In den Vereinigten Staaten und Kanada sind vier große Netze miteinander verbunden: das westliche, das östliche, das Quebecer und das texanische Netz. (Vielleicht wollen sich die Quebecer und texanischen Sezessionisten ihre Optionen offenhalten.)

Innerhalb einer bestimmten Region fließt der Strom ungehindert zwischen allen Teilen des Netzes. Das gesamte Netz funktioniert im Grunde als ein großer Stromkreis, der an den Kraftwerken beginnt und endet. Teilstromkreise führen zu den einzelnen Haushalten oder Unternehmen. Wenn Sie im Bundesstaat Washington einen Schalter umlegen, könnte der Strom, der Ihre Glühbirne zum Leuchten bringt, aus Wasserkraftwerken am Columbia River, aus Kohlekraftwerken in Utah oder aus Solarkraftwerken in der Mojave-Wüste stammen. In Wahrheit kommt Ihr Strom aus all diesen Quellen.

Zwischen den Regionen fließt immer noch Strom, aber er wird sorgfältig reguliert. Das nordamerikanische Stromnetz könnte man als die größte Maschine der Welt bezeichnen. Es umfasst 4,3 Millionen Kilometer an Übertragungsleitungen, mindestens 70.000 Umspannwerke[9] und mehr als 7.500 Kraftwerke mit jeweils mehr als einem MW Leistung.[10] Es wird von mehr als 3.200 Versorgungsunternehmen betrieben.[11] Dieses Netz ist so komplex, dass selbst Elektroingenieure es nicht vollständig verstehen können. Computermodelle versagen regelmäßig; in der Branche heißt es, das Netz funktioniere in der Praxis, aber nicht in der Theorie.*

Stromschwankungen im Sekundentakt sind mit einem funktionierenden industriellen Stromnetz nicht vereinbar. Die meisten Haushaltsgeräte kommen mit einer Spannungsschwankung von fünf bis 10 Prozent gut zurecht, aber viele industrielle Nutzer benötigen präzise, stabile Ströme. Unterbrechungen oder Unter-

* Natürlich ist die Komplexität des Stromnetzes nichts im Vergleich zur Komplexität etwa eines Waldes, des Wetters oder der Biochemie einer Zimmermannsameise.

versorgung auch nur für Millisekunden können empfindliche Geräte in Mitleidenschaft ziehen.[12]

Da es schwierig ist, die intermittierenden, von Natur aus unvorhersehbaren Stromflüsse von Dutzenden von Energieerzeugungsanlagen zu einer zuverlässigen Netzspannung zu kombinieren, und da es keine netzweite Energiespeicherung gibt, hören wir von Leuten wie Trieu Mai, einem leitenden Analysten des National Renewable Energy Laboratory, Sätze wie: »Das Netz wurde nicht für erneuerbare Energien gebaut.«

Ein weiterer Grund, warum die Netze einen großen Zustrom von Solar- und Windenergie nicht verkraften können, hat mit der Geographie zu tun. Die Gewinnung »erneuerbarer« Energie findet oft weit entfernt von großen Städten statt. Die stärksten und beständigsten Winde in den USA sind östlich der kontinentalen Wasserscheide zu finden, in einem Gebiet, das sich um die Dakotas, Nebraska, Kansas, Oklahoma und Nordtexas erstreckt.[13] Das stärkste und beständigste Sonnenlicht fällt in der Mojave-Wüste. »Wo die besten erneuerbaren Energien sind, gibt es nur wenige Kunden«, resümiert James Hoecker, ein Berater der Übertragungsbranche, der früher für die Federal Energy Regulatory Commission tätig war.[14]

Um Strom aus diesen entlegenen Gebieten in die Bevölkerungs- und Industriezentren zu bringen, muss das Netz erheblich ausgebaut und modernisiert werden.[15] Dies wird weder einfach und billig noch harmlos sein. In einem Bericht des CalTech heißt es, dass die Kompatibilität der Stromnetze mit erneuerbaren Energien »eine der größten technologischen Herausforderungen darstellt, die die Industriegesellschaften je bewältigt haben«.[16]

Da der Netzbetrieb ein Geschäft mit hohen Kosten und geringen Gewinnspannen ist, bietet die Bundesregierung garantierte Gewinnspannen. So wird beispielsweise für das sechs Milliarden Dollar teure »Energy Gateway«-Übertragungsprojekt von PacifiCorp, das sechs westliche Bundesstaaten miteinander verbindet und zum Zeitpunkt der Erstellung dieses Berichts größtenteils fertiggestellt ist, ein Gewinn von 10,3 Prozent garantiert. Diese Subvention verspricht »eine beträchtliche Kapitalrendite für [Warren] Buffett und andere Berkshire Hathaway-Aktionäre«.[17]

Ist es da ein Wunder, dass Unternehmen diesen Plan unterstützen?

Die Stromnetze werden seit der Einführung der industriellen Elektrizität immer weiter ausgebaut, aber dieser Ausbau hat sich in letzter Zeit beschleunigt. In nur zehn Minuten Recherche sind wir auf Hunderte von Nachrichten über gerade abgeschlossene oder geplante Netzausbauprojekte gestoßen. In den USA sind Zehntausende von Kilometern neuer Hochspannungsleitungen geplant oder im Bau.[18] In Vermont wird eine geplante 248 Kilometer lange Hochspannungsleitung 157 Kilometer unter dem Lake Champlain vergraben (das Energieunternehmen wird im Rahmen der Vereinbarung 300 Millionen Dollar über 40 Jahre für die Sanierung zahlen).[19] In Iowa soll eine zwei Milliarden Dollar teure, 800 Kilometer lange Leitung Windenergie nach Illinois transportieren. Ein Anwohner sagt: »Sie verpacken es als ›grünes‹ Projekt, aber ich bin mir nicht sicher, ob es unterm Strich wirklich gut für die Umwelt und gut für alle ist. Ich denke, unterm Strich geht es darum, Profit zu machen. «[20] Rocky Mountain Power und Idaho Power bauen eine 1.600 Kilometer lange Hochspannungsleitung von Wyoming nach Idaho.[21] In Montgomery County, Texas, bedroht eine geplante 138-kV-Leitung zur Versorgung einer neuen Vorstadtsiedlung (»5.000 neue Häuser, mehr als acht Millionen Quadratmeter Bürofläche und 1,2 Millionen Quadratmeter Einzelhandelsfläche«) ein 12.000 Hektar großes Waldschutzgebiet.[22] In New Jersey würde eine geplante 230-kV-Übertragungsleitung durch empfindliche Gebiete des Navesink-Wassereinzugsgebiets verlaufen.[23] In New Mexico soll ein 1,6 Milliarden Dollar teures Hochspannungsübertragungssystem bald Windenergie nach Kalifornien transportieren.[24] Eine geplante Leitung würde 327 Kilometer von Québec nach New Hampshire verlaufen und auf dem Weg dorthin den Bear Brook State Park durchqueren.[25] Allein ein

Unternehmen, Clean Line, plant oder baut fünf große Hochspannungsübertragungsleitungen mit einer Länge von 300 bis 1.200 Kilometer und Kosten von neun Milliarden Dollar.[26] Bei einem garantierten Gewinn von 10 Prozent muss man schon ein Idiot sein, um nicht mitzumachen.

Dieser schnelle Netzausbau findet auch weltweit statt. In Britisch-Kolumbien ist eine neue 550-MW-HGÜ-Leitung mit einer Länge von 177 Kilometer geplant, die unter der Straße von Juan de Fuca zum Bundesstaat Washington verlaufen soll.[27] In Mexiko hat das staatliche Versorgungsunternehmen in den letzten zehn Jahren Dutzende großer Netzausbauprojekte entworfen und gebaut, und viele weitere sind geplant. Die rasante Zunahme von Windenergieanlagen an der Landenge von Tehuantepec hat zu umfangreichen Erweiterungen der Übertragungsleitungen geführt und örtliche Proteste, Blockaden und als Reaktion darauf Polizeigewalt ausgelöst.[28] In Deutschland waren größere Netzausbauten von Anfang an Teil der »Energiewende«. Im Jahr 2012 schätzten die Netzbetreiber, dass Deutschland 3.800 Kilometer an neuen Hochspannungsleitungen benötigen würde – und das nur, um den Ausstieg aus der Kernenergie und nicht aus fossilen Brennstoffen zu erreichen.[29] Das Projekt wurde auf 2.800 Kilometer reduziert und befindet sich im Bau. Zuvor waren bereits weitere 1.850 Kilometer Hochspannungsleitungen in Deutschland geplant oder im Bau.[30] Ein 1.400-MW-Unterwasserkabel nach Norwegen und eine 1.000-MW-Leitung nach Belgien sind in Planung, um das deutsche Netz dort anzubinden.[31] Eine andere Quelle zählt mehr als 8.300 Kilometer geplanter, in Arbeit befindlicher oder fertiggestellter Hochspannungsleitungen als Teil der deutschen Energiewende.[32] Bis 2020 erwartet China, dass 1,6 Millionen Kilometer Hochspannungsleitungen in Betrieb sein werden. Die chinesische State Grid Corporation hat sogar ein globales Stromnetz im Wert von 50 Billionen Dollar vorgeschlagen, das bis 2050 in Betrieb gehen soll, einschließlich massiver Windenergiegewinnungsanlagen am Nordpol.[33]

Wie andere Industrieprojekte zerstören auch Stromnetze Land. Dies geschieht durch die Schaffung und Erhaltung der erforderlichen Pufferzonen entlang der Hochspannungsleitungen. Diese Puffer variieren von etwa 20 bis 120 Meter Breite. Da Pflanzen, die höher als drei oder vier Meter sind, Hochspannungsmasten oder -leitungen beschädigen können, müssen diese Flächen zunächst vollständig gerodet werden. Die optisch auffälligsten Freileitungen, jene in bewaldeten Gebieten, erfordern breite Kahlschläge, die sich über ganze Bergketten hinziehen. Nach der Rodung müssen diese Flächen instandgehalten werden. Herbizide, Kettensägen, Mähmaschinen und Beweidung werden eingesetzt, um die Pflanzen kleinzuhalten, solange die Leitung in Betrieb ist.[34]

Die Wegerechte für Übertragungsleitungen summieren sich in den USA auf mehr als neun Millionen Hektar. Das ist eine Fläche größer als Rhode Island, Delaware, Connecticut und New Jersey zusammen.[35] Diese Zahl steigt, da immer größere und besser vernetzte Stromnetze gebaut werden, um Strom aus Kohle, Öl und Gas sowie »Erneuerbaren« zu verteilen.

Mark Z. Jacobsons Vorschläge für den Übergang zu erneuerbaren Energien enthalten Schätzungen über die Flächen, die durch den Bau neuer Energiegewinnungsanlagen zerstört würden. Für den Bundesstaat Washington schätzt Jacobson, dass neue Wind-, Wasser- und Solarenergieanlagen 0,08 Prozent der Landfläche des Staates (mehr als 145 Quadratkilometer) als Grundfläche beanspruchen würden, einschließlich der Abstände sogar 1,97 Prozent (etwa 3.600 Quadratkilometer). In diesen Zahlen sind die durch den Netzausbau beeinträchtigten Flächen nicht enthalten. Jacobson versucht, diese Auslassung zu rechtfertigen, indem er sagt: »Die tatsächliche Grundfläche eines Übertragungsmastes ist kleiner als die Grundfläche einer Windturbine. Ein Übertragungsmast besteht aus vier schmalen Metallstangen, die in einem gewissen Abstand zueinander stehen und bis zu einem unterirdischen Fundament in den Boden dringen. Auf vielen Fotos von Sendemasten ist zu erkennen, dass unter den Masten mehr Vegetation wächst als um die Masten herum, da die Flächen um die Masten herum oft landwirtschaftlich oder anderweitig genutzt werden, während die Fläche unter den Masten wild bewachsen ist. Da das Land unter den Sendemasten Vegetation und Wildtiere beherbergt, wird dies über den kleinen Bereich der Zufahrtsstraßen hinaus nicht als Eingriff in die Natur betrachtet.«[36]

Das ist aus mehreren Gründen eine bemerkenswerte Aussage. Der erste Grund ist das Fehlen von Beweisen. Jacobsons Betrachtung »vieler Fotos« wird als ausreichend angesehen, um Millionen von Hektar neuer Freileitungen aus der Zählung herauszunehmen.

Zweitens hat Jacobson (unbeabsichtigt) recht, wenn er darauf hinweist, wie zerstörerisch die Landwirtschaft ist. Es stimmt, dass Land, das nicht regelmäßig gepflügt, mit Chemikalien besprüht und abgeerntet wird, mehr Leben beherbergt als Land, das bewirtschaftet wird.[37] Aber sein Vergleich bezieht sich auf Land in schlechtem Zustand und auf anderes Land in einem noch schlechteren Zustand (landwirtschaftliche Flächen). »Weniger schlecht« ist keine Rechtfertigung.

Der dritte Grund, warum Jacobsons Begründungen unsinnig sind, ist die Fragmentierung. Wir haben dies bereits bei unserer Diskussion über Straßen besprochen. Die Fragmentierung des Lebensraums macht das Leben für viele Lebewesen schwierig oder unmöglich. Übertragungskorridore fragmentieren den Lebensraum genauso wie Straßen, indem sie das Land in kleinere isolierte Teile zerschneiden. Diese Auswirkung zu ignorieren, ist für Jacobsons Anliegen nicht von Vorteil. Hoppla. Eigentlich ist das Ignorieren doch gut für seine Sache. Es ist nur nicht gut für die Welt. Und genau das ist unser Punkt.

Schließlich ist das Netz dreidimensional. Es ragt in den Himmel, und wie die meisten unnatürlichen hohen Bauwerke töten auch Hochspannungsmasten Vögel. Eine Metaanalyse von 14 verschiedenen Studien aus dem Jahr 2014 ergab, dass Stromleitungen in den USA jährlich zwischen 12 Millionen und 64 Millionen Vögel durch Kollisionen (85 Prozent der Todesfälle) und Stromschläge töten.[38] Eine frühere Analyse bezifferte die Zahl auf 174 Millionen pro Jahr.[39] Obwohl beide Studien eine relativ große Fehlerspanne aufweisen und der Verlust von Lebensraum als die bei weitem größte Bedrohung für Vögel angesehen wird, ist der Tod durch Stromleitungen heute eine der häufigsten durch den Menschen verursachten Todesursachen für Vögel.

Der Rutgers-Forscher Clinton Andrews ist im Gegensatz zu Jacobson zu dem Schluss gelangt, dass die Übertragungen dem Land noch mehr schaden als die Solar- und Windenergieanlagen, und fügte hinzu, dass »die Herausforderungen für die Standortwahl [eines erneuerbaren Energiesystems], insbesondere für die Übertragung, … abschreckend sind«.[40]

Natürlich bestehen Stromnetze nicht nur aus Übertragungsleitungen. Sie erfordern auch Umspannwerke, Bereitstellungsräume, Depots, Zufahrtsstraßen und mehr. Auch diese zerstören Land. In einem Bericht heißt es: »Die meisten Auswirkungen auf die Gemeinschaft und die Umwelt [durch Umspannwerke] sind dauerhaft. Die umfangreichen Rodungs- und Aushubarbeiten für das Fundament des Umspannwerks führen zu dauerhaften Veränderungen der Bodenbedeckung am Standort. Darüber hinaus ist eine permanente Zufahrtsstraße erforderlich.«[41] Denken Sie daran, dass es in den gesamten Vereinigten Staaten mindestens 70.000 dieser Umspannwerke gibt, von denen einige viele Hektar groß sind. Weitere sind geplant oder im Bau, um Strom aus »erneuerbaren« Energieanlagen zu verteilen.

Öl, Kohle und Gas sind auch für die Herstellung, den Transport, die Montage, die Wartung und die Stilllegung, den Abbau und die Entsorgung von Übertragungsleitungen und -masten unerlässlich. So werden die Masten in der Regel mit Hilfe von Hubschraubern oder großen Kränen errichtet, die mit fossilen Brennstoffen betrieben werden. Diese Masten werden aus Materialien gebaut, die mit

Erdöl transportiert werden, und zwar über Asphalt, der aus fossilem Teer hergestellt wird: Maschinen, die Maschinen herstellen, die Maschinen herstellen.

Für die Hochspannungsmasten selbst wird Stahl benötigt, etwa sechs Tonnen für einen typischen mittelgroßen Hochspannungsmast. Und es gibt zwischen vier und zehn Masten pro Meile.[42] Selbst wenn man die niedrigere Zahl – vier Masten pro Meile – zugrunde legt, ergibt sich bei sechs Tonnen Stahl pro Mast und 4,3 Millionen Kilometer Hochspannungsleitungen eine Größenordnung von 65 Millionen Tonnen Stahl im US-Hochspannungsnetz allein in den Masten. Dabei ist der Stahl für die Fundamente, Transformatoren, Umspannwerke und Leitungen noch gar nicht berücksichtigt.

Für das Fundament eines jeden Hochspannungsmastes wird außerdem Beton benötigt. Man schätzt, dass für jeden Mast zwischen 45 und 65 Kubikmeter Beton benötigt werden. Das sind zwischen 96 und 138 Tonnen, was bedeutet, dass die Menge an Beton in den Hochspannungsmasten in den USA – wiederum unter Verwendung der niedrigsten Zahl – vielleicht eine Milliarde Tonnen beträgt. Das macht die Welt nicht besser.

In der grünen Fantasie werden die Stromnetze der nächsten Generation auf der Grundlage von »Supraleitern« gebaut, komplexen Materialien, die den Stromverlust verringern (in den USA gehen etwa 10 Prozent des Stroms bei der Übertragung verloren). Diese Supraleiter erfordern immer eine komplexe Produktion unter Verwendung giftiger Materialien. Viele supraleitende Drähte bestehen beispielsweise aus Yttrium-Barium-Kupferoxid-Legierungen. Eine andere gängige Formel ist Oxid auf Bismutbasis. In diesen Fantasien wird Hochdruck-Heliumgas oder flüssiger Stickstoff als Kühlsystem verwendet.[43]

Allein in den Vereinigten Staaten besteht das Netz bereits aus 4,3 Millionen Kilometern an Übertragungsleitungen. Und ein erweitertes Netz soll mit Hochdruck-Heliumgas und flüssigem Stickstoff gekühlt werden?

Wir haben zwei Fragen. Erstens: Was wäre erforderlich, um eine Infrastruktur zu bauen und zu unterhalten, die mehr als 4,3 Millionen Kilometer supraleitenden Draht kühlt? Und zweitens, was rauchen diese Leute? Noch einmal: Supraleiter werden die Welt nicht besser machen.

Der Aufbau eines funktionierenden Netzes, das »erneuerbare« Energien integriert, ist schwierig, aber mit genügend Geld aus öffentlichen Subventionen und privaten Investitionen ist es wahrscheinlich möglich. Aber das ist keine gute Sache. Das neue Netz sieht dem alten sehr ähnlich. Es liefert Strom an Fabriken und Wohngebiete (und jetzt auch an Autos). Der Strom, den es liefert, wurde durch Prozesse erzeugt, die den Planeten zerstören. Das Netz selbst zerstört den Planeten durch seine Produktion, seine Installation, seinen Betrieb und seine Wartung. Anstatt für mehr Netze zu werben, sollten wir sie bekämpfen, ja sogar abschaffen.

Viele Menschen wehren sich gegen die neuen Netzausbauten. Von Mexiko bis Iowa, von Afghanistan bis New Jersey wehren sich die Gemeinden. Selbst Menschen, die keine Umweltschützer sind, wollen nicht in der Nähe von Hochspannungsleitungen leben. Sie sind laut, hässlich und können Gesundheitsprobleme verursachen. Vernünftige Menschen erkennen, dass die Zerstörung von Land für große Infrastrukturprojekte nicht nachhaltig ist, ganz gleich, wie sie genannt wird.

Kapitel 11

DIE WASSERKRAFTLÜGE

Dass irgendjemand versuchen würde, einen solchen Ort zu zerstören, scheint unglaublich; aber die traurige Erfahrung zeigt, dass es Menschen gibt, die gut genug und schlecht genug für alles sind. Die Befürworter des Staudammprojekts bringen viele schlechte Argumente vor, um zu beweisen, dass das einzig Richtige, was man mit den Volksparks tun kann, darin besteht, sie Stück für Stück zu zerstören, so wie es ihnen möglich ist. Diese Tempelzerstörer, Anhänger des rücksichtslosen Kommerzes, scheinen die Natur vollkommen zu verachten und erheben ihre Augen nicht zum Gott der Berge, sondern zum allmächtigen Dollar … Ebenso gut könnte man die Kathedralen und Kirchen des Volkes als Wassertanks verwenden, denn kein heiligerer Tempel ist je vom Herzen des Menschen geweiht worden.

John Muir[1]

Der Columbia River ist ein dunkles Gewässer von 400 Meter Breite. Am anderen Ufer erheben sich dichte grüne Wälder, die von schwarzen Basaltklippen durchbrochen sind. Ein Wasserfall, klein aus der Entfernung, durchschneidet diese Klippen.

Der Anblick wäre wunderschön, wären da nicht die Hochspannungsleitungen im Hintergrund.

Und noch etwas ist nicht in Ordnung. Der Fluss. Er ist zu langsam. Wenn man es nicht besser wüsste, könnte man meinen, man hätte es mit einem Stausee zu tun. Das sollte eigentlich nicht sein.

Flussabwärts bringt der 800 Meter breite Bonneville-Damm den Columbia zum Stillstand. Als der Damm 1937 gebaut wurde, war Bonneville der größte Staudamm der Welt. Heute ist er einer der kleinsten der 14 großen Dämme am Hauptstrom des Columbia und einer von mehr als 500 Dämmen im Wassereinzugsgebiet.

Der Columbia River war einst so prächtig wie andere, heute zerstörte Wunder, wie zum Beispiel die Wandertaube, von denen es vielleicht fünf Milliarden gab. Der große Naturforscher John James Audubon beschrieb, wie »die Luft buchstäblich voller Tauben war; das Licht des Mittags wurde wie durch eine Finsternis verdunkelt«.[2] Diese dauerte drei Tage. Es gibt Beschreibungen von Bisonherden, die vier Tage brauchten, bis sie vorbeigedonnert waren. Oder Beschreibungen, wie an einem beliebigen Fluss im pazifischen Nordwesten zuverlässig und vorhersehbar alle 15 Minuten ein Grizzlybär auftauchte. Sie sind alle verschwunden.

Lachse und andere Wanderfische wie Neunaugen und Goldlachs lebten in den mehr als 21.000 Kilometer des Columbia und seiner Nebenflüsse. Konservative Schätzungen gehen von 10 bis 16 Millionen Lachsen aus, die früher jedes Jahr den Columbia hinaufschwammen.

Zwischen 1890 und 1974 blockierte der Bau von Staudämmen auf etwa der Hälfte des Wassereinzugsgebiets des Columbia River die Fischwanderung. Heute ist der Columbia das am stärksten gestaute Wassereinzugsgebiet der Welt, mit überschwemmten Wäldern, verschwundenen Stromschnellen, blockierten Fischen und aufgestautem Schlamm.

Staudämme in Verbindung mit Abholzung, globaler Erwärmung, Landwirtschaft und industriellem Fischfang bringen die Lachse zum Aussterben. Die Zahl der Wildlachse im Columbia River beträgt nur noch etwa zwei Prozent ihres historischen Bestandes. Der Stint hat einen ähnlichen Einbruch erlitten, und die Zahl der Neunaugen ist sogar noch geringer.[3] Es gibt nur noch einen einzigen frei fließenden Abschnitt des Columbia River: Hanford

Reach, ein 80 Kilometer langer Flussabschnitt im Osten des Staates Washington.

Hanford Reach ist eine Militäranlage, in der seit den 1940-er Jahren Plutonium für 60.000 Atomwaffen hergestellt wurde, darunter auch für die Bomben auf Hiroshima und Nagasaki. Seit den Anfängen bis heute sind aus der Anlage Atommüll und Strahlung ausgetreten, was Hanford zu dem am stärksten radioaktiv belasteten Standort in den USA und zu einem der giftigsten Orte der Welt gemacht hat. Der größte Teil der hochradioaktiven Abfälle in Hanford – 200.000 Kubikmeter– wird in unterirdischen Tanks gelagert, nein: in unterirdischen Tanks gelagert, *die seit Jahrzehnten undicht sind*. Schätzungsweise 3.800 Kubikmeter radioaktiven Abwassers gelangen über das Grundwasser in den Columbia River.*

Paradoxerweise ist Hanford Reach derzeit für Fische der wichtigste Abschnitt des Columbia River, da der Rest des Flusses durch die Dämme so stark zerstört wurde. 43 Fischarten – darunter ein großer Teil der verbliebenen Lachse und Forellen – nutzen diesen Teil des Flusses zum Laichen oder für einen anderen Lebensabschnitt.[4] Das bedeutet, dass Hanford Reach – die am stärksten radioaktiv verseuchte Zone in den Vereinigten Staaten – auch der Abschnitt des Columbia River ist, in dem am meisten Leben zu finden ist; oder genauer gesagt, der Abschnitt, der im Vergleich zum Rest des Columbia River am wenigsten lebensfeindlich ist.

Dies ist kein Kommentar zum Atommüll. Dies ist ein Kommentar zur Zerstörungskraft von Staudämmen.

Es gab eine Zeit, da wurden Staudämme als die Umweltgreuel erkannt, die sie sind. Die Menschen verstanden, dass Dämme Flüsse

* Bechtel – der multinationale Baukonzern, der das Sonnenwärmekraftwerk Ivanpah errichtet hat und zudem Kohle- und Kupferminen betreibt und Flughäfen, Gaskraftwerke, Staudämme usw. baut – ist auch für milliardenschwere Verträge in Hanford zuständig.

von der Quelle bis zum Meer zerstören. Sie wussten, dass Dämme Wälder, Sümpfe und Wiesen zerstören.

Im 12. Jahrhundert erließ Richard Löwenherz (König Richard I. von England) ein Gesetz, das Dämme verbot, die das Weiterschwimmen von Lachsen verhinderten. Im 14. Jahrhundert erließ Robert the Bruce ein ähnliches Gesetz für Schottland. Sein Nachfahre Robert III. ging sogar noch weiter und erklärte, dass dreimaliges Töten von Lachsen außerhalb der Saison ein Kapitalverbrechen sei.

Heute wird behauptet, Staudämme würden »saubere« und »grüne« Energie liefern.

Wo ist Robert III., wenn man ihn braucht?

Noch vor drei Jahrzehnten waren zumindest die Umweltschützer konsequent gegen Staudämme. Aber der Umschwung, der die Umweltbewegung, die zuvor den Schutz der realen Welt im Blick hatte, in eine Lobby der favorisierten Sektoren der industriellen Wirtschaft verwandelt hat, hat Staudämme rhetorisch zu Umweltrettern gemacht. Und Klimawandel-Aktivisten gehören zu den unerbittlichsten Missionaren für das Evangelium des grünen Staudamms.

Dies ist eine dringliche Angelegenheit. Während hier in den Vereinigten Staaten seit vielen Jahren keine neuen Großstaudämme mehr gebaut wurden (obwohl viele fertig geplante Projekte auf öffentliche Gelder warten), werden auf der ganzen Welt große Wasserkraftwerke so schnell wie (un)möglich gebaut.

Der Umweltingenieur Mark Z. Jacobson ist wieder einmal ein Beispiel für jemanden, der alles daran setzt, den Planeten zu zerstören, um ihn zu retten, wie es scheint. Seine Pläne für eine 100-prozentige Umstellung auf »erneuerbare« Energien – und vergessen Sie nicht, dass die Hellgrünen und viele Mainstream-Umweltschützer diesen Mann lieben – sehen den Bau von etwa 270 neuen großen Wasserkraftdämmen weltweit vor, von denen jeder mindestens so groß ist wie der Hoover- oder der Glen-Canyon-Damm.[5] Außerdem fordert er eine umfangreiche Erweiterung bestehender Dämme durch neue Turbinen. Seine Modelle stützen sich stark auf die Wasserkraft, da Solar- und Windkraftanlagen von Natur aus sehr viel unregelmäßiger und unzuverlässiger sind.

Abgesehen von all den inhärenten Nachteilen der »erneuerbaren Energien« würde sein Plan wahrscheinlich nicht einmal funktionieren. Seine Vorschläge wurden kürzlich von einer Gruppe von Wissenschaftlern in Frage gestellt, die schrieben, dass Jacobsons Forschung »Fehler, unangemessene Methoden und unplausible Annahmen« enthält – insbesondere in Bezug auf die Wasserkraft.[6] Jacobsons Reaktion bestand jedoch nicht darin, seinen Kritikern das Gegenteil zu beweisen, was er natürlich nicht kann, sondern sie und die mit ihnen verbundenen Organisationen auf Millionen von Dollar zu verklagen. (Seine Klage wurde als unseriös abgewiesen, und er wurde zur Zahlung der Anwaltskosten für die Beklagten verurteilt.)

In einem von Jacobsons Modellen wird die Wasserkraft in den USA bis 2055 eine Spitzenleistung von 1.300 Gigawatt erbringen. Das ist etwa das 15-fache der derzeitigen nationalen Wasserkraftkapazität. Kritiker von Jacobsons Arbeit weisen darauf hin, dass Staudammabflüsse dieser Größenordnung katastrophale Folgen für die Wasserlebewesen hätten, die diese Flüsse ihr Zuhause nennen.[7] Sie weisen zudem darauf hin, dass die von Jacobson angestrebte Kapazität »physikalisch unmöglich« sei.

Eine Art, wie Staudämme Flüsse zerstören, ist das Töten von Insekten, welche die Nahrung für Dutzende von anderen Arten sind. Eine Studie aus dem Jahr 2016 ergab, dass der »Schwallbetrieb« – der Vorgang, bei dem in den Stunden mit hoher Nachfrage mehr Wasser durch einen Wasserkraftdamm geleitet wird – zu schnell schwankenden Wasserständen an den Ufern von Stauseen stromaufwärts und an den Flussufern stromabwärts führt. Solche Trockenperioden sind verheerend für Eintagsfliegen, Köcherfliegen und andere Insektenarten, die ihre Eier in seichtem Wasser ablegen. Nur sehr wenige ihrer Eier sind in der Lage, so kurze Nass-Trocken-Zyklen zu überleben. Wenn sie nicht überleben, wirkt sich das auf das Nahrungsangebot für Fische und zahllose andere Arten aus, die auf Insekten und ihre Larven angewiesen sind.[8]

Costa Rica gewinnt 80 Prozent seines Stroms aus Wasserkraft. Die Medien haben dies schnell als grünes Wunder bezeichnet. *The Independent, Treehugger, Quartz, Science Alert, Time, Inhabitat, Fast Company* und viele andere Nachrichtenmedien schwärmen routinemäßig davon, dass Costa Rica fast seinen gesamten Strom aus Wasserkraft gewinnt. Wie üblich wird in den Artikeln Elektrizität mit Energie verwechselt, wenn *Treehugger* beispielsweise von »99 Prozent erneuerbarer Energie« schreibt. *Inhabitat, The Independent* und (ironischerweise) *Science Alert* machen alle den gleichen Fehler. In der Zwischenzeit hat Costa Ricas »explosives Wachstum bei Privatfahrzeugen« die Benzinnachfrage allein im Jahr 2016 um elf Prozent steigen lassen.[9]

Unausgesprochen bleibt der ökologische Schaden, der durch Staudämme verursacht wird. Neben den beträchtlichen Kohlenstoffemissionen, die durch den Beton, den Stahl, die Lastwagen und die für den Bau der Dämme erforderliche Landrodung verursacht werden, sind die durch die Dämme geschaffenen Stauseen eine wichtige Quelle für Treibhausgasemissionen.

Stauseen sind für mindestens 1,3 bis 4 Prozent der weltweiten Treibhausgasemissionen verantwortlich.[10] Ein einziger Staudamm im brasilianischen Amazonasgebiet, Tucuruí, setzt schätzungsweise allein mehr Emissionen frei als São Paulo, die fünftgrößte Stadt der Welt.[11] Laut dem brasilianischen Nationalen Institut für Weltraumforschung sind Stauseen »die größte einzelne anthropogene Methanquelle, die für 23 Prozent aller durch menschliche Aktivitäten verursachten Methanemissionen verantwortlich ist.« Philip Fearnside, ein Forscher am brasilianischen Nationalen Institut für Forschung im Amazonasgebiet, bezeichnet Staudämme in den Tropen als »Methanfabriken«. Seit dieser Aussage hat die Forschung gezeigt, dass Stauseen in gemäßigten Regionen in ähnlicher Weise beschrieben werden können: Die herkömmliche Annahme, dass Stauseen in gemäßigten Klimazonen nicht viel Methan produzieren, ist hinfällig. Da die Daten so neu sind und die Emissionen »weitaus höher als bisher angenommen sind«, werden diese Emissionen in den globalen Verzeichnissen der Treibhausgasemissionen nicht berücksichtigt. Der Hauptautor einiger der neuen Forschungsarbeiten sagt, dass selbst die revidierten Emissionsschätzungen wahrscheinlich zu niedrig seien.[12]

In dem 2013 erschienenen Buch *Climate Governance in the Developing World* (Klima-Governance in der Dritten Welt) heißt es zu den Staudämmen in Costa Rica: »Diese [Stauseemethan-]Emissionen werden jedoch weder gemessen noch bei der Berechnung der Kohlenstoffbilanz Costa Ricas berücksichtigt. In Anbetracht der Tatsache, dass der Strombedarf des Landes in absehbarer Zukunft um sechs Prozent pro Jahr steigen wird und der Großteil davon durch eine erhöhte Wasserkraftproduktion gedeckt werden soll, würde die Einbeziehung solcher Emissionen in die Neutralitätsberechnungen es dem Land wahrscheinlich sehr schwer machen, seine Ziele [zur Reduzierung der Treibhausgasemissionen] jemals zu erreichen.«[13]

All dies wird von den Energieversorgungsunternehmen als unbequeme Wahrheit ignoriert, oft auch von den staatlichen Aufsichtsbehörden und natürlich von den hellgrünen Umweltschützern, die Costa Rica weiterhin als eine Art Erfolgsgeschichte in Sachen Kohlenstoff und Umwelt preisen.

Wasserkraft als »kohlenstofffreie« Energie wurde im Kyoto-Protokoll und in den UN-Vereinbarungen zum Klimawandel festgeschrieben. Unter diesem Deckmantel investieren die Weltbank, der Internationale Währungsfonds und andere große Geldgeber Hunderte von Milliarden Dollar in den Bau von Staudämmen.

Weltweit sind etwa 3.700 große Staudämme für Wasserkraftwerke geplant oder im Bau.[14] Allein in Brasilien würden 60 geplante oder im Bau befindliche Dämme 3 Prozent des Amazonas überfluten – ein Regenwaldgebiet von der Größe Michigans.[15] Einschließlich der Projekte in Brasilien gibt es mehr als 500 geplante, im Bau befindliche oder fertiggestellte Dämme im Amazonasbecken. Der Bau der geplanten Dämme würde, in den Worten eines Flussforschers, »massive Umweltschäden auf dem gesamten Weg von den östlichen Hängen der Anden bis zum Atlantischen Ozean«[16] verursachen.

Große Staudammprojekte zerstören nicht nur Flüsse, sondern untergraben oder zerstören auch die Rechte indigener Völker. Die indigene Lenca-Aktivistin Berta Cáceres sagte, Megastaudämme seien »schlimmer als Kolonisierung«.[17] Gewalt gegen indigene Menschen, die gegen Staudämme kämpfen, ist an der Tagesordnung. Im Jahr 2016 wurde Berta Cáceres nach jahrelanger Organisation des Widerstands, der Initiierung von Straßenblockaden und dem Erleiden von Todesdrohungen und Angriffen durch private Sicherheitsdienste in ihrem Haus von bewaffneten Männern ermordet. Ein Kollege, Nelson García, wurde zwölf Tage später niedergeschossen. Es waren nicht die ersten Todesfälle in diesem besonderen Krieg. Drei Jahre zuvor wurde Tómas Garcia von einem Soldaten erschossen, als er gegen denselben Staudamm von Agua Zarca protestierte. Andere Widerstandskämpfer wurden verprügelt, sexuell missbraucht und gefoltert. Seit 2010 wurden mindestens 124 honduranische Aktivisten, die gegen Staudämme, Abholzung, Minen und touristische Resorts protestierten, ermordet.[18]

Die Unterwerfung der indigenen Bevölkerung im Dienste der »grünen« Wasserkraft findet nicht nur im Globalen Süden statt. Trotz des jahrzehntelangen Widerstands der indigenen Bevölkerung hat BC Hydro in Kanada 2015 mit den Vorarbeiten zu seinem neuesten Großstaudamm, dem Site C »Clean Energy Project«, begonnen. Es wird erwartet, dass der Site-C-Damm 15.000 Hektar des Peace-River-Tals in Alberta überflutet, einschließlich Tausender kultureller Stätten und Jagd- und Fischereigebiete sowie Versammlungsplätze. Außerdem wird dadurch eine der wichtigsten Wildtierpassagen im Wanderkorridor vom Yellowstone zum Yukon unterbrochen. Okanagan Grand Chief Stewart Phillip und Ben Parfitt schreiben, dass die ganze Region »wie ein riesiges industrielles Martergebiet aussieht. Schritt für Schritt werden hier umweltzerstörerische Maßnahmen durchgeführt. Nirgendwo sonst in Britisch-Kolumbien finden große Wasserkraftwerke, Holzeinschlag, Bergbau und Erdgasindustrie gleichzeitig statt.«[19] In den letzten Jahren haben indigene Völker in Kanada auch gegen andere große Staudammprojekte gekämpft, darunter die Muskrat Falls in Labrador und der Keeyask Dam in Manitoba.

Staudämme sind ein wichtiger Mechanismus bei der Landzerstörung und beim Landraub. Hier sind zwei Beispiele aus Costa Rica. Der Reventazón-Staudamm, der Ende 2016 fertiggestellt wurde, ist der größte Staudamm in Mittelamerika und wurde entlang eines kritischen Korridors für Wildtiere gebaut. Die Methanemissionen dieses Stausees wurden natürlich überhaupt nicht berücksichtigt und werden in die nationalen Berechnungen nicht einbezogen. Der in der Nähe geplante Staudamm El Diquís würde in der Nähe der Osa-Halbinsel gebaut, die als »der Ort mit der größten Artenvielfalt auf der Erde« bezeichnet wird.[20] Dieser geplante Staudamm, der größer als Reventazón ist, wird seit Jahren von indigenen Gruppen angefochten. Er würde fast 15.000 Hektar Wald und indigenes Land der Völker Curré, Boruca, Guaymi, Bribri, Ujarrás, Cabagra und Salitre überfluten. Um das Projekt voranzutreiben, hat die costa-ricanische Regierung »die Bevölkerung einer Propagandakampagne unterzogen, die speziell darauf abzielte, sie zu täuschen, was die [Regierung] dann als formelle Konsultationen bezeichnete«.[21] Das Kraftwerk für den Diquís-Staudamm würde flussabwärts des Staudamms im Térraba-Sierpe-Feuchtgebiet errichtet, dem wichtigsten Mangrovengebiet in Mittelamerika und einem Gebiet, das durch einen internationalen Vertrag zum Schutz von Feuchtgebieten (die Ramsar-Konvention) geschützt ist. Trotz des Übereinkommens wird das Kraftwerk schätzungsweise 750 Hektar des Feuchtgebiets zerstören.[22] Ländliche

Gemeinden in Costa Rica haben sich auch gegen die für den Staudamm erforderlichen Übertragungsleitungen gewehrt, die Teil des massiven SIEPAC-Projekts (Integración de sistemas eléctricos y de comunicación) zur Verbindung der zentralamerikanischen Energie- und Kommunikationsinfrastrukturen sind und für deren Schneisen Hunderte von Kilometern einheimischen Waldes abgeholzt würden.

Die Weltkommission für Staudämme schätzt, dass mindestens 40 bis 80 Millionen Menschen durch Staudämme vertrieben worden sind. Durch den Yacyretá-Damm an der Grenze zwischen Argentinien und Paraguay wurden 68.000 Menschen vertrieben. Durch den Sobradinho-Damm in Brasilien wurden 60.000 Menschen vertrieben. Durch den Itaipu-Damm zwischen Brasilien und Paraguay wurden 59.000 Menschen vertrieben. Und so weiter.[23]

Der Itaipu-Damm ist einer der größten Staudämme der Welt. Mit einer Länge von fast acht Kilometern und einer Höhe von über 200 Metern erzeugt der Itaipu-Staudamm mehr Strom als jeder andere Wasserkraft-Staudamm (durchschnittlich fast zwölf GW im Jahr 2016). Zwei Nationalparks – Sete Quedas in Brasilien und Saltos del Guiará in Paraguay – wurden 1981 von der herrschenden brasilianischen Militärregierung und dem paraguayischen Regime aufgelöst, um diesen Staudamm bauen zu können. Itaipu überflutete die mächtigsten Wasserfälle der Welt, die Sete Quedas oder Sieben Fälle. Vor ihrer Zerstörung war das Rauschen der Sieben Wasserfälle fast 32 Kilometer weit zu hören. Nach dem Bau des Staudamms begann sich der Stausee zu füllen, überflutete den Wald und ertränkte unzählige Millionen Lebewesen. Ein Video zeigt Primaten, die in den Wipfeln der Bäume eingeschlossen sind, während das Wasser steigt, und von Ast zu Ast springen, ohne einen anderen Ausweg als den ins Wasser und in die Ausrottung zu finden.[24] Es ist schwer, dieses Bild aus dem Kopf zu bekommen.

Nachdem der Stausee gefüllt war, wurden die überfluteten Felsen, die die Sieben Wasserfälle ausmachten, für die Schifffahrt gesprengt. Mit dem Wegfall der natürlichen Barriere, die die

Wasserfälle darstellten, kam es zu einer »massiven Invasion« nichtheimischer Fische in das obere Becken des Rio Paraná.[25]

Die einzige Hinterlassenschaft von Sete Quedas ist heute billiger Strom für die Industrie in Brasilien und Paraguay.

In Myanmar und China gibt es mindestens zehn große Staudammvorhaben für den Saluen, den bisher längsten noch frei fließenden Fluss Südostasiens und einen der artenreichsten Orte der Erde. Diese Dämme würden 194 gefährdeten Pflanzenarten und 42 gefährdeten Säugetierarten sowie Dutzenden von endemischen Fischarten, die den Fluss auf- und abwärts wandern, schaden. Die indigenen Karen befürchten, dass die Dämme ihre Nahrungsgrundlage zerstören werden. Sie haben einen 5.200 Quadratkilometer großen »Friedenspark« mit geschützten Wäldern und Flüssen als Alternative zu den Staudammprojekten vorgeschlagen.[26] Die Staudämme in Myanmar würden den größten Teil des erzeugten Stroms nach Thailand und China exportieren, und zwar im Rahmen von Verträgen, die von der Militärdiktatur unterzeichnet wurden, die 2011 (sozusagen) endete. Andere Dämme in Myanmar, wie der Obere Paunglaung-Damm, haben bereits Tausende von Menschen vertrieben und zu einer Epidemie von Selbstmorden unter armen, enteigneten Bauern geführt. Dieser besondere Damm versorgt die Hauptstadt Napyidaw mit Strom, eine Stadt, die Anfang der 2000-er Jahre auf Geheiß der Militärregierung von Grund auf neu errichtet wurde.[27] Napyidaw ist als Geisterstadt bekannt, die sich über 2.700 Quadratkilometer erstreckt, von zehnspurigen Autobahnen durchzogen ist und eine sehr geringe Bevölkerungsdichte aufweist.

Im nahegelegenen Kambodscha ist der Tonle Sap, der größte See der Region und einer der reichsten Fischbrutplätze der Welt, durch den Bau großer Dämme am Mekong in Laos und China bedroht. Der Tonle Sap ist ein einzigartiger, 260 Kilometer langer See, der saisonal während des Monsuns geflutet wird, wenn der Tonle Sap-Fluss seinen Lauf umkehrt. Wenn der Monsun endet, fließen das

Wasser und Millionen von Fischen zurück in den Mekong und lassen die Süßwassermangroven und einen viel kleineren See zurück. Der Tonle Sap beherbergt rund 150 Fischarten, darunter den Mekong-Riesenwels, der bis zu 270 Kilogramm schwer werden kann. Die für den Mekong vorgeschlagenen Dämme würden diese saisonale Überschwemmung beenden und den dort lebenden Fischen verwehren, sich fortzupflanzen.

Vor der Errichtung der Dämme, die bereits einen Großteil des Mekong zerstört haben, war der Mekong die Heimat der größten Tierwanderung der Welt, größer als die Schwärme von Wandertauben, die tagelang den Himmel über dem Osten Nordamerikas verdunkelt haben, größer als die großen Herden von Huftieren in der Serengeti, größer als die Lachsschwärme, die riesige Flüsse schwarz färbten.

Das waren die Wanderungen des Mekong-Riesenwelses. Millionen und Abermillionen dieser Riesenfische zogen stromaufwärts, um zu laichen. Die Dämme richten sie zugrunde. Aber es sind noch mehr Dämme für den Mekong geplant. Und noch mehr danach. Und dann noch mehr.

In den Cascade Mountains, einem Nationalpark, windet sich der Weg entlang des klaren Wassers, und auf der anderen Seite des Ross Lake erheben sich felsbekrönte Berge. Dabei handelt es sich jedoch nicht um einen echten See, sondern um den obersten von drei Stauseen, die in den 1920er bis 1940er-Jahren durch Wasserkraftwerke am Skagit River angelegt wurden, um Seattle mit Strom zu versorgen. Vor dem Bau der Dämme war die Skagit-Schlucht dicht mit altem Baumbestand bewachsen, vor allem mit Douglasien, westlichen Hemlocktannen und westlichen Rotzedern. Im Jahr 1945 verkaufte Seattle City Light die Bäume an ein Holzunternehmen, das den Kahlschlag in und um den künftigen Stausee vornahm.[28] Der dürftige Wald und die Stümpfe in den Untiefen zeugen von der »intensivsten Abholzung, die jemals in den North Cascades stattgefunden hat«.[29]

Staudämme in bewaldeten Gebieten gehen immer mit Abholzung einher, und oft führt die Abholzung zum Bau von Dämmen.

Bevor die Elektrizität weit verbreitet war, wurden die meisten Sägewerke von Wasserrädern angetrieben, die in Dämmen angebracht waren. Die Stauseen dienten auch als bequemer Lagerplatz für flussabwärts getriebene Stämme, die dann zum Sägewerk geschafft wurden. Dies ist auch heute noch der Fall.

In der Weltanschauung des »wissenschaftlichen Managements« ist die Abholzung des bald überfluteten Stausees effizient. Es wird nichts verschwendet. Sogar die künftigen Treibhausgasemissionen werden reduziert, indem die Belastung des Stausees mit organischem Material verringert wird. Das ist doch ein »grüner« Ansatz, oder?

Der geplante Tapajos-Staudamm im Herzen des Amazonasgebiets ist ein Paradebeispiel dafür, dass Staudämme mit der Abholzung von Wäldern einhergehen. Eine Studie aus dem Jahr 2016 ergab, dass die Dammbauer ihre Gewinne aus den Dämmen wahrscheinlich in den Sojaanbau und die Viehzucht in der Region reinvestieren werden, was zu einer »Welle der Abholzung« im Regenwald führen wird.[30]

Staudämme sind oft auch mit dem Bergbau verbunden. In Brasilien zum Beispiel wurden viele Wasserkraftwerke gebaut, um große Bergbaubetriebe mit Strom zu versorgen. Zoe Sullivan von *Mongabay* schreibt: »Im Amazonasbecken und insbesondere im Bundesstaat Pará gibt es mehrere klare Beispiele für Bergbau in Verbindung mit Wasserkraftprojekten. Neben dem Tucuruí-Damm und den Gießereien in Bacarena und São Luis gibt es auch die Bauxitmine in Paragominas, die das norwegische Unternehmen Hydro letztes Jahr von Alcoa erworben hat. [Und auch] die Goldmine Belo Sun, die noch nicht in Betrieb ist, würde von der Stromversorgung durch den Belo Monte-Staudamm profitieren.«[31]

Wasserkraft spielt in der grünen Propaganda eine wichtige Rolle, auch weil der Begriff »erneuerbar« für Verwirrung sorgt. Wasserkraft ist »erneuerbar« in dem Sinne, dass sich die Stauseen wieder auffüllen, solange es Regen gibt. Aber wie wir gesehen haben, ist erneuerbar nicht gleichbedeutend mit kohlenstofffrei oder gutartig. Diese Verwirrung ermöglicht es den Staaten zu behaupten, dass ein höherer Anteil ihrer Energie aus sogenannten klimafreundlichen Quellen stammt.

Zu den Ländern, die einen großen Teil ihres Stroms aus Staudämmen gewinnen, gehören Lesotho (100 Prozent), Paraguay, Bhutan, Albanien, Mosambik, die Demokratische Republik Kongo, Nepal, Äthiopien, Burundi (mehr als 99 Prozent), Norwegen (96 Prozent), Island (73 Prozent), Nordkorea (71 Prozent), Kanada und Österreich (60 Prozent), die Schweiz (58 Prozent), Neuseeland (55 Prozent), Schweden (46 Prozent), Chile (31 Prozent), die Türkei (26 Prozent) und viele mehr.[32]

Jeder Staudamm ist eine Katastrophe für die wirkliche Welt.

China ist im Begriff, Staudämme zu bauen; Gegner bezeichnen dies als »Liebesaffäre«. Die Regierung hat die Wasserkraft als »Schwerpunktbereich«[33] bezeichnet und plant nun eine Reihe großer Staudämme in Tibet (ein nicht unwesentlicher Grund für Chinas Besetzung Tibets ist, dass Tibet das Quellgebiet von Flüssen ist, die durch ganz Asien fließen). Einer dieser Dämme, der am Yarlung Tsangpo, wäre dreimal so groß wie der derzeit größte Staudamm der Welt, der Drei-Schluchten-Damm am Jangtse.[34]

Sprengstoff ist ein Schlüsselelement des Dammbaus. Für den Bau des Hoover-Damms beispielsweise wurden etwa 3,8 Millionen Kilogramm Dynamit benötigt.[35]

Sprengstoff kann auch *gegen* Dämme eingesetzt werden. Geschichten erzählen von empörten Einheimischen, die Boote mit Sprengstoff füllten und flussabwärts treiben ließen, um Dämme zu zerstören, die ihre Nahrungsgrundlage bedrohten. Ein Beispiel ist der Cougar-Creek-Damm am Washougal River in der Nähe von

Portland, der in den 1920er-Jahren gebaut wurde. Noch in der Nacht, in der die Bauarbeiten beendet wurden, hörten die Wärter einen großen Lärm. Am Morgen fanden sie nur noch zerstörte Überreste des Damms (und einen frei fließenden Fluss) vor. Der Damm war gesprengt worden und sollte nie wieder aufgebaut werden.

Der Rio Beni in Bolivien, ein Zufluss des Amazonas, ist von einem Staudamm bedroht, der 500.000 Hektar überfluten würde, darunter einen großen Teil des Madidi-Nationalparks. In Ecuador ist der Jondachi-Fluss, der durch einen Dschungel fließt und Teil des Sumaco-Biosphärenreservats ist, von einem Staudamm bedroht. Am Quijos-Fluss in der Nähe der ecuadorianischen Hauptstadt gibt es bereits einen Staudamm, und mehrere weitere Staudämme und Tunnels sind geplant. Die ecuadorianische Regierung bezeichnet dies als »sauber« und »nachhaltig«. In Chile wird der Maipo-Fluss, Santiagos Haupttrinkwasserquelle, durch ein Wasserkraft-Tunnelprojekt, das Wasser aus flussaufwärts gelegenen Nebenflüssen entnimmt, schrittweise entwässert. Der Strom aus dem Projekt wird hauptsächlich an die Bergbauindustrie geliefert. Der Fluss Ñuble im Süden Chiles ist durch zwei Staudämme gefährdet. Wie bei den Dämmen am Maipo würde der Strom aus diesen Projekten hauptsächlich in den Bergbau fließen. Am Rocín-Fluss in Nordchile sind mehrere Staudämme geplant, bei denen es sich um private Projekte handelt, die Strom für Bergbauunternehmen liefern sollen. Und am Marañón-Fluss in Peru, dem größten Nebenfluss des Amazonas, sind 20 Staudammprojekte geplant.[36]

In der Demokratischen Republik Kongo soll das weltweit größte Staudammprojekt – das 114 Milliarden Dollar teure Inga-Projekt – am Kongo-Fluss gebaut werden. Das Projekt hätte eine Spitzenkapazität von 40 GW, doppelt so viel wie der Drei-Schluchten-Damm in China. Der Großteil des Stroms würde an die Schwerindustrie in Südafrika und an große Bergwerke in der Demokratischen Republik Kongo gehen.

Der untere Kongo-Fluss beherbergt mehr als 300 Fischarten, von denen 80 nirgendwo sonst vorkommen – eine der höchsten Dichten endemischer Arten in der Welt. Zu diesen endemischen Arten gehören der *Mbenga* (Goliath-Tigerfisch), der blinde und pigmentlose *Lamprologus lethops* und die *Nzonzi a mpofo* (Kongo-Blindbarbe). Außerdem leben im Fluss zahlreiche endemische Frösche und Schnecken sowie Schildkröten, afrikanische Seekühe und drei Krokodilarten. Der Staudamm würde wahrscheinlich zur lokalen oder vollständigen Ausrottung vieler dieser Arten führen.[37]

Rund 60.000 Menschen würden vertrieben werden.[38] Dieses Projekt kostet fast zwei Millionen Dollar pro vertriebener Person in einem Land mit einem Pro-Kopf-Einkommen von etwa 730 Dollar, was bedeutet, dass dies etwa soviel kostet wie das Einkommen für jede vertriebene Person über einen Zeitraum von 2.600 Jahren.

Die vertriebenen Menschen und die Welt wären besser dran, wenn jeder von ihnen 7.300 Dollar pro Jahr – das Zehnfache des Pro-Kopf-Einkommens – für den Schutz und die Erhaltung der lokalen Tier- und Pflanzenwelt bekäme, mit Prämien für diejenigen, die ihren Lebensräumen am meisten geholfen haben. Und es würde verdammt viel Geld sparen. Aber es scheint immer genug Geld zum Zerstören, aber nie genug zum Wiederherstellen zur Verfügung zu stehen.

Die »Umweltschützer«, die für Wasserkraftwerke werben, zeigen, wie sehr die Bewegung zur Rettung des Planeten vereinnahmt worden ist. Es ist wie mit der Förderung der Atomenergie durch zahlreiche Umweltschützer. Wenn man sich in erster Linie für die industrielle Zivilisation und nicht für das Leben auf dem Planeten einsetzt, ist es leicht – und vor allem notwendig – Greueltaten zu rechtfertigen. Die industrielle Zivilisation braucht Energie. Kohle, Öl und Gas sind endlich und erwärmen den Planeten und bedrohen (was für diese Denkweise noch wichtiger ist) die Zivilisation im allgemeinen. Die Lösung ist daher die sogenannte »kohlenstofffreie« Elektrizität, einschließlich Wasserkraft und Kernkraft.

Wie sich herausstellt, spielen Flüsse eine wichtige Rolle im globalen Kohlenstoffkreislauf, da sie Boden- und Pflanzenmaterial in den Ozean transportieren. Ein großer Teil dieses Materials sinkt schließlich auf den Meeresboden, wo es praktisch vollständig gebunden werden kann. Staudämme zerstören diesen Kreislauf.

Im Wassereinzugsgebiet des Columbia River blockieren Dämme die Wanderung von Lachsen und anderen wichtigen Arten, die Hunderten von anderen Tieren, Pflanzen und Pilzen Nahrung bieten. Wälder an lachsführenden Flüssen wachsen in der Regel dreimal so schnell wie Wälder ohne Lachse, da so viele Nährstoffe aus dem Ozean in den Körpern der Fische transportiert werden, die dann über Bären, Vögel und andere Beutegreifer und Aasfresser im Wald verteilt werden. Wenn Sie einen Damm bauen, können die Fische nicht passieren. Die Lachse (und andere Tiere) leiden darunter, ebenso wie der Wald. Dies ist eine Fragmentierung und ein Aushungern des Lebensraums.

Durch die Stagnation und die Erwärmung durch die Sonne erreichen die Stauseen regelmäßig Temperaturen, die für einheimische Fische tödlich sind. Ausgewachsene Lachse, die flussaufwärts schwimmen und entweder die »Fischtreppen« bewältigen können oder gefangen und um die Dämme herumgeschleppt werden, sowie Jungfische auf dem Weg ins Meer überleben die Hitze nicht. Die warmen Temperaturen in den Stauseen begünstigen nicht einheimische Fische wie Barsche, Schleie, Blauflossen und Zander.

Dämme halten auch Sedimente zurück und entziehen den flussabwärts gelegenen Gebieten dieses Material. Dadurch werden Strände und Ufer nicht wieder aufgefüllt und Feuchtgebiete geschädigt, wodurch der Lebensraum flussabwärts zerstört wird. Das bedeutet, dass Dämme nicht nur Flüsse und Wälder zerstören, sondern auch Ufergebiete, saisonal überschwemmte Gebiete, Flussmündungen und Strände.

Staudämme konzentrieren Quecksilber. Der Prozess beginnt, wenn das langsame Wasser in den Stauseen es den natürlich vorkommenden Bakterien ermöglicht, zu gedeihen. In der Zwischenzeit fließt Quecksilber – das zum großen Teil aus Kohlekraftwerken, Müllverbrennungsanlagen, Deponien, Minen und der Zahnmedizin stammt – flussabwärts und sammelt sich im Stausee. Die neu hinzugekommenen Bakterien »methylieren« das in den Stausee fließende Quecksilber, wodurch das Quecksilber viel giftiger wird und vom Blut direkt ins Gehirn gelangen kann. Dieses Quecksilber akkumuliert und konzentriert sich vor allem in größeren Fischen.[39]

Vor Jahren erzählte eine indigene Freundin Max eine Geschichte über einen Mann in ihrer Gemeinde, der darauf bestand, im örtlichen Fluss zu fischen, obwohl die Fische mit Quecksilber aus einem nahegelegenen Kohlekraftwerk vergiftet waren. Auf die Frage, warum er weiter die vergifteten Fische aß, antwortete der Mann: »Ich bin ein Teil dieses Flusses. Wenn der Fluss krank ist, bin auch ich krank.«

Wenn Dämme entfernt werden, erwachen die Flüsse zu neuem Leben. Eines der dramatischsten Beispiele ist der Elwha River im Bundesstaat Washington. In mehreren Etappen wurden zwischen 2012 und 2014 zwei Dämme am Elwha entfernt. Schon bald begannen 27 Millionen Kubikmeter Sediment, die hinter den Dämmen zurückgehalten worden waren, flussabwärts zu fließen. Innerhalb weniger Monate wurde aus den Kieselsteinen ein Sandstrand. Junge Lachse, Sardinen, Sardellen, Sandlanzen, Stinte, Heringe, Muscheln, Garnelen und andere Arten, die Sand bevorzugen, kehrten zurück.

Eulachon- und Dungeness-Krabben wurden zum ersten Mal seit Jahrzehnten im Mündungsgebiet nachgewiesen. Noch bevor der zweite Damm entfernt wurde, war der Chinook-Lachs-Fang 2013 der größte seit zwei Jahrzehnten. Drei Viertel der Rotten (Nester, in denen Lachse ihre Eier ablegen) wurden stromauf der ersten Dammaufhebung gefunden. Innerhalb einer Woche nach dem Fall des zweiten Damms wurden zum ersten Mal seit 102 Jahren wieder Chinook-Lachse und Bullenforellen im Oberlauf des Flusses gesichtet. Im Jahr 2016 begannen die Lachse zum ersten Mal seit dem Bau des Damms oberhalb des oberen Damms zu laichen. Die Neunaugen kehren zurück. Auch die Vogelwelt profitiert: Es wurden so viele Adler wie seit Jahrzehnten nicht mehr gesichtet, und Wasseramsel und Flussuferläufer fühlen sich in der neuen Flussrinne wohl. Flussotter wandern auf der gesamten Länge des Elwha auf und ab. Biber und Elche sind auf dem Vormarsch. Kleine Säugetiere gedeihen in den jungen Wäldern des ehemaligen Stauseebodens. Das Leben kehrt zurück.

In einem Brief von 2017 an die Zeitung von Spokane, Washington, heißt es: »Angesichts des rekordverdächtigen Stromverbrauchs und der Tatsache, dass wir alle versuchen, bei Temperaturen um die 38 Grad einen kühlen Kopf zu bewahren, habe ich über die Leute nachgedacht, die die Wasserkraftwerke am Snake River entfernen oder aufbrechen wollen. An ruhigen Tagen, wenn die Windräder stillstehen, schalten Sie bitte Ihre Klimaanlagen aus, damit Sie erfahren können, wie es ist, wenn die Dämme keinen Strom mehr produzieren.«[40]

Hier ist ein Gegenvorschlag: Schalten Sie an heißen Tagen, wenn die Dämme Methan in die Atmosphäre pumpen, Ihre Klimaanlage aus, damit Sie die Wahrheit über die globale Erwärmung erfahren können.

Ein weiteres Beispiel für Greenwashing im Zusammenhang mit Staudämmen sind Fischbrütereien. Solche Fischbrütereien wurden erstmals in den 1800er-Jahren gebaut, um die durch Dämme, Abholzung und Überfischung dezimierten Fischpopulationen wieder aufzufüllen. In vielen Fällen wurden Brütereien als Teil der »Entschädigung« für den Bau von Staudämmen errichtet. Das eigentliche Ziel bestand natürlich darin, die kommerzielle Fischerei zu unterstützen. In den letzten Jahrzehnten wurde die erklärte Aufgabe der Brütereien auf die Erhaltung und Wiederherstellung der Bestände ausgeweitet. Schulkindern wird vermittelt, dass Brütereien eine Schlüsselrolle bei der Wiederherstellung von Fischpopulationen spielen.

Fischbrütereien sind die aquatische Version von Massentierhaltung: überfüllte Betonkäfige, künstliche Futterpellets, ständige Antibiotikagaben. Es ist die Hölle auf Erden. Sie haben fast nichts mit natürlichen Flüssen oder Bächen gemein, außer dass sie ebenfalls nass sind. Wie zu erwarten, unterscheiden sich Fische aus Brütereien stark von ihren wilden Verwandten. Laut einer Studie führt der Besatz mit Brutfischen zu »eindeutigen Anzeichen für negative Auswirkungen, einschließlich einer geringeren Überlebens- und Reproduktionsfähigkeit von Brutfischen in freier Wildbahn und einer geringeren genetischen Vielfalt in den Brutpopulationen«.[41] In einer anderen Studie wurde festgestellt, dass in Brütereien aufgezogene Regenbogenforellen nach nur einer Generation mehr als 700 genetische Veränderungen im Vergleich zu Wildfischen aufwiesen.[42]

Brütereien schaden den Wildfischpopulationen in vielerlei Hinsicht. Zum einen werden Brutfische oft in großer Zahl auf einmal ausgesetzt, was bedeutet, dass Brutfische fast das gesamte Futter fressen können, während die viel kleinere Zahl von Wildfischen weniger zu essen hat. Außerdem sind Brutfische viel krankheitsanfälliger als Wildfische und können Wildfische infizieren. Zudem können Brutfische sich mit Wildlachsen kreuzen, was die Überlebenschancen der nächsten Generation von Wildfischen verringert. Das Ergebnis ist, wie ein Freund es ausdrückte, dass Brütereien »Zehntausende von Jahren der Anpassung auslöschen, nur um kurzfristig ein paar Fische mehr herauszuholen«.

Eine Folge der globalen Erwärmung sind mehr Dürren, und in Dürreperioden funktionieren die Staudämme nicht besonders gut.

Nehmen wir an, Sie sind für die Stromversorgung eines Landes zuständig und Ihre Wirtschaft ist von Wasserkraft abhängig, die aufgrund einer Dürre plötzlich nicht mehr verfügbar ist. Was tun Sie dann?

Die Antwort ist natürlich, dass man auf Kohle, Öl oder Gas zurückgreift. Genau das ist kürzlich in Simbabwe geschehen, wo die Wasserkraft aufgrund der Dürre von 50 auf 34 Prozent der nationalen Stromversorgung zurückgegangen ist. Die Antwort war die Installation eines Dieselkraftwerks – und der Bau weiterer Dämme an anderen Flüssen.[43] Das gleiche geschah 2015 in Kalifornien, als eine große Dürre den Staat zwang, Strom zu kaufen, für 1,4 Milliarden Dollar für Strom aus Erdgas, um das Defizit bei der Wasserkraft auszugleichen.[44]

Staudämme sind keine »grüne« Lösung für irgendeines der Probleme, mit denen die Welt konfrontiert ist.

Kapitel 12

WEITERE LÜGEN

Für eine erfolgreiche Technologie muss die Realität Vorrang vor der öffentlichen Meinung haben, denn die Natur lässt sich nicht täuschen.

Richard P. Feynman[1]

Wir werden nur noch ein paar weitere Arten grüner Technologie entlarven. Es wäre reine Zeitverschwendung, jede einzelne grüne Lüge zu demaskieren, die auf der Autobahn auftaucht (eine Autobahn, die aus Photovoltaikzellen besteht, die Ihr Elektroauto aufladen, während Sie darüberfahren)! Und außerdem tauchen jeden Tag neue grüne Lügen auf. Wir hoffen, dass Sie inzwischen über die Mittel verfügen, um sie selbst zu durchschauen.

Man muss zum Beispiel nicht lange suchen, um zu erfahren, dass in einem Nationalpark in Kenia geothermische Energiegewinnung betrieben wird, was die Wildnis in eine Industriezone verwandelt. Zwischen 2014 und 2017 wurden mehr als 90 neue Geothermiebohrungen niedergebracht, was bedeutet, dass mehr Straßen durch den Park geschlagen und mehr Lebensraum zerstört oder fragmentiert wurde. Das Volk der Massai wurde massenweise gewaltsam vertrieben.

Durch die Bohrungen gelangen Quecksilber, Arsen und Bor ins Grundwasser. Und das Wasser für die Bohrungen – etwa 30 Millionen Liter pro Monat, eine Zahl, die noch stark steigen dürfte –

wird aus einem örtlichen See entnommen, der Teil eines Feuchtgebiets von internationaler Bedeutung ist.[2]

Die für die geothermische Energieerzeugung verwendeten Ausrüstungen – Stahlrohre, Halterungen und Turbinen, Lastwagen für die Installation und Wartung, Bohrausrüstung und so weiter – werden alle aus Materialien hergestellt, die auf Kosten des Planeten produziert werden.

Hier ein weiteres Beispiel: Geothermische Bohrungen in Nevada bedrohen eine neu entdeckte Krötenart, die Dixie Valley-Kröte (*Bufo williamsi*). Ihr Lebensraum, der nur etwa zehn Quadratkilometer groß ist, würde durch eine geplante Erweiterung der geothermischen Energieversorgung ausgelöscht werden.[3]

Ein weiteres Beispiel: Island ist vulkanisch aktiv, und das Land hat sich zu einem Zentrum für den Bau von Anlagen zur Gewinnung von geothermischer Energie entwickelt. Diese Industrialisierung wird unerbittlich von den Hellgrünen, grünen Organisationen und Stiftungen, Bergbauinteressen, Klimaaktivisten und so ziemlich allen anderen vorangetrieben, denen die Industrie wichtiger ist als das Leben auf dem Planeten.

Die örtlichen Umweltschützer sind gegen diesen Bau und bezeichnen ihn als »geothermischen Ökozid«. Die Gruppe Saving Iceland schreibt, dass »die Ausbeutung der geothermischen Gebiete der Halbinsel Reykjanes das Ende der großartigen Natur dieser Halbinsel, wie wir sie kennen, bedeutet. Probebohrungen und Bohrlöcher, endlose Straßen und Stromleitungen, Kraftwerke und andere Infrastrukturen – all das würde die Reykjanes-Halbinsel, dieses einzigartige Land mit seinen vulkanischen Naturwundern … in ein großes Industriegebiet verwandeln. Aber das sind nur die sichtbaren Auswirkungen der geplanten großflächigen Ausbeutung. Andere Umweltkatastrophen sind bei einer groß angelegten geothermischen Industrie in der Tat unvermeidlich und werden für die Öffentlichkeit immer sichtbarer, da der grüne Ruf der geothermischen Energie langsam schwindet.«[4]

Island ist Standort von drei Aluminiumhütten, die 2010 73 Prozent des gesamten in Island erzeugten Stroms verbrauchten. Ihr Strom wird durch geothermische Energiegewinnungsanlagen sowie einen höchst umstrittenen Wasserkraftdamm geliefert, gegen den Umwelt- und Bürgerinitiativen vor Gericht, durch Proteste und direkte Aktionen vorgingen.[5] Diese Hütten sollen angeblich die »grünsten« Hütten der Welt sein. Doch die Selbstdarstellung entspricht nicht der Realität. Die Hütten sind große Umweltverschmutzer und wurden mit Geburts, Krebs und Knochendeformationen in den umliegenden Gemeinden in Verbindung gebracht.

Geothermische Anlagen stehen auch in direktem Zusammenhang mit der Umweltverschmutzung in Island. Zwischen 1999 und 2012 sind die Schwefeldioxidwerte in der Region Reykjavík um 71 Prozent gestiegen, was vor allem auf die geothermischen Anlagen zurückzuführen ist. Dies führt zu saurem Regen, Atemwegserkrankungen und einer Verschlimmerung von Herzproblemen. Erhöhte Schwefelwasserstoffwerte aus geothermischen Energiegewinnungsanlagen wurden auch mit höheren Sterberaten in Verbindung gebracht. Geothermische Abwässer, die »hohe Konzentrationen von Schwermetallen und anderen toxischen Elementen wie Radon, Arsen, Quecksilber, Ammoniak und Bor« enthalten, sind ins Grundwasser gelangt.[6] Island plant oder baut derzeit mindestens 21 große Anlagen zur Gewinnung geothermischer Energie, einige davon im Hochland, der größten Wildnis Europas. Der Großteil der geernteten Energie wird über ein Unterseekabel nach Großbritannien exportiert.[7]

Die Technologie für geothermische Bohrungen wurde hauptsächlich von der Öl- und Gasindustrie entwickelt. Die geothermische Injektion von Salzlösung hat viele Techniken und Probleme mit dem Fracking gemeinsam. Eine relativ neue Technologie namens »Enhanced Geothermal Systems« (EGS) lehnt sich sogar direkt an die Fracking-Technologie an und verwendet dieselbe Methode der

Injektion von Hochdruckschlämmen, um unterirdische Gesteinsschichten aufzubrechen. Der einzige Unterschied besteht darin, dass beim Fracking Gas freigesetzt wird, während bei EGS erhitztes Wasser und Dampf freigesetzt werden. Wie das Fracking für Gas vergiftet auch das geothermische Fracking das Grundwasser und verursacht Erdbeben. Und wie beim Fracking für Gas wird auch beim geothermischen Fracking in der Regel eine breite Palette giftiger Chemikalien eingesetzt. An einem Standort in Oregon wurden unter anderem Naphthalin, Safranin, Rhodamin, Lithium, Cäsium, Rubidium, Fluorescein, Kunststoffe und eine Vielzahl von Verbindungen verwendet, die Geschäftsgeheimnisse sind.[8] Diese Technologie wird bereits in Nevada, Oregon, Australien, Europa und anderswo eingesetzt.[9]

Von einer neuen Technologie wird behauptet, dass sie 100 Prozent der Kohlenstoffemissionen aus der Verbrennung von Erdgas abscheiden kann. Dies wird mit Schlagzeilen wie »Dieses Kraftwerk hat die Kohlenstoffabscheidung geknackt« gefeiert.[10] Der gesunde Menschenverstand bringt uns dazu, zu fragen: Aber wohin wird der Kohlenstoff gebracht? In diesem Fall wird er in »Kunststoffe, Chemikalien und Baumaterialien« umgewandelt.[11]

Sollen wir also fossile Brennstoffe fördern, verbrennen, das CO_2 auffangen und für einen kurzen geologischen Zeitraum nutzen? Natürlich nicht, denn Kunststoffe, Chemikalien und Baumaterialien werden am Ende doch abgebaut und geben ihren Kohlenstoff in unsere ramponierte Atmosphäre ab.

Natürlich würde viel mehr Kohlenstoff aufgefangen werden, als jemals zu Kunststoffen verarbeitet werden könnte. Was wird das Unternehmen damit machen? Sie wollen es für die EOR Ölgewinnung verkaufen. EOR (Enhanced Oil Recovery) ist ein gängiges Verfahren, bei dem eine Flüssigkeit in den Boden gepresst wird, um Öl und Gas nach oben zu drücken. Wasser macht 50 Prozent der verwendeten Flüssigkeit aus, aber bereits bei 5 Prozent der Rohölförderung in den USA wird CO2 verwendet.

Es ist ziemlich ermüdend, alles zu erklären, was an EOR falsch ist. Erstens ist da das Öl, das im Boden bleiben sollte. Zweitens ist die EOR-Praxis eine schreckliche Bedrohung für das Grundwasser, das heißt für das Leben. Drittens kann es bei EOR zu Pannen kommen, bei denen verunreinigte Flüssigkeiten und Gase an die Oberfläche dringen und »Luft, Land, Wildtiere und Wasser schädigen«.[12] In einem Bericht heißt es, dass die daraus resultierende Heftigkeit solcher Ausbrüche erstaunlich ist.[13] Der austretende Strom kann Schallgeschwindigkeit erreichen. Ein Ausbruch im Tinsley Field, Mississippi, dauerte 37 Tage lang an, verletzte Arbeiter und Ersthelfer und erstickte Unbeteiligte. Als er endlich vorbei war, mussten 27.000 Tonnen kontaminiertes Erdreich und 32.000 Fässer mit giftiger Flüssigkeit beseitigt werden.

Wohin beseitigt? Das ist immer die Frage. Die Erde ist ein geschlossenes System. Wo kann das »Verseuchte« und das »Giftige« anders bleiben als hier?

Hier handelte es sich nicht einmal um ein aktives Bohrloch. Es war bereits vor Jahrzehnten verschlossen worden. Eines der Probleme bei der Injektion von CO_2 ist, dass es mit Wasser reagiert und zu Kohlensäure wird. Die Säure kann dann dazu führen, dass Elemente wie Barium, Chrom und Strontium im Grundwasser freigesetzt werden. Außerdem lässt es die Ausrüstung korrodieren, wie das Rohr, das im Tinsley-Feld versagte. Die Zahl der Ausbrüche nimmt zu, da die verschlossenen Bohrlöcher ein Alter erreichen, in dem Korrosion und Druck das Unvermeidliche bewirkt haben.

Das Abpumpen von Öl und Gas aus der Erde zerstört den Planeten. Die Verbrennung dieses Öls und Gases zerstört die Atmosphäre, einen Schutzmantel, der 3,8 Milliarden Jahre alt ist. Keine glänzende, neue Maschine kann die Natur dieser Aktivität ändern.

Diese Technologie ist sinnlos. Unsere ursprüngliche Frage – wohin mit dem Kohlenstoff? – ist nicht zu beantworten. Das schiere Ausmaß des Verbrauchs fossiler Brennstoffe »übersteigt bei weitem die Fähigkeit von EOR, Kohlendioxid aufzunehmen«.[14]

Seit die Erde ein Planet ist, enthält sie Wasser. Wasser und Gestein haben sich vor etwa 4,6 Milliarden Jahren gemeinsam gebildet. Der Mond ist mit 4,51 Milliarden Jahren fast genauso alt. Während dieser ganzen Zeit hat der Mond Wasser angezogen und das Wasser hat sich anziehen lassen. Einige von uns haben die Ozeane verlassen und gelernt, an Land zu leben, aber wir haben die Ozeane mitgenommen, als wir sie verließen. Wir sind eine Ansammlung von elektrischen Impulsen in einer wässrigen Umgebung, und unsere Flüssigkeiten entsprechen immer noch dem Salzgehalt unserer ursprünglichen Heimat. Das Blut wurde auch als unser »privater Ozean« bezeichnet, da die Flüssigkeit – das Plasma – Salz und Ionen in einem Verhältnis enthält, das dem der Ozeane »bemerkenswert ähnlich« ist.[15]

Eine Flussmündung ist ein Gebiet, an dem der Fluss zum Meer wird, wo die Kraft der Strömung auf den Sog der Gezeiten trifft. Flussmündungsgebiete gehören zu den fruchtbarsten Lebensräumen der Erde. Ihre Fruchtbarkeit beruht auf dem konstanten Nährstofffluss, den die Gezeiten mit sich bringen. Phototrophe Pflanzen und Algen wandeln die Sonnenenergie in die organischen Verbindungen um, aus denen ihre Körper bestehen. Dies wird als »Primärproduktion« bezeichnet, und wir anderen sind davon abhängig, weil wir selbst es nicht können. Die ständige Umwandlung von Kohlenstoff in Kohlenhydrate ist das Lied des Lebens, und wir sollten ihm in der Tat in Ehrfurcht huldigen und es feiern: Es sind die Phototrophen, von denen alle Segnungen ausgehen. Und die Phototrophen in Flussmündungen haben die bei weitem höchste Rate an Primärproduktion – höher als Grasland, höher als Wälder: wegen der Gezeiten.[16]

Die Gezeiten mit ihren vier Milliarden Jahren und all dem Leben, das sie hervorbringen, sind nun in Gefahr, denn die hungrigen Geister der Menschheit haben die Gezeiten zu ihrem Besitz erklärt.

Die wichtigste Technologie zur Umwandlung von Gezeiten in Elektrizität ist ein Staudamm. Dabei handelt es sich um einen

Damm, der vor eine Flussmündung gebaut wird – Worte, die jedes Herz in Schrecken versetzen sollten. Das Fließen des Wassers ist das Leben eines Ästuars. Es bringt Sauerstoff, Nährstoffe und Lebewesen hinein und führt Abfälle (die für andere Nahrung sind), Schlamm und andere Lebewesen hinaus.

Die Gewinnung von Energie aus den Gezeiten verändert und schwächt diesen uralten Austausch. Für diejenigen, die das Grauen nicht wahrhaben wollen: Fangen wir mit »Sauerstoff« an. Alle Tiere sterben ohne ihn. In einer Flussmündung kommt der Sauerstoff alle 12 Stunden mit den Gezeiten an. Ohne die vollständige, rhythmische Zufuhr von Sauerstoff ersticken große und kleine Lebewesen. Vielleicht nicht alle auf einmal, aber ihre Zahl würde sich verringern, und dieses Glied in der Nahrungskette – zwischen der üppigen Primärproduktion der Pflanzen und den Mikroorganismen und wirbellosen Tieren, die sich von ihnen ernähren – würde anfangen zu bröckeln. Ohne sie wird das nächste Glied belastet, und das nächste, bis schließlich ganze Arten zusammenbrechen. Selbst in den Ozeanen kann der Mensch Wüsten schaffen.

Es gibt allein über 80 Arten von Schlammkrabben, die in den Flussmündungen leben, Tausende von Vogelarten und mehr als 200 Fischarten, dazu das winzige Wunder der Ruderfußkrebse, so dünn, dass sie durchsichtig sind; der in Tümpeln lebende Schleimfisch, ein Fisch, der seine Farbe wie ein Chamäleon wechseln kann. Das Schleimfischweibchen – die Mutter – legt ihre Eier geschützt in Felsspalten und unter Steinen ab. Der Vater hält Wache, bis sie geschlüpft sind.

Oder die Napfschnecken mit ihren urtümlichen Muscheln, die den Weg nach Hause genau zu der Stelle im Fels finden, die ihnen gehört. Auf hartem Felsen schleifen sie den Rand ihrer Schale ab, um sie genau an diese Stelle anzupassen. Auf weichem Gestein wissen sie irgendwie, wann die Flut kommt, und kehren zurück, bevor ihr Zuhause überflutet wird, und weder »Umsiedlungsexperimente« noch »erzwungene Umwege« können sie aufhalten.[17] Wie sehr müssen Tiere uns ähneln, bevor wir sie anschauen oder ihnen Aufmerksamkeit schenken? Oder Liebe? Wie können wir ein Lebewesen, das seine Heimat so sehr liebt, nicht lieben?

Staudämme erhöhen die Schlammablagerungen, die die Pflanzen und damit ihre gesamte Primärproduktion abtöten. Ohne Pflanzen gibt es nichts zu essen. Der Schlamm tötet auch die Schnecken, Muscheln, Krebse, Seesterne und Seepocken, die einfach erdrückt werden. Auf der anderen Seite der Staustufe gibt es keinen Schlick, und die Dünen erodieren und verändern die gesamte Küstenlinie. Die Wanderung und das Laichen der Fische werden unterbrochen. Das Wasser ist zu flach, zu heiß, zu schlammig: Ohne Nachkommen wird es keine Fische mehr geben. In der Bay of Fundy, wo eine Million Strandläufer Nahrung für ihren 4000 Kilometer langen Flug nach Südamerika suchen, wurden auf einem Quadratmeter Schlamm über 11.000 Flohkrebse gezählt.[18] Wenn man genug Staudämme errichtet, werden die Strandläufer verhungern und aussterben. Mit ihnen verschwinden die Schneegans, die Ringelgans und die Basstölpel.

Auch Meeressäugetiere brauchen Flussmündungsgebiete. Seehunde gebären und ziehen ihre Jungen an Land auf. Wale nutzen die ruhigen Gewässer der Mündungsgebiete als Kinderstube. Die Liste ließe sich fortsetzen. Und wenn wir erklären müssen, dass Tiere Sauerstoff und Nahrung brauchen, dass ihr Leben wichtig ist und dass dieser Planet die einzige Heimat ist, die wir haben, dann ist das eine Liste der Verdammten.

Die andere Form der Gezeitenkraft wird als Gezeitenstromerzeugung bezeichnet. Stellen Sie sich eine Windturbine im Meer vor: Wenn die Gezeiten ein- und auslaufen, drehen sich die Flügel. Genau diese Flügel sind das Problem. Schweinswale, andere Wale, Robben, Fische und Vögel werden von den Rotorblättern zerfetzt. Der Biologe Mike Dadswell, der das Problem seit Jahrzehnten in der Bay of Fundy erforscht, stellt fest: »Es ist buchstäblich unmöglich, einen Flügel im Wasser zu drehen, ohne einen Fisch zu töten, zu verstümmeln oder zu verletzen.«[19] Bei allen Lebewesen, die einen Meter oder länger sind, ist die Trefferquote praktisch 100 Prozent.

Der Schlag der Rotorblätter ist nur eine der Todesursachen. Wie Windturbinen töten auch Gezeitenturbinen durch die von den sich drehenden Flügeln erzeugten Druckveränderungen – im Grunde kleine Explosionen. Durch die Wucht werden die Tiere zerrissen. Einige platzen sofort, während andere langsam verbluten: Sie sterben in jedem Fall. Turbinen töten Fische auch durch Scherkräfte, die entstehen, wenn sich zwei Strömungsgeschwindigkeiten kreuzen. Die Scherung »kann ihnen buchstäblich den Kopf abreißen«, erklärt Dadswell.[20] Die Tiere werden auch durch den Lärm der Rammarbeiten beim Bau dieser Anlagen betäubt.

Nova Scotias »erste Gezeitenturbine ist eine Katastrophe«, sagt der zum Aktivisten gewordene Fischer Darren Porter.[21] Ein einzigartiger genetischer Stamm von Felsenbarschen (*Morone saxatilis*) »wurde ausgelöscht«. Dieser letzte Satz bleibt einem im Halse stecken, doch so ist es. Wenn 200 bis 300 Turbinen wie geplant in Betrieb genommen werden, werden die Folgen »verheerend« sein. Eine kurze Auflistung, wer gefährdet ist: 360 Vogelarten sind von der Bay of Fundy abhängig und 40 Säugetierarten, darunter 12 Walarten. Die Bucht ist das Hauptaufzuchtgebiet des Schweinswals. Wie sollen sie ihre Jungen bekommen, wenn sie von den Turbinen zermahlen werden? Der Weiße Hai, der Blauwal und der Lachs in der inneren Fundy-Bucht sind bereits vom Aussterben bedroht. In der Bucht paaren sich noch immer Glattwale, von denen es weltweit nur noch 350 gibt. Wie sollen sie an den Turbinen vorbeikommen? Wie werden sie hören, wenn ihre Trommelfelle geplatzt sind? Wie werden sie sich gegenseitig rufen, von Liebhaber zu Liebhaber, von Mutter zu Kind? Warum tun wir der Welt das an?

Um sie zu retten, argumentieren einige, die sich einst als Umweltschützer bezeichneten. Greenpeace behauptet, dass die Gezeitenkraft »eine Schlüsselrolle bei der Versorgung der Welt mit sauberer, zuverlässiger und vollständig erneuerbarer Energie spielen sollte«.[22] Der Sierra Club sagt es auch.[23] Der World Wildlife Fund

Scotland sagt: »Erneuerbare Energien aus dem Meer – einschließlich der Gezeiten – werden eine entscheidende Rolle bei der Verringerung der Klimaemissionen spielen.«[24] Der *Energiebericht* des WWF übt laue Kritik: »Gezeitenkraftwerke könnten die lokale Meeresumwelt beeinträchtigen. … Es ist von entscheidender Bedeutung, dass geeignete Standorte ausgewählt und Technologien entwickelt werden, die die negativen Auswirkungen auf ein Minimum beschränken.«[25] Wie viele negative Auswirkungen soll eine auf 350 Mitglieder reduzierte Art noch verkraften?

»Die Gezeitenenergie ist keine ›Grüne Energie‹, sondern eine ›Rote Energie‹ aus dem Blut ihrer Opfer«, schreibt der Meeresbiologe Mike Dadswell.[26] Die Liste der Verdammten wird länger werden, die Zerstörung weitergehen.[27] Dazu gehört auch die Zerstörung der Menschen, die diesen Ort lieben. Für die Mi'kmaq ist die Bay of Fundy heilig. Sie bekämpfen die Turbinen, um das Wasser und das Leben in der Bucht zu bewahren. Dorene Bernard, eine Mi'kmaq-Wasserschützerin, nannte den politischen Prozess »kaputt«.[28] Ja, das kaputte Vorgehen einer kaputten Gesellschaft, die aus Gründen, die wir nie verstehen werden, die Welt zerstören will.

Denken Sie daran, worum es geht und was auf dem Spiel steht. Das verzweifelte Ringen um technische Lösungen mag Sie verwirren. Wir haben allen Grund, verwirrt zu sein, wenn diese Lösungen in Physik, Chemie und Mathematik verpackt sind, die für die meisten von uns undurchschaubar sind, und von Organisationen und politischen Führern gefördert werden, denen wir normalerweise vertrauen. Erinnern Sie sich also an ein paar sehr einfache, klare Dinge: Die industrielle Zivilisation kann nicht nachhaltig sein, da sie auf der Übernutzung und der Überschreitung der natürlichen Grenzen beruht. Alle Zivilisationen brechen irgendwann zusammen, und diese wird nicht anders enden. Außerdem benötigt die industrielle Zivilisation ein industrielles Maß an Energie, und fossile Brennstoffe sind funktionell unersetzlich. Jeder, der Ihnen etwas anderes erzählt, lügt. Vielleicht glauben Sie diese Lüge wirklich, aber eine Lüge ist es trotzdem.

Das bringt uns zu den Biokraftstoffen. Vor einem Jahrzehnt machten Forscher grandiose und schwindelerregende Versprechungen. In einem Artikel mit dem Titel »Nachruf auf die Biokraftstoffe« schreibt Robert Rapier: »Technologien, die vor Jahrzehnten aufgegeben wurden, weil sie wirtschaftlich nicht tragfähig waren, wurden wiederbelebt und erhielten staatliche Mittel, um erneut unter Beweis zu stellen, dass sie wirtschaftlich nicht tragfähig sind.«[29] Sie wollten Stroh, Holzspäne und Zuckerrüben für einen Dollar pro Gallone (3,79 Liter) in Kraftstoff verwandeln. Sie wollten 38.000 Liter Öl aus einem Hektar Algen produzieren. Mit ihren Rumpelstilzchen-Fähigkeiten wollten sie die Marine mit Treibstoff versorgen. Das einzige, was dabei herauskam, war eine kolossale Verschwendung von Steuergeldern. »Viele Unternehmen«, schreibt Rapier, »machten Behauptungen, die nicht im Entferntesten glaubwürdig waren« – ein Satz, der auf jede noch so kleine grüne Lüge zutrifft.

So verwirrend die Rechnung auch sein mag, es gibt einige einfache Gleichungen, die uns vorliegen: Windkraft bedeutet keine schottischen Wildkatzen und Millionen toter Singvögel. Solarenergie bedeutet erstickte Wüstenschildkröten, chemische Verätzungen in den Kehlen der Menschen und das letzte Stückchen Prärie, das als Sand weggeschleppt wird. Einfacher geht es nicht. Wenn man eine Decke aus Luft, eine Wiege aus Erde und einen Ort hat, den man Heimat nennt, und ihn zerstört: eins minus eins.

Jeden Tag werden neue hellgrüne Lügen erzählt, und wir könnten sie bis zum Ende der Welt entlarven – *buchstäblich* bis zum Ende der Welt – und solange es Menschen gibt, denen ihr eigener Komfort und ihre Bequemlichkeit wichtiger sind als das Leben auf dem Planeten, werden neue Lügen an ihrer Stelle auftauchen.

Wir haben zum Beispiel zuvor über LEDs geschrieben. Aber wir haben nicht darüber gesprochen, wie »die Lampen im antiken Stil, die schnell zu einer Designnotwendigkeit für Retro-Bars, hippe Restaurants und schicke Wohnungen von New York bis London werden, dabei helfen, die Erde zu retten – und dafür sorgen, dass die Leute weiter kaufen.« Diese neuen LEDs – nun ja, eigentlich sind es keine neuen LEDs, sondern LEDs, die »auf einem Streifen im Inneren der Glühbirne statt in einem Klumpen« angeordnet sind – werden »die Erde retten«, weil »die sich ändernde Mode dazu beitragen könnte, den Verkauf von LED-Glühbirnen anzukurbeln«, was bedeutet, dass »die Industrie einen Weg gefunden hat, die Leute dazu zu bringen, mehr für Beleuchtung zu bezahlen, weil sie cool ist«, und »nicht, weil sie sie brauchen.«[30]

Das wird die Erde genauso »retten« wie riesige Windkraftanlagen.

Apropos, wie wäre es mit den Offshore-Windenergieanlagen, die Hunderttausende von Hektar in der Tiefsee bedecken? Das Tolle an diesen Anlagen ist, dass »die Fortschritte bei der Konstruktion es ermöglichen, Windparks in tieferem Wasser und weiter vor der Küste zu errichten, was die Bedenken der Öffentlichkeit, Turbinen in Küstennähe zu sehen, deutlich verringert.«[31] Ist es nicht wunderbar, dass die Menschen, die diesen Strom nutzen, die Turbinen nicht sehen müssen, genauso wenig wie die Minen, die für die Herstellung der Turbinen benötigt werden, und die Seevögel, die durch die Turbinen getötet werden, und die Zerstörung der natürlichen Welt, die durch diese Technologie, die die natürliche Welt rettet, verursacht wird?

Oder wie wäre es mit der Rettung des Planeten durch den Bau einer 6.000 Quadratkilometer großen künstlichen Insel in der Nordsee – ja, Sie haben richtig gelesen, 6.000 Quadratkilometer[32] –, die für eine riesige Windenergie-Erzeugungsanlage genutzt werden soll? Das wird sicherlich den Planeten retten.

Die Nordsee hat es uns sowieso noch nie angetan.

Oder wie wäre es mit Dämmen auf dem Grund der Ozeane? Nachdem wir bereits große Fortschritte bei der Vernichtung der Ozeane gemacht haben, sollten wir den Meeresboden noch mehr durcheinanderbringen, indem wir »Unterwasserwände an den Mündungen der instabilsten Gletscher der Welt errichten – riesige Sand- und Steinhaufen, die sich kilometerweit über den Meeresboden erstrecken – [die] die Reaktion dieser Gletscher auf die Erwärmung des Ozeans und der Atmosphäre verändern würden«.[33]

Ein anderer Vorschlag besteht darin, die Energie aus verdunstendem Wasser zu gewinnen. Das funktioniert so: Bakterielle Sporen werden auf ein Klebeband geklebt. Sie rollen sich ein, wenn Wasser verdunstet, so dass sich das Band zusammenzieht. Das Band und die Bakterien befinden sich in einer schwimmenden Struktur mit Klappen, die sich schließen, wenn sich das Band zusammenzieht. Dadurch wird der Wasserdampf eingeschlossen, der wieder zu einer Flüssigkeit kondensiert, und der Prozess wiederholt sich. Die Kraft des sich zusammenziehenden Bandes kann zur Stromerzeugung genutzt werden. Man könnte meinen, das sei ein niedliches Wissenschaftsprojekt für einen Siebtklässler, aber das wäre eine grobe Fehleinschätzung der Träume des Soziozäns: des Zeitalters der Soziopathen. Sie wollen 70 Prozent des Stroms in den USA erzeugen, indem sie die Oberfläche jedes Sees, der größer als ein Quadratkilometer ist, mit diesen Vorrichtungen bedecken.

Das wäre natürlich der Tod all dieser Seen, vieler Flüsse und wahrscheinlich auch der Ozeane. Das Phytoplankton wird ohne Sonnenlicht sterben, gefolgt von allen, die ein Gewässer ihr Zuhause nennen, denn das Phytoplankton steht am Anfang der Nahrungskette. Alle Pflanzen in der Uferzone werden ebenfalls absterben, so dass die Populationen der Arten, die auf sie als Nahrung und Lebensraum angewiesen sind, zusammenbrechen werden. Würde es einen Unterschied darstellen, ein Requiem mit ihren tausend Namen zu schreiben? Von den winzigen Krebstieren in der

Bodenzone des Gewässers bis hin zu den anmutigen Trompeterschwänen wird jedes Wasserlebewesen sterben.

Phytoplankton bindet Kohlendioxid »in einer Größenordnung, die der von Wäldern entspricht«.[34] Wie kann das massenhafte Aushungern von Phytoplankton ein Plan sein, um den Klimawandel aufzuhalten?

Schließlich behaupten die Forscher, die USA würden »jedes Jahr 95 Billionen Liter Wasser einsparen, die derzeit durch Verdunstung verlorengehen«.[35] Durch Verdunstung verloren? Das nennt man »den Wasserkreislauf«. So entsteht Regen. Erinnern Sie sich an den Regen, der das Leben an Land erst möglich macht? Das ist die Entlarvung des mechanistischen Denkens. Eine Maschine ist die Summe ihrer Teile und nicht mehr. Sie kann auseinandergenommen und wieder zusammengesetzt werden, ohne dass das Ganze Schaden nimmt. Ein Lebewesen kann nicht so zerlegt werden, ohne alles zu verlieren. Ebenso ist jede Spezies ein Teil des Ganzen, das sich *Leben* nennt, und seine Auflösung ist im vollen Gange.

Wenn Seen Teile einer Maschine wären, könnte man sie entfernen, den Mechanismus neu verdrahten, damit er ohne sie funktioniert, oder sie als Ersatzteile beiseitelegen. Aber die Welt ist keine Maschine, und weder Seen, ihre Lebewesen noch der Wasserkreislauf können entfernt werden, ohne dass wir alle – jeder Einzelne von uns – sterben.

Wir können nicht jeden verrückten Plan von Mitgliedern einer wahnsinnigen Kultur, die alles tun, um diese Lebensweise aufrechtzuerhalten, durchgehen und entlarven. Aber wir müssen einen weiteren beschreiben, denn dieser verrückte Plan ist das, worauf diese Kultur seit langem zusteuert, und diese ganz besondere Greueltat wird die Erde töten.

Geoengineering, manchmal auch Climate Engineering genannt, ist die absichtliche Veränderung von Wetter- und Klimamustern durch menschliche Eingriffe. Die populärsten Geoengineering-

Vorschläge sehen vor, dass Flugzeuge in großer Höhe feine Partikel, sogenannte Aerosole, in der oberen Atmosphäre versprühen. Diese Partikel würden theoretisch einen Teil der Sonneneinstrahlung reflektieren und so den Planeten abkühlen.

Das klingt wie der Plot eines Comic-Bösewichts, wird aber von nationalen Regierungen und wissenschaftlichen Einrichtungen ernsthaft in Betracht gezogen.

Diese Überlegungen sind zum Teil eine Reaktion darauf, dass der Planet auf dem Weg zu einem Temperaturanstieg von mehr als 2°C ist und die Kohle-, Öl- und Gasindustrie weiter expandiert. Vor allem aber werden sie in Erwägung gezogen, weil diese Gesellschaft sich strikt weigert, die Weisheit von offenen Experimenten auf einem lebenden Planeten in Frage zu stellen, und, was noch wichtiger ist, weil sie sklavisch an einer Lebensweise festhält, die die Erde, unser einziges Zuhause, zerstört. Es ist der logische Endpunkt einer Kultur, die Maschinen über das Leben stellt.

Beim Geoengineering kann vieles schiefgehen – und wie die Geschichte uns lehrt, wird es auch schiefgehen. Aerosole kaschieren beispielsweise nur die globale Erwärmung, sie bekämpfen nicht ihre Ursachen. Wenn sich die Treibhausgase, wie zu erwarten ist, weiter anreichern, müssten Aerosole ständig und in immer höheren Konzentrationen ausgebracht werden, um den sich verstärkenden Treibhauseffekt abzuschwächen. Dies würde durch Tausende von Flugzeugen geschehen, die in großen Höhen operieren, was natürlich noch mehr zur globalen Erwärmung beiträgt. Sobald die Freisetzung von Aerosolen aus irgendeinem Grund aufhört, wird die Erwärmung sehr schnell wieder einsetzen. Wenn die Treibhausgaswerte weiter steigen, bleibt den Regierungen im Grunde keine andere Wahl, als das Geoengineering zu intensivieren.

Das zweite Problem beim Geoengineering mit Aerosolen ist, dass es die Intensität des Sonnenlichts, das zur Erde gelangt, verändert, was globale Auswirkungen hätte. Pflanzen, Tiere, Bakterien, Menschen und viele andere Lebewesen und Prozesse werden von der Sonne reguliert und sind von ihr abhängig. Verdammt, fast alles Leben auf dem Planeten ist von der Sonne abhängig. Eine Verringerung des Lichts hätte zumindest Auswirkungen auf das weltweite Pflanzenwachstum, die Nahrungsmittelproduktion, die Schlafqualität, Vitamin D und die Gesundheit von Menschen und anderen Lebewesen sowie – ironischerweise – auf die Gewinnung von Solarenergie. Aerosole könnten auch die Ozonschicht schädigen und sich möglicherweise stark auf die Krebsrate auswirken.

Die Sonne steuert auch das globale Wettergeschehen, so dass eine Blockade des Sonnenlichts das Wetter – insbesondere den Wasserkreislauf – verändern und möglicherweise ungewohnte Muster von Überschwemmungen, Dürren, Stürmen und so weiter verursachen würde. Geoengineering durch Aerosole würde sich auf die Tropen viel stärker auswirken als auf die Pole, die sich schneller erwärmen und daher die kühlende Wirkung eigentlich am dringendsten benötigten. Um die Pole abzukühlen, wäre eine »Unterkühlung« in Äquatornähe erforderlich.

Einige Wissenschaftler glauben, dass die Aerosol-Injektion sogar den saisonalen Monsun in Afrika und Eurasien beenden könnte. Das würde die menschlichen und nichtmenschlichen Gemeinschaften auf etwa der Hälfte der Erdoberfläche zerstören.

Hey, ich habe eine Idee: Warum probieren wir es nicht einfach aus und sehen, was passiert?

Eine unserer Helden ist die indische Naturschützerin Suprabha Seshan, die mit einem Team im Gurukula Botanical Sanctuary in den westlichen Ghat Bergen in Kerala, Indien, an der Rettung von Pflanzen arbeitet.

Es geht darum, einzelne Pflanzen (vor allem gefährdeter Arten) aus Gebieten zu holen, die zerstört werden sollen, und sie zu kultivieren, in der Hoffnung, dass sich wieder selbst erhaltende Gemeinschaften dieser Pflanzen bilden. Ihr Schutzgebiet umfasst mehr als 2.000 Arten. Seshan beschreibt die Arbeit als »eine Such- und Rettungsmission, und wir bezeichnen diese Pflanzen als Flüchtlinge, ähnlich wie menschliche Flüchtlinge, die unter Plünderung, Krieg, Vertreibung, Klimawandel und der allgemeinen Vergiftung der Umwelt leiden«.

Diese Pflanzen und im weiteren Sinne die Menschen und Nichtmenschen in Indien und einem Großteil des übrigen Asiens sind vom Monsun abhängig. Seshan schreibt: »Als Gärtner und Wiederhersteller von Lebensräumen sind wir natürlich vollständig abhängig vom Zeitpunkt und der Dauer des Monsuns, von seiner Intensität und Qualität – besonders natürlich unsere Schützlinge, nämlich das Land und die Pflanzenarten, die wir bewahren … Die meisten Inder glauben, dass der Monsun unzerstörbar ist: ein 18 Millionen Jahre altes Windsystem, das dem Subkontinent Leben eingehaucht hat. Er entstand mit der Entstehung des Himalaya, dessen gewaltige Höhen ihn daran hindern, nach Zentralasien zu gelangen, und ihn stattdessen zu langanhaltendem heftigen Regen über dem indischen Subkontinent verdichten. Seine Intensität schwankt von Jahr zu Jahr, aber wir glauben, dass er immer wehen wird. Doch seit ich hier bin, seit etwa 24 Jahren, höre ich die Leute davon reden, dass der Monsun nicht mehr das ist, was er einmal war. Das wissen wir auch aus wissenschaftlichen Daten, aber was für uns entscheidend ist, wir wissen es aus dem Verhalten der Pflanzen und Tiere in unserem Heiligtum … Der Monsun verändert sich auf grundlegende Weise. Was aber, wenn der Monsun ausbleibt?«[36]

Das Versprühen von Aerosolen aus Flugzeugen ist nur eine der verrückten Ideen, die unter dem Namen Geoengineering vorangetrieben werden. Es gibt auch Ideen wie das Aufstellen von Spiegeln im Weltraum, um das Sonnenlicht abzulenken, oder eine Veränderung der Erdumlaufbahn; oder Eisen in die Ozeane einzubringen, um die Blüte des Phytoplanktons zu fördern.

Was kann schon schiefgehen?

Wissenschaftler, die sich für Geoengineering aussprechen (und die Regierungen und Unternehmen, für die sie arbeiten), stehen vor der Tatsache, dass die globale Erwärmung die Zivilisation zerstören könnte. Ihre Hinwendung zum Geoengineering war vorhersehbar. Rex Tillerson, ehemals Chef von ExxonMobil und erster Außenminister von Präsident Trump, hat über die globale Erwärmung gesagt: »Es ist ein technisches Problem, und es gibt technische Lösungen.«[37] Darüber können wir uns alle empören, aber worin unterscheidet sich das von dem, was die Befürworter der Solar- und Windkraft und Elektroautos sagen? Wenn sie nicht willens oder in der Lage sind, mit der Verbrennung fossiler Brennstoffe aufzuhören – und ganz allgemein nicht willens oder in der Lage sind, mit dem Töten des Planeten aufzuhören –, dann besteht ihre einzige Option für das (kurzfristige) Überleben darin, das gesamte Klima des Planeten zu unterjochen. Sie haben bereits Taubenschwärme vernichtet, die drei Tage lang über einen hinwegflogen, und Bisonherden, die vier Tage lang vorbeizogen. Sie haben den Flüssen das Wasser und den Ozeanen die Fische weggenommen. Und sie haben die Urwälder und das Grasland an sich gerissen. Warum nicht auch noch das Klima?

Im Folgenden finden Sie eine Reihe von Leitfragen oder Grundsätzen, nach denen jede grüne Technologie bewertet werden sollte.

Da sind zunächst einmal die technischen Dinge selbst, sei es eine Photovoltaikzelle, ein Windrad oder eine Batterie. Was ist es genau? Woraus wird es hergestellt? Woher kommen die Materialien und wie werden sie aus der Erde geholt? Welchen Schaden verursacht dieser Abbau? Wer ist der Leidtragende dieser Schäden? Welche Infrastrukturen sind für diese Gewinnung erforderlich? Welche Schäden werden durch die jeweiligen Infrastrukturen verursacht? Wer leidet unter diesen Schäden?

Die bloße Behauptung, die Materialien seien »recycelt« worden, entbindet die Technologie nicht von diesen Fragen, ebenso wenig wie die Behauptung, die Materialien stammten vom Weihnachtsmann. Mit welchen Verfahren und zu welchen Kosten wurden die Metalle aus der Elektronik entfernt, die Verunreinigungen aus den Metallen?

Wer lebt an den Orten, an denen man die Materialien gewinnen will? Wer nennt diese Orte sein Zuhause? Was wird mit diesen Orten, diesen Wesen geschehen?

Wie werden diese Materialien transportiert und in ihre Endprodukte umgewandelt? Wie wird Eisenerz transportiert und verhüttet? Wie wird Stahl hergestellt, transportiert, geschmolzen und in Teile verwandelt, die in dem hellgrünen Windrad verwendet werden? Wie wird das Windrad selbst zusammengebaut und transportiert?

Was sind die Auswirkungen dieser grünen Technologie vor Ort? Wie viele Vögel werden durch die Solar- oder Windenergieanlage getötet? Wie viele Schildkröten, wie viele Fledermäuse?

Wofür wird diese hellgrüne Technologie verwendet? Wenn sie zur Energiegewinnung eingesetzt wird, welchem Zweck dient diese? Hilft dieser Einsatz der hellgrünen Technologie der wirklichen Welt? Der physischen Welt? Dem Planeten, der die Quelle allen Lebens ist? Oder hilft sie der Industrie? Das ist nicht dasselbe.

Und was passiert mit den Materialien, wenn das technische Gerät abgenutzt ist? Wie giftig sind sie? Was geschieht mit ihrem Standort? Wird er wieder Lebensraum für Beifußhühner oder Eisgraue Fledermäuse oder wer auch immer früher dort lebte? Oder bleiben deren Gene und ihre Fortpflanzungsorgane für Tausende von Jahren geschädigt?

Geht es bei der Technologie darum, der Erde zu helfen, oder geht es darum, diese Lebensweise auf Kosten der Erde aufrechtzuerhalten?

Das alles bringt uns zu Aldo Leopolds ehrfürchtiger Aussage: »Eine Sache ist richtig, wenn sie dazu beiträgt, die Integrität, Stabilität und Schönheit der biotischen Gemeinschaft zu erhalten. Sie ist falsch, wenn sie in die andere Richtung geht.«

Das ist der Maßstab, nach dem wir nicht nur grüne, sondern alle Technologien beurteilen sollten. Das ist der Maßstab, nach dem wir unser Handeln und unser Leben beurteilen sollten.

Kapitel 13

WEITERE SCHEINLÖSUNGEN

Viele Umweltschützer sind bestrebt, mit der Wirtschaft zusammenzuarbeiten, und gehen von der Konfrontation zur bestmöglichen Zusammenarbeit über.

David Kirkpatrick, *CNN Money*, Februar 1990[1]

Muss ich Sie erst von einer Utopie überzeugen, bevor Sie etwas gegen eine Tyrannei unternehmen werden? Ist unser Geist so verkommen, dass wir nur noch aus Eigennutz und zur Selbsterhaltung handeln? Was ist aus der Zeit geworden, in der wir uns bereitwillig für Generationen aufgeopfert haben, die wir noch gar nicht kennen? Spricht das nicht für die Notwendigkeit, unsere Art und Weise zu sein und zu denken zu verändern?

Mi'kmaq-Krieger **Sakej Ward**,
Gemeinde Esgenoopetitj (Burnt Church First Nation),
New Brunswick, Kanada[2]

Wir haben uns weit von der Landethik entfernt, die Aldo Leopold vorschwebte. Anstelle einer Bewegung zur Rettung des Planeten,* haben wir eine Bewegung zur weiteren Zerstörung des Planeten.

* Natürlich gibt es auch Ausnahmen. Wir denken dabei vor allem an Organisationen wie Patagonia und Wild Earth Guardians sowie an kleinere Organisationen wie Buffalo Field Campaign und Community Environmental Legal Defense Fund.

Auf der ganzen Welt kämpfen Aktivisten an vorderster Front nicht nur gegen große Unternehmen, sondern auch gegen die Klimabewegung, da wilde Lebewesen und wilde Orte nun vor grünen Energieprojekten geschützt werden müssen.

Eine Schlagzeile von *Vox* lautet: »Der Umgang mit den Klimaveränderungen wird Umweltschützern – und allen anderen – hässliche Kompromisse abverlangen.«[3] Aber wie immer werden die »Kompromisse« von der wilden Natur verlangt. Die Forderungen der Industrie sind nicht verhandelbar, und sie werden ständig größer. Und die Welt muss sie erfüllen.

Es sollte uns nicht überraschen, dass sich die Werte der Umweltbewegung in den letzten 30 Jahren so sehr verschoben haben. Mehr denn je sind die Menschen heute in der Technologie versunken, anstatt die wirkliche Welt zu erleben. In einem Bericht heißt es: »Der durchschnittliche junge Amerikaner verbringt heute praktisch jede Minute – mit Ausnahme der Schulzeit – mit einem Smartphone, Computer, Fernseher oder elektronischen Gerät.«[4] Eine kürzlich durchgeführte Umfrage in Großbritannien ergab, dass der durchschnittliche 18- bis 25-Jährige eine Internetverbindung als wichtiger einstuft als das Tageslicht.[5]

Wir haben uns von den Naturforschern, als die wir geboren wurden, weit entfernt; wir leben nicht mehr in einer lebendigen Welt mit vielen Verwandten, sondern dienen einer Gesellschaft, die von Maschinen beherrscht wird.

Es ist also kein Wunder, dass so viele Menschen an unsinnige technologische Lösungen glauben. Die Technik macht es aus, nicht die reale Welt.

Und so wird das Absurde zur Normalität. Wir hören, dass grüne Technologie die globale Erwärmung aufhalten wird. Wir hören, dass das Abholzen und Verbrennen von Wäldern gut für den Planeten sei. Wir hören, dass das Aufstauen von Flüssen gut für den Planeten sei. Wir hören, dass die Zerstörung der Wüste zum Aufstellen von Solarzellen gut für den Planeten sei. Wir hören, dass industrielles Recycling die Welt retten wird. Wir hören, dass die Kommerzialisierung der Natur etwas ganz anderes sei als das übliche Geschäft. Wir hören, dass wir in unseren Weg zu einem nachhaltigen Kapitalismus investieren könnten. Wir hören, dass Kapitalismus nachhaltig sein könne.

Eine globale Wachstumsrate von 3 Prozent, die als Minimum für einen funktionierenden Kapitalismus gilt, bedeutet, dass sich die Weltwirtschaft alle 24 Jahre verdoppelt. Das ist natürlich Wahnsinn. Solange wir den Kapitalismus als nicht einmal als Problem benennen, wie sollen wir dann eine Chance haben, den Planeten zu retten?

Es besteht kein Zweifel, dass die globale Erwärmung apokalyptisch ist. Ich (Max) habe oberhalb des Polarkreises auf auftauendem Permafrost gestanden und gesehen, wie ganze Wälder zusammenbrachen, weil der Boden unter ihren Wurzeln an Stabilität verlor. Diese Gesellschaft *verändert die Zusammensetzung des Klimas auf unserem Planeten*. Aber das ist nicht die einzige Krise, mit der die Welt konfrontiert ist, und so zu tun, als ob es anders wäre, blendet die wahren Wurzeln des Problems einfach aus.

Der Sierra Club hat eine Kampagne namens »Ready for 100« gestartet. Das Ziel der Kampagne ist es, »50 Hochschulen, ein Dutzend wichtiger Städte und ein halbes Dutzend wichtiger Bundesstaaten davon zu überzeugen, zu 100 Prozent auf erneuerbare Energien umzusteigen.« Der Exekutivdirektor des Sierra Club, Michael Brune, erklärt: »Es gibt einige Gründe, warum ›Ready for 100‹ funktioniert – warum es eine so starke Idee ist. Zum einen haben die Menschen Einfluss. Menschen, die über die Klimaveränderungen empört, beunruhigt, deprimiert und verzweifelt sind, wollen etwas bewirken und richten sich daher an ihr Umfeld. Sie wenden sich an ihre Stadt, ihren Staat, ihre Universität. Und das ist aufregend – es ist eine Möglichkeit, sich nicht nur mit der Angst auseinanderzusetzen, sondern mit etwas, das die Fantasie beflügelt.«[6]

Es gibt eine Menge Probleme mit dieser Aussage. Erstens: Funktioniert Ready for 100 wirklich, wie Brune sagt? Das hängt von dem unausgesprochenen Teil dieser Aussage ab: Was soll erreicht werden? Er könnte damit meinen, dass die Kampagne darauf abzielt, eine größere Mainstream-Klimabewegung zu mobilisieren. Vielleicht meint er, dass »Ready for 100« in dem Sinne funktioniert, dass mehr »erneuerbare« Infrastrukturen gebaut werden, vor allem weil die Industrie mehr Subventionen erhält.

Wenn er damit meint, dass »Ready for 100« sich für eine Reduzierung der Verbrennung von Kohle, Öl und Gas einsetzt – was er tatsächlich meint –, liegt er völlig falsch, denn »fossile Brennstoffe dominieren weiterhin den weltweiten Energieverbrauch«.[7]

Es gibt noch mehr an Brunes Zitat, das verstörend ist. Er macht die »Empörung, Beunruhigung, Depression und Verzweiflung« der Menschen ausdrücklich zu Mitteln, die den Zielen des Kapitals dienen, indem er die Menschen dazu bringt, diese sehr realen Gefühle zu nutzen, um sich für bestimmte Sektoren der industriellen Wirtschaft einzusetzen.

Wenn ein Plan nicht funktioniert, spielt es keine Rolle, ob die Menschen »Einfluss« haben. Die fortschreitende Zerstörung des Planeten und die anhaltende Vorherrschaft von Kohle, Öl und Gas scheinen weniger wichtig zu sein als die Umleitung der Wut der Menschen – die, wenn sie unkontrolliert bleibt, tatsächlich in etwas ausufern könnte, das den Kapitalismus und den Industrialismus daran hindert, den Planeten umzubringen – in wirtschaftsfreundliche Ziele.

Die von 350.org geleitete Fossil Free-Kampagne zielt darauf ab, nicht mehr in Kohle-, Öl- und Gasindustrie zu investieren, indem Institutionen wie Kirchen, Städte und Universitäten unter Druck gesetzt werden, sich von solchen Anteilen zu trennen. Als Vorbild diente der dreigleisige Widerstand gegen die südafrikanische Apartheid in Form von Boykott, Desinvestition und Sanktionen (BDS) – ein Modell, das heute auch gegen Israel eingesetzt wird. Die Fossil-Free-Kampagne hat bisher 800 Institutionen und 58.000 Einzelpersonen dazu bewogen, Anteile im Wert von 6 Billionen

Dollar zu veräußern. Bei einigen davon handelt es sich um Teil-Divestments, wie etwa den Rückzug aus Teersanden oder die weitere Finanzierung von Fracking.[8]

Klingt doch toll, oder? Jeder, der sich für den Ausstieg aus Kohle, Öl und Gas einsetzt, tut etwas sehr Gutes.

Aber angesichts der kurzen Zeit, die uns zur Verfügung steht, und der Tatsache, dass wir dabei sind, den Kampf um den Planeten verlieren, müssen wir uns fragen, ob Desinvestitionen eine wirksame Strategie sind.

Und die Antwort lautet leider: nicht wirklich. Jay Taber von *Intercontinental Cry* weist darauf hin, dass »alles, was dieses Divestment bewirkt, ist, dass einst öffentlich gehaltene Aktien jetzt an der Wall Street verfügbar sind, was es Handelshäusern wie Goldman Sachs ermöglicht, ihre Kontrolle über die Branche weiter zu konsolidieren. BDS, wenn es von anderen Staaten und internationalen Institutionen gegen Apartheidstaaten angewandt wird, beinhaltet die Unterbindung des Zugangs zu Finanzmitteln sowie die Bestrafung von Verbrechen gegen die Menschlichkeit.« Er sagt ganz unverblümt, dass Divestment dazu dient, »den Aktivismus von wirklich effektiven Maßnahmen wegzulenken«.[9]

Bill Gates, auf den wir normalerweise nicht hören, scheint dieser Meinung zu sein. »Wenn Sie glauben, dass Divestment allein eine Lösung ist«, schreibt Gates, »dann befürchte ich, dass Sie den Wunsch der Menschen, dieses Problem zu lösen, aufgreifen und ihren Idealismus und ihre Energie für etwas verschwenden, das nicht weniger Kohlenstoffemissionen verursacht, weil nur wenige Menschen in der Gesellschaft das Kapital von Kohle- oder Ölgesellschaften besitzen.«[10]

Wenn die Desinvestition in einem ausreichend großen Umfang erfolgt, werden zuvor gehaltene Aktien, Anleihen und andere Anlageprodukte zum Kauf angeboten. Dieses Überangebot lässt die Preise sinken, so dass es für weniger ethische Investoren leichter wird, zu kaufen. Dies führt nicht nur zu einer Konsolidierung der Branche, sondern macht auch Aktien auf fossile Brennstoffe für diejenigen profitabler, die sie aufkaufen. Der Journalist Christian Parenti schreibt: »Inwiefern schadet der Preisverfall von Exxon-Aktien also dem Gewinn, also dem Betriebsergebnis? Es könnte in Wirklichkeit das Kurs-Gewinn-Verhältnis des Unternehmens verbessern und damit die Aktie für unmoralische Käufer attraktiver machen. Oder es könnte dem Unternehmen ermöglichen, leichter Aktien zurückzukaufen (was es in den letzten fünf Jahren in großem Umfang getan hat) und so mehr von seinen Gewinnen für die Erschließung weiterer Ölfelder einzubehalten.«[11]

Es ist unwahrscheinlich, dass irgendein Verfechter der Desinvestition glaubt, dass die globale Erwärmung allein durch Desinvestition gestoppt werden kann. Die Website von *Fossil Free* erkennt dies und schreibt: »Die Kampagne begann mit dem Ziel, die Industrie für fossile Brennstoffe zu stigmatisieren – die finanziellen Auswirkungen waren zweitrangig gegenüber den gesellschaftspolitischen Auswirkungen.« Aber da der Betrag, der veräußert wird, weiter wächst, wird die *Reinvestition* ein zentraler Bestandteil der Kampagne zur Veräußerung fossiler Brennstoffe. Auf der Website heißt es weiter: »Wir haben die Verantwortung und die Möglichkeit, uns zu fragen, wie die Bewegung des Geldes selbst … uns helfen kann, unsere Vision voranzubringen.«

Großartig! Sie schlagen also vor, dass diese Organisationen ihr Geld aus den Aktien der Ölindustrie abziehen und dieses Geld verwenden, um Land als Wildnis, für die wilde Natur, zu reservieren, richtig?

Nun, nein. Sie wollen, dass das Geld zur Finanzierung »erneuerbarer Energien« verwendet wird. Und sie haben eine Prämisse an uns vorbeigeschleust: die Vorstellung, dass Desinvestition und Reinvestition eine bessere Welt schaffen können. Das ist eine außergewöhnliche Behauptung, die nicht durch Beweise gestützt wird. Wie Anne Petermann vom Global Justice Ecology Project schreibt: »Können genau die Märkte, die uns an den Rand des Abgrunds geführt haben, jetzt unseren Fallschirm bereitstellen? … In diesem System haben diejenigen, die das Geld haben, die ganze Macht.

Warum versuchen wir dann, dieses System zu reformieren? Warum wandeln wir es nicht um?«[12]

Der Aktivist Keith Brunner schreibt: »Ja, die fossilen Energiekonzerne sind der große böse Wolf, aber genauso problematisch ist das System von Investitionen und Renditen, das eine Wachstumswirtschaft voraussetzt (es heißt Kapitalismus).« Seine Schlussfolgerung: »Wir werden uns den Weg zu einem lebenswerten Planeten nicht erkaufen können.«[13]

Ist es besser, für »erreichbare, realistische« Ziele durch Reformen zu kämpfen oder die grundlegenden Probleme an der Wurzel zu packen? Normalerweise sind wir für beides. Wenn wir auf die große und glorreiche Revolution warten und keine Reformarbeit leisten (die wir auch als Defensivarbeit bezeichnen könnten), wird die Welt bis zur Revolution von dieser Kultur aufgefressen worden sein. Und wenn wir nur Defensivarbeit leisten und die Ursachen der Probleme nicht angehen, wird diese Lebensweise die Welt aufzehren, bis nichts mehr übrig ist.

Aber es ist ziemlich klar, dass das wahre Ziel der Hellgrünen nicht die Verteidigung des Planeten ist: Sie alle, von Lester Brown bis Kumi Naidoo, haben dies klar zum Ausdruck gebracht. Das eigentliche Ziel ist es, Geld in die sogenannte grüne Technologie zu stecken. In einem kürzlich erschienenen Artikel heißt es: »Klimalösungen brauchen kaltes, hartes Geld … etwa eine Billion pro Jahr.«

Einer von Naomi Kleins wichtigsten Beiträgen zum Diskurs ist ihre Formulierung der »Schock-Doktrin«, die sie als »die Art und Weise, wie Amerikas Politik des ›freien Marktes‹ die Welt beherrscht – durch die Ausbeutung von Menschen und Ländern, die von Katastrophen geschockt wurden« definiert. In ihrem Buch *The Shock Doctrine: The Rise of Disaster Capitalism* (Die Schock-Strategie – Der Aufstieg des Katastrophenkapitalismus) erklärt Klein auf brillante Weise, wie dieselben Prinzipien, die verwendet werden, um Folteropfer zu desorientieren und ihnen Zugeständnisse abzuringen, genutzt werden können, um ganzen Nationen im Gefolge großer Katastrophen politische Zugeständnisse abzuringen. Sie führt viele Beispiele an, darunter die Spar- und Privatisierungswelle in Chile nach dem Pinochet-Putsch 1973, die massive Ausdehnung des Industrialismus und die Unterdrückung von Dissidenten nach dem Massaker auf dem Platz des Himmlischen Friedens in China 1989 sowie den Abbau von Wohnungen für Einkommensschwache und die Ersetzung des öffentlichen Bildungswesens durch gewinnorientierte Schulen in New Orleans nach dem Hurrikan Katrina 2005.

Die Schock-Strategie beschreibt auch perfekt die gesamte hellgrüne Bewegung: Wegen einer schrecklichen und sehr realen Katastrophe (in diesem Fall die Klimaveränderungen) müsst ihr einem Sektor der industriellen Wirtschaft riesige Subventionen zukommen lassen, und ihr müsst zulassen, dass wir noch viel mehr von der natürlichen Welt zerstören, von Baotou über die Mojave-Wüste bis zum Grund des Ozeans. Wenn Sie uns nicht viel Geld geben und uns noch viel mehr von der Natur zerstören lassen, werden Sie all die Annehmlichkeiten verlieren, die Ihnen offensichtlich wichtiger sind als das Leben auf dem Planeten.

Wenn man anfängt, nach diesem Trend die Augen offen zu halten, ist er wirklich eindeutig. In der Zeitschrift *Renewable Energy World* gibt es einen Artikel aus dem Jahr 2016 über den Desert Renewable Energy and Conservation Plan. Der Plan erlaubt den Bau großer Solarenergieanlagen in einigen Gebieten der kalifornischen Wüste, in anderen Gebieten jedoch nicht. Shannon Eddy, Leiterin der Large-Scale Solar Association, hält den Schutz von Teilen der Wüste für »einen Rückschlag«. Sie sagt: »Die Welt steht in Flammen – der CO_2-Gehalt hat gerade die 400-ppm-Grenze überschritten. Wir müssen jetzt alles tun, was wir können, um die Emissionen zu reduzieren, indem wir Projekte für erneuerbare Energien ans Netz bringen.«[14]

Alles, auch die Zerstörung der Wüste. Das erinnert an einen Satz aus der Zeit des Vietnamkriegs, der 1968 von AP-Korrespondent Peter Arnett stammt: »›Es wurde notwendig, die Stadt zu zerstören, um sie zu retten‹, sagte heute ein US-Major.«

Wir müssen in die wirkliche Welt zurückkehren. Diese Gesellschaft funktioniert durch die Umwandlung von wildem Land in Produktionsstätten für Waren. In den letzten 20 Jahren sind etwa 10 Prozent der noch verbliebenen echten Wildnis der Welt verlorengegangen.[15] Einer Studie zufolge droht die »Entwicklung« von Solar- und Windenergie bis 2050 so viel Land zu zerstören wie die Zersiedelung der Landschaft und die Expansion von Öl und Gas, Kohle und Bergbau *zusammen*. Die »Entwicklung« der Solarenergie übertrifft die Ausweitung der Landwirtschaft und die Windenergie (gleichauf auf dem zweiten Platz) als die größte Bedrohung für die »Entwicklung«, die in der Studie berücksichtigt wurde.[16] Dennoch propagieren Umweltschützer weiterhin Solar- und Windenergie und andere grüne Lügen als *Lösungen*. Sie sind zu einer Bewegung geworden, die nicht der Erde, sondern eher ihren Zerstörern hilft.

Wir müssen in die reale Welt zurückfinden. Wir müssen wieder zu Menschen werden, die die Welt lieben – alle ihre Orte und alle ihre Geschöpfe – und die für ihre Verteidigung kämpfen.

Kapitel 14
WIRKLICHE LÖSUNGEN

Wenn die Unterdrücker mir zwei Möglichkeiten geben,
wähle ich immer die dritte.
Meir Berliner, polnischer Jude und argentinischer Staatsbürger,
der beim Widerstand gegen seine Nazi-Gefangenenwärter
im Konzentrationslager Treblinka starb

Als wir an diesem Buch arbeiteten, erhielt Derrick einen Brief von einem Leser einiger seiner anderen Bücher. Er schrieb: »Ich lebe auf Korsika. Ich habe immer geglaubt, dass ›mediterrane Landschaften‹ natürlich trockenes Land mit Felsen und Macchia seien. Die meisten Menschen hier glauben das. Aber es ist nicht wahr. Früher bedeckten riesige Bäume das Land, und die Felsen waren dort, wo sie hingehören: unter der Erde. Die Bäume wurden gefällt, um Städte zu bauen, und der Boden ist längst weggespült. So ist es auch in Sizilien, Sardinien, Nordafrika und so weiter. Es war traurig zu erfahren, dass diese Landschaftsform die Folge von Übernutzung ist.«

Die Traurigkeit dieses Lesers über die Ausbeutung und Zerstörung unseres Planeten durch den Menschen spiegelt die Gefühle von Schriftstellern und Umweltschützern aus allen Zeiten wider, aber vielleicht war es der Shawnee-Krieger Chiksika Matthew (etwa 1760–1792), der es am besten ausdrückte: »Der weiße Mann versucht, die Natur zu erobern, sie nach seinem Willen zu beugen und sie verschwenderisch zu nutzen, bis alles weg ist, und dann zieht er einfach weiter, lässt den Abfall zurück und sucht sich neue Orte, die er einnehmen kann. Die ganze weiße Rasse ist ein Ungeheuer, das immer hungrig ist, und was es frisst, ist Land.«[1]

Die industrielle Zivilisation ist mit dem Leben auf unserem Planeten unvereinbar. Die Lösung für unseren systematischen Planetenmord liegt also auf der Hand, aber sagen wir es trotzdem: Stoppt die industrielle Zivilisation. Stoppt unsere Lebensweise, die auf Extraktion beruht. Nein, das bedeutet nicht, alle Menschen umzubringen. Es bedeutet, unseren Lebensstil drastisch zu ändern. Die Tolowa haben in Nordkalifornien, südlich der Grenze zu Oregon, wo Derrick und Lierre jetzt leben, sehr gut gelebt, und zwar ohne den Ort zugrunde zu richten. Die industrielle Zivilisation ist erst seit weniger als 200 Jahren hier, und der Ort ist verwüstet. Also ja: Stoppt die Zivilisation.

Sie könnten argumentieren, dass Sie nicht auf die Annehmlichkeiten verzichten wollen, die unsere Lebensweise Ihnen bietet, aber wir würden antworten, dass wir nicht auf das Leben auf diesem Planeten verzichten wollen. Das Leben ist viel wichtiger. Sicher, wir lieben unsere Annehmlichkeiten genauso wie jeder andere, aber es gibt weitaus wichtigere Dinge als Laptops und heiße Duschen.

Das Ausmaß der Zerstörung, die unserem Planeten widerfährt, ist kaum zu überschätzen. Im Jahr 2017 wurde ein Bericht veröffentlicht, aus dem hervorgeht, dass Abholzung, Landwirtschaft und andere Landnutzungsänderungen die globale Biomasse von Pflanzen um mehr als 50 Prozent reduziert haben.[2]

Bei den Tieren sind die Zahlen ebenso deutlich. In einem Papier heißt es: »Selbst die größten Arten wildlebender Landwirbeltiere haben heute eine Gesamtmasse, die nur einen kleinen Bruchteil der globalen menschlichen Masse ausmacht. Winzige Überreste von einst riesigen Bisonherden, Amerikas größtem überlebendem Mega-Kräuterfresser, summieren sich auf nur etwa 40.000 Tonnen Kohlenstoff. Bei der letzten kontinentweiten Zählung afrikanischer Elefanten wurden im Jahr 2006 470.000 Tiere gezählt. Bei einer durchschnittlichen Körpermasse von 2,6 Tonnen entspricht dies etwa 0,5 Prozent der globalen Menschenmasse. Und selbst eine großzügige Schätzung der Gesamtmasse wild lebender Landsäugetiere zu Beginn und am Ende des 20. Jahrhunderts ergibt nicht mehr als etwa 50 Megatonnen Lebendgewicht im Jahr 1900 und 25 Megatonnen Lebendgewicht im Jahr 2000, ein Rückgang um 50 Prozent. Im Gegensatz dazu stieg im gleichen Zeitraum die globale Anthropomasse von etwa 13 auf etwa 55 Megatonnen. Das bedeutet, dass die globale Anthropomasse irgendwann in der zweiten Hälfte des 19. Jahrhunderts die Zoomasse der wildlebenden Landsäugetiere übertraf, dass sie um 1900 um mindestens 30 Prozent höher war und dass im Jahr 2000 die Zoomasse aller wildlebenden Landsäugetiere nur noch etwa ein Zehntel der globalen Anthropomasse betrug.«[3]

Rechnet man die Biomasse von Haus- und Nutztieren hinzu, wird die Kluft zwischen der Zahl der wilden Landtiere und der der Menschen noch größer.

Diese verlorene tierische Biomasse – die in Wirklichkeit natürlich gar keine »Biomasse« war, sondern Lebewesen – wurde ebenso wie pflanzliche Biomasse in Treibhausgase und materielle Güter umgewandelt und von Vieh und Menschen verbraucht. Es ist keine Übertreibung zu sagen, dass die industrielle Zivilisation den Planeten auffrisst.

Wenn wir über die Beendigung der industriellen Zivilisation sprechen, ist eine der häufigsten Fragen, die wir hören: »Aber was ist die Alternative?« Manchmal sagen die Leute sogar: »Die Geschichte mit der alternativen Energie hat es mir erlaubt, meine Angst- oder Schuldgefühle wegen der Ermordung des Planeten zu lindern. Sie haben meinen Komfort bedroht, also bin ich wütend. Ich kann mir ein Leben ohne überall zugänglichen billigen Industriestrom nicht vorstellen. Ich verlange von Ihnen, dass Sie mir eine Lösung anbieten, die die industrielle Zivilisation bestehen lässt.«

Sehr oft sind die Menschen so schockiert von der Vorstellung, dass ihr Lebensstil völlig verschwindet, dass sie sich ehrlich gesagt nicht vorstellen können, was als nächstes kommen könnte. Sie sorgen sich sehr um den Planeten, aber sie wollen wissen: »Können wir nicht eine Lösung finden, die unsere Lebensweise intakt lässt?«

Das ist natürlich unmöglich. Die Stromerzeugung in großem Maßstab für eine stetig wachsende Weltbevölkerung ist nicht nachhaltig: Das ist die physikalische Realität. Wie Bill McKibben zu recht sagt: »Mit Physik kann man nicht argumentieren.«

»Wie können wir weiterhin industrielle Energiemengen gewinnen, ohne Schaden anzurichten?« ist die falsche Frage. Die richtige Frage lautet: »Was können wir tun, um der Erde zu helfen, die durch diese Kultur verursachten Schäden zu reparieren?«

Die industrielle Technologie wird letztendlich nicht Teil dieser Reparatur sein. Wie Jeff Gibbs in seinem Film *Planet of the Humans* so treffend fragt: »Ist es möglich, dass Maschinen, die von der industriellen Zivilisation hergestellt wurden, uns vor der industriellen Zivilisation retten?« Erinnern wir uns an Chellis Glendinning, der erklärte: »Alle Technologien sind politisch.« Erinnern Sie sich an Lewis Mumford, der darauf hinwies, wie autoritäre Technologien »die Obergrenze menschlicher Errungenschaften anhoben: die erste in der Massenkonstruktion, die zweite in der Massenvernichtung, beide in einem bis dahin unvorstellbaren Ausmaß«. Erinnern Sie sich an unsere Leitfragen aus Kapitel 12, anhand derer jede grüne Technologie bewertet werden sollte?

Wenn wir diese Fragen auf die grüne Technologie anwenden – woher ihre Materialien stammen, wie sie sich auf die Erde auswirken und was passiert, wenn sie sich abnutzen – und sie ehrlich beantworten, müssen wir sagen: Keine einzige grüne Technologie hilft dem Planeten. Sie alle zerstören das, was vom Lebendigen übrig ist.

Die erste wirkliche Lösung besteht also darin, mit der Verleugnung aufzuhören und sich voll und ganz der Realität zu stellen. Die Konfrontation mit der Realität heißt, eine Lawine von Wehmut auszuhalten: Wir wissen, was wir da erwarten. Aber wenn man diesen Planeten liebt, muss man es tun.

Was wir sonst noch tun sollten, ist ganz einfach. Erstens müssen wir die fortlaufende Zerstörung stoppen, die durch sogenannte grüne Energieprojekte ebenso wie durch Öl- und Gasförderung, durch Kohle- und Erzbergbau, durch Zersiedelung, durch industrielle Landwirtschaft und durch all die anderen Millionen Angriffe auf diesen Planeten, die von der industriellen Zivilisation verübt werden, verursacht werden.

Und zweitens müssen wir dem Land helfen, zu heilen.

Die gute Nachricht ist, dass Pflanzen bereits ihren Teil dazu beitragen. Insgesamt absorbieren Pflanzen etwa ein Viertel der Kohlenstoffemissionen, die bei der Verbrennung von Kohle, Öl und Gas entstehen. In den letzten 30 Jahren und insbesondere zwischen 2002 und 2014 haben die Pflanzen an Land begonnen, immer mehr Kohlendioxid zu absorbieren – etwa 17 Prozent mehr. Diese »Begrünung« hat nach Ansicht von Klimawissenschaftlern den Anstieg der Treibhausgaskonzentration in der Atmosphäre »deutlich verlangsamt«. Die Pflanzen verbrauchen dafür weniger Wasser als üblich und werden so wirksamer bei ihrer Arbeit, ein lebenswertes Klima zu verteidigen.[4]

Doch die Menge an Kohlenstoff, die Pflanzen aufnehmen können, ist begrenzt. Eine Studie schätzt, dass selbst wenn der gesamte Kohlenstoff, der in der Vergangenheit durch Abholzung und »Landnutzungsänderungen« entstanden ist, durch die Wiederaufforstung von Wäldern wieder gebunden werden könnte, würde dies den globalen CO_2-Gehalt nur um 40 bis 70 ppm (Parts per million – Anteile pro Million) senken.[5]

Das würde uns nicht einmal auf 350 ppm zurückbringen, geschweige denn auf das vorindustrielle Niveau von 270 ppm.

Eine Studie aus dem Jahr 2017 ergab, dass die Abholzung doppelt so viel Einfluss auf die globale Erwärmung hat wie bisher angenommen: Selbst wenn die Treibhausgasemissionen aus Kohle, Öl und Gas vollständig eliminiert würden, würde die fortgesetzte

Entwaldung ausreichen, um die globale Erwärmung auf mehr als die 1,5 Grad Celsius über dem vorindustriellen Niveau zu bringen, was als »Sicherheitsgrenze«[6] angesehen wird.

Und selbst wenn Solar-, Wind- und andere grüne Technologien in der Lage wären, fossile Brennstoffe vollständig zu ersetzen – was an sich schon ein unmögliches Szenario ist und die Emissionen nicht vermindert – solange die Abholzung weitergeht, reicht das nicht aus, um die globale Erwärmung aufzuhalten.

Unser ursprüngliches Ziel für dieses Kapitel war es, genau zu berechnen, wie viel Emissionsreduzierung man pro Dollar erhält, wenn man von Kohle, Öl und Gas auf »erneuerbare« Energie umsteigt, und dies dann mit anderen Möglichkeiten zu vergleichen, wie man das Geld ausgeben könnte (zum Beispiel um bestehende Wälder vor der Abholzung zu schützen). Doch als wir mit dem Schreiben begannen, war die Frage hinfällig. Der Soziologe und Umweltwissenschaftler Richard York von der University of Oregon fand in seiner Studie, die wir bereits beschrieben haben, heraus, dass Solar- und Windenergie sowie nichtfossile Brennstoffe Kohle, Öl und Gas nicht wirklich ersetzen. Zur Erinnerung: Seine Untersuchung ergab, dass »erneuerbare [Energie]-Quellen, die nicht aus Wasserkraft gewonnen werden, einen positiven Koeffizienten aufweisen, der auf *das Gegenteil von Ersetzung* hindeutet [Hervorhebung von uns], aber dieser Koeffizient unterscheidet sich nicht signifikant von null, was darauf hindeutet, dass erneuerbare Energien dem Energiemix einfach hinzugefügt werden, ohne fossile Brennstoffe zu ersetzen.«

Mit anderen Worten: Die Emissionsreduzierung, die Sie pro in »erneuerbare« Energie investiertem Dollar erhalten, ist im Grunde gleich null. Tatsächlich steigen die Emissionen sogar an, weil die Produktion, Installation, Wartung und Entsorgung dieser »erneuerbaren« Energieformen Treibhausgase freisetzen und weil die zusätzliche Energie, die von diesen erneuerbaren Quellen bereitgestellt wird, verwendet wird, um mehr Elektronik, mehr Rechenzentren, mehr Marihuana-Anbau und mehr Militäreinrichtungen zu betreiben, die alle ihre eigenen damit verbundenen Treibhausgasemissionen haben, von der Zerstörung von Wäldern und Grasland bis zur Produktion von Zement, Kunststoffen und anderen Materialien.

Wenn es darum geht, die Zerstörung unseres Planeten zu stoppen oder zumindest die globale Erwärmung aufzuhalten, sind alle Mainstream-Lösungen bestenfalls Ablenkungen. Sie sind in Wirklichkeit Antworten auf die Erkenntnis, dass a) der weltweite Ölvorrat endlich ist, b) die industrielle Energienachfrage weiter steigen wird und c) die Anforderungen der Wirtschaft nicht verhandelbar sind, was bedeutet, dass d) es bei diesen Mainstream-Lösungen in Wirklichkeit darum geht, Subventionen für neue Formen der industriellen Energie zu erhalten. Keine von ihnen hilft der Erde.

Durch die Beendigung der Abholzung und die Wiederherstellung abgeholzter Gebiete würde jedes Jahr mehr Kohlendioxid aus der Luft entfernt, als von allen Autos auf dem Planeten erzeugt wird.[7] Eine Studie aus dem Jahr 2019 ergab, dass, wie es eine Schlagzeile in *The Independent* ausdrückte, »die großflächige Wiederherstellung der Wälder der Welt ein Jahrzehnt der CO_2-Emissionen ausgleichen würde«.[8] Im Vergleich zu Solar- und Windenergie und so weiter, mit ihrer Netto-Null-Kohlenstoffreduzierung pro Dollar, funktioniert jede Investition in den Schutz der Wälder tatsächlich.

Nicht nur Landpflanzen kämpfen für einen lebenswerten Planeten. Pro Hektar absorbieren und speichern Salzwiesen, Mangroven und Seegras zehnmal mehr Kohlendioxid als viele Wälder.[9] Es wird geschätzt, dass ein 150 Hektar großes Projekt zur Wiederherstellung von Salzwiesen im Binnenland der Salish Sea, das Seattle und Vancouver umfasst, in den nächsten 75 bis 100 Jahren zwischen 6.000 und 14.000 Tonnen Kohlendioxid speichern wird. Umgekehrt werden durch die jährliche weltweite Zerstörung von zwei Millionen Hektar Küstenfeuchtgebieten für die »Entwicklung« etwa 550 Millionen Tonnen Kohlendioxid pro Jahr freigesetzt.[10] Kürzlich wurde auch festgestellt, dass Küstenalgen riesige

Mengen an Kohlenstoff binden, mindestens 190 Millionen Tonnen pro Jahr.[11] Wir müssen diese Orte um ihrer selbst willen schützen, um der biologischen Vielfalt willen und wegen ihrer Fähigkeit, das Klima vor dem zu bewahren, was unsere Kultur ihm angetan hat.

Auch Grasland trägt seinen Teil dazu bei. Eine Studie in West Virginia ergab, dass Grasland vier Tonnen atmosphärischen Kohlenstoff pro Hektar und Jahr speichert.[12] Im Jahr 1990, als die Sowjetunion zusammenbrach, wurden 49 Millionen Hektar landwirtschaftlicher Nutzfläche aufgegeben. Fast sofort begann sich das Land zu erholen.[13] Wälder und Grasland kehrten zurück.[14] In den folgenden zehn Jahren nahm dieses Land 63 Millionen Tonnen Kohlenstoff auf – auch im Weltmaßstab eine bedeutende Menge.[15]

Noch einmal: Die wichtigste und einfachste Lösung angesichts der Zerstörung des Planeten besteht darin, die Zerstörung des Planeten zu stoppen.

In Estland gab es einst Tausende von Torfmooren. In diesen Mooren sterben Schichten von Torfmoos und anderen Pflanzen ab und werden unter Wasser eingeschlossen. Aufgrund der besonderen Chemie dieser Moore verrotten die abgestorbenen Pflanzen nicht. Stattdessen sammeln sich die Schichten über Tausende von Jahren an. Schließlich werden diese Schichten zu Torf verdichtet, der große Mengen an Kohlenstoff speichert. Wenn man sie über Millionen von Jahren in Ruhe lässt, werden viele Torfmoore zu Kohlenstofflagerstätten. Einigen Berichten zufolge speichern Torfmoore Kohlenstoff effizienter als jede andere Lebensgemeinschaft auf dem Planeten.[16] Wenn den Torfmooren jedoch das Wasser entzogen wird, beginnen sie zu zerfallen und setzen Treibhausgase frei.

Torf wird seit Jahrtausenden in kleinem Maßstab als Brennstoffquelle genutzt. Mit der Industrialisierung wurde dieser nachhaltige Prozess zwangsläufig in eine ökologische Katastrophe verwandelt. Russland, Finnland, Irland, Estland und das Vereinigte Königreich verbrennen heute Torf in großen Kraftwerken als wichtige Energiequelle (bei der Verbrennung von Torf wird mehr Kohlendioxid freigesetzt als bei der von Kohle oder Erdgas). Torf wird auch aus anderen Gründen abgebaut. Moore werden regelmäßig trockengelegt, um Holzeinschlag und Landwirtschaft zu ermöglichen, und abgebauter Torf wird in der Topfpflanzen- und Blumenindustrie verwendet.

In Estland werden seit vielen Jahren in kleinem Umfang Maßnahmen zur Wiederherstellung von Torfmooren durchgeführt. Das Verfahren ist einfach. Zunächst werden künstliche Entwässerungsgräben zugeschüttet oder gestaut. Dadurch wird der Grundwasserspiegel wiederhergestellt. Dann wird eine Reihe von Arten aus gesunden Mooren in das Sanierungsgebiet verpflanzt. Innerhalb von drei Jahren erholen sich die Moore wieder, binden Kohlendioxid und bieten Lebensraum für seltene Arten.[17] Es ist nicht weiter schwierig.

Das können wir alle tun. Man muss sich nur einen Ort aussuchen und mit der Arbeit beginnen. In Indien gründeten die Bewohner von Gurukula im Herbst 2017 eine Nachbarschaftsgruppe, um den Kallampuzha-Bach zu heilen. Sie entfernten Müll und mit Chemikalien belastete landwirtschaftliche Abfälle aus dem Wasser, sprachen mit den Nachbarn, um von der Verschmutzung und dem Einsatz von Pestiziden abzuraten, banden die Kinder vor Ort mit ein und stoppten den Einsatz von Giften und Dynamit beim Fischen. Die Ergebnisse waren dramatisch. Das Wasser des Kallampuzha wurde klarer. Die Fische begannen sich zu erholen.

Das Leben *will* leben.

Ein weiteres Beispiel aus Indien stammt aus Kerala. Der Fluss Kuttemperoor wurde jahrzehntelang für illegalen Sandabbau, Abwasserverklappung und Schlimmeres genutzt. Als mehr und mehr des Wassereinzugsgebiets zubetoniert wurde, schrumpfte der Fluss von 40 Meter Breite auf kaum sieben Meter. Doch dann begann eine Gruppe von 700 Einheimischen, zumeist Frauen, den

Fluss zu säubern – vor allem, indem sie hineinwateten, Müll und Plastik entfernten und giftigen Schlamm ausbaggerten. Eine der Beteiligten, P. Viswambhara Panicker, schrieb: »Anfangs haben uns viele entmutigt, weil sie meinten, es sei reine Geld- und Energieverschwendung. Aber wir haben sie eines Besseren belehrt.« Innerhalb von 70 Tagen nach Beginn der Arbeiten war der Fluss wieder voll fließfähig. Die örtlichen Brunnen begannen sich zu füllen, und der Gestank des Abwassers war verschwunden.[18]

So kann man den Planeten heilen. Man beginnt mit einem Fluss, dann mit dem nächsten und mit dem nächsten.

Aber man kann nicht damit beginnen, wenn man seine Zeit und seine Ressourcen in falsche Lösungen investiert. Deshalb besteht der erste Schritt darin, nicht mehr an die grünen Märchen zu glauben, dass die Technologie den Planeten retten wird. Setzen Sie stattdessen Ihren Glauben in Böden, Gräser, Wälder, Algen und die Milliarden von Lebewesen, die jeden Augenblick daran arbeiten, die Bedingungen zu regenerieren, die das Leben und die Schönheit auf diesem Planeten ermöglichen.

Aus diesem Grund haben wir dieses Buch geschrieben.

Hier sind einige sinnvolle Ziele für den Aufbau einer wirklich grünen Gemeinschaft – wobei es sich dabei nicht um wohlgemeinte Ratschläge, sondern um absolute Anforderungen handelt, denn die Welt steht auf dem Spiel!

1. Die Wissenschaft ist sich einig, dass die Netto-Kohlenstoffemissionen so schnell wie möglich um 100 Prozent gesenkt werden müssen, um katastrophale Klimaveränderungen zu verhindern, die weit über das hinausgehen, was die industrielle Wirtschaft bereits in Gang gesetzt hat. Da wir weiter auf einem bewohnbaren Planeten leben wollen, müssen wir die Kohlenstoffemissionen in den nächsten fünf Jahren pro Jahr um 20 Prozent der derzeitigen Emissionen reduzieren.

2. Dwayne Andreas, ehemaliger CEO von Archer Daniels Midland, hat gesagt: »Es gibt kein einziges Korn auf der Welt, das auf einem freien Markt verkauft wird. Nicht ein einziges! Der einzige Ort, an dem man einen freien Markt sieht, sind die Reden von Politikern.«[19] Er hat recht. Ein Großteil des Kapitalismus basiert auf Subventionen. Zum Beispiel erhalten die kommerziellen Fischereiflotten weltweit mehr Subventionen als der gesamte Wert ihres Fangs. Holzkonzerne, Ölkonzerne, Banken, die Milch- und Fleischindustrie – sie alle würden ohne staatliche Subventionen und Rettungsaktionen zusammenbrechen. Deshalb müssen die Regierungen aufhören, umwelt- und sozialschädliche Aktivitäten zu subventionieren, und dieselben Subventionen auf Aktivitäten verlagern, die die biologischen Gemeinschaften wiederherstellen und die lokale Selbstversorgung fördern.

3. Wir müssen Wege finden, um ohne Zerstörungen eine nachhaltige Gesellschaft zu schaffen. Dies bedeutet einen sofortigen und dauerhaften Stopp aller extraktiven und zerstörerischen Aktivitäten: Fracking, Abbau von Bergkuppen, Teersandgewinnung, Atomkraft und Offshore-Bohrungen sind die wichtigsten davon. Die Liste der Aktivitäten, die gestoppt werden müssen, muss auch die Herstellung von Photovoltaikanlagen, Windrädern, Hybridautos und so weiter umfassen. Wir müssen nichtdestruktive Wege finden, eine nachhaltige Gesellschaft zu werden. (Wir sind uns darüber im klaren, dass der vorherige Satz doppelt gemoppelt ist. Die Menschen müssen das verstehen.)

4. Alle verbleibenden einheimischen Wälder müssen sofort und vollständig geschützt werden. Wir müssen dem Kahlschlag, dem »Laubbaum«, dem »Saatbaum«, dem »Schutzbaum« und allen anderen »gleichmäßigen Bewirtschaftungstechniken« ein Ende setzen, ganz gleich, wie sie genannt werden und welche Argumente von der Holzindustrie und der Regierung zu ihrer Rechtfertigung

vorgebracht werden. Alle Wälder müssen jedes Jahr mehr lebende und stehende tote Bäume aufweisen als im Jahr zuvor. Ebenso müssen alle verbliebenen Prärien und Feuchtgebiete dauerhaft geschützt werden.

5. Außerdem müssen alle geschädigten Böden wiederhergestellt werden, vom Mammutbaumwald bis zu den Gewässern des Golfstroms. Da der Boden die Grundlage des terrestrischen Lebens ist, dürfen keine Aktivitäten erlaubt werden, die den Mutterboden zerstören. Alle Grundstücke über 60 Hektar müssen alle zehn Jahre einer Bodenuntersuchung unterzogen werden, und wenn sich die Gesundheit oder die Tiefe des Mutterbodens verschlechtert hat, werden die Grundstücke beschlagnahmt und das Eigentum an diejenigen übertragen, die den Boden wieder aufbauen.

6. Es dürfen keine Aktivitäten erlaubt werden, die die Grundwasserleiter absaugen, und alle verschmutzten oder gefährdeten Flüsse und Feuchtgebiete müssen saniert werden. Allein in den Vereinigten Staaten gibt es mehr als zwei Millionen Dämme, und mehr als 70.000 dieser Dämme sind mehr als zwei Meter hoch. Wenn wir jeden Tag einen dieser 70.000 Dämme entfernten, würde es 200 Jahre dauern, bis sie alle beseitigt wären. Lachse und Störe haben nicht so viel Zeit. Deshalb dürfen keine weiteren Dämme mehr gebaut werden, und der Abbau von Dämmen muss spätestens in einem Jahr beginnen – und zwar für die nächsten 40 Jahre mit einer Geschwindigkeit von fünf Dämmen pro Tag.

Bitte beachten Sie auch, dass die hellgrünen Politiker Dämme bauen wollen. Wir – und die Lachse, Störe und andere, die die Flüsse ihr Zuhause nennen – wollen, dass sie verschwinden.

7. Der Ausstieg aus der Monokultur-Landwirtschaft, der vielleicht zerstörerischsten Tätigkeit, die der Mensch je ausgeübt hat, muss unverzüglich eingeleitet werden.

8. Die Regierung muss jährlich eine Erhebung über alle gefährdeten Arten durchführen, um festzustellen, ob deren Anzahl und Verbreitung zunimmt. Wenn die Zahl der Arten nicht zunimmt, müssen Maßnahmen ergriffen werden, um dafür zu sorgen, dass sie zunimmt. Die Regierung muss mit der Aufgabe betraut werden, alles Notwendige zu tun, um sicherzustellen, dass es jedes Jahr mehr Zugvögel gibt als im Jahr zuvor, dass es jedes Jahr mehr einheimische Fische gibt als im Jahr zuvor, mehr einheimische Reptilien und Amphibien, mehr einheimische Insekten.

9. Die Regierung muss sofort alle Mittel für riesige Infrastrukturprojekte wie neue Autobahnen, Staudämme, Wärmekraftwerke und Minen einfrieren, weil sie Biome zerstören und Hunderttausende von Menschen enteignen und verelenden lassen (allein in Indien wurden 50 Millionen Menschen durch große »Entwicklungs«-Projekte vertrieben).

Zusätzlich zu diesen biozentrischen Zielen und Erfordernissen müssen wir erkennen, dass es zugrunde liegende politische und sozioökonomische Realitäten gibt, mit denen wir uns auseinandersetzen müssen:

1. An erster Stelle steht die Einsicht, dass ständiges Wachstum mit dem Leben auf einem endlichen Planeten unvereinbar ist. Das Wirtschaftswachstum muss aufhören, und die Volkswirtschaften müssen schrumpfen. Wir müssen verstehen und anerkennen, dass diese Schrumpfung, wenn wir sie nicht freiwillig einleiten, gegen unseren Willen erfolgen und unsägliches Elend verursachen wird.

2. Überkonsum und Überbevölkerung müssen durch mutige und ernsthafte Maßnahmen bekämpft werden. Gegenwärtig werden mehr als 50 Prozent der Kinder ungeplant oder ungewollt geboren. Die wirksamste Einzelstrategie, um sicherzustellen, dass alle Kinder gewollt sind, ist die Befreiung der Frauen. Deshalb müssen alle

Formen der Geburtenkontrolle für alle frei zugänglich werden, und Frauen müssen absolute reproduktive Freiheit und volle politische, wirtschaftliche und sexuelle Freiheit erhalten.

3. Die amerikanische [und jede andere] Regierung muss sich grundlegend verändern in Anerkennung der Tatsache, dass sie nur dann von, durch und für die Menschen da sein kann, wenn sie gleichzeitig von, durch und für die Erde da ist. Die Tatsache, dass die Tiere, Pflanzen und natürlichen Gemeinschaften kein Englisch [oder Deutsch] sprechen, ist keine Entschuldigung dafür, dass sie nicht für ihr Wohlergehen sorgt. Diejenigen Menschen und Organisationen, deren wirtschaftliche Aktivitäten großen Schaden anrichten – auch an der wirklichen, der natürlichen Welt – sollten bestraft werden. Umweltverbrechen müssen entsprechend dem Schaden, der der Öffentlichkeit und dem Planeten zugefügt wurde, bestraft werden.

4. Und schließlich müssen wir mit der Schließung aller US-Militärstützpunkte auf fremdem Boden beginnen. Das gesamte Militärpersonal sollte innerhalb von zwei Jahren nach Hause geholt werden. Der Militärhaushalt muss jährlich um 20 Prozent gekürzt werden, bis er 20 Prozent seines derzeitigen Umfangs erreicht hat. Dies wird die »Friedensdividende« bringen, die uns die Politiker in den 1990er-Jahren versprochen haben, und es wird mehr als ausreichen, um alle notwendigen inländischen Programme zu finanzieren, angefangen bei der Instandsetzung der Biome bis hin zu Nahrung, Unterkunft und medizinischer Versorgung für alle.

Immer, wenn wir diese Ziele öffentlich gemacht haben, war die Reaktion sehr zwiegespalten. Viele Menschen finden sie gut, aber einige sagen: »Diese Forderungen würden die Wirtschaft zerstören.« Dann danken wir diesen Leuten immer dafür, dass sie genau unseren Standpunkt vertreten. Wenn sie sich darüber beschweren, dass die Forderung, die Wirtschaft dürfe den Planeten nicht zerstören, in Wirklichkeit die Wirtschaft zerstören würde, erkennen sie implizit damit an, dass die Wirtschaft auf der Zerstörung des Planeten beruht.

Jede Reihe »grüner Leitlinien«, die nicht von diesem Verständnis ausgeht, kann niemals »grün« sein und sollte nicht als Leitlinien herhalten.

Die Geschichte von Knepp Castle Estate, die von Isabella Tree in ihrem Buch *Wilding: The Return of Nature to a British Farm* erzählt, zeigt, wie einfach die Lösung ist.[20] Tree und ihr Ehemann Charlie Burrell besitzen ein 3.500 Hektar großes Anwesen 70 Kilometer südlich von London. Nachdem sie 15 Jahre lang mit allen erdenklichen Mitteln Landwirtschaft betrieben hatten, standen sie kurz vor dem finanziellen Aus. Und in der Tat war der Zusammenbruch überall sichtbar, wohin Tree blickte. Im Jahr 1970 gab es in Großbritannien 20 Millionen Ackerbauernpaare. Bis 1990 war die Hälfte verschwunden, und bis 2010 hatte sich die Anzahl nochmals halbiert.[21] Die gleiche Halbierung galt auch für Insekten und wirbellose Tiere, und bei einigen war es sogar noch schlimmer. Schmetterlinge gingen um 76 Prozent zurück, Motten um 88 Prozent.[22]

»Die intensive Landwirtschaft«, schreibt Tree, »hat die Landschaft in einem Maße verändert, dass unsere Urgroßeltern sie nicht wiedererkennen würden.« Das »Verschwinden der einheimischen Blumen und Gräser« ist »fast vollständig«. Die Ursachen liegen auf der Hand: »Chemische Düngemittel und Unkrautvernichtungsmittel … die großflächige Abholzung von Ödland und Gestrüpp … das Pflügen von Wildblumenwiesen und die Trockenlegung und Verschmutzung von Wasserläufen und stehenden Teichen haben Lebensraum ausgelöscht.«[23] Die biotische Säuberung der britischen Inseln ist nahezu abgeschlossen.

Selbst als sie finanziell am Ende waren, wollten Tree und ihr Mann der Knepp-Eiche, einem 550 Jahre alten Baum auf ihrem Grundstück, helfen. Dem Baum wie den umliegenden Eichen ging es eindeutig sehr schlecht. Der von ihnen beauftragte Experte erklärte ihnen, was bei diesen letzten uralten Bäumen so furchtbar schiefgelaufen wäre. »Diese Eichen, die eigentlich im besten Alter sein sollten, waren kränklich, vielleicht sogar todkrank, und ihr Zustand lag an uns. Die intensive Landwirtschaft hatte ihren Tribut gefordert, und zwar nicht nur von den Bäumen selbst, sondern auch von der Erde, auf der sie standen. Der Boden der Weide, der noch vor fünf Jahrzehnten unter Dauergrünland voll von pflanzlichem Geplapper gewesen wäre, da die Mykorrhiza wie eine chemische Platine Botschaften zwischen den Bäumen austauschte, war jetzt höchstwahrscheinlich so still wie ein Grab.«[24]

Also stellten sie die Landwirtschaft ein. Sie legten die Waffen des längsten Krieges aller Zeiten nieder, einschließlich der menschlichen Hybris. Was dann bei Knepp geschah – eine Reihe von Wundern – geschah, weil Tree und Burrell auf die Intelligenz »eigenwilliger ökologischer Prozesse« vertrauten.[25] Die Menschen halfen in einigen wichtigen Punkten, aber sie wussten, dass diese 500 Billiarden Beziehungen, die wir in Kapitel 1 erwähnten, niemals von Menschen verstanden, geschweige denn gesteuert werden konnten.

Tree und Burrell brachten das Land wieder in Schwung, indem sie einheimische Grasarten in den fast toten Boden säten und Weidetiere ansiedelten. Frans Vera, der niederländische Ökologe, der für das Projekt zur Wiederbelebung der Oostvaardersplassen verantwortlich ist, erklärt: »Tiere sind die treibende Kraft bei der Schaffung von Lebensräumen, der Motor der Artenvielfalt. Ohne sie gibt es verarmte, statische, eintönige Lebensräume mit rückläufiger Artenvielfalt. Das ist der Grund, warum so viele unserer Naturschutzbemühungen scheitern.«[26] Oder wie Tree schreibt: »Der Schlüssel zur außergewöhnlichen Dynamik der Oostvaardersplassen sind Weidetiere.«[27]

Vera lernte dies von der Graugans. Die Oostvaardersplassen waren ein feuchtes Stück Land, das für die industrielle »Entwicklung« vorgesehen war. Die wirtschaftliche Rezession von 1973 verschaffte dem Land eine Gnadenfrist, und als die Feuchtgebietspflanzen zurückkehrten, folgten auch die Vögel – einige von ihnen waren so selten, dass Umweltschützer darauf aufmerksam wurden. Im Jahr 1986 wurde das Land offiziell als Naturschutzgebiet ausgewiesen. Doch flache Teiche neigen dazu, sich mit Schilf und Schlick zu füllen, gefolgt von Weiden und anderen Bäumen, bis das Feuchtgebiet schließlich verschwunden ist. In vielen Naturschutzgebieten wird das Schilf und der Schlamm durch menschliche Bemühungen eingedämmt, aber die Oostvaardersplassen waren dafür zu groß. Vera und seine Kollegen hatten sich damit abgefunden, dass sich das Gebiet in ein Waldgebiet verwandeln würde.

Und dann kamen die Gänse. Tausende von ihnen entdeckten das Feuchtgebiet und suchten Schutz in seiner Abgeschiedenheit. Gänse mausern sich etwa sechs Wochen lang und brauchen einen sicheren Unterschlupf, während ihre Federn nachwachsen. Außerdem müssen sie fressen. Sie haben so viele Sumpfpflanzen gefressen, dass sich der Sumpf und seine zahlreichen Teiche nicht schließen konnten. »Das war das Erstaunliche: Die Gänse führten die Vegetationssukzession an – und nicht umgekehrt. Mehr noch, ihre Beweidung trug zur Artenvielfalt bei.«[28] Mit der Diversifizierung des Sumpflebensraums durch die Gänse kamen weitere Arten hinzu. Die Gänse waren eine Schlüsselart, von der niemand etwas geahnt hatte.

Bei Knepp wurden Damhirsche angesiedelt, dann Old English Longhorns, gefolgt von Exmoor-Ponys und Tamworth-Sauen, um den Bestand an Großtieren wieder aufzufüllen, den das Land brauchte, um ganz zu sein. Und es funktionierte, und zwar mit einer Geschwindigkeit, die »Beobachter in Erstaunen versetzte«.[29] Tree listet eine Art nach der anderen auf – Vögel, Säugetiere, Insekten und Pflanzen –, die zurückgekehrt sind, eine Liturgie der Lebenden. Eine kleine Kostprobe: Knepp hat 13 Vogelarten auf der Roten Liste der International Union for Conservation of Nature und 19 auf der Gelben Liste der Royal Society for the Protection of Bird, alle fünf Eulenarten Großbritanniens, 62 Bienenarten,

19 Arten von Regenwürmern und 13 der 17 Fledermausarten Großbritanniens. Es gibt 60 wirbellose Tierarten, die für den Naturschutz von Bedeutung sind, darunter die größte Brutpopulation des gefährdeten Purpurkaiserfalters in Großbritannien. Die Zahl der Nachtigallenreviere ist innerhalb von zehn Jahren von null auf 34 gestiegen, und Wanderfalken haben sich dort eingenistet. Das seltene Wasserveilchen blüht jetzt in den Teichen und bietet Kaulquappen und Libellennymphen Unterschlupf – einschließlich des seltenen Zünslers, der im Vereinigten Königreich nur noch an sechs Orten vorkommt. In einem einzigen Kuhfladen wurden 23 verschiedene Arten von Mistkäfern gezählt – darunter der *Geotrupes mutator*, der in diesem Gebiet zuletzt vor 50 Jahren gesehen wurde. Ein Schwarm Tausender rosafarbener Gänse, die aus Grönland kamen, hat die Nacht am See verbracht. Dies ist das sich vervielfältigende Wunder der Rückkehr des Lebens, bei dem jede Art der anderen Heimat gibt. Die Menschen müssen nur aufhören zu zerstören.

Vor etwa 120 Millionen Jahren tauchte eine neue Pflanzenart auf. Sie besiedelte die trockeneren Biome des Planeten mit reichlich Erfolg und brachte in ihrem Gefolge eine große Zahl von Tieren hervor. Bei dieser Pflanze handelte es sich um ein Gras, dessen Wachstumspunkt sich an der Basis des Halms befindet, nicht an der Spitze. Das ist entscheidend, denn Gras muss abgeweidet werden, und das geht nur, wenn es von unten nach oben wächst.

Warum muss das Gras abgeweidet werden? Weil in den trockenen Klimazonen, wo Graslandschaften vorherrschen, die meiste Zeit des Jahres über nicht genügend mikrobielle Aktivität an der Bodenoberfläche stattfindet, um die für das Leben grundlegenden Vorgänge fortzuführen. Pflanzenmaterial sammelt sich an, die darunterliegenden Pflanzen sterben ab, kahle Stellen entstehen und breiten sich aus, und die Abwärtsspirale beginnt. Ohne Pflanzen keine Wurzeln. Ohne Wurzeln keine Wasseranreicherung, bis nur noch trockener Staub übrig ist.

Wenn man Wiederkäuer dazustellt, die ja das Gras fressen, kehrt sich der Prozess um. Die Oberflächenbakterien mögen während des langen, trockenen Sommers ruhen, aber im Inneren des Mehrkammermagens eines Wiederkäuers sind sie sehr lebendig. Bisons zum Beispiel fressen kein Gras: Sie verfüttern es an ihre innere Bakterienfarm. Bakterien, ob innerhalb oder außerhalb eines Wiederkäuers, gehören zu den einzigen Lebewesen, die Zellulose abbauen können, und 98 Prozent der Pflanzenkörper bestehen aus Zellulose – im Grunde alles außer den Samen. Die Bakterien fressen das Gras, der Bison frisst die Bakterien, und eines Tages kehrt der Bison in den Boden zurück, der uns alle schließlich frisst, und der Nährstoffkreislauf ist geschlossen.

Wenn Gras abgeweidet wird, bildet es mehr Wurzeln. Das Abreißen der Halme veranlasst die Pflanze, über ihre Wurzeln einen Schwall von Zucker freizusetzen, der die Mikroben anlockt. Die Bakterien nehmen den Zucker im Tausch gegen ein Nährstoffpaket auf, welches das Pflanzenwachstum anregt; durch das Abweiden wird das Gras stärker. Und die Welt wird reicher. Mehr Wurzeln bedeuten mehr Boden, mehr Boden bedeutet mehr Leben.

Der schiere Reichtum an Tieren, die einst in den Great Plains lebten, ist ein außergewöhnlicher Beweis für diesen Reichtum. Vor der Eroberung durch die Europäer gab es 30 bis 40 Millionen Gabelbockantilopen, zehn Millionen Elche, zehn Millionen Maultierhirsche, zwei Millionen Bergschafe, 60 Millionen Bisons und vielleicht fünf Milliarden Präriehunde.* Die größte dokumentierte Präriehundekolonie erstreckte sich über 400 Kilometer und umfasste schätzungsweise 400 Millionen Tiere.

Außerdem gab es vielleicht zwei Millionen Wölfe, denn ohne Beutegreifer bricht die gesamte Gemeinschaft zusammen. Beutegreifer reduzieren die Population, ja, aber ihre Auswirkungen

* Präriehunde gehören zu den Erdhörnchen und sind verwandt mit den Murmeltieren. Anders als ihr Name nahelegt, sind sie Pflanzenfresser, die sich vor allem von Gras ernähren.

gehen weit über die Zahlen hinaus. Beutegreifer verändern das Verhalten der Herde als Ganzes. Als im Yellowstone 14 Wölfe freigelassen wurden, nannte man das Ergebnis »Beinahe-Wunder«.[30] Die Elche hörten auf, das Flussufer bis auf den blanken Schlamm abzufressen; Weiden, Pappeln und vor allem Espen kehrten zurück. Die Espen sind im gesamten Westen rückläufig, und »von den 1920er- bis zu den frühen 1990er-Jahren, als es im Yellowstone keine Wolfsrudel gab, wurden keine neuen Bäume gefunden, die den Wildverbiss überlebt hätten«.[31] Mit der Rückkehr der Bäume haben sich die Flussufer stabilisiert. Auch der Unterwuchs hat sich erholt, und mit mehr Sträuchern kamen Beeren und dann Vögel. Wie aus dem Nichts tauchten Biber auf, die in der Region lange Zeit ausgestorben waren. Sie taten, was sie tun, und schufen Feuchtgebiete. Ein Lebewesen nach dem anderen strömte in den Park. Die Wölfe vertrieben auch die Kojoten, was zu mehr Kaninchen und Mäusen führte, die wiederum Füchse, Wiesel und Dachse zurückbrachten.

Keiner von uns ist das, was er ist, ohne seine Gemeinschaft. Vergessen Sie das nie: Das Leben als Ganzes ist eine Reihe von Beziehungen, nicht eine Ansammlung von Einzelteilen.

Ohne Beutegreifer wird das Verhalten von Grasfressern und Weidegängern letztlich zerstörerisch. Ohne Wölfe, Großkatzen oder Grizzlybären haben die Wiederkäuer keinen Grund, sich zusammenzutun oder zu bewegen. Stattdessen werden sie sich auf die sogenannte »Dauerbeweidung« einlassen und wie die Elche im Yellowstone die Pflanzengemeinschaft zerstören. Der regenerative Landwirt Joel Salatin weiß, wie der Reichtum des Graslandes entsteht: »Das Pulsieren des Beutegreifer-Beute-Begrenzungs-Zyklus auf mehrjährigen Prärie-Polykulturen.«[32] Salatin ist einer der führenden Köpfe im Kampf um die Wiederherstellung des Bodens. Auf seiner Farm in Virginia hat Salatin versucht, seine menschliche Rolle als oberster Beutegreifer zu übernehmen, damit in diesem Fall die Kühe und Gräser ganz sie selbst sein können. Seine Experimente mit »Mob-Weiden«, »ganzheitlichem Management« oder

»verwaltetem Weiden« haben zu außergewöhnlichen Ergebnissen geführt. Die organische Substanz im Boden ist von 1,5 Prozent auf 8 Prozent angewachsen.[33] Das sind Zahlen, die die Engel singen lassen. Die Erhöhung der organischen Substanz des Bodens ist ein anderes Wort für »Kohlenstoffbindung«.

Was folgt, ist die letzte Runde an Zahlen in einem Buch, das es in sich hat. Diese letzten Zahlen sind jedoch kein weiterer Katalog des Grauens, sondern eine Arithmetik der Hoffnung.

Der Bodenwissenschaftler Dr. Rattan Lal erklärt: »Eine Erhöhung des Kohlenstoffgehalts der Böden um nur 2 Prozent würde 100 Prozent aller Treibhausgasemissionen ausgleichen, die in die Atmosphäre gelangen.«[34] Denken Sie daran, dass jede Art von Bodenbearbeitung zur globalen Erwärmung beiträgt – ja, die Landwirtschaft ist sogar der Anfang davon. Jedes Jahr Getreideanbau setzt etwa 450 Kilogramm Kohlenstoff pro Hektar frei. Der Kohlenstoff wird freigesetzt, weil der Boden im Grunde verdampft und dabei die Bindungen, die den Kohlenstoff an Ort und Stelle halten, aufbrechen. Unsere Aufgabe ist es nun, diesen Boden wiederherzustellen. Der Aufbau von Böden in Verbindung mit dem Ausstieg aus fossilen Brennstoffen ist unsere einzige Hoffnung – und es ist noch nicht zu spät.

»Unsere lebendigen Böden und Wälder«, erklärt Ronnie Cummins, »haben die Fähigkeit, genügend Kohlenstoff zu binden und sicher zu speichern, um uns wieder auf die sicheren CO2-Werte zu bringen, die wir vor dem Beginn der industriellen Revolution hatten.«[35] Luke Smith von Terra Genesis International hat die Berechnungen für fünf Milliarden Hektar des am meisten degradierten Landes der Erde durchgeführt: »Geht man von einer konservativen durchschnittlichen Sequestrierung (Einlagerung) von fünf Tonnen pro Hektar und Jahr aus, würde es nur 30 Jahre dauern, bis unser globales Klima wieder auf dem vorindustriellen Niveau gelandet ist.«[36] Der britische Autor und Aktivist Graham Harvey schreibt: »Die Kohlenstoffbindung durch das Ackerland der Welt könnte bis zu zehn Milliarden Tonnen Kohlendioxid pro Jahr betragen. Grünland-Produktion würde nicht nur zur Lösung des Problems der globalen Erwärmung beitragen, sondern sie könnte es sogar lösen.«[37]

Eine wachsende Gemeinschaft von Menschen setzt sich für die Wiederherstellung des Bodens und allem, was daraus entsteht, ein. Wissenschaftler messen die Sequestrierung und bewerten sie als gut.[38] Biologen helfen seltenen Arten, sich zu erholen. Eine kleine wertvolle Gruppe von Landwirten und Viehzüchtern verwandelt degradierte Landschaften in Schutzgebiete, in denen sowohl domestizierte als auch wilde Wiederkäuer gehalten werden – weltweit werden über neun Millionen Hektar durch kontrollierte Beweidung wiederhergestellt. Befürworter klären die Verbraucher über die vielschichtigen Vorteile der grasbasierten Landwirtschaft auf und helfen den Menschen, das gute Zeug zu finden.[39] Und Aktivisten tun ihr Bestes, um diese Lösungen sowohl bei politischen Entscheidungsträgern als auch in der Öffentlichkeit bekanntzumachen. Die australische Wissenschaftlerin Christine Jones und ihre Gruppe Carbon for Life haben ein System zur Bindung von Bodenkohlenstoff entwickelt. Landwirte werden für jede Tonne Kohlenstoff, die sie binden, bezahlt – endlich eine Subvention für die lebende Welt. »Weidetiere und Mikroben« sind die Schwerstarbeiter, der Mensch ist der Beweger. Nach Jones' Berechnungen würde eine Erhöhung der organischen Bodensubstanz um 1 Prozent auf 15 Millionen Hektar die gesamten Treibhausgasemissionen des gesamten Planeten binden.[40]

Wir brauchen keine Technologie, die die Welt kaputtmacht, während sie uns immer weiter von der Welt trennt. Wir müssen unseren Planeten sich selbst heilen lassen, während wir unsere Rolle auf ihm in Ordnung bringen. Es ist wirklich so einfach.

Ein letztes Beispiel für Hoffnung ist das African Centre for Holistic Management. Es wurde als Lernort für die Wiederherstellung von »Land, Wasser und Wildtieren mit Hilfe von Nutztieren«[41] gegründet, insbesondere für Subsistenzlandwirte und Hirten,* und umfasst 3.200 Hektar Trockensavanne, durch die zum ersten

Mal seit langer Zeit wieder ein Fluss fließt, der Dimbangombe. Seth Itzkan, Mitbegründer von Soil4Climate, erklärt, dass nach nur wenigen Jahren der Wiederherstellung des Bodenwachstums und der Wiederherstellung des Lebensraums »in der Trockenzeit 1,5 Kilometer flussaufwärts neues Oberflächenwasser zur Verfügung steht«.[42] Es gibt jetzt ganzjährig Oberflächenwasser, was für die Tiere alles bedeutet.

Das ist es, was Gräser tun: Sie bilden Kanäle, durch die der Regen in den Boden dringen kann. Das ist es, was Wiederkäuer tun: Sie helfen den Gräsern beim Aufbau des Bodens. Und genau das tut der Boden: Er speichert Wasser. Das Gelände ernährt heute viermal so viel Vieh wie zu Beginn des Projekts sowie eine prächtig wachsende Population von »Elefanten, Löwen, Büffeln, Zobeln, Giraffen, Kudus, Leoparden und anderen«.[43] Die Einführung der Nutztiere wird sehr sorgfältig geplant, um Konflikte oder Konkurrenz mit den wilden Tieren um Nahrung, Wasser oder Schutz zu vermeiden. Und der letzte Segen: Es leben jetzt mehr Elefanten auf dem Gelände als im nahegelegenen Nationalpark.

Jeder kann sich an dieser Arbeit beteiligen, unabhängig davon, wo Sie leben oder wie wenig Sie haben. Finden Sie etwas, das Sie lieben, und verteidigen Sie es. Ein Bach, ein Baumbestand, ein ums Überleben ringender Singvogel: Sie alle brauchen Ihren Schutz und Ihre Fürsorge. Selbst ein kleiner Hinterhof ist ein Lebensraum. Sogar ein Stadtbalkon kann Nahrung und Wasser bieten. Jeder kann etwas für unsere strapazierte Welt tun.

Präriehunde sind eine Schlüsselart des nordamerikanischen Graslandes, von der über 140 andere Arten direkt abhängig sind, von der Kanincheneule bis zum Schwarzfußiltis. Einst waren

* Die Tatsache, dass sie Subsistenzbauern und -hirten sind, ist der Schlüssel zu ihrer Nachhaltigkeit: Die Biomasse der Pflanzen und Tiere, die die Bauern und Hirten nutzen und essen, wird ihr Land nie verlassen.

Präriehunde die zahlreichsten Säugetiere des Kontinents, aber sowohl ihre Zahl als auch ihr Lebensraum sind um 99 Prozent zurückgegangen. Sie halten sich gerade noch so über Wasser. Als Deanna Meyer aus Sedalia, Colorado, erfuhr, dass eine Präriehundekolonie für ein Einkaufszentrum vergast werden sollte, kämpfte sie gegen den Bebauungsplan und verlor, konnte aber erreichen, dass einige der Tiere in Sicherheit gebracht wurden. Fünf Jahre später blüht die Kolonie wieder auf – und sie hat vier weitere Kolonien gerettet.

Wir tun, was wir können, wobei sich unsere Verzweiflung mit der Hoffnung verbindet, dass das Leben irgendwie einen Weg finden wird. Da war zum Beispiel ein verwüsteter Hektar rund um Lierres Haus. 200 Dollar für einheimisches Saatgut und ein paar Ladungen frischen Düngers – mehr für die Bakterien als für die Nährstoffe – waren alles, was wir brauchten, um ihn wieder zum Leben zu erwecken. Die Gräser sprossen und dehnten sich aus, die Insekten kehrten zurück, dann die Vögel. In der Morgen- und Abenddämmerung sind überall Kaninchen zu sehen: Ein Habichtspaar kam zum Festmahl und blieb, um Junge aufzuziehen. Jetzt binden die Gräser stillschweigend Kohlenstoff und füllen den Grundwasserspiegel für den nahegelegenen Bach und den gefährdeten Coho-Lachs auf, der auf wundersame Weise weiterlebt. Das Leben strömte herein, jede Art sorgte für die nächste, bis der Kreislauf wieder ganz war. Alles, was Lierre tun musste, war, ihn in Gang zu setzen.

Max hilft den Bäumen bei ihrer Wanderung nach Norden, um sich auf die globale Erwärmung vorzubereiten. In 50 Jahren könnte es für die kalifornischen Traubeneichen in ihrem jetzigen Verbreitungsgebiet zu heiß sein. Er trägt die Setzlinge 480 Kilometer nach Norden. Wälder können sich nur etwa eine Meile pro Jahr bewegen – in 50 Jahren schaffen sie keine 480 Kilometer – aber Max' Setzlinge könnten überleben und die Region bevölkern, wenn das schlimmste Klimachaos eintritt, denn ihre DNA ist ein zerbrechlicher Vorrat für die Zukunft.

Wälder können nachwachsen. Grasland kann große Teile des Planeten zurückerobern. Die toten Zonen in den Ozeanen können schnell schrumpfen, und die Populationen in den Ozeanen können sich erholen. Es gibt noch Hoffnung, aber alles hängt von unserem Willen zum Widerstand ab.

Die Wiederherstellung ist wichtig, aber sie allein reicht nicht aus, um den Planeten zu retten. Durch die Verbrennung von Kohle, Öl und Gas wird einfach zu viel alter Kohlenstoff freigesetzt. Außerdem zerstört diese Gesellschaft immer noch Wälder, Prärien, Torfmoore, Feuchtgebiete, Salzwiesen, Mangrovensümpfe, Seegraswiesen – die ganze Welt.

Was müssen wir also tun? Wir müssen die Verbrennung von Kohle, Öl und Gas stoppen. Nicht zu vergessen ist die Monokultur-Landwirtschaft, die durch die Zerstörung des Bodens in den letzten 6.000 Jahren ebenso viele Treibhausgase freigesetzt hat wie durch die Verbrennung von Kohle, Öl und Gas im Industriezeitalter. Auch das muss aufhören. Das gleiche gilt für die Abholzung, die Ausdehnung der Städte, den Straßenbau, den Bergbau, die Atomkraft und die Waffenproduktion sowie all die anderen großen industriellen Aktivitäten, die das lebende Fleisch unseres Planeten zerfetzen.

Diese Industrien werden nicht freiwillig aufhören. Das können sie nicht. In den meisten Ländern ist es illegal, wenn Unternehmen gegen das Gewinnstreben handeln, was bedeutet, dass sie gesetzlich verpflichtet sind, zu wachsen, was bedeutet, dass sie gesetzlich verpflichtet sind, den Planeten zu zerstören. Diese Industrien werden nicht mehr sinnvoll von Menschen kontrolliert. Sie haben eine Eigendynamik und eine eigene Logik. Der Planet wird nicht überleben, solange die Körperschaftsrechte bestehen. Das ist also ein weiterer Punkt für Ihre Liste.

Diejenigen unter uns, denen das Leben am Herzen liegt, müssen in den Widerstand gehen. Wir fangen damit an, falsche Lösungen zurückzuweisen. Wir müssen uns um Ziele scharen, die den Planeten retten. Wir brauchen massive Bewegungen, um das Funktionieren der industriellen Zivilisation unerbittlich zu behindern, und zwar mit allen Mitteln: politischem Druck, rechtlichen Anfechtungen, Wirtschaftsboykotten, zivilem Ungehorsam und was immer sonst noch notwendig ist. Der Lebensstandard wird in den reichen Ländern sinken müssen, aber wenn die Last des globalen Kapitalismus wegfällt, wird er für die Armen der Welt dramatisch ansteigen. Gebiete in Indien, die jetzt Hundefutter und Tulpen nach Europa exportieren, könnten ebenso wie Gebiete in Tansania, die jetzt Limabohnen exportieren, zu ihrer früheren Rolle als Ernährer der örtlichen Bevölkerung zurückfinden.

Und vergessen Sie nie: Umfassende Menschenrechte sind für Frauen und Mädchen sowohl ökologisch notwendig als auch richtig.

Was auch immer geschieht, es wird wahrscheinlich chaotisch werden. Wir erleben bereits jetzt Lebensmittelknappheit, extreme Wetterbedingungen, Klimaflüchtlinge, zunehmende und offene Gewalt (auch sexueller Art), zunehmende Überwachung und eine globale Hinwendung zum offenen Faschismus. Ein Freund, der aus Pakistan stammt, sagt oft, dass der Zusammenbruch dort (oder in vielen anderen Teilen der Welt) kein künftiger Zustand ist, sondern ein fortlaufender Prozess. Der Zusammenbruch ist keine Zukunftsangst, sondern tägliche Realität in unzähligen Teilen der Welt. Schauen Sie sich Chicago und Flint, Michigan, an; schauen Sie sich das Pine Ridge Indianerreservat in South Dakota an. Schauen Sie unter die Brücken in Ihrer Stadt. Der Kollaps ist genau hier, mitten unter uns.

Der beste Weg, um sich darauf vorzubereiten, ist auch der beste Weg, um nach dem Zusammenbruch gerechte menschliche Gesellschaften zu schaffen: nicht, indem wir uns noch mehr auf die Industrie stützen, sondern indem wir Gemeinschaften aufbauen, die auf Selbstversorgung, biologischer Integrität und Menschenrechten beruhen. Das ist etwas, das jeder unterstützen kann.

Wenn Sie eine Lösung wollen, hier ist sie: Kämpfen Sie für die Lebenden. Es ist noch nicht zu spät.

Täuschen Sie sich nicht, wir haben es mit eingefahrenen und globalen Machtsystemen zu tun, die vor Zerstörungswut nur so strotzen. Die Umweltphilosophin Kathleen Dean Moore wird oft gefragt: »Was kann ein Einzelner tun?« Ihre Antwort: »Bleiben Sie nicht nur ein einzelner Mensch.« Und genaue damit hat sie recht. Wir brauchen organisierten politischen Widerstand. Das einzige, das diese Systeme zum Einsturz bringen kann, ist, dass wir uns alle erheben.

Wie müde Sie auch sein mögen, Ihr Herz schlägt noch. Hören Sie darauf. Was auch immer Sie tun – sei es für die Demokratie, für die Menschenrechte, für die Tiere und die Erde, für die Mädchen und die Gräser – es ist eine heilige Aufgabe. Denn das Leben selbst steht jetzt auf dem Spiel. Wenn der Ruf Ihres Herzens zur Arbeit Ihrer Hände wird, kann das es sein, was das Gleichgewicht wieder in Richtung Leben kippen lässt. Geben Sie also niemals auf.

Was auch immer Sie lieben, es ist bedroht. Aber lieben ist ein Tätigkeitswort. Möge diese Liebe uns ins Handeln bringen.

Kapitel 15

ZUSAMMENFASSUNG

Wir können auch ohne Strom leben. Es ist
eine Annehmlichkeit.

Caleen Sisk, Winnemem Wintu

Diesem Buch liegt eine falsche Prämisse zugrunde. Sie lautet, dass die Menschen ihre Entscheidungen auf der Grundlage der besten verfügbaren Informationen treffen und dass sie, wenn ihnen genaue und überzeugende Fakten und Analysen vorgelegt werden, diese Fakten und Analysen nicht nur ihre persönlichen, sondern auch ihre kollektiven Entscheidungen beeinflussen.

Das ist natürlich Unsinn.

Ein Artikel in der *Washington Post* aus dem Jahr 2016 trägt die Überschrift »Die globale Erwärmung könnte zur Verringerung des Sauerstoffgehalts der Ozeane führen – mit schwerwiegenden Folgen.«[1] Anders als die Überschrift nahelegt, hat der Artikel diese Folgen kaum benannt. Das wollen wir nachholen. Zu diesen schwerwiegenden Folgen kann das Aussterben allen Lebens in sauerstoffarmen Zonen gehören, was bereits weltweit geschieht. Es ist durchaus möglich, dass dies gemeinsam mit dem Abwasser aus der Landwirtschaft und der industriellen Fischerei das Leben der Fische in den Ozeanen auslöschen könnte.

Auf einem Planeten, dessen Oberfläche hauptsächlich aus Ozeanen besteht, sollte man meinen, wir würden entschlossen handeln, um dies zu verhindern. Aber da irren Sie sich.

Wie sehr? Ein Artikel in *The Guardian* aus dem Jahr 2018 trägt die Überschrift: »Ozeane ersticken, da sich die riesigen toten Zonen seit 1950 vervierfacht haben«, warnen Wissenschaftler. »Die sauerstoffarmen Gebiete im offenen Ozean und an den Küsten haben in den letzten Jahrzehnten stark zugenommen, was katastrophale Folgen für das Meeresleben und die Menschheit haben könnte.« Hier ist ein Schlüsselzitat: »›Große Aussterbeereignisse in der Erdgeschichte wurden mit warmem Klima und sauerstoffarmen Ozeanen in Verbindung gebracht.‹ Denise Breitburg vom Smithsonian Environmental Research Center, die die Analyse leitete, sagte: ›Beim gegenwärtigen Kurs ist es das, worauf wir uns zubewegen. Aber die Folgen für die Menschen, wenn wir auf diesem Weg bleiben, wären so schlimm, dass es schwer vorstellbar ist, dass wir uns tatsächlich so weit in diese Richtung bewegen.‹«[2]

Schwer vorstellbar? Das müssen wir uns gar nicht *vorstellen*. Sehen Sie sich einfach um.

Ein neuer Tag, eine neue Schlagzeile: »Die Prognosen zum Anstieg des Meeresspiegels sind jetzt doppelt so hoch und zeichnen ein erschreckendes Bild für die nächste Generation.« Die ersten drei Sätze des Artikels: »In einem beständigen Trend übertreffen die Prognosen für den Anstieg der globalen Gesamttemperatur und den Anstieg des Meeresspiegels immer wieder frühere Worst-Case-Szenarien. Das liegt an einer einfachen Gleichung: Es ist bereits so viel CO_2 in der Atmosphäre und so viel Wärme in den Ozeanen des Planeten absorbiert, dass der Planet noch Tausende von Jahren dramatische Auswirkungen der vom Menschen verursachten Klimastörungen erleben und aufweisen wird, selbst wenn wir den Ausstoß von Kohlenstoff jetzt vollständig einstellen würden. Der zweite Teil dieser Gleichung ist folgender: Es gibt einfach keine Anzeichen dafür, dass nationale Regierungen irgendwo auf der Welt bereit sind, die sofortigen radikalen Schritte zu unternehmen, die notwendig wären, um diese Auswirkungen ernsthaft abzumildern.«[3]

Und hier ist nun ein Artikel, der alles auf den Punkt bringt. Überschrift: »Während die Arktis schmilzt, wetteifern die Nationen um das, was freigelegt wird.« Ein Schlüsselsatz: »Für die Nationen im Arktischen Rat – Kanada, Russland, Norwegen, Dänemark, Finnland, Island und die Vereinigten Staaten – bietet der Klimawandel die Möglichkeit, Zugang zu ganz neuen Gewässern zu erhalten, die zuvor von Eis bedeckt waren und voller wertvoller Ressourcen sind.« In dem Artikel heißt es: »Das Problem ist, dass es eine Menge Überschneidungen zwischen den einzelnen … Ansprüchen gibt.«

Ja, das ist natürlich das erste Problem, das mir in den Sinn kommt, abgesehen von dem kleinen Problem der Tötung des Planeten.

Der Artikel fährt fort: »In diesen umstrittenen Gewässern verbergen sich potentielle Ressourcen, von unerschlossenen Fischbeständen an Kabeljau und Schneekrabben (an denen sogar nichtarktische Nationen wie China und Südkorea Interesse bekundet haben) bis hin zu seltenen Mineralien wie Mangan und Uran sowie Kupfer und Eisen unter dem Meeresboden.

Die Nationen sind auch daran interessiert, nach Energieressourcen in der Arktis zu bohren, die nach Schätzungen des U.S. Geological Survey 30 Prozent des weltweit unentdeckten Erdgases und 13 Prozent des weltweiten Erdöls bergen könnte.«[4]

Ziemlich eindeutig, oder?

Bei meinen Vorträgen im ganzen Land habe ich (Derrick) die Menschen gefragt: »Glauben Sie, dass sich diese Kultur freiwillig in eine gesunde und nachhaltige Gesellschaft verwandeln wird?« Und von den Tausenden von Menschen, die zu meinen Vorträgen gekommen sind, hat nicht einer jemals mit *Ja* geantwortet.

Ich bin zunehmend davon überzeugt, dass die menschliche Intelligenz in dieser Gesellschaft in erster Linie dazu dient, das Verhalten zu rationalisieren, das wir ohnehin schon an den Tag legen. Ein Großteil unserer Philosophie und Religion – von Platon über die Bibel, St. Augustinus, Descartes und Adam Smith bis heute, einschließlich der Hellgrünen – kann leicht als intellektuelle Untermauerung der menschlichen Vorherrschaft über die Erde und ihrer Eroberung angesehen werden.

Erinnern wir uns an Robert Jay Liftons Auffassung, dass man, bevor man eine Massengrausamkeit begehen kann, Tugendhaftigkeit für sich beanspruchen muss. Das heißt, man muss versuchen, sich und andere davon zu überzeugen, dass das, was man tut, in Wirklichkeit gar keine Greueltat ist, sondern eine gute Sache. Du tötest also nicht den Planeten, sondern erschließt natürliche Ressourcen. Du tötest nicht den Planeten, du rettest die industrielle Zivilisation. Du tötest nicht den Planeten, du rettest ihn.

Aber die ganze Zeit über tötest du den Planeten. All diese Ansprüche auf Tugendhaftigkeit müssen aufgebaut und aufrechterhalten werden. Und wir als Gesellschaft sind zu diesem Zweck zu einer enormen intellektuellen Leistung fähig.

Die Haltung unserer Kultur wird von Jeff Bezos, dem CEO von Amazon und reichsten Mann der Welt, gut auf denPunkt gebracht: »Man will nicht in einer rückschrittlichen Welt leben. Man will nicht auf einer Erde leben, auf der wir das Bevölkerungswachstum einfrieren und die Energienutzung reduzieren müssen. Wir alle erfreuen uns an einer außergewöhnlichen Zivilisation, die durch Energie und durch die Bevölkerung vorangebracht wird. Deshalb sind die städtischen Zentren so dynamisch. Wir wollen, dass die Bevölkerung auf diesem Planeten weiter wächst, und wir wollen weiterhin mehr Energie pro Kopf verbrauchen.«[5]

All das ist der Grund, warum wir in diesem Buch Naomi Kleins Kommentar zu Eisbären, die sie nichts angehen, wiederholt haben. Nicht weil wir bissig sein wollen, sondern weil dies die wichtigste Passage in diesem Buch ist.

Obwohl wir Hunderte von Seiten damit gefüllt haben, Fakten darzulegen, geht es in diesem Buch letztlich um Werte. Wir schätzen etwas anderes als die Hellgrünen. Und unsere Loyalität gilt einer anderen Sache. Wir kämpfen für den lebendigen Planeten. Die Hellgrünen kämpfen für die Fortsetzung unserer Lebensweise – einer Lebensweise, die den Planeten tötet. Wie es scheint, gefällt ihnen der Planet nicht.

Zu Beginn dieses Buches haben wir einige der Hellgrünen zitiert, darunter Lester Brown: »Die Frage ist: Können wir die Zivilisation retten? Das ist es, was jetzt auf dem Spiel steht, und ich glaube nicht, dass wir das schon begriffen haben.«[6] Und Peter Kareiva, leitender Wissenschaftler bei The Nature Conservancy: »Anstatt uns für den Schutz der biologischen Vielfalt um der biologischen Vielfalt willen einzusetzen, sollte ein neuer Naturschutz danach streben, jene natürlichen Systeme zu verbessern, die einer möglichst großen Zahl von Menschen zugutekommen.«[7] Und der Klimaforscher Wen Stephenson: »Die Begriffe ›Umwelt‹ und ›Umweltschutz‹ sind historisch und kulturell belastet. Es ging mehr um den Schutz der natürlichen Welt, den Schutz anderer Arten und die Erhaltung wilder Orte als um das Wohlergehen der Menschen. Ich vertrete den umgekehrten Ansatz. Es geht in erster Linie um den Menschen.«[8] Und Bill McKibben: »Wir verlieren den Kampf, und zwar entscheidend und schnell – wir verlieren ihn, weil wir vor allem die Gefahr, in der sich die menschliche Zivilisation befindet, immer noch leugnen.«[9]

Erkennen wir das Muster?

Und nein, wir verlieren diesen Kampf nicht, weil »wir weiterhin die Gefahr leugnen, in der sich die menschliche Zivilisation befindet«. Wir verlieren diesen Kampf, weil wir versuchen, die industrielle Zivilisation zu retten, die von Natur aus nicht nachhaltig ist.

Auch wir, die Autoren dieses Buches, mögen die Annehmlichkeiten, die uns diese Kultur bietet. Aber sie bedeuten uns nicht mehr als das Leben auf dem Planeten.

Wir sollten versuchen, den Planeten zu retten – diesen schönen, schöpferischen, einzigartigen Planeten – den Planeten, der die

Quelle allen Lebens ist, den Planeten, ohne den wir alle zugrunde gehen werden.

Nein, wir sollten nicht *versuchen*, den Planeten zu retten. Yoda zitieren wir ungern, aber er hat recht: »Tun oder nicht tun, es gibt keinen Versuch.«

Wie so viele indigene Völker gesagt haben, ist das erste und Wichtigste, was wir tun müssen, die Entkolonialisierung unserer Herzen und Köpfe. Wir müssen lernen, so haben sie mir gesagt, die vorherrschende Kultur als das zu sehen, was sie ist: nicht als das Wundervollste, was den Menschen je widerfahren ist, sondern als eine Lebensweise, die einer Gruppe von Menschen auf Kosten aller anderen – menschlichen und nichtmenschlichen – Annehmlichkeiten und Luxus bietet. Wir müssen erkennen, dass alles von irgendwoher kommt und dass dort bereits jemand anderes gelebt hat. Wir müssen erkennen, dass die vorherrschende Kultur schon immer darauf beruht hat, den indigenen Völkern ihr Land wegzunehmen, und dass sie schon immer auf Ausbeutung beruhte.

Und wir müssen erkennen, dass, da die Erde die Quelle allen Lebens ist, die Gesundheit der Erde bei unseren Entscheidungsprozessen an erster Stelle stehen muss.

Das ist das erste und wichtigste, was wir tun müssen. *Das* ändert alles. Denn die Wahrheit ist, dass wir jedes einzelne Stück hellgrüner Technologie entlarven können, und letztendlich wird es für die hellgrünen Menschen oder jeden anderen, dessen Loyalität nicht der Erde, sondern dem wirtschaftlichen und sozialen System gilt, das die Erde demontiert, keinen Unterschied darstellen.

Dass wir den Planeten umbringen, war nie eine Frage von Fakten. Die Fakten sind klar und offensichtlich, und sie waren es von Anfang an. Die Frage war immer eine des Wertes. Die Menschen schützen, was sie wertschätzen, und solange sie diese Zivilisation und die Annehmlichkeiten, die sie manchen bringt, über das Leben auf dem Planeten stellen, werden sie versuchen, diese

Lebensweise und ihre Annehmlichkeiten zu retten: auf Kosten des Lebens, das ihnen nicht zu genügen scheint.

Wenn der Planet – und ironischerweise auch wir selbst – überleben, dann nur, weil genügend von uns anfangen, das Leben über diese Annehmlichkeiten zu stellen. Die Ironie liegt darin, dass die Hellgrünen behaupten, dass es bei ihren Vorschlägen »um uns« geht. Aber dieses »uns« schließt eindeutig nicht diejenigen ein, die die Trümmer einer Welt erben werden, die ihre Vorhaben hinterlassen werden.

Wenn wir unsere Werte ändern, werden bisher unlösbare Probleme lösbar. Anstatt zu fragen, wie wir den unersättlichen Energiebedarf der Industrie decken und trotzdem auf einem Planeten leben können, der zumindest einigermaßen lebensfähig ist, muss die Frage lauten: Wie können wir der Erde helfen, stärker und gesünder zu werden und gleichzeitig die Bedürfnisse der Menschen zu befriedigen. (Es geht um Bedürfnisse, nicht Annehmlichkeiten, nicht Luxus, nicht Süchte, und außerdem um *menschliche* Bedürfnisse, nicht die Bedürfnisse von Industrie und Handel.)

Solange wir die falschen Fragen stellen, wird die Welt weiter zerstört werden, und wir werden viel Zeit, die wir nicht haben, für Lösungen verschwenden, die der Erde nicht helfen.

Wenn wir hingegen die richtigen Fragen stellen und im besten Interesse der natürlichen Welt handeln, werden wir feststellen, dass wir uns die Antworten auf diese Fragen selbst erarbeiten können.

Wir werden feststellen, dass wir nicht mehr lügen müssen – eine knallgrüne Lüge nach der anderen erfinden –, sondern wir werden uns dort wiederfinden, wo wir schon immer hätten sein sollen: im Einklang mit der Erde und mit den schönen, kraftvollen, wunderbaren schöpferischen Prozessen, die das Leben auf diesem Planeten zu dem gemacht haben, was es ist.

NACHWORT

Derrick Jensen

Die Aussage dieses Buches ist einfach. Die industrielle Zivilisation ist funktionell und von Natur aus nicht nachhaltig. Sie wird nicht ewig bestehen – denn sie kann es gar nicht –, und wenn diese Lebensweise nicht mehr zu halten ist, würden wir es vorziehen – um der Menschen und der Nichtmenschen willen, die nach uns kommen –, dass mehr vom lebenden Planeten übrigbleibt und nicht weniger.

Die aktuellen Ereignisse haben alles, was wir in diesem Buch geschrieben haben, bestätigt. Der grüne New Deal, der von den Mainstream-Umweltschützern so vehement vorangetrieben wird, hat weit weniger mit der Rettung wilder Orte und wilder Lebewesen zu tun als mit der Generierung von Subventionen für bestimmte Teile der industriellen Wirtschaft, wobei die Schätzungen der Zuwendungen von Hunderten von Milliarden bis hin zu Billionen von Dollar reichen. Eine der bekanntesten Befürworterinnen, die US-Repräsentantin Alexandria Ocasio-Cortez, hat erklärt: »Wir müssen wieder in die Entwicklung, die Herstellung, den Einsatz und die Verteilung von Energie investieren, aber diesmal in grüne Energie.«[1]

Nicht, dass wir etwas dagegen hätten, wenn dieses Geld ausgegeben würde – wir würden uns sogar freuen –, wenn es denn dem lebenden Planeten helfen würde. Aber inzwischen sollten wir alle wissen, dass Solarenergieanlagen weder Wasservögeln, Zugvögeln, Wüstenschildkröten, Joshua-Bäumen noch den Wüsten helfen. Und Windenergieanlagen helfen weder Wiesenlerchen, Steinadlern und kleinen braunen Fledermäusen noch Bergkämmen oder Graslandschaften.

So, wie der New Deal von Präsident Franklin D. Roosevelt darauf abzielte, die US-Wirtschaft aus der Großen Depression zu führen, so sollte auch das Konjunkturpaket von Präsident Obama die Wirtschaft der Vereinigten Staaten wieder in Gang bringen.

Um die US-Wirtschaft aus der Rezession von 2008 zu führen, zielt der Green New Deal darauf ab, die Wirtschaft anzukurbeln, um, wie Thomas Friedman es ausdrückte, »unsere Wirtschaft ins 21. Jahrhundert zu führen«.[2] Die massiven Infrastrukturprojekte des Green New Deal werden dem Planeten genauso wenig helfen wie die massiven Infrastrukturprojekte des ursprünglichen New Deal. Denken Sie an den Grand Coulee Dam. Denken Sie an den Hoover-Damm. Überlegen Sie: 13 Hoover-Dämme pro Tag.

Was würde der Lachs wollen? Was würden die Nordatlantischen Glattwale wollen? Würden sie Turbinen in der Bay of Fundy wollen? Würden Beifußhühner Lithiumminen oder Windenergieanlagen in Nevada wollen?

Die weltweiten Kohlenstoffemissionen sind in der ersten Jahreshälfte von 2020 drastisch zurückgegangen. Nein, nicht in Erwartung eines die Erde rettenden Green New Deal, sondern wegen einer pandemiebedingten Konjunkturabschwächung. Die Zeitschrift *Nature* berichtete: »Die Regierungspolitik während der COVID-19-Pandemie hat die Muster der Energienachfrage auf der ganzen Welt drastisch verändert. Viele internationale Grenzen wurden geschlossen, und die Menschen mussten zu Hause bleiben, was den Verkehr verminderte und die Konsumgewohnheiten veränderte. Die täglichen globalen CO_2-Emissionen sanken bis Anfang April 2020 um 17Prozent … im Vergleich zu den mittleren Werten von 2019, knapp die Hälfte davon durch Veränderungen im Landverkehr. Die durchschnittlichen Emissionen gingen in manchen Ländern um bis zu 26 Prozent zurück.«[3]

Und es geht nicht nur um CO_2. Während des Wirtschaftsabschwungs im Jahr 2020 sind die Stickstoffdioxidkonzentrationen in vielen Städten um bis zu 70 Prozent zurückgegangen. Das gleiche gilt für Feinstaub in Los Angeles, Wuhan und Seoul. In einigen Städten können die Menschen zum ersten Mal seit langer Zeit wieder den Horizont sehen. Auch die Wasserverschmutzung ist zurückgegangen. Und jeder Rückgang des industriellen Seeverkehrs erhöht die Lebensqualität der Menschen, die dort leben, dramatisch.

Wenn man die Aktivitäten, die den Planeten systematisch zerstören, reduziert, wird der Planet langsamer zerstört und erholt sich in einigen Fällen sogar wieder. Merkwürdig, oder nicht?

Es gibt ein Bild, das mir nicht aus dem Kopf geht und das die Reaktion der meisten Umweltschützer auf die Tötung des Planeten beschreibt: Ein Patient wird in die Notaufnahme eingeliefert und blutet aus einer Vielzahl von Wunden. Die Ärzte und Krankenschwestern arbeiten fieberhaft daran, die Wunden zu schließen, die Blutung zu stoppen oder die Bluttransfusion zu erhöhen. Sie setzen alle möglichen Hightech-Geräte und Medikamente ein und tun alles, um den Patienten zu retten – alles, bis auf das Allerwichtigste: den Mörder dazu zu bringen, die Notaufnahme zu verlassen und nicht weiter auf den Patienten einzustechen, wieder und wieder und immer wieder.

Hellgrüne Lösungen sind nur dazu da, den lebenden Planeten wieder und immer weiter zu zerstören. Wir müssen sie stoppen.

Die Wildtiere haben auf diesen Rückgang der industriellen Aktivitäten so reagiert, wie wir es uns vorstellen – und wie wir es uns aus ganzem Herzen wünschen –, indem sie zumindest ein wenig aus ihren Verstecken, aus ihren Zufluchtsorten vor dem Krieg dieser Gesellschaft gegen die Natur herausgekommen sind.

Natürlich sind sie das, denn die wichtigste und grundlegendste Regel des Lebens auf diesem Planeten ist: *Das Leben will leben*. Wenn wir es nur zulassen, wird es zurückkehren, solange wir es nicht zu weit getrieben haben. Für Wandertauben, Labrador-Enten, Seenerze, Silphium und mesopotamische Elefanten ist es bereits zu spät. Ist es zu spät für den Lachs? Noch nicht ganz. Aber wenn wir diese Lebensweise noch zehn Jahre beibehalten, kann es sehr wohl zu spät sein. Ist es zu spät für die Fische in den Meeren?

Noch nicht ganz. Aber geben Sie dieser Gesellschaft noch 15 Jahre, dann könnte es sehr wohl so weit sein.

Es gibt noch ein Bild, das ich nicht loswerde. Ich war ein unordentliches Kind. Meine Mutter hat mich manchmal aufgefordert, mein Zimmer aufzuräumen, und ich habe es nicht geschafft. Sie sagte es wieder und dann noch einmal. Ich trödelte herum. Schließlich verlor sie die Geduld und sagte: »Wenn du dein Zimmer nicht aufräumst, werde ich es tun, und wenn ich es tue, wird es dir nicht gefallen, weil ich dann alles wegwerfen werde.« Da räumte ich mein Zimmer auf.

Das Leben auf diesem Planeten stellt uns vor dieselbe Wahl. Unsere Art zu leben wird und kann nicht von Dauer sein. Was wir jetzt tun, entscheidet darüber, wie viel von unserem Planeten noch übrigbleibt. Wir können den Schaden, den unsere Lebensweise anrichtet, jetzt freiwillig zurückfahren und daran arbeiten, Räume zu schaffen, in denen sich die Natur regenerieren kann, oder wir können die Zerstörung der ökologischen Infrastruktur des Planeten weiter zulassen – ja, sogar subventionieren. Auch wenn die Wirtschaft dadurch vielleicht noch ein paar Jahre vor sich hin dümpelt, garantiere ich, dass es keinem von uns – weder den Lachsen noch den Walen noch den Meeresbewohnern noch den Menschen – gefallen wird, wohin uns das führt.

Hier ist jedoch ein letztes Bild, das uns durch diese herausfordernden Zeiten tragen soll. Während ich dies schreibe, sehe ich auf einer kleinen Freifläche in unserem dichten Mammutbaumwald eine Bärenmutter auf dem Rücken liegen, den Kopf gemütich an den Stamm eines Baumes gelehnt. Der Baum – vielleicht 140 Meter hoch – ist einer von vielen, die nach der Fällung eines alten Mammutbaums vor etwa 100 Jahren wieder nachgewachsen sind. Auf dem Bauch der Bärin tummeln sich zwei Jungtiere, die eifrig säugen und ab und zu innehalten, wie es Kinder zu tun pflegen, um sich zu streiten, bis die Bärin sie mit einem leisen Laut beruhigt. Diese Bären, diese Bäume, die Flughörnchen, die manchmal von den Bäumen herabsegeln, um nach Essensresten zu suchen – und der wunderbare Tanz zwischen all diesen Wesen und den Fingerhutbeeren, Heidelbeeren, Gräsern, Gliederfüßlern, Pilzen und unsichtbaren Bakterien – sie alle sind jetzt hier. Und für sie arbeite ich, ihnen und nicht dem System, das sie zerstört, gehört meine Loyalität, ihnen widme ich mein Leben.

Das ist das Mindeste, was ich oder jeder von uns für den Planeten tun kann, der uns das Leben geschenkt hat, der uns ernährt, der uns kleidet, der uns morgens wachsingt und nachts in den Schlaf wiegt – der Planet, der uns am Anfang willkommen heißt und zu dem wir am Ende alle zurückkehren. Und wie Aldo Leopold, der Vater der Wildtierökologie, vor so vielen Jahren deutlich machte, ist dies das Richtige – und das Schöne –, was zu tun ist.

ENDNOTEN

Prolog

1 Julie Newman, *Green Ethics and Philosophy: An A-to-Z Guide* (Thousand Oaks, CA: SAGE Publications, 2011), 40.

2 Ibid., 39.

Kapitel 1: Das Problem

1 Lewis Mumford, »Authoritarian and Democratic Technics«, *Technology and Culture* 5, no. 1 (Winter, 1964), 7

2 Es ist umstritten, an wie vielen Orten sich Landwirtschaft und Zivilisationen entwickelt haben. Die derzeit beste Schätzung scheint neun zu sein: der Fruchtbare Halbmond, der indische Subkontinent, die Stromgebiete des Jangtse und des Gelben Flusses, das Hochland von Neuguinea, Zentralmexiko, das nördliche Südamerika, Afrika südlich der Sahara und der Osten Nordamerikas.

3 David R. Montgomery, *Dirt: The Erosion of Civilizations* (Berkeley, CA: University of California Press, 2007), 236

4 Richard Manning, *Rewilding the West: Restoration in a Prairie Landscape* (Berkeley: University of California Press, 2009), 185

5 Adam Hochschild, *Bury the Chains: Prophets and Rebels in the Fight to Free an Empire's Slaves* (Boston: Mariner Books, 2006), 2.

6 Mumford, op. cit., 3.

7 Richard Manning, *Against the Grain: How Agriculture Has Hijacked Civilization* (New York: North Point Press, 2004), 45.

8 T. Douglas Price, Anne Birgitte Gebauer, and Lawrence H. Keeley, »The Spread of Farming into Europe North of the Alps«, in Douglas T. Price and Anne Brigitte Gebauer, *Last Hunters, First Farmers* (Santa Fe: School of American Research Press, 1995)

9 Chellis Glendinning, »Notes toward a Neo-Luddite Manifesto«, *Utne Reader*, March–April 1990, 50.

10 James Nardi, *Life in the Soil: A Guide for Naturalists and Gardeners* (Chicago: University of Chicago Press, 2007), 51.

11 Henry Alleyne Nicholson, *A Manual of Zoology for the Use of Students. with a General Introduction on the Principles of Zoology* (Ann Arbor, MI: Scholarly Publishing Office, University of Michigan Library, November 30, 2006), 2.

12 Elizabet Sahtouris, *EarthDance: Living Systems in Evolution* (Lincoln, NE: iUniverse Press, 2000), 69.

13 bid., 4
14 bid., 39.
15 Paula Gunn Allen, »She Is Us: Thought Woman and the Sustainability of Worship«, in *Original Instructions: Indigenous Teachings for a Sustainable Future*, ed. Melissa K. Nelson (Rochester, VT: Bear & Company, 2008), 139.
16 Megafrauen ist eine Anspielung auf die zahllosen frühen weiblichen Keramikfiguren.
17 Harold J. Morowitz, *Beginnings of Cellular Life: Metabolism Recapitulates Biogenesis* (New Haven, CT: Yale University Press, 1992), 31
18 Per F. Peterson, Haihua Zhao, and Robert Petroski, »Metal and concrete inputs for several nuclear power plants«, *Report UCBTH-05-001* (University of California— Berkeley), February 4, 2005.
19 Steve Connor, »Ice pack reveals Romans air pollution«, *Independent*, September 23, 1994
20 David Keys, »How Rome Polluted the World«, *Geographical* (Campion Interactive Publishing) 75, no. 12 (December 2003), 45.
21 And why these locals are often ignored or derided as NIMBYs
22 Carol Ashby, »Crime and Punishment«, CarolAshby.com.
23 René Descartes, *René Descartes: Principles of Philosophy: Translated, with Explanatory Notes*, trans. Valentine R. Miller and Reese P. Miller (Dordrecht: Kluwer Academic Publishers, 1982), 276
24 Francis Bacon, *Novum Organum*, Book 2, Aphorism 52 (Works, vol. 4), ed. Joseph Devey, M.A. (New York: P.F. Collier, 1902), 247–248.
25 Erich Fromm, *The Anatomy of Human Destructiveness* (New York: Holt, Rinehart & Winston, 1973), 332.
Dt. *Anatomie der menschlichen Destruktivität* (Rowohlt, Reinbek, 1996)
26 Ibid., 332.
27 Kirkpatrick Sale, *Rebels Against the Future: The Luddites and Their War on the Industrial Revolution: Lessons for the Computer Age* (Reading, MA: Addison-Wesley Publishing Company, 1995), 213.
28 Mumford, op. cit., 5
29 Sale, op. cit., 267–8
30 Ibid., 278

Kapitel 2: Lösungen für die falschen Variablen

1 Paul Kingsnorth, »Confessions of a recovering environmentalist«, *Orion Magazine*, December 23, 2011
2 Rachel Carson, *Silent Spring* (Greenwich, CT: Fawcett Publishing, 1962), 9.
Dt.: *Der stumme Früling*, C.H. Beck, 5. Aufl. 2019, 28
3 bid., 10.
4 Ibid., 8.

5 Ibid., 8.
6 Ibid., 8.
7 Ibid., 8
8 »Biography of Lester Brown«, Earth Policy Institute.
9 Lester Brown, »The Race to Save Civilization«, *Tikkun*, September/October 2010, 25(5): 58.
10 Peter Kareiva, Michelle Marvier, and Robert Lalasz, »Conservation in the Anthropocene: Beyond Solitude and Fragility«, *Breakthrough Journal*, Winter 2012
11 Bill McKibben, »Civilization's Last Chance«, *Los Angeles Times*, May 11, 2008.
12 Bill McKibben, »Global Warming's Terrifying New Math«, *Rolling Stone*, August 2, 2012.
13 »Environmental Laureates' Declaration on Climate Change«, European Environment Foundation, September 15, 2014. Es sollte uns nicht überraschen, dass die Person, die hinter dieser Erklärung steht, ein Solarenergieunternehmer ist. Es sollte uns wahrscheinlich auch nicht überraschen, dass er um Geld bittet.
14 »Wild and precious life« is from Mary Oliver's poem »The Summer Day.« *House of Light* (Boston, MA: Beacon Press, 1992)
15 Gabrielle Gurley, »From journalist to climate crusader: Wen Stephenson moves to the front lines of climate movement«, *Commonwealth: Politics, Ideas & Civic Life in Massachusetts*, November 10, 2015.
16 Emma Howard and John Vidal, »Kumi Naidoo: The Struggle Has Never Been About Saving the Planet«, *The Guardian*, December 30, 2015

Kapitel 3: Die Solarlüge Teil 1

1 Mark Hand, »›*Green Illusions*‹ author dissects ›overly optimistic expectations' for wind, solar‹«, *S&P Global Market Intelligence*, April 1, 2013.
2 Juan Cole, »Top 5 Reasons Solar Energy Will Save the World«, *Informed Comment*, April 23, 2014.
3 Stefanie Spear, »10 Reasons Renewable Energy Can Save the Planet«, *EcoWatch*, October 30, 2014
4 Kaisa Kosonen, »This 'boom' might save the world—10 quick facts about renewable energy«, *Greenpeace*, October 30, 2014.
5 Randy Nelson, »7 Ways Solar Panels Will Save the Planet and Make You Rich«, *Movoto Real Estate Blog*, August 8, 2015
6 David Coady, Ian Parry, Louis Sears, and Baoping Sheng, »IMF Working Paper: How Large Are Global Energy Subsidies«, *International Monetary Fund*, May 2015

7 David Roberts, »None of the world's top industries would be profitable if they paid for the natural capital they use«, *Grist*, April 17, 2013
8 »Direct Federal Financial Interventions and Subsidies in Energy in Fiscal Year 2013«, United States Energy Information Administration, March 12, 2015, revised March 23, 2015.
9 Calculated from Table ES-3 in »Direct Federal Financial Interventions and Subsidies in Energy in Fiscal Year 2013«, op. cit.
10 »Relative Subsidies to Energy Sources: GSI Estimates«, Global Subsidies Initiative, April 19, 2010. Einige dieser Energiequellen, wie fossile Brennstoffe, werden normalerweise nicht in Kilowattstunden gemessen. Die zugrundeliegenden Annahmen sind der Originalquelle zu entnehmen.
11 Alexander Neubacher, »Solar Subsidy Sinkhole«, *Der Spiegel*, January 18, 2012
12 Leonid Bershidsky, »Germany's Green Energy Is an Expensive Success«, *Bloomberg View*, September 22, 2014.
13 Stephen Markley, »The Rumpus Interview with Bill McKibben«, *The Rumpus*, December 10, 2012.
14 Robert Wilson, »Bill McKibben Mistaken on German Solar Energy«, *The Energy Collective*, May 14, 2013
15 Thomas Friedman, »Germany: The Green Superpower«, *New York Times*, May 6, 2015.
16 »Germany leads way on renewables, Sets 45% target by 2030«, *Worldwatch Institute*
17 »Renewable Energy in Germany«, Wikipedia.
18 Kiley Kroh, »Germany Sets New Record, Generating 74 Percent of Power Needs from Renewable Energy«, *Climate Progress*, May 13, 2014.
19 Chris Nelder, »Myth-Busting Germany's Energy Transition«, *ZDNet*, October 12, 2013.
20 Alexander Neubacher, »Solar Subsidy Sinkhole: Re-Evaluating Germany's Blind Faith in the Sun: Part 2: Solar Energy's 'Extreme and Even Excessive Boom,'« *Der Spiegel*, January 18, 2012
21 Arthur Nelson, »German solar ambitions at risk from cuts to subsidies«, *The Guardian*, November 5, 2014.
22 Neubacher, op. cit.
23 Paul Voosen, »Meet Vaclav Smil, the man who has quietly shaped how the world thinks about energy«, *Science*, March 21, 2018.
24 Arthur Nelson, op. cit
25 Robert Wilson, »Germany gets only 3.3 percent of its energy consumption from wind and solar. Ignore the headlines«, *Carbon Counter: Observations on energy and climate change from Robert Wilson*, July 31, 2015.

26 »Capitalism vs. the Climate: Naomi Klein on Need for New Economic Model to Address Ecological Crisis«, *Democracy Now*, September 18, 2014
27 Jon Queally, »As 'This Changes Everything' Debuts in US, Leave Your Climate Despair at the Door«, *Common Dreams*, October 1, 2015.
28 Bill McKibben (@billmckibben), »*Business Week*: German renewables continue to soar: 31 freaking percent of its power already. Coal use falling«, Twitter post, August 19, 2014.
29 Lefty Coaster, »Germany got 74% of its electrical power from Renewable Sources the other day«, *The Daily Kos*, May 18, 2014. Italics in original.
30 Kiley Kroh, »Germany Sets New Record, Generating 74 Percent of Power Needs from Renewable Energy«, *Climate Progress*, May 13, 2014
31 Ari Phillips, »Germany Just Got 78 Percent of Its Electricity from Renewable Sources«, *Climate Progress*, July 29, 2015.
32 Melanie Mattauch, »Power struggle: after Germany's renewables surge, can it keep its coal in the ground?« *The Ecologist*, May 22, 2015.
33 Vorausgesetzt, die globale Erwärmung und der Wasserdiebstahl durch Landwirtschaft und Industrie lassen nicht die gesamte Region austrocknen. Siehe zum Beispiel Tansania, das wieder auf fossile Brennstoffe umsteigt, weil die Reservoirs austrocknen.
34 Gary Wockner, »The Hydropower Methane Bomb No One Wants to Talk About«, *EcoWatch*, October 6, 2015.
35 Duncan Graham-Rowe, »Hydroelectric power's dirty secret revealed«, *New Scientist*, February 24, 2005
36 Saul Elbein, »Europe's renewable energy policy is built on burning American trees«, *Vox*, March 4, 2019.
37 Robert Wilson, »Biomass: the hidden face of the Energiewende«, *Energy Post*, May 14, 2014. These 2 million hectares produce only 2 percent of Germany's energy, which Robert Wilson points out is »a remarkably inefficient use of land.«
38 Rachel Fritts, »Why are America's wetlands being destroyed in the name of renew- able energy?« *Pacific Standard*, June 14, 2018
39 »Southeastern conifer forest«, World Wildlife Fund.
40 Clemens von Wülsch, »Financial analysis of the transport of wood chips as an option among other solid fiber-based combustibles from the USA to Germany« (Master's Thesis, abstract, University of North Carolina—Wilmington / Bremen University of Applied Sciences, 2011).
41 John Upton, »Pulp Fiction«, Climate Central, October 21, 2015.
42 »Biomass Carbon Neutrality«, American Forest and Paper Association, July 2014
43 Carl Segerstrom, »Timber is Oregon's biggest carbon polluter«, *High Country News*, May 16, 2018.

44 Michael Le Page, »Logging study reveals huge hidden emissions of the forest industry«, *New Scientist*, September 10, 2019

45 It's like an inheritance, and there's no money more fun to spend than money you didn't earn! As we see, the same is true for energy.

46 Benjamin Jones, Carolyn Ciciarelli, Eric Dinerstein and Michael Anderson, »Forests Housing Rare and Endangered Species Lost 1.2 Million Hectares of Trees Since 2001«, World Resources Institute, May 6, 2015.

47 »Forest Habitat«, World Wildlife Fund.

48 Ursula K. Le Guin, *The Word for World is Forest* (New York: Berkley Books, 1976).

49 Jane Dalton, »More than half of world's forest wildlife lost in 40 years, study finds«, *Independent*, August 13, 2019.

50 Suzanne Simard, »Note from a forest scientist«, in Peter Wohlleben, *The Hidden Life of Trees: What They Feel, How They Communicate: Discoveries from a Secret World* (Vancouver, Canada: Greystone Books, 2015

51 Upton, op. cit.

52 Dr. Seuss, *The Lorax* (New York: Random House), 1971.

53 Chris Maser, »Logging to Infinity«, *Anderson Valley Advertiser*, April 12, 1989. Maser sagte: »Ich kenne keine Nation und kein Volk, das auf nachhaltiger Basis Bäume in Plantagen über drei Umtriebe hinaus erhalten hat. Der berühmte Schwarzwald in Europa ist eine Plantage; er und andere Wälder sterben am Ende der dritten Umtriebszeit. Die östlichen Kiefernplantagen sterben ab. Es ist das Ende ihres dritten Umtriebs. Bei uns gibt es keine dritte Umtriebszeit. Ich wurde dazu in einem Zeitungsartikel zitiert, ein wenig aus dem Zusammenhang gerissen, aber nicht schlecht. Einer der Herren aus der Industrie sagte: ›Mensch, wir sind in der dritten Umtriebszeit, und die Bäume wachsen besser als je zuvor‹. Aber er zählte den Altbestand der Natur als eine dieser Rotationen. Wir fällen jetzt erst die zweite Umtriebszeit, und der Wald produziert nicht mehr so wie früher. Wir schätzen das Land nicht, wenn wir die Produkte des Landes maximal ernten und die Zahlungen auf ein Minimum beschränken. Wir geben auf jedem Hektar so wenig wie möglich aus und ernten so viel wie möglich. Wir sind in keiner Weise bereit, in eine natürliche, erneuerbare Ressource zu reinvestieren.«

54 Bei der Erwärmung von Wasser oder anderem werden Moleküle bewegt. Das ist es, was Wärme ausmacht: Je heißer etwas ist, desto schneller bewegen sich die Moleküle.

55 Rob Lewis, »The Great 'Power versus Energy' Confusion«, *CleanTechnica*, February 2, 2015.

56 Im Falle von Twinkies sind das etwa 135 Kilokalorien pro Twinkie, was etwas mehr als 150 Wattstunden entspricht, oder genug, um eine 60-Watt-Glühbirne 2,5 Stunden lang zu betreiben.

57 Craig Morris, »What German Energy Supply Looks Like«, *Energy Transition: The German Energiewende*, December 29, 2014. Ab 2019 ist der Anteil des Stroms am Gesamtenergieverbrauch etwas geringer.

58 Craig Morris, op. cit

59 Kerstine Appunn, Yannick Haas, and Julian Wettengel, »Germany's energy consumption and power mix in charts«, *Clean Energy Wire*, January 28, 2020

60 »Capitalism vs. the Climate: Naomi Klein on Need for New Economic Model to Address Ecological Crisis«, *Democracy Now*, September 18, 2014.

61 Data from »Gross Electricity Production in Germany from 2012 to 2014«, *DeStatis: Statistiches Bundestamt*, Economic Sectors / Energy / Production.

62 Ibid.

63 Naomi Klein, *This Changes Everything: Capitalism vs. the Climate* (New York: Simon & Schuster, 2015), 97
Dt. *Die Entscheidung: Kapitalismus vs. Klima*, Fischer 2016

64 Ibid., 237.

65 Lefty Coaster, »Germany got 74% of its electrical power from Renewable Sources the other day«, *Daily Kos*, May 18, 2014. Italics in original.

66 Kiley Kroh, »Germany Sets New Record, Generating 74 Percent of Power Needs from Renewable Energy«, *Climate Progress*, May 13, 2014

67 Ari Phillips, »Germany Just Got 78 Percent of Its Electricity from Renewable Sources«, *Climate Progress*, July 29, 2015

68 Ibid

69 Ibid

70 Will Boisvert, »Green Energy Bust in Germany«, *Dissent*, Summer 2013.

71 Alexander Neubacher, »Solar Subsidy Sinkhole«, *Der Spiegel*, January 18, 2012.

72 Ibid

73 Neubacher, op. cit

74 Ferruccio Ferroni and Robert J. Hopkirk, »Energy Return on Energy Invested (ERoEI) for photovoltaic solar systems in regions of moderate insolation«, *Energy Policy* 94, 336–344 (April 26, 2016).

75 Andrew Burger, »Germany's Carbon Emissions Fall as Renewable Energy Takes the Lead«, *TriplePundit: People, Planet, Profit*, January 13, 2015.

76 Melissa Eddy, »Germany May Offer Model for Reining in Fossil Fuel Use«, *New York Times*, December 3, 2015

77 Craig Morris, »Lower Energy Consumption in Germany Explained«, *The Energiewende Blog*, March 12, 2015.

78 »Global Analysis—Annual Review 2014«, *National Oceanic and Atmospheric Administration: National Centers for Environmental Information.*

79 AGEB steht für Arbeitsgemeinschaft Energiebilanzen

80 Morris op. cit., March 12, 2015.
81 Nach der Metallherstellung.
82 Morris op. cit., March 12, 2015
83 Gayathri Vaidyanathan, »How bad of a greenhouse gas is methane?« *Scientific American*, December 22, 2015
84 Doyle Rice, »US emissions of methane—a potent greenhouse gas—are 60% higher than EPA thinks«, *USA Today*, June 21, 2018
85 Michael L. Buchsbaum, »Germany's Coal Commission proposes a nebulous 20-year coal-exit pathway«, *Energy Transition*, January 30, 2019.
86 Adam Vaughan, »Germany agrees to end reliance on coal stations by 2038«, *The Guardian*, January 26, 2019.
87 Buchsbaum, op. cit.
88 »Natural gas: methane's contribution to global warming«, Greenpeace
89 »Coal Information: Overview«, International Energy Agency, July 2020.
90 Sharon Kelly, »Will the Decline of Coal Solve the Climate Crisis«, *The Real News*, December 24, 2015
91 U.S. Energy Information Administration, op. cit.
92 Lorraine Chow, »Australia to 'absolutely' exploit and use coal despite IPCC warning«, *EcoWatch*, October 9, 2018.
93 Sören Amelang and Benjamin Wehrmann, »Targeted action needed to curb unrelenting global demand for coal power«, *Clean Energy Wire*, December 12, 2019.
94 Julian Wettengel, »Without innovation leaps, Germany will fail on climate action— conservative German MP«, *Clean Energy Wire*, December 16, 2019
95 David Roberts, »The most depressing energy chart of the year«, *Vox*, June 16, 2018
96 Katie Fehrenbacher, »China is utterly and totally dominating solar panels«, *Fortune*, June 18, 2015.
97 Matthew Karnitschnig, »Germany's Expensive Gamble on Renewable Energy«, *Wall Street Journal*, August 26, 2014.
98 Noah Telerski, »Here Comes the Sun? Local Environmentalists Oppose University Solar Project«, *The Georgetown Voice*, December 7, 2018
99 Keith Bradsher, »On Clean Energy, China Skirts Rules«, *New York Times*, September 8, 2010.
100 Ozzie Zehner, *Green Illusions: The Dirty Secrets of Clean Energy and the Future of Environmentalism* (Lincoln, NE: University of Nebraska Press, 2012), 8–9

Kapitel 4: Die Solarlüge Teil 2

1 Tim Garrett, »Are renewables the answer?« Intermountain Network and Scientific Computation Center, University of Utah

2 Wir sind Wolf Dieter Aichberger, alias WDA, für seine Geduld und sein technisches Fachwissen zu tiefstem Dank verpflichtet. Er korrigierte viele Fehler und bewahrte uns davor, uns zu blamieren.
3 Christopher L. Martin and D. Yogi Goswami, *Solar Energy Pocket Reference* (Abingdon, U.K.: Routledge, 2005).
4 Todd Woody, »BrightSource Alters Solar Plant Plan to Address Concerns Over Desert Tortoise«, *New York Times*, February 11, 2010.
5 Shaun Gonzalez, »Waking up to the Solar Power Tower Threat«, *Mojave Desert Blog*, November 24, 2013.
6 Thomas W. Overton, »PLANT OF THE YEAR: Ivanpah Solar Electric Generating System Earns POWER's Highest Honor«, *Power Magazine*, August 1, 2014
7 »Lead from Roman mines pollutes ancient Alpine ice«, *Nature*, May 13, 2019.
8 David Keys, »How Rome Polluted the World«, *Geographical* (Campion Interactive Publishing), vol. 75, no. 12, 45; December 2003.
9 David A. Lien, »Don't buy PolyMet's assurances on environmental outcomes of sulfide mining«, *Minnesota Post*, January 16, 2015.
10 Eric Williams, »Global Production Chains and Sustainability: The Case of Highpurity Silicon and its Applications in IT and Renewable Energy«, United Nations University—Institute of Advanced Studies, 2000.
11 Vince Beiser, »The Deadly Global War for Sand«, *Wired*, March 26, 2015.
12 »Silicon Market Overview«, Minor Metals Trade Association, 2015.
13 »Step 1: Crystal growing«, SolarWorld USA, 2015.
14 Ariana Eunjung Cha, »Solar Energy Firms Leave Waste Behind in China«, *Washington Post*, March 9, 2008.
15 Brian Lombardozzi, »The True Cost of Chinese Solar Panels: Part 2«, Alliance for American Manufacturing, September 23, 2014.
16 Richard Smith, »China's Communist-Capitalist Ecological Apocalypse«, *Truth-Out*, June 21, 2015
17 Ibid.
18 Royston Chan, »China quells village solar pollution protests«, *Reuters*, September 18, 2011.
19 Dustin Mulvaney, »Hazardous Materials Used in Silicon PV Cell Production: A Primer«, *Solar Industry Magazine*, September 2013
20 »Health and Safety Concerns of Photovoltaic Solar Panels«, Good Company via Oregon Department of Transportation.
21 Zehner, op. cit
22 Dieser Absatz wurde größtenteils zusammengestellt aus Cécile Bontron, »Rare-earth mining in China comes at a heavy cost for local villages: Pollution is poisoning the farms and villages of the region that processes the

precious minerals«, *The Guardian*, August 7, 2012; and Jonathan Kaiman, »Rare earth mining in China: the bleak social and environmental costs«, *The Guardian*, March 20, 2014.
23 Eric de Place and Ahren Stroming, »Small town silicon smelter plan tees up big questions«, *Sightline Institute*, June 25, 2018.
24 Mishra Ashutosh, »Impact of silica mining on environment«, *Journal of Geography and Regional Planning*, May 27, 2015.
25 Minnesota Environmental Quality Board, Report on Silica Sand, March 20, 2013, 54.
26 de Place and Stroming, op. cit.
27 Ibid.
28 Ibid.
29 Paul Fontaine, »Gasping for air: United Silicon's enduring problems«, *The Reykjavik Grapevine*, September 8, 2017.
30 Kalispel Tribe of Indians, Resolution #2018-16.
31 Affiliated Tribes of Northwest Indians, Resolution #18-12.
32 »Towards a Just and Sustainable Solar Energy Industry«, Silicon Valley Toxics Coalition, January 14, 2009, no. 4.
33 »Where are solar panels manufactured, and should you care«, *Energy Sage Solar Marketplace*.
34 »Ocean Pollution: Global Shipping and the Cruise Industry«, *Earthjustice*.

Kapitel 5: Die Windlüge

1 Michael Bastasch, »Here's Why This Warren Buffett-Owned Utility Wants to Use 100 Percent Wind Power«, *Daily Caller*, May 31, 2018.
2 Paul Kingsnorth, *Confessions of a Recovering Environmentalist and Other Essays* (Minneapolis, MN: Graywolf Press, 2017), 70.
3 Charles S. Sargent, »The forests of central Nevada, with some remarks on those of the adjacent regions.« *American. Journal of Science and Arts*, third series, Art. 53 (1879), 417–426
4 Erfahren Sie mehr unter pinyonjuniperforests.org.
5 »Wind Turbine SWT-2.3-101, Technical Specifications«, Siemens Energy.
6 *The Economist Technology Quarterly*. June 12, 2010, 12.
7 Diane Toomey, »Greenpeace's Kumi Naidoo on Russia and the Climate Struggle«, *Yale Environment 360*, January 14, 2014.
8 Lester Brown, »The Great Transition: Building a Wind-Centered Economy«, *Population Press*, April 16, 2013.
9 Mark Z. Jacobson and Mark A. Delucchi, »Providing all global energy with wind, water, and solar power, Part I: Technologies, energy resources, quantities and areas of infrastructure, and materials«, *Journal of Energy Policy* 39 (2011), 1154–1169.

10 David Suzuki, »Windmills are things of beauty«, *David Suzuki Foundation*, April 3, 2014. Glücklicherweise war eine beträchtliche Anzahl der Kommentare, die unter dem Artikel hinterlassen wurden, vernünftig.

11 Tomas Kellner, »Extreme Measures: At 107 Meters, The World's Largest Wind Turbine Blade Is Longer Than A Football Field. Here's What It Looks Like«, *General Electric*, April 18, 2019.

12 Vaclav Smil, »To Get Wind Power You Need Oil«, *IEEE Spectrum*, February 29, 2016.

13 »Repower 5M«, Database of turbines and manufacturers, the Windpower Wind Energy Market Intelligence.

14 »Energy portfolio diversification«, ExxonMobil Fuels & Lubricants.

15 Darren Lesinski, »Synthetics to Protect the Wind Turbine and the Environment«, *Wind Systems Magazine*, January 2013. Note: EPA considers synthetic oil to be just as dangerous as conventional.

16 »Steel Solutions in the Green Economy: Wind Turbines«, World Steel Association, 2012.

17 »World Steel in Figures 2019«, *World Steel Association*, June 3, 2019.

18 Cobbled together from Peter Fairley, »Can the U.S. Grid Work With 100% Renewables? There's a Scientific Fight Brewing«, *Spectrum*, June 19, 2017; Nathaneal Johnson, »A battle royale has broken out between clean power purists and pragmatists«, *Grist*, June 20, 2017; and Ronald Bailey, »Powering U.S. Using 100 Percent Renewable Energy Is a Total Fantasy«, *Reason*, June 21, 2017. Bitte beachten Sie, dass Baileys Arbeit im allgemeinen zwar verwerflich ist, dies aber nicht bedeutet, dass seine Berechnungen schlecht sind.

19 Roger LeGuen, »Amazon Mining: Extracting Valuable Minerals and a Pandora's Box of Problems«, World Wildlife Fund.

20 »Mine Tailings Storage: Safety is No Accident«, U.N. Environment, 2015.

21 Samantha Pearson and Luciana Magalhaes, »Inspectors Fail to Guarantee Safety of 18 Vale Dams, Dikes in Brazil – 2nd Update«, *MarketScreener*, April 1, 2019.

22 Gabriel De Sá, »Brazil's deadly dam disaster may have been preventable«, *National Geographic*, January 29, 2020.

23 Fabiola Ortiz, »Brazil—The Polluted Face of Carajás. 1«, *Latin America Bureau*, September 17, 2014.

24 Dom Phillips, »Another huge and open iron mine is carved out of Brazil's rain forest«, *The Washington Post*, April 13, 2015.

25 Raúl Zibechi, »Mining and Colonialism in Brazil's Giant Carajás Project«, *CIP Americas Program*, May 31, 2014.

26 Sheila Jeffreys, *The Industrial Vagina: The Political Economy of the Global Sex Trade* (Abingdon, U.K.: Routledge, 2008), 7.

27 »Empire & Tilden Mines«, Keeweenaw Bay Indian Community, Natural Resources Department; and »The Tilden Mine«, Michigan State University, Geology Department.

28 »The Environmental Track Record of Taconite Mining: The Facts Exposing the False Premise that Iron Ore Mining is Safe«, Wisconsin Resource Protection Council, January 2013.

29 William Sanjour, »From the Files of a Whistleblower, or how EPA was captured by the industry it regulated«, December 25, 2013.

30 Jeanette Fitzsimons, »Can we make steel without coal?« Coal Action Network Aotearoa, April 24, 2013.

31 David Chandler, »Electrolyis method described from making 'green' iron«, Phys.org

32 Laura Beans, »U.S. Mines Pollute Up to 27 Billion Gallons of Water Annually«, *EcoWatch*, May 2, 2013.

33 »Copper: An Indispensable Ingredient for Wind Energy«, *Copper Development Association, Inc.*, September 2010.

34 Danny Chivers, »The Stuff Problem«, *New Internationalist*, August 15, 2015.

35 Bill Grosser, »Copper Mining and Refining (Redox)«, November 3, 2012; and »Copper Info: Mining and Refining of Copper«, *HowStuffWorks*, July 21, 2009.

36 Judy Fahys, »Special Report: How Kennecott concealed warnings of a possible disaster from the people of Magna«, *Salt Lake Tribune*, March 24, 2008.

37 Compiledfrom:»Problemswith Bingham Canyon Mine«, *Earthworks*, 2011;»Kennecott Copper Mine«, Mesothelioma Cancer Alliance, Asbestos Exposure Program; Bonnie Gestring, »U.S. Copper Porphyry Mines Report: The Track Record of Water Quality Impacts Resulting From Pipeline Spills, Tailings Failures, and Water Collection and Treatment Failures«, *Earthworks, Patagonia Area Resource Alliance*, November 2012; »Scoping Summary Report: Kennecott Utah Copper LLC Tailings Expansion Project«, United States Department of the Army Corp of Engineers, August 2011; and Leonard J. Arrington and Gary B. Hansen, *The Richest Hole on Earth: A History of the Bingham Copper Mine* (Logan, UT: Utah State University Press, 1963).

38 Twila Van Leer, »Young John D. Lee Helped Lead a Hunting Contest«, *Desert News*, October 22, 1996.

39 »About Us« and »Environment« Pages, Rio Tinto Kennecott.

40 Dan Harris, »Rare Earths and Polysilicon. Does China Control Our Green Future?« *China Law Blog*, November 5, 2010.

41 Zimmermann et al., »Material Flows Resulting from Large Scale Deployment of Wind Energy in Germany«, *Resources*, 2013, 2, 303–334.

42 Bill McKibben, »Can China Go Green?« *National Geographic*, June 2011. Also: Cécile Bontron, »Rare-earth mining in China comes at a heavy cost for local villages«, *The Guardian*, August 7, 2012.

43 David Shukman, »Renewables deep-sea mining conundrum«, *BBC News: Science and Environment*, April 11, 2017.

44 Maddie Stone, »The Future of Technology Is Hiding on the Ocean Floor«, *Gizmodo*, April 5, 2016.

45 Linda Ewing, »Stop poisoning our community! Herbicide spraying is wind industry's toxic secret«, *East County Magazine*, May 2013.

46 Mia Myklebust and Miriam Raftery, »Do wind turbines harm animals?« *East County Magazine*, May 10, 2012.

47 James Conca, »Wind Industry Ignores Bird Conservationists«, *Forbes*, June 4, 2015.

48 Benjamin K. Sovacool, »The Avian and Wildlife Costs of Fossil Fuels and Nuclear Power«, *Journal of Integrative Environmental Sciences* 9, no. 4, (December 2012) 255–278.

49 Thanks to Geoff Pearce, Carver Deron Lowe, and Wolf Dieter Aichberger (a.k.a. WDA) for help with these calculations.

50 »Bird-Smart Wind Energy: Protecting Birds from Poorly Sited Wind Turbines«, *American Bird Conservancy*.

51 Mark Duchamp, »US windfarms kill 10-20 times more than previously thought«, *Save the Eagles International*, April 2014.

52 »What is U.S. electricity generation by energy source?« *U.S. Energy Information Administration*, March 31, 2015.

53 Will Robinson, «Rare bird last seen in Britain 22 years ago reappears – only to be killed by wind turbine in front of a horrified crowd of birdwatchers«, *The Daily Mail*, June 27, 2013.

54 Mastermax595, »Rebhuhn-Schwarm fliegt in Bubenheimer Windrad welches im Vogelschutzgebiet steht. Dutzend Tote Tiere«, YouTube, July 20, 2015.

55 David Miller, »Offshore wind farms 'threaten gannets,'« *BBC*, September 28, 2015.

56 »Emergency Order for the Protection of the Greater Sage-Grouse«, *Canada Gazette* (Gatineau, Quebec: Minister of the Environment) 147 (25), December 4, 2013.

57 Diane Cardwell and Clifford Krauss, »Frack Quietly Please: Sage Grouse Is Nesting«, *New York Times*, July 19, 2014.

58 »Developing Methods to Reduce Bird Mortality in the Altamont Pass Wind Resource Area«, The California Energy Commission, Public Interest Energy Research Program, August 2004.

59 »White House gives wind farms 30-year pass on eagle deaths«, Associated Press, *CBS News*, December 6, 2013.

60 Josh Gabbatiss, »'Shocking' decline in birds across Europe due to pesticide use, say scientists«, *The Independent*, March 21, 2018.
61 Eric Andrew-Gee, »Bird populations in steep decline in North America, study finds«, *The Globe and Mail*, September 14, 2016.
62 »Global trends in bird species survival«, *Canada Environment and Natural Resources*, April 10, 2017.
63 Mark A. Hayes, »Bats Killed in Large Numbers at United States Wind Energy Facilities«, *BioScience* 63, no. 12 (2013): 975–979.
64 Thomas J. O'Shea et al., »Multiple mortality events in bats: a global review«, *Mammal Review* 46, no. 3 (2016).
65 Amy Mathews Amos, »Bat Killings by Wind Energy Turbines Continue«, *Scientific American*, June 7, 2016.
66 Mary Bates, »A New Deterrent System Could Help Save Bats from Wind Turbines«, *Pacific Standard*, February 11, 2019.
67 Amos, op. cit.
68 Michelle Donahue, »Seeking answers in the wind«, *Bat Conservation International*, February 24, 2017.
69 Art Sasse, »Wind industry has a legacy of caring for wildlife«, *American Wind Energy Association*, April 2, 2015.
70 Martin Harper, »Facing up to inconvenient truths«, *RSBP*, April 4, 2013.
71 Phil McKenna, »Bladeless Wind Turbines Offer More Form Than Function: Startup Vortex Bladeless makes a turbine that looks intriguing, but it may not solve wind power's challenges«, *MIT Technology Review*, May 27, 2015.
72 Greg Russell, »Almost a third of wildcat population at threat over windfarm plans, says group«, *The National*, June 21, 2018.
73 »Renewable developments on Scotland's national forests and lands: EIR release«, January 21, 2020.
74 Christine Morabito, »Cape Wind Project: A Tale of Crony Environmentalism (Part 2) Did Mass Audubon Sell its Soul to the Wind Industry?« *The Valley Patriot*, June 2015.
75 Marcello Mega, »Power company knew residents' water supply was heavily polluted«, *The Times* [U.K.], September 21, 2013.
76 »COP19: Carlo Van Wageningen talks about wind power in Africa«, Responding to Climate Change, *Climate Change TV*, November 2013.
77 Santiago Navarro, »On Mexican Isthmus, Indigenous Communities Oppose Massive Energy Projects«, CIP Americas Program, April 2, 2014.
78 Soledad Mills et al., »Defining and Addressing Community Opposition to Wind Development in Oaxaca«, Equitable Origin, January 2016.
79 »Wayuu«, *Intercontinental Cry Magazine*, Indigenous Peoples.
80 »Humanitarian disaster in La Guajira«, *Mama Tierra*, April 9, 2014.

81 »Changes in the wind«, *The City Paper Bogota*, April 23, 2013.

82 Roy D. Jeffry. et al., »Adverse health effects of industrial wind turbines«, *Canadian Family Physician*, May 2013; 59(5): 473–475.

83 David Kirk-Davidoff, »Wind Power Found to Affect Local Climate«, *The Conversation* (republished in *Scientific American*), February 14, 2014.

84 Mark Z. Jacobson et al., »Taming hurricanes with arrays of offshore wind turbines«, *Nature Climate Change* 4, 195–200 (2014); published online February 26, 2014.

85 Leah Burrows, »Wind farms will cause more environmental impact than previously thought«, *The Harvard Gazette*, October 4, 2018.

86 Ibid.

87 Lee Miller and David Keith, »Climate impacts of wind power«, *Joule* 2, no. 12 (December 19, 2018): 2618–2632.

88 Miller and Keith, op. cit.

89 Burrows, op. cit.

90 Naomi Klein, op. cit.

91 Richard York, »Do alternative energy sources displace fossil fuels«, *Nature Climate Change*, 2, 441–443, March 18, 2012.

92 Julie Bundorf, »Notes on Spring Valley Wind Project Site Visit (Resource Advisory Committee for BLM)«, July 20, 2012.

Kapitel 6: Die Lüge der grünen Energiespeicherung

1 Derrick Jensen, *Listening to the Land: Conversations About Nature, Culture, and Eros* (San Francisco: Sierra Club Books, 1995), 126.

2 George Kennan, »Review of Current Trends, U.S. Foreign Policy«, Policy Planning Staff, PPS No. 23. Top Secret. Included in the U.S. Department of State, Foreign Relations of the United States, 1948, Volume 1, Part 2 (Washington, D.C., Government Printing Office, 1976), 524.

3 »Battery Market Size, Share & Trends Analysis Report By Product (Lead Acid, Li-ion, Nickle Metal Hydride, Ni-cd), By Application (Automotive, Industrial, Portable), By Region, And Segment Forecasts, 2020–2027," Grand View Research.

4 Andrew J. Hawkins, »Electric flight is coming, but the batteries aren't ready«, *The Verge*, August 14, 2018.

5 Amit Katwala, »The spiraling environmental cost of our lithium battery addiction«, *Wired*, August 5, 2018.

6 Dan McDougall, »In search of Lithium: the battle for the 3rd element«, *The Daily Mail*, April 5, 2009.

7 Simon Denyer, »Tibetans in anguish as Chinese mines pollute their sacred grasslands«, *Washington Post*, December 29, 2016.

8 Ibid.

9 Katwala, op. cit., August 5, 2018.

10 Denyer, op. cit.

11 James Stafford, »Why lithium will see another price spike this fall«, Oilprice.com, July 18, 2016.

12 »RE: Lithium exploration wells, production wells, and brine extraction«, State of Nevada Department of Conservation and Natural Resources, Division of Water Resources, September 27, 2016.

13 John Weber, »Machines Making Machines Making Machines«, sunweber. blogspot. com, December 3, 2011.

14 John Laumer, »Living with the Side Effects of Lithium-Ion Batteries«, *Treehugger*, February 21, 2010; and »Lithium toxicity," Medline Plus.

15 Dominic A. Notter et al., »Contribution of Li-Ion Batteries to the Environmental Impact of Electric Vehicles«, *Environmental Science & Technology*, 44(17), (August 2010): 6550-6556.

16 »Study Identifies Benefits and Potential Environmental/Health Impacts of Lithiumion Batteries for Electric Vehicles«, Abt Associates, May 28, 2013.

17 Annie Kelly, »Children as young as seven mining cobalt used in smartphones, says Amnesty«, *The Guardian*, January 18, 2016.

18 Samantha Page, »Germany Just Announced a Major Push to Increase Electric Car Sales«, *Climate Progress*, April 28, 2016.

19 Irina Slav, »Tesla's Model 3 could take 300,000 BPD off U.S. gasoline demand«, Oilprice.com, September 27, 2016.

20 James Stafford, »Tesla, Apple and Uber push lithium prices even higher«, Oilprice.com, October 17, 2016.

21 Julia Carrie Wong, »Tesla factory workers reveal pain, injury and stress: 'Everything feels like the future but us,'« *The Guardian*, May 18, 2017.

22 »Elon Musk Confesses to Lithium Coup in Bolivia«, *TeleSUR English*, July 25, 2020.

23 Vijay Prashad and Alejandro Bejarano, »'We Will Coup Whoever We Want': Elon Musk and the Overthrow of Democracy in Bolivia«, *CounterPunch*, July 29, 2020.

24 Minor components include plastics and barium sulfate, which, interestingly enough, is one of the ingredients in fracking fluid.

25 Jessica Harris, Andrew McCartor et al., »The World's Worst Toxic Pollution Problems Report 2011«, the Blacksmith Institute and Green Cross Switzerland.

26 Leonor C. Acosta-Saavedra et al., »Environmental exposure to lead and mercury in Mexican children: a real health problem«, *Toxicology Mechanisms and Methods*, November 21, 2011.

27 Gagan Flora et al., »Toxicity of lead: a review with recent updates«, *Journal of Interdisciplinary Toxicology*, June 2012.

28 »Lead Exposure in Animals and Plants«, University Library Wildlife Resources, Ramapo College of New Jersey, 2000.
29 »Lead poisoning and health«, World Health Organization factsheet, August 2015.
30 »12.6: Primary Lead Smelting«, AP 42, 5th ed., vol. 1, chap. 12: Metallurgical Industry, Technology Transfer Network, Clearinghouse for Inventories & Emissions Factors, United States Environmental Protection Agency, January 1995.
31 Rebecca Leung, »A Diet of Lead: High Lead Levels in Missouri Town«, *60 Minutes*, CBS News, July 9, 2003.
32 Keith Lewis, »Elevated lead levels found in lead district songbirds«, *Southeast Missourian*, June 26, 2013.
33 Chad Garrison, »Doe Run Settles with EPA: Lead Company to Close Herculaneum Smelter, Spend Millions«, *Riverfront Times*, October 8, 2010.
34 »La Oroya, Peru«, Top 10 Most Polluted Places, 2007, Blackstone Institute.
35 »#108 Ira Rennert«, 2015 Billionaire Ranking, *Forbes*.
36 Stefan Werkstetter, »Ultracapacitor Usage in Wind Turbine Pitch Control Systems«, Maxwell Technologies, January 2015.
37 »The Role of Energy Storage for Mini-Grid Stabilization«, International Energy Agency, Photovoltaic Power Systems Programme, July 2011.
38 »Tetrafluoroborate Material Safety Data Sheet«, Santa Cruz Biotechnology.
39 »Diethyl carbonate hazardous substance fact sheet«, New Jersey Department of Health and Senior Services, April 2006.
40 Larry Greenemeier, »Study Says Carbon Nanotubes as Dangerous as Asbestos«, *Scientific American*, May 20, 2008.
41 »Acetonitrile«, the National Institute for Occupational Safety and Health, March 13, 2001.
42 Hudson C. Polonini et al., »Ecotoxicological studies of microand nanosized barium titanate on aquatic photosynthetic microorganisms«, *Aquatic Toxicology* 154 (September 2014): 58–70.
43 »Toxic byproducts of carbon nanotube manufacturing: are there green alternatives?« *ScienceDaily*, August 24, 2007.
44 Michael Zelenko, »The US is losing the high-stakes global battery war«, *The Verge*, August 13, 2018.
45 Eric Morris, »From horse power to horsepower«, *Access*, 2007, Issue 30, 2–9.
46 Morris, op. cit.
47 »Deloitte's Electricity Storage Technologies, Impacts, and Prospects«, Deloitte Center for Energy Solutions, September 2015.
48 Carlos Medina et al., »Nanoparticles: pharmacological and toxicological significance«, *British Journal of Pharmacology* 150, no. 5, January 22, 2007: 552–558.

49 Oder manchmal Thermoplastik.

50 »DuPont vs. the World«, *Democracy Now*, January 23, 2018.

51 Wendee Nicole, »PFOA and cancer in a highly exposed community: new findings from the C8 science panel«, *Environmental Health Perspectives* 121, no. 11–12 (NovemberDecember 2013).

52 Gregg T. Tomy et al., »Fluorinated organic compounds in an eastern Artic marine food web«, *Environmental Science and Technology* 38, no. 24 (December 15, 2004): 6475–81.

53 Jean C. Boutonnet et al., »Environmental risk assessment of trifluoroacetic acid«, *Human and Ecological Risk Assessment: An International Journal* 5, no. 1 (1999).

54 Sossina M. Haile, »Fuel cell materials and components«, *Acta Materialia* 51 (2003): 5981–6000.

55 »Safe handling and use of perfluorosulfonic acid products«, DuPont Fuel Cells division, 2009.

56 Stanley E. Manahan, »11.9: Fluorine, Chlorine, and their Gaseous Compounds«, *Environmental Chemistry*, CRC Press, August 26, 2004, Eighth Edition.

57 A.J. Rohn, »GenX and the Hazards of Teflon«, *Geography Realm* March 3, 2016.

58 Sharon Lerner, »New Teflon toxin found in North Carolina drinking water«, *The Intercept*, June 17, 2017.

59 Mike Hanlon, »US Army deploys first Fuel Cell truck«, *New Atlas*, April 4, 2005.

60 Sara Stefanini, »Green the military. It's not about saving the planet—it's about safer, cheaper fighting outfits«, *Politico*, December 31, 2015.

61 J.C. Powell et al., »Fuel cells for a sustainable future?« Tyndall Centre for Climate Change Research, 2004.

62 Joe Romm, »Natural Gas Bombshell: Switching from coal to gas increases warming for decades, has minimal benefit even in 2100«, *Climate Progress*, September 9, 2011.

63 »Hydrogen and Fuel Cells—Production«, Alternative Energy Solutions for the 21st Century, altenergy.org.

64 Ocean water can be used for fuel cells, but it first has to be desalinated, another energy-intensive industrial process.

65 John R. Hoaglund III, »Chapter III, Section E: An Ultimate Resource Limitation for Hydrogen?« *Entropy Happens: An Energy Blueprint Toward Sustainability*, March 11, 2001.

66 »Where is California water use decreasing? Water consumption for August 2015 in the Los Angeles Dept. of Water and Power«, *KPCC Southern California Public Radio*.

67 Elizabeth Ingram, »A (potentially) bright future for pumped storage in the U.S.«, *Hydro World*, December 5, 2014.

68 »Energy Storage Monitor: Latest trends in energy storage«, World Energy Council, 2019.

69 Ryan Koronowski, »The inside story of the world's biggest 'battery' and the future of renewable energy«, *Climate Progress*, August 27, 2013.

70 James Carlton and Gregory M. Ruiz, eds., *Invasive Species: Vectors and Management Strategies* (Washington, DC: Island Press, 2013), 322.

71 Vincent L. St. Louis et al., »Reservoir surfaces as sources of greenhouse gases to the atmosphere: a global estimate«, *BioScience* 50 (2000): 766–775.

72 »Dinowig Power Station«, Mitsui & Co., Ltd.

73 Karl Meyer, »The hidden costs of Northfield Mountain pumped storage«, September 1, 2014

74 Ron Meador, »Letter from Ludington: plant powers 1.4 million homes, and blends into scenery«, *MinnPost*, July 2, 2014.

75 Andy Balaskovitz, »Is a Michigan hydro pumped storage facility clean and renewable? Lawmakers, experts disagree«, *Midwest Energy News*, August 24, 2015.

76 Daniel Weißbach et al., »Energy intensities, EROIs (energy returned on invested), and energy payback times of electricity generating power plants«, *Energy* 52 (April 1, 2013): 210–221.

77 Potatoes are about 80 percent water, so 20 percent of 17 MJ/kg is 3.4 MJ/kg.

78 Speck besteht zu etwa 30 Prozent aus Wasser, und wir gehen davon aus, dass der größte Teil des Rests Fett ist.

79 Äpfel bestehen zu etwa 84 Prozent aus Wasser. Interessanterweise haben Weintrauben einen geringeren Anteil an Wasser als Äpfel.

80 Annicka Wänn et al., »Environmental performance of existing energy storage installations«, StoRE Project, February 2012.

81 Chi-Jen Yang, »Pumped hydroelectric storage«, Chapter 2 in Storing Energy by Elsevier.

82 Elizabeth Ingram, »A (Potentially) Bright Future for Pumped Storage in the U.S.«, *Hydro Review*, December 5, 2014.

83 »Challenges and Opportunities for New Pumped Storage Development«, National Hydropower Association, Pumped Storage Development Council, 2014.

84 Amelia Urry, »Here's an idea for retired coal mines: Turn them into giant batteries«, *Grist*, May 26, 2017.

85 Akshat Rathi, »The US coal industry's future could be to mine rare-earth metals for wind turbines«, *Quartz*, June 15, 2017.

86 »How It Works: Molten Salt Plant«, Power Generation, *eSolar*.

87 Gonzalo Azcarraga, »Evaluating the effectiveness of molten salt storage with solar plants«, Torresol Energy.

88 Jason Deign, »Molten salt: how to avoid the big freeze«, *CSP Today*, December 21, 2012.

89 »Mineral Insulated Heating Cable«, KME.

90 »Factories changed for environment«, China Education and Research Network, December 2001.

91 Lei Wang et al., »Magnesium contamination in soil at a magnesite mining region of Liaoning province, China«, *Bulletin of Environmental Contamination and Toxicology* 95, no. 1 (July 2015), 90–96.

92 »Reference document on the best available techniques in the cement, lime, and magnesium oxide manufacturing industries«, Joint Research Center / Institute for Prospective Technological Studies, May 2010.

93 »It's Elemental: Magnesium«, Environmental Literacy Council.

94 »Air pollution in Liaoning: Real-time air quality index visual map«, *World Air Quality Index*.

95 »History of first U.S. compressed-air energy storage (CAES) plant (110 MW 26h): Volume 2: Construction«, Electric Power Research Institute, April 1994.

96 »McIntosh CAES Plant«, Department of Energy Global Energy Storage Database, October 27, 2014.

97 »Kraftwerk Huntorf«, Department of Energy Global Energy Storage Database, February 17, 2014.

98 Colin Butler, »How an old Goderich salt mine could one day save you money on your hydro bill«, *CBC News*, November 24, 2019.

Kapitel 7: Effizienz

1 Frederick Winslow Taylor, *Principles of Scientific Management* (New York: Harper & Brothers, 1911), 7.

2 *Earth at Risk* press release. Fertile Ground Institute for Social and Environmental Justice, 2014

3 Ross Koningstein and David Fork, »What It Would Really Take to Reverse Climate Change: Today's renewable energy technologies won't save us. So what will?« *IEEE Spectrum*, November 18, 2014.

4 James Fenton, »EVs Will Save the World (With Help From Energy Efficiency & Renewables)«, *Clean Technica*, November 28, 2016.

5 Kristen Brown, »Save Energy, Save the World«, *Envirobites*, October 2, 2019.

6 »Save the World by Saving Energy in Your Home«, *Community Infographics*, visually by Rock Content.

7 Mark Z. Jacobson and Mark A. Delucchi, »Providing all global energy with wind, water, and solar power, Part I: Technologies, energy resources, quantities and areas of infrastructure, and materials«, *Energy Policy* 39, no. 2011 (December 2010): 1154–1169.
8 Drew DeSilver, »As American homes get bigger, energy efficiency gains are wiped out«, Pew Research Center, November 9, 2015.
9 William S. Jevons, *The Coal Question* (London: Macmillan & Co., 1866), 14.
10 Kris De Decker, »The mechanical transmission of power: endless rope drives«, *Low Tech Magazine*, March 2013.
11 Jordan Wirfs-Brock, »Lost in transmission: how much electricity disappears between a power plant and your plug?« *Inside Energy*, November 6, 2015. Site visited 07/26/2016.
12 Melanie Sevcenko, »Pot is power hungry: why the marijuana industry's energy footprint is growing«, *The Guardian*, February 27, 2016.
13 Mit der Legalisierung ist der Großhandelspreis drastisch gesunken, aber der Punkt bleibt.
14 Jennifer Chu, »Study: Technological progress alone won't stem resource use: Researchers find no evidence of an overall reduction in the world's consumption of materials«, *MIT News*, January 19, 2017.
15 Frederick Winslow Taylor, *Principles of Scientific Management* (New York: Harper & Bros., 1911).
16 Stanley McChrystal, *Team of Teams: New Rules of Engagement for a Complex World (New York: Penguin, 2015).*
17 Ibid.
18 Ibid.
19 Ibid
20 Ibid.
21 »Tungsten mining and beneficiation«, International Tungsten Industry Association, 2011.
22 Chuan-ping Liu et al., »Arsenic contamination and potential health risk implications at an abandoned tungsten mine, southern China«, *Environmental Pollution* 158, no. 3 (March 2010): 820–826.
23 Wenjie Lin et al., »Heavy metal contamination and environmental concerns on orchard at abandoned tungsten mine, southern China«, *Applied Mechanics and Materials*, vols. 295–298 (2013), 1609–1614.
24 Hongguang Cheng et al., »Thallium, arsenic, and mercury contamination of soil near the World's largest and longest-operating tungsten mine«, *Polish Journal of Environmental Studies* 22, no. 1 (2013), 301–305.
25 Myung Chae Jung and Iain Thornton, »Heavy metal contamination in soils and plants around a copper-tungsten mine in South Korea«, *Environmental Geochemistry and Health* (1994) 16:92.

26 »Surprising new health and environmental concerns about tungsten«, *ScienceDaily*, January 19, 2009.
27 Charles Patrick Davis, »Mercury Poisoning«, *eMedicineHealth*, December 17, 2015.
28 Michael Graham Richard, »What about mercury from compact fluorescents?« *Treehugger*, June 17, 2005.
29 »LED Lighting«, U.S. Department of Energy.
30 Lloyd Alter, »Cree revamps entire LED line of better bulbs«, *Treehugger*, September 13, 2016.
31 »Light-Emitting Diode (LED)«, How Products Are Made, vol. 1, Madehow.com
32 Cécile Bontron, »Rare-earth mining in China comes at a heavy cost for local villages«, *The Guardian*, August 7, 2012.
33 »Yttrium, Pocket Guide to Chemical Hazards«, National Institute for Occupational Safety and Health.
34 Seong-Rin Lim et al., »Potential environmental impacts of light-emitting diodes (LEDs): metallic resources, toxicity, and hazardous waste classification«, *Environmental Science and Technology*, 2011, 45, 1, 320–327, December 7, 2010.
35 Akshat Rathi, »The revolutionary technology pushing Sweden toward the seemingly impossible goal of zero emissions«, *Quartz*, June 21, 2017.
36 Lloyd Alter, »Cree revamps entire LED line of better bulbs«, *Treehugger*, September 13, 2016.
37 »AMA adopts community guidance to reduce the harmful human and environmental effects of high intensity street lighting«, *American Medical Association*«, June 14, 2016.
38 George Dvorsky, »The Switch to Outdoor LED Lighting Has Completely Backfired«, *Gizmodo*, November 22, 2017.
39 Christopher Mims, »Forget LED bulbs—the future of interior lighting is lasers«, *Quartz*, November 13, 2013.
40 Ben Geman, »EPA: Greenhouse gas emissions fell during recession«, *The Hill*, February 23, 2011.
41 »The economy booms, the trees vanish«, *The Economist*, May 19, 2005.
42 »China, People's Republic of: Electricity and Heat for 2004«, *International Energy Agency*.
43 »Countries and Regions«, Office of the United States Trade Representative.
44 Karl Lester M. Yap, »Southeast Asia burns up the ranks of global polluters«, *Bloomberg*, January 13, 2016.
45 »World carbon dioxide emissions from 2009 to 2019, by region (in million metric tons of carbon dioxide)«, Statista Research & Analysis, 2020.

46 Brad Plumer, »You've Heard of Outsourced Jobs, But Outsourced Pollution? It's Real, and Tough to Tally Up«, *New York Times*, September 4, 2018.
47 Bruce Watson, »Cutting greenhouse gas emissions won't slow global economic growth – report«, *The Guardian*, September 26, 2015.
48 Richard York, op. cit.
49 Richard Heinberg, »Our Renewable Future: Introduction«, *Museletter* #289, June 2016.
50 »Record increase renewables in Europe, but emissions stay level«, *Energy Post*, January 29, 2016.
51 Jane Anne Morris, »Help! I've Been Colonized and I Can't Get Up«, *Rachel's Newsletter*.
52 With gratitude to Paul Cienfuegos and Thomas Linzey.
53 »Bellingham Municipal Code 2010–18 and 2010–19.«
54 Ryan Wynne, »City of Bellingham steers away from tar sands oil«, *Bellingham Business Journal*, June 9, 2010.
55 »The EU Emissions Trading System«, *European Commission Climate Action*, July 22, 2016
56 Brian Merchant, »Even if every nation meets its pledge to fight climate change, we're still fried«, *Vice*, September 28, 2015.
57 Eine metrische Tonne entspricht 1.000 Kilogramm; eine nordamerikanische Tonne entspricht etwa 2.000 Pfund oder 907 Kilo.
58 Danny Chivers, »COPPRO: 'The stuff problem,'« *New Internationalist*, September 15, 2015.
59 Dominique Mosbergen, »Our consumption of Earth's natural resources has more than tripled in 40 years«, *Huffington Post*, August 2, 2016.
60 »Global Resources Outlook 2019«, United Nations Environment Programme, 2019.
61 »Global Material Flows and Resource Productivity«, United Nations Environment Programme, International Resource Panel, July 2016.
62 Bobby Magill, »U.S. on track to become net energy exporter by 2026«, *Climate Central*, January 5, 2017.
63 Nicholas Freudenberg, »The 100 largest governments and corporations by revenue«, *Corporations and Health*, August 27, 2015.
64 »Global 500«, *Fortune*, 2016.
65 Adam Vaughan, »Global emissions to fall for first time during a period of economic growth«, *The Guardian*, December 7, 2015.
66 »Record annual increase of carbon dioxide observed at Mauna Loa for 2015«, NOAA Climate Research, March 9, 2016.
67 »Climate: carbon emissions highest in 66 million years«, *Al Jazeera*, March 2016.

68 Jillian Ambrose, »Carbon emissions from energy industry rise at fastest rate since 2011«, *The Guardian*, June 11, 2019.
69 Chelsea Harvey and Nathanial Gronewold, »CO Emissions Will Break Another Record in 2019«, *Scientific American*, December 4, 2019.
70 Gustav Schenk, *The Book of Poisons* (New York: Rhinehart & Company, 1955).

Kapitel 8: Recycling

1 Adam Minter, *Junkyard Planet: Travels in the Billion-Dollar Trash Trade* (London: Bloomsbury Press, 2013).
2 Jeff Montgomery, »80 Nearby Residents Sue Delaware Steel Recycling Plant«, *Insurance Journal*, August 20, 2010.
3 »Global iron ore production data; Clarification of reporting from the USGS«, National Minerals Information Center, U.S. Geological Survey.
4 »Copper Africa«, Copper Africa Teacher Resource Centre, 2018.
5 John Lee, »Zinc to Shine from 2-Year Doldrums«, *Kitco*, October 20, 2008.
6 Jessica Lyons Hardcastle, »US Recycling Industry Generates $105bn Annually«, *Environmental Leader*, May 27, 2015.
7 Gurdas S. Sandhu et al., »Real-World Activity and Fuel Use of Diesel and CNG Refuse Trucks«, *Atmospheric Environment* 129 (March 2016): 98–104. DOI: 10.1016/j. atmosenv.2016.01.014.
8 »Garbage Trucks and Your Roads«, Titan Recycle and Trash.
9 Benjamin Carlson, »Good news: US exports to China soar, setting new record«, *Global Post*, January 20, 2014.
10 »How Plastic Bottles Are Recycled into Polyester«, *National Geographic Channel*, YouTube, December 13, 2009.
11 Jaymi Heimbuch, »Why Recycling Plastic Bottles Doesn't Help the Problem«, *Treehugger*, June 2011.
12 Sarah Zhang, »Half of All Plastic That Has Ever Existed Was Made in the Past Thirteen Years«, *The Atlantic*, July 19, 2017.
13 »The Swedish Recycling Revolution«, Sweden.se, September 24, 2015.
14 »Glass Recycling—Recycling to New Bottles«, *WIH Resource Group*, YouTube, September 3, 2014.
15 Warren McLaren, »Ecotip: Glass—What's the Environmental Impact?« *Treehugger*, November 22, 2004.
16 Larry West, »Benefits of Glass Recycling: Why Recycle Glass«, *About.com*, January 27, 2016.
17 »Environmental Overview: Complete Life Cycle Assessment of North American Container Glass«, *Glass Packaging Institute*, 2010.
18 Milton Kazmeyer, »Energy to Recycle Glass Bottles vs. Aluminum Cans vs. Plastic«, *SFGate*.

19 Lisa Stiffler, »Recycling Plant Among Top Northwest Polluters«, Oregon Public Broadcasting, November 7, 2011.
20 Keith Burrows and Vasilis Fthenakis, »Glass Needs for a Growing Photovoltaics Industry«, *Center for Lifecycle Analysis*, Columbia University.
21 »50 Fun Facts About Steel«, World Steel Association.
22 »Steel is the World's Most Recycled Material«, World Steel Association.
23 Scott Sibley, »Flow studies for recycling metal commodities in the United States«, U.S. Geological Survey, K6, 2004.
24 »Curbing Pollution from an Oakland Auto Shredder«, *San Francisco Baykeeper*, April 16, 2013.
25 Andre Meunier, »Notes on the redevelopment of scrap yards and similar sites«, Interdepartmental Committee on the Redevelopment of Contaminated Land, October 1983.
26 Andre Meunier, »Environmentalists have Schnitzer Steel scrap yard in their sights«, *The Oregonian*, December 5, 2008.
27 Tim Faulker, »Concerns Metals Recycler Could Leave Behind Mess«, *Eco Rhode Island News*, April 8, 2015.
28 Oludare H. Adedeji, Olufunmilayo O. Olayinka, and Franklin C. Nwanya, »Soil and Water Pollution Levels in and around Urban Scrapyards«, *IOSR Journal of Environmental Science, Toxicology, and Food Technology* 8, no. 5 (May 2014): 60–68.
29 Ingrid Lobet, »Danger in air near metal recyclers«, *Houston Chronicle*, December 29, 2012.
30 Kaushik Patowary, »China's Air Pollution and Scrapped Vehicles«, *Amusing Planet*, June 15, 2015.
31 »Generation of iron and steel slag«, *Nippon Slag Association*.
32 Jeremey A. T. Jones, »Electric Arc Furnace Steelmaking«, Steelworks, Nupro Corporation.
33 »Steel slag recycling«, Harsco Metals & Minerals.
34 A. J. de Villiers and J. P. Windish, »Lung Cancer in a Fluorspar Mining Community«, *British Journal of Industrial Medicine* (April 1964).
35 Leonard H. Weinstein and Alan Davison, *Fluorides in the Environment* (Wallingford: CABI Publishing, 2003), vi.
36 Eugene Pretorius, »Can Fluorspar be replaced in steelmaking?« *Baker Refractories*.
37 Shinichiro Nakamura et al., »Quality and dilution losses in the recycling of ferrous materials from end-of-life passenger cars: input-output analysis under explicit consideration of scrap quality«, *Environmental Science and Technology* 46, 17 (September 4, 2012): 9266–73.
38 »GrafTech International 10-K«, *WikiInvest*, March 16, 2007.
39 »UCAR® Graphite Electrodes«, *GrafTech International*.

40 Durch eine Vielzahl von Methoden, die vom einfachen Zerbrechen bis zur Oxidation und langsamen, fortschreitenden Verdampfung reichen.
41 Piotr Migas and Miroslaw Karbowniczek, »Selected Aspects of Graphite Applications in Ferrous Metallurgy«, AGH University of Science and Technology, October 16, 2013.
42 »Steel Foundry Refractory Lining Optimization: Electric Arc Furnaces«, Missouri University of Science & Technology.
43 »Electric Arc Furnace«, Carmeuse.
44 »Ferrous Metals«, Bureau of International Recycling.
45 »World Steel in Figures 2019«, World Steel Association.
46 »Recycling is the primary energy efficiency technology for aluminum and steel manufacturing«, U.S. Energy Information Administration, May 9, 2014.
47 »Ore Conservation is a Major Benefit When Scrap Metal Gets Recycled«, GLE Scrap Metal.
48 Bureau of International Recycling, op. cit.
49 John Petersen, »Why Advanced Lithium-Ion Batteries Won't Be Recycled«, *Alt Energy Stocks*, May 2011.
50 Mitch Jacoby, »It's time to get serious about recycling lithium-ion batteries«, *Chemical & Engineering News* (*C&EN*), July 14, 2019.
51 Linda Gaines, »To recycle, or not to recycle, that is the question: Insights from lifecycle analysis«, *Materials Research Society Bulletin* 37, April 2012.
52 »Is your trash causing fires? Common batteries lead to facility fires«, Dalton-Whitfield Solid Waste Authority, November 26, 2018.
53 Ibid.
54 Geoffrey A. Fowler, »The explosive problem with recycling iPads, iPhones and other gadgets: They literally catch fire«, *The Washington Post*, September 11, 2018.
55 »Is your trash causing fires? Common batteries lead to facility fires«, Dalton-Whitfield Solid Waste Authority, November 26, 2018.
56 Alejandra Sepúlveda et al., »A review of the environmental fate and effects of hazardous substances released from electrical and electronic equipment during recycling: Examples from China and India«, *Environmental Impact Assessment Review* 30, no. 1 (January 2010): 28–41.
57 Afua Hirsch, »'This is not a good place to live': inside Ghana's dump for electronic waste«, *The Guardian*, December 14, 2013.
58 Rashna Raya Rahman and Naureen Shafinaz Mahboob, »Electronic Waste: The Story of Bangladesh«, *Daily Star*, August 5, 2015.
59 Lisa Krueger, »Overview of First Solar's Module Collection and Recycling Program«, *First Solar*.
60 Todd Woody, »Solar energy's dirty little secret«, *Grist*, January 7, 2010.

61 Stephen Chen, »China's ageing solar panels are going to be a big environmental problem«, *South China Morning Post*, July 30, 2017.
62 Michael Shellenberger, »If Solar Panels Are So Clean, Why Do They Produce So Much Toxic Waste?« *Forbes*, May 23, 2018.
63 Stephen Chen, op. cit.
64 Shellenberger, op. cit.
65 Ibid.
66 Kelly Pickerel, »How the Solar Industry Is Responding to the Increasing Intensity of Natural Disasters«, *Solar Power World*, January 29, 2018.
67 Dakota Smith, »Puerto Rican Solar Farms Heavily Damaged by Hurricane Maria.« *The Weather Junkies*, September 27, 2017.
68 »Environmental Case Study: Wind Energy«, World Steel Association.
69 Till Zimmerman, Max Rehberger, and Stefan Gößling-Reisemann, »Material Flows Resulting from Large Scale Deployment of Wind Energy in Germany«, *Resources*, August 27, 2013.
70 Maddie Stone, »The Future of Technology is Hiding on the Ocean Floor«, *Gizmodo*, April 5, 2016.
71 Ibid.
72 Jessica Marshall, »Why Rare-Earth Recycling is Rare (And What We Can Do About It)«, *Ensia Magazine*, April 7, 2014.
73 Kristin Linnenkoper, »Is it now or never for rare earth recycling?« *Recycling International*, May 10, 2019.
74 »Lead-Acid Battery Recycling«, Blacksmith Institute, 2011.
75 Brian Joseph, »Recycling Work: Low pay, poor training, hazardous tasks«, *Oregon Live*, April 12, 2016.
76 James Howard Kunstler, *Too Much Magic: Wishful Thinking, Technology, and the Fate of the Nation* (New York: Grove Press, 2013), 198.
77 Jessica Marshall, »Why Rare-Earth Recycling Is Rare (And What We Can Do About It)«, *Ensia Magazine*, April 7, 2014.
78 Vaclav Smil, *Still the Iron Age: Iron and Steel in the Modern World* (Oxford: ButterworthHeinemann, 2016), 198.
79 James R. Hagerty and Bob Tita, »U.S. Is Awash in Glut of Scrap Materials«, the *Wall Street Journal*, June 7, 2015.
80 Ingrid Lobet, op. cit.
81 Sara Boboltz, »We Buy an Obscene Amount of Clothes. Here's What It's Doing to Secondhand Stores«, *Huffington Post*, November 20, 2014.
82 Luz Claudio, »Waste Couture: Environmental Impact of the Clothing Industry«, *Environmental Health Perspectives* 115, no. 9 (September 2007): A449–A454.
83 Elizabeth L. Cline, »The Afterlife of Cheap Clothes«, *Slate*, June 2012.
84 And gypsy wax moth larvae love, love, love to eat polyethylene.

Kapitel 9: Die Lüge von der grünen Stadt

1 Tertullian, also known as Quintus Septimus Florens Tertullianus, *A Treatise on the Soul*.
2 »Why Cities?« C40 Group of Cities, 2015.
3 »Compact City Policies: A Comparative Assessment«, Organization for Economic Cooperation and Development.
4 David Kaniewski et al., »Early urban impact on Mediterranean coastal environments«, *Scientific Reports* 3, no. 3450 (2013).
5 Ruben N. Lubowski et al., »Major Uses of Land in the United States, 2002«, U.S. Department of Agriculture, Economic Research Service, May 2006.
6 Brian Czech et al., »Economic Associations among Causes of Species Endangerment in the United States«, *BioScience Journal* 50, no. 7 (2000): 593–601.
7 Michael Neuman, »Compact City Fallacy«, *Journal of Planning Education and Research* 25 (2005): 11–26.
8 Alan Oakes, »Revisiting Neuman's 'Compact City Fallacy,'« *gb&d* [green building and design magazine], September/October 2013.
9 Jen-Jia Lin and An-Tsei Yang, »Does the compact-city paradigm foster sustainability? An empirical study in Taiwan«, *Environment and Planning B: Planning and Design* 33 (2006): 365–380.
10 Jochem van der Waals, »The compact city and the environment: a review«, *Tijdschrift voor Economische en Sociale Geografie* 91, no. 2 (May 2000): 111–121.
11 Abdolhadi Daneshpour and Amir Shakibamanesh, »Compact city: does it create an obligatory context for urban sustainability?« *International Journal of Architectural Engineering & Urban Planning*, (October 2010).
12 Mirjan E. Bouwman, »Changing Mobility Patterns in a Compact City: Environmental Impacts«, *Compact Cities and Sustainable Urban Development: A Critical Assessment of Policies and Plans from an International Perspective*, eds. Gert de Roo and Donald Miller (Aldershot, U.K.: Ashgate Publishing, 2000).
13 Peter Hall, »Sustainable Cities or Town Cramming?« *Planning for a Sustainable Future*, eds. Antonia Layard, Simin Davoudi, and Susan Batty (Abingdon, U.K.: Routledge, 2001).
14 Jim Pojar and Andy Mackinnon, *Plants of the Pacific Northwest Coast* (Auburn, WA: Lone Pine Publishing, 2004), 42.
15 Oliver Milman, »'On a hot day, it's horrific': Alabama kicks up a stink over shipments of New York poo«, *The Guardian*, March 11, 2018.
16 »Agriculture, Food and Beverage Sector Profile – Seattle, Washington, United States«, *Agriculture and Agri-Food Canada*, May 2010.
17 John Vidal, »Health risks of shipping pollution have been 'underestimated,'« *The Guardian*, April 9, 2009.

18 Megan Darby, »UN shipping climate talks 'captured' by industry lobbyists«, *Climate Home News*, October 23, 2017.
19 Stephen Leahy, »Cities Emit 60% More Carbon Than Thought«, *National Geographic*, March 6, 2018.
20 Jean Paul Rodrigue and Claude Comtois, *The Geography of Transport Systems* (Abingdon, U.K.: Routledge, Third Edition, 2013), Chapter 8, Concept 2.
21 Katie Valentine, »Big trucks emit huge amounts of carbon every year«, *ThinkProgress*, June 2, 2015.
22 Geoffrey E. Rickman, »The Grain Trade under the Roman Empire«, *Memoirs of the American Academy in Rome*, vol. 36, the Seaborne Commerce of Ancient Rome: Studies in Archaeology and History, 1980.
23 »Constitution of the Iroquois Nations«, Constitution Society
24 »Wildlife Conservation Society and Subsidiaries: Consolidated Financial Statements and Schedules«, June 30, 2018.
25 Gloria Dickie, »The Surprising Ways Big Cities Are Good for the Environment«, *HuffPost*, July 8, 2019.
26 Lee Epstein, »The essential elements of green cities«, *Natural Resources Defense Council*, April 3, 2013.
27 Lloyd Alter, »IBS Home Gets LEED Points, But Misses the Green Point«, *Treehugger*, January 16, 2013.
28 »Checklist: LEED v4 for Building Design and Construction«, U.S. Green Building Council, June 6, 2014.
29 Taimur Burki, »Myth #2: Factories can't be green«, Intel Corp, U.S. Green Building Council, April 22, 2015.
30 »Responsible, Sustainable«, Working Forests, *iSpot.tv*.
31 Rodger B. Grayson et al., »Water quality in mountain ash forests—separating the impacts of roads from those of logging operations«, *Journal of Hydrology* 150, no. 2–4 (October 1993): 459–480.
32 Derrick Jensen and George Draffan, *Strangely Like War: The Global Assault on Forests* (White River Junction, VT: Chelsea Green Publishing, 2003), 3.
33 R. Dennis Harr and Richard L. Frederiksen, »Water Quality after Logging Small Watersheds Within the Bull Run Watershed, Oregon«, *Water Resources Bulletin* 24, no. 5 (October 1988).
34 Richard G. Gustafson et al., »Pacific Salmon Extinctions: Quantifying Lost and Remaining Diversity«, *Conservation Biology* 21, no. 4 (2007): 1009–1020. Also: Philip Levin and Michael Schiewe, »Preserving Salmon Biodiversity«, *American Scientist*, May–June 2001.
35 »Status Review Update for Pacific Salmon and Steelhead Listed under the Endangered Species Act: Pacific Northwest«, NOAA Technical Memoran-

dum NMFSNWFSC-113, National Marine Fisheries Service, November 2011.

36 Jim McDermott, »Endangered Salmon«, November 2006.

37 Katie Campbell and Saskia De Melker, »Northwest Salmon People Face Future with Less Fish«, *PBS Newshour,* July 18, 2012.

38 »Measuring the role of deforestation in global warming«, Union of Concerned Scientists, December 9, 2013.

39 »Map of the Cascadia Scorecard's Five Forest Study Areas«, Sightline Institute, 2004.

40 »About«, FSC-Watch.

41 Almuth Ernsting, »Guest post: how FSC is helping to greenwash the destruction of U.S. forests for European power stations«, FSC-Watch/ Biofuel Watch, August 2014.

42 All of this information is available on Norris's blog, *FarmerScrub*.

43 Sarah DeWeerdt, »This is why cities can't grow all their own food«, *Conservation Magazine*, University of Washington, January 26, 2016.

44 Stan Cox, »An engineer, an economist, and an ecomodernist walk into a bar and order a free lunch…«, *CounterPunch*, August 1, 2018.

45 Samantha Page, »The second-largest city in the U.S. is on the verge of being 100 percent renewable«, *Climate Progress*, June 10, 2016.

46 John W. Day, and Charles Hall, *America's Most Sustainable Cities and Regions: Surviving the 21st-Century Megatrends* (Göttingen: Copernicus Books, 2016).

47 Zum Beispiel: Rachael Bale, »The disturbing secret behind the world's most expensive coffee«, *National Geographic,* April 29, 2016.

48 Zehner, op. cit., 144.

49 »Millions of Barrels of Oil Safely Reach Port in Major Environmental Catastrophe«, *The Onion*, August 11, 2010.

50 Mark L. Watson, »Habitat fragmentation and the effects of roads on wildlife and habitats«, New Mexico Department of Game and Fish, January 2005.

51 Darryl Fears, »A huge salmon die-off is happening—and our cars might be responsible«, *Washington Post*, October 20, 2017.

52 »Noise Effect on Wildlife«, Federal Highway Administration, Office of Planning, Environment, and Realty, July 14, 2011.

53 Ellen Powell, »Development has affected 7 percent of virgin forests since 2000: study«, *Christian Science Monitor*, January 14, 2017.

54 Damien Carrington, »New map reveals shattering effect of roads on nature«, *The Guardian*, December 15, 2016.

55 Mark Matthew Braunstein, »Driving animals to their graves: U.S. roads kill a million a day«, *Culture Change*: 8.

56 »Country Comparison: Roadways«, World Factbook, Central Intelligence Agency.

57 Damian Carrington, »Earth has lost half its wildlife in the past 40 years, says WWF«, *The Guardian*, September 30, 2014.

58 »Carnivores more seriously threatened by roads than previously acknowledged«, German Centre for Integrative Biodiversity Research, February 8, 2017.

59 Stephen Messenger, »Trillions of insects killed by cars every year, says study«, *Treehugger*, July 10, 2011.

60 Jeremy Korzeniewski, »Buzzkill: cars murder trillions of insects each year«, *Autoblog*, July 13, 2011.

61 »Blues: Fender's blue (Icaricia icarioides fenderi)«, Xerces Society for Invertebrate Conservation.

62 Paul M. Severns, »Road crossing behavior of an endangered grassland butterfly, *Icaricia Icarioides Fenderi* Macy (Lycaenidae), between a subdivided population«, *Journal of the Lepidopterists' Society* (May 2008).

63 »What we do: Wildlife habitat: Woodland caribou«, Conservation Northwest.

64 Melissa Gaskill, »Rise in Roadkill Requires New Solutions«, *Scientific American*, May 16, 2003.

65 Ryan F. Shedivy et al., »Leaching characteristics of recycled asphalt pavement used as unbound road base«, University of Wisconsin—Madison, May 2012.

66 »Bitumens and Bitumen Emissions, and Some Nand S-Heterocyclic Polycyclic Aromatic Hydrocarbons«, International Agency for Research on Cancer, World Health Organization, vol. 103 (2013).

67 Andrew F. Nemeth et al., »The effect of asphalt pavement on stormwater contamination«, Worcester Polytechnic Institute, May 28, 2010.

68 »What is the development impact of concrete?« The Cement Trust, 2011.

69 Paulo J.M. Monteiro and P. Kumar Mehta, »Concrete and the Environment«, University of California—Berkeley, Department of Civil and Environmental Engineering.

70 »Paving Paradise: Sprawl and the Environment«, Natural Resources Defense Council, April 14, 2000.

71 Derrick Jensen, »Road to Ruin: An Interview with Jan Lundberg«, *The Sun*, February 2001.

72 Jared Green, »500 million reasons to rethink the parking lot«, *Grist*, June 7, 2012.

73 »Hot and getting hotter: heat islands cooking U.S. cities«, *Climate Central*, August 20, 2014.

74 Mark Swilling, »The curse of urban sprawl: how cities grow, and why this has to change«, *The Guardian*, July 12, 2016.
75 Jim Hightower, »Our ravenous appetite turns humble sand into an endangered natural treasure«, *The Hightower Lowdown* 19, no. 8, August 2017.
76 Vince Beiser, »Sand mining: the global environmental crisis you've probably never heard of«, *The Guardian*, February 27, 2017.
77 »Rail lines (total route-km)—Country Ranking«, *IndexMundi*, Data from 1991-2012.
78 »Frequently Asked Questions«, Railway Tie Association
79 Salim Hiziroglu, »Basics of pressure treatment of wood«, Oklahoma State University Cooperative Extension Service.
80 »Petition for Suspension and Cancellation of Creosote«, Beyond Pesticides, February 26, 2002.
81 »Crossties (Railroad) Recycling and Disposal«, Transportation Environmental Resource Center.
82 Deanna Meyer, Prairie Protection Colorado, personal communication.
83 Timothée Parrique, »Decoupling is dead! Long live degrowth!« *Degrowth*, July 10, 2019.
84 Alex Steffen, »Building to save the planet«, BASF, May 2015.
85 John Sousanis, »Word vehicle population tops 1 billion units«, *WardsAuto*, August 15, 2011.
86 »Table 1-23: World Motor Vehicle Production, Selected Countries (Thousands of vehicles)«, Bureau of Transportation Statistics.
87 Phil LeBeau, »Whoa! 1.7 billion cars on the road by 2035«, *CNBC*, November 12, 2012.
88 Elisabeth Rosenthal, »The End of Car Culture«, *New York Times*, June 29, 2013.
89 Kate Miller-Wilson, »Car Ownership Statistics«, Love to Know.
90 »Number of U.S. Aircraft, Vehicles, Vessels, and Other Conveyances«, U.S. Department of Transportation, April 30, 2020.
91 »Total number of licensed drivers in the U.S. in 2018, by state«, Statista Research & Analysis, 2020.

Kapitel 10: Die Lüge vom grünen Netz

1 Tom Hodgkinson, »Shakespeare had no Blackberry: let's have a technological Sabbath,« *Ecologist*, November 9, 2009.
2 »Distributed vs. Centralized Generation. Battle of the CEOs«, *T&D World Magazine*, July 14, 2014.
3 Billy J. Roberts, »Photovoltaic solar resource of the United States«, National Renewable Energy Laboratory, September 19, 2012.

4 »Distributed vs. Centralized Power Generation«, Large-Scale Solar Technology and Policy Forum, Woods Institute for the Environment, Stanford University, April 2010.
5 Elaine K. Hart and Mark Z. Jacobson, »The carbon abatement potential of high penetration intermittent renewables«, *Energy Environ. Sci.* 5 (2012): 6592.
6 Lester R. Brown, *Plan B. 4.0: Mobilizing to Save Civilization* (New York: W. W. Norton & Company, 2009), 103.
7 Jennie Jorgenson et al., »Reducing wind curtailment through transmission expansion in a wind vision future«, National Renewable Energy Laboratory, January 2017.
8 »U.S. Energy Facts«, Energy Information Administration. »What is U.S. electricity generation by energy source?« Energy Information Administration, April 18, 2017.
9 »Transmission & Distribution Infrastructure«, Harris Williams & Co., 2010.
10 »How many power plants are there in the United States?« U.S. Energy Information Administration, December 1, 2016.
11 Mark Chediak and Ken Wells, »Why the U.S. Power Grid's Days Are Numbered«, *Bloomberg*, August 22, 2013.
12 Catalina Schröder, »Grid instability has industry scrambling for solutions«, *Der Spiegel*, August 16, 2012.
13 »Wind Maps«, National Renewable Energy Laboratory.
14 Diane Cardwell, »Fight to keep alternative energy local stymies an industry«, *The New York Times*, March 23, 2016.
15 Evan Halper, »Power struggle: Green energy versus a grid that's not ready«, *LA Times*, December 2, 2013.
16 »Grid 2020: Towards a Policy of Renewable and Distributed Energy Resources«, The Resnick Institute, California Institute of Technology, Sep. 2012.
17 Sammy Roth, »Who will profit from the grid of the future?« *The Desert Sun*, February 1, 2017.
18 »Power line frenzy hits rural America«, *The Daily Yonder*, June 29, 2009.
19 »About the project«, TDI New England.
20 Dennis Magee, »Property owners trying to stop proposed transmission line across Iowa«, *The Courier*, November 17, 2013.
21 »Gateway West transmission line project«, Rocky Mountain Power and Idaho Power Gateway West Project.
22 Lindsay Peyton, »Power line route sparks protest«, *The Chronicle*, November 15, 2011.
23 Michael George, »NJ residents pack arena to voice concern over proposed power line project«, *NBC New York*, March 29, 2017.
24 Joe Cardillo, »Remember that $1.6B energy transmission line? It's quietly moving forward«, *Albuquerque Business First*, August 3, 2016.

25 »Northern Pass Transmission Line Project EIS«, Project Overview and Public Comments, Northern Pass EIS.

26 Brian Eckhouse and Joe Ryan, »Tapping the power of the Great Plains to light up faraway cities«, *Bloomberg*, February 9, 2016.

27 »Juan de Fuca Cable Project«, JDF Cable.

28 David LaGesse, »Mexico's robust wind energy prospects ruffle nearby villages«, *National Geographic*, February 10, 2013.

29 »German power grid expansion to cost billions«, *Der Spiegel*, May 30, 2012.

30 »German power grid expansion behind schedule«, *Argus Media*, April 29, 2013.

31 Kerstine Appunn, »Connecting up the Energiewende«, *Clean Energy Wire*, January 26, 2015.

32 R. Andreas Kraemer, »Why Germany has no need for north-to-south power lines«, *Energy Transition*, February 2, 2015.

33 Brian Wang, »China proposes $50+ trillion Global UHV grid connecting all power generation including massive wind farm at the North Pole by 2050«, *Next Big Future*, March 31, 2016.

34 »Transmission System Vegetation Management Program. Record of Decision«, Bonneville Power Administration, July 2000.

35 Richard Conniff, »Electric power rights of way: a new frontier for conservation«, *Yale Environment 360*, October 16, 2014.

36 Mark Z. Jacobson and Mark A. Delucchi, »Providing all global energy with wind, water, and solar power, Part I: Technologies, energy resources, quantities and areas of infrastructure, and materials«, *Energy Policy* 39 (2011): 1161.

37 Siehe beispielsweise *The Vegetarian Myth: Food, Justice, and Sustainability* by Lierre Keith (Crescent City, CA: Flashpoint Publications, 2009), oder in den Büchern von Richard Mannings.

38 Scott R. Loss et al., »Refining estimates of bird collision and electrocution mortality at power lines in the United States«, *PLOS One*, July 3, 2014.

39 Leslie Kaufman, »Conspiracies don't kill birds. People, however, do«, *New York Times*, January 17, 2011.

40 Martin LaMonica, »Figuring land use into renewable-energy equations«, *CNet*, May 29, 2010.

41 »Environmental Impacts of Substations«, Public Service Commission of Wisconsin, August 2013.

42 Juho Yli-Hannuksela, »The transmission line cost calculation« (PhD dissertation, Vasa Yrkeshögskola University of Applied Sciences, 2011).

43 Christopher Rey, ed., *Superconductors in the Power Grid* (Sawston, U.K.: Woodhead Publishing Ltd., 2015).

Kapitel 11: Die Wasserkraftlüge

1 John Muir, *The Yosemite* (New York: The Century Company, 1912), 262.
2 Erin McCarthy, »Ten facts about extinct passenger pigeon«, *Mental Floss*, September 2, 2014.
3 James B. MacKinnon, »'Salvation fish' that sustained native people now needs saving«, *National Geographic*, July 2015.
4 Fish: Hanford Reach. U.S. Fish and Wildlife Service. February 24, 2014.
5 Mark Z. Jacobson and Mark A. Delucchi, »Providing all global energy with wind, water, and solar power, Part I: Technologies, energy resources, quantities and areas of infrastructure, and materials«, *Energy Policy* 39 (2011): 1154–1169.
6 Christopher T. Clack et al., »Evaluation of a proposal for reliable low-cost grid power with 100% wind, water, and solar«, *PNAS*, June 19, 2017.
7 Peter Fairley, »Can the U.S. grid work with 100% renewables? There's a scientific fight brewing«, *IEEE Spectrum*, June 19, 2017.
8 Nathan Collins, »How hydroelectric power kills insects, and why that matters«, *Pacific Standard*, July 15, 2016.
9 Lindsay Fendt, »All that glitters is not green: Costa Rica's renewables conceal dependence on oil«, *The Guardian*, January 5, 2017.
10 Bridget B. Deemer et al., »Greenhouse gas emissions from reservoir water surfaces«, *BioScience Journal* 66, 11 (2016): 949–964; and »Reservoir emissions«, International Rivers.
11 Philip M. Fearnside, »Greenhouse gas emissions from a hydroelectric reservoir (Brazil's Tucuruí dam) and the energy policy implications«, *Water, Air, and Soil Pollution* 133, no 1–4 (January 2002): 69–96.
12 Matt Weiser, »The hydropower paradox: is this energy as clean as it seems?« *The Guardian*, November 6, 2016.
13 Gary Wockner, »The false promise of hydropower«, *Waterkeeper Alliance Magazine* 11, no. 2 (Summer 2015).
14 Christiane Zarfl et al. »A global boom in hydropower dam construction«, *Aquatic Sciences* 77, no. 1 (January 2015): 161–170.
15 Simeon Tegel, »Brazil's hydro dams could make its greenhouse gas emissions soar«, *GlobalPost*, July 1, 2013.
16 »Amazonia's future will be jeopardized by dams«, *Eureka Alert*, University of Arizona, June 14, 2017.
17 Sian Cowman and Philippa de Boissiére, »For indigenous peoples, megadams are 'worse than colonization,'« *Common Dreams*, March 14, 2016.
18 »Financiers of Agua Zarca's hydroelectric dam to pull-out«, *TeleSUR*, June 6, 2017.
19 Grand Chief Stewart Phillip and Ben Parfitt, »Water usage in B.C.'s northeast requires indigenous consent«, *DeSmog Canada*, July 6, 2017.

20 »About the Osa«, *Osa Conservation.*
21 John Ahni Shertow, »Indigenous groups opposed to El Diquís hydroproject«, *Intercontinental Cry*, March 10, 2008.
22 Kendra Patterson et al., »The proposed PH Diquís and its compliance with international law«, University of Florida Law School, Conservation Clinic, July 23, 2009.
23 Bogumil Terminski, »Development-induced displacement and resettlement: Theoretical frameworks and current challenges«, Library of the Commons, May 2013.
24 Diogo Caleffi, »Fim das Sete Quedas«, YouTube, November 26, 2012.
25 Horácio Ferreira Júlio Júnior et al., »A massive invasion of fish species after eliminating a natural barrier in the upper rio Paraná basin«, *Neotropical Ichthyology* 7, 4 (2009): 709–718.
26 Demelza Stokes, »Damming the Salween: what next for Southeast Asia's last great free-flowing river?« *Mongabay*, November 23, 2016.
27 Connor Macdonald, »Myanmar: Hydropower and the cost of life«, *Al Jazeera*, June 30, 2016.
28 Scott Pattee, »A history of the Skagit River basin snow surveys and hydroelectric project«, Western Snow Conference, 2004.
29 »Loggers«, North Cascades National Park, February 28, 2015.
30 Chris Arsenault, »Proposed Amazon dam would fuel land speculation, deforestation, study says«, Thomson Reuters Foundation, June 28, 2016.
31 Zoe Sullivan, »Unexamined synergies: dam building and mining go together in the Amazon«, *Mongabay*, June 22, 2017.
32 »Electricity production from hydroelectric sources (% of total)«, *IEA Statistics*, World Bank, 2015.
33 Solidiance, »Hydro power in China«, *Ecology.com.*
34 Yong Yang, »World's largest hydropower project planned for Tibetan plateau«, *China Dialogue*, May 3, 2014.
35 »Hoover Dam«, Ritchie Wiki.
36 Gary Wockner and Lydia Bleifuss, »7 wild rivers under attack by hydropower dams«, *EcoWatch*, October 12, 2016.
37 Britt Norlander, »Rough waters: one of the world's most turbulent rivers is home to wide array of fish species. Now, large dams are threatening their future«, *Business Library*, April 20, 2009.
38 John Vidal, »Construction of the world's largest dam in DR of Congo could begin within months«, *The Guardian*, May 28, 2016.
39 »Poison in the Arctic the human cost of 'clean' energy«, *EurekAlert!*, Harvard University—John. A. Paulson School of Engineering and Applied Sciences, September 7, 2015.
40 »Hydro dams are cool«, *Spokesman-Review*, August 19, 2017.

41 Hitoshi Araki and Corinne Schmid, »Is hatchery stocking a help or harm? Evidence, limitations and future directions in ecological and genetic surveys«, *Aquaculture*, 308 (2010): S2–S11.
42 Chad Shmukler, »Surprise, surprise: more proof that hatcheries harm wild steelhead«, *Hatch Magazine*, February 18, 2016
43 Jeffrey Gogo, »Zim turns to fossil energy, as drought bites«, *The Herald* (Zimbabwe), January 4, 2016.
44 James Wilt, »What's the future of hydroelectric power in Canada?« *DeSmog Canada*, July 5, 2017.

Kapitel 12: Weitere Lügen

1 Richard P. Feynman, »*What Do **You** Care What **Other** People Think?*« *Further Adventures of a Curious Character* (New York: W.W. Norton & Company, Inc., 1988), 237.
2 Robert C. Thornett, »Kenya's energy quandary«, *Earth Island Journal*, Summer 2017.
3 Maya L. Kapoor, »Recently discovered toad species already face threats«, *High Country News*, July 26, 2017.
4 »The geothermal ecocide of Reykjanes peninsula«, Saving Iceland, May 11, 2012.
5 Michael Chapman, »Iceland's troubled environment«, Saving Iceland, August 7, 2017.
6 »The geothermal ecocide of Reykjanes peninsula«, Saving Iceland, May 11, 2012.
7 Helga Katrín Tryggvadóttir, »Does living next to a geothermal power plant increase your risk of dying?« Saving Iceland, July 28, 2015.
8 Cassandra Profita, »Geothermal features vs. hydraulic fracturing. What's the difference?« *OPB*, January 24, 2012.
9 »Why geothermal energy is the new fracking«, *The Economist/Business Insider*, August 15, 2014.
10 Alan Jeffries, »This power plant has cracked carbon capture«, *Bloomberg*, July 3, 2018.
11 Ibid.
12 »Enhanced oil recovery: a threat to drinking water«, Clean Water Action, 2018.
13 Les Skinner, »CO2 blowouts: an emerging problem«, *Mississippi Coal*, January 2003.
14 David Roberts, »That natural gas power plant with no carbon emissions or air pollution? It works«, *Vox*, June 1, 2018.
15 Natalie Angier, »The Wonders of Blood«, *New York Times*, October 20, 2008

16 »Estuaries«, Canadian Wildlife Federation, 2019.
17 Anthony Cook et al., »A study of the homing habit of the limpet«, *Animal Behaviour* 17, no. 2 (May 1969), 330–339.
18 »Estuaries«, Canadian Wildlife Federation.
19 »Bay of Fundy turbines will produce 'Red Energy' not 'Green Energy'– Dadswell«, *Fundy Tides*, November 2, 2009.
20 Jerry Lockett, »Tidal Power … Is It Really Green?« YouTube video clip.
21 Ibid.
22 »Wave and tidal power«, Greenpeace U.K, 2019.
23 »Maryland beyond coal«, Sierra Club.
24 Tyler Hill, »Tide is turning for a new source of green energy«, *TakePart*, September 1, 2016.
25 Steven Singer, ed., »The Energy Report: 100% renewable energy by 2050«, World Wildlife Fund.
26 »Bay of Fundy turbines will produce 'Red Energy' not 'Green Energy'– Dadswell«, *Fundy Tides*, November 2, 2009.
27 Art Mackay, »81 species of concern in the Bay of Fundy region, Maine and New Brunswick, 2010«, *Scribd*.
28 Trina Roache, »Mi'kmaq, local fishers unite to fight Bay of Fundy energy project«, *APTN News*, January 20, 2017.
29 Robert Rapier, »An algal biofuel obituary«, *Forbes*, October 22, 2018.
30 Jess Shankleman, »How Many Hipsters Does It Take to Change the Lightbulb?« *Bloomberg*, January 8, 2018.
31 Roger Drouin, »After an Uncertain Start, U.S. Offshore Wind Is Powering Up«, *Yale Environment 360*, January 11, 2018.
32 Akshat Rathi, »The Dutch plan to build an artificial island to support the world's largest wind farm«, *Quartz*, January 2, 2018.
33 Robinson Meyer, »A Radical New Scheme to Prevent Catastrophic Sea-Level Rise: A Princeton glaciologist says a set of mega-engineering projects may be able to stabilize the world's most dangerous glaciers«, *The Atlantic*, January 11, 2018.
34 Rebecca Lindsey and Michon Scott, »What are phytoplankton?« *NASA Earth Observatory*, July 13, 2010.
35 Josh Lowe, »New energy source: scientists discover technology that could power 70 percent of U.S.«, *Newsweek*, September 27, 2017.
36 Suprabha Seshan, »Once, the Monsoon«, *Deep Green Resistance News Service*, June 25, 2017.
37 Chris Mooney, »Rex Tillerson's view of climate change: It's just an 'engineering problem,'« *Washington Post*, December 14, 2016.

Kapitel 13: Weitere Scheinlösungen

1 David Kirkpatrick, »Environmentalism: The New Crusade,« *Fortune*, February 12, 1990.

2 Sakej Ward, Facebook posting, May 5, 2015.

3 David Roberts, »Reckoning with climate change will demand ugly trade-offs from environmentalists –and everyone else«, *Vox*, January 28, 2018.

4 Timothy Egan, »Nature-deficit disorder«, *New York Times*, March 29, 2012.

5 Lucy Sheriff, »Young people would rather have an internet connection than daylight«, *Huffington Post U.K.*, March 17, 2016.

6 Bill McKibben, »Keep it 100«, *In These Times*, August 22, 2017.

7 Barry Saxifrage, »These 'missing charts' may change the way you think about fossil fuel addiction«, *National Observer*, July 13, 2017.

8 »Divestment Commitments«, Go Fossil Free, 2017.

9 Jay Taber, »Social capitalists: Wall Street's progressive partners«, *Intercontinental Cry*, February 24, 2015.

10 Emma Howard, »Bill Gates calls fossil fuel divestment a 'false solution,'« *The Guardian*, October 14, 2015.

11 Christian Parenti, »Problems with the math: is 350's carbon divestment campaign complete?« *Huffington Post*, November 29, 2012.

12 Cory Morningstar, »McKibben's divestment tour—brought to you by Wall Street«, *Wrong Kind of Green*, May 17, 2013.

13 Ibid.

14 Susan Kraemer, »Final Plan for California Public Lands Devastating for Renewable Energy«, *Renewable Energy World*, October 13, 2016.

15 James E.M. Watson et al., »Catastrophic Declines in Wilderness Areas Undermine Global Environment Targets«, *Current Biology* 26, no. 21 (November 7, 2016): 2929–2934.

16 James R. Oakleaf et al., »A World at Risk: Aggregating Development Trends to Forecast Global Habitat Conversion«, *PLOS One*, October 7, 2015.

Kapitel 14: Wirkliche Lösungen

1 Cited in Allan W. Eckert, *A Sorrow in Our Heart: The Life of Tecumseh* (New York: Bantam Books, 1993), 176.

2 Karl-Heinz Erb et al., »Unexpectedly large impact of forest management and grazing on global vegetation biomass«, *Nature*, December 20, 2017.

3 Vaclav Smil, »Harvesting the Biosphere: The Human Impact«, *Population and Development Review* 37, no. 4 (December 2011): 613–636.

4 Lei Cheng et al., »Recent increases in terrestrial carbon uptake at little cost to the water cycle«, *Nature Communications* 8, Article 110 (July 24, 2017).

5 Kate Dooley, »Misleading Numbers: The case for separating land and fossil-based carbon emissions«, *Fern*, January 2014.

6 Natalie M. Mahowald et al., »Are the impacts of land use on warming underestimated in climate policy?« *Environmental Research Letters* (September 18, 2017).
7 Mike Gaworecki, »Here's a great way to visualize the huge potential of forest conservation and restoration as 'natural climate solutions,'« *Mongabay*, December 6, 2017.
8 Josh Gabbatiss, »Massive restoration of world's forests would cancel out a decade of CO2 emissions, analysis suggests«, *The Independent*, February 18, 2019.
9 »Coastal Blue Carbon«, National Oceanic and Atmospheric Administration.
10 Jeff Tollefson, »Climate scientists unlock secrets of 'blue carbon,'« *Nature*, January 9, 2018.
11 Dorte Krause-Jensen and Carlos M. Duarte, »Substantial role of macroalgae in marine carbon sequestration«, *Nature Geoscience* 9 (2016): 737–742.
12 Martha Holdridge, »What grass farmers have known all along – research shows grass sequesters carbon«, Soil Carbon Coalition, August 6, 2008.
13 Immo Kämpf et al., »Post-Soviet recovery of grassland vegetation on abandoned fields in the forest steppe zone of Western Siberia«, *Biodiversity and Conservation* 25, no. 12 (November 2016): 2563–2580.
14 Tobias Kuemmerle et al., »Post-Soviet farmland abandonment, forest recovery, and carbon sequestration in western Ukraine«, *Global Change Biology* 17 (2011): 1335–1349.
15 Nicolas Vuichard et al., »Carbon sequestration due to the abandonment of agriculture in the former USSR since 1990«, *Global Biogeochemical Cycles* 22, GB4018 (2008).
16 Sandrine Hugron et al., »Tree plantations within the context of ecological restoration of peatlands«, Université Laval, Québec, September 2013.
17 Eric Niiler, »Tiny country cuts carbon emissions by planting bogs«, *National Geographic*, August 4, 2017.
18 Ramesh Babu, »How 700 Kerala villagers waded through a dead river, cleansed it and brought it back to life in 70 days«, *Hindustan Times*, May 7, 2017.
19 Don Carney, »Dwayne's World«, *Mother Jones*, July/August 1995.
20 Isabella Tree, *Wilding: The Return of Nature to a British Farm* (London: Picador, 2018).
21 Ibid., 5.
22 Ibid., 6.
23 Ibid., 3.
24 Ibid., 30.
25 Ibid., 8.

26 Ibid., 59.
27 Ibid., 58.
28 Ibid., 60.
29 Ibid., 8.
30 »A wild anniversary: 25 years for Yellowstone Wolves«, *Wolf Conservation Center*, January 12, 2020.
31 Corey Binns, »Yellowstone wolves reintroduce 'ecology of fear,'« *Live Science*, July 27, 2007.
32 Joel Salatin, »Joel Salatin responds to *New York Times'* 'Myth of Sustainable Meat'«, *Grist*, April 17, 2012.
33 H. Brevy Cannon, »Farmer Joel Salatin puts 'nature's template' to work«, *UVA Today*, September 21, 2009.
34 Ronnie Cummins, *Grassroots Rising: A Call to Action on Climate, Farming, Food, and a Green New Deal* (White River Junction, VT: Chelsea Green Publishing, 2020), 33.
35 Ibid., 32.
36 Ibid., 33.
37 Graham Harvey, *The Carbon Fields: How Our Countryside Can Save Britain* (Somerset, U.K.: Grass Roots Press, 2008), 54.
38 Siehe beispielsweise W.R. Teague et al., »The Role of Ruminants in Reducing Agriculture's Carbon Footprint in North America«, *Journal of Soil and Water Conservation*.
39 Siehe Jo Robinson's site, EatWild.com.
40 Harvey, op. cit., 56.
41 Africa Centre for Holistic Management, Dimbangombe Learning Site.
42 Seth Itzkan, »Reversing global warming with livestock?: Seth Itzkan at TEDXSomerville«, May 24, 2012.
43 Africa Centre for Holistic Management, op. cit.

Zusammenfassung

1 Chris Mooney, »Global warming could deplete the oceans' oxygen—with severe consequences«, *Washington Post*, April 28, 2016.
2 Damien Carrington, »Oceans suffocating as huge dead zones quadruple since 1950, scientists warn«, *The Guardian*, January 4, 2018.
3 Dahr Jamail, »Sea Level Rise Projections Double, Painting Terrifying Picture for Next Generation«, *Truthout*, January 2, 2018.
4 Francis Flisiuk, »As the Arctic Melts, Nations Race to Own What's Left Behind«, *The Revelator*, January 4, 2018.
5 Jeff Bezos, »Jeff Bezos vs. Peter Thiel and Donald Trump / Jeff Bezos, CEO Amazon / Code Conference 2016«, *Recode*, YouTube, May 31, 2016.

6 Lester Brown, »The Race to Save Civilization«, *Tikkun*, September/October 2010, 25(5): 58.

7 Peter Kareiva, Michell Marvier, and Robert Lalasz, »Conservationinthe Anthropocene: Beyond Solitude and Fragility,« *The Breakthrough Institute*, Winter 2012.

8 Gabrielle Gurley, »From journalist to climate crusader: Wen Stephenson moves to the front lines of climate movement«, *Commonwealth: Politics, Ideas & Civic Life in Massachusetts*, November 10, 2015.

9 Bill McKibben, »Global Warming's Terrifying New Math«, *Rolling Stone*, August 2, 2012.

Nachwort

1 Alexander C. Kaufman, »Alexandria Ocasio-Cortez Will Be the Leading Democrat on Climate Change«, *Huffington Post*, June 27, 2018.

2 Thomas L. Friedman, »A Warning from the Garden«, *New York Times*, January 19, 2007.

3 Corinne Le Quéré et al., »Temporary reduction in daily global CO emissions during the COVID-19 forced confinement«, *Nature*, May 19, 2020.

Weiterführende Literatur, Filme, Organisationen

Bücher

Against the Grain: How Agriculture Has Hijacked Civilization by Richard Manning

Columbus and Other Cannibals by Jack D. Forbes

Deep Green Resistance: Strategy to Save the Planet by Derrick Jensen, Aric McBay, and Lierre Keith

Dt.: *Deep Green Resistance*, siehe Anzeige S. xxx

Dirt to Soil: One Family's Journey into Regenerative Agriculture by Gabe Brown

Dt.: *Aus toten Böden wird fruchtbare Erde*

Green Illusions: The Dirty Secrets of Clean Energy, and the Future of Environmentalism by Ozzie Zehner

Imperial San Francisco: Urban Power, Earthly Ruin by Gray Brechin

In the Absence of the Sacred: The Failure of Technology and the Survival of the Indian Nations by Jerry Mander

Monocultures of the Mind: Perspectives on Biodiversity and Biotechnology by Vandana Shiva

The Myth of the Machine: Technics and Human Development by Lewis Mumford

Dt.: *Mythos der Maschine* (vergriffen)

Rebels Against the Future: The Luddites and Their War on the Industrial Revolution, Lessons for the Computer Age by Kirkpatrick Sale

Rewilding the West: Restoration in a Prairie Landscape by Richard Manning

Sacred Cow: The Case for (Better) Meat by Diana Rogers and Robb Wolf

Techno-Fix: Why Technology Won't Save Us or the Environment by Michael and Joyce Huesemann

Tending the Wild by M. Kat Anderson
To Save Everything, Click Here: The Folly of Technological Solutionism by Evgeny Morozov
Wilding: The Return of Nature to a British Farm by Isabella Tree
Dt.: *Wildes Land*

Filme

Bright Green Lies by Julia Barnes
END:CIV Resist or Die by Franklin Lopez
Planet of the Humans by Jeff Gibbs
Running Out of Time by Trevor Langham
Sacred Cow: The Nutritional, Environmental, and Ethical Case for Better Meat by Diana Rodgers
What a Way to Go: Life at the End of Empire by Timothy S. Bennett

Organisationen

Basin and Range Watch
Buffalo Field Campaign
Carbon Cycle Institute
Deep Green Resistance
Elder Creek Oak Sanctuary
Fertile Ground Institute
Great Plains Restoration Council
Gurukula Botanical Sanctuary
Marin Carbon Project
Prairie Protection Colorado
Politics, Art, Roots, Culture (PARC)
RESTORE: The North Woods
Savory Institute
Wildlands Network

ÜBER DIE AUTOREN

Derrick Jensen ist Autor von mehr als 25 Büchern, darunter *Deep Green Resistance, A Language Older Than Words, The Culture of Make Believe* und *Endgame*. Er ist außerdem Lehrer, Aktivist und Kleinbauer und wurde von *Democracy Now!* zum »Dichter-Philosophen der ökologischen Bewegung« ernannt. Im Jahr 2008 wurde er von *Utne Reader zu* einem der 50 Visionäre, die die Welt verändern, gewählt und mit dem *Eric Hoffer Award* ausgezeichnet. Er ist einer der Mitbegründer der Organisation *Deep Green Resistance*.

Jensen hat für das *New York Times Magazine, Audubon* und *The Sun* geschrieben und war Kolumnist bei *Orion*. Er hat einen MFA-Abschluss in kreativem Schreiben von der Eastern Washington University und einen BS-Abschluss in mineralisch-technischer Physik von der *Colorado School of Mines. Er hat* an der *Eastern Washington University* und im *Pelican Bay State Prison* kreatives Schreiben unterrichtet. Er lebt in Nordkalifornien auf einem Grundstück, auf dem Bären häufig zu Besuch sind.

Mehr unter DerrickJensen.org

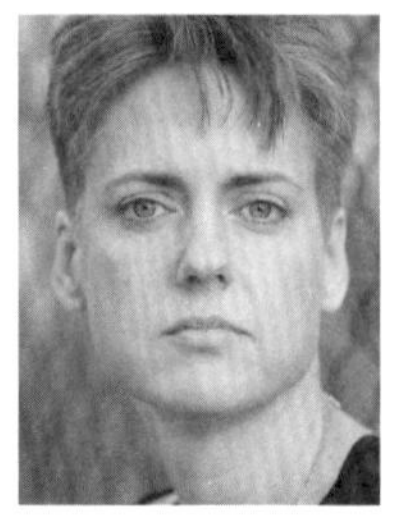

Lierre Keith ist Schriftstellerin, Kleinbäuerin und radikale feministische Aktivistin. Sie ist Autorin von sechs Büchern, darunter *The Vegetarian Myth: Food, Justice, and Sustainability (Ethisch essen mit Fleisch),* und Co-Autorin von *Deep Green Resistance* mit Derrick Jensen und Aric McBay. Außerdem ist sie Mitbegründerin der Organisation *Deep Green Resistance*.

Keith wurde sechsmal wegen politischer Widerstandsakte verhaftet. Sie lebt in Nordkalifornien, wo sie 20 Hektar Land (einschließlich einer restaurierten Wiese von einem Hektar) mit riesigen Bäumen und sehr großen Hunden teilt.

Mehr unter LierreKeith.com

Max Wilbert ist Schriftsteller, Organisator und Wildnisführer, der gegen das kanadische Teersand-Megaprojekt und den Teersandabbau in Utah kämpfte, sich gegen die industrielle Wasserentnahme und die Abholzung von Wäldern in Nevada wehrte, sich für die letzten wilden Büffel im Yellowstone-Nationalpark einsetzte, mit indigenen Gemeinschaften in British Columbia zusammenarbeitete und an Kampagnen gegen Polizeibrutalität und sexuelle Gewalt teilnahm.

Er ist Mitbegründer der *Pinyon-Juniper Alliance* und Mitglied des Vorstands des *Fertile Ground Institute for Social and Ecological Justice* und von *Deep Green Resistance*, für die er den *Deep Green Resistance News Service* herausgibt und den Podcast *The Green Flame* produziert.

Wilbert hat für *Earth Island Journal*, *CounterPunch*, *Dissident Voice* und *DGR News Service* geschrieben und die Einleitung zur französischen Übersetzung von *Earth First! Direct Action Manual* und der deutschen Essay-Sammlung *We Choose to Speak*. Er lebt in der Nähe von Eugene, Oregon, in einem gemeinschaftlichen Wohnprojekt.

Mehr unter MaxWilbert.org

ZUM WEITERLESEN

Ein paar Empfehlungen des Lektorenteams

Michael Beleites
Der Gärtnerhof: Selbstversorgung – ein Weg ins Freie

Den Weg ins Freie finden wir, wenn wir uns an dem Gedanken der Subsistenz orientieren. Wenn Familien und Dörfer ihre Abhängigkeit von Fremdversorgung verringern, finden auch Regionen und Nationen zu ihrer Versorgungssouveränität. Das wohl ausgereifteste und tragfähigste Modell individueller Subsistenzwirtschaft ist das Gärtnerhof-Konzept. Es wurde in den beiden Nachkriegszeiten des 20. Jahrhunderts von dem Gartenarchitekten Max Karl Schwarz entwickelt. Seine Grundidee besteht in einer sozial und ökologisch stimmigen Kombination aus Gärtnerei und Kleinbauernhof auf einer Fläche von zwei bis fünf Hektar. »Der Gärtnerhof ist ein Kleinbetrieb, der in intensivster und vielseitigster Wirtschaftsweise Gemüse- und Obstbau betreibt, Groß- und Kleinvieh hält, die volle Selbstversorgung der auf ihm Arbeitenden sichert und nachhaltig große Marktleistungen erzielt.« (Max Karl Schwarz) In diesem Buch werden die Schlüsseltexte zum Gärtnerhof-Konzept erneut publiziert, um sie all jenen an die Hand zu geben, die auch heute ein bodengebundenes Leben anstreben: Ein kreatives und krisenfestes Leben, das ebenso gemeinwohlorientiert wie selbstbestimmt ist; das die Spaltungen von Arbeitsort und Wohnort, von Familie und Beruf überwindet. Der Gärtnerhof ist ein begehbares Praxisfeld für eine Kulturwende, die ein Weniger an Energie- und Ressourcenverbrauch mit einem Mehr an Lebensqualität zu verknüpfen weiß.

Philipp Bloms
Die Unterwerfung
Anfang und Ende der menschlichen Herrschaft über die Natur

»Macht euch die Erde untertan«: Vor rund 3000 Jahren legte der Autor der Genesis seinem Schöpfer diesen Satz in den Mund. Damit war die Idee geboren, dass der Mensch eine Sonderstellung auf der Erde einnimmt und deren Ressourcen rücksichtslos ausbeuten darf. Sie war so stark, dass sie sich über den ganzen Planeten verbreitete. Wer sich ihr widersetzte, bekam es mit Kolonisatoren und Geschäftemachern zu tun, die sich auf angeblich höhere Werte beriefen. In seiner Universalgeschichte der Umwelt erzählt Philipp Blom die Geschichte der Unterwerfung der Natur, deren Konsequenzen die Menschheit heute an den Rand des Abgrunds führt. Nur wenn sie sich von dem Wahn befreit, über der Natur zu stehen, bleibt ihr die Chance, zu überleben.

Gabe Brown
Aus toten Böden wird fruchtbare Erde
Eine Familie entdeckt die regenerative Landwirtschaft

Gabe Brown hatte nicht vor, die Welt zu verändern, als er in die Landwirtschaft ging. Doch nachdem eine Reihe von Missernten seine Lebensgrundlage bedroht hatte, begann er einschneidende Umstellungen vorzunehmen, die seine Familie und ihn einen verblüffenden neuen Weg erkunden ließen: die regenerative Landwirtschaft. Aus toten Böden wird fruchtbare Erde erzählt eine Geschichte von Verzweiflung und Hoffnung, die den Lesern eine Fülle an revolutionären Lösungen bietet, wie man Boden aufbauen, unsere Ökosysteme heilen und gewinnbringend einen Familienbetrieb führen kann.

Boris Forkel – jetzt Boris Wu (Herausgeber)
Voices of Resistance: Earth at Risk

In den letzten 40 Jahren hat die Welt mehr als fünfzig Prozent ihrer Bestände an Wildtieren verloren. In Deutschland wird das allgemeine Artensterben durch den rapiden Rückgang von Insekten und Singvögeln spürbar. Die Menge an Kohlenstoffdioxid hat die kritische 400 ppm Grenze überschritten und die Emissionen steigen weiter an. Die Ozeane enthalten nur noch 10 Prozent der ursprünglichen Masse an Fisch. Der Kapitalismus schafft eine Elite von wenigen Superreichen, während immer größere Massen an Menschen verarmen. Wir müssen die Lage ernst nehmen, alte Bewegungen vereinen, neue Bewegungen gründen und neue Strategien entwerfen, um der Zerstörung unserer Welt und der steigenden sozialen Ungleichheit entschiedenen Widerstand entgegenzusetzen. Die Zeit ist knapp. Bewegungen für Umweltschutz und soziale Gerechtigkeit müssen von der Defensive in die Offensive gehen, wenn wir unseren Kindern und Enkeln eine Erde hinterlassen wollen, auf der noch Leben möglich ist. Die Reihe Voices of Resistance möchte aufrütteln und vereint die Stimmen einer ganzer Reihe von Aktivisten und Intellektuellen.

John Bellamy Foster, Brett Clark, Richard York
Der ökologische Bruch: Der Krieg des Kapitals gegen den Planeten

Am Beginn des 21. Jahrhunderts ist die Menschheit mit der größten Herausforderung ihrer bisherigen Geschichte konfrontiert. Das gesamte Ökosystem, Grundlage der Humanzivilisation, bricht zusammen, enorme Risse entwickeln sich in der Biosphäre unseres Planeten. Foster, Clark und York analysieren in ihrer Studie die Ursachen dieser Krise. Zwischen dem Wirtschaftssystem des Kapitalismus und der Natur gibt es keine Versöhnung, die grenzenlose Ausbeutung aller Ressourcen untergräbt nicht nur die wirtschaftlichen Fundamente gegenwärtiger Gesellschaftssysteme, sondern stellt die Existenz der menschlichen Gattung insgesamt in Frage. Nur eine Änderung dieses Wirtschaftssystems wird uns ein künftiges Leben auf diesem Planeten gestatten.

David Graeber, David Wengrow
Anfänge: Eine neue Geschichte der Menschheit

David Graeber, der bedeutendste Anthropologe unserer Zeit, und David Wengrow, einer der führenden Archäologen, entfalten in ihrer großen Menschheitsgeschichte, wie sich die Anfänge unserer Zivilisation mit der Zukunft der Menschheit neu denken und verbinden lässt. Sie revidieren unser bisheriges Menschenbild und erzählen Menschheitsgeschichte, wie sie noch nie erzählt wurde. Über Jahrtausende hinweg, lange vor der Aufklärung, wurde schon jede erdenkliche Form sozialer Organisation erfunden und nach Freiheit, Wissen und Glück gestrebt. Graeber und Wengrow zeigen, wie stark die indigene Perspektive das westliche Denken beeinflusst hat und wie wichtig ihre Rückgewinnung ist. Lebendig und überzeugend ermuntern sie uns, mutiger und entschiedener für eine andere Zukunft der Menschheit einzutreten und sie durch unser Handeln zu verändern.

Jason Hickel
Weniger ist mehr
Warum der Kapitalismus den Planeten zerstört und wir ohne Wachstum glücklicher sind

Jason Hickel rechnet mit dem Kapitalismus ab: Statt alle Menschen aus den Fängen der Armut zu befreien, hat unsere Art zu wirtschaften ein Leben voll künstlicher Verknappung, sozialer Ungerechtigkeit und Umweltzerstörung hervorgebracht – angetrieben von einer Elite, die immer reicher wird.

Hickel ist überzeugt: Wenn wir das Anthropozän überleben wollen, müssen wir den Kapitalismus hinter uns lassen. Die Alternativen heißen jedoch weder Kommunismus noch radikaler Verzicht. Es geht vielmehr darum, die reale Wirtschaft in ein System zu transformieren, das zum Wohle aller Menschen agiert und unsere Lebensgrundlagen nicht zerstört. Hickel schlägt für diesen Umbau konkrete Schritte vor und liefert nebenbei einen bemerkenswerten Beitrag zu der Frage, wie der Schutz unseres Planeten sozial gerecht umgesetzt werden kann.

George Monbiot
Verwildert: Die Wiederherstellung unserer Ökosysteme und die Zukunft der Natur

Fast alle Landschaften auf der Erde sind Kulturlandschaften, in die der Mensch großräumig eingegriffen hat. Was wir für ursprüngliche Natur und schützenswert halten, ist allzu oft degenerierter Wald, abgebrannte Heide oder kahl gefressenes Hügelland. Die Zukunft der Natur plädiert dafür, dieser Tatsache ins Gesicht zu sehen, und fordert in einem radikalen Ansatz, die Natur, die der Mensch jahrhundertelang gierig ausgebeutet hat, in ihr altes Recht zu setzen, ihr maximale Freiräume zu geben. George Monbiot fordert, eine Wildnis zu ermöglichen, die vielleicht nicht schön ist im Sinne der Naturidylle, in der aber womöglich eines Tages und mitten in Europa wieder Büffel und Elefanten zu Hause sein könnten. Wo Kahlschlag herrscht, könnte wieder Wald entstehen, und wo das Meer zu Tode gefischt wurde, ein artenreicher und üppiger mariner Lebensraum. Die Zukunft der Natur ist ein leidenschaftliches Plädoyer und eine unterhaltsame Reportage, die nicht nur Agrarlobbyisten und Umweltschützer, Wildnisträumer und Waldbesitzer befragt, sondern in der die Begegnung mit den Schwundformen und dem Reichtum der Natur zu einem ebenso intensiv erlebten wie eindringlich geschilderten Abenteuer wird.

George Monbiot
Neuland: Wie wir die Welt ernähren können, ohne den Planeten zu zerstören

Die Landwirtschaft ist die weltweit größte Ursache für Umweltzerstörung – und die, über die wir am wenigsten sprechen. Wir haben große Teile des Planeten gepflügt, eingezäunt und beweidet, vergiftet, um uns zu ernähren. Unser Ernährungssystem gerät dadurch ins Wanken.

Aber George Monbiot entwirft die atemberaubende Vision einer neuen Landwirtschaft. Er trifft Obst- und Gemüsebauern, die unser Verständnis von Fruchtbarkeit revolutionieren, Züchter mehrjähriger Körner, die das Land von Pflügen und Giften befreien, Wissenschaftler, die neue Wege für den Protein- und Fettanbau beschreiten. Auf der Grundlage erstaunlicher Fortschritte in der Bodenökologie zeigt Monbiot, wie wir die Welt ernähren können, ohne den Planeten zu verschlingen.

James C. Scott
Die Mühlen der Zivilisation
Eine Tiefengeschichte der frühesten Staaten

Wie selbstverständlich gehen wir davon aus, dass die neolithische Revolution, in deren Verlauf Nomaden zu Ackerbauern und Viehzüchtern wurden, ein bedeutender zivilisatorischer Fortschritt war. James C. Scott entwickelt in seinem provokanten Buch eine ganz andere These: Die ersten Staaten entstanden aus der Kontrolle über die Reproduktion und errichteten ein hartes Regime der Domestizierung und Unterwerfung, das Epidemien, Ungleichheiten und Kriege mit sich brachte. Einzig die »Barbaren« – die heimlichen Helden dieses Buches – haben sich der Sesshaftigkeit sowie den neuen Besteuerungssystemen verweigert und sich damit gegen die Mühlen der Zivilisation gestemmt.

Pablo Servigne, Raphael Stevens

Wie alles zusammenbrechen kann

Handbuch der Kollapsologie

Und wenn unsere Zivilisation zusammenbrechen würde? Nicht etwa in einigen Jahrhunderten, sondern noch zu unseren Lebzeiten? Weit entfernt von den Voraussagen der Maya und anderer millenaristischer Eschatologien kündigt eine größer werdende Anzahl von Autor:innen, Wissenschaftler:innen und Institutionen das Ende der industriellen Zivilisation an, das heißt das Ende der Bedingungen für ein Leben, wie wir es bis jetzt gekannt haben. Pablo Servigne und Raphaël Stevens erläutern die Ursachen für einen möglichen Zusammenbruch und geben uns einen multidisziplinären Überblick zu einer Forschungsrichtung, die sie »Kollapsologie« nennen. Heutzutage hat die Utopie die Seiten gewechselt: Utopisch ist von nun an diejenige Person, die glaubt, alles könne so weitergehen wie bisher. Der Zusammenbruch steht am Horizont unserer Generation, er ist der Beginn ihrer Zukunft. Was wird danach kommen? Über all das muss nachgedacht und eine Vorstellung entwickelt werden – und wir müssen unser Leben danach ausrichten … Mit einer Einleitung von Fabian Scheidler

Isabella Tree

Wildes Land

Die Rückkehr der Natur auf unser Landgut

An stillen Junitagen kann man auf dem Landgut Knepp in West Sussex wieder das unverkennbare Gurren der selten gewordenen Turteltauben hören. Ein wahres Wunder für das ehemals intensiv bewirtschaftete Agrar- und Weideland, das nur 70 Kilometer vom Londoner Stadtzentrum entfernt liegt. Auch die in Großbritannien bedrohten Waldohreulen und Wanderfalken sowie zahlreiche Tagfalter- und Pflanzenarten siedeln sich nun in Knepp an, und jedes Jahr kommen neue hinzu. Als Isabella Tree mit ihrem Mann das wegweisende Renaturierungsprojekt initiierte, ahnte sie noch nichts von der Geschwindigkeit, mit der sich die Natur erholen kann. Trees persönlich geschriebene, faszinierende Geschichte handelt von der Schönheit und Kraft der Natur und gibt Hoffnung.

Daniel Christian Wahl
Regenrative Kulturen gestalten

Dies ist ein »Whole Earth Catalog« für das 21. Jahrhundert: eine beeindruckende und weitreichende Analyse dessen, was in unseren Gesellschaften, Organisationen, Ideologien, Weltanschauungen und Kulturen falsch läuft – und wie man es richtig macht. Das Buch befasst sich mit dem Finanzsystem, der Landwirtschaft, dem Design, der Ökologie, der Wirtschaft, der Nachhaltigkeit, den Organisationen und der Gesellschaft im allgemeinen.

In diesem bemerkenswerten Buch zeigt Daniel Wahl Wege auf, wie wir die Krisen, mit denen wir derzeit konfrontiert sind, neu gestalten und verstehen können, und er erkundet, wie wir unseren Weg in die Zukunft leben können. Ausgehend von Denk- und Glaubensmustern zeigt er systematisch auf, wie wir aufhören können, in einer komplexen und unvorhersehbaren Welt der Illusion von Sicherheit und Kontrolle nachzujagen. Das Buch stellt die Frage, wie wir an der Schaffung vielfältiger regenerativer Kulturen mitwirken können, die an die einzigartigen biokulturellen Bedingungen eines Ortes angepasst sind. Wie können wir Bedingungen schaffen, die dem Leben förderlich sind?

täglich 200 Spezies von der Erde verschwinden, jährlich eine Fläche im Ausmaß des Aral-Sees verwüstet wird und wie pro Jahr 23 Millionen Menschen an den Folgen von Wasser-, Luft- oder Erdverschmutzung sterben. Sie erzählen von einer Welt, die kurz vor dem Ableben steht – wenn wir uns nicht sofort organisieren und handeln.

Das Buch »Deep Green Resistance« erläutert bis ins Detail unterschiedliche Möglichkeiten des tiefenökologischen Widerstands, von gewaltlosen Aktionen bis zur Guerilla-Kriegsführung. Und es nennt die Bedingungen, die für den Erfolg dieser Optionen erforderlich sind. Es ist ein Handbuch und Aktionsplan für all jene, die entschlossen sind, für diesen Planeten zu kämpfen und den Kampf zu gewinnen.

Die Neue Erde manifestieren

Angesichts der Notlagen in der Welt – Krieg, Artensterben, Klimazerrüttung und mehr – ist heute nichts notwendiger, als das Bild einer glücklichen, lebenswerten und erfüllenden Zukunft erstehen und aus dieser Vorstellung heraus Wirklichkeit werden zu lassen: zu manifestieren. Dieses Buch entwirft eine Vision mit riesigem Wachstumspotential, und wir alle sind aufgerufen, unsere Welt von morgen bereits heute zu erträumen – und zu erschaffen.

Catharina Roland, Coco Tache
Das Manifest der Neuen Erde
Hardcover, 208 Seiten, durchgehend mit farbigen Fotos
ISBN 978-3-89060-824-2

Positives ist machbar!

Alternative Lebensformen, wie sie in den Ökodörfern weltweit erprobt werden, schaffen Modelle gelebter Nachhaltigkeit. Angesichts von Klimawandel, Armut, Einsamkeit und Krieg arbeiten sie an Lösungen und erproben sie im wirklichen Leben – meist mit einfachen Mitteln, aber oft mit spektakulären Ergebnissen. In diesem Buch stellen wir eine Auswahl von Ökodörfern aller Kontinente vor, die einen Eindruck vom Reichtum und der Vielfalt der Bewegung geben.

Kosha Anja Joubert, Leila Dregger
Ökodörfer weltweit
Lokale Lösungen für globale Probleme
Klappenbroschur, 192 Seiten, mit vielen farbigen Fotos
ISBN 978-3-89060-664-4

Die Lebensprozesse eines gesunden Planeten

»Nur die eine Erde« erklärt die planetarischen Lebenserhaltungssysteme in ihrer Ganzheit und zeigt, dass auch die menschliche Gesundheit auf dem Gleichgewicht des Planeten beruht. Das Buch bietet eine umfassende Gesamtdarstellung der globalen ökologischen Krise und zeigt die uns verbleibenden Optionen auf, um ein zuträgliches Klima und die noch vorhandene Artenvielfalt zu retten, die Verseuchung zu beenden und die Ökosphäre dieses Planeten zu heilen.

Fred Hageneder
Nur die eine Erde
Globaler Zusammenbruch oder globale Heilung – unsere Wahl
Klappenbroschur, 376 Seiten
ISBN 978-3-89060-796-2

Wie geht Klima-Heilung?

Es ist ein seltsamer Widerspruch: Eigentlich weiß jeder, wie dramatisch die globale Lage ist, aber unsere Reaktion auf diese alles Leben bedrohende Situation steht in keinem Verhältnis dazu. Wir tun so, als wäre das alles noch weit weg. So können wir Wut, Trauer und Schmerz ausweichen – und fahren blindlings gegen die Wand. Jack Adam Weber fordert uns auf, uns unserem Schmerz zu stellen, denn eben hier liegt die Quelle der Kraft, um den nötigen Wandel einzuleiten: in uns und damit in der Welt.

Jack Adam Weber
Klima-Heilung
Den Wandel einleiten: in uns und damit in der Welt
Klappenbroschur, 400 Seiten
ISBN 978-3-89060-789-4

Der Mensch wird die Erde nicht retten…
aber vielleicht die Erde den Menschen

In ihrer Rückschau in die Menschheitsgeschichte, durch ihre Fragen, was Geist, Gehirn und Denken eigentlich sind, und in ihrer Betrachtung der Lebensstufen des Menschen legt Dolores LaChapelle überzeugend dar, dass nur-menschliches Wissen allein nicht ausreicht, um ein globales ökologisches Gleichgewicht zu erreichen.

Dolores LaChapelle
Weisheit der Erde
Von der Erde lernen heißt leben lernen
Paperback, 384 Seiten, mit 25 s/w-Fotos
ISBN 978-3-89060-610-1

Erinnerungen einer der großen Aktivistinnen unserer Zeit

Ihr gesamtes Lebenswerk ist von einer tiefen Liebe zum Leben und zur Freiheit durchdrungen. Es ist diese Liebe, die sie anspornt, all das zu verteidigen, was von Unfreiheit bedroht ist – Wälder, Flüsse, Saatgut, Boden, Biodiversität und auch die Menschen, die davon leben. Zusammen mit der quantenphysikalischen Erkenntnis, dass alles miteinander verbunden, alles eins ist, weiß sie Herz und Intellekt zu einer unschlagbaren Waffe im Kampf für das Leben zu vereinen.

Vandana Shiva
TERRA VIVA
Mein Leben für eine lebendige Erde
Hardcover, 240 Seiten
ISBN 978-3-89060-829-7

Einssein versus das 1%

In diesem klug auf Fakten aufgebauten Buch zeigt Vandana Shiva, wie eine kleine Gruppe superreicher Einzelpersonen, Stiftungen und Investmentfirmen die Kontrolle über unsere Lebensmittelversorgung, unser Informationssystem, unser Gesundheitswesen und unsere Demokratien immer weiter ausbaut. Die Autorin macht sehr deutlich, dass unser Überleben von der Vielfalt unseres Saatgutes und dass unsere Demokratien von einer aufgeklärten Öffentlichkeit abhängen. Es ist ein sehr leidenschaftlicher, weiblicher wissenschaftlicher Diskurs, der eine globale Leserschaft verdient.

Vandana Shiva, Kartikey Shiva
Eine Erde für alle! – Einssein versus das 1%
Aufstehen gegen die Monokultur von Wirtschaft und Weltsicht
Klappenbroschur, 192 Seiten
ISBN 978-3-89060-797-9

Agrarökologie versus Agrarindustrie

In dieser Abrechnung der Wissenschaftlerin und Aktivistin Vandana Shiva wird eindrucksvoll dargelegt, wie die Agrargroßindustrie mit Chemie und Gentechnik den Planeten plündert, die Lebenswelt zerstört und unsere Gesundheit untergräbt. Und sie zeigt faktenreich und sachkundig auf, wer wirklich unsere Nahrungsgrundlage sicherstellt und wie wir den Hunger besiegen und unsere Nahrungssicherheit wiederherstellen können.

Vandana Shiva
Wer ernährt die Welt wirklich?
Das Versagen der Agrarindustrie und die notwendige Wende zur Agrarökologie
Klappenbroschur, 256 Seiten
ISBN 978-3-89060-798-6

Von der Ausplünderung zur Regeneration
In diesem Buch trägt Vandana Shiva ihre Themen mit Nachdruck und im Lichte der aktuellen Ereignisse vor. Und sie macht deutlich, dass es nicht damit getan ist, das derzeitige Wirtschaftssystem zu reformieren. Denn was wir derzeit haben, ist keine Ökonomie im Sinne von Oikos, dem gemeinsamen »Haus« unserer Erde, dem Haushalt der Natur, den die Ökologie beschreibt. Was »Wirtschaft« und »Wachstum« genannt wird, ist Extraktvismus, Plünderung der Lebensgrundlagen, ein Zehren von der Substanz.

Vandana Shiva
Wahre Wirtschaft
Von der Geldgier zu einer
Ökonomie der Fürsorge
Hardcover, 304 Seiten
ISBN 978-3-89060-820-4

Philanthropie als Deckmantel für ungezügelten Kapitalismus
»Philanthrokapitalismus und die Aushöhlung der Demokratie« ist eine Sammlung von Aufsätzen, die aus verschiedenen Perspektiven auf die Gefahren der von Konzernen und einzelnen Milliardären betriebenen philanthropischen »Entwicklungen« in den Bereichen Agrartechnologie, Ernährung, Bildung und globale Gesundheitssysteme eingehen. Das Buch wurde von Vandana Shiva zusammengestellt und enthält erhellende Beiträge unabhängiger Denker und Aktivisten.

Vandana Shiva (Hrsg.)
Philanthrokapitalismus
…und die Aushöhlung der Demokratie
Klappenbroschur, 320 Seiten
ISBN 978-3-89060-835-8

WEITERE TITEL BEI NEUE ERDE

Alles teilt den einen Atem

Diese brandaktuelle Sammlung von Essays, geschrieben von Leitfiguren der Spiritualität und des Naturschutzes rund um die Welt, beleuchtet den grundlegenden Zusammenhang unserer gegenwärtigen ökologischen Krise mit unserem fehlenden Bewusstsein für die Heiligkeit der Schöpfung. Diese 20 Beiträge zeigen uns, wie die Menschheit ihre Beziehung zur Erde wandeln und erneuern kann.

Llewellyn Vaughan-Lee (Hrsg.)
Spirituelle Ökologie
Der Ruf der Erde
Paperback, 256 Seiten
ISBN 978-3-89060-654-5

Unsere Zukunft ist lokal – oder sie ist nicht

Vor uns liegen zwei diametral entgegengesetzte Wege: Der eine führt uns unerbittlich in Richtung einer rasanten, groß angelegten monokulturellen technologischen Entwicklung. Es ist ein Weg, der uns voneinander und von der natürlichen Welt trennt und unseren sozialen und ökologischen Niedergang beschleunigt. Auf dem anderen Weg geht es darum, langsamer zu werden, sich zurückzunehmen und eine tiefe Verbundenheit zu fördern, um die sozialen und wirtschaftlichen Strukturen wiederherzustellen, die für die Befriedigung unserer materiellen sowie tieferen menschlichen Bedürfnisse nötig sind – und dies auf eine Weise, die den einzigen Planeten, den wir haben, hegt und pflegt.

Helena Norberg-Hodge
Lokal ist unsere Zukunft
Schritte zu einer Ökonomie des Glücks
Klappenbroschur, 184 Seiten
ISBN 978-3-89060-819-8

Hier kann man sich zum **Neue Erde-Newsletter** anmelden:
newsletter.neueerde.de/anmeldung

NEUE ERDE im Buchhandel

Neue Erde ist ein kleiner unabhängiger Verlag, und der unabhängige Buchhandel ist unser natürlicher Partner. Wir unterstützen die Initiative »buy local«.

Sollte es Lieferschwierigkeiten bei den Büchern von NEUE ERDE geben, lassen Sie immer im VLB (Verzeichnis lieferbarer Bücher) nachsehen, im Internet unter **www.buchhandel.de**

Alle lieferbaren Titel des Verlags sind für den Buchhandel verfügbar.

Sie finden unsere Bücher auch auf unserer Homepage **www.neue-erde.de.**
Kontakt:

NEUE ERDE GmbH
Cecilienstr. 29 · 66111 Saarbrücken
info@neue-erde.de